La coniecture n'en est pas petite, puis que de son regne, voire dés l'entrée de son couronnement, la découuerte des Magiciens, & du regne de Sathā en a esté faite admirablement, par vne prouidence extraordinaire de Dieu. Le grand Henry son defunct Pere, & nostre Roy tant desiré, luy en a donné le premier project, quand il a mieux aimé mourir, que d'adiouster foy aux Magiciens, au contraire de Saul, qui aima mieux s'y addresser que de s'esposer au danger, ioinct que nostre Roy de present a donné la premiere grace à celle qui estoit par seduction faicte la Princesse des Magiciens. Dieu l'ayant par sa misericorde touchee au cœur & conuertie, & d'abondant à tous ceux qui de leur gré voudront recognoistre leur impieté, qui est vn expedient tout propre pour destruire entierement le susdit regne de Sathan, & attirer ses affidez à la vraye cognoissance de Dieu, & ne

1. Reg. 23.
4 Reg. 21.
& 23.

sçauroit mieux corroborer, & establir son Royaume que par ceste voye. Le Roy Saul en fut depossedé pour s'estre addressé à vne sorciere. Et a esté Dieu irrité d'vne grande fureur contre le Roy Manasses qui soustenoit les Magiciens & Sor-

Esa 47.
Ezech. 28.
4. Reg. 22.
Acte du 23
Decembre,
pag 255.
a Voyez la
responseà
l'obiection
6. des difficult. apres
l'Epistre
au Lecteur.

ciers: Pour la mesme occasion a ruiné la grande ville de Babylone, ainsi qu'il est escrit par les Prophetes Esaye, & Ezechiel: Où au contraire le bon Iosias, nonobstant l'irritation de Dieu, pour les malefices precedens, a regné sainctement & paisiblement trente et vn an en Hierusalem. La quatriesme & derniere raison est à cause que dans ceste Histoire y est parlé auec grands tiltres d'honneur, & loüanges de nostre Roy dernier defunct le a Grand Henry, signifians Dieu auoir accepté sa pieté & sainte volōté en sacrifice, & sa mort en certaine espece de martyre. Ie sçay bien qu'on amenera des raisons pour conclure, ou qu'il ne faut point du tout croire à ceste Histoire, ou qu'il n'estoit expedient de la mettre en lumiere pour les inconueniens qu'elle pourroit amener, mais à ces deux poincts ie respondray en l'Epistre suiuāt que i'addresse au Lecteur, craignant MADAME, vous estre ennuyeux, qui suis & seray tousiours,

MADAME,

Vostre tres-humble, & obeissant suject
& seruiteur,
F. SEBASTIEN MICHAELIS,
Prieur de vostre Conuent Royal de
la saincte Magdaleine à S. Maximin.

De Paris ce 2. Octobre, 1612.

HISTOIRE ADMIRABLE
DE LA POSSESSION
ET CONVERSION
D'VNE PENITENTE,

Seduite par vn Magicien, la faisant Sorciere & Princesse des Sorciers au païs de Prouence, conduite à la Ste Baume pour y estre exorcizee l'an M. DC. X. au mois de Nouembre, soubs l'authorité du R. P. F. SEBASTIEN MICHAELIS, Prieur du Conuent Royal de la Ste Magdaleine à S. Maximin, & dudict lieu de la Ste Baume.

Commis par luy aux Exorcismes & recueil des Actes, le R. P. P. FRANÇOIS DOMPTIVS Docteur en Theologie en l'Vniuersité de Louuain, Flamant de nation, residant au susdit Conuent de S. Maximin, soubs la Discipline reguliere, & Reformation de l'Ordre des Freres Prescheurs : le tout fidelement recueilly, & tres-bien verifié.

Ensemble la Pneumalogie, ou Discours des Esprits du susdit P. MICHAELIS, reueu, corrigé, & en ceste troisiesme edition augmenté par luy mesme, auec vne Apologie explicatiue des principales difficultez de l'Histoire & Annotations.

Erubescant impij & deducantur in infernum, muta fiant labia dolosa. Psalm. 30.

Edition troisiesme & derniere.

A PARIS,
Chez CHARLES CHASTELLAIN, ruë S. Iacques à la Constance, deuant S. Yues.

M. DC. XIIII.
AVEC PRIVILEGE DV ROY.

A LA REYNE
REGENTE.

MADAME,

L'Histoire comprise en ce liure, vous appartient pour beaucoup de raisons. Premierement à cause que les choses grandes, rares & admirables appartiennent aux grands. Or estes vous de nostre temps la plus grande Reyne & Princesse de la terre. La seconde, d'autant que souz vostre nom esleué au plus haut lieu de l'entree de ceste Histoire, donnera occasion aux Princes, grands Seigneurs, & Gentils-hommes, de prēdre la peine à lire au long l'Histoire, laquelle leur sera profitable, autant que liure qui ait esté mis en lumiere depuis long temps. La troisiesme raison, laquelle passe par dessus les deux precedentes, est, que nous esperons (non sans grande apparence) que nostre petit Roy vostre fils sera comme un autre Iosias, qui fut couronné & faict Roy d'Israël à l'aage de huict ans, & neantmoins un des plus pieux Roys d'Israël, esgal mesme à Dauid en pieté, mettant fin à toute l'idolatrie de long temps couuee parmy le peuple, brisant les idoles, mettāt à mort tout les culteurs de Baal, & Magiciens.

† ij

AV LECTEVR.

AMY Lecteur, parlant de mettre ceste Histoire sur la presse, i'ay trouué deux manieres de gens qui estoient de contraire opinion. Les premiers prenoient vn beau manteau de l'Escriture, disant qu'il ne faut croire, ny adiouster foy au diable, sur quoy disoient-ils toute ceste Histoire est appuyee: Les seconds plus illuminez, disoient n'estre expedient de la mettre en lumiere pour euiter scádale en plusieurs (particulierement aux déuoyez de la foy Catholique) quand ils entendroient que c'estoit vn Prestre. Or à ces deux poincts ie responds, que quant au premier, Iesus Christ luy mesme nous en resoult, quand parlant du diable, il dit que veritablement il n'y a point de verité en luy dés le commencement de sa cheute, mais il restrainct & limite son axiome, y adioustant quant & quant ces mots, *Cùm ex proprijs loquitur mendax est* : c'est à dire, quand il parle esmeu de soy-mesme, & de sa franche volonté: Il est tres-certain qu'il est tousiours méteur, pretendant tousiours porter preiudice à l'homme : mais c'est bien autre chose quand

Ioan. 8.
Non est veritas in eo: cùm loquitur mendaciũ ex proprijs loquitur: quia mendax est & pater eius.

contraint & adiuré en vertu du nom de Dieu aux exorcismes, il respond & parle. Ce que nous voyons par l'Euangile, lors que Iesus-Christ vsoit d'authorité enuers les demons, comme quand ils disoient à haute voix, l'adorant, Qui a il entre toy & nous, Iesus Fils du tres-haut Dieu? Ie t'adiure par le mesme Dieu, disoit l'vn d'iceux, de ne me tourmenter, le priant fort ne l'enuoyer hors de celle region, ny dans les abysmes, mais de les enuoyer tretous dans les pourceaux: & Iesus-Christ ayant interrogé celuy qui parloit, & presidoit, luy demandant son nom, il respondit, mon nom, c'est Legion, car nous sommes icy plusieurs: où y a deux choses remarquables. La premiere qu'estant Iesus-Christ adiuré par le nom de Dieu, mesme par vn diable, pour la reuerence qu'il portoit à Dieu son Pere, a octroyé la requeste à ce diable qui parloit, & à tous ses compagnons, comme pour mesme occasion estant semblablement adiuré par Cayphe de dire s'il estoit Fils de Dieu, Il a respondu plus clairement, & plus amplement que iamais il n'auoit faict, ores qu'il sceust tresbien que Cayphe n'en estoit pas capable, & qu'il n'en feroit pas son profit: Que deuons-nous donc estimer des diables estans adiurez en vertu du nom de Dieu? ne diront ils pas la verité, comme en vertu du mesme nom ils sont contraincts de vuider & quitter les corps qu'ils possedent? Le second poinct, c'est qu'ils ont dit & respondu la verité à l'interrogation de Iesus-Christ, & par consequent ils disent quelquesfois la ve-

† iiij

Marc. 5. Nemo poterat eum domare catenas disrumpebat & cōpedes diminuebat, & videns Iesum à lōge cucurrit & procidens. *Matth. 8.* Adorauit eum, & clamans voce magna dixit, Quid mihi & tibi Iesu fili Dei Altissimi? *Act. 16.* Isti sunt viri qui annunciāt vobis viā salutis. Voyez les Actes du 16. Decēbre pag. 109. *Marc. 5. Luc. 8. Mat. 8.*

rité: non de leur propre mouuement, mais cõ-traincts par celuy qui les peut contraindre, qui est Iesus Christ, & ses Lieutenans, ausquels il a baillé ceste puissance, disant : Ie vous ay baillé ceste puissance de fouler aux pieds les serpens & scorpions, & sur toute la puissance de l'ennemy: Et ailleurs il dit des successeurs des Apostres qu'ils chasseront les diables en son nom. Et si les responses des diables ont esté inserees dans les Euangiles, pourquoy semblables responses ne pourront-elles estre couchees par escrit, & publiees au monde? L'ancien Testament aussi ne faict difficulté de dire que l'esprit de Dieu mauuais ayant saisi Saul, outre ce qu'il le tourmentoit, il prophetisoit aussi, non qu'il fust Prophete: mais (c'est à dire) qu'en la maniere des Prophetes il parloit des choses absentes, & occultes aux hommes. S. Iean Chrysost. en l'Homilie 13. sur S. Matthieu nous resoult ce poinct inuectiuant contre les Athees qui nient les peines de l'enfer. Ils sont mesmes apprins (dit-il) par les diables, car bien qu'estans superbes ils ne voudroient dire qu'ils endurassent des tourmens, & estans malins nous voudroient dissuader de le croire, neantmoins ils sont souuent contraincts (outre ce qu'ils confessent en l'Euangile) de dire & confesser publiquement les grands tourmens qu'ils souffrent, à cela contraincts par la toute-puissance de Dieu, & à cause des plus grands tourmens qu'ils souffrent, ainsi qu'vn mal-faicteur dit la verité estant à la question extraordinaire, par la force des tourmens qu'on luy baille : ne

Dedi vobis potestatem calcandi supra serpentes, &c.
Luc. 10.
Et in nomine meo dæmonia eiicient.
Marc. 16.
3. Reg. 18.

Voyez les pages 109. & 110.

voulant donc croire les Athees à l'Escriture, il leur fait dire par les diables, dit il, & ceux qui ne croyent sont, dit il, pires que ᵃ diables.

Pour respondre maintenant aux seconds, nous leur remonstrons qu'à leur compte l'Escriture ne deuoit mettre en auant l'Histoire des ieunes Prestres enfans d'Hely qui tiroient la chair des pots du sacrifice, & desbauchoient les femmes deuotes venantes au temple pour y veiller la nuict. On ne deuoit mettre l'Histoire des pechez de Dauid Prophete, & Pere du futur Messias, moins les Euangelistes, la trahison de Iudas, lesquelles tant s'en faut qu'elles seruent de scandale au peuple, qu'au contraire on en tire de belles doctrines pour l'edification. Et cela remonstroit sainct Paul quand ayant parlé de Hymenee & Philet, faisans scandale en l'Eglise, il adiouste, Le solide fondement de Dieu demeure sur pied, ayant sa marque en ceux qui sont dits siens ; & au reste, dit-il, n'est il pas vray qu'en la maison d'vn grand Seigneur il y a des vases d'or & d'argent, de bois & de terre cuitte à diuers vsages ? Cependant celuy qui se purgera des ordures qui sont aux vases contemptibles, il sera vase d'honneur en la maison de Dieu. Or est-il vray que les vases plus contemptibles & à deshonneur sont les mauuais Prestres. Iudas en a seruy d'exemple au College de Iesus-Christ, & le Diacre Nicolaus en celuy des Apostres, & les raisons y sont apparentes. Premierement à cause de leur plus grande ingratitude, qui fait que la grace de Dieu s'escarte

ᵃ S. Chrys. *sostome ne les condamneroit d'estre pires que diables, si iamais ne falloit croire.*

1. Reg. 2.

2. ad Tim. 2.

Rom. 1.
Hiere. 24.
a *Epist. 137
In isto scandalo quo de Bonifacio presbyteronōnulli perturbātur, nó vobis dico vt nó doleatis, qui enī istanō dolent nó est in eis charitas Christi: qui autem etiā de talibus gaudent abūdat in eis malignitas diaboli.*
b *Vne espine dans vn iardin, ne peut preiudicier aux roses, ny à tout le iardin, qu'on ne puisse dire, Voila vn beau iardin.*

plus loing d'eux, & consequemment les diables les aueuglent dauantage. *Ingrati, scelesti*, dit S. Paul. L'autre raison est dautant qu'ils peuuent faire plus d'ignominie à Iesus Christ, cōme appert des Magiciens. La troisiesme raison est, à cause que la corruption des choses tresbonnes est tousiours plus mauuaise, que celle des moins bonnes, comme la corruption du sang est plus pernicieuse que celle des autres humeurs, & ce pretendoit dire Hieremie en la vision qu'il eust des deux panniers de figues: l'vn des figues non seulement bonnes, mais tresbonnes: & l'autre des figues, non seulement mauuaises, mais tres-mauuaises, *in porta templi*, dit-il, ce qui est amplement remonstré par S. Augustin en vn epistre a qu'il a fait sur l'accusation contre vn sien Prestre d'auoir cōmis quelque crime, dit sainct Augustin: En la maison d'Adam y estoient Abel & Cain, En l'Arche de Noé animaux mondes, & immondes, mais plus de mondes que d'immondes, & en sa maison b vn Can parmy Sem & Iaphet: En la maison d'Abraham, Ismael auec Isaac: En celle d'Isaac, Esaü auec Iacob: En celle de Iacob, Ruben incestueux auec le chaste Ioseph: En la maison de Dauid, Absalon auec Salomon: & neantmoins quoy que Dieu eust parlé par deux fois à Salomon, & l'eust doüé de tant de graces en la maison de Dauid son Pere, estant mesme Prophete, & autheur des liures sacrez & canoniques, le diable ne laisse de le gaigner, & se faire presenter par luy les sacrifices deputez à Dieu: finalement S. Augustin donne l'exemple susdit de Iudas, & conclud. I'ay apprins par longues experiences que cóme il n'y a au monde meilleurs Chrestiens que les bons Prestres, aussi au contraire n'ay iamais trouué Chrestien si mauuais qu'vn meschant Prestre. A ce mesme propos, disoit sainct Hierosme, Nul n'a iamais mesprisé le college des Apostres, à raison que Iudas a esté tresmeschant parmy eux: Nul n'a iamais mesprisé les chœurs des Anges pour Lucifer & ses complices: Au contraire de leur mauuaise fin on apprend à bien faire, & se confirme dauantage le Chrestien en la foy, quand il vient à considerer que le diable ne tasche point de gaigner vn ministre pour faire sa Cene en la Synagogue, ny vn Rabin des Iuifs; ny vn Musulmá des Turcs, car en cela il n'y auroit point d'ignominie pour Iesus-Christ, ny ne gaigneroit en ses pretensions, comme il fait par le moyen d'vn mauuais Prestre, consacrant le corps de Iesus-Christ. Dieu neantmoins ne permettant point que cela se passe sans grands & merueilleux miracles (ainsi qu'on verra en ceste Histoire) descouurant le tout par voyes extraordinaires de sa puissance absoluë, contraignant mesmes les diables à leur confusion & ruine de le descouurir & proclamer. Ainsi donne sujet & occasion aux heretiques de recognoistre leur heresie: Aux Magiciens & Sorciers de quitter & abiurer leur abomination: & aux Catholiques, de se corroborer & establir dauantage en leur foy. I'ay fait des Annotations en la marge aux poincts plus dif-

Hieron. cótra Vigil.

Nemo vnquam cótempsit Apostolorú chorú, quòd Iudas inter eos fuerit pessimus.

ficils pour le contentement d'vn chacun. Ie prie le Beneuole Lecteur de cefte Hiftoire, m'excufer fi i'ay efté contraint en la feconde partie m'y nómer fouuét, & ceux qui eftoient prefens comme moy : car il a efté neceffaire d'ainfi le faire pour la plus ample verification de l'Hiftoire. Au furplus fe prendra garde le Beneuole Lecteur, qu'en cefte Hiftoire a on n'adioufte point de foy au diable, car il ne dit rien qui foit contraire à l'Euangile ou à la doctrine de l'Eglife : bien feroit ce y adioufter foy, fi hors de là il aduançoit quelque doctrine nouuelle contraire. Outre ce prendra garde que ce n'eft point à la confufion de la compagnie des filles de faincte Vrfule, car plufieurs fois en cefte Hiftoire il eft dit & repeté que Dieu les a choifies pour confondre & abbattre la magie, & les deteftables malefices, & qu'en recompenfe elles feront exaltees deuant Dieu & deuant les hommes. D'abondant le beneuole Lecteur excufera, s'il luy plaift, la rude phrafe du langage François, ayant efgard qu'en cefte affaire il faut s'arrefter à la verité du faict, & non au langage: il aura fouuenáce que les dialectes Françoifes font differentes, comme iadis en la Grece floriffante, & qu'Ariftote n'a pas efté moins vtile auec fa rude dialecte que Demofthene auec fa phrafe Attique, & plus à noftre propos la phrafe Euangelique & de S. Paul que de tous les Orateurs du monde, confiderant auffi que les poffedees parloient d'ordinaire leur langage maternel, & pour fidellement rapporter le tout, il a fallu fuiure le

a *Voyez l'annotatió de la page 5. & 6. en l'a te du 8. Decembre.*

langage de mot à mot, d'où vient que les phrase du naïf langage François n'y ont peu tousiours estre gardees. Le but de ceste Histoire est de craindre Dieu & ses iugemens, se retirer du vice pour n'offenser la Majesté diuine, & éuiter l'enfer, particulierement de quitter ou detester l'habominable peché de l'idolatrie qu'on commet perpetuellement en l'exercice de la magie, & eschole de Sathan. Au reste le tout a esté recueilly auec grande fidelité sans y adiouster rien, la diligence y apportee se peut voir en la page 351. en l'acte du 8. Ianuier, & la page suiuante.

I'ay supprimé ceste Histoire l'espace d'vn an & dauantage, ne me souciant la mettre en lumiere: mais le zele de la foy Catholique m'y a contraint, ayant veu vne lettre missiue du sieur de Vic, par laquelle il faisoit entendre que les aduersaires de nostre foy faisoient grand parade vers la Rochelle des depositions du Magicien dont est question, mises en lumiere par quelqu'vn, où est recité que ledit Magicien disoit la Messe en la Synagogue; concluans par là que c'est donc chose diabolique, sans considerer que le but du diable est d'vsurper la gloire de Dieu, & rauir tant qu'il peut l'honneur de sa diuinité, en fin de se faire adorer comme Dieu, ainsi qu'il n'eust honte le demander mesme à Iesus-Christ, luy disant, Ie te donneray tous les Royaumes du monde, si tu me veux adorer, c'est à dire me recognoistre seul Dieu, & createur de toutes choses, ainsi que l'explique S. Chrysostome: de mesme a-il abu- *Matth. 4.*

sé de la saincte Escriture, mesme en la presence de Iesus-Christ. A ce propos. S. Augustin, lors qu'il remonstre, que le sacrifice appartient au seul Dieu, comme en l'ancien Testament, dit-il, le sacrifice de la loy, Au nouueau Testament le sacrifice de la vraye chair de Iesus-Christ fait en l'arbre de la Croix : & apres l'Ascension celuy qui est fait au Sacrement, qui est en memoire de sa mort & passion, il entremesle, disant : Ce sont les choses, lesquelles manifestement ces superbes esprits, le diable, & ses anges exigent & demandent. Le mesme au liure 4. de la Trinité, chap. 13. sur la fin : *Non intelligunt ne ipsos quidem superbissimos spiritus honoribus sacrificiorum gaudere potuisse, nisi vni vero Deo, pro quo coli volunt, Verũ sacrificium deberetur.* C'est à dire (les idolatres) n'entendent pas que ces tres-superbes esprits ne pourroient se resiouyr des honneurs des sacrifices, n'estoit que le vray sacrifice fust deu à vn vray Dieu, au lieu duquel ils veulent estre seruis & honorez. D'abondant m'a aussi esmeu beaucoup vn liure Latin nouuellement imprimé à Paris, intitulé *Mimyca dæmonũ*, fait par le sieur Henry de Montagne Gentil-homme du Languedoc Seigneur de sainct Iean de la Coste, où en son epistre liminaire fait entendre, que l'occasion d'auoir faict ce liure (tendant aux fins de monstrer que de tout temps le diable a fait le singe de Dieu vsurpant sa gloire) estoit d'abbatre la vaine, & dangereuse conclusion que les Ministres du Languedoc prenoient sur la deposition dudit Gaufridy, disant ces

Aug. l. 20. cõtra Faustum Manich. c. 21.

mots : *Nouatores in re tam leui insistunt, & libellum confessionis prædicti Gaufridy à suis curant emi, & venundari, vt rudi plebeculæ, quam decipiunt, quasi horrorem Sacerdotum incutiāt.* Or la verité de ceste Histoire monstrera que Dieu a esté si griefuement offensé d'vne telle impieté, que pour l'abbatre il a vsé d'vne façon esmerueillable & nouuelle, si que par les diables mesmes, le Magicien a esté descouuert, & finalement bruslé, ce qu'autrement ne se pouuoit, ny mesmes ne pouuoit tomber en l'imagination de ceux qui le cognoissoient, estant couuert, & hypocrite, par l'aide & conuention du diable, d'vne façon admirable, mais aussi descouuert d'vne façon plus admirable, par la toute puissance de Dieu, auquel les diables sont contraints d'obeyr, quand il luy plaist. Le fil de l'histoire monstrera assez que le tout reüssit à la plus grande gloire de Dieu, & confirmation de nostre saincte foy Catholique : Où aussi pourra considerer le beneuole Lecteur, le respect que Dieu porte à la Prestrise, puisque pour conuertir vn Prestre si estrangement desuoyé, il a vsé de si longues & admirables solemnitez. Au reste il n'y a rien d'estrange pour ce fait en ceste Histoire, qu'il n'aye esté remarqué, & mis en lumiere en autre occurrence, par trois Inquisiteurs d'Espagne, l'an 1610. qui fut la mesme annee du commencement de ceste Histoire : Et tout freschement le mesme a faict le sieur d'Ancre, Conseiller du Roy au Parlement de Bourdeaux, mais les merueilles ont esté faites en la personne de celuy qui se

Imprimé par Iuan de Mongaston à Logrond.

disoit, & estoit Prince de tous les autres, en France, Espagne & Turquie, & en effect ledit sieur d'Ancre escrit auoir trouué par les depositions des sorciers de Biscaye, qu'vn certain Louys venoit, & leur preschoit d'accuser les innocens, excuser les coulpables, & amener à Sathan autāt d'enfans & disciples qu'ils pourroient. C'a este donc par la diuine prouidence vn vray moyen pour abbattre bien tost toute l'armee Sathanique en ce sujet, l'enseigne abbatuë, & le maistre du camp terrassé. D'abondant qui voudra considerer de pres l'Histoire du Magicien Balaam escrite au liure des Nombres, ne trouuera beaucoup estrange ce qu'on verifie iournellement des Magiciens & Sorciers de nostre temps, car il y est dict, que le Roy Balac se recognoissant foible pour resister à l'armee d'Israël, il manda querir Balaam comme le plus grand Magicien du pays, pour charmer, & lier l'armee d'Israel, & en venir à bout par ce moyen. Il est dit en ceste Histoire que pour faire ses charmes & maledictions, il demanda qu'on luy dressast sept autels (c'estoit pour sacrifier & cōuoquer les sept principaux malings esprits, qui sont au regne de Lucifer, par emulatiō de Dieu en sa Majesté, qui a sept bons Anges principaux luy assistans, desquels sainct Thomas dit apres S. Denys, que les sept ordres superieurs commandent & enuoyent, & les deux inferieurs sont commandez & enuoyez, & pource les premiers sont proprement appellez Princes. Ce n'est à dire pourtāt que les superieurs ne viennent à nous quand ils sont

Liure 6. discours 3. pag. 459.

Num. 22.

Apoc. 1.
D. Thom.
1. partie,
quest. 113.
art. 2.

ils sont enuoyez de Dieu, comme S. Michel & S. Gabriel en Daniel 10. & en S. Luc premier, & mesme Raphael qui se dit estre vn des sept assistans deuant Dieu, fut enuoyé à Tobie, & en Daniel 10. Chap. Michael vn des premiers est venu à mon ayde. (Et en effect, en nostre Histoire, il y est parlé nouuellement de sept Princes principaux parmy les autres diables, de mesmes en l'Histoire recente du Sieur d'Ancre aueree au pays de Biscaye) Or c'estoit pour leur sacrifier à chacun d'eux vn taureau, & vn mouton, qui estoit la mesme façon de sacrifier à Dieu en la Loy, & par ce moyē obtenir d'eux ce qu'il desiroit, *dabo si cadēs adoraueris me*. Et pour ce qu'il s'agissoit de l'honneur de Dieu, du bien public, de toute l'Eglise, & de celuy qui estoit le Prince de tous les Magiciens aux contrees de l'Orient: Il est dit que Dieu pour descouurir & empescher vne telle impieté contre sa Maiesté & meschanceté contre son Eglise, feit grandes & nouuelles merueilles, sçauoir qu'vn bō Ange s'apparut visiblemēt tout courroucé & effroyable, tenant vn glaiue en sa main, feit parler vne anesse par vne autre grāde merueille, feit prophetiser le mesme Sorcier, luy mettant en la bouche ce qu'il n'auoit dans le cœur, & parlant tout autrement qu'il n'eust desiré, confondant ceste magie par le mesme Magiciē, aux fins dict sainct Ambroise, que la perfidie de ceux qui ne croyoient en Dieu fust prinse par la parole de leur augure & sorcier. Au reste faut esperer que ceste Histoire ne sera moins fructueuse à la France que celle de Laon, imprimee en Fran-

Tob. 12. Partie seconde page 2. acte du 11. Ianuier & au 6. Actes du 12. Decembre pag. 49 Liure 6. discours 2. page 414. apres Cardan & Strozzi. Matth 12. Assumit septem spiritus nequiores se. Marc. 16. De qua eiecerat septē dæmonia. Voyez le Docteur Maldonat sur ces passages qu'il explique à la lettre des sept demōs precisémēt.

çois l'an 1566. apportant grande confirmation de la foy aux Catholiques, & beaucoup de conuersions aux Heretiques, entendans dire plusieurs fois à haute voix au demon qui possedoit la fille, que les Heretiques estoient ses bons amis & confederez, & que la realité du corps de Iesus-Christ estoit au sainct Sacrement, pour ce qu'il y auoit HOC. A ce mesme propos S. Augustin dit au liure 1. de l'accord des Euangelistes Chap.15. Que desia de son temps les Payés n'osoient plus blasphemer contre Iesus Christ, à raison que leurs Oracles cōtraints par la puissance diuine parloient de luy en bonne part, & pour ce lesdicts Payens s'estudioient de blasphemer contre les Apostres: mais, dit il, (parlāt aux Payens) interrogez vos Oracles sur la saincteté de la vie des Apostres, & vous verrez qu'ils seront cōtraints de parler d'eux encores en bonne part. S'ils n'eussent peu dire verité, S. Augustin mettroit les Payés en dāger de s'obstiner d'auantage en leur incredulité. S. Thomas en l'Opuscule 17. chapitre 10. respondant au quatriesme argument de ceux qui disoient n'estre licite de receuoir les ieunes enfans en religion, à cause que c'est quelquefois tētation du diable, il dit, qu'il n'y a point de danger de suiure ce qui pourroit estre tentation du diable, pourueu que ce soit d'vne bonne chose, à la charge que si par apres le diable veut tirer cela à mauuaise fin, comme de scandaliser, & corrompre les autres, qu'ils ne consentent à ce qui est du mal, autremēt auec ceste scrupule le diable nous pourroit destourner de tout bien.

Bartholomæus Fayus præses Parisiensis in Energumenico. Hadrianus Hofstadius ser. 52. de Euchariſtia. Ioan. Lorinus in Acta. Apost. cap. 5. verſ. 16.

Ainsi le pratiquoit S. Anthoine bien experimenté en cet art, comme le remarque S. Athanase : Pour resolution de toutes scrupules, de bonne grace a recueilly le Docteur recét Prouençal de la compagnie de Iesus le Pere Iean Lorin, a qu'en quatre façons le diable dict la vérité : premierement pour tromper les incredules, ou infideles, afin qu'ils dient cela n'estre pas vray, puisque c'est le diable qui le dict : Ainsi l'ont remarqué S. Chrysostome, & Oecumenius sur le 16. chap. des Actes des Apostres, où est dit qu'estant S. Paul auec ses cópagnós en la cité de Philippe, vne fille ayant vn malin esprit crioit apres eux disant : Ces hommes icy sont seruiteurs du haut Dieu, & vous annoncent la voye de salut : or S. Paul luy laissoit dire estimát que cela profiteroit à aucuns, mais apres plusieurs iours elle continuant, S. Paul se fascha (estimant que cela pouuoit nuire à d'autres) & luy commanda de sortir de la fille au nom de Iesus-Christ, & s'en alla. Secondemét, c'est en flatterie de l'Exorciste, à celle fin qu'il cesse de le tourmenter ou chasser du tout du corps, laquelle raison apporte aussi S. Chrysostome sur le susdit passage, disant qu'il fait comme le criminel deuant son iuge, & l'enfant deuant le Pedagogue, tenant les verges en main pour n'estre fouëtté, & en ceste façon vn demó flattant Iesus Christ, disant : Ie te prie ne me tourmente Iesus fils de Dieu, où il disoit la pure verité. Troisiesmement (qui est la plus ordinaire façon) c'est quand ils sont contraints en despit d'eux par diuine puissance occulte, ou en

Athanas. in vita Anthonij.

a *Ioan. Lorinus in Acta Apost. cap. 16. vers. 17.*

Marc. 5.
b *Le discours de l'Histoire fidelement recueilli sera entendre qu'en ceste façon l'esprit malin a parlé.*

ã ij

vertu de son nom aux exorcismes, laquelle raison amene le gracieux & tres-deuot Poëte Arator, en ses poëmes sur les Actes des Apostres, auec le Venerable Bede, & plusieurs autres. En quatriesme lieu il dit la verité pour auoir occasion d'accuser, & estre tesmoin contre les incredules & impenitens deuant le iugement de Dieu, dequoy sainct Antonin recite l'Histoire d'vn demon, lequel ayant prins l'habit d'vn Predicateur feit vne pieuse & fort seuere presche, & en fin il se declara deuant tous d'estre vn malin esprit ayant esté permis de Dieu pour accuser les incredules, ou impenitens deuant le tribunal du iugement de Dieu. Le beneuole Lecteur aura esgard à deux choses: la premiere que c'est vne Histoire simplement de ce qui a esté faict, non vn fondement de nostre foy, toutesfois pouuant seruir de faire penser au iugement de Dieu : L'autre est qu'il ne trouue point mauuaises les repetitions assez frequentes, car il a fallu exprimer & coucher l'Histoire au vray, neantmoins elles se faisoient auec tant de vehemence, qu'elles n'estoient inutiles, ny superfluës aux assistans, ains les esmouuoient beaucoup à ietter plusieurs larmes & souspirs. Dieu par sa bonté nous touche à tous le cœur, par tant de moyens & remedes qu'il nous baille.

SOMMAIRE DE L'HISTOIRE DV MAGICIEN BRVSLÉ A AIX, l'an mil six cens vnze, le dernier Auril.

EN la ville de Marseille il y auoit vn Prestre nommé Louys Gaufridy, venu du costé des montagnes de Prouence, Magicien depuis quatorze ans, fait tel en lisant vn certain liure escrit à la main, où il y auoit des vers François, auec des caracteres qu'il auoit trouué parmy les liures d'vn sien oncle mort depuis quelques annees, le diable se monstrant à luy visiblement en forme humaine, luy disant: Que veux-tu de moy? car tu m'as appellé, & apres certains propos ledit Louys Gaufridy luy dit, Si tu as puissance de me donner ce que ie desire, ie te demãde deux choses. La premiere que ie sois suiuy de toutes les femmes que i'aymeray: La seconde, que ie sois estimé & honoré par dessus tous les autres Prestres de ce pays, & parmy les gens de bien & d'honneur. Le diable luy ayant promis ces deux choses, reciproquement luy demãda de luy donner son corps, son ame, et ses œuures, lequel luy respondit qu'il luy bailloit librement ces trois choses, se reseruant l'administration des sacremens, & estans ainsi d'accord, ledict Gaufridy luy fit vne cedulle signee de son sang, & le diable luy en fit vne autre luy promettant ce que dessus.

Or estant tel, il tascha de seduire vne fille aagee de neuf à dix ans nõmee Magdaleine de Demãdouls autrement de la Pallud, fille du sieur de la Pallud, gentil-hõme Prouençal: & ayant eu son consentement, il la mena (estant à la metairie dudit sieur de la Pallud) dans vn antre ou cauerne, non loin de ladite metaire, où elle veit vne grande trouppe de gens (qui estoit la Synagogue des Sorciers) dont elle fut fort esbahye. Lors luy dit le Magiciẽ, Ce sont icy nos amis, il faut estre marqué comme eux, ainsi la pauure fille toute estonnee se laissa marquer & violer, & n'en dit rien à son retour, ny à son pere, ny à sa mere, ny à aucũ autre. Du depuis elle estoit ordinairement portee par le diable en la Synagogue, & fut faicte la Princesse cõme ledit Louys estoit le Prince de la Synagogue, ce neãtmoins demeurãt à la maisõ de sõ pere, par la grace de Dieu (qui auoit esgard à sa ieunesse) elle eut volõté de se rẽdre des filles de sainte Vrsule, qui sont en la ville d'Aix en Prouẽce sous la conduite des Prestres qu'on appelle de la Doctrine Chrestienne.

Ayant cõmuniqué son intention au Magicien Louys, il la detournoit de toutes ses forces, & luy persuadoit de se marier, luy promettãt vn beau & riche hõme pour mary, ce nonobstãt elle persistoit tousiours en sa premiere resolutiõ, dequoy irrité le Magiciẽ la menaça, disant: Si tu y vas, ie ruyneray toute la cõpagnie, tant des filles de sainte Vrsule que des Prestres de la doctrine. Et y estãt allee, le Magicien par vn malefice, & en vertu de ce qu'elle auoit faict vne cedulle au diable signee de son sang, la feit posseder à Belzebub, et à plusieurs autres de sa trouppe, ietta encore vn autre malefice contre vne sienne compagne appellee Louyse Capeau, & en vertu d'iceluy (comme aussi à cause qu'elle auoit demandé plusieurs fois à Dieu de luy faire endurer toutes les peines, voire mesme de l'enfer dont elle seroit capable, pour la conuersion de quelqu'vne de ses sœurs, qui se trouueroit en mauuais estat, & hors de la grace de Dieu) ladite Louyse fut possedee d'vn maling esprit qui se disoit Verrine, & de deux autres ses compagnons. Or cela estant ainsi le Pere Iean Baptiste Romillon Superieur des Prestres de la doctrine se prenant garde par les mouuements extraordinaires que ces deux filles estoient possedees, il les faisoit exorciser secrettement dãs leur chapelle, craignant de diffamer la cõpagnie desdites filles: mais ayant continué l'espace d'vn an & quelques mois, & voyant qu'il ne profitoit à son aduis, (car les diables ne voulurent iamais parler) il amena ladicte Magdaleine (comme plus manifestement possedee) à la ville de S. Maximin, pour prendre aduis du Pere Frere Sebastien Michaelis, Prieur du Conuent Royal de sainct Maximin, où gist le corps de la saincte Magdaleine, lequel trouua bon de faire faire vne confession generale à ladicte Magdaleine, pour receuoir l'absolution de luy comme Inquisiteur de la foy, si d'aduenture il y auoit en elle quelques cas reseruez, & apres luy faire faire vne neufuaire à la saincte Chappelle, où gist la saincte Magdaleine, & l'exorciser soir & matin, pendant lequel temps les diables feirent des mouuements fort estranges, se tourmentans beaucoup, mais ne

á iiij

voulurent iamais parler.

Et approchant le temps des Aduents que le susdit Pere deuoit prescher en la ville d'Aix, il donna aduis au Pere Romillon d'amener Magdaleine, & pareillemēt Louyse possedee, à la sainĉte Baume, qui est le lieu où la saincte Magdaleine feit sa penitence l'espace de trente ans, & est vn Vicariat dependant du Conuent Royal de sainĉt Maximin, luy disant y auoir mandé depuis peu de iours le P. François Domps Flaman de nation & Docteur en Theologie en l'Vniuersité de Louuain, lequel outre son sçauoir auoit autrefois exorcisé, ainsi fut faiĉt.

Estans les deux possedees arriuees à la sainĉte Baume, Verrine qui estoit au corps de Louyse, cōmença à discourir le iour de la Conception nostre Dame, parlant vne grosse heure, & continua ces discours deux fois le iour aux deux exorcismes, iusques au troisiesme de Iāuier, disant qu'il estoit là de la part de Dieu (bien que contrainĉt & forcé) pour conuertir & manifester deux personnes Magiciennes, & principalement celuy qui estoit Prince des Magiciens, commandant à tous les Magiciens d'Espagne, France, Angleterre, & Turquie, ayant Lucifer pour son demon, adioustant que Dieu ne pouuoit plus tollerer les blasphemes et iniures qu'on commettoit de nuit contre sa Maiesté, & contre le sainĉt Sacremēt, disant qu'à iuste cause Dieu l'auoit deputé à ces fins, & mesmes pour leur conuersion, ce que iamais n'estoit arriué, à raison qu'ils auoient renoncé à Dieu, aux merites de Iesus Christ, à sa sainĉte Mere, à tous les chœurs des Anges, &

à tous les bien-heureux Saints, à toutes les confessions, & autres sacrements, à toutes les predications ou exhortations des hommes, à toutes les inspirations que Dieu leur pourroit mander, & à toutes les creatures visibles qui les pourroient induire en quelque façon que ce fust à leur conuersion enuers Dieu, excepté, disoit-il, au diable : & c'est pourquoy Dieu a choisi par grande merueille toute nouuelle, les diables (adioustoit il) pour leur manifestation & conuersion.

Or en ses discours il tascha premierement de conuertir Magdaleine, luy reprochant rudement en presence de grāde trouppe de gens qui affluoiēt tous les iours, qu'elle n'estoit pas biē cōuertie, qu'elle auoit vn cœur de pierre, & qu'elle auoit intelligence encores auec Belzebub, ou qu'elle luy auoit consenty, ou le iour ou la nuit precedente, & finalement luy dit deuant tous les assistans tout ce qu'elle auoit fait à la Synagogue, laquelle chose amena Magdaleine à vne si grande honte, particulierement luy entendant dire qu'elle estoit vne Magicienne, qu'elle se print à plorer à chaudes larmes, & depuis on la trouua vrayement conuertie.

Cela estant fait Verrine commença à inuectiuer contre le Prince des Magiciens sans le nommer, disant qu'il sçauoit bien ce qu'il en disoit, ou par le rapport des autres malins esprits, ou luy mesme y venant en personne pour y tenir la Synagogue, ou par le rapport des assistās criant à haute voix, Que s'il ne se conuertissoit, il seroit bruflé tout vif, lequel ne faisant aucun estat de se cōuertir pour tout cela, vn iour il le nomma tout haut en la presence d'vne grande assemblee de peuple,

& luy escriuit vne lettre par la main du Pere exorciste, de laquelle il ne feit point de cante.

Or l'Aduent estant acheué, le P. Michaëlis partant d'Aix apres les festes de Noel, se transporta à la saincte Baume, où il s'arresta depuis le premier Ianuier iusques au cinquiesme Feurier pour esprouuer si les deux susdites filles estoient vrayement possedees: car on en parloit fort diuersement, & estoit de son deuoir d'en faire la preuue, elles estant en vne Eglise de sa iurisdiction. Or ayant le tout bien consideré, & iugé qu'en verité ces deux filles estoient possedees, & y ayāt veu des euenemens bien estranges, causez ou par les demōs ou par les sorciers, arriuant le temps du Caresme se transportant à Aix pour y continuer les predications, il cōmuniqua le tout à Monsieur du Vair premier President en la Cour de Parlement de Prouence, luy remonstrant qu'il y auoit trois realitez infaillibles en Magdaleine, que ledit sieur ayant luy mesme esprouuees, a procedé auec le Parlement d'Aix, contre le Magicien, ayant obtenu grace & abolition de sa Majesté pour Magdaleine, laquelle a eu esgard à son aage, & à la seduction trop cauteleuse.

Les actes prins iour par iour depuis le commencement de Decembre, iusques au 24. Auril de la presente annee. 1611. deduisent plus amplement tous les euenemens estranges, & tousiours nouueaux arriuez audit temps, ledit P. Michaëlis a assisté à tous les actes & exorcismes quatre mois durant : sçauoir Ianuier, Feurier, Mars, & Auril, outre ce qu'il veit sur la fin de Decembre.

APPROBATION.

Nous soubs signez Docteurs en la sacree Faculté de Theologie à Paris, certifions auoir entierement & diligemment veu & leu ce present traicté intitulé, *Histoire admirable de la possession & conuersion d'vne penitente seduite par vn Magicien*: le recueil commis par le R. Pere Michaëlis Docteur, Predicateur & Inquisiteur de la Foy Catholique, Apostolique & Romaine, estably par nostre S. P. le Pape. Auquel traicté & recueil n'auons rien trouué qui ne soit orthodoxe & conforme aux statuts, documens de l'Eglise nostre saincte mere: ains y auons remarqué plusieurs belles choses qui sont pour apporter tres-grande consolation & edification à tous les fideles Chrestiens, tant seculiers que reguliers, & encore vn grand motif & aiguillon à la penitence & à la pratique de la vertu. Faict en nos estudes à Paris ce Mardy 10. iour de Iuillet, l'an de grace mil six cens & douze.

G. FROGER. Fr. P. DVMI.

TABLE DES
DIFFICVLTEZ
PROPOSEES.

I.

S'Il est loisible qu'vne fille face des discours à l'Eglise. II.

S'il faut croire à tout ce que dit le demon.

III.

Il dit que l'Antechrist est né.

Donc il est bon de se preparer de peur d'estre surprins comme ceux du deluge. IV.

Si Salomon est damné, & Nabuchodonosor sauué. V.

Le demon semble commander à l'Exorciste.

VI.

Si le grand Henry IIII. est sauué.

On peut voir encores le discours de S. Hierosme sur le premier Chapitre du Prophete Naum.

VII.

Que le S. Sacrement aye esté foulé aux pieds.

VIII.

S'il est loisible d'escrire des lettres aux saincts de Paradis. IX.

Si le diable peut prier Dieu pour la conuersion des pecheurs. X.

Le demon dit que Dieu luy a promis diminution de peines. XI.

S'il y a apparence d'ambition.

RAPPORT ET EXPLICATION DV PASSAGE DE
sainct Hierofme fur le premier Chapitre du Prophete Nahum,
où eſt dit:

Q*Ve penſez vous contre Dieu, iceluy fera la conſōmation,* (c'eſt à dire mettra fin à toutes choſes) *double tribulatiō ne ſe leuera point:* ou ſelō les ſeptáte Interpretes, *Il ne prendra point vengeance deux fois ſur vn meſme ſujet en la tribulation.*

¶ Là deſſus S. Hieroſme fait vn diſcours contre les Marcioniſtes & autres anciens Hetetiques, leſquels accuſoient de cruauté le Dieu de l'ancien Teſtament, & des Prophetes qu'ils ne receuoient pas, mettans en auát les exemples de ceux qui perirent au deluge: des autres qui furent foudroyez du ciel en Sodome & villes circōuoiſines: des Egyptiens qu'il fit noyer en la mer rouge; & d'vn grand nombre du peuple d'Iſrael qu'il fit mourir au deſert.

Auſquels il reſpond qu'en tout cela il y a eu plus de miſericorde que de iuſtice, leur enuoyant quelque punition temporelle & tranſitoire, pour ne les damner eternellement: Ce qu'appert par ce Prophete, lequel dit clairement, *Que Dieu ne prendra point deux fois vengeance ſur vn meſme ſujet.*

Donc, dit-il, ceux qui ont eſté punis vne

fois, ne le seront pas par apres, autrement il faudroit dire que l'ecriture ne fust veritable, ains mensongere. Il faut donc dire, dit-il, que les susdits receperunt mala in vita sua, & consequemment non en l'autre monde. (Il presuppose ce qu'a dit S. Pierre, que plusieurs au deluge, ayans repentance de leurs pechez, n'ont esté enuoyez au feu d'enfer, mais en la prison, de laquelle Iesus-Christ les deliura descendant aux enfers: de mesme faut entendre des autres sus nommez.) Or apres tout cela, sainct Hierosme fait vne question bien à propos, disant: *Que dirons nous donc d'vn homme Chrestien, qu'vn autre le trouuant en adultere luy tranche la teste?* A cela il respond d'autre façon, disant: *Qu'on ne peut preuenir ou preoccuper la sentence de Dieu iuste Iuge, pour l'empescher de n'en prendre vengeance selon la mesure des supplices qu'il a decreté sur les enormes pechez, y employant de grands et longs tourmens.*

Il veut dire que si on pretendoit se mocquer de Dieu, & dire, Ie veux empescher Dieu de damner cet homme pecheur, le punissant moy mesme en ce monde, il s'abuseroit grandemét, car la raison pourquoy Dieu ne punit pas en l'autre monde, presuppose que Dieu luy-mesme par sa prouidence en ait fait la punition, & presuppose aussi que celuy qui est chastié en ce monde durant sa punition il aye repentance de ses pechez, & en demande pardon à Dieu, comme pour exemple) le bon larron estant au supplice. Et d'autre part, si ce Chrestien decapité lors qu'il commet l'adultere ne se prend garde,

& n'a eu loisir de se recognoistre, ny demander pardon à Dieu, c'est lors vn cas à part, non comprins en la sentence du Prophere Nahum. *Trop mieux* (dit sainct Hierosme) *si le transgresseur a esté puny en ce monde par voye de iustice, comme celuy qui auoit maudit le peuple d'Israël, & l'autre qui auoit amassé du bois le iour du Sabbath, ayans eu loisir de se recognoistre de leurs pechez beaucoup plus legers que l'adultere.*

De ce discours de sainct Hierosme aucuns Theologiens Scholastiques ont tiré consequence, soustenans que si le malfaicteur condamné à la mort reçoit à gré la mort pour Dieu offensé, & en remission de ses pechez, qu'il n'endure point aucune peine en l'autre monde, n'y ayant point plus grande charité au monde, que de vouloir librement mourir pour Dieu en remission ou satisfaction de l'offence commise contre sa Majesté.

Extraict du Priuilege du Roy.

PAr grace & priuilege du Roy il est permis à CHARLES CHASTELLAIN Libraire Iuré en l'Vniuersité de Paris, d'imprimer ou faire imprimer, vendre & distribuer ce present liure intitulé, *Histoire admirable de la possession & conuersion d'vne penitente, seduicte par vn Magicien, compilee & redigee par le R. Pere* MICHAELIS, *Docteur en Theologie, et Predicateur.* Et deffenses sont faites à tous Libraires, Imprimeurs, & autres de quelque estat, qualité ou condition qu'ils soient, d'imprimer, ou faire imprimer ny exposer en vente ledit liure iusques à six ans finis & accomplis, sur peine de confiscation desdits exemplaires, & d'amende arbitraire : comme plus amplement est porté par les lettres patentes. Donné à Paris le troisiesme iour d'Aoust, l'an de grace mil six cens douze, & de nostre regne le troisiesme.

Par le Roy en son Conseil.

DV FOS.

APOLOGIE

APOLOGIE AVX DIFFICVLTÆZ PROPOSEES

sur l'Histoire admirable de la possession
& conuersion d'vne Penitente, &c.

ADVERTISSEMENT AV LECTEVR.

Ce liure icy est vne pure Histoire rapportant au vray tout ce qui s'est passé en la descouuerte d'vn Magicien, & conuersion d'vne pecheresse seduicte.

LE malin esprit qui a esté l'instrument de ceste descouuerte se nommant Verrine, se dit, & se declare luy mesme estre un diable, a vn damné eternellement, b & sans esperance, se monstrāt tel en effect, quand il donnoit tous les iours (depuis le mois de Decembre iusques à la fin d'Auril) le plus d'empeschement qu'il pouuoit à celle qu'il possedoit, nommee Louyse, de mesme que Belzebub faisoit à Magdaleine de parachever c la confession & receuoir la S. Communion.

Il dit, Dieu n'est point mon d Redempteur, mais bien mō Iuge, & encores bien seuere: Il adiouste que c'est vn tres-grand miracle qu'il soit contrainct de dire la verité, plus grand, dit-il, que de créer le monde, pourautant qu'en ceste contrainctè les diables resistent tant qu'ils peuuent, & disputent auec Dieu. Il dit encores, Ie n'ay point esté

a pagé 9. & 192. Acte du 20. Decē. pag. 342. Acte du 3. Iauier. b pag. 110. Actes du 16. Decē. & 258. Actes du 23. Decē. & 337. Acte du 3. Ia. & 146. c pag. 41. & 42. & 251. d pa. 169. & en l'Acte du 16. Decemb. fueil. 2 e pag. 169. Acte du 19 Decē. f en l'acte du 16 Decemb. 2. fueil. & pag. 21. part. 2. Act du 18 Ian. & pa. 65. Acte du 2. Feu. & page

ē

219. part.
1. Acte du
21. Decẽ.
& p. 22
& 223. 2.
a Acte du
16. Decẽ.
2. fueil.
b Au mes-
me Acte
& fueill.
c pag. 88.
& 89 &c.
d pa. 287.
& 288.
Acte du
25. Decẽ.
sur la fin.

enuoyé de Dieu pour prescher l'Euangile, il seroit faux si ie le disois, & que Dieu l'auoit permis d'entrer en ce corps pour sa a gloire, & pour la conuersion de plusieurs ames, particulierement, b de deux. 2. Tous les deux demons descouurẽt, & demõstrent toutes les impietez & c enormitez commises par les Magiciẽs en leur maudicte synagogue. Verrine dit encores, Ie vous parle de choses salutaires, prenez ce qui est bon, comme si vn meschant Prestre vous exhortoit, & si ne le voulez d faire, ie vous dis que n'y estes contraints.

Ces choses et plusieurs autres semblables empeschent que ces demons ne peunẽt estre prins pour Anges de lumiere, mais tels qu'ils sont, c'est à dre vrays diables, & par consequẽt pour ce regard, il n'y a nul danger qu'on puisse abuser en ceux qui parlent par les possedees, cognoissans qu'ils sont vrays diables, et faut en ce cas tousiours presupposer ce fondemẽt. Les tourmens estranges, & monuemẽs par dessus les forces humaines qui paroissoient aux corps des pos-

e pag 42.
partie 2.
Acte du
9 Mars.
pag. 86.

sedees e en font la mesme preuue.

Ces choses supposees reste encore d'elucider aucunes difficultez proposees depuis l'impression du liure: lesquelles neãtmoins, cõsistunt in facto tantũ, non en dogmes de nostre foy. Et bien que ie les eusse pour la pluspart brieuement elucidees aux annotations en la marge, ie les expliqueray plus au long pour le contẽtement d'vn chacun, supposé tousiours ce que i'ay annoté en la page 299. iour de S. Iean

f pag. 199.

Euangeliste, que pour les predictions à l'aduenir, le temps en fera voir la verité, ou fausseté, & touchant les choses occultes, faut cependant se tenir f à ce que l'Eglise en enseigne.

DIFFICVLTEZ PROPOSEES PAR AVCVNS sur l'Histoire comprise en ce Liure.

PREMIERE DIFFICVLTE.

S'il est loisible qu'vne fille parle & presche dans l'Eglise, attendu que S. Paul deffend à la femme de parler à l'Eglise.

RESPONCE.

V̂ne fille possedee parle en l'Eglise, ou pluſtoſt le demon par ſa bouche durant les exorciſmes, ce n'eſt choſe nouuelle en l'Egliſe, & la memoire aſſez recente de la poſſedee de Laon en face de toute la Cour, & de pluſieurs Prelats, en faict aſſez foy, l'hiſtoire ayant eſté eſcrite de mot à mot a ſi amplement qu'elle faict vn iuſte volume, de laquelle puis apres ont faict mention pluſieurs b graues perſonnages, & n'ont faict difficulté les Predicateurs de l'alleguer en c chaire, pour vn grand miracle arriué par la diuine prouidence, en confirmation de la foy Catholique pour lors vacillante en pluſieurs,

a Boleze, l'an 1566.
b Bartholomeu Fayus præses Parisiēsis in energumenico. Hadrianus Hofſtadius ſerm. 52. de Euchariſtia.
c Iohannes Lorinus. in Acta Apoſt. cap. 5 & 16.

e ij

& pour la conuersion des heretiques, ayant esté veuë & receuë par tous les quartiers de l'Europe, comme ont remarqué aucuns, les Euesques, ny la Sorbonne, ny aucune Vniuersité ne trouuant mauuaise ou indigne la publication d'icelle, & a esté trouué en effect qu'elle a beaucoup profité à l'auancement de la foy. Sainct a Hierosme n'a dédaigné d'escrire l'Histoire d'vne fille possedee par malefice, & la maniere dudict malefice auec les interrogats de l'Exorciste S. Hilarion, & les responces du demon. De nostre temps vne b Nonnain Milannoise pareillemét possedee discouroit de l'Escriture comme celle de ceste Histoire.

a *Hieron. in vita Hilarionis.*

b *Iohannes Lorinus in Acta Apostol.cap. 16*

Or pour le regard de la predication qu'aucuns pourroient presumer, l'Histoire empesche de le prendre en ce sens, car elle ne montoit en chaire, & le demon proteste souuent qu'il c n'est pas prescheur, disant mesme que si Dieu luy commandoit de monter en chaire pour publier le Magicien, faudroit qu'il print la figure d'vn homme, d la femme n'estant point capable de ce faire.

c *fueil. 2. du 16. Decemb. & p.2.21. ar. 2 le 18. Ianuier.*
d *2. Feb. pag. 65. en la 2 partie*

II. DIFFICVLTE.

f *pag.24.2. Acte du 17.Deceb.*

S'il f faut croire à tout ce que dit le demon.

RESPONCE.

C'Est chose digne de remarque, qu'il ne dit iamais estre necessaire de croire à luy, sinon lors qu'il parle auec l'Euangile, & l'Escriture, & pour lors, il tanse & reprend les heretiques, & tous incredules, mais hors de là, il dit clairement qu'il n'astrainct, ny oblige personne à croire ce qu'il dit, ainsi qu'appert en la page 288. sur la fin de l'Acte du iour de Noel.

III. DIFFICVLTE.

Il dit que ᵃ l'Antechrist est né.   a. pag. 299 339.

RESPONCE.

Cela a esté dit plusieurs fois par les Docteurs, comme par sainct ᵇ Gregoire & autres, & depuis enuiron deux cés ans sainct Vincent ᶜ Ferrier en disoit, & preschoit autant, & l'asseura au traicté qu'il fit *de Antichristo*. Ce qu'a esté verifié en Iean Hus bruslé au Concile de Constance, auquel temps ledit Sainct viuoit encores, le susdit Iean Hus ayant esté la premiere source de toutes les heresies du siecle passé, & qui sont encores de present, *Quoniam Antichristi multi sunt, & Antichristus iam venit*, dit S. Iean. Et qui sçait ce que Dieu prepare aux enormes pechez de nostre siecle?

ᵇ *In registro.*
ᶜ *D. Antoninus in historia.*

IIII. DIFFICVLTE.

Si Salomon ᵈ est damné, & Nabuchodonosor sauué?   d pag. 290 & 297.

e iiij

Apologie

RESPONCE.

L'Annotation que i'ay faicte en la marge, faict entendre que c'est vn probleme en l'Eglise, toutesfois sainct Augustin tient qu'il est damné, sur le Pſ. 126. & en pluſieurs autres paſſages, comme a remarqué Bellarmin, tome premier, & liure premier de ſes Controuerſes, chap. 5. lequel tient la meſme opiniõ auec le Docteur de Lyra, sur le ſecõd liure des Roys, chap. 7. Pour le regard de Nabuchodonoſor le meſme a ſainct Augustin l'oppoſe directement à Pharaon, magnifiant la iuſtice de Dieu en Pharaon reprouué, & la miſericorde en Nabuchodonoſor ſauué, bien, dit-il, que les deux fuſſent eſgaux en condition & dignité & en grandeur de peché. La penitence du ſecond appert par l'Eſcriture. Epiphanius b recite que Nabuchodonoſor depuis qu'il retourna en ſon bon ſens, il ne mangea onques de ſa vie de la chair, ny beut du vin, inſtruit à cela par le Prophete Daniel.

a *In Decretis de Pænitentia*

b *Lib. de interitu Prophetarum, in Danielem.*

V. DIFFICVLTE.

c *pag. 252. et 161. Acte du 18. Decem.*

Le demon ſemble c commander à l'Exorciſte, luy diſant, prends l'Eſtolle, & m'exorciſe.

RESPONCE.

EST à noter qu'il y a incontinẽt apres, *Commande moy*, & proteſte ſouuent ne vouloir ny pouuoir rien faire ſans ſon commandement: En quoy il montre ne parler en qualité de celuy qui commande, mais de celuy qui demande, &

aux difficultez.

veut eſtre commandé. L'exemple eſt en l'Euangilo, où eſt dict: *Si eycis a nos hinc, mitte nos in gregem porcorum, & ait Ieſus, Ite*, où eſt euident que le verbe *mitte*, n'eſt point imperatif, mais deprecatif. S.Athanaſe recite b quand le diable perſuadoit à S.Anthoine de prier Dieu, il le prioit, non pource que le diable le diſoit, mais d'autant que c'eſtoit de ſon deuoir, & qu'il parloit conformément à la parole de Dieu.

a *Matt. 8. & Marc. 5.*
b *Athanaſ. in vita Anthony.*

VI. DIFFICVLTE.

Si le Grãd c Henry quatrieſme eſt ſauué.

c *pag. 255. 313. & 303.*

RESPONCE.

LE demon le dit, & le repete iuſques à trois fois en diuers lieux. Et à l'obiection qu'on faict, que cela pourroit ſeruir de mauuais exemple, la reſponce eſt toute claire, qu'au contraire, c'eſt vn merueilleux exemple que Dieu a baillé contre les ſorciers, puis que ſi volõtiers, & ſi amplement il pardonne à ceux qui ſe retirent d'adiouſter foy à leurs impietez.

Et en ce qui eſt dit, qu'il y a apparéce que c'eſt vne certaine eſpece de martyre. Au cas que ſon ame ſoit allee droict en Paradis, il le faut ainſi tenir. Car nulle ame ne va droict en Paradis que par l'vne des trois voyes, ou par l'innocence, cõme les enfans decedez apres le bapteſme, ou apres vne longue eſpace & ſuffiſante penitence, ou par le martyre, qui a fait dire à S.Cyprien que le larrõ crucifié auec Ieſus Chriſt, eſtoit entré en

d *Nolite iudicare, &c. Diis non detrahes, Principi populi tui non maledices.*

ẽ iiij

Paradis par le Martyre. On ne peut en ce subject dire les deux premiers, ce seroit dõc par le troisiéme, & y a grande apparence. Premierement supposé qu'vn an auparauãt sa mort, vn Astrologue Allemand predit le iour de sa mort, & du depuis il en fut aduerty par d'autres. D'abondant que par son grand iugement, & par la foy grãde qu'il auoit en Dieu, il auoit ceste foy, & cognoissance que c'est vn grand peché d'adjouster foy aux Astrologues iudiciaires, ou aux Sorciers, aymant mieux esprouuer le danger, que de croire: toutes ces choses supposees, ainsi qu'vn chacun vray François, & mesme tout bon Catholique doit supposer, lors il n'y a nulle difficulté que sa mort n'ait esté vne ceraine espece de martyre, attendu que pour quelque vertu que ce soit, Theologale ou Morale, qu'on endure la mort, auec la foy, c'est tousiours vn martyre, *Beati qui persecutionẽ patiuntur propter iustitiam, quoniam ipsorum est regnum cælorum.* Pour exemple, si quelqu'vn eust predit à Ioseph, que s'il ne consentoit à la lasciueté de sa maistresse, sortant de la maison, il seroit massacré, ce cas aduenant, Ioseph auroit esté vray martyr, ayant mieux aymé d'exposer sa vie au danger, que d'offencer Dieu par lubricité, & mourant pour la chasteté. A plus forte raison, quand cela arriue pour ne transgresser le premier commandement de la Loy qui est le plus grand, & le plus important de tous, le plus souuent commandé a en la Loy, & duquel la transgression est plus seuerement comminee, & punie. La susdite doctrine est resolutiuement de sainct Thomas, b re-

a *Hoc est maximum & primum mãdatum.*
b 2. 2. qu. 124. art. 5.

aux difficultez.

foluant que pour quelque vertu que ce soit qu'on endure la mort, c'est vray martyre, donnant l'exemple de S. Iean Baptiste vray martyr, pour auoir souftenu la continence contre l'incefte d'Herode. De mefme vn Concile declara martyr ce bon a Moyne, qui fut tué se mettant au milieu de deux gladiateurs pour les departir: mefme que S. b Chryfoftome dit formellement que celuy qui peut eftre guery par enchantemens, & pour n'offenfer Dieu il refufe, & ayme mieux mourir, en ce cas, dit-il, il eft martyr. Et qui eft dauantage le Cardinal Caietain commentant le fufdit article de S. Thomas, dit, Que fi pour euiter vn peché veniel on eft maffacré, telle mort eft vn martyre, car c'eft pour euiter d'offenfer Dieu, & pour fouftenir vne vertu. Ceux qui vont philofopher, difans, Que le feu Roy n'a point nommé le nom de Dieu au dernier periode de fa vie doiuent confiderer que cela fe peut faire fi foudainement & tacitement, qu'on ne pourra s'en apperceuoir, moins l'entendre & plus promptement de cœur, & d'intention, efleuant fon entendement en Dieu, ce qui peut eftre fait en vn moment, la volóté precedente y feruant beaucoup, en luy particulierement qui auoit prié Dieu ce iour là plus longuement que de couftume, & d'abondant l'honorable compagnie qu'il auoit auec foy dans fon carroffe fait entendre qu'il ne s'en alloit pas pour quelque deffein mauuais.

a *Apud Theodoretum, in hift. Ecclefiaft.*
b *Chryfoft. Hom. 3 in 1. ad Theffal.*

Apologie

VII. DIFFICVLTE.

Que le sainct a Sacrement aye esté foulé aux pieds, c'est chose de mauuaise edification.

a 19. Ianuier pag. 31 partie. 2.

RESPONCE.

I'Ay elucidé cela amplement en l'epistre au Lecteur, & au reste le miracle qui suit incontinent apres apporte la condamnation des sorciers, & l'edification des bons Chrestiens, & estoit necessaire de mettre ce poinct en auant, tát pour l'integrité de l'histoire, qu'à cause que ladite prophanatió auoit esté mise en lumiere, dont les ministres des Heretiques s'en seruoiét par tout le Xaintongeois, & Languedoc ; ainsi qu'on pourra voir en la susdite epistre, & le but de l'histoire est de monstrer combié Dieu s'offence pour tels sacrileges, & cela se void tout du long de l'histoire. Ie desire que les Historiographes en ce fait imitent la saincte Escriture, laquelle ne met iamais en auant la prophanation des choses sacrees s'il n'y a quant & quant vn miracle : On le void en l'histoire des enfans d'Hely, & de leur mort, & des Philistins prophanant l'Arche, & de leurs playes : & des Bethsamites la regardans curieusement, & du feu descendant du ciel, des deux enfans d'Aaron, Nadab & Abiud, & du feu sortant des encensoirs : de Choré & Dathan prenans les encensoirs, & de la terre ouuerte soubs leurs pieds : du Roy Ozias baillant de l'encent sur

aux difficultez.

l'autel, & de la lepre dont il fut saisi. Au nouueau Testament des prophanateurs du Temple, & du petit foüet qui les chassa, que sainct Hierosme [a] estime vn des grands miracles: d'Ananias & Saphyra, & de leur mort soudaine: Et plus à nostre propos de Iudas prophanāt la saincte Eucharistie, & de sa mort le lendemain creuant par le milieu du ventre: Ainsi le practique sainct Paul preschant la mesme prophanation aux Corinthiens, & mettant soudain en auant ceux qui en estoient morts: ou infirmes, ou imbecilles, côme paralytiques, & semblables par vengeance du iuste iugemēt de Dieu: Et est assez euident que beaucoup d'autresfois les susdites choses sacrees auoient esté prophanees, que le S. Esprit passe soubs silence pour n'y auoir point de miracle qui peust autant & plus edifier, que la probation n'auoit scandalisé. Le mesme stile tient S. Cyprian [b] & S. Gregoire en ses Dialogues: l'exemple des Donatistes qui donnerent aux chiens la saincte Hostie, les chiens se tournans vers eux deuenuz enragez & les deschirans, vient à ce propos, & autres semblables, comme celuy qui arriua en la ville de Berith, dans les œuures de S. Athanase, & celuy de Paris dont les marques sōt encores en l'Eglise des Bulliettes, en Latin, *Ecclesia Domini Bullientis*, la saincte Eucharistie ayant esté jettee en vne chaudiere boüillante: vn autre miracle se void à la saincte Chappelle de Dijon, outre la saincte Eucharistie est de soy plus prophanee entrant en vne ame infectee du peché, que quand en ce lieu est dit auoir esté prophanee.

[a] Hieron. in Matth.

[b] Cyprianus Serm. de Lapsis.

III. DIFFICVLTE.

Comment, & pourquoy Magdaleine, de l'aduis de son P. Confesseur ᵃ escriuit vne lettre à la tres-sainct Vierge, & vne autre à la glorieuse saincte Magdaleine.

ᵃ *Pag. 18. 28. & 50.*

RESPONCE.

C'Est la façon de faire tres-salutaire des Peres spirituels, instruisans ceux qui pretendent sçauoir faire les exercices spirituels, & sainctes meditations, lesquels s'exercent, & se rendent prompts par ce moyen, ainsi qu'vn maistre d'escole commande à son disciple d'ecrire des lettres à son pere, ou sa mere, au Roy, ou au Pape, non pour les enuoyer, mais pour s'exercer, & rendre habil à cela, car autre chose est escrire, autre chose est enuoyer vne lettre. En ceste maniere plusieurs de nostre siecle ont deuotement addressé les epistres liminaires de leurs liures à la tres-sacree Vierge non pour les enuoyer, mais pour contenter leur deuotion. On peut voir pour exemple l'epistre du liure des cas de conscience du P. Benedicti, & du liure des Demonstrations Euangeliques sur les trois Maries d'vn autre Pere. Ainsi mesme le prattiqua l'Empereur Theodose escriuant vne lettre à S. Iean Chrysostome decedé plus de trente ans auparauant, laquelle se trouue en ᵇ Nicephore.

ᵇ *Lib. 14. Eccl. hist. cap. 43.*

aux difficultez

Pour le regard de la correction qu'en fit le demon, supposé qu'il fust contraint de la part de Dieu, de trauailler apres la conuersion de Magdaleine (comme l'experience l'a monstré) il n'y a en cela aucune difficulté, car il est éuident qu'vn esprit est plus oculé, & penetrant, & mieux cognoissant par le menu les deffauts & imperfections, que l'homme, soit des siennes ou celles d'autruy.

IX. DIFFICVLTE.

Comment le diable ª prie Dieu pour la conuersion du Magicien, presentant à Dieu le Pere les merites de la mort & passion de son fils, de la saincte Vierge, & de tous les Saincts de Paradis?

ª *Act. du 19. Decembre p. 117.*

RESPONCE.

Qvand vn esprit bon ou mauuais pousse, ou esmeut vn homme, si l'homme y preste son consentement & coopere, lors l'action est attribuee à l'homme, & nõ point à l'esprit, à raison que toute b action volontaire, & procedante du franc-arbitre c'est vne action humaine. Quand il est dit qu'vn esprit demanda à Dieu d'estre esprit de mensonge en la bouche des Prophetes d'Achab, bien que cet esprit mensonger parlast par la bouche de Sedecias, & des autres faux Prophetes, l'action de la prophetie fausse est attribuee à ᶜ Sedecias, & à

b *S. Tho. 1. 2. quest. 1. art. 1.*

ᶜ *3. Reg. 22*

Apologie

ses compagnons. Semblablement quand le malin esprit eut saisi Saül luy faisant jetter la lace contre Dauid, ceste action est attribuee à Saül, non au malin esprit, à raison que Saül consentoit & cooperoit. D'autre part quand le bon esprit saisit Sanson en vertu dequoy il tua mil Philistins, auec vne machoire d'asne, l'escriture attribuë ceste action victorieuse à Sanson tenant la maschoire en sa main. Quand mesme le S. Esprit remplissant saincte Elizabeth la poussa à narrer les loüanges de la Vierge, l'Euangile attribuë l'action à saincte Elizabeth, *Exclamauit & dixit*: de mesme du petit S. Iean Baptiste tressaillant de joye dedans le ventre à cause qu'il cooperoit, y prestant son consentement, le franc arbitre luy estant deuancé, comme vn grand nombre de Peres ont remarqué. En ce mesme sens sainct Augustin, & les autres interpretent ceste sentence de S. Paul, *Spiritus postulat pro nobis gemitibus inenarrabilibus: Postulare nos facit, & gemere*. Car ce sont les actions de l'homme, & non du S. Esprit, sinon entant qu'inspirateur. Quád aussi il est dit que Dieu endurcit le cœur de Pharaon, cela est interpreté en deux façons, la premiere, que c'est Dieu luy mesme immediatement en retirant sa grace: la seconde que c'estoit par permission, Dieu permettant à Sathan de le tenter, iusques à l'endurcissement sans luy donner aucun empeschement. Or en quelque façon que ce fust des deux, toutes les mauuaises actions de Pharaon prouenantes de cet endurcissement, & le mesme endurcisse-

a 1. Reg. 18 Inuasit spiritus Dei malus Saul & prophetabat in medio domus suæ, tenebatque lanceam, & misit eam &c.

ment aussi sont attribuees à Pharaon, disant l'Escriture: *Indurauit Pharao cor suum*, c'est à cause qu'il se delectoit, & prestoit le consentement à l'endurcissement.

De mesmes estoit du demon possedāt Louyse, lors que Dieu par sa puissance absolue (ainsi qu'il parle luy-mesme, & repetāt souuent que c'est vn grand, & bien grand miracle) contraignoit le demon (comme il parle) de mouuoir la langue de Louyse, & luy imprimer à l'imagination tout ce qu'il faisoit dire, Louyse y prestant volontiers son consentement, pour le desir qu'elle auoit de la conuersion du Magicien, comme de Magdaleine, toutes ces prieres estoient actions de Louyse, & non du diable, sinon entant qu'instigateur, Dieu peut-estre le voulant ainsi, pour monstrer plus amplement la grandeur de l'offense dudit Magicien, elle faisant pour lors des cris espouuentables de toutes ses forces l'espace d'vne heure, iusques à perdre la voix; & pour monstrer aussi combien de merites & prieres il falloit employer pour la conuersion d'vn si malheureux homme, si fort esloigné de son Dieu. Et bien que le malin esprit parlast quelquesfois par parenthese en sa propre personne, pour monstrer qu'il estoit l'instigateur de ces discours, cela n'empesche, que les autres actions ne fussent humaines, elle y cooperant, & non aux susdites parentheses. Et comme auons remarqué sur ce passage en la page 335. Acte du 2. Ianuier & 316. Acte du 29. Decembre, elle nous disoit par apres, qu'elle cooperoit, & consentoit à

Apologie

toutes ces prieres comme si c'eust esté de son propre, & premier mouuement, & tres-volontiers pour sa charité. Ce qu'estant supposé il n'y a nulle difficulté qu'elle ne peut presenter l'oblation de Iesus-Christ à Dieu son pere, ainsi que font, ou doiuent faire tous les Chrestiens assistans à la Messe, *Pro quibus tibi offerimus, vel qui tibi offerunt hoc sacrificium laudis, pro se suisque omnibus &c.* I'adiouste que quád sainct Thomas cité en l'epistre dit, Que lors qu'vn ieune homme est tenté du diable d'entrer en religion esperant de le perdre, ou de gaster les autres par son moyen, & que ce ieune homme prie Dieu pour lors luy faire la grace d'estre receu, ceste action est meritoire & bonne comme estant vne action humaine procedant d'vne bonne intention, ores que le diable en soit l'instigateur; & s'il resiste puis apres au diable le tentant d'executer son premier dessein, lors il a double victoire contre son ennemy. De mesme de tout autre bon œuure, comme de faire l'aumosne, ou aller entendre la parole de Dieu, *Actiones sunt suppositorum.*

X. DIFFICVLTE.

Le demon dit que Dieu luy a promis diminution de peines. pa. 267. 24. Decembre sur la fin, 294. le 26. Decembre.

RESPONCE.

La peine

aux difficultez.

LA peine essentielle des diables, qui est la priuation de la vision de Dieu, & la plus grande de toutes, auec la peine à eux donnee dés le commencement à proportion de leur premier peché, elle n'augmente, ny diminuë, mais bien les peines accidentelles, desquelles est escrit fort souuent aux Exorcismes, *Augeo tibi pœnas.* Les Docteurs du temps de S. Hierosme a tenoient que les malins ont nouuelles peines autant de fois qu'ils font offenser Dieu, lesquelles sont temporelles, Comme en pareil la ioye accidentelle des bons Anges augmente en la conuersion des pecheurs, & se perd lors qu'ils retombent, mais non pas la ioye essentielle. Outre au iugement dernier, Dieu augmentera leur peine, *Vt b quid venisti ante tempus torquere nos? &, tradidit cruciandos in iudicium reseruari.* Quand il n'y auroit autre chose que les enserrer dedans l'enfer, estants maintenant libres en l'air. Quand aussi vn bon Ange lie vn mauuais Ange (en Tobie c & en l'Apocalypse) lors il luy augmente la peine, & quand il le deslie, luy oste la peine, & ainsi la diminuë: & sera pratiqué en Lucifer sur la fin du monde, comme est escrit: *Soluetur Sathanas, iam alligatus.* Au demeurant il n'y a nulle difficulté, rapportant cela à la puissance de Dieu absoluë, par laquelle il peut tout absoluëment. Et de ceste icy parloit expressement le demon, comme auons cotté cy-dessus.

a *Hieron. super 5. ca. Matth.*

b *Marc. 5. Matth. 8. 2. Petri 2.*

c *Tob. 8. Apoc. 20.*

Apologie

XI. DIFFICVLTE.

Il y a apparence d'ambition, ou de vanité, à cause de certaines ᵃ loüanges donnees au commun, & à quelques particuliers qu'on deuoit taire.

ᵃ *Pag. 304. Act. du 27 Decembre. pag. 240. & 242. en l'Acte du 12. Decembre.*

RESPONCE.

SVr ce poinct, il y a eu deux manieres d'hõmes doctes, qui en ont fait le iugement: les premiers se conduisans par la direction de leur science, ont respondu candidement en trois mots, qui en valent mil, disants: *C'est vne Histoire*. Les autres n'ayans esgard à leur science, (par laquelle ils sçauent tresbien qu'au faict d'vne Histoire, il faut purement dire, & escrire la verité sans taire aucunement ny les blasmes, ny les loüanges, les vices, ou les vertus) ils concluoient qu'il falloit taire: Toutesfois Moyse gardant les regles de l'Histoire, en son Pentatheuque a fait autrement, mesme pour sa personne, Dauid en ses Pseaumes, Iob en son Histoire, S. Paul en ses Epistres: Neantmoins la verité est que ie voulus retrancher cela de l'histoire, mais ceux qui estoient presens pour lors m'en ont empesché, protestans qu'ils diroient, que l'histoire ne seroit entiere, laquelle ie n'ay escrite, ny estois present en tous ces actes. On m'a baillé l'histoire en Latin, & en François, elle se peut verifier de mot à mot: mais au reste i'ay moderé cela en marge, disant que cela

aux difficultez.

pouuoit estre adulation, & de peur qu'on ne pensast que cela fust adiousté, i'y ay mis par apres: *Toutesfois cela a esté dit.* Et pour le regard du ternaire, il s'explique luy mesme quãd il dit ces mots, *Lors que les creatures conforment leur volonté à celle de Dieu, pour lors elles n'ont qu'vne volonté auec Dieu*, & c'est conformement à S. Paul, disant: *Qui adhæret Deo vnus spiritus est cum eo.* Et Iesus-Christ mesme le dit parlant generalemẽt de tous Chrestiens. Ioan. 17. *Vt ipsi in nobis vnum sint.* Mais ny moy, ny aucun des nostres ne presumons pas cela, moy particulierement qui suis pauure, & miserable pecheur deuãt Dieu. On peut iuger si i'ay cherché ma propre gloire, quand par l'annotation que i'ay mise sur le propos, où le demon mettoit en auant le P. du Laurent, & le P. Michaëlis comme Predicateurs, sans faire mention d'autres celebres, i'ay mis, dis-ie, ces mots: *Il parle selon la capacité du simple peuple assistãt à cause que ces deux* a *preschoient aux villes de Prouence.* On me portera tesmoignage que i'ay deffendu de ne mettre ny Odes, ny Epigrammes au commencement du liure, & ie ne sçay comment le Libraire s'est laissé gaigner en cela, si ce n'est par l'importunité que plusieurs luy en ont fait. Au demeurant de ce qui touche le commun des ordres la Mere b Therese en a autant predit, & l'Abbé Ioachin pareillement, disant: Qu'apres deux ordres qui se reformeront en l'Eglise sur la fin du monde deuãt l'aduenement de l'Antechrist, tous les autres ordres suiuroient. *Postea* c *omnes ordines refor-*

a *En l'Acte du 15. Decembre, pag. 82.*

b *Ribera en sa vie, & en ses œuures.*

c *Ioachin Ab! as in Hieremiã.*

i ij

Apologie

mabūtur. Quant aux particuliers, l'vn desquels est le Pere Romillon Prestre de la Doctrine, ils sont aagez l'vn de 66. ans, & l'autre n'en est guere loing, qui fait que s'appuyants sur la diuine grace, tant l'aage que la condition les met hors des vanitez de ce monde, & Dieu sçait que l'Histoire n'a esté mise en lumiere que pour sa gloire, le soustien de l'Eglise Catholique, & pour fermer la bouche aux Heretiques abusans des depositions du Magicien mises en lumiere à nostre grand regret, lesquelles pouuoient faire obstiner les vns, & seduire les autres: A quoy estoit besoin de sçauoir la teneur de ceste Histoire, qui est le vray antidote contre ces malheureuses depositions. Ceux qui obiectent encores que les Heretiques s'en seruiront, ie les prie de lire attentiuement mon epistre au Lecteur, & verront qu'il n'y a rien pour eux. Pour conclusion, c'est vne Histoire veritable, à laquelle on n'a rien adiousté, & où n'y a rien contre la foy, ny contre les mœurs, contre l'authorité de l'Eglise, ny contre l'estat, nõ plus qu'au recueil des Exorcismes de la possedee de Laon.

L'occasion pourquoy Dieu auroit permis ceste merueille peut estre l'incredulité des hõmes d'vne part, & l'indignatiõ de Dieu de l'autre pour leur incredulité. Sainct Chrysostome a faict ceste conclusion contre les Athees de son temps, sur ce que les demons confessoient & recitoient les tourmens qu'ils enduroient en enfer; Ce n'est pas, dit-il, de leur propre mouuement, car leur superbe y repugne, la-

a *Hom.*13.

aux difficultez.

qu'elle augmente toufiours & ne manque iamais: mais c'eft Dieu, dit il, qui les y contraint pour conuaincre les Athees qui ne croyent à la parole de Dieu prefchee, ny à l'efcriture. A ce propos la fainéte Efcriture nous enfeigne que Dieu eftant courroucé contre nous il nous fait entendre fon ire par quatre moyens. Le premier eft quand il baille des Princes cruels & tyrans, en Ofee chap. 13. *Ie bailleray* (dit Dieu) *des Roys en ma fureur, & des Princes en mon indignation.* Le fecond (qui eft vn figne de plus grande indignation) c'eft quand il laiffe inftruire les peuples par des Pafteurs, & Docteurs peruers, ou en doctrine (permettant qu'on croye au menfonge pour n'auoir creu à la verité) ou bien en mauuais exemple, ce qu'il menace en Ezechiel 14. & ailleurs. Cayphe prophetifant parmy les Pontifes & Pharifiens, & les induifans à crucifier Iefus-Chrift, a baillé figne de leur ruine future. Le troifiefme, qui eft encores plus grand figne, c'eft quand il fait enfeigner les peuples par les Magiciens & Sorciers. Balaam prophetifant parmy les Moabites, conclud leur totale ruine, difant: *Et conteret duces Moab.* Le quatriefme, qui eft le plus grand figne de tous les precedents, c'eft quand il fait inftruire les hommes par vn diable, non immediatement (car il eft efprit inuifible) mais eftant au corps des poffedez, & en cefte façon, comme difoit fainct Chryfoftome, Il vient à conuaincre ou menacer les Athees qui ne veulent croire le feu d'enfer: Et de mefme contre les Pharifiens & autres Iuifs incredules, les demons ont dit & crié que Iesus-Christ estoit le Fils de Dieu.

Donc de ceste Histoire on tire trois poincts sçauoir, la conuersion d'vne pecheresse, à laquelle les autres semblables doiuent prendre exemple, la descouuerte d'vn malheureux Magicien, & le iuste courroux de Dieu côtre ceux qui ne veulent ou croire, ou faire ce qui leur est enseigné par leurs Pasteurs & Predicateurs, mais celuy qui fera son profit des quatre signes susdits, éuitera l'ire & indignation de Dieu, & acquerra grand guerdon deuant luy. Et en ceste façon prinse l'Histoire ne peut que beaucoup edifier les consciences.

Faut encore considerer que Dieu comme Createur & souuerain Seigneur, & Maistre de toutes ses creatures, employe les bons & mauuais Anges en tout ce qu'il luy plaist pour sa gloire & execution de sa volonté, soit par voye ordinaire ou extraordinaire : de ceste deuxiesme auons exemples en l'escriture. Il est certain que le moindre Ange de Paradis est plus puissant que le plus grand diable d'enfer, à raison de la gloire (comme le moindre corps glorifié sera plus puissant que tous les geants damnez) ce que le demon *a* confesse expressement en ceste Histoire : Toutesfois Dieu permit en la sepulture du corps de Moyse qu'vn diable resistast roidement à S. Michel Prince des Anges, qui ne pouuât l'arrester ny surmonter, il n'eust autre remede que s'addresser à Dieu, & le prier vouloir commander à Sathan : *Imperet* b *tibi Deus, increpet te Deus Sathan*, & particuliere-

a Pag. 45.

b In Cano. Iudæ. 1.

aux difficultez.

ment au fait de sa iustice de laquelle les demons sont executeurs. Voulant faire acte de sa iustice pour prouuer Iob, & luy faire rauager tous ses trouppeaux, accabler tous ses enfans, & abbatre leur maison, faire descendre le feu du ciel, & brusler toute leur cheuance, pour lors il parla familierement à Sathan, ainsi qu'il est escrit amplement au liure de Iob. Voulant aussi faire iustice d'Achab a ayant decreté de le faire tuer en bataille pour ses impietez, & iniquitez, il parle à vn malin esprit, & luy commande d'aller executer sa volonté. Or ceste histoire est vn acte de iustice contre vn des plus impieux Magiciens qui fut oncques, comme la fin l'a prouué, & ce n'a point esté vne fille qui l'a diuulgué, mais le diable luy-mesme appellé Verrine, qui l'a publié. Voulant aussi faire acte de sa iustice enuers la pecheresse conuertie, comme font foy les tourmens intolerables qu'elle a souffert l'espace de six mois à la veuë d'vn chacun. N'est de merueille s'il a employé deux executeurs de sa iustice, si bien qu'il faut laisser faire à Dieu tout ce qu'il luy plaist, & ne disputer contre sa puissance, ou volonté manifeste.

a 3. *Reg.* 12

CONCLVSION.

IL ne faut point croire au diable, mais quand estant contraint, il fait des discours sur la verité, lors il faut craindre, car c'est vn signe de l'ire de Dieu.

Aduertissement.

POurce que les plus simples pourroient prendre tout ce qui est contenu en ceste histoire pour choses certaines & appartenantes à la foy catholique, ils seront aduertis que les discours des demons non comprins en l'escriture saincte ou non determinez par l'Eglise, doiuent estre prins pour probables seulement & comme incertains.

HISTOIRE

HISTOIRE ADMIRABLE D'VNE PENITENTE CON-
uertie, seduite par vn Magicien au païs de Prouence: Et de la fin dudit Magicien.

ACTES DV VINGTSEPTIES-me Nouembre 1610.

LE Reuerend Pere Frere Sebastien Michaëlis Prieur du Conuent de la saincte Magdaleine à S. Maximin, de l'ordre des Freres Prescheurs, ayant enuoyé à la saincte Baume (lieu de la penitence de la susdite saincte) le Pere Frere François Domps susnommé, au mesme temps, qui fut le vingt-septiesme Nouembre, mil six cens dix, y arriuerēt de sainct Maximin le Pere Romillō, & le Pere François Billet, auec Magdaleine *a* de Demandouls, & Louyse Capeau, & ce à la persuasion dudit Pere Michaëlis, qui trouua pour lors expedient, que ladicte Magdaleine sejournast à ladicte saincte Baume, principalement le jour de sainct André, pour obuier aux menaces des diables, qui la menaçoient de l'enleuer à tel iour, selon le pact faict entr'eux depuis deux ans, comme ladite Magdaleine le confessoit.

a Arriuée de Magdaleine à la saincte Baume.

Là arriuee (ayant esté coniuree auparauant en plusieurs lieux, comme à Nostre Dame de Grace, à sainct Maximin, & à Aix l'espace de plusieurs mois, où ledict Pere François Billet auoit practiqué beaucoup de patience, & charité à l'endroit de ladite Magdaleine, sans pouuoir toutesfois tirer vne seule parole des demons qui la possedoient) le vingt-huictiesme, vingt-neufiesme, & trentiesme Nouembre, ledit Pere François Billet en la presence du Pere Romillon commença à faire l'office d'Exorciste audit lieu de la saincte Baume, taschant de faire parler les demons. En ce mesme temps à cause de l'occurrence de quelques affaires, fut expedient que ledit Pere François s'absentast pour quelque jour de ladite saincte Baume, & estant party le troisiesme de Decembre, fort soigneusemēt. on veilloit apres son depart, ladite Magdaleine: car durant ce temps, particulierement le iour de sainct André sur le soir, aduint que les malins la vouloient à toute force sensiblement enleuer, mesme estant au sainct lieu de la Penitence, où on l'auoit menee pour euiter le danger, comme vn soir auparauant, en effect ils la transporterent a bien haut, la voulans tirer hors de la saincte Baume par vne ouuerture qui est au plus haut du chœur de ladite Baume, faicte Eglise, de maniere que le Pere Romillon ne la pouuant retenir, fut contrainct de crier à l'ayde, contestant les diables, & disans, elle est nostre.

a Magdaleine enleuee par les diables.

Ledit troisiesme Decembre, ledit Pere Romillon, & aussi ledit Pere François Billet, auant

d'vn Magicien.

son depart, prierent le susdit Pere Frãçois Dõps Dominiquain de vouloir faire quelques Exorcismes pour secourir le Pere Romillon, qui à cause de son aage apprehendoit ce trauail: Passeurant que le Pere Michaëlis auouëroit le fait, veu qu'il l'auoit pris pour iuge assesseur, quand il procedoit comme Inquisiteur pour annuller & enfraindre tous les contracts faits entre le diable & Magdaleine: A quoy pour lors ledict Pere Domps respondit assez froidement, pour auoir esté lassé par trop vne autre fois apres les fascheries, & pesanteurs de semblable charge.

Neantmoins commença le sixiesme Decembre à coniurer Louyse, & au premier exorcisme vn des demons qui estoit au corps de ladite Louyse commença de parler, a & ledict Pere Dominicain luy fit commandement d'adorer Dieu, s'incliner en l'adorant, b & faire autres choses semblables, ce qu'il fit auec si grande facilité, que ledit Pere Exorciste s'en esmerueilla fort, ayant autrefois trauaillé presque trois semaines à l'endroit d'vn diable nommé Κακος, pour le contraindre à faire vn acte semblable.

a Premiere parolle de Verrine.
b Acte d'adoration dudit Verrine.

Le septiesme & huictiesme de Decembre, continuant les mesmes Exorcismes deux fois le iour, les demons estans interrogez, respondirent qu'ils estoient trois au corps de Louyse, y estans par le moyen d'vn malefice, & que le premier d'eux se nommoit Verrine, l'autre Gresil, & le dernier Sonneillon, & que tous estoient du troisiesme ordre, sçauoir au rang des Throsnes.

c Possession par malefice.

Durãt ces mesmes iours que dessus, Verrine,

A ij

Histoire admirable

vn des demons qui estoit en ladicte Louyse, donna vn signe, lequel fut tel, que comme ledit Dominiquain, Exorciste depuis trois sepmaines ayant acheué apres Complie son Rosaire (comme c'est la coustume en l'ordre de sainct Dominique) presentoit trois suffrages incontinent à trois saincts, sçauoir à la Vierge Marie mere de Dieu, à la saincte Magdaleine, & à S. Dominique, faisant ces oblations, il ressentoit en soy vne fortification, deuotion, & attétion merueilleuse, admirant d'où pouuoient prouenir tels esguillons, taschant par tous moyens les diuertir de soy, & d'en sçauoir la cause, & ne pouuant la trouuer, auec l'Exorcisme, attaque ce demon Verrine, luy demádant qui estoient les saincts qui le trauailloient le plus? Il respondit, Ce sont ceux que tu pries auec si grande af-

a L'Exorciste prouuoit le demon.

fection. a L'Exorciste replique si c'estoit sainct Paul, auquel il auoit eu particuliere deuotion. Ledit demon respond, que non, ains que c'estoit la Vierge mere de Dieu, Magdaleine, & Dominique. Neantmoins ledict Exorciste n'en auoit parlé aucunement à personne.

ACTES DV HVICTIESME
Decembre, qui fut la quatriesme Ferie de
la seconde sepmaine des Aduents
iour de la Conception nostre
Dame 1610.

CE iour sur le soir exorcisant ledict Pere Dominiquain, quasi sur le commence-

d'un Magicien. 5

ment des Exorcismes, ledit Verrine commença à parler en ceste sorte, à l'honneur & gloire de la tres-sacree Mere de Dieu, disant.

b Marie est la plus belle creature que jamais le Pere Eternel ait creée, c'est à mon grand regret que ie le dis. Elle est incessamment deuant son fils priant pour vous, luy presentant ses entrailles qui l'ont porté, ses mammelles qui l'ont allaicté, & tout le seruice qu'elle luy a faict au monde. C'est la verité qu'elle est si belle, que mesmes les diables voudroient endurer tous les tourmens pour voir vne fois sa beauté, iamais ils n'ont eu le credit de la veoir en sa beauté, & ne l'ont jamais merité, ny meriteront pour leur grand orgueil, & superbe. Elle est si belle, si excellente, si pleine de toutes perfections, qu'il n'y a aucun Ange, ny Archange, ny mesmes les Seraphins qui esgalent la beauté de Marie. Elle est riche, & Royne tout ensemble, ne faut demander, si comme telle, elle a le pouuoir de donner à ceux qui luy demandent: Elle est aussi sçauante, & cōme telle, sçait fort biē toutes vos necessitez. Outre, comme pleine de misericorde, incessamment

a *Il faut prendre ses propos & les suiuans, en la façon que nous prenons les discours de Balaam enchanteur & Magiciē & de Cayphe, prophetisans de Iesus-Christ, non de leur gré ny de leur propre mouuemēt. S. Athanase dit que quand le diable persuadoit à S. Antoine de prier Dieu, il le prioit, non pource que* le diable le disoit, mais d'autant qu'il parloit conformément à la parole de Dieu. Athanas. in vita Anthonÿ. Aussi nous croyons ce que les diables ont dit, Matth.8. Marc.5. Luc. 8. sçauoir que Iesus-Christ est le Messias, & qu'il est le fils du Dieu viuant, non pour leur dire, mais pour ce que contrainēts, ils parlent conformement à l'Escriture. Ils croyent, dit sainēt Iacques, & tremblent sous la puissante main de Dieu, & se sert d'eux ainsi qu'il luy plaist. Les dragons & les serpens, le feu & la gresle, tout fait sa volonté, dit Dauid Psal. 148.

b *Exclamation sur la Conception nostre Dame.*

A iij

elle est deuant son fils, luy disant, Mon fils, ayez pitié des pauures pecheurs, car bien souuent ne sçauent ce qu'ils demandent. Or en ce (disoit-il) sont semblables à la Mere des enfans de Zebedee, laquelle demandoit que l'vn de ses enfans fust à la dextre, & l'autre à la senestre ce pédant elle s'abusoit de parler ainsi, ne considerant pas que ceux de la senestre seroient damnez. Mais vostre Dieu, qui sçait mieux que vous, ce qui vous est necessaire, respondit, vous ne sçauez ce que vous demandez.

Vous me direz que ie ne dis rien de nouueau, il est vray, mais il est bien nouueau qu'vn diable le die.

Ie dis donc qu'il est bon d'aymer, seruir, & estre deuot à la tres-saincte, & tres-digne Mere de Dieu, car tous ceux & celles qui auront vne parfaicte & entiere deuotion à icelle, iamais, il est vray, il est vray, il est vray, iamais (ô Marie tres-digne Mere de Dieu) jamais ne periront. Le diable mesme est contrainct de la part de ton fils de t'honorer, & t'appeller Mere de Dieu, choses que les demons n'ont accoustumé de faire: Car ils t'appellent ou Marie simplement par mespris, a comme les Iuifs ou d'autres noms de blaspheme par grande indignation, mais non iamais de ce tiltre qui est tant excellent, sçauoir de la tres-saincte mere de Dieu, & quand vous vsez de ces mots, vous dictes tout, comme à vne Dame, l'honorant du nom de mere du Roy, ne pouuans luy donner vne plus excellente, ny plus venerable dignité.

a *Mespris des demõs à Nostre Dame.*

a Elle est aussi tout, & tout, car c'est la fille du Pere, la tres-digne mere du Fils, l'Espouse du sainct Esprit, & le temple singulier de la tres-saincte Trinité: Outre elle est la sœur des Anges, voire mesme leur Royne & Princesse: ie dis plus, qu'apres la tres saincte humanité de son fils, elle tient vn chœur à part, comme la plus excellente, n'ayant aucun semblable pour luy tenir compagnie: & entant qu'elle est seule tres-digne mere Dieu, il est tres raisonnable que celuy qui a la puissance, la sagesse, & la bonté, ait fait vne chose si admirable, & ne s'en faut esmerueiller.

a Il limite puis apres disant. Apres la tres-saincte humanité de son fils.

Il y a plusieurs qui voudroient faire beaucoup, mais leur impuissance faict qu'ils demeurent par les chemins: les autres ont bien la sciēce, mais pour quelques empeschemens corporels, ou parce qu'ils n'ont la bonté, ne la peuuent pas employer: car les diables ont bien la science: mais elle ne leur sert b que de bien peu: mais toy (parlant à Dieu) il est vray, ie le dis par contraincte, non par amour, que tu es toutpuissant, que tu es tout sçauāt, & que tu es tout bon, d'vn rien tu as faict, & peux faire tout ce que bon te semble (ô grand Dieu) & nonobstant, il est vray, se trouuent des personnes, qu'auec tout cela sont ingrats & mescognoissans.

b Exclamation des loüanges de Dieu.

Durant tels, & semblables propos, si beaux & si remarquables, l'on enuoya chercher sœur c Catherine de France, laquelle amena auec soy Magdaleine la possedee, aux fins

c C'estoit la gardiē. de Mag.

A iiij

d'entendre tant, & si excellentes loüanges de la tres-saincte Mere de Dieu: car l'on auoit trouué bon, que ladite Magdaleine a n'assisteroit lors que l'on exorcisoit Louyse. Estant arriuee ladicte Magdaleine, & assise sur le premier degré du lieu de la saincte Penitence, Verrine sur la fin de son discours se tourna vers elle, & se print à crier d'vne voix effroyable: Belzebub, bien que tu sois mon Prince, neantmoins vn plus grand que toy, veut maintenant que ie parle en ta presence, b Ouy, ouy, ie suis contrainct de parler deuant toy.

Aussi tost Belzebub arrogant, & Prince des Demons, qui estoit au corps de ladite Magdaleine entendant ces paroles, se print à bugler à la façon d'vn Taureau furieux, & tournant la teste & les yeux de ladite Magdaleine, auec superbes menaces, tout fasché & furieux print vn des souliers de Magdaleine, & le ietta à l'encontre de Verrine, si qu'il frappa Louyse à la teste.

Nonobstant telles brauades de Belzebub, Verrine s'addressant à ladicte Magdaleine, luy dit, O Magdaleine, que bien-heureuse est ceste Baume pour toy: Il est vray Magdaleine, Beniste à jamais ceste Baume, par ce qu'en ce lieu, si tu veux, tu y seras vne seconde Magdaleine, mais iusques à present, tu es encores vne superbe, vne ingrate, vne endurcie. c Mag-

daleine fême admirablement vertueuse, laquelle nous auons veu rauie en extase, soudain qu'elle auoit receu auec larmes le sainct Sacrement.

a *On voioit vne grande inimitié entre les deux possedees, procedant des Demons qui estoient contraires.*

b *Le Demon inferieur n'ose ny peut parler en presence du superieur, sans sa permission,* comme cahibé d'vn plus puissant que luy: car l'ordre y est naturel, Et auons obserué que les deux compagnons de Verrine n'ont iamais parlé sans permission, ny pareillement les compagnons de Belzebub, sans la permission ou absence dudict Belzebub.

c *Premiere reprehension à Magdaleine.*

daleine, ie te dis que ton Createur est encore prest de mourir pour toy. Cela est vray! Magdaleine, Marie prie pour toy, parle pour toy à son fils, & luy dit incessamment : Mon fils, Magdaleine se conuertira : mais ô malheureuse, meschante, & detestable que tu es : tu tiens tousiours le sac de ton cœur fermé. Magdaleine, prens garde à toy. Garde, garde, garde, Magdaleine, ie te dis que iamais Iudas, iamais Herode ne furent punis comme tu seras, si tu ne changes de vie. Magdaleine quitte moy ces demons, Belzebub, Leuiathan, Balberith, Asmodee, Astaroth, quitte moy cet Enfer : Magdaleine, Il est vray, que tous ne cerchent que ta damnation. Louyse n'est que l'instrument de ce discours : elle est possedee pour l'amour de toy : Dieu touche cet instrument, & te fait ouyr ceste harmonie melodieuse. Il est vray Magdaleine, ce bon Dieu te receura si tu veux : tu seras comme vn autre Thaïs : Magdaleine humilie toy, obeys, retourne à saincte Vrsule.

a Miracle, miracle non iamais ouy, & qui n'aduiendra iamais que le diable conuertisse les ames, leur serue de Medecin, d'Apoticaire, & Chirurgien. *a Il commence icy à descouurir ceste merueille.*

Apres tous ces discours, ladite Magdaleine demeura obstinee, b & en son premier estat, dont l'assistance toute esploree, s'estonna fort, tant dudit endurcissement, comme d'auoir entendu des discours si grands, & si sententieux, & prononcez d'vne nouuelle façon. Alors fut trouué expedient de l'offrir à Dieu *b Endurcissement de Magdaleine.*

Histoire admirable

par le moyen des sept Psalmes Penitentiaux, & autres Suffrages.

Cela faict le Pere Dominiquain luy dict: Magdaleine, où sont les ᵃ larmes? où sont les remords de conscience? où sont les douleurs que doit auoir vne Penitente? Alors ladite Magdaleine commença à jetter des larmes, & toute esploree, se prosterna aux pieds des assistans, demandant pardon, auec protestation qu'elle se recognoissoit pour vne tres-meschante, & miserable: de façon qu'vn chacun fut fort edifié, & l'on conceut vne grande esperance de sa conuersion.

a L'Oraison cause les larmes.

ACTES DV NEVFIESME Decembre.

LE matin dudit iour furent exorcisees par ledit Pere Dominiquain, Louyse & Magdaleine, & au commencement de l'Exorcisme Verrine commença à parler en ceste sorte. ᵇ Malheureuse, escoute, & songe bien à ce que ie te diray maintenant. ᶜ Malheureuse, ie te dis, que iamais au monde n'a esté vne plus meschante que toy. Il est vray, meschante, & malheureuse, si tu ne te conuertis: Iamais Cain, iamais Iudas, iamais Pilate, iamais le mauuais riche, n'ont esté punis comme tu seras. Louyse n'est pas vne Philosophe, Louyse n'est pas sçauante, Louyse n'a pas estudié: tu le sçais bien meschante: Louyse ne cognoist pas ton cœur, mais Dieu tout

b Seconde reprehensiō à Magdaleine.

c Quels coups de marteau, pour conuertir vne obstinee, & luy briser le cœur.

puissant qui sçait tout, & qui cognoist ton interieur me contrainct te dire, que tu as de rechef escouté Belzebub, auec plus d'attention. (Simulee, ingrate, ᵃ forciere) que ton Createur ; & iournellement le fais à la desrobee. Meschante & mal'heureuse, ie t'asseure qu'il est maintenant fort irrité contre toy. Il est vray, tu es ingrate, & superbe, & ᵇ toutesfois la mere de Dieu est pour toy, tousiours, tousiours, tousiours elle parle pour toy : Elle dit tousiours à son fils : Demain Magdaleine sera obeyssante, demain Magdaleine sera humble, demain elle sera bonne, demain elle se conuertira. Cœur de pierre, cœur de marbre, & de diamant, il n'y a que le sang de l'Aigneau qui te puisse amolir. Pense à toy, Magdaleine, & ne demeure plus obstinee, autrement c'est faict de toy : mille & millions de fois malheureuse, tu seras plus damnee que iamais autre, & les diables t'emporteront en corps, & en ame aux Enfers. Ie te dis que iamais ne fut, & n'arriuera ce que Dieu fait presentement pour toy. Il est vray meschante, & endurcie : Dieu par ses inspirations, ne t'a peu conuertir, ny par les predications, ny par la lecture, ny par tous les Anges, ny par tous ceux qui sont au Ciel, ny par tant de personnes qui ont prié pour toy. Quoy ? faut-il vn diable pour te conuertir ? Faut-il qu'vn diable te serue de Medecin, d'Apoticaire, & de Chirurgien ? c'est plus que de voir cent & cent & cent morts resusciter. Il ne tient

ᵃ *Premiere accusation de sorciere.*

ᵇ *Exclamation que Nostre Dame intercede pour les pecheurs.*

qu'à toy, si tu veux que tu ne sois vne autre Magdaleine, vne autre Thaïs, vne autre Marie Egyptienne, & vne autre Pelagie. Magdaleine, ne resiste plus, ouure ce sac fermé, Dieu aura esgard à ta ieunesse, & te pardonnera tes offenses.

Verrine poursuiuit, & luy dit, Magdaleine, tu sçais fort bien que Louyse est vne scrupuleuse, & que pour rien elle ne voudroit iurer: ie iure donc vostre Dieu, vostre Redempteur qu'il est vray ce que i'ay dit cy-dessus: Et cependant iusques à present tu as tousiours pensé que ce fust Louyse: n'est-il pas vray? Dieu tout-puissant qui void ton interieur, me contrainct te le dire.

a Belzebub le menaçoit inuisiblement selon les locutiōs mutuelles des esprits.

a Puis il s'escria, Ha malheur pour moy! Ha, Belzebub tu me menaces, mais ie n'ay que faire de tes menaces, car vn plus grād maistre que toy & que tout l'Enfer, me commande. Puis se tournant vers Magdaleine, luy dit: Magdaleine renonce à Belzebub, Leuiathan, Baalberith, Asmodee, Astaroth: dits, Ie renonce à toy malheureux Belzebub, & à toy miserable Leuiathan, & à toy Balberith, & à toy Astaroth, & à toy Asmodee.

b Verrine ne faisoit iamais sermens ny renoncemens que par cōmandemēt de l'Exorciste.

b Puis demanda à l'Exorciste qu'il luy fist dire ledit renoncement, & le fist par la bouche de Louyse. Sur la fin de ce discours, & d'vne tant terrible inuectiue, le P. Dominiquain se tournant vers Magdaleine, luy commanda de dire, *Conuerte me Domine, & conuertar ad te.*

c Attrition de Magdaleine.

c Alors elle commença à larmoyer fort tendrement, & monstrer à l'exterieur vne grande contrition de sa vie passee, baisant par fois vn Crucifix, qu'elle tenoit entre ses bras.

Le P. Dominiquain la voyant ainsi esploree, (ayant receu de terribles coups de marteau à la porte de son cœur) luy demanda en quelle disposition elle se trouuoit : Magdaleine luy dit, Ha! mon Pere ie suis pour me desesperer. Ledit P. luy replique : Non ᵃ Magdaleine, Dieu ne vous appelle pas, pour apres vous rejetter: Croyez que maintenant la porte de sa misericorde vous est ouuerte, & qu'il a les bras estendus pour vous receuoir. Magdaleine n'y resistez plus, seulement pensez-y bien, parce que Dieu vous offre la remission de vos pechez, & la grace tant copieuse, que si vous voulez, vous pouuez estre vne autre Magdaleine. Quel motif auez vous pour vous defier de la bonté & misericorde de vostre Redempteur? ᵇ Alors elle dit, Ie suis comme toute accablee pour le grand nombre de mes pechez, & la grande deformité de mes offences.

Alors Verrine reprenant la parole luy dit, Ce n'est pas pour te faire desesperer que i'ay tantost parlé à toy : non, non Magdaleine, quand vn autre pecheur auroit fait des milliõs de pechez plus que toy (Magdaleine il est vray) Dieu luy ᶜ pardõneroit s'il se retournoit à luy, Dieu ne peut mentir : Il a dit, *In quacumque hora*, Il n'a pas taxé le nombre, ny l'enormité, il veut seulement vn bon repentir : Il est vray, Dieu le reçoit comme l'enfant prodigue. De ces paroles & semblables vsa Verrine, & laissa l'assemblee beaucoup plus estonnee, que

ᵃ *Exhortation de l'Exorciste.*

ᵇ *Elle auoit aussi vne grande honte d'auoir esté proclamee en la presence de tout vn peuple.*

ᶜ *Misericorde de Dieu.*

le iour precedent.

Le mesme iour apres vespres furent exorcisees Louyse, & Magdaleine par ledit P. Dominiquain deuant le grand Autel de la saincte Baume où est vn tableau ou l'image de la tres-saincte mere de Dieu, auec l'enfant IESVS sont depeints, ayant d'vn costé la bien-heureuse saincte Magdaleine, & de l'autre costé sainct Dominique. Au commencement des Exorcismes ledit Pere demanda à Magdaleine, vous recognoissez-vous pour vne superbe, ingrate, & desobeyssante, & pour la plus meschante creature que iamais la terre porta? Renoncez vous de tout vostre cœur à Belzebub, & à tous ses adherants? Estes vous preste d'ouurir vostre cœur à Dieu qui vous a creée? Alors elle respondit, qu'ouy, & en confirmatiõ de ce ᵃ cracha en despit du diable, par trois fois en terre. Verrine aussi tost luy dit, Magdaleine, c'est la verité, que voicy la premiere fois que de bon cœur tu parles: Magdaleine, pour toy maintenant tout le Ciel se resiouït, & tout l'Enfer est confus, & gemissant; le Tout puissant me contraint de le dire. Magdaleine reçois maintenant ton Dieu, ton Createur, pour ton Pere & ton espoux, ayme-le de tout ton cœur luy seul, & non autre auec luy, ny hommes, ny femmes, ny autre creature, sinon pour son amour. Magdaleine donne luy la clef des trois puissances de ton ame, car il est vray, qu'à present il te cherit.

ᵇ Magdaleine, tu ayme la beauté, ton espoux est le plus beau des hommes. Si tu l'auois veu

ᵃ Elle cracha à la suasion de l'Exorciste.

ᵇ Persuasiõ de Verrine à Magdaleine.

vne fois, comme l'autre Magdaleine, tu ne ferois que languir apres luy. Il est vray (dit-il, se tournant vers les assistans) vous autres n'en sçauez rien, nous le sçauons, & iamais ne l'auons veu en sa grande beauté, & pour ce nous voudrions endurer tous les millions de tourmens pour en iouyr.

Magdaleine, ie te dits, Ton espoux est tout beau, tout bon, tout accomply: Il seroit encores prest de mourir pour toy, & pour tous ceux qui sont icy: Pour nous il a les mains de fer, & pour vous autres les pieds de laine. Qui sçauroit sa grande beauté, il se presenteroit volontiers à souffrir mille & millions de tourmens, pour la pouuoir seulement en passant considerer vne fois, voire mesmes les diables confessent, qu'il est la beauté mesme, la bonté, & la perfection.

Tu aymes les richesses, & les plaisirs, Magdaleine, ton espoux te peut donner le Paradis, & le Ciel remplis de tous plaisirs & richesses: Fy des diables, fy de Belzebub, fy de tout l'Enfer. Il est vray Magdaleine, nous autres diables promettons monts & merueilles, & ne donnons rien qu'vn Enfer à ceux qui nous font plaisir & seruice. Mais auec ton espoux on a les mille millions de milliers de plaisirs, qui iamais ne manquent & ne manqueront: & sont plaisirs infinis, ce sont contentemens sans nombre, ce sont liesses si excellentes & si grandes, que quand ie serois iusques au iour du iugement à en discourir, ie ne pourrois paruenir à leur grandeur & excellence.

Magdaleine, tu aymes la Noblesse: Ton espoux te sera si noble, que tu tiédras auec luy le rang de Royne & Princesse : Ayme-le seulement de tout ton cœur, puis qu'il t'ayme tant, & te veut donner tant d'honneur.

a Arriuee de la mere de Magdaleine.

a Tu prendras aussi Marie tres-saincte mere de Dieu pour ta mere : Car ta mere naturelle, qui est icy te desire beaucoup de bien, & ne peut pas beaucoup: mais la tres-digne mere de Dieu est toute puissante pour te donner tes desirs, toute sçauante pour sçauoir ce qui t'est necessaire, & toute bonne pour te le vouloir octroyer. Magdaleine, elle est tant belle, qu'il n'y a rien de pareil, nous autres demons ne l'auons iamais veuë, ny iamais ne la verrons, mais toy, tu la pourras veoir si tu veux.

Magdaleine les diables te donneront des assauts tant & plus, iusques à te tenter de desespoir: mais courage, courage, courage, Dieu t'assistera par tout, laisse luy seulement le gouuernement de ton ame, & ne te soucie de rien, car la victoire sera pour toy.

Magdaleine, il est vray qu'il faut marcher par la voye de la simplicité pour entrer en Paradis. Tu as leu beaucoup de liures, mais tous ne t'ont de rien seruy : La porte de Paradis est tant estroicte, qu'on n'y entre que l'vn apres l'autre, & encores pour y passer, il faut ramper sur le ventre. Tu dois remercier tous les iours de ta vie mille & millions de fois la

b Saincte Magdal. intercede pour Magdaleine.

b Magdaleine, car elle t'a esté beaucoup vtile & profitable, & à l'aduenir sera tousiours ton

d'un Magicien.

ton aduocate, voire ta sœur qui t'assistera en tous perils & dangers.

Tu dois aussi rendre graces à ᵃ Dominique mon grand ennemy, car il a beaucoup prié pour toy.

Tu feras le mesme à ton Ange gardien, lequel t'a demandé souuent à son Seigneur, luy disant, Seigneur, donnez-moy, Magdaleine, laissez la moy encore vn jour en ma garde, elle se conuertira, elle fera penitence, elle delaissera tout à faict les appasts de l'Enfer: Courage donc, Magdaleine, courage, puis que tu as enuers Dieu de si bons & diligents Aduocats. Puis luy monstrant le Pere Romillon, & le P. Exorciste luy dit: Magdaleine, voila tes dieux en terre, tu n'es encore qu'vn enfant, laisse toy conduire, humilie-toy, obeis, suis leur conseil & aduis.

Verrine adjouste, Magdaleine, n'as-tu pas veu les diables? elle respond ᵇ qu'ouy. Lors Verrine luy dit, Ne sçais-tu pas que le moindre n'ose parler en la presence du plus grãd? N'est-il pas ainsi? Parle. Alors elle respondit, Qu'il estoit ainsi. Cela dit, Verrine dit à Belzebub: Ie ne me soucie du tout rien de tes menaces: Vn plus grand maistre que toy me commande. En enfer ie te dois obeyssance, comme plus grand que moy: mais estant en ce corps, ie n'ay que faire de toy: Car ie suis icy de la part de ton Createur.

Puis sur la fin s'adressant à Magdaleine, luy dict: Tu as esté seruie en Princesse: Tu as eu l'entree de table, & le milieu, & le dessert. Cõ-

a S. Dominique aussi intercesseur auec le bon Ange.

b Elle les auoit veu souuent au Sabbath & ailleurs.

B

tente-toy, masche bien ceste remonstrance: Magdaleine, sont toutes sentences pour toy.

Cela faict, l'assistance trouua bon de dire vn *Te Deum laudamus, &c.* afin de rendre graces au Tout-puissant, de tant de faueurs mandees d'enhaut à ladite Magdaleine, ce qui fut executé auec beaucoup de joye, & contentement de sa mere naturelle, qui pour lors fortuitement s'estoit trouuee presente à la saincte Baume.

Le *Te Deum, &c.* acheué, Magdaleine se jetta aux pieds de sa mere, luy demandant tres-humblement pardon, & fit le mesme à toute l'assistance, laquelle demeura toute consolee & resjouye de la grande & infinie bonté de Dieu à l'endroit de ses creatures.

En mesme temps on conseilla à Magdaleine de prendre pour espoux son Createur: pour sa mere la tres-sacree Mere de Dieu: pour sa sœur la bien-heureuse saincte Magdaleine: pour son Pere S. Dominique, & pour ses freres tous les Anges, & ainsi les nommer tous quand elle voudroit prier: L'ayant fait, elle dressa en mesme temps, par l'aduis de son Pere Confesseur, vne lettre à la tres-saincte & bonne Mere, la saincte Vierge, en forme que s'ensuit.

a Lettre de Magdaleine à la mere de Dieu. Voyez la respōse aux difficultez en l'obiection 8. apres l'Epistre au lecteur.

a Ma tres-saincte, tres-glorieuse, tres-belle, & tres-amoureuse Mere, ie vous saluë de tout mon cœur, me presentant à vous, comme vne pauure fille affligee se presente à sa mere, pour receuoir consolation. Or sus dōc, ma tres-chere & tres-amoureuse Mere, ie m'adresse à vous comme vne pauure fille desolee, de tous costez destituee de soulas, courte de tout bié, & remplie de tout mal, vous priant en toute humilité d'auoir pitié de moy, vous protestant que ie m'offre & consacre du tout à vous, vous donnant entierement les clefs de mon cœur, afin qu'il vous plaise de planter au milieu d'iceluy les lys de pureté & chasteté, afin qu'au milieu d'iceluy mon tres-cher espoux IESVS, vostre bien aymé Fils, se puisse reposer, & prendre ses delices: Vous donnant aussi les clefs des trois Puissances de mon ame: De l'entendement, pour y planter le Laurier d'vne parfaicte esperance, afin de me confier totalement en mon espoux: De la volonté, pour y planter la rose d'vne tres-ardente charité, pour l'aimer sur toutes choses, delaissant toute autre affection pour l'amour de luy: De la memoire pour y planter au milieu d'icelle la violette d'vne tres-profonde humilité, me ressouuenant de ma vilité & bassesse, pour me souz-mettre & abaisser soubs les pieds d'vn chacun, à l'exemple de mō bien-aimé & tres-cher espoux: & vous prie ma tres-chere, & bien-aimee Mere, de tout mon cœur, de receuoir les choses susdites, & ie suis & seray à toute eternité: Vostre tres-humble, & tres-obeïssante, tres-indigne, neantmoins fille, seruante, & esclaue, Magdaleine de Iesus.

La susdite lettre agrea pour lors au Pere Romillon, mais la correction d'icelle fut dictee le douziesme de Decembre, comme appert cy apres par les actes du mesme iour.

B ij

ACTES DV DIXIESME
iour de Decembre. 1610.

CE jour du matin furent exorcisees par le P. Dominicain Louyse, & Magdaleine, en presence de quatre pelerins ᵃ suruenus de Rome, & plusieurs autres personnes du pays de Prouence. Lors au commencement des Exorcismes, Verrine commença à discourir en ceste sorte.

ᵃ On y venoit tous les iours à grandes trouppes.

ᵇ Pensez au iugement de Dieu qui sera si espouuentable, lors que Dieu separera les bons d'auec les mauuais, & leur dira, Venez, rendez-moy compte des œuures de misericorde.

ᵇ Exclamation sur le iugement.

Il ne dira pas si vous auez beaucoup leu, beaucoup prié, si vous aurez esté grand, ou petit, noble, ou ignoble: non, non, il ne dit pas tout cela: mais il dira bien: Venez, rendez-moy compte, s'il n'est pas vray, que lors que i'ay eu faim (se tournant vers les reprouuez) vous n'auez daigné me donner à manger: lors que i'ay eu soif, vous ne m'auez pas donné à boire: lors que i'ay esté nud, vous ne m'auez pas reuestu: lors que i'ay esté Pelerin, vous ne m'auez pas receu: lors que i'ay esté malade, vous ne m'auez pas visité: lors que i'ay esté prisonnier, vous ne m'auez pas racheté: lors que i'ay esté trespassé, vous ne m'auez pas enseuely. Alors respondront les reprouuez: Et quoy, Seigneur? Auiez-vous faim? Auiez-vous soif? vn si grãd Seigneur auoit-il besoin de rien: Quoy? Estiez vous nud? nous ne vous auons point veu. Verrine pourſuiuant, & parlant en general, tant aux abſens, qu'aux preſens, dit : Ha miſerables ingrats, que vous eſtes meſcognoiſſans des biens-faicts de voſtre Dieu. Vous qui vous dites Chreſtiens, & n'en faites pas les œuures : Vous qui auez vn Dieu ſi bon, que meſmes les diables confeſſent qu'il eſt trop bon. Quel plus grand traict de ſa treſ-grande bonté voudriez-vous, que d'entendre ces mots : ce qu'on aura faict au moindre des miens, ie le tiendray faict à moy meſme ?

a Digne reprehenſion aux Chreſtiens.

Miſerables ſont les Chreſtiens, qui n'aiment ny ſeruent point vn ſi bon Dieu. Sçachez que ceux qui demeureront obſtinez, entendans ces paroles effroyables, que Dieu dira aux maudits & reprouuez : *Ite maledicti in ignem æternum* : Ha qu'ils meriteroient d'eſtre bien chaſtiez !

Faut noter que ledit Verrine diſoit ces paroles auec des cris ſi grands, & auec vne furie ſi eſpouuentable, qu'il reſſembloit à vn deſeſperé, repliquant ceſte parole : *Ite maledicti*, par cinq diuerſes fois, ſignifiant que puis qu'ils auront meſpriſé toutes les playes de leur Seigneur, & la ſaincte Trinité, auec les dix commandemens de la loy, il ſera raiſonnable qu'ils entendent & experimentent ceſte parole effroyable.

Verrine adiouſte à ce que deſſus : Voſtre Dieu alors ſera ſi courroucé, & ſi eſpouuentable, que meſme de ſes yeux ſortiront comme des flambeaux luiſans, ſi inſupportables aux malheureux, que meſmes les peines de l'Enfer ne

B iij

leur seront point si intolerables cóme la furie de ce grand Iuge courroucé contr'eux.

a Vision des damnez espouuentable.

Ie dis plus a, que l'ame d'vn damné est si horrible, & si espouuentable, que si quelqu'vne se presentoit en ce monde à vousautres, la vision d'icelle vous seroit si horrible & si insupportable, que mesme vous mourriez sur la place, apperceuans toutes ses laidures, infections, saletez, puanteurs, & horribles tourmens.

Mais vostre Dieu est si bon qu'il veut donner à chacun ce qu'il aura merité (non pour ses seuls merites, ains de sa propre b bonté, parce que s'il traictoit vn chacun selon ses merites, il s'en trouueroit bien peu qui n'allassent aux Enfers) mais ce grand Dieu ioignant vn peu de bonnes œuures, pour petites qu'elles soient (pourueu qu'elles soient faictes en charité) aux merites de la passion, il en veut donner la recompense, & c'est ce qui leur promet, disant, Venez bien-heureux de mon Pere, &c.

b La vocation & premiere grace, sont de la pure & seule grace de Dieu.

Parce que quand i'ay eu faim, vous m'auez donné à manger: quand i'ay eu soif, vous m'auez donné à boire: quand i'ay esté pelerin, vous m'auez hebergé: quand i'ay esté mort, vous m'auez enseuely: quand i'ay esté malade, vous m'auez visité: quand i'ay esté nud, vous m'auez vestu: quand i'ay esté prisonnier, vous m'auez racheté. Lors les mettans en son Paradis les fera iouïr de ses delices, ayans mesprisé tout pour l'amour de luy. Et puis qu'ils ont esté compagnons de sa Croix, il est raisonnable qu'ils le soient de sa table. Apres ces paroles, il s'escria: I'enrage, i'enrage tout vif,

d'un Magicien.

parce ᵃ que ie le dis, non par amour, mais par contraincte.

C'est chose grande, que le soldat prenne ses armes, & se tuë soy-mesme : C'est ainsi que ie faits maintenant, prenant les armes contre moy-mesme, & d'icelle m'esgorgeant : mais quel remede? Dieu le veut ainsi.

N'est-ce pas vne chose non iamais entenduë, que le diable soit contre le diable, & que l'enfer attaque l'enfer?

Faut icy noter que ce discours, & plusieurs autres semblables paroles, eurent tant d'energie & efficace, que chacun des assistans se mit à plorer, & demander pardon à Dieu, se confesser & communier à l'instant : Dequoy les quatre pelerins susdicts en voulurent donner tesmoignage en la forme qui s'ensuit.

ᵇ Le dixiesme Decembre 1610. sont arriuez à la saincte Baume, Monsieur Arnoul de Borffartigues Chanoine, & Sacristain de l'Eglise Cathedrale de Cominge, Docteur en Theologie, Iacques Audry marchand grossier de Troye en Champagne, Iean Gallois orfeure, & Claude Gaudet marchand drapier de Troye en Champaigne, qui ont assisté aux Exorcismes des deux filles possedées, par trois fois, où ils ont ouy choses admirables : & pour tesmoignage de ce que dessus, nous auons donné nos noms de nostre propre mouuement, pour seruir au public, pour la reduction de plusieurs milliõs d'ames en ceste merueille, où le diable est contrainct dire la verité de l'Euangile par la

a Cõtrainte de Verrine, laquelle il aduouë à tous ses discours.

b Pelerins arriuez, & tesmoins des actes precedens, outre les tesmoins ordinaires.

B iiij

bouche d'vne fille appellee Louyse, estant cōmandé du souuerain & tres-puissant Dieu : &
n'ayans les moyens d'arrester ny sejourner d'a-
uantage en ce lieu, trauaillez & harassez du
voyage de Rome, nous auons remis nostre tesmoignage au Venerable Pere Exorciste en la
presence des Peres auditeurs & autres assistāts,
en foy dequoy nous auons signé Borffartigues,
Iean Gallois, Gaudet, Audry.

Le mesme iour sur le soir furent exorcisees
Louyse & Magdaleine par le P. Dominicain, &
au commencement des Exorcismes Verrine
fit son discours des peines d'enfer, & de plusieurs autres choses, en ceste maniere.

a *Exclamation sur les peines d'enfer.*

a Les peines d'enfer sont si grandes & si espouuentables, que voir seulement vn demon
auec sa forme hideuse, seroit suffisant pour faire
mourir vn homme sur la place, bien qu'il eust
mille vies. Le diable mesme ne pourroit souffrir les ames damnees aux enfers, si ce n'estoit
que celuy est vn lieu determiné pour y receuoir vne peine eternelle. Quand les miserables damnez viennent à nous, vrayement
nous leur faisons de grandes caresses, nous les
faisons asseoir sur vne grande chaire de feu ardent, & nous leur presentons à māger des glo-
bes de feu ensoulfrez, & à boire d'vn breuua-
ge doux comme de fiel, aspre comme d'absynthe, & leurs offrons encores d'autres choses
beaucoup plus ameres, & plus puantes. Ils re-
paissent leur veuë de continuelles visions de
diables: entendent, pour leurs chansons &
musiques, esquelles ils ont prins leurs esbats,

des continuels blasphemes contre Dieu, voire ie dis contre eux-mesmes, maugreans leur naissance, leurs pere & mere : bref toutes les creatures en blot, & par le menu. Nous les prenōs, & bouleuersons tantost dans le feu, tantost dans la glace, tantost dans le soulphre, tantost dans la neige, leur reprochant tousiours leurs offenses passees, leur disant : a Ha malheureux, Voila, voila la fin & la recompense de vos plaisirs & delicatesses, Vous n'auez pas voulu aymer vostre Dieu, vous n'auez tenu compte de ses commandements, vous auez suiuy Baal, & tourné le dos à vostre Createur, vous meritez, vous meritez bien ces tourmens, vous meritez d'estre traictez de la façon; miserables, vous ne verrez iamais Dieu, vous serez priuez sans fin des contentemens celestes, bref vous serez icy bourrelez eternellement.

a *Reproches & regrets des dānez.*

Outre (dit Verrine) nous les faisons resouuenir des graces & benefices infinis receus de leur Createur, non pour leur donner recreation & soulagement, ains pour les tourmenter d'auantage, leur disant, b Miserables que vous estes, vous pouuiez aller en Paradis, vous pouuiez iouyr de la beatitude celeste, vous pouuiez estre cōpagnons des bien-heureux: mais la chance est changee pour vous, vous voicy esclaues des diables, forçats des galeres d'Enfer, & pasture du feu inextinguible. Vous estes bien miserables, vous pouuiez auoir la liberté des enfans de Dieu, & vous voicy maintenant en la seruitude des demons. Si vous patissez, si vous souffrez des peines, vous le meritez, re-

b *en esprit.*

merciez encores que vous n'estes tourmentez icy selon vos meffaits & demerites. Puis faisant vne grande exclamation, dit.

a Regret de Verrine pour estre côtrainct.

a O grand miracle, grãde misere! que les diables parlent contre eux-mesmes, voire ie dis contre tout l'enfer, disans du mal de leur pays, & detournans les hommes d'y voyager, & prendre là leur habitation auec eux. Chose grande! quand vn homme parle auec vn autre, & tous deux parlent de leur pays, ce n'est pas grande merueille que tous deux en disent des loüanges: mais c'est bien vn grand miracle d'entendre que le diable ennemy de Dieu & du ciel, loüe aux hommes le pays du ciel, mesprisant celuy de l'enfer. Ie dis bien plus, qu'en enfer on y va en carosse, & les cheuaux & tout l'attirage y entrent en courant: mais en Paradis y faut aller à pied, l'on y entre en se baissant, car les portes sont fort estroictes, il y faut du labeur, & de la fatigue, & difficilement on y peut entrer sans faire penitence. Ie dis en outre, que le feu d'enfer est si violent, que tout le feu du monde mis ensemble, n'est que peinture au pris de celuy-la: Et neantmoins se trouuent des ames si miserables & si desnaturees, qui courent à brides aualees en ces gouffres ensoulphrez. Les miserables Magiciens, les detestables sorciers & Mascs, & les pecheurs obstinez & endurcis, vous en disent tous les iours des nouuelles.

b Exclamation du malin.

b Puis il dit auec vne grande exclamation, & des cris espouuātables, & auec vne rage & furie fort extraordinaire, ces mots par cinq fois, eternellement, eternellemēt, eternellement, eternellement, eternellement, helas, les ames dānees seront priuees de la visiō de leur Dieu. Vous me direz encores que ie ne vous dis pas de grandes nouuelles, vous disant tout cecy. Ouy vrayment, mais il est bien noueau, (cōme i'ay dit cy-dessus) qu'vn diable vous le die de la part de Dieu, & pour le salut de vos ames. Toute l'assistance par ces paroles & semblables, demeura tellement effrayee, pour les terribles discours que ce Verrine tint sur les peines de l'autre vie, qu'elle desbonda de ses yeux plusieurs larmes & regrets, se ressouuenant des offenses passees.

a Apres ceste harangue Belzebub (qui estoit au corps de Magdaleine) s'escria tout furieux, disant: Hola, ie vous veux faire voir le repos & contentemēt qu'ont les ames damnees en enfer auec nous: Et b lors prenāt Magdaleine, la jettoit rudement & sans cesse d'vn costé de l'Eglise de la saincte Baume, à l'autre, & soudain & à l'instāt la rejettoit de l'autre costé, & ainsi continuant ses tourmens par plusieurs fois, sans aucū respit, si qu'elle y fust morte, s'il eust encores beaucoup cōtinué. c C'est ainsi (dit-il) que nous bourrelons les ames damnees, sans leur donner vn seul moment de relasche.

Outre ce que dessus, Verrine adiousta, que Dieu estoit tant beau, d que les diables seroient contens d'endurer tous les tourmens du monde, & toutes les peines de l'enfer, pour veoir seulement vne fois sa beauté.

Le mesme iour apres disné fut escrite par

a Merueilleux tourmens d'enfer.
b Magdaleine jettee par Belzebub d'vn costé de l'Eglise en l'autre.
c Voyez encores les Actes du 14. iour de Decembre, page 72. & 73.
d La volōté comme naturelle puissance desire tousiours le bien estre.

Magdaleine vne lettre à la bien-heureuse S. Magdaleine de la teneur qui s'ensuit.

¶ Lettre à la saincte Magdaleine.
Voyez la respose aux difficultez, à l'obiectió 2. apres l'Epistre au lecteur.

a Ma tres-saincte, tres-glorieuse, & tres-chere Sœur, ie vous prie de tout mon cœur d'auoir pitié de vostre pauure & petite Sœur, de me prendre par la main, & me conduire à mon tres-cher & amoureux espoux, & vous supplie de toute mon ame, me donner ces cinq belles qualitez, aueclesquelles vous vous fustes ietter à ses saincts pieds, ce qui l'esmeut à vous receuoir aussi-tost pour sa tres-chere amie.

La premiere est l'humilité, afin que ie puisse mespriser toutes choses auec vous. La seconde vne parfaicte contrition pour plorer & detester à tousiours mes pechez. La tierce vne foy accomplie, croyant qu'il est tout-puissant pour me les pardonner. La quatriesme, vne parfaicte esperance, esperant qu'il me fera misericorde. La cinquiesme, vne tres-ardente charité pour l'aymer sur toutes choses, comme mon tres-cher Espoux, renonçant à toutes les affections de qui que ce soit pour l'amour de luy : Vous priant tres-instamment, ma tres-chere Sœur, de m'impetrer ces cinq belles vertus, afin qu'auec icelles, ie me puisse presenter à mon tres-glorieux Espoux, pour receuoir d'iceluy les graces & faueurs du ciel, afin qu'auec vous ie le puisse loüer, & benir à toute eternité, & auec vous demeurer à tout iamais, Ma tres-saincte & glorieuse Sœur : Vostre tres-humble, tres-obeissante, tres-indigne, & tres-petite sœur, & seruante, miserable esclaue, & creature chetiue, Magdaleine de Iesus.

ACTES DE L'VNZIESME Decembre.

CE iour le Pere a Dominicain commença de penser à part soy, s'il seroit bõ de contraindre le diable à dicter les paroles, & discours qu'il affirmoit venir de la part de Dieu, pour les soubmettre à l'examen de l'Eglise, afin de descouurir les ruses & astuces de Satan, & sçauoir s'il parloit de son propre mouuement, aux fins que les absens, comme les presens & ceux qui seront à l'aduenir fussent participans de ceste Histoire à la plus grãde gloire de Dieu, de sa tres-saincte Mére, de la saincte Marie Magdaleine, & de tous les Saincts, à l'extirpation des heresies, & conuersion des ames desuoyees; estimant veritable, que soit que le pot tombe sur la pierre, ou la pierre sur le pot, c'est tousiours le pot qui se casse, & que tousiours le tout seroit à la confusion du diable, soit en vne maniere, soit en l'autre, attendu qu'en nouuelles occurrences, il est loisible d'vser & chercher nouueaux remedes, pourueu que rien ne soit contre Dieu, & son Eglise.

Cecy fut executé certains iours, quand l'Exorciste ne pouuant tout escrire pour l'hastiueté de paroles, Verrine luy dictoit par apres de mot à mot, ainsi qu'il auoit discouru, mesmes huict iours apres pour vne fois, & ce en vertu des Exorcismes, mais par apres il eut commandement de parler plus à l'aise, ce que du depuis il fit.

a Espreuue du maistre.

Ce mesme iour arriua le Reuerend Pere François Billet, Prestre de la Doctrine Chrestienne. Et sur le matin furent exorcisees par le Pere Dominicain, Louyse & Magdaleine, & le mesme disant la Messe à l'honneur de la tressaincte Mere de Dieu, a Belzebub sur ces paroles (*Ecce ancilla Domini*) se mit à crier: Maudites paroles pour nous! O que iamais ne fussent esté dites!

a *Premiere exclamatiō de Belzebub.*

Le mesme Belzebub vn peu deuant la preface de ladite Messe se leua tout d'vn coup (se seruant du corps de la fille) auec vne superbe arrogance & rage inusitee, s'escriant à haute voix, b Que ie t'adore Christ, que ie t'adore: Non, non, ie suis aussi grand que toy: Regarde comme ie me tiens debout.

b *Superbe du diable.*
c *Ils sont battus par augmentation de peines, ainsi qu'auez esprouué par leurs hurlemens,*

Lors Verrine (qui estoit au corps de Louyse) luy dit. c Ha Belzebub miserable, tu seras battu. Belzebub luy respōdit. Il ne m'en chaut, i'ayme mieux souffrir que l'adorer.

& tourmens nouueaux, crians souuent. Ie brusle, laisse-moy, ie n'en puis plus, escumant & comme fumans par la teste: car parmy les diables le superieur en nature bat l'inferieur, comme plus puissant que luy. Les bons Anges aussi les battent, & tourmentent, quand c'est la volonté de Dieu. Outre, ils sont tourmentez en vertu des exorcismes, comme l'experience le monstre, & eux le confessent. Marc. 5. cap. Venisti torquere nos. Et Iesus-Christ mesme a donné ceste puissāce aux Apostres, de mettre les pieds sur le ventre des Serpens, & pardessus toutes puissances de l'ennemy.

Apres la Messe, le Prestre tenant la saincte Hostie pour communier Louyse & Magdaleine, disant, *Ecce Agnus Dei*, Belzebub

d'vn Magicien. 31

se print à crier: Ouy, ouy, ouy, c'est vn Agneau pour vous autres, mais vn Lyon rugissant pour nous. Le Pere Dominicain luy disant, *Adora Deum tuum.* Belzebub luy dit, Que i'adore ce Dieu? non, non, ie n'en feray rien, ie n'en feray rien, ie n'en feray rien. Ha Dieu, Dieu, en despit de toy, en despit de Marie, en despit de Magdaleine, ceste Magdaleine est mienne.

Verrine luy dit, Ha meschant & detestable comme moy, tu n'as rien sur Magdaleine, tu fais mal à propos tes comptes. Magdaleine, c'est pour t'espouuanter, ne crains rien, resiouys toy, & prens Dieu pour ton espoux.

Alors Belzebub respond: Non, non, c'est mon espouse, elle est mienne, ie monstreray qu'elle est mienne: i'ay les procez, i'ay les signatures.

L'Exorciste sur ces paroles dit à Magdaleine: Ne craignez pas ce trompeur & pere de mensonge. Vostre Dieu appellez le vostre cher Espoux, la Vierge Marie nõmez la vostre bonne mere, & la S. Magdaleine vostre douce sœur.

Lors Belzebub dit, Non, ie monstreray que de tout droit elle est miẽne. Et Verrine luy respond: Nõ plus que moy tu ne l'as pas pas creée, ny rachetee, & si tu as perdu la prove, c'est maintenant vne brebis de Iesus-Christ: a Ha miserable & detestable, tu seras biẽ battu de Lucifer. Alors Belzebub repliqua: Ie luy apporteray vne autresfois la proye, car i'ay pouuoir de la tenter, i'vseray de mille & mille tours, ie me seruiray de mes finesses, subtilitez, embusches, & fraudes cauteleuses, ie luy donneray tant &

a *Icy il veut dire que pour l'auoir perdue & laissee eschapper de ses pattes, Lucifer seroit irrité contre luy, & le battroit, cõme plus puissant que luy.*

tant & tant d'assaux, qu'en fin ie l'emporteray.

Verrine luy dit, Son Espoux luy dōnera force & lumiere, & illuminera ceux qui la conduisent pour confondre tes finesses & tromperies.

Belzebub replique: On me fait icy violence & iniure, parce que de tout droit elle est mienne, & ie monstreray tout par le menu, qu'elle n'est pas digne d'estre l'Espouse de Christ, où sont ses vertus?

Verrine luy dit: Elle s'est confessee de tout, & n'a rien retenu. Belzebub respondit: Cela est vray, mais confession sans contrition & satisfaction est nulle. Où est sa penitence? Verrine luy dit, Elle la fera. Belzebub repliqua: Maudit soit ce fera. Au fait des pecheurs on parle tousiours de l'aduenir, & rien du passé: cela me faict enrager: & Dieu pour vn coup de superbe, il nous a punis. a Maudit, maudit, maudit soit-il. Apres ce Dialogue le Pere Dominicain luy dit, tenant tousiours la saincte Hostie à la main: *Adora Deum*. Belzebub luy respond, Que ie l'adore, non, non, ie n'en feray rien.

Alors Verrine luy replique, Ha miserable! ie voids bien que tu es vaincu, & n'a plus de force pour resister. Icy sont seulement tes brauades pour faire perdre le temps.

b Le Pere Dominicain luy ayant derechef commandé d'adorer son Dieu en la saincte Hostie, tout d'vn coup se prosterna tout à plat en terre, & tous les assistans mirent les pieds sur luy, comme vaincu & abbatu, estans à ce requis par le Prestre Exorciste, y estans

pour

a C'est le langage des demons en Enfer. Nō mortui laudabunt te Domine, nec, &c.

b Adoratiō de la saincte Eucharistie.

d'vn Magicien.

pour lors presens, cinq ou six Prestres.

Si tost que Magdaleine, & Louyse furent communiees, Verrine commença à crier, Escoutez, & songez-y bien, Dieu me contraint, il est vray, il m'est force de le dire.

a Le iour du iugement ne tardera pas beaucoup, iamais le monde n'a esté si meschant qu'à present: les sermons n'ont plus de vertu: Les sçauans Predicateurs sont escoutez maintenāt auec beaucoup de curiosité, & les Predicateurs ignorans sont escoutez pour les reprendre, & se mocquer d'eux. On ne fait plus de compte des inspirations, l'on mesprise la lecture, & les autres voyes ordinaires: les Eglises sont comme des estables, c'est le lieu où l'on fait maintenant plus de mal, & où l'on offense d'auantage. Voicy le dernier remede, c'est que Dieu maintenant veut conuertir les ames par le diable: Faictes penitence.

a Exclamation sur la malice du monde.

Ce mesme iour sur le soir furent exorcisees Louyse & Magdaleine par le Pere Dominicain, & au commencement des Exorcismes: Verrine commença à crier en ceste maniere:

b Les Chrestiens sont des mal-heureux obstinez, veu que Dieu leur a fait tant de benefices, & pour tout cela ne sont en riē recognoissans: l'amour que Dieu leur porte & qu'il leur a tousjours porté, ayant eu mesme le desir, & le mettant en effect de mourir pour l'amour d'eux, n'est compté pour rien. O miserables & malheureux que vous autres estes, vostre Dieu est mort sur vne Croix, & a souffert tant de tourmens, & vous voudriez aller en Paradis en car-

b Exclamation sur l'ingratitude des hommes enuers Dieu.

C

rosse, ou en lictiere : non, non, non, on n'y va point ainsi, les portes sont estroites, & fort basses, il se faut humilier pour y entrer. Ie dis bien plus qu'il y faut aller auec vne fort grande humilité, & comme le ventre côtre terre. Ie vous dis & asseure que iamais les superbes, ny les curieux s'ils demeurent tousiours en leur orgueil, & curiosité, n'iront en Paradis. Vous me direz que ie ne dis rié de nouueau, & que vous le sçauez assez : Ie dis que cela est veritable, & que ie me contente de dire la verité, comme estant icy de la part du Dieu viuant.

Sçachez que le Iugement s'approche, & qu'il est maintenant temps de faire penitence, comme les gens de Niniue. a Puis ledit Verrine se tournant à Dieu, dit : Et quoy Seigneur n'ont ils pas assez de Predicateurs ? Il y a tant de doctes personnages, il y a tant de Docteurs, tant de grands Philosophes, & tant de beaux liures. Ils ont mesme l'Escriture saincte, ils ont tous les vies de tous ceux qui ont bien vescu.

b Non, non disoit le Seigneur, ie ne me contente de cela, ie veux monstrer que ie suis tout puissant, & que mesme ie me peux seruir des diables, quand il me plaist, pour l'execution de ma volonté : Et quoy : Lucifer est-il plus grand que moy ?

Verrine respondit, Il y en aura beaucoup qui ne croiront, parce qu'ils diront que nous

a Exclamation de Verrine à Dieu le côtraignant.

b Verrine exprimoit les responses que Dieu ou le bon Ange de la part de Dieu luy imprimoit intellectuellement, côme en Iob chap. 1. Sathan, auquel Dieu parle par colloque mutuel. Or Verrine, parce qu'il parloit contrainct, eust desiré que Dieu par autre ministere eust exhorté les pecheurs.

sommes les peres de mensonge, ie le dis Seigneur, qu'il y en aura beaucoup qui ne croiront point pour cela, ie ne m'esbahis pas, parce que c'est vne chose, que lors que l'on entéd dire, & que l'on ne sçait point le fond du sac, & de l'affaire, elle est trouuee fort estrange. Et quoy? Ie dis que cecy est vn miracle totalement nouueau: Ie dis que lors que toy-mesme preschois (entendant de Iesus-Christ) n'estois-tu pas la verité mesme? Ouy tu l'estois: neantmoins ils s'en sont trouuez plusieurs qui ont trouué en toy à redire, tesmoin le Pharisien, & ceux qui demandoient des signes, & miracles, maintenant il ne s'en faut pas esbahir, si facilement on ne croit ce que ie dis, parce que ce sont choses si inauditees, & si admirables, que qui ne les sçait, & ne les void, à grand'peine pourra jamais entendre, ny croire, comme il faut. Mais i'ay dit, que pour croire, il se faut humilier, & qu'en ce fait il n'y faut apporter aucune curiosité, ains dire, que Dieu est Tout puissant, & que quand bon luy semble, il peut des choses basses, en faire des grandes. Puis Verrine tout à coup, respondit à Dieu: Et quoy Seigneur, si tu veux faire cecy & quelque nouueau miracle, prés moy quelque grand Docteur, quelque grand Philosophe, ou quelque grand Predicateur, & lors les hommes le croiront. Et Dieu luy respondant par intelligence luy dict: Et quoy? ay ie besoin du conseil des hommes, encores moins des diables? Verrine luy respondoit, Ie te dis, ô grand Dieu, que tu es Tout-

C ij

puissant, & toutesfois se trouueront des gens qui seront si miserables, qui estimeroient que toute sa puissance, voire ie dis toute sa puissance & toute la saincte ª Trinité, auec toutes ses perfections, se peuuent encores enclorre dans leur entendement, côme estans capables pour comprendre tout cela, & de ta part ie leur dits que non, ie leur dits qu'ils sont tous des superbes, & que s'ils ne s'humilient ne meritent pas de receuoir la vraye lumiere, qui consiste en la foy, car ie dis qu'à la parfin la foy manque au superbe, & au curieux.

ª Exclamation contre les superbes & curieux.

Pource ie dis que s'ils sont humbles, ils recognoistront que tu es tout puissant, & comme tel tu peux faire dire au diable mesme la verité, non de sa franche volonté, parce que tous nous autres sommes des mal-heureux: mais ie dis qu'estans forcez & contraincts de dire la verité, nous sommes plus fideles à Dieu, que plusieurs Chrestiens, & ce pendant nous sommes des diables.

b Raisons pourquoy les diables peuuent dire la verité.

b Or il faut qu'ils nient icy l'authorité de l'Eglise, Pourquoy est-ce qu'on exorcise les possedez si cela ne sert de rien, & que le diable ne puisse dire la verité ? Ie dis que tout cela est temps perdu: Prenez vos liures (parlant à l'Exorciste) & les iettez tous dans le feu: Puis auec vne grande furie, parlant à la possedee, dict: Et quoy Louyse ? Pourquoy est-ce que tu te laisse exorciser, si de la part de Dieu, ny de toute l'Eglise, nous ne pouuons dire la verité ? Ha miserables, tant de iuremens qui se font en vertu du nom de Dieu aux Exorcismes, ie diray donc que tu les fais Louyse, puis que de nostre part ils nepeuuent estre receuables.

Mais vous autres, vous vous trompez, miserables & detestables que vous estes ! ie dis que vous estes tous des ingrats & mescognoissans: vous auez vn Dieu qui est si bon, que s'il estoit besoin de mourir derechef pour vous, il le feroit tres-volontairement, & particulierement pour deux ames, que ie ne puis maintenant nommer.

Magdaleine, il est vray, Louyse est possedee pous toy, & mettra s'il est necessaire son corps pour ton ame.

Il est vray, les pecheurs sont des miserables obstinez : vous diriez que Dieu leur doit beaucoup de reste. Et quoy Seigneur, as-tu besoin des Chrestiés? Non, non, tu ne serois pas Dieu, si tu auois besoin de l'aide de quelque creature: ie dis que c'est la creature qui a besoin de toy, estant cela veritable, d'autant plus que la creature sera miserable, tant plus reluira en icelle ta bonté. Ce n'est pas grande merueille, que les enfans aillent en Paradis, mais c'est bien grande merueille que le pecheur ayāt demeuré si long temps obstiné, face penitence, & se retourne à son Dieu. Ie vous asseure que vous autres qui entendez cecy, si vous n'en faictes vostre profit, nous vous accuserons au jour du Iugement.

Faut noter qu'vn des jours passez, a Magdaleine dit au Pere Dominicain, qu'à la deuxiesme exhortatiō que Verrine luy fit, elle se sentit

a Effroy de Magdaleine.

Histoire admirable

autant effrayee, comme si elle eust desia tenu vn pied aux enfers.

ACTES DE DOVZIESME
Decembre 1610. qui fut le troisiesme Dimanche des Aduents.

ᵃ CE iour fut trouué bon, que le Pere de la doctrine, & le Pere Dominicain s'entr'aideroient en façon, que lors que le Pere Dominicain exorciseroit l'vne des possedees, le Pere François seruiroit d'Escriuain pour noter sommairement les sentences prononcees du diable par la bouche de Louyse : Et au contraire lors que le Pere de la doctrine exorciseroit, le Pere Dominain escriroit, afin de soubmettre le tout à l'examen de l'Eglise, à la plus grande gloire de Dieu.

a Aduis d'escrire ce que le demon disoit.

Ce mesme iour du matin, furent exorcisees Louyse & Magdaleine, par le Pere Dominicain, & au commencement des exorcismes, en presence de plusieurs personnes des plus prochaines villes & villages, qui desia estoient aduertis de ce qui se passoit à la saincte Baume, & venoient à grandes trouppes. Verrine commença à parler en ceste sorte.

b Dieu change le malefice du Magicien en benefice.

ᵇ Maudit soit le malefice, pour vn malefice Dieu en tirera mille benefices, & mille actions de graces : Ce n'estoit pas nostre intention, ny celle du Magicien que telles choses aduinsent: nostre intention estoit qu'elle y eut consenty pour la tirer en enfer.

d'un Magicien.

a Maudite, maudite, maudite soit la Baume, mille, & mille, & mille fois maudite. C'est chose grande, que les enfans de l'enfer seruét pour conuertir les enfans de lumiere. Songez à ce que ie vous diray. Les vns courent apres les richesses, & y mettent toute leur affectió, & dónans quelques aumosnes, pensent sans garder les commandemens de Dieu, aller en Paradis en lictiere. Les autres sont pauures & pensent pour leur pauureté entrer à la gloire. Bié-heureux sont les pauures, mais pauure de l'esprit.

b Vous pauures endurez patiemment vostre pauureté, & vous aurez beaucoup de merites, & pésez au Dieu de gloire. Il est né pour vous en pauureté, & en vne estable & pauure creche. Dieu de toute eternité auoit preueu ce iourd'huy qu'en ceste Baume les diables discouroient pour conuertir les ames, ne regrettez point vostre peine pour estre venus icy, vo⁹ qui bien souuent pour l'offenser, vous mettez au hazard de perdre biés & corps, & ame: mais plus grande honte sera à celuy qui ne se conuertira aux exhortations du diable. c Dieu est tout-puissant, & vous peut donner des biens & bonne recompense, mais en deux choses, il n'a puissance, car il n'est pas puissant pour pecher, ny ne peut manquer à sa promesse.

Secoüez vos pechez, vous qui auez des pechez mortels, & ne sortez pas d'icy, que ne soyez confessez. C'est bien à mon grand regret & à ma grande confusion que ie le dis. Fuyez les cupiditez des biens de ce monde, que vous

a Les diables ne furent iamais contraincts se manifester & parler iusques à la saincte Baume, lieu sainct & bien à propos sur la conuersion d'vne insigne pecheresse.

b Ce iour l'assemblee n'estoit que de pauures gens de villages.

c Deus mentiri non potest, seipsum negare non potest. Mais ceste impuissance que nous appellons, est vne supresme puissance, comme que les ames & les esprits

ne puissent mourir, ce leur est grande puissance.

C iiij

ne pouuez emporter.

a Pauures, pauures, resiouyssez, resiouyssez-vous en vostre pauureté: Auiourd'huy Marie, & Magdaleine me contraignent de vous dire, Marie de la part de son fils, Magdaleine de la part de son maistre.

Humiliez-vous à l'exemple de celuy qui pour vous autres s'est fait pauure, il est mort pour vous autres, & non pour nous: Vous Marie, sçauez bien que c'estoit en vne Croix estāt tout nud, & sans auoir vn verre d'eauë, Magdaleine le sçait aussi, Marthe, & Iean l'Euangeliste, ce que pour vous autres il a souffert en Croix.

Chose grāde que l'Enfer vous exhorte d'aller en Paradis. Et parlant à Louyse, luy dit, Maudits soient tes desirs, plus de mille fois as desiré souffrir pour ton prochain, mesmes les peines d'Enfer: *b* Humilie-toy Louyse, à present, crois que tu es la plus meschante, la plus abominable, la plus detestable, la plus miserable de toutes les creatures: Louyse crois-moy, entre aux abysmes de ton neant, Dieu veut que tu t'humilies, laisse croire tout ce qu'ō voudra.

Les pechez desquels Dieu t'a preseruee, ne sont moindres benefices que ceux qu'il t'a pardonné, tu serois en enfer, si Dieu ne t'auoit preseruee. *c* Tu estois huguenotte, & tu n'auois le sens de sçauoir demander ce que te conuenoit.

Les Predicateurs ont grand trauail pour sçauoir ce qu'ils doiuent dire, nous sçauons aussi beaucoup, mais c'est en malice.

a Il y auoit à la troupe grande multitude de pauures gens qui estoient venus des prochains villages.

b Louyse aux bons interuales mesprisoit & detestoit par fois Magdaleine, comme estant par ses maleficespossedee, ainsi qu'elle en auoit l'opinion.
c Louyse fut baptisee au ministere & fut huguenotte vn temps.

Soyez deuots à Marie & à Magdaleine, à Dominique, & à to9 ceux qui sont en Paradis, & le diable n'aura pas puissance de vous nuire.

Icy la parole du diable est aussi bonne, que celle d'vn grand Philosophe, Docteur, ou Predicateur.

Le diable tient tousiours l'extremité, soit au desespoir, ou à la presomption, mais il m'est force de tenir icy le milieu, quand Dieu le commande.

ᵃ Chose grande que la Messe d'vn mauuais Prestre, est aussi bonne comme celle d'vn sainct homme.

Si vous autres voyez vn criminel au supplice, & que son Iuge luy obeyst, vous vous estonneriez fort, car ce seroit vne chose bien estrange : ᵇ ainsi quand Dieu obeyst à la voix d'vn Prestre meschant, descendant sur l'Autel à son commandement, le Createur obeyst à la creature, le Pere à son enfant, le Redempteur à son esclaue, & le Iuge à son criminel.

Sur cela le Prestre prenant la saincte Hostie pour communier Louyse & Magdaleine, & disant, *Ecce Agnus Dei*, Verrine print la parole, & dit, Ouyda, c'est vn Agneau, pour vous autres, & vn Lyon pour nous: c'est vn Agneau innocent vray Dieu, & vostre Pere, & nostre Iuge, Agneau immolé pour vous autres, & non pour nous.

Puis le Prestre presenta à Magdaleine, la saincte Hostie, & luy dit, Reçois ton Espoux Magdaleine, le Fils de ta tresbonne Mere : & aussi tost Belzebub commença à la tourmen-

ᵃ *Ayant esgard à la cõsecratiõ, non à celuy qui consacre.*

ᵇ *Il se peut ainsi dire en bon sens par exageratiõ, cõme en Iosué chap. 10 est escrit Obediente Deo voci hominis, Dieu obeyssoit à la voix de l'homme & à proprement parler Dieu fait icy ce qu'il a ordonné, & promis, le Prestre faisant le ministere.*

ter, & a agiter beaucoup de tout le corps, luy faisant bailler de la teste à terre sans la blesser, & faisoit tourner son corps en plusieurs manieres, tantost en arriere ; tantost la teste iusques à terre, disant aux assistans, Ainsi faisons nous aux Enfers, apprenez comme nous tourmentons les ames. Si maintenant nous les tourmentons ainsi, n'ayant que peu de puissance, songez à ce que nous faisons en Enfer, y pouuans exercer toute nostre rage.

Ha! moy miserable, Dieu me contraint de ainsi la tourmenter, pour vous faire paroistre les supplices de l'ame.

Puis le Prestre luy dit : Belzebub adore ton Dieu la face en terre. Alors Belzebub se print à crier comme vn enragé, disant:*b* Ha! miserable (parlant à Magdaleine) meschante on me contraint d'adorer le CHRIST, pour le mespris receu de toy sur la minuict.

Cependant Verrine parlant aux assistans dit, Croyez que voitre Createur est icy en chair & en os, auec toute sa diuinité reellement, & en verité, *c* nous l'adorons, qui n'est que nostre Iuge, & vous autres adorez celuy qui est vostre Redempteur, & si mal le seruez. Nous autres par force faisons ses commandemens, & vous autres ne tenez conte d'iceux. Les Predicateurs preschét ou pour amour, ou pour recompense, & Dieu les recompensera, mais nous preschons par force. Ce n'est pas grand miracle qu'vn homme presche vn autre homme pour aller en vn lieu, où tous desirent d'aller: mais c'est vn grand miracle, que les diables

a Magdaleine cruellement agitee par Belzebub.

b Magdaleine auoit virilement resisté aux incubes que ordinairement Belzebub luy mandoit.
c Les diables adorét contraints, comme ils croyent, & tremblent contraints. Marc. 5. Vidés Iesum à lógè cucurrit & adorauit eum clamans voce magna: Quid mihi & tibi Iesu fili Dei altissimi, &c.

d'un Magicien. 43

preschent les hommes, pour les faire aller en vn lieu, où iamais ils ne pourront aller.

Chose grande que les diables resiouyssent les Anges qui ont esté par le passé leurs freres, & maintenant sont leurs mortels ennemis. a

Puis parlant à Magdaleine, luy dit, Maudit soit ton desir d'auoir eu la volonté d'entrer à saincte Vrsule.

Vrsule, Vrsule, que tu me couste cher, mais il n'y a personne exaltee, qui ne soit premierement humiliee. b Nous estions detachez pour ruiner la compagnie, nous les auions toutes tentees d'aller és Monasteres, pleust à Dieu qu'elles y fussent allees, car nous ne serions en ceste peine.

O compagnie, tu as esté mesprisee, & rien ne t'estonnoit, mais à l'aduenir seras exaltee, & ce par le moyen des diables à nostre grand regret & confusion.

Lucifer tu n'as plus de puissance, ny toy Belzebub, ô grande confusion ! qu'à nostre grand regret les diables preschent contre les diables.

Puis Belzebub dit à Magdaleine, Que Dieu te confonde auec tout l'Enfer, car tu es cause que ie suis confondu. Et à ce propos Belzebub, & Verrine se mirent à crier comme des enragez, *Confundetur infernus, Confundetur,* par nous autres. Louyse, maudite soit ta force & celuy qui te l'a donnee. Et parlant à Dieu, Verrine luy dit, Tu ne serois pas Dieu, si tu n'estois plus fort que nous, & que tout l'Enfer, Lucifer faut que tu obeysse.

a *Quand Dieu n'empesche, ils sont desliez & font tout ce qu'ils peuuent contre les hommes.*

b *Ils pretendoient empescher vne nouuelle erection de religion, laquelle deuoit beaucoup profiter à l'Eglise de Dieu, y faisant estat d'enseigner aux filles le Catechisme, la doctri, & les bōnes mœurs, les malins voulurent ainsi empescher les premiers Moines des deserts.*

a L'vn & l'autre diable faisoiët grande resistāce, empeschās les deux filles de receuoir la saincte Cōmunion, & falloit auoir lōgue patiēce, par laquelle en fin estoient surmontez: & disoient, Cela estit trop chaud pour nous, nous n'en voulōs poīt gouster & cela arriuoit tous les iours, & l'auons esprouué depuis le mois de Nouēbre, iusques au mois de May.
b Iuremēt de Belzebub & Verrine.
c Ils n'estoiēt là detenuz que pour descouurir le Prince & Princesse des Magiciens, & exhorter les autres, & ne pouuoient passer plus outre.

a Puis le Prestre commanda à Verrine qu'il eust à laisser communier Louyse en tesmoignage de verité de tout ce qu'il auoit dict. Sur cela Verrine respondit : En confirmation de tout ce que i'ay dit, i'obeys à la saincte Hostie, qu'elle se communie. b Alors Belzebub & Verrine s'accorderent tous d'eux faire serment. Et Belzebub cōmençant, dit au Prestre, Ie te iure que le Souuerain me fait iurer, pour vous monstrer la verité comme nous tourmentons les ames de momēt en moment, & sans cesse.

Apres Belzebub, Verrine dit, Ie iure comme Dieu m'a contraint de dire toutes ces choses en langue Prouençale, pour les ignorans, en quoy se manifeste la grande bonté de vostre Dieu enuers ses creatures.

Le mesme iour sur le soir furent exorcisées Louyse, & Magdaleine par le Pere François Billet, & aussi tost Verrine commença à parler de la gloire eternelle des Anges, & plusieurs autres sujets en ceste maniere. Maudit, maudit, maudit soit le malefice & celuy qui l'a donné, mais si à ceste cy on ne l'auoit donné, on l'eust donné à quelque autre. Nous c sommes liez pour le mal, & desliez pour le bien, & voudrions estre desliez pour dire tous vos pechez, mais nous ne pouuons resister au Tout-puissant.

Lucifer & tout l'enfer ne sont que des mousches, des cyrons, des fourmis, des moucherons, & n'auons qu'autant de force que Dieu nous en donne, & autant nous en donne qu'il

d'un Magicien.

est de besoin pour prouuer ses amis, lesquels il veut colloquer en Paradis, tesmoin Iob, qui est patron de Patience, comme Magdaleine miroir de Penitence, & François d'humilité.

a Vous autres estes tous ingrats à vos bons Anges, que vostre Redempteur vous a donné, ils vous seruent tousiours, & vous preseruent de mille dangers, du feu, de l'eau, & autres perils, & sans eux bien souuent, vous estranglerions quand vous dormez.

a Ingratitude des hommes enuers leurs bons Anges.

Disant cecy, il le proferoit auec rage, b disant, c'est bien à nostre grand regret, & à nostre confusion, & grande damnation, & de tout l'enfer que ie le dis.

b Ce leur est vn nouueau tourment quãd ils y pensẽt à raison de l'enuie & rage qu'ils ont contre les hommes esleuz de Dieu, pour prendre & posseder leurs places au ciel.

Grande bonté de vostre Dieu, qui vous donne des creatures tant belles, pour vous seruir, & vous seruẽt de valets, & sont les pages d'honneur qui sont tousiours auec le Roy de gloire, & tousiours luy font la Cour: mais plusieurs tiennent plus de compte de leurs palfreniers, & lacquais, que vous autres ne faites de vos bons Anges, qui tousiours regardẽt leur Dieu, & leur Roy en face, & d'vn seul regard cõnoissent la volonté de leur maistre, & luy rendent tousiours l'obeyssance. Ils sont tant, & tant, & tant beaux, que si en voyez vn seul, vous l'adoreriez pensant voir vne diuinité. Si le valet est si beau, quel doit estre le maistre? Vous auez pour tesmoin Iean l'Euangeliste, qui voulut adorer l'Ange qu'il vit, mais iceluy le fit leuer, & ne permist qu'il l'adorast. Vn Ange est plus fort que tout l'enfer, & suffit vn seul pour le bouleuerser.

a Marie mere de Dieu est la plus pure de toutes les creatures, & la plus belle pour son humilité, maudite soit la parole, quand Marie disoit qu'elle estoit la chambriere de son Dieu, & qu'elle s'estima indigne d'estre la chambriere des chambrieres de ses chambrieres, car par tel moyen a merité d'estre la mere de Dieu.

b Magdaleine pour l'auoir tát aimé est là où elle est, & est tousiours la premiere apres le fils de Dieu, parmy les pecheurs, parce qu'elle & Iean Euágeliste l'ont plus aimé que les autres.

c Dominique, Iean Euágeliste, Ioannes Baptista, encores qu'ils soient nos ennemis, il faut toutesfois que nous les exaltions. Tous ceux qui sont en Paradis, ont vn desir si grand, que nous ne pourrions expliquer, que le iugement s'approche, pour vous faire iouyr de ce qu'ils iouyssent, & pour vous faire manger des viandes qu'ils mangent.

Ils ont vn si bon maistre qui appreste si bien leur viande. Le S. Esprit est le maistre du banquet des ames. Ceux du Paradis voudroient venir pour vous porter en la montagne de là haut, & leur desir en est si grand, que s'ils pouuoient descendre pour vous y porter, le feroient plus volótiers, que nous autres diables n'auons de volonté de vous porter aux Enfers.

Le Paradis est tant, & tant, & tant beau, que si vous pouuiez voir vne de ses ames (ie ne dis seulement des Anges) vous l'adoreriez, estimans estre vne diuinité tant est-elle belle, ayant la clarté de Dieu en soy.

Les ames de Iean Euangeliste, de Iean Ba-

a Humilité de la mere de Dieu.
b Saincte Magdaleine premiere entre les pecheurs.
c S. Dominique est le sainct aduersaire de Verrine, lequel il met le premier comme superieur de ses deux cópagnons, et pareillemét met au premier son sainct aduersaire.
La charité des bienheureux est plus grande que n'est la malice des diables enuers les hommes.

priste, de Petrus, de Paulus, de Stephanus (nostre plus grād ennemy) ont veu la gloire auant mourir, mais non comme à ceste heure.

Grande merueille qu'autant grāds pecheurs qu'ils ont esté au monde, autant leur ame est belle là sus en Paradis, & c'est ce qui nous fait desesperer, & enrager tous vifs. Quand bien ils auroient fait tous dix mille millions de pechez, & mesmes tous les pechez du monde, ils leur seront pardonnez, & du mal l'on en tirera le biē, tesmoin Paulus, lors qu'on luy cria, Saule, Saule, pourquoy me persecutes tu? & ne le frappa aucunement. Il vous ayme tant vostre Dieu, que ce qu'on fait à vn des siens soit bien, soit mal, il le tient fait comme à soy-mesme.

a Le Paradis est tant beau, que les murailles sont de pierres precieuses, d'escarboucles, d'esmeraudes, de diamans, de saphirs, de jacinthes, qui signifient toute sorte de vertu. Il faut icy bastir son logis auant que d'aller là haut, & ce par les bonnes œuures: Il y a bien vn lieu prest en Paradis pour vous, mais il faut que vous y portiez les pierres qui signifient les vertus, & est necessaire auant que d'aller là, amasser en vn toutes ces pierres.

a *Beauté du Paradis.*

Vn chacun y aura vn pays sept fois plus spacieux que tout ce monde, & nonobstant toute ceste beauté, & richesses de vostre Dieu, ils s'en trouuent peu qui l'ayment.

b Au contraire nous autres sommes si difformes & tant, & tant, & tant laids, que si vous voyez vn de nous, mourriez d'effroy sur la place, & si vne ame damnee se presentoit à vous, iamais ne la pourriez regarder, sans mou-

b *Laideur des diables & ames damnees.*

rir aussi tost, voire mesmes elles sont si horribles que l'enfer ne les pourroit endurer, s'il n'estoit le lieu que Dieu a destiné pour leurs supplices. Mais le bon Iesus a plusieurs amis à table, mais bien peu au mont Caluaire.

Plusieurs perdent le Paradis pour la volupté, les autres pour la gourmandise, & les autres pour la curiosité, nous les tentons tousiours du costé le plus foible, & où nous les cognoissons plus *a* enclins au vice.

Iamais nous ne verrons Dieu sinon au iugement où nous le verrons comme vn Lyon rugissant contre nous, & de ses yeux sortiront des flambeaux, & ne les pourrons pas regarder.

Apres ce discours, durant que l'assistance disoit le *Credo*, sur l'article, *Sedet ad dexteram Patris*, parlant de Iesus-Christ, Verrine dict.

Auant qu'il s'assist à la dextre du Pere il auoit tant enduré, il auoit souffert la plus ignominieuse mort, que iamais nul martyr n'endura. Ie dis plus, que non seulement aucun martyr, mais tous ensemble, n'ont autant enduré côme luy seul, encores que la gloire fust sienne.

Il n'y a point de rançon, soit de Roy, soit d'Empereur, séblable au prix par lequel Dieu vous a racheté pour auoir le Paradis, cependant vous autres n'en tenez non plus de compte que s'il ne luy auoit rien cousté : ie parle en general, tant pour les presens que pour les absens, non ie dis que n'en tenez non plus de compte que s'il ne l'auoit achepté que pour deux liards, ou vn sols : Non, non, il n'est pas ainsi, il l'a achepté de son sang.

a Il faut faire côme Dauid, qui disoit, Et obseruabo me ab iniquitate mea.

Et

d'vn Magicien.

Et quãd l'on diſoit, *Sanctam Ecclesiam &c.* Verrine cria, Tous ne croient pas cette Egliſe, teſmon les Caluiniſtes : & pluſieurs ſortent d'icelle, & ſortans, entrent de la lumiere aux tenebres. Ie dits cecy forcé, pis qu'vn forçat de gallere, & comme celuy qui eſt eſclaue parmy les Turcs.

a Il y auoit lors cinq Princes demons dans le corps de Magdaleine, ſçauoir Belzebub, Leuiathã, Baalberith, Aſmodee & Aſtaroth, auec pluſieurs autres inferieurs, ſi que Verrine les braua tous, & auſſi Lucifer, auec tous les autres, diſant, que Dieu commandoit cela, qu'ils n'eſtoient tous à ſon reſpect non plus que des mouſches, & qu'il falloit qu'ils luy obeïſſent en ce qui leur commanderoit, comme font les valets à leur Prince.

Ce meſme iour Magdaleine leut la lettre, qu'elle auoit addreſſee cy deuant à la bien heureuſe Magdaleine, & fut oüye des aſſiſtans, ſans que Verrine y contrediſt.

Depuis, ayant leu auſſi la lettre, laquelle elle

a Il y en auoit d'ordinaire 7. comme ils declarent cy apres. mais ſouuẽt & puis retournoient, meſmes ſẽſiblement, faiſans cõme vn hãniſſement, & diſans, Me voicy. Belzebub ſe tenoit en la partie anterieure,

Leuiathan *au milieu de la teſte, & Aſtaroth vers la partie poſterieure : la partie de la teſte où ils eſtoient, faiſoit contre nature vn perpetuel mouuement & battement: eſtans ſortis, la partie ne bougeoit point. Et quand au nom de Dieu, ſi nous commandions à Belzebub de ſortir par l'eſpace d'vn Miſerere, il ſortoit ſenſiblement, faiſant vn bruict en la bouche de la poſſedee : & le temps prefix expiré, il retournoit ſoudain ſenſiblement, ainſi qu'auons dit. Or eſtant ſorty, les Medecins & autres touchants la teſte de ladite fille la trouuoient immobile, comme aux autres, mais eſtant de retour, ils ſentoient & voyoient le mouuement: de meſme de* Leuiathã *& Aſtaroth. Cecy a eſté eſprouué à la ſainte Baume, & à Aix par pluſieurs ſemaines auec grande admiration des ſpectateurs, particulierement de ceux qui n'auoient voulu croire.*

D

auoit dictee le lendemain de sa conuersion, & addresseé à la tressaincte Mere de Dieu, par l'aduis du Pere Romillon : en lisant la lettre, Verrine la print, disant qu'elle estoit vne orgueilleuse, & que Pelagie auoit esté conuertie par vne predication, & que ᵃ Nonnus ne la voulut baptiser, mais elle luy dict se iettant à ses pieds qu'elle luy demanderoit raison au iour du iugement, alors il la baptisa.

Puis dit, courage Magdaleine, aussi Dieu t'assistera, mais il faut garder les cinq conseils, qui ont esté donnez à Louyse, du matin, sçauoir la droitte intention, pureté d'affection, pureté de conscience, & la simplicité : François pour la simplicité est en Paradis, qui se laissoit estimer comme vn fol : il auoit aussi toutes ses vertus, car Dieu donne la grace aux humbles, & resiste aux superbes. Il auoit aussi l'obeïssance, car sans l'obeïssance on ne peut auoir Paradis, mesmes le fils de Dieu auoit dit à son Pere au iardin d'Oliuet *fiat voluntas tua*, & finalement faut auoir la resignation.

Apres cecy fit changer la lettre, disant qu'elle ne sentoit qu'orgueil, & mignardise, & luy fit escrire la correction d'icelle en la teneur que s'ensuit.

ᵇ Ma tres-chere, tres-glorieuse, tres-digne, tres-pure Mere de Dieu, & de mon espoux, tres-belle & amoureuse Mere, ie vous saluë de tout mon cœur, me presentant à vous, comme vne pauure criminelle deuant son Iuge ; afin qu'il vous plaise prier vostre tres-cher fils pour moy, & luy presenter vos tressainctes & cha-

a Ce Nonnus estoit Euesque d'Edesse, duquel est fait mention au Martyrologe Romain le 2. de Decébr.

b Premiere lettre de Magdaleine corrigee. Voyez la respôse aux difficultez à l'obiectiô 8 apres l'epistre au Lecteur.

stes entrailles qui l'ont porté, vos bié-heureuses mammelles qui l'ōt allecté, & prier voſtre tres-cher fils qui luy plaiſe de preſenter ſes cinq playes à ſon Pere, afin qu'il me pardonne tous les pechez que i'ay fait, par mes cinq ſens moy pauure miſerable, & indigne creature, indigne de leuer les yeux au Ciel, & indigne de nommer le nom de mon Createur, mais diray comme vn autre Thaïs, celuy qui ma creé & formé me face miſericorde, qui ſuis indigne de marcher ſur la terre, & de leuer mon eſprit, & ma voix pour prier meſmes la ſaincte Magdaleine, ſainct Dominique mon bon Ange, & tous les ſaincts & ſainctes de Paradis & toutes les autres creatures raiſonnables, tant abſentes, que preſentes. Ie Magdaleine de Demandouls ay eſcrit ceſte lettre à la treſſaincte, & tres-digne Mere de Dieu, qui ſuis indigne de la nommer, prononcee par vn diable nommé Verrine, parlāt par la bouche de Louyſe, à cauſe que i'ay fait ſi mal mon profit de tant d'enſeignemens qui m'ont eſté donnez par de doctes perſonnages, que ie n'ay pas eſcoutez, donnant plus d'audience à Belzebub qu'à eux: & proteſte deuant mon Dieu, que iamais ie ne donneray audience audit Belzebub, ny à tous ſes complices, moyennant ſa ſaincte grace, par les prieres de la Vierge Marie Aduocate des pecheurs, & ſpeciallement de la ſaincte Marie Magdaleine, de tous les Anges, & de tous les ſaincts: Proteſtant en deſpit de Belzebub chef des demons, qui ſont en mon corps, & de tout l'enfer, d'obſeruer les cinq poincts

D ij

qui m'ont esté donnez, sçauoir droitte intention, pure affection auec pureté de conscience, puis simplicité, humilité, obeïssance & resignation, & ce moyennant la grace de mon Dieu. La subscription de laditte lettre fut datee en teneur que s'ensuit, disant Veirine, que la subscription des lettres enuoyees aux grands, doit estre non moins limee, que le contenu de la lettre mesme. Vostre tres-humble, tres-indigne, & tres-pleine de presomption d'auoir prins la hardiesse d'escrire à vne si gráde Royne, ma tres-grande necessité m'y contraignant, & voyant que vous estes le refuge des desesperez, y estant portee, à cause des grands & violents assauts des tentations, que Belzebub, & tous ses complices me liuroient, & entendant tant de merueilles dictes de vostre grandeur, ie vous ay pris pour ma Mere & Aduocate, & le seray toute ma vie, iusques à l'heure de ma mort, Vostre tres-chetiue, & tres-indigne esclaue Magdaleine de Demandouls, moyennant la grace de mon Dieu.

La superscription fut telle: A la Tressaincte, tres-digne, tres-precieuse, & tres-glorieuse Mere de mon Dieu, & Aduocate des pecheurs.

ACTES DV TREIZIESME
Decembre 1610. iour de saincte Luce.

LE matin du mesme iour le Pere Dominicain vint pour conferer sur le discours du iour precedent, afin de coucher au net, ce qu'il auoit annoté, & voyant qu'il ne sçauroit par quel bout commencer, aucunement triste, de ce que cela demeureroit ainsi caché, print si-

d'un Magicien.

nalement resolution de prendre l'estolle, & coniurer le demon Verrine, que si c'estoit la volonté de Dieu que cela fust escript, afin que son Eglise en eust la connoissance, qu'il eust à repeter & dicter ce qu'il auoit dict, à la confusion des diables & à la gloire de Dieu. Et aussi tost le diable luy commença à dicter en presence des Peres de la côgregation comme dessus: Le diable côtestant que pour cette fois, il estoit contrainct de repeter, mais qu'il dicteroit à l'aduenir à l'Eglise si posément qu'on auroit loisir d'escrire.

Le mesme iour du matin furent exorcisées Louyse & Magdaleine, par le Pere Dominicain, & au commencement des exorcismes, Verrine commença à dicter ce que s'ensuit en la presence de plusieurs, prenât le subjet de son discours de l'Euangile, *In principio*, lors que le Prestre le disoit apres la Messe, criant, Maudit soit *In principio*, si ie le pouuois estouffer, ie le ferois. Les derniers mots nous font desesperer, *Verbum caro factum est, & habitauit*: Le commencemét parle de vostre Redemption, la fin de vostre gloire; pour nous, il n'y a point d'*habitauit*. C'est pour vous autres, & cet *habitauit* nous fait enrager. a Que *Ioannes* l'Euangeliste l'ait escript, ce n'est pas si grád miracle, mais c'est vn grand miracle que le diable l'aduouë, c'est vn grand miracle que le diable dit la verité à son grand regret: b Les diables sont contraincts de dire la verité, & sont forcez côme forçats de galeres quand le Tout-puissant leur commande: C'est le Dieu que les Chrestiens adorent.

a *C'est ainsi qu'elle parloit.*

b *Miracle de la contrainte des diables.*

Apres la Messe il commença à dicter en ceste sorte vn discours sur le grand conseil de la tressacree Trinité, touchant la reparation du genre humain. Puis dict.

Quand Adam eut offensé, Dieu estoit en cholere contre luy, & ne le voulut pas punir quant & quât selon l'ame, qui estoit vne si belle creature, bien qu'elle se fust faicte laide par son peché, & qu'elle se fust réduë rebelle à vn duquel il auoit receu tant de biens, qui auoit creé tout le monde pour l'homme, & mesme que toute creature luy rendoit obeïssance, & faisoit tout ce qu'il vouloit, iusques aux bestes. Or il s'excusa disant, qu'Eue luy auoit fait faire: estoit il pas bien mal aduisé de croire le conseil des femmes? S'il se fust humilié sans s'excuser, a il n'eust pas eu le mal qu'il eut.

Dieu ne veut pas qu'on s'excuse, que si il luy eust demandé pardon, soudain Dieu luy eust pardonné, mesmes aux Anges, s'ils se fussent humiliez, Dieu leur eust fait misericorde. Or la saincte Trinité tint son b cõseil là dessus : Le c Pere eternel selon la droitte iustice le vouloit punir, mais dés aussi tost le Verbe diuin se rendit vostre plege, disant qu'il s'incarneroit pour vous, & qu'il estoit pres d'endurer tout ce que son Pere voudroit. Soudain les deux filles du Pere eternel, sçauoir la Misericorde, & la Iustice se presenterent, & se mirét en campagne.

a *Il n'eust pas eu tout le mal qu'il eut, car l'excuse aggraue le peché.*
b *Le cõseil de Dieu est eternel, mais l'escriture appelle ainsi l'execution du conseil eternel.*

C'est encore la phrase de l'escriture, de dire que Dieu tient son conseil quand il veut executer sa volonté, comme en Genese 1. en la creation de l'homme : la metaphore est prise de la façon des hommes, quand ils veulent executer quelque chose.

c *Exclamation sur la reparation du genre humain.*

a La Iustice qui est comme la puisnée disoit, qu'ils fussent punis, pour la desobeyssance, & qu'ils le meritoient. b La Misericorde comme l'aisnée, disoit, Mon Pere ie suis la fille aisnée, ma sœur est bien plus ieune que moy, c'est bien la raison que ie sois creuë pour plusieurs causes. La premiere, que vous seruira d'auoir creé vne creature si belle, pour la mettre en enfer? il y a vn remede pour la sauuer : il y aura vne femme appelle Marie, qui sera plus hūble qu'Eue n'a esté orgueilleuse apres son peché, elle ira aussi plus à la simplicité qu'Eue n'a marché en curiosité : Marie sera plus obeyssante, qu'Eue n'a esté rebelle, pius prompte à dire ie suis la chambriere du Seigneur, qu'Eue n'a esté prompte à prendre la pomme, lors que le serpent luy presenta : de là viendra le grād payeur du debte plus que du centuple.

Au contraire la Iustice disoit, qu'ils meritoiēt d'estre punis, tenāt tousiours bon, qu'ils auoiēt commis vn crime de leze Maiesté, s'estans rebellez contre leur Prince, & vn tel Prince, que Dieu : qu'ils sçauoient l'edit du Roy, & cependant ne le voulurēt obseruer, qu'ils ne pechetēt pas par ignorance, ains le trop de sciēce les fit perdre. D'autre c part le Verbe diuin disoit, Mon pere, mō pere, il leur faut pardōner, il leur faut pardōner, repetant souuētesfois cecy (non par paroles, mais par intelligence) & disant qu'il s'incarneroit pour vous. Le Pere

a Misericorde & iustice sont tousiours esgalement en Dieu, cōme aussi toutes les autres perfections, toutesfois en l'execution d'icelles l'vne quelquefois gaigne sur l'autre, selon l'arrest & bō plaisir de Dieu & sur cela y a metaphore prinse sur deux Aduocats, chacū plaidant son droict l'vn cōtre l'autre, or l'arrest & la conclusion en demeurant au Iuge souuerain, cela n'empesche que l'vn & l'autre n'aye peu amener des bonnes & iustes raisons en diuers subiets. Les Theologiens mettent les idees en Dieu.

b Description de la Iustice & Misericorde.
c Misericorde de Iesus-Christ.

eternel : selon le droit de la iustice ; ne le vouloit pas, iustemét irrité cõtre eux : mais tousiours le Verbe diuin s'opposoit, disant, Mon Pere, i'endureray vne mort plus ignominieuse, que iamais creature n'endurera. Le Pere eternel ayãt esgard à la persõne qui deuoit endurer, & satisfaire suffisammét, & que par autre moyen ne se pouuoit, sçachant encores tout ce qu'il deuoit souffrir, (car en Dieu tout est presét, & n'y a riẽ de passé, ny d'aduenir) ceda à l'offre, mais quel pere n'eust eu du pésement de donner son fils cõme cela? Outre cela il preuoyoit l'ingratitude & le peu de gré, que voº autres luy en sçauriés, il ne laisse pourtãt d'accorder, car toûiours le fils disoit, Mon Pere quelqu'vn se cõuertira.

Le sainct Esprit aydoit au Verbe, par ce que c'est le Dieu d'amour, a comme le Pere est le Dieu de puissance, & de vengeance, le fils de Dieu de sapience, aussi le sainct Esprit est le Dieu de bonté : mais les diables confessent, que ce n'est qu'vn Dieu en trois personnes, & l'ont confessé dedans la Baume de la Magdaleine en presence des assistans. Or la misericorde disoit tousiours : Mõ pere, il faut que les sieges des Anges maudits se remplissent, & que seroit-ce d'auoir creé vn si beau monde, vn tãt beau Ciel pour nous autres seulement ? laissez-les viure, laissez-les viure, ils feront penitence, ils auront de bons enfans, auront vn Abel qui sera iuste. Mais la iustice repliqua b qu'il y auroit vn Cain qui ne vaudroit rien. Au contraire la Misericorde disoit tousiours, qu'il y en auroit de bons, comme vne Marie qui repare-

a *Ce sont les attributs des personnes diuines.*

b *La science de Dieu void tout.*

d'un Magicien. 57

ra la faute d'Eue, & en verité Marie a esté meilleure, qu'Eue n'a esté meschante, & a aidé dauantage au bien, qu'Eue n'a fait au peché. Le serpent tint à Eue plusieurs discours pour la faire tomber: & Gabriel ne dit que peu de parolles, & Marie quand & quand obeyt, disant, *Ecce ancilla.*

Alors le verbe dit à son Pere, que c'estoit vne personne diuine, qui auoit esté offensee, & qu'vne personne diuine repareroit, puis qu'autre ne pouuoit reparer, vn infiny auoit esté offensé, qu'vn infiny repareroit la faute: qu'il n'y auroit aucune creature, ny hômes ny Anges, qui peust reparer cette offence cômise par vn homme, qui estoit du tout innocét lors qu'il fut tenté: car c'estoit sa premiere faute, & que ce peché auoit esté fait en vn iardin, & seroit reparé dans vn autre iardin, lors qu'il diroit, *Fiat voluntas tua,* & feroit l'acte de resignation: bref que cette inquieté auoit esté faite par vn morceau de pomme, & seroit remise par le fruict de vie sorty du Iardin de Marie. Puis Verrine à propos de la Vierge, dit, C'estoit vn iardin clos, où a aussi esté trouuee ceste belle pomme de sa pureté, laquelle auoit la beauté, la senteur, & le goust, qui representent les proprietez de la saincte Trinité. a En ce iardin y auoit toutes sortes de beaux arbres, & leurs racines estoient l'humilité, les fueilles les bons desirs, & les fruicts estoient les bônes œuures, qui meritoient d'estre mis sur la table du Roy de gloire: & que sur cette table sont incessamment toutes les fleurs, qui signifient ses

a *La Vierge comme vn beau iardin.*

vertus, qu'elle a cóserué par son humilité, disāt que tout le bié qu'elle auoit venoit de son fils, & non d'elle, & par ce moyé les conseruoit, & s'humilioit, & encores elle contribuoit de sa part. Que le verbe estoit content de reparer la faute d'Adam, & en ceste sorte souffrir tous les tourmens qu'Adam auoit merité, que par son obeyssance feroit plus de bié à la nature humaine, qu'Adam n'auoit fait de preiudice, & que d'autant plus grande estoit l'offence, autāt aussi plus grande seroit la misericorde, que sa bonté reluiroit à des creatures fort miserables, cōme ont esté vn Petrus, vn Paulus, vn Dauid, vn Publicain, vn Matheus, vn Iacques l'Hermite, vne Magdaleine, vne Pelagie, vne Marie Ægyptienne, vn Thaïs, vne Samaritaine. Que sa bonté darderoit ses rayons tant, & tant sur ses creatures, que plusieurs ames à leur exemple se conuertiroient. Outre le Verbe s'offre à son Pere disant, qu'il endureroit to⁹ les tourmens qu'il voudroit : qu'il s'humilieroit dans vne creche pour la superbe d'Adam, qu'il seroit obeyssant pour la rebellion iusques à la mort, & la mort de la Croix : que pour les mignardises d'Adā, il souffriroit toutes douleurs, & pour gourmādise, il ieusneroit : que le peché auoit esté commis au bois, & seroit remis par le bois de la Croix, & qu'à la mesme heure que le premier homme offensa, la nature seroit reparee par le second.

Mais considerez que lors qu'il endura selon son humanité, l'amour qu'il portoit à vous autres le fit crier, qu'il auoit soif, sçauoir du salut

d'un Magicien.

de vos ames : comme appert qu'vn l'arron luy disant, *Memento mei*, soudain luy donna à boire, comme aussi à Longinus & à tous ceux qui pour lors se conuertirent : qu'il mourut auec ce desir, que les bourreaux se conuertissent, & auoit plus de regret de laisser ses ennemis obstinez, comme Pilate, a Caiphe, Anne, Herode, que de laisser sa Mere, laquelle il aymoit tant, & Magdaleine, Iean l'Euangeliste, & Marthe, tesmoin la premiere parole qu'il dit : *Pater ignosce illis*, mon pere pardōnez leur, par ce qu'ils ne sçauent ce qu'ils font : Son second regret estoit de laisser ses enfans les Iuifs, endurcis en leur meschanceté, se faschāt qu'ils fussent tant ingrats à tous ses bienfaits : Car iamais y a il eu pere naturel qui aye fait tant de biens à ses enfans, comme vostre Dieu a fait au peuple Hebrieu ? Souuent n'obeissans à ses commandemens, se sont rendus rebelles : Ils firent vn veau d'or, & l'adorerent, & encores ne considerant tant de benefices qu'il leur auoit fait, regrettoient les aulx, oygnons, & pourreaux d'Egypte, tant ils estoient gourmands : nonobstant tout cela, il cria encores sur la Croix, *Pater ignosce illis*.

a Regrets de Iesus-Christ en sa Passion.

Puis Verrine fit adiouster à la lettre dictee le soir du iour precedāt à la Vierge sacree, ce que s'ensuit : Ie proteste moyennant la grace de Dieu, d'obseruer les conseils qui m'ont esté dōnez la veille de sainéte Luce, & le liray cinq fois le iour. Notez que Verrine dit, que ce seroient cinq Exorcismes que Bebzebub craindroit plus, que tous ceux qui sont aux liures : &

dit apres, maudits soient vos Exorcismes.

Apres ce, dit, de la part de nostre Dame que Magdaleine deuoit dire, pour le moins cét fois le iour (si elle pouuoit) *Celuy qui m'a creée, & formee me face misericorde*, s'estimant indigne de nómer le nom de son Dieu, indigne d'endurer pour son amour, & indigne mesme que Belzebub soit en son corps, veu que só Dieu a esté appelé fol, yurógne, & endiablé de Belzebub, qu'il estoit possedé, & faisoit les miracles au nom dudit Belzebub : mais la bóne femme confessera que tout ce qu'ils disoient, estoit de mésonges, & qu'ils les faisoit de sa propre puissance, sans emprunter l'aide des creatures.

Puis, comme l'on deuoit communier, Magdaleine fut tout d'vn coup estrangemét tentee par Belzebub, Verrine luy seruant de conseiller, & exhortateur, remontrant l'imbecillité du diable, & descouurant ses finesses : & aduint qu'apres que Magdaleine eut receu la saincte Hostie en la bouche, Belzebub feit semblant la vouloir cracher à terre, descouurant sur ceste entrefaitte vn fort enorme a peché de Magdaleine qui fut entendu seulement par eux qui sçauoient l'interieur de sa conscience.

a *Ou par sauoir, ou par honte elle n'auoit pas cófessé ce peché.*

Ce mesme iour sur le soir furent exorcisees Louyse & Magdaleine, par le P. Fráçois Billet, & Verrine commença à parler en cette sorte : faut passer à l'autel des cousteaux, auant que venir à l'autel des courónes. Ie dis b que Lucie estoit vne pauure fille, & qu'on n'eust pas donné deux liards d'elle, estant fiancee elle quitta tout pour l'amour de celuy qui l'auoit rache-

b *Martyre de Ste. Lucie & des Vierges.*

ptee, méprisant toutes choses du monde : Aussi celles qu'il préd pour ses espouses, il faut qu'elles quittent pere, mere, freres, tout, tout, & qu'elles l'aiment tout seul, car il le merite. Il les veut mettre en vn lieu, où personne ne chantera les Cantiques qu'elles chanteront, suyuāt l'agneau par tout où il va, au grand regret du diable, & de tout l'Enfer. Magdaleine ne le chante pas, & n'est pas moins pour cela apres Marie, car en amour elle deuance Marthe. Marthe est la premiere qui chante apres la Mere de Dieu, elle a esté son hotesse, l'a logee en sa maison, & a esté la premiere Vierge apres la Mere de Dieu, Catherine de Sienne tu le chātes & aussi toy *Barbara*, & toy *Lucia*, & toy *Clara* : Vrsule est vne Royne, Catherine en est vne autre, & toy a Victoire le chantes aussi.

Il est vray ; ie m'enrage de celles qui viuent és Monasteres en chasteté : mais encores celles d'Vrsule b me font plus enrager, parce qu'elles me leuent plusieurs ames, tāt par leur doctrine chrestienne, que par leur enseignement, trauaillās plus que les autres pour leur prochain, elles font desesperer l'enfer. Ce n'est pas pour les vanter, que ie le dis, qu'elles s'humilient si elles veulent, mais il est vray que tous les diables font ce qu'ils peuuent pour les exterminer : Dieu les veut esprouuer : maudite soit la parolle, que tant me coustera. Marie, pourquoy les aymes-tu tant ? quel seruice t'ont elles faict ? Nous les auons toutes tentees, pour sortir de leur vocation : nous leur disions que les murailles estoient bōnes aux filles, & qu'elles

a *Ceste victoire est enregistree au Martyrologe Romain le 23 Deceb. laquelle fut martyrizee pour n'auoir voulu espouser Eugenius Payen.*
b *Lossăges des filles de saincte Vrsule.*

a L'expe-
rience a
assez mon-
tré qu'aux
curiositez
ils se moc-
quêt des ges-
b No° auós
souuent ex-
perimenté
que lors
que Verri-
ne parloit
suyuant sa
commission
laquelle té-
doit à la
conuersion
des deux
Magiciens,
il disoit
tousiours
bien, sans
faillir, mais
hors de là
il se decla-
roit estre
vn vray
diable, in-
terrompât
souuent la
côfessiô, &
en l'eg téps
empeschât
la cômuniô
la raisõ est
aux actes
du 15. Ian.
en la mar-
ge.

estoient des couratieres, que leur vocation n'estoit pas approuuee, disans cela pour les destourner, & leur donnions des tentations contre leur superieur, principallement contre Cassandre superieure à Aix : nous les auons fait tât murmurer côtre leursdits superieurs, leur persuadant ne leur obeyr, n'y croire, & auons tété aussi bien les hommes que les femmes, les hômes nous croyoiét mieux, comme plus superbes, & auions coniuré contre Romillon, & la doctrine, afin qu'vn chacun l'eust à delaisser.

Durant que le diable discouroit, arriuerent à la saincte Baume Sœur Catherine de l'Isle, auec vne autre de la mesme compagnie, a & vn certain des assistans dit au Pere Dominicain, si le diable deuineroit bien leur vénuë. Alors interrogé, sans l'auoir veuë ny ouye, respondit que c'estoit elle : Puis interrogé s'il n'y en auoit qu'vne, respondit, quoy ? il n'y a que Catherine de France, ce que n'estoit pas vray : Et vn de la compagnie luy ayant reproché son ignorâce Verrine dit, Estes vous ésbahis de cela, ce n'est pas mon premier mensonge.

Lors le P. Dominicain dit tout bas à l'aureille du P. Romillô : Ce n'est pas de merueille qu'il y mesle du sien, par ce qu'on y va par curiosité : Et à peine le Pere auoit il acheué la patole que Verrine dit, b Il est vray : Ie ne suis pas tenu en tel cas de dire la verité, car ie ne la dis iamais sinon par contrainte, ou pour vne mauuaise fin.

Sur le mesme temps on a remarqué que le demon Verrine, contre son ordinaire den cu-

d'un Magicien.

roit taciturne, & interrogé pourquoy il se taisoit, dit, par ce qu'on estime, ce que ie dits, indigne qu'il soit escrit. Et de faict du depuis, aucuns estoient d'auis, qu'on ne deuoit pas s'arrester à ces propos, mais seulement à la deliurance des creatures, ou pour le moins qu'il n'estoit pas necessaire d'escrire ce qu'il disoit, mesmes quelqu'vn pensa que ce n'estoit pas vn Demō qui parloit en Louyse, mais si tost qu'il eust apres soubmis son iugement aux autres, Verrine commença à discourir à l'accoustumee.

ACTES DV QVATORZIESME
iour de Decembre.

CE iour le Pere François Billet, Prestre de la doctrine Chrestienne disant la Messe, à l'eleuation du S. Sacrement, Verrine se print à crier comme vn enragé, & desesperé: disant, qu'il adoroit le Dieu des Chrestiés & le confessoit pour son Createur, & son Iuge, disant qu'il estoit au Calice en chair, en os, auec son humanité, & diuinité comme en l'arbre de la Croix, autant grand & gros comme il estoit sur le mesme arbre, neātmoins son corps couuert soubs vn morceau de pain, & son sang soubs vn peu de vin reellement & de fait: il repliqua cecy à la Messe de frere Frāçois Domptius de l'ordre de S. Dominique des reformez Verrine adiousta, l'ay dit par rage que tu estois des reformez, maudite soit l'inspiration de Michaëlis qui a commencé la reforme, qui sera cause de la reformation de plusieurs Monaste-

a c'est espece du cā en la phrase de l'Escriture.

res tant d'hommes que de femmes, ce qui nous fait desesperer: Outre ie dits qu'aucuns diront que Romillon a enseigné Louyse, &c. Tout cecy repeta encores à l'eleuation du S. Sacrement disant la Messe le Pere Iacques de Rets Prestre de la doctrine.

Ce mesme iour furent exorcisees du matin Sœur Louyse, & Sœur Magdaleine, par le P. Dominicain, & furuint vne longue dispute entre Dieu d'vne part, & le diable de l'autre, pour sçauoir s'il se deuoit seruir des compagnies de saincte Vrsule, & de la doctrine, & de Sœur Louyse, pour executer ce qu'il pretédoit de faire: or n'ayant eu le loisir d'escrire, Verrine me fit escrire ce que alors auoit esté disputé, me disant premierement, que ie luy eusse à commander de ce faire en vertu des Exorcismes, ainsi qu'on fait tousiours: luy ayant commãdé, commença à dicter en telle maniere: I'ay dit cela (entendant du discours de la iournee precedente) à l'honneur de Marthe, & des Anges.

a *Poursuite des Vierges.* Il estoit a bien raisonnable: car les Vierges sont Sœurs des Anges, & les Vierges seront exaltees, parce que Marie le veut, & toutesfois sans preiudice de Magdaleine, car en Paradis il n'y a point d'ambition.

I'ay dit aussi que le fils a tant aymé Magdaleine à cause de son amour, & la mere, saincte Marthe, à cause du vœu de virginité qu'elle fit imitant en cela la Mere de Dieu, estant encore petite, & aussi à cause que Marthe estoit l'hostesse de son Fils.

Et disois, que hier i'auois parlé de Lucie, & de la

d'un Magicien.

de la virginité disant, que les Vierges estoient les sœurs des Anges, & que les Vierges chantoient vn Cantique nouueau, que nul ne pouuoit chanter qu'elles.

Ie disois encores que les mariees estoient bien-heureuses, & alloient en Paradis, & que les Vierges y alloient encores mieux.

a Outre, ie disputoy auec Dieu disant, Pourquoy auoit-il institué le Sacrement de mariage s'il ne pretedoit que toutes fussent mariees, & me dit que c'estoit à cause qu'elles estoient ses espouses. Ie luy repliquay que les fourmis ne meritoient pas d'auoir vn si grand Roy pour espoux.

Dieu me respondit, qu'elles abandonoient tout pour son amour, & que pour vn sac de terre, entendant de l'homme, elles mesprisoiët, & se donnoient toutes à luy. Et que pour vn peu de biens, & richesses, qu'elles abandonnoient pour luy, il leur donnoit les richesses de son Paradis, & pour vn peu de volupté, qui ne dure qu'vn vët, leur donnoit les delices de son Paradis, qui durent eternellement. Ie dis d'auantage qu'il leur preparoit des Couronnes, comme si elles estoient des Roynes, & le meritassent bien. Et adjoustay qu'elles ne le meritoient point. Il me respondit qu'elles estoient Roynes vrayes. Ie luy disois qu'elles estoient des chambrieres, & que ie ne m'estonnois pas d'vne Vrsule qui estoit Royne, d'vne Marguerite Royne d'Hongrie, d'vne Catherine d'Alexandrie, d'vne Gertrude, d'vne Marguerite Martyre, qui ont fait des choses grandes pour

a Locution de Verrine auec Dieu ou auec le bon Ange venant de la part de Dieu. Voyez l'ãnotation des pages 34. & 35.

E

l'amour de luy & de plusieurs autres. Il me respondit, que de peu de cas, & d'vne chose qui ne vaut du tout rien, il a accoustumé d'en faire des choses grandes, pour sa gloire, & pour la conuersion des ames. Ie repartis là dessus que ie ne m'estonnerois pas, s'il prenoit en ce faict quelque grand Philosophe, ou quelque grand Docteur, ou quelque grande Royne, ou quelque grãde Emperiere, ou Princesse: mais ie m'estónois d'vne fourmys telle que Louyse, quand il choisissoit telles personnes. Il me respondit que ce n'estoit point pour elle, & qu'elle ne le meritoit pas, mais qu'il auoit faict cela pour sa gloire, & pour la conuersion des ames.

a Desir de Louyse d'endurer.

a Ie dis alors: maudit soit le desir qu'elle a eu (parlant de Louyse) d'endurer pour la gloire de Dieu, & le salut des ames, mesme l'Enfer s'il eust esté de besoin, & me prins à crier comme vn desesperé, & enragé, & pis que ie ne le dits, disant: Qu'elle b estoit vne huguenotte, que sõ

b Louyse baptisée dans la cuisine par le Ministre.

pere & sa mere estoient morts huguenots, & qu'elle auoit esté baptizee dans la cuisine de l'escuyer de Mailhians à S. Remy, & que Ioseph Dessade, sieur de Beaucamp, frere de Michel Dessade, sieur de Lagoy estoit le parrin de Louyse, & Louyse de Pourcellet fille de l'Escuyer de Mailhians estoit sa marrine, en la maison duquel auoit esté baptisee par le Ministre. Outre, Dieu me dit, que par Catherine de Siéne auoient esté plusieurs ames conuerties, & que premierement falloit humilier, auãt qu'exalter: & que la vocation de ceste malheureuse (entendant de celle qui auoit les diables au d'un Magicien.　67

corps, sçauoir Louyse de Cappeau) auoit esté humiliee, & exposee en derision par les diables, mesprisee & des honoree, & eussent d'auantage fait, s'ils eussent eu les moyens, mais plusieurs pechez se sont faicts par les iugemés que les hommes, & les femmes ont faict, & que par le mesme moyen seroit glorieuse, honoree, & exaltee: & que Dieu seroit benist par les mesmes qui l'auoient offensé, quád ils sçauroient le tout, & c'est ce qui faict enrager les diables. Alors s'escria Lucifer, Venez à nostre ayde, Belzebub, Leuiathan, Balberith, Asmodeus, Astaroth, Carreau, & tout l'Enfer, venez, car nous sommes au bout de nostre science, & ne pouuons plus resister. I'adjoustay que nous estions tous desesperez, & que tout l'Enfer auoit coniuré, & qu'estions tous desliez pour ruiner toute la doctrine, & toute la compagnie d'Vrsule ᵃ mettre en perdition, & qu'auions toutes tentees, tant hommes que filles, de toutes les deux compagnies, depuis la plus petite, & plus ieune, iusques à la plus grande, & empeschions plusieurs d'entrer en la compagnie, & leur disions qu'elles entrassent dedans les Monasteres, ou qu'elles demeurassent à la maison de leur pere, qu'elles feroient beaucoup de bien, visitant les hospitaux & les Eglises.

Et qu'en ruinant la compagnie de la Doctrine, cela ruineroit l'autre compagnie, sçauoir de saincte Vrsule, à cause qu'ils les conduisent: & les Prestres de la Doctrine sont expressément establis pour les conduire, & se sont expressément reformez à ceste fin. Et que les deux com-

ᵃ *De la cõpagnie de saincte Vrsule.*

E ij

pagnies ensemble doiuent trauailler à bon escient pour la gloire de Dieu, & pour le salut du prochain, & marcher ensemble, sçauoir où il y a vne maison de Sœurs, il en faut auoir vne des Peres. a Lors Verrine se mit à crier comme vn enragé, qu'il y auoit cinq Sœurs charmees ou possedees dans saincte Vrsule, sçauoir, Magdaleine, Catharine de l'Isle, Marguerite Burles, Marthe de Gazier, & Louyse la mal heureuse, car Anne de Bonieux, dit-il, n'a que des douleurs: Et n'a pas, dit-il, le diable au corps, qui le veut, quand c'est pour la gloire de Dieu. Il en y a qui le demandent auec beaucoup d'instance, & à ceste mal-heureuse a esté octroyé ce qu'elle a demandé, ce que les autres demandent tant, tant & tant, & n'obtiennent rien bien souuent.

a *Dieu le permettant pour sa gloire & exaltation de la compagnie.*

Ie dis plus, que i'aymerois mieux estre au corps d'vn chien, ou d'vn porc que d'estre icy, & ay crié à Lucifer, qu'il me fist oster de ce corps, parce qu'il n'y a rien à gaigner, & maudissois Belzebub, qu'il ne me venoit leuer d'ici, & que i'aimerois plustost aller souper en enfer, que gouster le disner que i'auois eu à la Baume: Il dit encore qu'vne dispute de Dieu, & de luy, s'estoit faite en la Baume aux pieds de la saincte Magdaleine, ainsi que s'ensuit.

Ie disois à Dieu qu'il dist à ceste mal heureuse ce qu'il pretendoit, & ce par des visions. Et me dit que les visions estoient trop dangereuses, & qu'il se faisoit bien entendre, & cognoistre, quand il vouloit, & qu'elle s'humiliast.

Ie luy dis que c'eſtoit le diable qui la faiſoit parler: Dieu me repliqua qu'il n'eſtoit pas vray & que le tout venoit de luy, & pour cognoiſtre, ce diſoit-il, le ſigne ᵃ euident eſt, que ſon ame eſtoit en repos, & qu'elle eſtoit ioyeuſe, & que le diable ne tient pas les ames ioyeuſes. Puis Dieu luy diſoit pour le cognoiſtre mieux, qu'elle s'humiliaſt iuſques au plus profond des Enfers, & qu'elle s'eſtimaſt autant comme vne poignee de terre, ou de fange, ou comme vne fueille d'arbre qui tombe en bas, & s'eſtimaſt indigne de marcher ſur la terre. Alors le diable diſoit que cela la feroit tōber en orgueil. Dieu reſpondit, que ſa grace ſuffiroit pour tout cela, & pour la preſeruer de toute vaine gloire, recognoiſſāt que tout venoit de luy: & qu'elle n'eſtoit qu'vn rien, & qu'il luy donneroit ſa grace pour touſiours cognoiſtre ſon rien. I'adjouſtay que plus n'eſtoit le temps auquel les miracles ſe faiſoient.

ᵃ En confeſſion & hors d'icelle, elle diſoit iouſiours ne ſe ſoucier d'eſtre poſſedé, puis que tel eſtoit le plaiſir de Dieu pour ſa gloire.

Et me reſpondit, qu'il eſtoit le meſme Dieu qui pour le paſſé les faiſoit, & qu'il eſtoit toutpuiſſant, & autant bon comme de ce temps-la.

Ie luy repliquay qu'elle n'eſtoit pas tāt bonne, comme celles du temps que les miracles ſe faiſoient. Et quoy, eſt-elle vne ſaincte? c'eſt vne fourmy. Alors Dieu me commanda de me retirer, & me taire, & m'a eſté forcé de me retirer, & laiſſer acheuer ſon oraiſon à Louyſe. Tout cecy a eſté fait en la preſēce de ſon Createur & du ſainct Sacrement qui eſtoit là, & de ſon ſuperieur Iean Baptiſte Romillon, & de

Catherine de l'Isle. En fin le diable auoit telle impatience qu'il se prit à crier, ne pouuant plus endurer tel parlement, & cria par trois fois, qu'il estoit desesperé contre Dieu, & ceste mal heureuse.

Or ceste dispute dura non moins de cinq quarts d'heures, ou interieurement ou exterieurement, le tout en la saincte Baume, & plusieurs paroles de ceste dispute ont esté repetees à la Messe du mesme iour au discours du matin.

Puis fut commandé à Louyse de dire à son superieur & à tous ceux qui auoient charge de son ame, à celuy aussi qui l'exorcisoit, & à tous ceux qu'il seroit de besoin toutes ces tentatiõs, ou locutiõs interieures, de peur qu'elle ne fust trompee du diable. Et luy ont esté repetez pour conclusion les cinq poincts donnez le Dimanche, qui sont la droicte intention, pure affection, pureté de conscience qui n'est qu'vn poinct, puis simplicité qui est vn autre, humilité vn autre, obeyssance vn autre, & resignation vn autre. Apres cela parla Verrine, disant, I'ay dit qu'aucuns Prestres alloient dans l'Eglise comme dans vne estable, sans aucune preparation, & sans songer à ce qu'ils alloient faire. I'ay dit que le Fils de Dieu obeissoit [a] mieux à vous autres, que vous autres à Dieu, & quant & quant que le Prestre a parlé, Dieu est sur l'Autel. I'ay dit que le Prestre auoit honneur semblable à sa mere, & que sa mere ne l'osoit toucher, qu'auec crainte & respect elle qui l'auoit porté neuf mois.

[a] *En la phrase de l'escriture, comme auons cité cy-dessus du liure de Iosué ch. 10.*

d'vn Magicien.

I'ay dit que s'ils le cognoissoient bien, ils se retireroient de luy, pour la grande clarté, ou mieux se prepareroient qu'ils ne font. Alors Louyse dit, il a esté dict à Sœur Louyse en la saincte Baume en la dispute, que le Magicien se conuertiroit par les prieres de nostre Dame s'il ne resistoit, & Dieu interieuremét a commandé à Sœur Louyse de prier pour luy.

Apres ce luy fut dictee vne lettre pour mander aux coadiutrices à la maison de saincte Vrsule d'Aix, ainsi que s'ensuit. Mes tres-cheres, bien-aymees, & tres-honorees Sœurs indigne de vous nommer mes Sœurs, ie vous prie de prier vostre Redempteur qu'il aye pitié & misericorde de moy miserable, indigne de nommer le nom de Dieu, & vous demande pardon autant de fois que ie vous ay faschees, mortifiees, humiliees, & bien souuent sans aucun subiect.

Vostre tres-humble, tres-obeyssante, & tres-indigne de vous nômer, seruante & esclaue de Catherine, Esperite, Magdaleine, Honorate, & de toutes celles que Dieu a creé & formé, Dieu leur face misericorde, Louyse Cappeau.

Durant qu'on dictoit la susdicte lettre le diable se mit à respondre: Ha Dieu! tu en veux humilier vne, & i'en feray tôber quatre en vaine gloire. Puis dit, il m'a respondu qu'il les humilieroit par les cinq poincts ja dictez à elle, & qu'elle les leur mande, & n'y manque point.

Ce mesme iour sur le soir les deux possedees furent exorcisees par le Pere François Billet, & commença Verrine à parler de l'Enfer, &

E iiij

plusieurs autres choses, disant: Catherine humilie-toy, & qu'il te souuienne de ce que i'ay dit au matin, il faut que les seruiteurs de Dieu s'humilient, & qu'ils se mettent soubs les pieds d'vn chacun. Les hommes sont tant ingrats, qu'ils seruent Dieu auec moindre respect qu'ils n'en porteroiēt à leurs lacquais & palfreniers.

Aussi les hommes font si peu de cas de ses commandemens, comme si vn valet les auoit faits: & toutesfois celuy-la vous les a donnez qui les donna à Moyse.

Il y a dix commandemens, & s'il n'en y a que deux.

Les hommes entendent les hommes prescher de l'enfer & du Paradis, & en tiennent autāt de compte comme s'ils preschoient à quelque mont de pierre.

a *Quand il plaist à Dieu toutes choses font tout ce qu'il veut. Il commāde au corbeau d'Helie, & au ver de Ionas.*
b *Discours de l'enfer.*

a Sainct François preschoit les pierres, Anthonius de Padua les poissons: Chose grande! les bestes baissoient la teste, recognoissants en leur maniere les benefices qu'elles auoient receuz, & pource reprendront les hommes au iugement.

b En enfer nous faisons aux hommes des caresses en recompense de ce qu'ils nous ont obey, leur disant: damnables ingrats que vous estes, vous n'auez voulu recognoistre vostre Dieu: & les caressons comme auec barres de fer par des tourmens intolerables.

Il n'y a point de portes pour sortir de l'enfer, mais tres-amples sont les portes pour y entrer.

Le manger en enfer sont comme serpents,

d'un Magicien.

crappaux, scorpions, & toutes choses abominables: le boire, soulphre, absynthe, ruth & toute liqueur amere & degoustable.

Nous les mettons en vn siege de feu qui les transperce, & les faisons souuenir du Paradis à l'entendement pour leur donner plus grands tourmens.

Ils mangent au monde leur pain blanc, & en l'autre les croustes sans dents.

Nous leur donnons des senteurs & puanteurs pour leurs parfuns, & pour des chansons delicieuses, leur faisons oüir des derisions, blasphemes, & maledictions, disant: Maudit soit le Dieu qui t'a creé, maudit le pere, & la mere qui t'ont engendré, maudit l'air que tu as respiré, maudits soient les quatre elemens, maudites les creatures qui luy ont obey.

Nous leur representons la gloire de Paradis, & les delices qu'ils ont perdus pour les plus tourmenter, parce qu'ils ont peché par malice, & nó par ignoráce, & sont demeurez obstinez.

Qui veut disner à son aise en ce monde, faut qu'il aille soupper en enfer.

Nous leur apprestons vn lac: Au prix d'iceluy, la grille de Laurent est comme vn monceau de roses.

En enfer tout mal heur y est, ainsi comme en Paradis tout bon-heur y abonde.

Les ames damnees sont plus laides que les diables mesmes, & eternellement, eternellement, eternellement, eternellement, eternellement, blasphemeront Dieu, & pour les paroles ordes, & sales, nous est permis de les punir asprement.

Et comme le bourreau fait sa charge quand il bourrelle le criminel condamné par le iuge: ainsi les diables n'espargnét rien, & font leurs charges en tourmentant les ames.

Les tourmens d'enfer sont veritablement des tourmens, & les plus grands tourmens du monde qu'on donne aux criminels sont de fleurs & de roses.

Eternellement, eternellement, eternellement, sans esperer vne fin, eternellement, eternellement seront damnez.

« Les diables vous lieront, & ietteront à quatre pieds & mains garottez dans vne chaudiere boüillante : & puis les flammes ardantes vous abysmeront en vne mer de glace. Nul ne peut resister au Tout puissant, quand il veut faire vn œuure.

Dieu vous a donné vn ame, & veut qu'elle soit maistresse : c'est bien raison que la maistresse gouuerne, & non pas la chambriere.

Dieu vous a donné trois puissances, donnez luy les clefs & luy laissez le gouuernement.

Serrez la porte au vice, sçauoir la volonté; & les fenestres, sçauoir les cinq sens exterieurs, & les larrons ne pourront pas entrer en l'ame. Puis Verrine dit, qu'il eust choisi cent mille fois plus volontiers l'enfer, que de nous auoir donné vn tel souper : Alors iura qu'il auoit tout dit ce que dessus à la gloire de Dieu, que tout venoit de Dieu, & que le diable estoit forcé comme vn forçat de galere, & comme vn esclaue.

a Diables contraints.

Disoit puis aux assistans, ceste Baume, ce ro-

d'vn Magicien. 75

cher, ces fueilles se leuerōt contre vous autres au iugement, si vous ne faites vostre profit: car vostre Dieu vous aime tant, qu'il retourneroit tout à l'heure pour vous, si besoin estoit au mont de Caluaire.

Ce mesme iour arriua vn tel dialogue entre Verrine & Belzebub, Verrine disant: vous autres qui oyez la Messe dictes, ie croy que là est mon Dieu en chair & en os: & qu'aussi au calice est sa chair, ses os, son humanité & diuinité, mais estimez doncques que vous autres y assistez comme pauures criminels deuant leur iuge, & priez vostre iuge, & vous exaucera. Aux humbles il donne la grace, & resiste aux orgueilleux: ô que la porte de Paradis est estroite, & combien il se faut abbaisser pour y passer.

a Et Belzebub dit, hà Dieu, tu fais trop de misericorde aux pecheurs, & le diable est forcé de le dire. Ie n'ay point les cedules, *Ludouice,* les a, à la confusion des diables, est ceste trop grande misericorde pour le pecheur.

Tousiours Iesus-Christ monstre ses playes à son Pere, tousiours luy renouuelle, tousiours luy represente: tout l'enfer est confondu: *Misericordia Dei plena est terra,* ô misericorde, tu és trop, trop, trop, & trop grande. Il n'est besoin à vous autres seulement que d'vn *peccaui,* & tout est pardonné, misericorde trop grande. L'hōme renoncera à son Dieu, à sa Passion, & aux merites d'icelle, & dira tant seulement *Miserere mei,* & tout est pardonné, hà confusion! *confundatur superbia diabolorum.* Seigneur, tu as cōfondu les Anges qui se sont voulus bāder

a *Discours de Belzebub se plaignant à Dieu de sa trop grande misericorde à l'endroit des pecheurs, mesmes du Magicien qui gardoit les cedules de Magdaleine.*

contre toy, & toutes leurs forces furent abat-tuës, & le pecheur à corps perdu, se vient iet-ter aux enfers, il aura renoncé à ton sang, & à tes playes: & nonobstant tu te presentes tous-iours à ton pere pour eux, & les reçois moyen-nant vne volonté pure de retourner à Dieu pour ton amour. Misericorde trop grãde pour le pecheur, damnation grande pour le diable:

Maudite soit la playe que tant me couste, parce qu'en icelle tous les pechez sont englou-tis: maudit soit Longinus qui la fit. O Dieu tres-bon au pecheur, ô Marie tres-bóne & clemen-te. Ils prennent les diables pour leur Dieu, & encore, ô Marie, tu es tousiours aux pieds de ton Fils, priant pour eux, tousiours tu dis, Au-iourd'huy, demain, tousiours tu r'alonges.

a Le gand de la fille estoit fort estroit & falloit le ti- rer auec violence.

a En disant cecy demanda à iurer contre son ordinaire, & dit en confirmation de la verité qu'il feroit tomber en terre vn des gands de la main de Magdaleine, & qu'il s'estendroit tout plat rais de la terre, ce qu'il fit, le gand tombant soudain en terre. Verrine alors luy dit, humilie-toy Belzebub, où sont maintenant tes principautez? Et Belzebub dit, *confundatur superbia diaboli*. Ie suis contraint maintenant de m'humilier. Lors Verrine dit, maintenant tous vous autres, venez mettre les pieds sur luy, (parlant aux assistans.)

Et lors Belzebub se mit à crier, Ha soubs les pieds des hommes, les hõmes resistent à Dieu, & ie ne puis plus resister. Verrine dit, Dieu est si bon qu'il veut remplir ses sieges & leur par-donnera leurs pechez. Lors Belzebub infera: ô

d'vn Magicien. 77

quel iugement à ceux qui ne se conuertiront. Ie suis apres Lucifer le plus superbe : apprenez icy à vous humilier : car eternellement, eternellement, eternellement pour vn peché ie suis damné.

Et Verrine dit, oüy iustement nous sommes damnez, parce que nous estiós plus illuminez que les hommes. O, ô, ô, bonté, respondit Belzebub, combien es-tu grande pour le pecheur ! ô Iustice combien seuere pour nous autres ! Il ne manque pas au pecheur des commoditez pour bien faire, des Predicateurs, des Confesseurs, & des miracles, & demeurent encores obstinez en leur peché, & Dieu encores est si bon en leur endroit, qu'il veut finalement se seruir des diables pour les conuertir ? Verrine repliqua, *superbos humiliat*, il est plus puissant pour attirer les pecheurs au bien, que les diables au mal, par leur malice.

Puis dit, Ie ne crains ny Belzebub, ny Lucifer, ny tout l'enfer. Ie ne peux estre puny pour tout cela, Dieu me le commande, & encores se trouuera qui ne le croiront : mais n'attendez plus à faire penitéce : a Car le iour du iugemét s'approche, & toutes les pierres se leueront, & toutes les fueilles se báderont contre ceux qui demeureront obstinez. Ie dis vous autres, ieunes & vieux, ne resistez plus, parce que la mort est vn larron, & n'espargne rien, prend tout, pauures & riches, grands & petits : & comme la faux couppe le foin, ainsi la mort tient vn glaiue qui tranche tout.

b Belzebub dit alors, c'est bien outre nostre

a *Exclamatió aux pecheurs.*

b *Belzebub contraint de dire & dit verité.*

volonté de prescher la verité. Puis Verrine dit: Magdaleine cecy se dit en confirmation que la lettre a esté dictee de la tres-saincte Mere de Dieu, prononcee de Verrine par la bouche de Louyse, tu la liras bien souuent & la garde comme des reliques. Belzebub puis dit: Ie iure que i'ay parlé de la misericorde de Dieu, pour confondre les diables, & les Magiciens, & Magiciennes qui sont par tout le monde, mascs, masques, & tous ceux & celles qui se seruent de la Magie. Lors Verrine luy dit: il est bien force que tu iures, encores que tu sois mon Prince, tu n'es à present qu'vne mouche, où sont tes forces? tu brauois tantost le ciel & la terre, & maintenant tu t'humilies soubs les pieds de François.

Et Verrine mettant le pied sur Belzebub, dit: Ie suis ton valet, & tu voulois leuer Dieu de son Throsne. Pensez si vostre Gouuerneur Monsieur de Guyse endureroit qu'vn laquais ainsi le brauast, cóme vous voyez que ie braue mon Prince. Et se tournant vers Magdaleine, luy dit: Endure Magdaleine en remission de tes pechez, estime toy indigne mesme de t'humilier. Resiste à Belzebub, tu voids que ie le braue, & sont icy cinq princes en ce corps.

Les diables ont voulu deshonorer les compagnies de la Doctrine, & de saincte Vrsule, & Dieu les veut exalter par des fourmis, & par des fueilles d'arbres, trauaillez à bon escient pour la gloire de Dieu.

Puis iura que tout estoit vray, ce qu'il auoit dit, & qu'il auoit parlé de l'enfer, & de la mised'un Magicien. 79

ricorde de Dieu, & des obstinez, reprenant l'indeuotion des prieres à l'endroit de Marthe, a & du Lazare.

Puis disant le Prestre *Fecit potentiam*, Verrine dit, Ces choses sont bien de son bras tout puissant, c'est un miracle, qui se dira par tout le monde, il n'y a rien contre Dieu, ny son Eglise. I'ay dit que plusieurs Chrestiens sont amis de table à leur Dieu, mais peu le suiuent au mont de Caluaire, vostre Redempteur s'y trouua presque tout seul. Autres assisteront à la Messe & voudroient qu'en un demy quart d'heure tout fust dit. Prouuez vous vo⁹ mesmes & songez à vostre ame, parce que vous n'en auez qu'vne, rendez-la à celuy qui vous l'a donnee.

a Ce sont les patrons du pays de Prouence auec la saincte Magdaleine, où leurs corps reposent.

Nous autres voudrions qu'il n'y eust icy que rochers, & des arbres, mais ce qui nous fait desesperer, c'est que iamais Predicateur n'en a tant dit, & sera publié par tout.

Et puis parlant à sœur Catherine, luy dit: Catherine tu y as mis de l'empeschement, il te faut laisser conduire, & dire que la volonté de Dieu se face. Maudit soit la parole que tant me coustera, que le diable donne la leçon contre le diable. Catherine laisse faire, tu es encores nouuelle. Puis Verrine parlât aux demons qui estoient au corps de sœur Catherine, leur dit: parlez, mal-heureux, venez en campagne.

Et Belzebub dit, Il n'y a pas de moyen de t'absconser, ton Prince s'est humilié, tu te peux bien humilier, allons en campagne: *Obedi Deo, & Mariæ Virgini, Mariæ Magdalenæ: obedi maledicte, maledictio Dei* omnipotentis sit super te superbe. Obedi Deo: confundatur superbia, ᵃ Ie te commande, par le Dieu tout puissant, dis moy ton nom : Ie te commande par la Vierge Marie, par saincte Vrsule *cum sociis. confundatur superbia*, & tu veux faire teste encores à ton capitaine? Ie te feray parler & demeurer sous mes pieds, puis que ie me suis humilié, tu t'humilieras, *Surge, augeo tibi pœnas*, tu n'es qu'vn superbe. Il ne m'importe, si tu ne parles; mais ie diray qu'il y a vn qui s'appelle Sabathon.

Et parlant à l'Exorciste luy dit, augmente-luy ses peines, s'il ne veut dire son nom. Et Verrine dit: Nous sommes des throsnes, & il a fallu obeyr, & les valets veulent estre plus grands que les maistres, mais ce n'est pas encores l'heure.

Les Medecins se contentent de donner les medecines, & il nous faut donner & medecines & restauratifs.

Vous autres assistans, direz parlant de cecy, qu'auez veu trois filles possedees pour la gloire de Dieu, & pour la reparation des deux compagnies de saincte Vrsule & de la Doctrine, & que iamais n'est aduenu au diable vn tel rencontre, tout l'enfer en est confus.

Maudit soit le malefice, maudit celuy qui a conseillé de le donner, ô qu'il sera cause d'vne grande reparation.

Louyse tu n'es qu'vne pauure fille de rien, & voudrions que tu fusses vne Royne, vne saincte, vne Philosophe, & tu ne fais que prester la langue, tu as fait desia douze discours, &
tu te

ᵃ *Les demons font grand difficulté tousiours de se manifester, ou dire leurs noms, de peur d'estre exorcisez, commandez, & par peines imposees, punis.*

d'vn Magicien. 81

tu te fortifies dauantage. Contentez vous de cecy, vous auez veu le commencement, le milieu, & l'issuë. a O Michaëlis tu as presché maintenant, tu as dit beaucoup de choses & as dit la verité, mais as peu auäcé, & Louyse n'estudioit rien, & a compris en sommaire la perfection.

Puis dit qu'vn b Mardy auoit esté le iour de la natiuité de Louyse iour d'Anthonius de Padua, & à ce mesme iour elle entra à saincte Vrsule. Le iour de sainct Maximin, fut le Mardy auquel nous fusmes descouuerts, c'est aussi à vn tel iour que partismes d'Aix pour venir icy. Vn Mardy Louyse fit sa confession generale, & fut nee, à la minuict, la mesme heure que vostre Seigneur nasquit; le trentiesme de Iuin, y aura trente ans qu'elle est nee.

Ce mesme iour en la chambre Belzebub, & Verrine se mirent à maudire, disant : Maudit soit celuy qui premier commença d'escrire, maudit soit l'Imprimeur qui premier l'imprimera, maudit les Docteurs qui l'examineront, maudits soient ceux qui mettront le contenu en œuure. Maudit le Pape qui l'approuuera : maudits les Cardinaux, Archeuesques, Euesques, qui y assisteront. Parce que depuis le monde commencé, iusques au iour du iugement, iamais n'est arriué, ny n'arriuera chose semblable.

ACTE DV XV. DECEMBRE.

CE mesme iour sur le matin furent coniurees Louyse & Magdaleine par le Pere Dominicain, & Verrine sur le commence-

a C'estoit l'heure en laquelle le sermon de l'Aduent s'estoit finy à Aix où il preschoit enuiron les vnze heures deuant midy.

b Ce iour estoit vn mardy, & de là print occasion de tenir ce propos.

c Miracle nouueau.

F

ment des Exorcismes commença à parler des Saincts en ceste maniere.

Dieu veut que ie parle des Saincts, qui sont en Paradis, & sont mes mortels ennemis, & voudrois resister à Dieu, & à la saincte Trinité, mais il m'est force de parler. Belzebub, tu n'es qu'vne fourmis au regard de luy. Chose gräde qu'il faille que les diables discourét de la gloire des Saincts, qui sont leurs mortels ennemis, si les pouuions oster de là où ils sont, les porterions en enfer tres-volontiers.

François est allé en Paradis, & Lucifer a perdu sa gloire par son orgueil, où sainct François l'a obtenuë pour son humilité.

a *Il parle selon la capacité du simple peuple assistãt à cause que ces deux preschoient aux villes de Proüéce.*
b *Des mortifications requises pour auoir Paradis.*

a Si vn Michaëlis, vn Pere Laurent, ou quelque grand personnage le preschoit, ne m'estõnerois pas: mais c'est grand merueille qu'vn diable le die par la bouche d'vne fourmis: mais le Dieu des Chrestiens le veut, & ainsi le commande celuy qui est au sainct Sacrement en ceste Baume.

b Les mortifications sont dites fascheries par ceux qui ignorent leurs vertus. Iean Baptiste auec toute sa penitence fut mesprisé & maintenant est exalté en Paradis, a esté sanctifié, est vn des plus grands amis de Dieu, a fait penitence, & n'auoit pas offencé, pour monstrer au pecheur la penitence. Pource qu'il faut passer par la mortificatiõ, pour paruenir à la ioüissance. Grand cas, que les diables enseignent la mortification, & les conseils. *Ioannes Enãgelista* a esté grand amy de Dieu, & gardien de Marie pour sa pureté. *Stephanus* maudi fois-tu, il me faut prescher ta charité qu'auois en priant pour ceux qui t'ont lapidé. O *Bernardus* tu es vn des mignons de Marie, & toy Dominique, & toy Stanislaus aussi, bien que peu te cognoissent. *Paulus*, tu estois vn pecheur, & persecuteur des Chrestiens, & es deuenu vn grand Predicateur des vertus.

Anthonius de Padouë pour ton humilité, & par tes autres vertus es maintenant en Paradis.

Et par ton obeyssance, ô Abraham, tu es le pere des croyans. Dauid est vn miroir de penitence, pour monstrer aux pecheurs comme il faut retourner à son Dieu. *Tu Petrus* auois renié ton maistre, maudit Pierre, que tāt me couste, ô Pierre, à ton exemple ceux qui renient Dieu se conuertissent. Guillaume l'Hermite auoit esté grand pecheur, & a trouué misericorde par sa penitence. Les vns vont en Paradis par penitence, les autres y vont par innocence: Marie est en Paradis par son innocēce, Magdaleine y est pour sa penitence. Louys Roy de France, c'est le patron des Roys. Dieu veut qu'il y aye de tous estats sauuez, il a choisi des Empereurs, & des plus bas estats, des Cordonniers, & des Laboureurs. Crespinian estoit vn sauetier: Athanase vn laboureur de terre, & fut pris pour estre Euesque: il y a de tous estats au Ciel à nostre confusion, afin que nul ne s'excuse. Dieu met en son Paradis ceux qui l'ayment, & obseruent ses commandemens, & ne resistent point à ses inspirations. Il les met à sa table, les fait manger de son pain, &

F ij

boire de son vin. Il ne fait pas comme les gens du mōde qui traittent leurs seruiteurs, comme d'esclaues: voire mesme vous en auez qui sont pis qui traittent bien leurs chiens, & traittent mal leurs seruiteurs. Puis dit qu'il ne s'estōnoit de rien quand Dieu choisissoit des Princes, & non pas gens de basse conditiō, & encore prenons nous patience des hommes, mais il nous fait enrager, les femmes allans en Paradis.

a *Martyrologe le 3. Mars.*
b *En Ribadeneira le 25. Ianuier.*

a Cunigonde estoit vne Emperiere, & est en Paradis, & aussi Catherine d'Aléxādrie, Vrsule, & les vnze mille Vierges en vn iour sont allees en Paradis sans compter les hōmes b Marguerite d'Hongrie estoit vne fille de Roy, elle entra en son monastere, & ne voulut pas estre appellee fille de Roy, mais d'vne bourgeoise, tant estoit humble: maudite soit l'humilité que tant nous couste. A cecy Belzebub dit, Amen. Puis Vertine continuant son discours dit, Barbara eut la teste trenchee par son propre pere, & incontinent le diable le tua sur la place mesme. Le monde & le Paradis sont deux païs, & bien differéts, icy les riches marchent les premiers,

c *Au Martyrologe le premier de Nouembre.*

en Paradis les meilleurs, les plus hūbles, & les plus obeyssans. Marie c estoit vne pauure chābriere, & chambriere d'vn Payen, & est maintenant l'espouse du Roy de gloire, & tant grāde comme Cunigonde. Marguerite d'Escosse estoit vne fēme mariee, & est allee en Paradis.

Godelana estoit aussi vne mariee, & son mary l'estouffa, & puis la fit ietter en vn fossé.

Elizabeth fut vne vefue Royne d'Hongrie, & se fit hospitaliere par sa grande humilité.

d'un Magicien. 85

Encores tout cela est passable, mais nous enrageons pour celles qui ont esté folles, & pecheresses, cõme estoit Pelagie, Thaïs, Magdaleine, ce que disons sans preiudice de leur gloire, plustost c'est la gloire de leur Dieu, & de sa bonté, parce que Dieu leur a donné son Paradis, & meritoient mille fois l'enfer.

Ceux qui ne voudront pas croire cecy diront que ce sont filles, qu'elles sont filles, & qu'on leur a donné leur leçon, & n'en feront point leur profit, & c'est ce qui nous resiouïst. Vn Predicateur est bien souuent las, qui n'aura fait qu'vn sermon & desia i'ay fait quinze discours, par la bouche de ceste-cy (entendant Louyse,) & en ay faict deux, ou trois pour vn iour, plus que les Predicateurs en leurs Aduents, maudite a soit ta force, & celuy qui te l'a donnee. Belzebub à ce propos fit vne exclamation, disant: ô puissance. Et Verrine dit, C'est la force que Dieu luy donne. Chose grande que les diables preschent les commandements de Dieu, & les conseils, & enseignent les Religieux Ecclesiastiques, Prestres & seculiers, & toute sorte de gens. Ie dis qu'il y a des viandes à manger pour tous, mange qui en voudra, il y en aura plus de quatre à qui la sausse n'agrera pas, & aimeront mieux les sausses d'enfer. Vous trouuerez des Notaires qui pour cinq sols feront des actes faux, violans leurs sermés, & les diables sont plus fideles à leur maistre, que vous autres hommes.

a C'estoit chose admirable de voir la force que Louyse auoit, criant si haut deux heures du iour.

Quand les diables ont vne fois iuré selon l'intention de Dieu, & de son Eglise, ne peu-

F iij

uent aucunement mentir, forcez de Dieu, de iurer la verité. Les hommes ont leur liberal arbitre, s'ils font du mal, ils vōt en enfer: s'ils font bien, ils vont au Ciel: mais le diable est contraint de dire la verité, quand Dieu la fait dire. Car ils n'ont point de liberal arbitre pour faire le bien, & sont forcez tous mal-heureux qu'ils sont de dire la verité. Autrement à quoy seruiroit l'authorité de l'Eglise, si les iuremens ne valoient rien? Pourquoy a-on fait les liures des Exorcismes? il faut qu'ils nient l'authorité de l'Eglise, & de ceux qui ont composé les liures, & les ont approuuez. Il faut donques dire qu'il n'y eut iamais de possedé, ayant fait vn bō serment, mais ceux-cy entreroient en vn puits, d'où iamais ils ne pourroient sortir, ou il faudroit aller querir les curieux qui sont en enfer pour expliquer leurs curiositez, ou les Saincts de Paradis, pour leur faire dire que tous leurs escrits ne valoient rien, & consequemmēt nieront l'Eglise, & serōt de l'aduis des Caluinistes.

Grand cas! que les diables preschent la droite intention, pure affection, pureté de conscience, la simplicité, l'humilité, l'obeyssance, & la resignation ne tenāt rien de l'amour propre, & comment il faut aller en Paradis, discourant sur les conseils, sçauoir la chasteté & pauureté. Les diables seront cause de la reformation de plusieurs Monasteres, les diables aduanceront plus que leurs Euesques, leurs Abbez, & leurs prelats n'ōt sceu auācer, les diables en sont bien marris. Or par ce moyē seront reformez. Alors fit vn sermēt en forme sēblable:

Ie iure par le Dieu que vous autres adorez, & qui est vostre Createur & Redépteur, que tout ce que i'ay dit est vray, & que tout est dit pour sa gloire, le salut des ames, & l'instruction des Ecclesiastiques, des seculiers, & de toute sorte de gens, pour les bons & les meschans, & pour la reformation de plusieurs Monasteres, tant d'hommes, que de femmes, & qu'il est vray: Ie iure selon l'intétion de Dieu, & de son Eglise, chose que iamais n'ay fait, & l'ay fait sur le sainct Sacrement, & deuant que me l'ayez demandé, & ay iuré sur le sainct Sacrement auec toute solemnité requise pour vn vray serment selon l'intention de Dieu, & son espouse l'Eglise, que tout ce que i'auois dit, estoit tout pour sa gloire, comme pour la conuersion des ames, extirpatió des heresies, & de la magie, & qu'il estoit vray tout ce que i'auois dit, & qu'il n'y auoit rien contre la gloire de Dieu, ny contre son Eglise, & ay dit qu'il seroit approuué de toute l'Eglise, & que n'auois point iuré encore tel serment en telle maniere. Et quand i'ay commencé mon iurement, i'ay dit: a Ie iure par le Dieu viuant, & c'est le plus grand iurement que nous sçaurions dire.

a Iuremët veritable & aduenu.

Puis dit: Ceux qui diront que cecy n'est pas vray feront tort à Dieu, Ils disent que Dieu est tout puissant, & puis le nient tout puissant, & croyét que le diable est pl⁹ puissant b que Dieu: Parce que ce sont & feront choses si grandes, qu'il y en aura plusieurs qui aymeront mieux nier la puissance de Dieu, que de dire que cecy est vray: le diable le prouue par le premier arti-

b Si Dieu ne pouuoit côtraindre les diables, cela seroit.

F iiij

cle de leur *Credo*, *Credo Patrem omnipotentem*, qu'ils croyét Dieu le Pere tout puissant : & s'il est tout puissant, il peut bien auoir fait cela, & s'il se vouloit seruir d'vne fourmy, feroit encore des choses plus grá-des que celles-là, & pourroit d'vn rien creer cent mille mondes.

Puis Louyse se retira en sa chambre, comme estant beaucoup trauaillee par la vehemente action du diable, toute en sueur. Et aussi tost Belzebub prince des demons, qui estoient au corps de Magdaleine, commença à contester contre la misericorde de Dieu, en façon comme s'ensuit.

a *Admirable inuectiue & plaincte de Belzebub à Dieu, où il faict vn sommaire des malheureuses abiurations, & execrations faites par les Magiciés quâd ils reçoiuét la marque du diable, & se donnent à luy execrablement.*

b *Descouuerte digne d'admiration & de terreur.*

a Misericorde trop grande! O Dieu tu ne te contente pas de nous oster le pecheur, mais encores specialement ceux qui se sont donnez à nous corps & ame, & tout ce qu'ils auoient & pouuoient posseder. Ils se donnent à nous par le moyen des cedules signees de leur sang, & nonobstant tout cela tu nous les ostes.

b Chose grande que tu nous les ostes en telle façon : nonobstant qu'ils ayent renoncé à toy, à ton pere, au sainct Esprit, à sa bonté, à son amour, à sa misericorde, afin que iamais ne les reçoiue à misericorde, mais que les damne eternellement. A ta mere, à toutes les prieres qu'elle pourroit faire pour eux, à ses entrailles, à ses mammelles, afin que iamais ne fussent esmeuës à compassion en leur endroict, à sa memoire, afin qu'elle ne se souuiéne iamais d'eux : à la volonté, afin qu'elle iamais ne prie son Fils pour leur conuersion, à son entendement, afin qu'elle ne pense iamais à eux, mais qu'elle les laisse, & abandonne entre les mains des diables: A tous les Anges, & à tous les Saincts & à toutes les graces que Dieu leur auoit fait, ou qu'il leur pouuoit faire à l'auenir: à toutes les inspirations qui leur pourroient venir, pour les attirer à luy: maudisāt tout ce que Dieu auoit creé, pour le bien des hommes: à toutes les prieres que les Anges, les Saincts, les hommes pourroient faire pour eux, afin que iamais ils n'eussent subiect de retourner à Dieu, disant qu'ils n'auoient affaire de luy ny de tous ses biens, ny de toutes ses graces, ny de son Paradis, Renonçāt à sa passion, à son sang, & à tous les merites d'icelle, afin que iamais n'eussent aucune efficace en leur ame, ains qu'il leur seruist de plus grande obstination. Inuoquant l'ire de Dieu tout-puissant, du Fils tout sçauant, du sainct Esprit tout bon, l'ire, & l'indignation de la Mere de Dieu, de tous les Anges, & de tous les Saincts. Disant le sang du Fils de Dieu tombe sur nos ames, & sur nostre corps eternellement, *& nonobstant tout cela tu nous les ostes.* Et protestant qu'en despit de toy, & de tout ce que tu as fait pour eux ils veulent estre nostres, & ce pendant *tu nous les ostes.*

Ils ont prins le diable, & le Magicien pour leur Dieu, Createur, & Redempteur, Sauueur, & sanctificateur, ne voulant plus tout cela tenir de Dieu: mais du diable, & du Magicien, & comme tels, tant le diable, que le Magicien, ils les adorent, les loüent, les benissent, renonçant à Dieu qui auoit creé tout, & le maudissant, retractant tout le bien qu'ils auoient fait par le passé pour Dieu, & l'attribuât puis apres au diable & au Magicien: *& nonobstãt tout cela, tu es bon, que tu nous les enleues, et as les bras tousiours ouuerts pour les receuoir.*

Ils s'estoient donnez & conseruez à toy, & nonobstant tout cela ils contracteront par arres de mariage auec le diable, & le Magicien, signant de leur propre sang, pour plus grande confirmation, qu'ils n'ont affaire de son Dieu, s'espousant tout à fait auec le diable, ledit mariage fait autentiquemẽt en presence du sainct Sacrement, escrit par le Prestre Magicien: *& nonobstant tu es tousiours tant, tant, tãt bon, que tu nous les enleues tous.*

I'ay dit à Marie: qu'as tu affaire de ceux cy, pour les donner à ton Fils? car ils se sont exposez à toute sorte de volupté, tant d'hommes, que des diables, que des bestes, & qu'as-tu affaire de presenter telles gens à ton Fils, puis que luy est la pureté mesme?

Ils renoncent à leur bon Ange, afin qu'ils ne leur donne iamais inspiratiõ pour retourner à toy, & en contre-change ils prennent vn diable pour Ange custode pour les conduire tousiours: & tu es tãt bon, & misericordieux, qu'en contre-change de cela tu leur donne par apres leur Ange de coustume: puis encor tu leur dõnes 20. 30. 40. fois, & en fin tous les Anges s'y aident pour les rauir d'entre nos mains.

Ils protestẽt qu'ils ont vne si grãde ire, rage, desdain, & indignation cõtre Dieu, qu'ils voudroient estre diables, pour mieux faire qu'aucun n'allast iouyr de la gloire de Dieu par les

d'un Magicien.

tentations qu'ils leur donneroient: a maudissant Dieu qui les auoit créez hommes, & non pas diables: inuoquant & priant de tout leur cœur Lucifer, qu'il leur chãgeast de condition, qu'il se mist en leur place, & eux en la sienne: protestant qu'ils voudroiét endurer tous tourmés, peines, & supplices de tous les diables, & de toutes les ames damneés, qui sont, & pourroiét estre, pourueu qu'ils se puissét totalemét bander à l'encontre de Dieu, & renuerser ses intentions, & qu'ils s'en soucioient autant de toutes ses peines, comme d'vne mouche.

Ils font des pourtraicts de leurs corps, pour les donner aux diables, & aux magiciens, afin de s'en seruir d'iceux pour offenter Dieu, en despit de toy (ô Dieu) conuient les diables, la mer, & la terre de les engloutir lors que tu les voudrois conuertir.

Renonçant à ta passion, & au S. Sacrement de confession, & prient lors que le Prestre leur donneroit l'absolution, que l'ire, & l'indignatiõ de Dieu tombast sur eux, & son sang pour leur condemnation.

Protestent deuant vostre Seigneur que leur volonté est telle, que lors qu'ils receuront de faict & reellement la saincte Hostie, que l'air soit tout entouré de diables, pour prendre possession de leurs corps, & ames, & de tout ce qui est en eux.

Protestent qu'ils n'ont point affaire de la possession de Dieu, voulans estre possedez de tous les diables, croyans que c'est vn des plus grands biens que iamais leur fust ar-

a O aueuglement plus grand que celuy des Payens, & que des diables mesmes. Malheureuse & miserable rage des Magiciens semblable aux chiens enragez, où plustost au diable mesme, ayant vne participation de leur obstination comme au cõtraire les gens de bié ont vne participation de la bonté de Iesus-Chr.

*a Les dia-
bles ont dit
qu'ils a-
uoient hor-
reur des
mal’heu-
reuses in-
uentions du
Magicien
Leurs,
qu'il con-
trouuoit
merueille-
ment pour
faire nou-
uelles iniu-
res à Dieu
& à Iesus-
Christ.
b Charité
de Iesus-
Christ.*

riué qu'auoit les diables dedans le corps. a Et encores ils ont vne si grande ire, & desdain cōtre toy, qu'ils ne veulent rien auoir en leurs corps qui ne serue pour faire offenser Dieu, donnant toutes les parties de leurs corps, leur sang, leurs mouëlles, leurs os, leurs humeurs du corps, leurs cheueux du front, la melancholie, tout cela au diable, & au Magicien pour en faire des charmes, & de tout ce qui peut seruir pour se bander à l'encontre de Dieu, sa Mere, tous les Anges, & tous les Saincts.

O misericorde trop grande pour les pecheurs! & tu faits semblant de ne rien voir, ny entendre de toutes leurs meschancetez & malices, presentant tousiours tes playes à ton Pere, afin qu'il ne debāde ny face tomber son ire sur eux, disant tousiours à tō Pere: Mon b Pere, voicy ce que i'ay enduré pour les pecheurs, ie te prie d'auoir égard à ma mort, & à l'amour que tu me portes, & me les donner. Ie leur enuoyeray tāt de mes Anges, des prescheurs, des sainctes inspirations, qu'en fin ils seront contraincts de se ietter entre mes bras, comme le pauure enfant prodigue: ne permets pas que mon sang soit en vain espandu pour eux: Belzebub adiousta disant, O, ô, ô, bonté, & misericorde de Dieu trop grāde pour les pecheurs & iustice trop cruelle pour tout l'enfer, disant il nous fait tort, de nous oster ceux, qui par tant de moyens estoient attachez auec nous, & a-uec l'art magique: c Sa bonté est si grande pour eux, que pour les conuertir, il leur enuoye de grandes maladies, des estranges tentations, &

*c Remedes pour con-
uertir les
hommes.*

violentes, & pour cela ils ne se conuertissent, il permet à la confusion des diables, & de tous les Sabats, qu'ils soient possedez des diables pour les conuertir, il permet que le diable leur monstre le iugement de Dieu, la grandeur de leurs pechez, & les peines deuës à iceux pour les conuertir, & nonobstant tout cela, le plus souuent demeurent obstinez: disant que tout cela est peu de cas, qu'ils ne sont pas seuls d'auoir offensé Dieu, & qu'il y en a bien d'autres, & nonobstant tout cela, Dieu est si bon que tousiours frappe à la porte de leur cœur pour les attirer à luy: Marie a presenté tousiours ses entrailles & ses mammelles à son fils, combien que plusieurs fois ils les ayét renoncees: priant son fils que pour les merites d'icelles, leur face misericorde, & qu'il inspire des gens pour prier pour leur conuersion: afin qu'estants assiegez de tous costez, ne puissent plus resister à Dieu: mais tout ainsi comme le poulet se va ietter sous les aisles de sa mere nourrice, qui est la poulle, ainsi ils s'aillent ietter soubs les aisles de la bonté, & misericorde de Dieu. b O, ô, ô, confusion du diable, de tout l'enfer, & de tous les Sabats, si le pecheur cognoissoit la bonté, & misericorde de son Dieu, il s'en iroit tousiours le ventre trainant à terre, priant les pierres, les espines, les arbres, les fleurs, les fruits, la mer, la terre, bref toutes choses creées de se bander à l'encontre d'eux pour les pechez & offenses qu'ils ont faites à son Dieu. Desireroient d'estre abandonnez de toutes choses creées de Dieu, pour la grandeur de leurs pe-

a *Misericorde de nostre Dame.*

b *Exclamations contre les pecheurs.*

chez, s'estimans indignes de marcher sur la terre, & mesme indignes de la damnation eternelle, estimans & croyans asseurément que la plus grande grace que Dieu leur sçauroit faire, ce seroit de faire leuer tous les diables de l'enfer, pour les punir, tourmenter, & chastier de leurs meschancetez, croyans que tout cela ne seroit rien au pris de leurs iniquitez. Prieroiét encores toute chose creée de crier misericorde à Dieu pour eux. Mais Seigneur les pecheurs sont si pleins d'orgueil, & de presomption, qu'à gráde peine, quand ils ont offensé, peuuent ils dire leurs pechez à vn Confesseur, disant, & que dira-il, si nous luy confessons si grandes impietez ? Et pourtant Seigneur, puis qu'ils sont si remplis de superbe & obstination donnez, donnez, donnez les nous, autrement vous nous ferez grand tort. Et me voulant cacher & retirer, ie crie à haute voix, auec grande rage estant tout desesperé, ayant dict tout le susdit discours auec pareille rage, & furie, estant tout hors de moy-mesme, finalement me tournant vers les pecheurs, ie dits : Ha ! pecheurs, pensez, pensez, pensez à la bonté de vostre Dieu, disant derechef. Hâ, hâ, hâ, pensez, & recognoissez la bonté, & misericorde de vostre Redempteur, Createur, & Sanctificateur, disant : allez vous-en, & vous asseurez, que si vous n'en faites vostre profit, l'ire, & indignation de Dieu tombera sur vous, & tout l'enfer se leuera en iugement à l'encontre de vous.

Ce mesme iour sur le soir furent exorcisées

Louyse & Magdaleine par le Pere François Billet, & au commencement des exorcismes Belzebub agitoit horriblement le corps de Magdaleine, & dit: Misericorde de Dieu, tu es trop grande! tousiours, ô Seigneur, tu offre tes playes au Pere pour le pecheur, c'est vne bourse qui iamais ne se serre: puis dit, nous diables tourmentons ainsi les ames en enfer au milieu des flammes, tantost d'vn costé, tantost d'vn autre, & renuoyons les miserables du feu à la glace, voyez, si vous voulez aller en ce pays.

Et parlant à Magdaleine, dit, maudite soit l'heure que tu fus possedee, que tant me coustera eternellement, eternellement, eternellement: O Sapience de Dieu trop grande, Sapience infinie, Sapience incomprehésible, Sapience admirable: ô que les iugemens de Dieu sont differents aux iugemens des hommes. Merueille de Dieu, iugement de Dieu, ce que Dieu veut sauuer, rien ne luy peut nuire, ce que Dieu veut auoir, l'enfer ne luy peut oster.

Apres Belzebub parlant aux demons qui estoient au corps de Catherine de l'Isle, qui commençoient vn peu à gronder, & se faire ouyr, dict, Venez, venez, marchons en campagne, il faut resueiller nos gens. Et Verrine alors dict, *Responde maledicte. a obedi Ecclesia,* penses-tu estre plus grand que ton maistre? Et Belzebub dict, les valets ne parlent point deuant leur maistre. Verrine dict, ie parle bien deuant toy, & suis moindre que toy. Belzebub respondit, c'est bien à ton regret.

a Ordre entre les Diables.

96　*Histoire admirable*

Verrine dict, cela est vray, mais c'est par force, & faut-il que les diables soient contre les diables? & s'adressant à Sœur Catherine, luy dit, Ils t'empeschent de manger & dormir, & encores crois-tu que c'est nature, n'est il pas vray Catherine? Catherine ne mets pas d'empeschement, a crois que tu es possedee.

Et parlant au Prestre, luy dit, adiure-le par Iean, Pierre, Bernard, b faut il que les diables donnent les moyens? Et parlant à Sabbathon, duquel Belzebub auoit descouuert le nom, luy dit, Lucifer ne peut resister, & toy Cuisillon d'éser, pourras-tu resister? *obedi maledicte*, mais vn paysan est tousiours plus fier qu'vn honneste homme.

Et le Prestre exorcisant, & disant ces paroles *sacro-sancti baptismatis vnda regeneratus*, il en y a plusieurs, dit Verrine, baptisez, & peu de sauuez, il en y a qui veulent aller en Paradis en lictiere, mais le iugement de feu les suyura. Et se mit à crier, c qu'il auoit à parler, mais contrainct, des œuures de misericorde: il ne suffit pas (dit-il) pour aller en Paradis, la seule virginité, comme pensoient les Vierges folles, mais qu'il falloit d'autres choses, comme les œuures de misericorde: Car Dieu a dit qu'il ne demandera pas compte: si on a beaucoup leu, ou dit de Chappelets, mais qu'il falloit faire des bonnes œuures, parce que quãd il viendra au iour du iugement, Dieu demandera compte aux ames des bonnes œuures, & non des sciences qu'ils auront sceu. Parce qu'il dira, quand i'ay eu faim, parlant aux reprouuez,

vous

a La honte la faisoit par fois plorer apres la descouuerte, estãt fille d'honneur, & innocente.
b Il se faschoit quãd l'exorciste n'estoit biẽ aduisé à cõtraindre les demons ayant regret d'en estre l'instrument.
c Des œuures de misericorde.

vous ne m'auez pas donné à manger : quand i'ay eu soif, vous ne m'auez pas doné à boire: quand i'ay esté malade, vous ne m'auez pas visité: quand i'ay esté prisonnier, vous ne m'auez pas racheté : quand i'ay esté nud, vous ne m'auez pas reuestu : quand i'ay esté pelerin, vous ne m'auez pas logé: quand i'ay esté trespassé, vous ne m'auez pas enseuely. Et dira par mesme moyen, & mesme sens, quand ie viuois mal, vous ne m'auez pas repris de mon peché, quand en mes membres ie viuois en ignorance, vous ne m'auez pas enseigné, quãd i'estois en doute & mal aduisé, vous ne m'auez pas conseillé ; quand ie viuois en affliction, vous ne m'auez pas consolé: quand ie voulois endurer en vous, vous n'auez pas patiemmẽt porté les iniures : quand on m'a offencé en vous, vous n'auez pas pardonné les offenses: quand i'estois persecuté en vous, ou aux peines de purgatoire, ou en ce mõde, vous n'auez pas eu ny pitié pour ceux qui me persecutoiét ny pour le bien du prochain, ny pour les trespassez. C'est pource que Dieu a dict, ce que vous ferez au plus petit des miens, ie le tiens fait pour moy-mesme, parlant des pauures, alleguant ce mot de l'Euangile, quand nostre Seigneur reprint Iudas de son auarice qui tançoit la Magdaleine, luy dit, vous aurez tousjours les pauures auec vous, mais vous ne m'aurez pas tousiours, disant que Magdaleine auoit faict vne bõne œuure, luy disant que par tout le monde, où sera presché cet Euangile se fera memoire d'elle. Outre, ie disois

Ce sont les œuures de misericorde spirituelles.

G

qu'il separeroit les mal-heureux damnez, & leur diroit: *Ite maledicti in ignem æternum*, qui est preparé pour vous autres, & pour tous les diables.

Puis se tournera du costé des bôs, & leur dira, Venez mes bien-aymez, quád i'ay eu faim, &c. Ie dis que les folles Vierges auoient mis par trop leur confiance en elles mesmes, pensant comme font plusieurs de ce temps icy, que le seul baptesme, la foy, & la virginité suffist pour aller en Paradis. Non, il n'est pas vray, parce que vostre Seigneur a dit qu'en leurs lápes, il n'y auoit point d'huille, qui signifie les bonnes œuures. Et quand elles sont venuës pour aller souper, & au deuant de leur espoux (cela signifie le iugement) il leur fut dit, *nescio vos*. Ie suis couché, vous ne pouuez entrer, c'est à dire, pecheurs obstinez, trop tardifs, vous vous repentirez de vostre peché. Et puis se tournera du costé de ses esleus, & leur dira, Venez benists de Dieu mon Pere, possedez le Royaume des Cieux, qui est pour vous autres & pour mes Anges, parce qu'il falloit bien que les sieges vuides des mauuais Anges, fussent remplis par des hommes, ils n'estoient que des sacs de terre, & seront toutesfois en leur place.

Ie disois encores que les Anges estoient si beaux, & demandois pourquoy des creatures tant belles auoiét esté dejettees pour vn peché & me fut respondu par ce qu'elles auoient plus de science que les hommes, pour cognoistre le bien, & mettre en arriere le mal: mais les pecheurs fragiles & ignorans, faisans les milliers de pechez, il les receuoit à misericorde quand ils se retournoient.

Vne autre fois se mit à crier tant qu'il pouuoit, disant, ie ne sçay qu'y faire. Ie suis contrainct de te dire Magdaleine, que tu es vne Magicienne.

Cela est vray Magdaleine, tu as esté trompee, Dieu veut que ie le die : il est vray Magdaleine que tu as esté trompee par vn Prestre, qui estoit ton Confesseur. Il ne se faut pas estonner si vne brebis se perd, quand le Pasteur ne vaut rien. Cela est vray Magdaleine, il est de Marseille, & s'appelle Louys, a il est à l'Eglise des Acoules, François le cognoist, & Louyse, qui parle ne l'a jamais veu.

Cela est vray Magdaleine, que Louyse b a resisté à cecy, Louyse est ta sœur, & ne t'a pas voulu diuulguer au commencement : tu t'es donnee au diable c Magdaleine, & as renoncé ton Dieu, ton Baptesme: sa mere, & tout le Paradis, tu as fait vne cedule au diable, Magdaleine, Louyse ne l'a pas veuë. Cela est vray, Magdaleine, tu estois en la maison de ton Pere quand tu as esté trompee. Cela est vray tu as doné licéce au diable d'étrer dedás ton corps. Garde, Magdaleine, garde, garde de ne faire aucun d iugement, si tu t'en es confessee comme il est vray, & s'il n'estoit vray ie ne le dirois pas: tes Confesseurs sont sages, & ne m'ont pas dit tes pechez. Cela est vray Magdaleine, Louyse ne les sçait pas, garde pourtant, garde, garde de faire aucun iugement, ou qu'il viéne de la part

a *Premiere descouuerte du Magicien.*
b *Louyse retenoit la langue, quand Verrine vouloit manifester & nommer le Magicien.*
c *C'estoit en la maniere de tous les autres Magiciens: mais Dieu y a disposé par grace speciale à son salut.*
d *Magdaleine se faschoit de ceste descouuerte, preuoyât aussi la sienne, au public.*

de tes confesseurs ou de Louyse.

Cela est vray Magdaleine, cela est vray, & ne te fasches pas, cecy est pour la gloire de ton Dieu, & tu en auras le profit.

Cela est vray Magdaleine, il n'a pas besoin de toy, il ne seroit pas Dieu s'il auoit besoin de toy, ou d'autre creature, c'est pour ton profit, ne te fasche pas. Dieu est si bon qu'il ne veut pas diuulguer les gens, il les veut conuertir. Puis disoit aux assistans, vous autres serez tous chargez, si ne le mandez querir (entendant de Louys.) Outre disoit tout haut, Vous autres Prestres ne vous faschez de rien, les meschans ne preiudicient en rien aux bós, cela est vray, il ne faut pas mespriser les bons, pour les mauuais. Si Louys ne se veut conuertir merite d'estre bruslé tout vif.

Cela est vray Magdaleine, il t'a fait nier ton Dieu, ton Baptesme, & ta part de Paradis, tu as choisi l'enfer pour ta demeure, mais tu n'iras pas, parce que Dieu t'assistera.

Cela est vray Magdaleine, le Magicien a les cedules ne te fasche de rié: il faut qu'il les réde.

Cela est vray Magdaleine, a les Prestres t'ont veillé, & tu en auois bien de besoin, que si ne t'eussét veillez, les diables t'auroiét emportee.

Cela est vray Magdaleine que tu sois vne Magicienne, & auec beaucoup de solemnité, as fait tout cela, en trois Messes, tu as renié, à vne de la minuict, à vne de l'Aube, & à l'autre grande Messe.

Cela est vray Magdaleine, Dieu t'a pardonné, resiste au maudit Belzebub, les diables

a Toute la nuict deux Prestres de la Doctrine, & deux matrones veilloient Magdaleine, & la trouuoyent la plus part de la nuict ne se pouuant remuer, ny crier, les diables la tenant liee de tout son corps pour la tenter à leur aise, ou la faire tóber en desespoir, si elle ne reuenoit à eux.

d'un Magicien. 101

n'ont non plus de force qu'on ne leur donne.

Cela est vray Magdaleine, que tousiours as resisté à ton Dieu, à ses inspirations, & à toutes admonitions, tant des Anges de Paradis, comme des gens du monde, & n'ont rien sceu auancer en ton endroit: mais ton Dieu est si bon, Magdaleine, qu'il a exaucé plusieurs ames qui luy ont esté agreables, quand elles ont prié pour toy.

Cela est vray Magdaleine, on a dict tant de Messes à ton intention, on a fait tant de penitences, tant d'aumosnes, on a fait tant de bonnes œuures, tant du costé de tes pere & mere corporels, comme spirituels.

a Magdaleine, si les estoiles du Ciel estoient capables de remercier Dieu pour toy, les fueilles des arbres, & les pierres de toute ceste Baume, elles remercieroient Dieu pour toy, parce que tes pechez en nombre sont plus grands que le sablon de la mer.

<small>a La bonté de Dieu enuers Magdaleine.</small>

O Magdaleine, la bôté de Dieu ne reluit pas tant en Petrus, ny Paulus, ny en Dauid, ny en Guillaume l'Hermite, ou en Theophile, ou en Cyprianus, comme reluit en toy, ny aussi en Magdaleine Sœur de Marthe, ny en Pelagie, ny en Thaïs, ny en Marie Ægyptienne, ny en la Samaritaine, comme reluit en toy Magdaleine, toy estant plus enorme pecheresse qu'elles. Lors Verrine cria à toute l'assistance qu'ils eussent compassion de son ame, & que si Dieu ne les tenoit, seroient pires qu'elle.

Et luy dit alors: Humilie toy Magdaleine, & recognois ton neant, ton rien: ce n'est pas

G iij

grande merueille de voir vn petit innocent aller en Paradis: mais, ô gráde merueille! de voir
vne ame qui a renoncé à son Dieu, à son Baptesme, & au Paradis, retourner à son Dieu:
l'Enfer en est tout confondu: Lucifer fais tout
ce que tu voudras, appelle tous les Princes qui
sont dans le corps de Magdaleine, c'est faict
pour toy.

a Exclama-tion de Verrine de l'honneur que Dieu faisoit à Louyse.

a Puis commença encores à parler en telle
maniere: Ce seroit vne grande merueille si vn
Roy prenoit vne fourmy & venoit à l'honorer: les gens s'esmerueilleroient le voyant ainsi honorer la fourmy, & encores d'auátage s'il
la prenoit, & mettoit dedans sa chambre pour
la plus b honorer. Ses Princes le mocqueroiét
de luy, disans qu'il y a assez de Princesses pour
les honorer, sans honorer vne fourmy, ou s'il
prenoit vne paysane & la vint à espouser, ils
diroient que les Roys doiuent prendre des
femmes selon leur qualité.

b Le diable est superbe & se fas-choit que Dieu eust choisi vne simple fem-me pour in-strument d'vn faict si importát & la des-daignant, desiroit que ce fust vne Royne ou Princesse où il ac-querroit plus d'ad-miration, & d'hon-neur.

Or pour cela la fourmy n'auroit point d'o-
reille pour entendre quand on l'honoreroit,
ny des paroles pour se vanter, ou glorifier, ny
de corps superbe pour s'esleuer: & tousiours
demeurans fourmis, ne deuiendroit pas pour
cela vn Lyon, ny Leopard, ny cheual, mais
tousiours demeureroit fourmy. Ainsi Louyse,
parce que tu es vne fourmy, tu feras plus admirer la puissance, la sapience, la bonté &
l'humilité de ton Roy, qui t'a choisie, & veut
que tu sois preuoyante comme la fourmis,
pouruoyant en esté, pour viure l'hyuer, ainsi
faut-il fourmis que tu faces, c'est à dire que

d'vne Magicien.

tu amasses, & faces beaucoup de bonnes œuures, pendant l'esté de ce monde, pour l'hyuer, qui est l'heure de ta mort.

De ceste fourmis Dieu tirera sa gloire, s'en seruant autant comme si c'estoit vne fourmis: car il a puissance de la faire parler s'il veut, c'est pour atrirer beaucoup d'ames à luy, & faut qu'elle estime tousiours que tout vient de Dieu tout-puissant, & qu'elle n'est qu'vne fueille d'arbre, & encores moins, & qu'elle n'est qu'vn rien, pour monstrer que tout cecy vient de Dieu.

Puis se tournant autrefois vers Magdaleine, luy dit, Ton ame Magdaleine est comme vne Republique, il faut que tu tuës les a Princes qui sont dedans, afin que la paix se face. Cela est vray Magdaleine, oste leur les armes, qui est ton consentement, couppe leur la teste, & ta Republique sera hors de danger : sçauez vous pas, qu'en vn grand desordre, Dieu y met tousjours vn ordre?

Courage Magdaleine, courage humilie-toy, mets-toy soubs les pieds de tous.

Et puis parlāt à Belzebub, Verrine disoit humilie-toy meschant Belzebub, & ledit Verrine fut le premier qui l'humilia, luy mettant les pieds sur la b teste disant, miserable, mal-heureux, superbe, tu voulois Dimāche oster Dieu de son Throsne, si tu eusses peu, tu ne le

a Les Princes, c'est à dire les vices & pechez qui regnent, & dominent, suiuant ce que dit S. Paul Que le peché ne regne point en vous. Rom. 6.

b C'est grand creue-cœur à vn superbe, quand on le foule aux pieds: à plus forte raison à celuy qui disoit: Je mōsteray au Ciel par dessus les astres, & seray semblable au Tres-haut. S. Paul le souhaittoit, disant : Dieu brise

Sathan dessoubs vos pieds. Rom. 16. dont le seul signe exterieur accompagné de son mespris, luy est extremement fascheux.

G iiij

voulois pas adorer, & maintenant tu es foubs mes pieds. Et se mit à crier, disant aux assistans, venez tous, & humiliez ce maudit Belzebub, & que chacun luy mette les pieds sur la teste, & en le mesprisant dites trois fois : *Ite maledicti in ignem æternum*. Encores commanda de la part de Dieu, qu'on eust à mespriser sœur Magdaleine, qu'on l'humiliast, & qu'on luy mist le pied sur la teste, en disant.

Courage Magdaleine, cecy te seruira Magdaleine en remission de tes pechez, à la cōfusion de Lucifer, de Belzebub, & tout l'Enfer. O grande confusion! que les diables soient contre les diables, & tiennent le party de Dieu, chose non iamais ouye. Tiens toy tousiours Magdaleine comme la plus meschante, detestable, & abominable de toutes les creatures qui sont sur la terre, tu seras vne autre Magdaleine, & mourras en faisant penitence. a O Magdaleine, tu seras vne coadiutrice à saincte Vrsule, & y auras trop d'honneur, à grand pecheur, grande misericorde, tesmoin le Prophete Dauid, à petit pecheur, petite misericorde. O grande, & grande, & grande misericorde! chacun prie pour elle.

a Coadiutrice c'est vne seruāte aux filles de saincte Vrsule.

Et puis le Prestre prenant le sainct Sacrement, pour faire iurer Verrine, à son instance il dict : Magdaleine, ie dis cecy pour toy, *Adoramus te Christe, & miserere ei, miserere ei*. Et les assistans disoient le *Miserere mei Deus*, & tout à coup il se mit à crier tout haut comme vn forçat de galere, & comme tout enragé & desesperé, dit, a *Miserere tui, miserere tui, miserere tui*, Magdaleine, pour monstrer, comme Dieu se resioüit de ceste ame. Et luy dit alors: O Magdaleine, les Anges au Ciel se resioüissent de ta conuersion, Magdaleine, & Lucifer, & tout l'Enfer s'en contristent.

Magdaleine tu estois vne brebis esgaree, & ton Pasteur te vient r'appeller, laissant les nonante-neuf pour te venir chercher en ce desert.

Cela est vray Magdaleine tu es en vn desert bien-heureux pour toy, maudite soit la Baume, ô qu'elle est bonne pour toy, & malheureuse pour tout l'Enfer. C'est la brebis que le Prophete vit le Loup auoir englouty, n'ayāt rien laissé, que le bout des aureilles, cela signifie l'ame du pecheur obstiné, qui est comme les agonisans, le dernier qu'ils perdēt, c'est l'ouye, doncques pour se conuertir il faut auoir les oreilles du cœur ouuertes, pour receuoir les inspirations de Dieu.

O Magdaleine, adore la main droitte de ton Dieu, adore sa main senestre, adore ses pieds, Magdaleine, adore son costé, Magdaleine, où tes pechez sont enseuelis : adore sa teste toute couuerte d'espines pour toy, Magdaleine, & demande luy l'espine d'vne vraye contrition. Cela est vray Magdaleine, tu l'as offencé par les cinq sens, Magdaleine, & ses cinq playes t'ont reparé. Braue miracle, Magdaleine, que les diables disent, *miserere tui*,

a Iamais il ne s'est oublié, ce que l'on attendoit plusieurs fois guettant voir s'il luy eschapperoit de dire, Miserere mei.

& que les diables demandent misericorde pour toy.

a Iurement de Verrine.
b Magdaleine auoit dit que son pere l'auoit dônee aux diables, & qu'en vertu de ce elle estoit possedée, mais estant conuertie elle declara que Belzebub la faisoit equiuoquer entendant parler de son Pere spirituel, laquelle declaration donna grâde consolation à son Pere qui auoit vn grand regret, si par sa faute sa fille estoit possedée.

a Et puis Verrine iura (selon l'intention de Dieu & de son Eglise) sur le sainct Sacrement, confessant audit Sacrement, la presence reelle auec son humanité, diuinité & de toute sa gloire, que Louyse n'a rien sceu de tout cecy, & ne sçauoit pas que Magdaleine fust Magicienne: aussi ne sçauoit rien de la cedule, & cela est vray, dit-il, qui voudroit nier cecy, nieroit la puissance de Dieu, l'authorité de son Eglise, & la vertu des Exorcismes: ayant nostre Seigneur dit à sainct Pierre, que les portes de l'Enfer ne peuuent rien contre elle. *Tu es Petrus, & super hanc petram*, & nieroient tous les liures des Exorcismes, s'ils vouloient nier que le diable ne peut dire la verité, quand Dieu le force de la dire.

b Et puis se tournât vne autre fois vers Magdaleine luy dit : Ton Pere ne t'a pas donnée au diable Magdaleine. Cela est vray, Magdaleine, tu estois en la maison de ton Pere, Magdaleine, & tu n'as pas prins le mal à saincte Vrsule.

Ce n'est pas merueille quand vne ieune fille a esté trompee comme vne brebis, par son pasteur, mais ce n'estoit pas le pasteur de l'Euangile, c'estoit vn pasteur de ceux qui fuyent voyant le Loup, & encore pis, car il estoit le Loup mesme, & de tels l'Enfer en est remply. Cela est vray Magdaleine, tu estois possedee & l'es encores, & il falloit des Prestres pour

d'un Magicien. 107

te veiller, afin que les Diables ne t'emportassent, tant de puissance auoient sur toy, ailleurs & icy, & par tout où tu allois. Et puis parlant de Louys dit : ᵃ O Louys, si tu ne te conuertis tu seras bruslé tout vif, mais au contraire tu seras vn Theophile, & vn Cyprien. Marie te conuertira, garde Louys de resister. Ie suis vn des bourreaux de la haute Iustice, il faut que i'obeysse par force. Si i'estois capable d'aller en Paradis, vous autres ᵇ prieriez tous Dieu pour moy, mais les prieres ne seruiroient de rien, ie ne puis aller en Paradis, l'Arrest est donné l'Arrest d'en haut n'est pas vn Arrest du monde, pour le changer pour de l'argent. *Ite maledicti, venite benedicti,* durera eternellement. *Iurauit Dominus & non pœnitebit,* il ne se repentira iamais. Si les Roys de la terre tiennent leurs promesses qui ne sont que des moucherons, plus le Dieu de gloire, le Dieu d'Israel.

Puis dit, Grand miracle & du tout nouueau à la gloire de Dieu, à la conuersion des pecheurs, il n'y a rien contre Dieu ny contre son Eglise, c'est pour l'exaltation des Peres de la Doctrine, les diables ayant coniuré pour les exterminer, & aussi la compagnie de saincte Vrsule. C'est plus grande ᶜ merueille qu'vn diable adore Dieu vne fois, & qu'il confesse, & dise, Voila mon Dieu, mon Iuge, au sainct Sacrement, que quand tous les Chrestiés ensemble nommeroient incessamment iusques au

ᵃ Exclamation que Louys seroit bruslé.

ᵇ Les assistās regrettoient que Verrine fust dāné, en esgard aux belles remōstrances qu'il faisoit.

ᶜ Grande merueille.

jour du iugement tous les noms de Dieu, & tousiours retourneroient à recommencer.

Ce n'est pas vn grand miracle que ceux qui peuuent bien faire, le font, c'est à sçauoir, de nommer souuent, & adorer son Dieu: mais c'est bien vn grand miracle, que ceux qui ne peuuent rien de bien ᵃ d'eux mesmes, font le bien quand il leur est commandé de la part de Dieu, & sans aucune recompense les diables font sa volonté.

Et tandis qu'on disoit *Pange lingua* à l'honneur du S. Sacrement que le Prestre tenoit, sur le verset, *sola fides sufficit*. Verrine cria, ô cela est vray, *sola fides sufficit*. la seule foy suffit, ᵇ non tant de pourquoy? ny commét se peut-il faire qu'vn Dieu si grand, puisse estre en vne si petite Hostie, & dits s'escriant: Cela est vray, il est icy, adorez-le, il y est reellement & de fait, maudits sont les curieux. La curiosité les meine dans vn puits, dont ils ne sortent point quand ils veulent. Et nous autres, il nous est force de l'adorer & croire qu'il est là. Nous autres tentons les curieux, & ils aiment pluftost nous croire que leur Dieu.

ᶜ Et puis dit, que les diables estoient des larrons difant: nous entrós par la porte, qui signifie la volonté: & quand la porte est fermee entrons par les fenestres, ne pouuans entrer par la porte (comme nous faisons aux maisons des magiciens, & magiciennes où entrons par les fenestres) ainsi est des cinq sens, nous tousiours tentons du costé où les cognoissons plus enclins. Cecy suffit pour conuertir plusieurs ames,

a Il adiouste ces mots d'eux mesmes, ayant esgard que Dieu les peut contraindre à dire ou faire quelque chose, au bien & salut des ames raisonnables.

b Curiosité damnable au S. Sacrement.

c Diables larrons.

d'un Magicien.

mesmes les diables, s'ils se pouuoient conuertir. S. Iean disoit, *possumus bibere* : mais nous ne le pouuons dire, nous ne pouuons nous conuertir, car *in inferno nulla est redemptio*.

ACTES DV SEIZIESME
Decembre 1610.

CE iour du matin se trouua vn Religieux de l'ordre de S. François de Paule, Minime, & estāt à genoux aupres des degrez qu'on va à la saincte Penitence, arriua vne telle dispute. Belzebub tourmentant & agitant Magdaleine, Verrine vn des demons qui sont dedans le corps de Louyse Capeau se mit à luy dire : Courage Magdaleine, tu es bien heureuse d'estre tourmentee en ce monde par les diables, car ils ne te tourmenteront point en l'autre : c'est ainsi Magdaleine que Dieu preuue ceux qu'il ayme en ce monde. Cela est vray Magdaleine, croy moy Magdaleine. Ie suis forcé de le dire, & ne le voudrois pas dire, mais ne sçay qu'y faire. Ie n'y peux resister. a Alors le Religieux dit à Verrine : Tais-toy malheureux, tu es le pere des mensonges. Et Verrine luy dit, Cela est vray, Ie suis le pere des mésonges, mais quand ie suis contraint du Tout-puissant, il me faut dire la verité. Et le Religieux respōdit, Tais-toy mal-heureux tu ne peux dire la verité, tu es vn pere des mensonges. Et pource tu ne peux dire la verité. (*S. Thomas dit, que verité, pour estre prononcee, n'est pas vertu, mais bien lors qu'elle fait la personne veritable* 2. 2. q.

a *Dispute d'vn P. avec Verrine.*

a C'est une 109. art. 1. *& dit, a que verité n'est point vertu
Annotatiō Theologale, ny intellectuelle, mais morale, &
trouuee en pour ce peut-estre prononcee, ou d'vn personnage
la marge. veritable ou d'vn menteur. Au reste, si le diable
b Que le peut dire verité, b le Docteur Maldonat sur
diable peut sainct Iean chapitre 8. monstre subtilement que
dire verité. si, car il a dit verité confessant Iesus-Christ estre
Fils de Dieu, & combien qu'on pourroit dire, que
c'estoit à mauuaise fin, combien dit-il qu'on ne le
sçauroit prouuer en ce suiect : car il la pouuoit
dire contraint, neantmoins cela n'empesche-
roit qu'il n'eust dit la verité. Il dit verité, au 3.
des Roys 22. chap. quand il dit qu'il seroit esprit
mensonger, & quand il allegua l'Escriture à Iesus au desert, bien qu'à mauuaise fin. Neantmoins il se faut biē garder de croire à ce qu'il dit,
s'il n'y a apparence que ce soit par contrainte en
vertu du nom de Dieu aux exorcismes, & qu'il
parle conformement à l'Escriture, et à la doctrine de l'Eglise, & pour lors on ne croit à luy, mais
à l'Escriture.) Or alors Verrine luy dit, ie te
prouueray que ce que i'ay dit est vray, & que
les diables peuuent dire la verité. Il repliqua,
tu ne sçaurois, car tu ne peux faire du bien, tu
es vn meschant, vn malheureux. Et Verrine
luy respondit, il est vray, ie suis vn malheureux, meschant, damné, & que de moy-mesme ne puis dire que tout mal-heur, ny faire
que du mal. Cela est vray, de ma volonté libre,
ie ne peux rien faire de bien, mais quand ie suis
forcé de la part de Dieu tout-puissant, il me la
faut dire, car il m'est force. Lors le Religieux
se teut entendant la Messe. Et Verrine dit ; δ

d'vn Magicien 111

ie veux prendre la part de Dieu tout puissant, puis qu'il m'est force de luy obeïr, & luy seray plus fidele que non vous autres. Et disoit criāt tāt qu'il pouuoit, qui veut nier que les diables ne puissent dire la verité? Ie dis qu'il faut donc nier que Dieu soit tout puissant,[a] il faut aussi qu'ils niēt l'authorité de l'Eglise, il faut qu'ils niēt tous les liures des Exorcismes, il faut qu'ils nient tous les iuremens que fons faire les Exorcistes aux diables. Et pourquoy les demandent-ils, & les font iurer pour leur faire dire la verité, s'ils ne pouuoient dire la verité? Pourquoy est-ce qu'on perdroit tāt de temps apres les possedez s'ils n'en pouuoient retirer que des mensonges.

[a] Sçavoir si Dieu ne peut contraindre le diable. Voyez l'aduertissemēt au Lecteur feuillet penultiesme.

Il est vray, disoit Vetrine, quand les exorcistes ne sont pas bien aduisez, les diables font plusieurs iuremens faux, & contre Dieu, & contre son Eglise : mais ce n'est pas nostre defaut, c'est la faute des Exorcistes, pour ce qu'ils ne sont pas bien aduisez de leur faire faire le iurement comme ie les ay faits, selon l'intentiō de Dieu & de son Eglise, & encor des Exorcistes, & alors nous ne pouuons mentir, & sommes contraints de dire la verité.

Autrement ie dits que le diable seroit plus puissant que Dieu. Mais il faut biē que le diable recognoisse vn superieur, qui est Dieu, non par amour, mais par force, & sommes contraints d'obeyr.

Et alors le Religieux dit à des Prestres, & à des autres Religieux qui estoiēt là, Faictes taire ce diable, & puis luy dit. Tais-toy malheureux,

Et le diable se monstroit tousiours plus plein de courage à prendre la part de Dieu, & dire qu'il n'obeyroit point, & qu'il auoit vn Superieur qui estoit plus grãd que luy, entẽdant du Religieux, & mesme de l'Exorciste qui luy commãdoit. Alors le Religieux fasché dit, Taistoy, mauuais diable, tais-toy mal-heureux, va t'en en Enfer mal-heureux, & dit aux assistans: Messieurs, vous autres le deuriez faire taire, c'est vn miserable, il a dit des mensonges, il a dit que Dieu estoit son Redempteur.

Et Verrine luy dit, qu'il en auoit menty, & qu'il auoit dit que Dieu estoit son Createur, & Iuge, & non point son Redempteur. Et lors le Religieux dit qu'il auoit entendu ainsi.

Et Verrine luy dit, qu'il n'auoit pas de bonnes oreilles: & n'auoit pas bien entendu. Lors le Religieux dit, ie vous asseure que vous autres le deuriez faire taire, & se mit luy mesme à le menacer, disant: Tais-toy, maudite beste, tais-toy, tu viens icy prescher des mensonges: tu viens icy dire que tu viens de la part de Dieu pour prescher l'Euangile, il y a assez de Predicateurs sans toy. Alors Verrine luy dit, Tu n'as pas bien entendu, & tu en as menty, ie ne l'ay pas dit, tu ne sçais pas le fond du sac, & voila pourquoy tu parles ainsi, & luy dit: Il est vray, que ie n'ay point dit estre enuoyé de Dieu pour prescher l'Euangile, a il seroit faux si ie le disois. I'ay dit que i'estois icy dans le corps de ceste malheureuse qui a demandé d'endurer, mesmes les peines d'Enfer pour son prochain. Et ay dit que Dieu m'auoit permis d'entrer icy dans

a L'ordre Hierarchique Ecclesiastique ne conuient ny n'appartiẽt pas mesme aux bons Anges.

dans ce corps pour sa gloire & la conuersion de plusieurs ames, & sur tout de deux en particulier, que toy curieux ne sçauras point.

Tu es vn superbe, tu es vn orgueilleux, tu es pire qu'vn diable, si tu ne te veux humilier, & ie te le prouue, tu ne veux point croire que ton Dieu soit tout puissant, tu es pire qu'vn heretique, si tu ne te conuertis, & si tu ne crois ce que ie dis.

Va, va mal-heureux, disoit le Religieux, ie ne veux croire le diable. Alors Verrine dict, Ie t'adiure de la part du Dieu viuant, que tu ayes à venir auec moy, & iurer tout ce que i'ay dit estre veritable: Et si dis autremēt tu merites d'estre bruslé tout vif, si tu ne crois que ton Dieu est tout puissant. Et pourquoy dis-tu *Credo*, si tu ne veux croire ce que ie te dis? il faut que tu nie la puissance de Dieu, ou que cecy soit vray. ᵃ Alors il dit qu'il y auoit eu vne fille à Paris, & qu'on auoit descouuert beaucoup de meschācetez, car elle trompoit les gens. Verrine luy dit qu'il estoit vray, qu'elle trompoit les gens, mais que Louyse estoit possedee, & que sa vie seroit examinee, & faudroit que gens bien illuminez l'examinassent. Au reste, qu'elle estoit preste pour endurer le martyre, pour soustenir cela, si besoin estoit, parce que c'estoit pour la gloire de son Dieu. Alors Verrine redoubla de luy dire, d'aller iurer auec luy, & que Louyse ne se pouuoit communier que premieremēt ils n'eussent iuré tous deux.

Alors le Religieux faisant beaucoup de resistance, iamais ne voulut obeïr, disant qu'il ne

ᵃ Il y a eu plusieurs possedees à Paris.

H

vouloit pas estre commandé par vn diable.

a Et Verrine lors luy respondit, Il n'est pas raisonnable d'obeyr au diable. Ie ne te commande point de ma part, ie te dis de la part de Dieu, que tu vienne iurer auec moy, il est tard, il faut que Louyse se communie. Lors le Religieux dit au Prestre, qui tenoit le S. Sacrement, Mon Pere commandez-moy, car ie neveux obeir au diable. Et alors le Pere luy commandant, s'approcha, & iura sur le *Te igitur*, & puis sur le S. Sacrement. Et Verrine aussi faisant vn iuremét tel que iamais n'en auoit fait vn semblable, dit ainsi: Ie vous iure par le Dieu viuant, que tout ce que i'ay dit, i'ay esté contraint de vous le dire. Il est vray, ô Dieu, tu es icy réellement & de faict, ton corps, & ton sang, & ta diuinité tu es là tout, auec toute ta puissance, toute ta sapience, auec toute ta bonté. Ce Religieux estoit là present, & luy dit: Ie te iure par le Dieu d'Israël, par le Dieu des Chrestiens, que tout ce que i'ay dit est tres-veritable. Ie te iure selon l'intétion de Dieu & de son Eglise, & de Exorcistes que quand nous sommes contraints de la part de Dieu, il nous faut faire sa volonté, gardant toutes les solemnitez requises pour faire vn vray & parfaict serment.

Le Religieux lors s'humilia, & dit qu'il n'auoit rien dit contre Dieu ny contre son Eglise, & croyoit que Dieu estoit Tout-puissant, & qu'il pouuoit faire dire la verité au diable quád luy plaisoit, & s'humiliant fut satisfaict.

Alors le diable luy dit, Tu es vn superbe, apprens à t'humilier, ne sois pas tant curieux

b *Il ne faut obeir au diable.*

car les curieux entrent dans vn puits, dont ils ne sortent pas quand ils veulent, alleguant Caluin, Beze, Luther, Iulien l'Apostat, Simon Magus, disant, Ne te fais par plus fort qu'eux, car il y a eu des Prestres & des Religieux heretiques comme Caluin, Beze, Luther.

Puis Verrine luy dit, Et de quelle religion es tu? ta regle te commande-elle la superbe? Ie te prouueray que tu es vn superbe, voulant mettre toute la puissance de Dieu en ton entendement. Et luy disoit, humilie toy: car il ne conuient pas à vous autres d'auoir tant de curiosité. Les plus hauts a Seraphins tous les iours descouurent de plus grandes perfections en Dieu, voire bien aussi sa Mere, & tous les Anges, Salomon, quand il dedia son Temple, il disoit, Celuy qui a creé le Ciel & la terre, c'est celuy que les Cieux des Cieux ne peuuent comprendre: & toy ver de terre ne te veux humilier & tu veux en ta memoire contenir la toute puissance, bonté, & sapience de ton Dieu? Alors le Religieux fut satisfaict, & s'humilia apres plusieurs autres paroles.

Fut aussi dicté par Verrine vn Discours en forme de missiue, sur la raison des escrits presens, en teneur comme s'ensuit.

Les esprits sont si curieux auiourd'huy, qu'ils ont besoin que Dieu soit côme leur Iardinier, (tesmoin Magdaleine, laquelle le trouua en forme de Iardinier, & appreste diuerses sortes de salades: car ils sont degoustez.

a *Tous les Anges ont leur beatitude essentielle, laquelle n'augmente pas mais bien l'accidentelle, quand Dieu leur reuele quelque chose nouuelle de sa sainte volonté, en quoy ils cognoissent plus amplement la bonté de Dieu, la sapience ou la puissance, & l'admirent & adorent de nouueau, & sont desireux de receuoir ces nouuelles reuelations. Non uerbo, comme parlent les Theologies, sed in proportione, & demodes, mesmes à Iesus Christ. Ipsi 1. sui quastiones facit;*

prio genere, & i ce sens disoit S. Denys, que tous les Anges sont des questions, & demandes, mesmes à Iesus Christ. Ipsi 1. sui quastiones facit;

a Le diable icy parle à sa mode, car quand on vouloit bailler la saincte Cōmunion à l'vne ou à l'autre possedee, il y resistoit vn fort long tēps, disant souuent cela est trop chaud, à raison que la presence de Iesus-Christ. Et la nouuelle grace qu'elles reçoiuēt en vertu d'icelle, augmentoit la peine du maling, qui est le feu (comme dit saint Pierre) que les diables sōt attachez au feu eternel.

Et faict comme vn bon pere, qui ayme tant son enfant, que tousiours luy demande: Que voulez-vous manger mon enfant? & l'enfant disant qu'il n'a point de goust, & qu'il ne trouue rien de bon, le pere luy fera donner de bonnes, bonnes, & bonnes viādes bien apprestees, & les plus exquises qu'il se peut trouuer, l'enfant disant que tout ne vaut rien : la faute ne vient point du costé des viandes, mais de celuy qui est malade, son goust n'estār disposé. Et que fait ce pere? il ne le bat pas, il ne le menasse pas pourtant, mais tasche de recouurer d'autres viādes nouuelles qu'il n'a iamais veu ny gousté ny ouy parler. Ainsi faict vostre Dieu, cent mille fois meilleur que tous les peres naturels. Ce pere de l'ame & du corps, quand il voit que les ames sont degoustees de tant de bonnes viandes, que comme pere leur auoit donné, cōme est l'Escriture saincte (il est vray que to⁹ ne l'entendent pas) c'est vne viande trop friande, trop precieuse, & tous ne la peuuent pas gouster, particulierement les femmes ny les idiots, elle est trop chaude a, & y en a plus de cent qui s'y sont bruslez les doigts, pour auoir esté trop prompts, & pleins de presomption, & pour l'auoir interpretee selon leur iugement) & tāt de vies des saincts, & tant de miracles, & nonobstāt tout cela, demeurēt encores degoustez, & ne peuuent pas māger, & d'où viēt la faute? c'est que leur palais n'est pas disposé, la viāde est bōne, mais le goust ne leur sert pas. Et le pere qui aime tant ses enfās, leur va chercher des viādes toutes nouuelles par des nouueaux miracles.

d'vn Magicien. 117

Et l'espoux ayme aussi tost son espouse, qu'il luy veut faire tousiours quelque nouueau present.

O Eglise, reçoy ce present de ton espoux, tu es l'espouse chaste, qui te suiura, ne marchera pas en tenebres, parce que le S. Esprit te conduit. Ie ne m'estonne point que les Caluinistes te refusent, parce qu'ils sont hors de l'Eglise, & n'ont point de lumiere pour cognoistre la verité, mais m'estonne bien quand les enfans de l'Eglise n'en font pas leur profit. Icy n'y a rien contre Dieu ny contre son Eglise.

Ce mesme iour, sur le soir furent exorcisees sœur Louyse, & sœur Magdaleine, par le Pere François Billet, & Verrine se tournant vers Magdaleine luy dit : Garde toy Magdaleine, Belzebub te veut precipiter en vn desespoir, c'est bon signe Magdaleine, il te dit que tu ne pourras resister, il a menty Magdaleine. Tu as plus de freres en Paradis, que d'aduersaires en Enfer.

Courage Magdaleine, vn de tes freres peut plus que tout l'enfer ensemble.

Et parlant à Belzebub, luy dit, Ha! miserable, tu tentes Magdaleine, & luy dis qu'elle sera damnee, Non Magdaleine, tu seras sauuee. Ie te le dis de la part du Dieu viuant, Magdaleine tu seras sauuee.

Et parlant à Lucifer dit, En Enfer ie te recognois, en ce corps Dieu m'a fait ton maistre.

Il ne se faut pas estonner si on ne croit pas vne chose du tout inaudite.

A grand pecheur, grande penitence, & tu la feras Magdaleine, Dieu te donnera la vie, con-

H iij

fie toy en luy, il ne peut plus aider que l'enfer-
ne te peut nuire. Dieu exauce les prieres des
iustes, des mille ont demandé la grace pour toy
Magdaleine, & à la fin l'ont trouuee, ils ont fra-
pé pour toy Magdaleine, la porte de la misericorde, & finalement elle a esté ouuerte.

Le sang de ton Redempteur Magdaleine, te
a *La verité* sauuera, non tes bonnes œuures. a On prou-
est que plu- uera que plus de mille Messes ont esté dictes
sieurs Pre- pour toy: & pense-tu que tant de sacrifices ne
stres & re- ayent rien effectué? Et quoy, le Pere eternel
ligieux ce- n'aura pas eu esgard à son Fils, esgal à luy en
lebroient puissance, sapience & bonté? Courage Magda-
tous les leine, ie t'asseure comme il est tout-puissant, &
iours pour tout bon, qu'il t'a pardonné tes pechez, com-
sa conuer- me tout sçauant, il a cogneu tes miseres, parce
sion, côme qu'il void tout au miroir de son essence, où
les Anges, toutes choses sont parfaictement representees
incessabili comme presentes. a Cela est vray, tres saincte
voce pro- Mere de Dieu plus de dix mille fois as-tu pre-
clamant, senté tes mamelles pour ceste-cy. Et toy Magda-
& les au- leine, là haut tu as offert ta penitence, & toy
tres bien- *Petrus* Prince des Apostres, tes larmes pour la
heureux, ne conuersion de ceste Magdaleine.
cessent ia-
mais. *Ioannes Baptista* a aussi prié pour toy, Mag-
Apoc. 4. daleine, presentant pour toy son innocence, &
Non habēt toy Dominique, luy as esté fauorable, & toy
requiem *Bernard* & *Anthonius*, auez prié pour elle, &c.
nocte ac
die. Magdaleine courage, tien bon Magdaleine,
b *Les ma-* tu peux estre vne autre Magdaleine, vne autre
lins le peu- Thais, Dieu est las de tant attendre, donne luy
uent sça- à boire Magdaleine, mais, ô Seigneur, comment
uoir par as-tu soif, veu que tu n'as besoin de tes creatu-
reuelation.

d'vn Magicien.

res? mais comme tu demandois à boire à la Samaritaine, & lors qu'on t'auoit attaché à la Croix: aussi Magdaleine, tu luy donneras à boire de tes larmes, & pour vn peu de ceste eau, te donnera à boire du vin de son amour, & t'ostera toute alteration & soif.ᵃ Qui croira qu'vn diable aura conuerty Magdaleine, & le magicien?

Magdaleine, ie t'asseure de la part de Dieu, par celuy qui a deliuré les enfans d'Israël de la mer rouge, qu'en t'humiliant iusques au profond de l'Enfer, encores que tu eusses commis les cent millions de pechez, plus que n'as fait, il te receura à misericorde, disant: *In quacunque hora.* Non Magdaleine il ne peut manquer à sa parole. Et confirma le susdit, & plusieurs propos semblables par vn serment accoustumé.

Quod licet dicere licet scribere, ce qui est permis de dire est permis d'escrire: mais comme les malins ne parlent aux hommes que par les langues des hommes, aussi ne peuuent-ils escrire aux hommes que par le ministere des hommes de Dieu, ne le permettant ny l'vn ny l'autre.

Ce mesme iour furent dictees par Verrine plusieurs lettres, disant au Pere François Billet, Escrits des lettres en ceste teneur, & premierementᵇ vne au Prestre Louys.

Pour le salut de ton ame, à la gloire de Dieu, & à l'edification de ton prochain, viens Louys à la saincte Baume, & obeys au fils de la Vierge qui t'appelle à soy, & te menace: que si tu

ᵃ Notez combien Dieu honore la Prestrise en ce monde, puis qu'il vse de tant de remedes extraordinaires, & non plus ouys, pour la cõuersiõ d'vn Prestre desuoyé.

ᵇ Icy commence à peruader la conuersion du Magicien en particulier l'ayant nomme publiquemẽt par nõ, & surnom en pleine assemblee ayant desia gaigné Magdaleine.

H iiij

m'obeis par amour, obeïras par force à la iustice.

Viens si tu es sage, viés si tu es sage, viens si tu es sage, obeys, obeys, obeys à l'honneur de la tres-saincte Trinité, viens auec les mesmes qui te vont querir, qui t'accompagneront & se rendront tes pleges: & viendras si tu es sage.

Parce qu'il y a vn grand procez entre la iustice de Dieu, & la misericorde, qui sont les deux filles du Pere eternel, obeys à l'aisnee qui est la misericorde, & tousiours est fauorable aux pecheurs: Et la vierge Marie est ton aduocate, & Theophile prie pour toy, & est vn des solliciteurs, Cyprianus en est vn autre, qui estoit Magicien comme toy. Dauid en est vn autre, non qu'il ait esté Magicien, mais est vn de tes Aduocats, Guillaume l'Hermite prie aussi pour toy, & le Publicain Matthieu prie pour toy.

Magdaleine sœur de Marthe est ton Aduocate, Pelagie en est vne autre, Marie Egyptienne vne autre, Thais en est encores vne autre, & la Samaritaine vne autre. Et la Samaritaine t'inuite de venir boire de l'eau, que Dieu luy donnoit quand il estoit si las, & elle luy donna à boire quand elle se conuertit. Nostre Seigneur a eu tant de soif, qu'il a crié estant sur l'arbre de la Croix, I'ay soif, c'est à dire du salut des ames, & particulierement des ames obstinees comme la tienne, & Dieu de toute eternité a préueu ce miracle.

Conuertissez vous, conuertissez vous, conuertissez-vous, dict Iesus Christ aux ames pecheresses: car ie ne veux point la mort du pecheur, mais qu'il viue, & qu'il se conuertisse, & Dieu luy promet sa misericorde. Garde bien de resister à toutes les paroles, qui sont dans la presente lettre, & de les mespriser, estime-toy indigne, voire tres indigne, que Dieu aye tant de soin de ton ame, que par si grande bonté, il a dit qu'il n'estoit point venu pour les iustes, mais pour les pecheurs : & d'autant plus grands sont les pecheurs, d'autant plus grande en sera la gloire a de Dieu, & luy en receura plus grande recompense: s'il a vne grande contrition d'auoir offensé Dieu. Prens garde aux tentations & ruses de Lucifer, de Belzebub, de Leuiathan, de Balberith, d'Asmodee, & d'Astaroth, qui te tenteront : mais tout ainsi comme tu n'as pas eu esgard de renier ton Dieu, ton Baptesme, ta part de Paradis : ainsi n'aye point de crainte, de renoncer à bon escient à Lucifer, & à tous les Princes, qui sont icy susnommez, à la part qui t'est preparee en enfer bien profond au plus bas comme tu merites, & ne faits faute d'y venir; estant tout l'enfer desesperé, & sont au dernier de leur science. Or voicy les signatures de ceux qui ont veu ce miracle, & ont assisté quand on exorcisoit Louyse Capeau, & quand vn des demons nommé Verrine, s'est prins à crier tout haut tant qu'il a peu comme desesperé, qu'il estoit forcé de la part de Dieu viuant, de dire que Louys Gaufridi, qui demeure aux Accoules proche du Palais, estoit Magicien : & a dit & iuré que tout ce qu'il auoit dit estoit vray à la gloire de Dieu & au salut des ames, le iure-

a *La gloire & magnificece de la misericorde de Dieu reluit dauātage aux pecheurs comme à Magdaleine et à S. Paul: mais la gloire de sa bonté reluit dauantage aux innocens, comme aux Anges, à la saincte Vierge, & respectiuement en S. Iean Baptiste.*

ment estant faict sur le sainct Sacrement auec vne grande solemnité, selon l'intention de Dieu & de son Eglise, & du Prestre qui l'exorcisoit.

Et aussi les tesmoins soubsignez promettent tous en general que si Louys se conuertit en secret dans la saincte Baume, de tenir ses pechez secrets, comme s'ils estoient ses confesseurs.

^a Tesmoins estrangers outre les ordinaires de la descouuerte du Magicien.

^a Ainsi signez Paschalis, Prestre indigne, i'ay veu & entendu le iurement, qui est escrit dans la presente, & en suis tesmoin oculaire. Ie Giraud Prestre indigne, voire tres-indigne, i'ay veu & entendu le iurement qui est escrit dans la presente, & en suis tesmoin oculaire. Pierre Michaëlis indigne, i'ay veu & entendu le iurement, qui est escrit dans la presente, & en suis tesmoin occulaire. Denys Guillemini, Prieur des Romoules, tres-indigne, i'ay veu & entendu le iurement qui est escrit dans la presente, & en suis tesmoin oculaire. Baltazar Charuaz, i'ay veu & entendu le serment qui est escrit dans la presente, & en suis tesmoin oculaire. Puis dicta la maniere comment les susdicts tesmoins qui s'offroient volontairement à porter ladite lettre, deuoient proceder à l'execution dudit aduisement ^b en façon comme s'ensuit. Memoire, s'ils arriuent tard iront aux ^c Capucins, & donneront la lettre au Pere Gardien, auec les trois qu'il choisira pour aller parler à Louys, & assisteront à la lecture de la lettre, & entendront premierement Messe, encore que ce seroit deuant le iour, & se com-

^b Ceste procedure est toute conforme à l'Euangile & du tout opposite à la façon de faire des malins.
^c Il se rendoit fort familier aux Peres Capucins pour mieux couurir sa meschanceté.

munieront à son intention, & ᵃ les Capucins se disposeront pour l'aller trouuer quand il sera iour, & feront dire la Messe pour vn ame qui en a grand besoin. Et s'ils le trouuent disposé à renoncer auec toute solemnité requise, comme l'Eglise commande aux Magiciens de retourner à son Dieu, les Capucins seront tenus de le mener à son Eglise, l'examiner & luy faire faire tout ce qui est de besoin pour le tirer d'entre les mains du diable, & le remettre en grace de son Dieu, & en ce cas ne seroit pas besoin de le mener icy, si ce n'estoit puis apres pour faire son action de grace à la gloire de Dieu, & à Marie Magdaleine, en decoration de la saincte Baume. Et que s'il se conuertit, ceux qui y vont y arresteront deux ou trois iours s'il est de besoin, & luy diront plusieurs choses qu'ils ont entendu aux exorcismes, parlant de l'ingratitude que Dieu reçoit des ames obstinees à leur mal-heur, & de la confusion de tous les diables, & de tout l'enfer, & comme vn des subiets de Belzebub s'est mis à crier, Grande misericorde, grande misericorde, grande misericorde de Dieu, ils sont ingrats, & nonobstant toute leur ingratitude, & le renoncement qu'ils font à Dieu, il les reçoit sans aucun reproche : & aussi comment il a braué Lucifer & adiuré Belzebub, & mis sous ses pieds, & a commandé à tous les assistans de luy mettre les pieds sur la teste, & comment il a fait tout ce que son valet luy a commādé (entendant de Verrine) & que si Verrine

ᵃ Les Religieux de S. Dominique, & de S. François ont priuilege de dire la Messe deuant le iour à vn besoin.

estoit capable des prieres qu'on prieroit pour luy, mais ne se pouuant faire, parce que son lieu est en Enfer, a dit que Dieu luy a commandé de dire, que s'ils auoient compassion de luy, qu'ils ayent encores dauantage de ceste ame, qui est capable de se conuertir, & qu'ils prient pour luy. Et parmy les memoires pour le Prestre Louys, estoit couché cet aduis cōme s'ensuit. Choisiront trois Capucins des plus anciēs, des plus doctes, & plus capables, que le Pere Gardien choisira: lesquels iront chez Madame ᵃ de Blanquart, pour faire venir Louys, & ceux qui s'en iront le querir n'en diront rien à Madame de tout cecy, seulement diront qu'ils y sont pour vne affaire ᵇ d'importance, & qu'elle ne passe plus auant. Seront donc cinq qui partiront d'icy, & trois Capucins, seront huict, & luy sera le neufiesme, luy remonstrans qu'il resiouyra les neuf chœurs des Anges en sa conuersion, & s'il est sage se conuertira estant descouuert de la part de Dieu.

 Puis dicta vne autre lettre au Superieur des Capucins du Conuent de Marseille au nom du Pere François Billet, en forme comme s'ensuit. Mes Freres, ie vous prie pour l'hōneur de Dieu d'aller trouuer ᶜ Messire Iacques, Prestre de l'Eglise des Accoules, aux fins qu'il aille trouuer Messire Louys & vous autres auec luy, & ne le laissez iusques à ce que l'ayez conduit en la maison de Madame de Blanquart, le Prestre qui sera auec luy pourra assister auecques vous autres. Et si ledit Prestre Louys fait son profit de la presente lettre, l'autre sera tenuë & vous

a C'est vne deuote & pieuse Dame.
b Pour mieux couurir le faict dont estoit question.

c C'estoit vn sien amy & familier.

d'vn Magicien. 125

autres aussi de tenir le tout secret, comme si l'a-
uiez entendu en confession, pour mõstrer que
cecy vient de la part de Dieu, & de son Eglise,
a qui ne veut point que les pecheurs soient diuulguez, que premierement ils n'ayent esté
charitablement admonestez par les freres, cõme dit le Seigneur en son Euangile. Et mesme
dit que si quelqu'vn peche, reprenez-le entre
vous, & luy seul. Il a eu desia la premiere remõ-
strãce par François Billet Prestre de la Doctrine laquelle il a reprouué & n'en a tenu aucun compte, ny de confesser la verité : estant
à ceste heure au deuxiesme poinct, comme
Dieu commande de prendre des gens capables, pour faire vne œuure comme celle-
cy, remonstrez luy qu'il se garde s'il est sage de la troisiesme, qui est, que s'il ne se conuertit, Dieu commande à l'Eglise, estant obli-
gee d'obeyr à son espoux, voire plus que l'espouse de ce monde, de punir rigoureusement,
voire tres rigoureusement, tous ceux, & celles
qui ne veulent faire ny obseruer ses commandemens & conseils. La superscription estoit, A
mes tres-chers Freres, Reuerend Pere superieur, & Freres du Conuẽt de Marseille des Capucins à Marseille. Et dedãs ladite lettre y auoit
vn billet, contenant ce que s'ensuit. Garde de
la troisiesme. Malheur au Prestre qui ne viura
pas selon Dieu, & qui a promis à son Eglise,
lors que les b ordres luy furent baillez, sçauoir
de seruir, aymer & craindre Dieu, renonçant à
l'amour de toute creature, pour l'amour de luy.
Et arriuant que le diable soit plus puissant sur

*a Procedu-
re charita-
ble & Euã-
gelique,
nullement
conuenable
ny compa-
tible au
Diable.*

*b La puni-
tion & la
trãsgression
des cõman-
demens s'a-
dresse à
tous gene-
ralement,
mais celle
des cõseils,
seulement à
ceux qui
en ont fait
le vœu.*

ton ame, que ton Dieu, recognoissant, obeyssant, voire baillant plus d'audience à Lucifer, à Belzebub, & à tout l'enfer qu'à ton Dieu, mettant en oubly, & la gloire de ton Dieu, & le salut de ton ame, & ta part de Paradis, & l'edification du prochain, & le scandale auquel le peché te mettra n'estant sage, de suiure le conseil de Dieu premierement, & de tes tresgrands amis, voire mesme que le diable s'ayde & s'employe à bon escient au salut de ton ame, bien que forcé, malheur, & malediction sur toy. O chose grande, & du tout admirable, que Dieu mesme estât tout-puissant n'ayant peu te retirer de ton mal-heur, & peché, ny sa mere, ny les Anges, ny ses Saincts, ny les creatures terrestres, qui sont les hommes, qu'il aye encores reserué vne chose la plus grande, que iamais fust entenduë que le diable nommé Verrine, soit l'instrument de ta conuersion, non de sa volonté propre, mais par contrainte, & forcé, & pis qu'vn forçat de galere, & qu'vn esclaue, qui a esté contraint, terriblement menacé, voulant resister à Dieu, disant que quand vn homme fait quelque bien, il espere recompense, mais que luy n'attendoit rien que sa damnation eternelle. Or aussi feras tu, si tu resistes au tout puissant, pour ce prens tous les conseils, & mets en effect les choses qui sont dans les presentes lettres, c'est qu'il ne se faut point excuser deuant Dieu, comme fit vn Adam & vn Pharisien, lequel disoit qu'il faisoit beaucoup de bonnes œuures, & mesprisoit le Publicain, disant qu'il n'estoit point comme luy, mais vn d'eux estoit meschant deuant les hommes, & l'autre deuant Dieu, luy disant qu'il ne meritoit point de leuer les yeux vers le Ciel, il retourna en sa maison iustifié : où l'autre qui se fioit en ses œuures & en sa face hypocritique, & comme toy Louys, s'en retourna plein de pechez : mais Dieu te receura à misericorde, comme a fait vn Theophile, vn Cyprien, qui estoit Magicien, comme toy. Vostre plus desireux de vostre salut que vous-mesmes, vous enuoye la presente lettre. .

Garde que l'enfer ne s'ouure si tu resistes aux presentes lettres, qui te sont dictées de la part de Dieu, prononcées par vn Diable nommé Verrine, qui est dans le corps de Louyse Capeau, comme tu sçais bien. Tu ne l'auois point donné à Louyse, par ton malefice, à ceste intention pour estre cause de ta conuersion, mais le seras si tu veux croire.

Puis dicta vn autre aduis aux Peres Capucins ᵃ en la forme qui s'ensuit. Mes treschers Peres, ie vous prie pour l'amour de Dieu, d'exercer vne charité, pour la gloire de son tres-sainct nom, & pour le salut des ames, de venir auec ce Prestre sans le laisser tant seulement d'vn seul pas comme si c'estoit vn criminel : car il est entre les mains du diable, & l'attacherez dessoubs la fontaine auecques vne estolle, & apporterez vn liure

ᵃ Autre maniere de proceder au cas qu'il ne vueille se repentir pour la lettre.

ᵃ Au nom du pere François Billet comme dessus. Il presuppose que ceux qui portoient la lettre leur fissent tout au long le recit de ce qui s'estoit passé.

des Exorcismes, & s'il est besoin l'exorciserez, faisant deffence à Belzebub, & à tout l'Enfer de l'empescher, Dieu vous face la grace d'executer sa volonté, sans vous laisser donner aucun empeschement, pour amener ledit criminel à la saincte Baume, où le miracle se fera pourueu que luy n'y mette point d'empeschement, le seiziesme de Decembre 1610.

Puis dicta pour le Pere Gardien ce que s'ensuit. Ie prie le Pere Gardien qu'il face s'il luy plaist, que trois de ses Freres Religieux, ceux qu'il cognoistra les plus disposez pour pouuoir cheminer, viennent iusques à la saincte Baume, pour vn œuure qui est purement pour la gloire de Dieu, & le salut & la conuersion d'vne ame qui en a bien besoin.

Puis dicta vne autre lettre à Madame Blanquart, en forme comme s'ensuit, au nom du Pere Romillon : A Madame de Blanquart. Ma fille, ie vous prie pour l'amour de Dieu, de bailler vne chambre à ces gens, qui viennent à traicter vn affaire de tres-grande importance, & n'est pas besoin que vous le sçachiez, m'estant deffendu de vous le dire, de la part d'vn qui a puissance & authorité sur moy & sur vous ; estant la curiosité la mere de tout mal-heur, & la fille de Lucifer mesme, & au contraire, l'humilité, & simplicité, & de l'obeyssance sœurs de Iesus-Christ. Partant receuez, & recueillez le fruict de ceste obeyssance qui vous sera profitable. Et souuenez vous d'vn Abraham, quand Dieu luy commanda d'aller immoler son fils, qui

d'vn Magicien. 129

ne dit point, ny pourquoy, ny comment, mais s'humiliant, il adhera plus à celuy qui luy commanda qu'à foy: ainsi doit faire le vray & parfaict obeissant s'il veut faire la volonté de son Dieu. Ie demeure vostre Pere spirituel, Iean Baptiste Morillon Superieur de la Doctrine Chrestienne en despit de Lucifer. De la saincte Baume, ce seizieſme de Decembre, mil six cens dix. Suſcription, A Madame, Madame de Blanquart à Marseille.

En la susdicte lettre estoit enuoyé vn autre aduis à sœur Catherine de France, comme s'ensuit. a Catherine de France, gardez-vous d'auoir aucune curiosité & de dire rien à Madame de Blanquart, de ce Prestre que sçauez, & mesmes gardez-vous d'en parler aux sœurs, & laissez conduire le tout à celuy qui a soin de sa gloire & du salut des ames, qui luy coustent plus que non à vous autres. Et gardez vous, sur peine de desobeissance à Dieu mesme, de vous mesler de faire des iugemens des choses qui ne vous appartiennent pas. Pour le present, contentez vous que Dieu est si bon, & si sage qu'il n'a pas besoin de vostre aduis. Verrine de la part de Dieu a dicté la presente, & moy François Billet Prestre tres-indigne de la Doctrine Chrestienne, ay escrit au nom du Pere Romillon. Et au bas de la lettre y auoit Louyse Capeau se recommande aux prieres de Marthe d'Aguisier, & de Catherine de France, & luy mande qu'elles facent prier toutes ses filles de Marseille pour elle: car en a bon besoin, & vn grand besoin, & sur tous

a C'estoit la superieure des filles de S. Vrsule à Marseille, qui estoit pour lors à Marseille pour certains affaires.

I

qu'elle demande à Dieu pour elle qu'il la fortifie pour endurer tout ce qu'il plaira à son Redempteur, & qu'elle endure pour l'amour de luy.

a Au nom de Louyse.

a Puis dicta vne autre à la Superieure de sœur Louyse, comme s'enfuit : Voftre tres-indigne de vous nommer Mere, vous prie pour l'amour de Dieu, & de la part du Superieur, de faire b l'obeyffance, fans aucune replique, ou repugnance, ny difpute, difant : Comment eft-ce que nous entreprendrons tant de charges? nous n'y pouuons pas aduenir quand nous y fommes toutes, & comment à cefte heure fi peu de gens feront ce que beaucoup difficilement peuuent faire? Cela eftant toufjours la couftume des diables, de faire difputer contre l'obeiffance, voire faire murmurer contre le Superieur & Superieures, difans bien fouuent qu'ils luy commandent chofes fi difficiles, que prefque font impoffibles de les mettre en effect. Mais qu'il vous fouuienne que la tres-digne mere de Dieu, eft la Superieure de cefte façon, & partant baillez-luy les clefs : car le gouuernement luy demeurera bien, & aura plus de foin d'elle que non pas vous. N'eftant pas attachee à vos exercices fpirituels, ny à vos oraifons, ny à la fainéte Communion comme vous, ny pleine d'amour propre côme tu es. Soubs pretexte bien fouuent du bien l'on detracte du Superieur,&Superieure,& fe font de grandes,& lourdes fautes d'imperfections, & toutes

b Ces filles faifoient difficulté d'enuoyer leur superieure à la fainéte Baume, ia-çoit que leur superieur le leur euft mandé.

fois, non par malice, mais bien souuent c'est par ignorance, & par amour propre, laquelle bien souuent nous recognoissons, mais estans miserables, elle est si dissimulee, qu'elle porte la face des hypocrites, comme en disant que de se communier souuent ne vient point du diable, ny les oraisons, ny les exercices de penitence, alleguant que Dieu a dict par son Prophete, Faites penitence, & si vous ne faites penitence, vous mourrez, & qui diroit que cela ne fust veritable?

Il est bien vray, mais Dieu veut vne parfaicte Cassandre, vne humilité, simplicité, obeyssance, & resignation en toutes choses qui est sans peché. Et pourtant elle vous mande que vous ne manquiez en vn seul mot, de tout ce que vostre Superieur vous mande. Et pourtant Louyse vous prie de prendre vostre conseil, (ce qui est bien raisonnable) lequel vous luy baillastes quand elle partit de vous, qui fut de luy dire qu'elle taschast de faire l'obeyssance, & se refugier du tout entre les mains de Dieu, elle s'en estant du tout bien trouuee, desirant de vous en faire part, & à vos filles, exhorte Marguerite Burle, & Marthe d'Aiguisier, de faire le mesme. Il est bien raisonnable, que la Superieure obeyssant, les autres ne se rendét point rebelles.

Parce que la rebellion c'est la fille de Lucifer, & l'humilité est la fille de Dieu, & partant sera vostre Sœur. Venez donc auec elle, elle vous accompagnera, elle est de grande maison, mais elle est si obeyssante, qu'elle fait continuellement la volonté du Pere, qui est Dieu. Elle viendra du Ciel, & vous aydera à monter ceste montagne tant fascheuse. Entendrez quand serez arriuez icy, des choses si grandes, & si admirables, que ne voudriez pour tout l'or du monde ne les voir, entendre, & sçauoir : mais qui veut du profit, faut qu'il prenne la peine pour l'acquerir, nul bien sans peine. La subscription estoit telle. Vostre tres-indigne esclaue, & pleine de trop grande presomption vous enuoye la presente, mais vous sçauez assez sa suffisance, il n'est pas besoin de vous escrire sa science : car vous sçauez assez, que d'elle-mesme n'eust eu le iugement pour faire la presente, ny l'hardiesse à sa Superieure, de luy parler auec si peu d'honneur, & de respect. Mais ce n'est d'elle mesme qu'elle faict cecy, Dieu l'a voulu ainsi, vn Demon dictant ces paroles. Vostre Esclaue, Louyse Capeau. Gardez bien ceste lettre, & la rapportez auec vous, & la lisez tout haut deuant toutes les Sœurs Nonnes, & Coadiutrices, excepté les petites Pensionnaires, & la lisez deuant Madamoiselle de sainct Iacques, priez pour Louyse qui en a bon besoin.

Superscription, à Sœur Cassandre, Superieure de la maison de saincte Vrsule à Aix. Puis dicta vne autre au Pere Andrieu, & Matthieu Arnouts, Prestre de la Doctrine

d'vne Magicien. 133

Chrestienne, en forme comme s'ensuit. Mes tres-chers Freres, Ie vous mande de vous transporter icy à la saincte Baume pour voir choses si grandes, & admirables, que depuis le commencement du monde, n'en ont esté veuës des semblables.

Et estant la Charité, fille de Dieu, m'a esté commandé de la part de mon *a* Superieur, & le vostre, de vous mander la presente, autrement, que i'en serois tres-grandement chargee, si ie resistois à son commandement, qui est pour vous dire de vous en venir, & ne point manquer sans dire comment, ny pourquoy, ou n'y pouuons pas aller, ayans beaucoup de charges, & sommes icy peu de gens, ces excuses viennent du costé du Diable. Souuenez vous que la vraye obeyssance iamais ne dispute, mesmes quand il faut faire la volonté de Dieu, en choses de si grande importance, comme sont celles-cy: mais humiliez-vous à l'imitation de Iesus-Christ, ne disant point, Comment, ceste Croix est si pesante, ie ne la puis porter. Il n'a pas dit cela, mais comme vn Aigneau tres-innocent, & comme le bœuf se met soubs le joug, & se laisse conduire, ainsi il a pris sa Croix sans disputer contre les Bourreaux, ne disant point, Ceste montagne est si fascheuse, ie n'y puis monter, se laissant conduire à la volonté de son Pere Celeste. Il est bien raisonnable que le seruiteur se laisse conduire à son maistre, puis que le maistre s'est laissé cō-

a Le Pere Romillon comme Superieur, luy commandoit.

I iij

a Ces bons Peres ne vouloient entendre parler de ces choses, & cóme en ayant erubescence, ils estoiẽt plustost d'admis, que c'estoiẽt des imaginatiõs & n'estoiẽt point d'accord auec le Pere Romilon.
b Il se disoit estre commandé & cõtraint de la part de Dieu.
c Louyse estant mandee par son Superieur de s'en venir d'Aix, elle y repugnoit, & faisoit difficulté, ne voulant estre diffamee comme possedee du Diable.

duire par ses esclaues & maudits Ministres mesmes de l'Enfer, a Et pourtãt humiliez vous & faites l'obeyssance, autrement serez grandement reprehensibles deuant Dieu, si vous ne faites ce que ie vous dis.

Ie ne merite pas d'estre obey, b mais celuy qui m'a fait escrire ceste lettre le merite.

Puis dicta encore vne autre lettre qui commence: Andrieu Chicolle, Louyse te mande de te souuenir de la parole que tu luy dis dans la Chapelle de saincte Vrsule en la confession, quand elle te dit auoir demandé à Dieu d'endurer, & tu luy dis alors, Remarque bien ceste parole, mais remarque la bien, & t'en souuienne, laisse toy conduire, & elle s'en est bien trouuee, l'ayant trouué veritable, & pourtant elle desire de vous faire part de vostre conseil, mesme quand vous luy dites de faire l'obeyssance de son Superieur quand il la manda querir, c vous sçauez assez les repugnances & resistances qu'elle voulut faire contre Dieu, & son Superieur, mais toutesfois vos trois conseils estoient en elle, & de Matthieu Arnoux, & de Pierre Thion qui luy seruirent de beaucoup, Dieu voulant la recognoissance estre faite à luy, & voire mesme à ses creatures, pour l'amour de luy. Or elle à mesme fin vous exhorte, s'estant si bien trouuee, & tres-bien, de faire la volonté de Dieu, & de son superieur, comme elle espere que vous autres ferez, si estes sages.

Car miserable & mal-heureux est celuy qui baille aux autres du conseil, qu'il ne veut prendre pour soy-mesme.

Vostre tres-humble, & tres-indigne esclaue de Dieu, & de ses creatures pour l'amour de luy, Louyse. Priez Dieu pour elle, & faites prier: car elle en a grandement besoin, voire tres grand besoin.

Ce mesme iour sont partis pour aller à Marseille le susdit Paschalis Prestre, Geraud Prestre, Pierre Michaëlis, Denis Gueillemini, Prieur de Romoules, Baltazard Charuas, auec les lettres susdites, promettant de bien effectuer le tout.

Ce mesme iour en vne extase fut dit à Louyse, celuy qui compileroit ces actes-

ACTES DV DIXSEPTIESME
iour de Decembre 1610.

CE mesme iour Verrine donna pour vne marque infaillible l'obeïssance, pour cognoistre vn esprit estre de Dieu ou non, & en signe qu'il tenoit le party de Dieu, dit qu'il laisseroit communier Louyse sans aucune resistance par le commandement de son superieur, le Pere Romillon: ce qu'auparauant n'auoit pas encore fait, & nous dicta bien distinctement la dispute du 16. du present mois en vertu d'vn semblable commandement.

Aussi estant Louyse par deux ou trois fois comme rauie en extase, elle reuint en soy, aussi tost qu'vn cōmandement luy eust esté faict.

Histoire admirable

Le mesme iour Magdaleine fut tentee par le diable d'vne tristesse grande, & extraordinaire, & durant la Messe la tentation prit fin, & Magdaleine fit tous actes d'humilité, & pleura bien amerement en la saincte Baume, pour les choses qui luy estoient arriuees. Et puis sur le matin fut exorcisee par le Pere Dominicain, & Verrine commença à parler en telle maniere: Viue le Luxurieux, viue le faux tesmoin, viue tout cela & le reste pour l'enfer. Puis dit, Viue l'obeyssance pour le Dieu viuát, viue la simplicité, viue la droicte intention, viue la pure affection, viue la pure conscience, viue l'humilité, viue la resignation, viurõt tous ceux qui seront à la suite de l'Aigneau. Ie dis l'Aigneau sans macule, il faut souffrir pour regner. *Petrus* tu as veu ton maistre en la montagne en gloire, & as esté pour luy martirisé. Et toy Iacques as beu le Calice, & ta mere ne songeoit point à ce Calice.

Resignez-vous entre les mains de Dieu, il sçait ce qui vous est bon, il vous gouuernera.

Ioannes Euangelista: tu as dit à ton maistre, *Possumus*, & de faict as esté martyrisé: mais aupres de ton maistre, quand tu estois soubs la Croix. Il faut aymer Dieu pour aller en Paradis, & aymer son prochain comme soy, donnant le bien pour son corps, le corps pour son ame, & ceux qui demeurent obstinez, iront aux flammes eternelles. Cela est vray que pour Magdaleine & le Prestre Louys beaucoup a de sacrifices ont esté à Dieu offerts.

a *Les sacrifices publics sont faicts pour ᵉ uspechez signammẽt pour les plus enormes cõme en ayant plus de besoin, & ce sont pour les passez presens & aduenir.*

Et toy Louyse, tu as demandé de souffrir pour Dieu, & tu patiras, & Dieu te donnera la force, & pour signe que cela vient de Dieu, il te fera obeyssante. Puis Belzebub dit, que Magdaleine luy auoit rendu les clefs. Et Verrine luy dit, Tu as menty, Dieu void plus clair que toy, mais tu la voudrois perdre par impatience & desespoir. Non, non Belzebub, cette ame appartient à Dieu, & encores qu'elle l'auroit donnee, ie dis que Dieu la peut à toute heure reprendre, & le Roy ne peut-il pas entrer au Palais à tout coup quand bon luy semble? Et Belzebub dit, Cela est vray, mais non contre le vouloir de la creature.

Et Verrine alors luy dit, Tousiours il y entrera par force ou par amour, il la veut auoir, encores qu'elle auroit commis tous les pechez de ceux qui sont aux Enfers. Si Iudas eust faict penitence, si Caïn eust demandé pardon, ᵃ si Adã n'eust pas vsé d'excuse, Dieu leur eust pardõné: si bõ est le Dieu des Chrestiés, & tãt l'humilité luy agree. Le Dieu des Turcs, & le Dieu des Gentils sont tous des demõs, il n'y a qu'vn Dieu, vne Eglise, vn Baptesme. Le Dieu des Chrestiens c'est le vray Dieu: le Baptesme des Chrestiens, c'est le vray Baptesme: l'Eglise des Chrestiens c'est la vraye Eglise. ᵇ Le Baptesme des Turcs ou des Iuifs, n'est point de valeur pour l'ame. Le Chrestié dira *In te domine speraui*, & iamais ne perira. Cela est vray Magdaleine, ta vie sera descrite depuis l'aage de trois ans, & Louyse endurera beaucoup de douleurs, & mourra en la peine, la fin couron-

ᵃ *Adam a faict puis apres penitence. Sap. 16.*

ᵇ *C'est à leur Loy.*

a S. Augu-
stin fait de
beaux dif-
cours sur le
Pfal 30.
interpretāt
ces paroles,
parlant des
m⁻ites qui
n'ont point
precedé &
desbenefices
de Dieu qui
ont preuen⁻
le pecheur
Hoc me
eruit, dit-
il, quod
me iustifi-
cat quod
ex impio
piū facit,
quod ex
iniquo iu-
ftū, q ex
cœco vi-
dentē, ex
cadente
surgētem
quod ex
flēte gau-
dentem.
b Carreau
tenté d'ob-
stination.
Magdalei-
ne estoit
souuēt pour-
suiuie par
les Demōs
& extrememēt tentee, si qu'elle sembloit aucunesfois vaci-
ler ou adherer.

nera l'œuure.

Ne pense pas Magdaleine, que ton Dieu te
doiue venir prendre par le bras, non, non, il ne
descédera pas pour cela auec son humanité, où
est ton *Credo* Magdaleine, il faut croire Magdaleine, & veux-tu des miracles comme plusieurs autres?

Et sur ce propos Belzebub dit, Ie n'ay pas
affaire de ce *Credo*. Et Verrine dit, Ha! miserable, ce n'est pas pour toy que ie le dis, Magdaleine se conuertira en despit de Lucifer, & de
tout l'Enfer, ie suis fidelle en mes paroles. Et
Belzebub repliqua, Non, non, elle sera mienne, elle sera damnee, la porte de la misericorde
luy sera fermee.

Et Verrine dit, Il ne sera pas ainsi, elle a la volonté de biē faire, & tu dis cela miserable pour
la faire desesperer, mais le iuste dira *In te Domine speraui*, & trouuera la porte de Paradis, tesmoin S. Augustin, toute ouuerte.

C'est l'Eglise qui examinera tout ce present
traicté où il n'y a rien contre Dieu ny contre
son Eglise. Il en y aura pl° de quatre illuminez
& qui sçaura le fond du sac, facilemēt l'approuuera, & tousiours les curieux, & les superbes
demeurerōt au puits d'enfer, & ne pourrōt croire. Puis dit: b Carreau ne peut rēplir ton cœur
Magdaleine, tō cœur est en triāgle, il faut la tres-
sacree Trinité, pour le tout remplir & saouler.

Ce mesme iour Verrine remonstra à Magdaleine en la chambre assez rigoureusement,
& luy parla en telle maniere: Magdaleine, si

d'vn Magicien. 139

tu ne te conuertis entre cy & Noël, tu seras eternellemēt damnee, & seras bruslee toute viue, & pour tout cela n'eschaperas pas de nos mains, comme de cent les nonante neuf n'eschapperont pas de nos mains, à cause qu'ils meurēt tous desesperez. Ce sera à la cōfusiō du Magicien, & non pas à la confusion ny de la compagnie de saincte Vrsule, ny de la compagnie de la Doctrine Chrestiēne, ny de ton pere ᵃ que i'ay declaré innocent, duquel Belzebub auoit fait vn faux serment, disant que ton pere ᵇ t'auoit baillée à luy, & cela estoit faux, mais toy-mesme de ton plein gré, & de ta franche volonté t'es donnee à Lucifer, & à tous ses complices, ᶜ renonçant à Dieu & à toute la saincte Trinité, & à son Paradis, renonçant à tous les merites de la Passion de Iesus-Christ, à toutes les prieres de la tres saincte mere de Dieu, & de toᵘˢ les Anges & de tous les Saincts, prenant & choisissant l'Enfer, & l'acceptant de bō cœur pour ta demeure eternelle. Disāt que tu aymes mieux viure en ce mōde auec toutes delices, & toute sorte de meschanceté, que de seruir à ton Dieu, ton Createur, & à ton Redempteur Iesus-Christ, promettant à Belzebub d'estre obeyssante à tous ses commandemens, & que tu te donnes à luy de bon cœur, corps, ame, puissances de ton ame, ton cœur, voire ne rien retenant du tout pour toy, sinon vn Enfer comme meritent ceux & celles qui font le semblable, s'ils meurent en leur peché: faisant vne cedule escrite de ta main, & de ton sang à Belzebub, que les Magiciens gardent apres.

ᵃ *Belzebub fit le faux serment puis il s'exusa disāt, qu'il entendoit parler de son Pere spirituel.*
ᵇ *Pechez de Magdaleine.*
ᶜ *Aueuglement & rage des Magiciens.*

Il est vray que d'elle mesme n'a point faict ces meschancetez, mais estant induite des larrons de son ame. Ainsi a fait Ludouicus voyant venir le loup de tout l'enfer, a laissé prendre sa brebis, voire mesme l'a induite à se ietter & donner entre les pattes des loups rauissans qui sont les diables de l'Enfer.

Elle estoit ieune, & cela luy a seruy de beaucoup, parce que Dieu de coustume a pitié de la ieunesse, tesmoin l'enfant prodigue, qui auoit laissé la maison de son Pere comme Magdaleine, & mangeoit auec les pourceaux comme elle.

Et neantmoins n'est pas mort obstiné, mais recognoissant sa faute, s'est ietté aux pieds de son pere, se venant humilier. Ainsi Magdaleine se iettant aux pieds de la misericorde de son Dieu, frappant à sa porte, le Pere pitoyable a commandé de la faire entrer, & dict qu'on tuë le veau gras, qu'on luy apporte vne robbe neufue, qui signifie la bonne conscience & la robbe de Penitence, qu'on luy mette vn anneau au doigt pour monstrer la fidelité & foy, & esperance que doit auoir aux paroles de son Pere recognoissant le benefice. Disant ces paroles, Pere, Pere, i'ay peché deuant le Ciel, & deuant vous, & ne suis pas digne d'estre appellé vostre fils, mais traictez moy comme vn de vos mercenaires, encores que tres-indigne. Ainsi Magdaleine se doit humilier, & doit dire les mesmes paroles, Pere (allant à la porte de la misericorde) i'ay peché deuant le Ciel, & deuant vous, deuant vostre tres-saincte Mere,

d'vn Magicien. 141

deuant toute la Cour celeste, & deuant toutes les creatures, partāt ie suis indigne d'estre nommee vostre fille, voire vostre esclaue, voire indigne de leuer les yeux au Ciel, mais receuez-moy, s'il vous plaist, comme la plus pauure & miserable creature qui soit soubs le Ciel, & sur la terre. Et puis dict, Conuertis toy, Magdaleine, & laisse tes pechez, tu as esté menee par douceur, reprinse souuent de Dieu par inspirations secrettes, par predications, par lecture des bons liures, par beaucoup d'enseignemens spirituels qui t'ont esté baillez tant dedans la maison de saincte Vrsule, que par tes Peres Confesseurs, & autres doctes personnages, & bien illuminez qui t'ont baillé pour pratiquer, & pour remede contre tes aduersaires. Puis dict, Magdaleine s'estant renduë rebelle contre son Dieu & aux enseignemēs de toute son Espouse l'Eglise, Dieu voyāt sa perdition estre si proche, & si obstinee à son peché, n'ayant rien sceu auancer par tous les remedes susnommez, a permis qu'vne des filles indigne, voire tres-indigne & trois fois indigne de la compagnie de saincte Vrsule, Louyse Capeau d'elle mesme pouuant si peu qu'vne feuille d'arbre, ou comme vne pierre, ou comme vne fourmy s'estimant indigne mesme de se nommer estre vne creature de son Dieu, a prononcé de sa bouche de la part de Dieu Tout-puissant, & par vn diable nommé Verrine, dictant tous ces escrits. ᵃ *Magdaleine se laissoit gagner par fois.*

Puis fit vne remonstrance à Magdaleine, luy disant auec ᵃ vne furie & grāde cholere, &

rage comme desesperé. Que Dieu estoit courroucé contre elle, si elle ne s'amendoit, & si elle demeuroit en son obstination, & qu'il parloit aussi seurement de la part de Dieu, comme Ionas le Prophete parla aux gens de Niniue, leur disant : Si vous ne faites penitence, vous perirez, mais ils furent sages comme Magdaleine sera faisant comme fit mesme le Roy, qui print de la cendre, & la jetta sur son chef, pour appaiser l'ire de Dieu.

a Il veut dire que Magdaleine ne monstroit point encores si grãd signe de penitēce que les malins perdissent du tout toute esperance de la r'auoir.
b François Billet sentoit de grãs mouuemēs au dedans, mais il y resistoit inuoquant la grace de Dieu.

a Et dit à Magdaleine, n'es-tu pas bien vne mal-heureuse, que pour toy le Sabath se tient icy? n'est-ce pas vergongne estāt ce lieu vn lieu si sainct, que pour toy miserable vn Sabath se tient icy dessus ? & ces mascs & masques & sorciers & sorcieres ensorcellent tous ceux d'icy, mesme le Pere b François a esté charmé en beuuant.

Et puis encores Verrine dit à Sœur Magdaleine, Si Dieu estoit capable de tristesse, il ploreroit Magdaleine, de la trop grande attente que tu luy donnes pour te conuertir. Et Verrine la menaça auec vne grande authorité, plus que iamais Superieur ne fit, ny voire mesme aucune creature, & est biē raisonnable, parce qu'il effectuoit la volõté du Createur, disoit-il estant comme vn sergent Royal, qui parle de la part du Roy, & commande & dit, Si vous ne faites le commandement & n'obeyssez à vostre Roy vous serez grandement punis, parce que, qui se rebelle contre son Roy, merite bien grande punition. Ainsi le pecheur qui se rebelle & se rend obstiné enuers son Dieu, ne voulant obseruer ses commandemens, ne voulant prendre ses conseils, ny ceux de son Espouse l'Eglise, merite bien d'estre seuerement puny, voire merite le supplice & la gehenne.

Et dict, O Magdaleine, conuertissez-vous, vostre Dieu est tout bon, plein de misericorde. Et toy, Magdaleine, tu te fasches de mespriser vn peu de delices du monde, & mesprises les delices eternelles.

a Et dis, Miserable, abominable, detestable, damnable que tu es, n'es tu pas bien miserable de croire ce qui vient de la part de Lucifer, & ne me veux escouter moy qui suis icy de la part de ton Dieu? Tu es vne miserable de croire que Louyse le fait expressement. O Magdaleine tu le crois, & ceste creance te porte beaucoup de preiudice, Magdaleine. Cela est vray, Magdaleine, il faut que ie te die que tu as eu tousiours vne fausse intention deuant Dieu, & ton aduis estoit que Louyse le disoit de sa teste. Cela est vray, Magdaleine, mais Louyse est possedee, Catherine est possedee, & autres aussi qui sont charmees, mais elles n'en sçauent rien, & est vray Magdaleine, que tu es vne miserable, & es cause de tout cecy. Il est vray Magdaleine que tu es vne superbe, ingrate, vn cœur de pierre, vn cœur de diamant, il te semble que Dieu te doit de reste, cela est vray, superbe, tu le voudrois oster de son throsne, si tu pouuois. Mais courage Magdaleine, humilie toy Magdaleine, ton Dieu est si bon, que quád

a Magdaleine estoit par fois vacillante semblable à celuy qui est releué d'vne griefue & longue maladie, vacillāt & chopant fort sonēt puis se souleuant sur son baston.

tu aurois fait tous les pechez du monde, & de tous les damnez, ton Dieu te peut faire misericorde, voire mesme il te pardonne tes pechez, si tu t'humilies & fais penitence.

Sur le soir mesme iour fut exorcisée Louyse & Magdaleine par le Pere François, & Vertine parla en ceste maniere : Qui a iamais veu que le diable soit contre le diable ? nous sommes tous damnez à tousiours & à iamais, & faisons tout par force, parce que la charité n'habite point en nous. Ie dis que ceste fille est possedee & a trois demons en son corps, pour la conuersion de deux ames en particulier, & la conuersion de plusieurs autres. Celuy n'ira point au mont de Thabor qui veut laisser le mont de Caluaire, Dieu l'a signifié à la Mere des enfans de Zebedee. Petrus a nié son maistre, & a fait penitence, & a beaucoup ploré, & mesmes est mort pour luy, & a esté crucifié. Nostre Seigneur a tant d'amis de table à Pasques, Pentecoste, & à Noel, mais il y en a peu qui le reçoiuent dignement : cela est vray, il y en a bien peu qui se presentent auec la preparation requise.

Ie prens Dieu en tesmoin, & sa saincte Mere, & tous les Saincts, que ie vous dis, que si vous autres ne faites penitence, & soyez cognoissans des benefices de Dieu, ie vous dis que ne meritez pas de receuoir aucun sacrement, voire meritez de mourir sans aucun sacrement.

Les curieux veulent des sciences plus qu'il n'est de besoin, & ie dis qu'ils la vont chercher
au puits

d'un Magicien.

au puits d'enfer, comme ont fait les Caluinistes & tous les autheurs des heresies, qui ont voulu interpreter les passages des Escritures sainctes, non selon l'intention de Dieu, mais à leur fantaisie, & non selon l'intention de l'Eglise. a Ieunesse faites penitence, par trop delicattement vous nourrissez le corps, luy donnant tous ses plaisirs, estant criminels de leze maiesté. Nous tentons ces ieunes hommes & les faisons tomber comme figues en bouton, quand il fait vn gros vent, & ne nous faut pas beaucoup souffler, ie suis vn sergent & fais ma commission, ie dis que vous pouuez aller en Paradis, & demeurez obstinez, & pensez que Dieu vous doit de reste, & que la voye du Ciel soit facile à passer.

a *Contre la ieunesse.*

Non, non, ie dis que Dieu ne peut pecher ny mentir, pensez à cette parole tant espouuentable, *Ite maledicti in ignem æternũ*, Allez maudits, en Enfer, viuez à tousiours miserables en l'autre vie, auec ceux qu'auez escoutez en ceste vie.

Et nous autres demons les caressons auec mille sortes de tourmens, & leur donnons des visions, mais ce sont les visions des diables, qui feroient mourir les hommes, à les voir seulement : & voient aussi les ames damnees, qui ont esté belles, & puis sont deuenuës hideuses comme les diables mesmes.

Vous autres auez les Saincts qui prient pour vous, disans, Seigneur donne leur de l'eau de vie, mais on se doit estimer indigne de ceste vie, parce qu'il se faut humilier, croyant qu'on

K

n'est pas digne de l'Enfer, voire mesme quand Dieu feroit encore dix mille Enfers, penses que les demerites surpassent les peines. Si ieusnez en ce monde, irez faire chere en la vie eternelle. L'excellence des viandes exquises de l'autre mode apporte vn degoust des presentes, & qui en auroit gousté si peu des autres, mespriseroit toutes celles de ceste vie, parce que nous autres en pouuons aucunement parler, mais c'est trop tard à se repentir, eternellement ne pourrons gouster de cette viande. Le cheual n'est pas genereux qui ne marche qu'à coups d'esperon: ainsi peu merite qui sert Dieu contre son cœur. C'est iouuet plus grand mal d'obmettre ce que tu dois faire, que commettre ce que tu dois laisser. ᵃ Trois sortes de gens seruent à Dieu, les premiers le seruent comme esclaues, & sont ceux qui tousiours regardent l'Enfer; les autres sont comme mercenaires, qui ne regardent que le Paradis, & sont semblables à ceux qui sont loüez, & trauaillent pour le gain: encores y en a d'autres qui le seruent plus fidelement, c'est qui le seruent comme enfans par amour.

Vn bon enfant ne regarde point aux biens de ses parens, ny aux coups de bastons, mais regarde à son deuoir, & sert par amour; ainsi font les enfans de Dieu qui le seruent, non pas pour son salaire, mais pour son amour. Vn gobelet d'eauë fraische donné au pauure, vaut le prix d'vn an en Purgatoire. O grand Dieu, ce n'est pas merueille si les bestes ne te connoissent, ny les barbares, ny ᵇ les Indiés, parce qu'ils n'ont

ᵃ Trois sortes de gens qui seruent à Dieu.

ᵇ Il entend des Indiens en la qualité qu'ils estoient auparauant leur cöuersion, gens vrayement éloignez de Dieu, cöme parle saint Paul des Gentils. Ephes.1.

point d'entendement: ou viuent en tenebres, mais ie m'esmerueille des Chrestiens, tes enfans, qui ne te reconnoissent, & portent ton nom, parce que de Christ est dit le Chrestien, ainsi comme l'Espouse porte le nom de son Espoux.

Au sainct Baptesme Dieu le Pere prend l'ame pour sa fille, le fils pour sa sœur, le sainct Esprit pour son Espouse, & toute la sainte Trinité pour son temple.

a Et vous autres faites si peu d'estat du Baptesme, quand on va à ce Sacrement, vous diriez qu'ils vont à quelque ieu ou dance, parlant dãs l'Eglise, & ne faisant que rire, parler & faire plusieurs pechez, ne pensant point à ce Sacrement. Sainct Iean n'a pas fait ainsi, quand il baptisa nostre Seigneur, il le baptisa auec beaucoup de crainte & deuotion. Grande misere de vous autres, faire tant peu d'estat des Sacremens qui sont instituez de Dieu mesme, & sont les colomnes de son Eglise; & n'y a pas vn sacrement qui n'aye cousté son sang! Et Verrine mettant puis le pied sur le Belzebub, luy dit: Belzebub: ie t'adiure de la part de Dieu viuant, que si tu as à me repartir, que ce que i'ay dit ne soit pas veritable que tu responde, respond Belzebub, si ce que i'ay dit est veritable.

a Irreuerence au Baptesme.

Ie t'adiure encore de la part de Lucifer, si tu as pouuoir à me reprendre, que tu vienne à me dire en quoy est ce que i'ay menty. Et alors ie dis, O maudit Belzebub, tu ne me peux respondre, car ie dis la verité, & ie dis cecy de la part de Dieu, & tu es vn mal heureux, vn miserable comme moy, maudit, respond si tu as rien à dire. a Et alors Verrine se mist à crier: Tous vous autres voyez bien (entendant de toute l'assistáce qui estoit là presente.) Cestuy est mon Prince, mais ie ne le reconnois en rié. Il est vray Belzebub, tu es mon Prince, mais ie ne te connois pas, ny toy, ny Lucifer, ny tous les demons d'Enfer, parce que nous ne pouuós resister au Tout-puissant. Mais vous autres qui estes de la part de Lucifer, ne pouuez rien dire qui vaille, & n'auez point de force, aussi peu que des mouches : & tousiours Verrine tenoit les pieds sur Belzebub en le mesprisant, disant: Superbe plein d'arrogance comme moy, tu es vn superbe, il n'y a point de mal que les superbes soient humiliez & bien humiliez.

a Les peuples des villes & villages y abordoient à grandes trouppes.

Et puis Verrine dict à Magdaleine, Magdaleine la porte de Paradis est ouuerte, & aussi celle de l'Enfer où on y entre à carrosses: les carosses y entrent quatre de front, mais celle de Paradis est si petite que peu de gés y passét, & se faut beaucoup humilier pour y pouuoir passer.

Au dessus de cette porte il y a l'obeyssance, en bas l'humilité, à l'vn des costez il y a la charité, à l'autre la confiance : & la portiere est la perseuerance qui introduit les gens tout dedans le Paradis : l'humilité represente la naissance du fils de Dieu, l'obeyssance signifie que le fils de Dieu a esté obeyssant depuis sa natiuité iusqu'à la mort.

Le peché est plus difforme que le diable.

Vn homme qui seroit bien en sa maison, &

auroit de quoy viure, & puis sans cause s'é iroit ietter entre les mains des Turcs, & puis receuroit des mesmes beaucoup de mauuais traictemens, vn tel s'il se vouloit plaindre, on luy diroit, Mon amy, tu as esté vn fol, vn mal aduiué, tu estois bien en ta maison, & qui est cause de ton mal-heur que toy? ie dis qu'on ne le plaindroit point. Ainsi chacun a de quoy contrecarrer le monde pourueu qu'il aye la grace de Dieu, mais s'il veut pecher & se rendre esclaue du diable, qui le plaindra? il est bien fol qui vit en liberté, & se va mettre en seruitude. Puis confirma son dire par vn serment bien solemnel, & dit, A quoy seruent les bonnes eaux si on n'en veut boire? il faut frequenter les Sacremens pour en tirer le profit. Magdaleine, les iugemens de Dieu ne sont pas les iugemens des hommes, il se faut abaisser en cette vie pour monter en l'autre. Cecy Magdaleine ne peut venir de la boutique d'Enfer.

 Les diables ont presché autrefois plusieurs curiositez en perdition, mais il sert à bien viure tout ce que ie te dis.

 Les ames tombét aussi espais en Enfer, comme le bled en la meulle du moulin: en Enfer on y va à milliers, en Paradis l'vn apres l'autre, mais non pas tousiours. Par fois pour vn iour y sont allez bié 10000. martyrs; vn autre fois 11000. vierges, & plusieurs autrefois plusieurs en plusieurs manieres, selon le bon plaisir de Dieu.

 Ce mesme iour on demanda à Verrine cómét Magdaleine n'auoit pas encore eu l'intention droite, & suiuant son dire le lendemain de la Conception auoit de bon cœur renôcé à Sathan. A cela il dit qu'on a l'intention droicte, quand on ne donne aucune œillade sur la creature, toutesfois les hommes peuuent auoir le cœur bon, ores que l'intention soit fluctuante & comme constituee au milieu, non quand elle est arrestee du tout à vne part, & puis dict, qu'il ne sçauoit pas dire vn mot deuant l'autre, sinon ainsi qu'il le receuoit d'enhaut, & ainsi il le dictoit.

ACTES DV XVIII. DECEMBRE.

CE mesme iour tandis que le Pere Fraçois Religieux de l'ordre de S. Dominique disoit la Messe à l'éleuation du Calice, Verrine se mit à crier disant.

C'est la verité qu'icy est le corps, le sang, l'humanité & la diuinité de nostre Seigneur, tout, tout. Et Dieu a obey à cette heure à celuy qui a dit la Messe, ce Dieu qui est si grand a obey à celuy qui dit la Messe: & vo⁹ autres sacs de terre estes des rebelles, qui ne voulez pas obeyr à vostre Dieu qui est tât bô, obeïssez obeïssez luy

Puis quâd on voulut communier Louyse, il se print à crier disant, Va & m'appelle Romillô, c'est pour vous monstrer à faire l'obeyssance. O Romillon, il faut que tu me b cômandes en vertu de la saincte obeyssance, & que cômades à elle de communier par obeyssance. Et puis dit, Communiez tous les autres, Louyse sera la derniere, & auât la communier Verrine se mit à dire: Vous autres pensez y bien comment allez à confesse, il y en a plusieurs qui vont à la confession, & vont trouuer le Prestre, &

a Voyez la page 41.

b Il demâde d'estre comâdé, Voyez la response à la 5. difficulté qui est apres i qui estre au Lecteur.

d'un Magicien.

veulent que le Prestre se a confesse, disant : ᵃ De ceux
Mon Pere dites moy vn peu mes pechez, car ie qui vont à
ne les sçay pas. Et dit qu'ils estoiét de fols, vou- confesse
lans que les Prestres fussent des Dieux & des sans prepa-
Prophetes, sçachans les pechez qu'ils n'ont ny ration.
veu ny commis. Pour moy ie suis d'aduis, que
telles gés donnent l'absolutió au Prestre parce
qu'il est bien raisonnable, que celuy qui se confesse reçoiue l'absolutió. Et encor y en a des autres qui feront beaucoup de pechez, & quand
ils vont à la confession, disent : Quoy ? dirois-ie
mes pechez au Prestre ? il ne faut pas tout dire,
ils ne sont que des hómes, pecheurs cóme noº:
telles gés, pourquoy est-ce qu'ils se vont cófes-
ser s'ils ne reconnoissent l'authorité de l'Eglise ?
L'Eglise dit & cómande, Tous tes pechez con-
fesseras à tout le moins vne fois l'an. Et puis dit
pensez bien à vostre confession, elle n'est pas
de petite importáce, ie dis bié cecy à ma confusion, & dánation, mais ie suis forcé de la part de
Dieu tout-puissant, de le dire : puis iura que cela estoit veritable, & que en confirmatió de cecy Louyse se communieroit sans aucune repugnance, ny empeschement, chose qui n'estoit ᵇ ᵇ Voyez la
encores arriuee depuis qu'elle estoit là qu'vne page 44.
fois pour la cófirmatió de la dispute du Minime.

Puis Magdaleine lisant la lettre susdite de la
tres-saincte Mere de Dieu, Belzebub la voulut
emspescher, & Verrine se leua disant.

Courage Magdaleine perseuere, & tiens
bon : car Belzebub a perdu ses armes, cela est
vray Magdaleine, crois-le, Magdaleine, courage Magdaleine, perseuere, tu as bié comméncé,

K iiij

ie te l'asseure Magdaleine, & t'en iureray,

a Verrine se dit sergët de Dieu.

a Cela est vray, ie suis le sergent qui suis mandé de la part de mon Roy, pour faire la commission qu'il m'a donnee contre ma volonté, mais comme vn Forçast de galere, suis cõtraint d'obeyr, & d'estre venu auec vne baguette &

b Bon propos de Magdaleine.

frapper à la porte b de Magdaleine, la trouuant fermee, ie m'en voulois retourner, & encores les fenestres estoient toutes fermees, ie ne sçauois de quel costé la ietter, mais Dieu me commanda de frapper à bon escient à la porte, & me faire ouurir. I'ay fait son obeyssance sãs mãquer d'vn seul mot, hier frappay, & auiourd'huy s'est ouuerte, & alors la pierre qui estoit à la porte a esté ostee; il estoit bien raisonnable, que celuy qui estoit rebelle fut puny bien grieuement.

Cela est vray Magdaleine perseuere, perseuere Magdaleine ton Dieu y est entré. Cela est vray Magdaleine, Dieu a fait cõme vn Roy qui mande vn sergent Royal pour faire vne cõmission, & dit, Ouurez moy, car ie viens de la part du Roy, & est on contraint de luy ouurir, & iette la baguette dans la maison, & s'en retourne vers son Roy, en disant qu'il a fait sa cõmission. D'vn sergẽt qui ne vaudra pas deux liarts, le Roy s'en sert, autant cõme si c'estoit quelque chose de bon, car le Roy ne prend pas son authorité du sergent. Ainsi fait Dieu qui se sert de moy qui ne vaux riẽ pour faire vne chose bõne.

Courage Magdaleine, courage, tu as vn grãd procez, mais resiouis toy Magdaleine: car Marie est ton aduocate, ton presidẽt, commissaire

d'un Magicien.

& foliciteur, comme mōfieur du Vair premier Prefident eft le plus braue folliciteur qui foit au Parlement d'Aix. Refiouys toy Magdaleine, tous font tes Aduocats là haut au Parlement de Paradis.

Cela eft vray Magdaleine, tu as feulemēt cōmencé auiourd'huy à bon efcient, tous les autres fois tu eftois entre deux non point du tout du cofté de Dieu, ny du cofté du diable, mais auiourd'huy à bon efciēt, tu as prins les armes contre Belzebub. Il eft vray Magdaleine, il eft vray. Et Belzebub alors fe voulut mettre en cāpagne voulāt dire qu'il y auoit encore du tēps. Alors Verrine fe leue auec vne force & print Belzebub par la main, & luy dit, Tu as menty Belzebub, tu n'auras pas Magdaleine. Il eft vray Magdaleine, tu as eu la remiffiō de tes pechez, il eft vray Magdaleine, & ie le iureray. Et iura fur l'Euāgile, que tout ce qu'il auoit dit, eftoit tresveritable, difant ainfi : Ie te iure par le Dieu viuant, par la puiffance du Pere, par la fapiēce du Fils, & par la bōté du S. Efprit, ie cōfirme Magdaleine toutes les paroles que i'ay dit. Mais ne penfez pas vous autres que ie laiffe Magdaleine ainfi. Non, non, il n'eft pas raifonnable d'aller en Paradis fans faire penitence. a Ie te dis Magdaleine que tu feras penitence, & que tu te humilieras, & feras obeyffante, te refigneras entre les mains de tō Dieu, lui laiffāt faire de toy tout ce qu'il luy plaira, obeiffant à ton Superieur, comme fi c'eftoit vn Dieu en terre, puis qu'il a dit qu'il faut honorer les Preftres, à caufe de leur dignité ; & puis que leur dignité furpaffe

a Magdaleine fera penitence.

celle des Anges, il est bien raisonnable de les honorer. O Magdaleine ce sont tes Dieux en terre, honore les, & faits tout ce qu'ils te commanderont selon Dieu, & son Eglise, & selon leur authorité, obeys Magdaleine, croys moy Magdaleine, sois biē humble Magdaleine, demāde pardon à tous a & dis à tous qu'ō die vn *Miserere* pour toy, & couche toy du tout à terre & dis à tous qu'ils viennent mettre les pieds sur toy à la confusion de Belzebub, de Lucifer, de tout l'enfer, & mesme de b Verrine qui le cōmande. Puis cōmença à luy dire, Magdaleine prens tout cela à ta confusion : car te portera du profit, & te seruira de contrition, voire ie dis de satisfaction, & amoindrissement des peines que tes pechez ont merité, & se prinr à crier tout haut, comme vn desesperé : Il est vray Magdaleine, qu'as esté souffletee, on t'a craché au visage, on t'a fait mille mespris, mais resiouys toy Magdaleine, le tout te seruira de beaucoup. Et dit faisant vne grāde exclamatiō, Grande bonté de vostre Dieu, serez bien malheureux, si vous ne le seruēs, pour vn peu de peine qu'endurez en ce monde, irez en Paradis. Vostre Dieu est si bon que pour vn peu de peine qu'ō prend icy pour luy, & à son esgard, voire vn voirre d'eau baillé pour son'amour, ou qu'on se mortifie en quelque petite chose, en ce monde, c'est plus qu'endurer long temps les peines en purgatoire. Et se tournant vers Magdaleine luy dit derechef : Courage Magdaleine, resiouis toy, prens l'amour & la crainte, ce sont les deux aisles qui portent les ames au

a *C'estoit iadis la façon des penitēces publiques.*
b *Verrine demāde sa confusion.*

d'vn Magicien. 155

Ciel: l'vne touche la terre, l'autre touche le ciel. Les deux aisles qui ont porté l'autre Magdaleine au saint Pilō a sont esté l'amour qu'elle portoit à son Dieu, & la crainéte filiale qui la gardoient d'offenser.

Ce mesme iour sont retournez de Marseille ceux qui y estoient allez auec intention de donner la lettre au Prestre Louys, sans auoir rien effectué, parce que l'affaire sembla fort estrange aux Peres Capucins, qui le deuoient admonester, ne voulans pas proceder plus auant, qu'ils n'eussent eu aduis du Pere Michaëlis, auquel ont esté enuoyees les pieces de cette denonciation fraternelle, & vne des raisons fut, parce qu'au mesme temps il y auoit eu en la ville d'Aix, vn certain possedé au Conuent des Capucins, où le diable auoit iuré le contraire de ce, surquoy ladicte correction se fondoit, disant que le Prestre Louys n'estoit pas Magicien, ny Magdaleine charmee. Ce qu'estant ainsi referé en la presence de Verrine, & Belzebub, Verrine dit que ce Diable auoit esté enuoyé de Lucifer pour rendre la verité douteuse, & qu'il auoit fait vn faux serment : n'ayant pas l'Exorciste esté aduisé de luy demander le serment auec les solemnitez requises, c'est à sçauoir qu'il l'eust fait iurer selon l'intention de Dieu, de son Eglise, &c. Voire mesme Belzebub côtre sō ordinaire, parce qu'il estoit tousiours côtraire à Verrine: pour lors auec vne rage & violence dit, ouy, il est vray ce que vous a dit Verrine, que ce diable a esté enuoyé expressement de

a C'est vne chappelle où y a derriere vn pilier, & est au coupeau de la montagne où les Anges portoient la saincte Magdaleine tous les iours chantans & se resiouïssans de sa penitēce qu'elle y a fait l'espace de 30. ans, ainsi qu'elle reuela à vn bon Religieux, qui mourut soudain apres qu'il eut raconté la reuelation, ainsi qu'il l'auoit predit en signe de verité. Siluester Pierria en a escrit l'histoire f. 5. post Pascha.

156 *Histoire admirable*

l'Enfer, afin de dire, que Louys n'eſtoit pas Magicien, que Magdaleine n'eſtoit pas charmee, qu'il n'auoit pas dit la verité, & qu'il n'auoit pas iuré ſelon l'intention de Dieu, & de ſon Egliſe, & qu'il en eſtoit maintenant grandement puny. Et confirma le tout auec vn iurement bien ſolemnel eſtant forcé à ce faire, nonobſtant ſa rage, ainſi comme Magdaleine dit l'auoir interieurement ſenty en ſoy.

a Le Pere Michaelis preſchoit pour lors l'Aduent à Aix.

2 Ce meſme iour i'ay receu vne lettre du Pere Michaëlis en datte du 16. de Decembre 1610. en teneur telle.

Reuerēd Pere, *Pax Chriſti vobiſcum*. I'ay eſté bien aiſe d'auoir entendu de voz nouuelles, & du bon fruict qu'auez fait enuers ces pauures ames, lequel i'approuue tres volontiers, tant pour le preſent que pour l'aduenir, & vous en baille toute mon authorité tant d'Inquiſiteur, Prieur que Vicaire general. Battez moy bien ces diables qui ſont noz ennemis iurez, & de Dieu premierement. Ie vous laiſſe comme bien entendu, la conduitte de cet affaire, & eſpere de vous voir Dieu aidant, apres Noël. Me recommandant aux prieres de voſtre reuerence, du pere Vicaire, & du pere Cadry, & dites à Frere Simon qu'il face bien ſon deuoir, ſaluant vos graces, demeure voſtre affectionné en noſtre Seigneur *Fr. Sebaſtianus Michaëlis Vicarius generalis, Prior & Inquiſitor fidei*. d'Aix le 16. de Decembre 1610.

Ce meſme iour apres diſné, on trouua Magdaleine toute changee, ſpirituellement ioyeuſe, preſte à faire, & laiſſer tout pour l'amour de

d'un Magicien.

Dieu, & dit que le iour precedent auoit receu les soufflets & mespris sans aucun tremblemét de cœur, bien que Belzebub pour lors fist paroistre à l'exterieur le côtraire, & qu'elle auoit bien receu & prins en bonne part les propos qu'on luy auoit tenu dans la saincte Baume. Et dit qu'elle auoit senty audit lieu presque trois ou quatre heures de son cœur distiller vne douceur, auec vn silence interieur tant admirable, que sa vie n'auoit sceu, ny veu, ny ouy de semblable.

Fut encor sur le iour enfermee dans la saincte Baume, & dit qu'on auoit tenu le a sabath au deuant de la Baume. Sur le soir furent exorcisees par le Pere Fráçois, & Verrine à l'accoustumee, cómença à dire: Ils sont pires que des heretiques qui font difficulté de croire que le diable contraint par les exorcismes die & iure verité, parce qu'il faut que ceux-là nient la vertu des Exorcismes & l'authorité de l'Eglise, & de toute puissance de Dieu. Ie dirois tous les pechez de vo⁹ autres, mais suis lié pour le mal. Nous autres ne poúuós rien faire que du mal, les Anges ne peuuent rien faire que du bien, mais les hommes peuuét faire le bié & le mal, comme ayant leur liberal arbitre, & toutesfois vous auez (ô Dieu) des creatures qui ne veulent obeir, & sont pires que les diables. Les peines du monde sont fleurs & roses, les peines d'enfer sont vrayement supplices, & ie dis que les feux du monde sont feux en peinture: & toutes fournaises ne sont rien au prix d'vne estincelle d'Enfer. Les diables sont bestes fu-

a *Ils le tenoient souuét en vne place qui est au dessous de l'Eglise ioignant la chábre où demeuroit Magdaleine.*

tieuses, mordent en les carressant, no' promettons assez, & ne donnons rien, parce que rien ne peut donner celuy qui n'a rien. a Prestres, songez à vostre dignité, parce qu'ó peut se destourner d'vn Ange du Ciel, pour vous faire honneur & reuerence. Les Anges voyent incessamment la face de leur Dieu, & vous autres le faites auec quatre paroles descendre sur l'autel. Le Roy obeit au vassal, & maudit le Prestre rebelle à son Superieur, sacs de terre, il ira bien pour vous en faisant penitence. L'inobeissance chassa Adā du Paradis, la mesme inobeissance precipita Lucifer du Ciel, si Dieu estoit capable de tristesse ploreroit, quád il voit vn rebelle, tánt ce peché luy desplait. Chacun doit viure content de sa vocation. Vous autres Prestres & Religieux, deuez estudier, prescher chercher la lumiere, parce que vous estes separez du monde, pour seruir de lumiere. Plusieurs cherchēt la verité, & ne la peuuent trouuer, parce qu'ils la cherchent auec vne láterne obscure, mais les autres la cherchent auec vne grande clarté, & la trouuent. La foy c'est le flambeau: l'humilité la porte. Les curieux vont sur le bord d'Enfer, & pésent tousiours à trouuer ce qu'ils cherchent, tant qu'à la fin il faut qu'ils tombent: le chef premier, & le reste du corps suit, tesmoin les Caluinistes, Caluin, Beze, Luther, ce sont les chefs des nouueaux heretiques, & tout le corps, sçauoir ceux qui les suyuent, tombent tous dedās ce puits, s'ils meurent obstinez: il est vray, s'ils ne se conuertissent.

Religieux songez souuent à vostre voca-

a Aux Prestres & Religieux.

tion, & gardez les commandemens de Dieu, & ses conseils, & sçachez que vostre vie est la lumiere des mondains & exemplaire de leur vie. Religieux estudiez en vn liure tout nouueau, vn liure qui n'a que deux feuillets, le premier feuillet contient pour apprendre la parfaitte humilité, en la naissance du Fils de Dieu: l'autre feuillet l'obeissance qu'il a pratiqué iusques à la mort, & dis, que ceux & celles qui bié liront ce liure comme il faut: ie luy promets de la part de Dieu la vie eternelle, parce que c'est le commencement & la fin de la perfection. Celuy qui sera humble ne sera pas curieux, ne sera pas rebelle, sera obeissant, & l'obeissant ne peut mourir, mais viura eternellement, i'étens d'vne obeissance qui ne sera pas contre Dieu ny contre son Eglise, ny contre le salut des ames, autrement ie mentirois. Et ie dis se tournant vers l'assistance parlant en general nó en particulier, que nostre Seigneur auoit eu douze Disciples, & il y en auoit vn qui ne valoit rien, les Iuifs estoient les vrays enfans de Dieu & à cette heure sont les reprouuez: ainsi ie dis si vous voyez vn mauuais Prestre, pour cela ne faut pas dire que tous les autres soient mauuais, & si vous autres voyez vn meschant Religieux ne dites pas pour cela que la Religion ne vaut rien. Mais grande misere des mondains, qui voyants vn mauuais Prestre, tout aussi tost diront, que tout ne vaut rien! Ie dis qu'ils en ont menty, & qu'il ne faut point parler ainsi, car ie dis que les meschans ne preiudicient rié aux bons, mais ceux qui méprisét les Prestres, c'est pour viure en liberté. Le liure d'humilité est fort obscur, quand on a peu d'intelligéce, mais quád on le sçait bien interpreter, on y trouuera toutes sortes de vertus. C'est vne Royne qui mene beaucoup de Princesses & Damoiselles, & encor beaucoup de seruantes. Car comme en vne chaisne vn anneau suit l'autre, ainsi font l'humilité & la vraye obeissance. Le fondement d'vne vraye perfection, c'est humilité; & la fin c'est l'obeissance. Grand Dieu pourtant tu es né & mort, né dans vne creche, & mort tout nud sur vne Croix : & as enduré la mort, & vne mort tant cruelle & tant ignominieuse.

a *Contre les duels.* a Malheur à tous ceux qui combattront en duel, car sont contre le commandement premierement de Dieu & de leur Roy, & ne craignent l'excommunicatió de l'Eglise. Plusieurs enfans sont si mal aduisez, de ne pas croire à pere, ny mere, & ont bien merité le mal qui les surprend, vn Absalon en peut donner tesmoignage.

Au monde tout est compere, & commere, s'ils ont de quoy mangeront ensemble, mais deuant Dieu tout est autrement, s'ils sont en grace, le pauure, & le Monarque; le beau & le laid, le boiteux, & le parfait tout est ensemble. Vous autres laics, gardez les commandemens de Dieu, & de son Eglise, & serez sauuez, le Ciel n'est pas seulement pour des Religieux : seulement soyez soigneux à aimer Dieu, le seruir, & luy obeyr. Tant grand, & admirable est Dieu, qu'il ne se contente pas d'estre loüé de

ses

ses Anges, & des creatures, mais aussi mesme commande au diable (par contrainte, & nõ par amour) d'executer sa volonté. Quand tous les Anges, tous les hommes, & tout l'Enfer prescheroient incessamment de la gloire de Dieu, & de ses perfections, iamais ne sçauroient y arriuer, c'est vn puits qu'on n'y peut toucher au fond, mémes les plus grãds Seraphins, voire la mere de Dieu: il n'y a que Dieu seul qui puisse comprendre. Plusieurs curieux pensent mettre dans leur iugement toute la puissance de Dieu, sa clemence & bonté, voire toute sa perfection. Ha que leur entendement est par trop petit! Il se faut humilier pour aller en Paradis, vous n'y pouuez aller par autre voye, croyez-le, c'est le chemin du Ciel.

a Ce mesme iour Verrine dit au Pere François Billet qu'il print l'Estolle & le liure des Exorcismes, & luy commandast en vertu d'iceux de la part de Dieu, de luy dicter la lettre suyuãte, escrite à vn Prestre de la doctrine Chrestiéne, qui estoit tenté de sa vocation, & cela fait commença à dicter en la forme que s'ensuit.

a Voyez la responsse à l'obiection 5. aux difficultez apres l'Epistre au Lecteur.

Mon tres-cher & bien-aimé Frere, ie vous mande cecy, d'autãt que nous auons sceu pour vray & asseuré, que tout ce que vostre reuerence a eu contre sa vocation n'a esté autre que pure tentation du diable, ennemy de Dieu, & de l'obeyssance: vous rendant rebelle enuers Dieu & vostre superieur, croyant que vostre iugemét estoit capable pour entendre tous les secrets de Dieu. Mais ie vous asseure qu'il faudroit bien employer du temps pour estudier si

L

nous voulions apprendre tous les secrets de Dieu. Car ses secrets & iugemens sont si occults, que difficilement de soy mesme on peut estre asseuré, voire mesme bien souuent plusieurs pensent sçauoir la volonté de Dieu, & pensent estre bien illuminez, mais ie vous asseure qu'ils se trompent bien souuent. Car ils se peuuent tromper, & se trompent en leur iugement, nous le voyons par experience, descouurant tous les iours des merueilles, voire choses admirables, voire tres-admirables de la part de nostre Dieu. Sentant mon ame chargee si ie manquois à ce deuoir, ie vous mande la presente pour vous transporter à la saincte Baume le plutost que pourrez, mais sans delay: Parce que si venez deuant Noël, ie croy que entendrez choses si belles, & à vous si profitables, que vous ne voudriez pas estre pour rien du monde à les sçauoir, ce sont choses toutes nouuelles qu'homme viuant n'en a veu de pareilles. Sçachez que Louyse Capeau que vous cognoissez indigne, & tres indigne, voire ie dis encore tres-indigne de la compagnie de saincte Vrsule qui demeuroit à Aix, a esté charmee, voire possedee par trois Demons qui sont dans son corps, estant ledit charme vn malefice de possession des Demós par permission de Dieu, & pour vn grand desir qu'elle a eu d'endurer pour la gloire de Dieu, & pour le salut des ames, mesme l'enfer auec toutes ses peines, si se pouuoit faire sás estre separee, toutesfois de son Dieu, perseuerant plusieurs annees auec ces desirs, & venát plusieurs fois à la saincte Communion demáda à Dieu qu'il luy pleust d'auoir pitié des ames de son prochain, le demandant auec vn grand desir, voire presque impossible d'y pouuoir venir, esmeuë de la part de celuy qui luy dit interieurement s'il est de besoin mettre son corps, & l'exposer à la mort mesmes pour l'ame de ton prochain, le ferois-tu bien? & elle de bon cœur l'accepta par plusieurs fois, disant qu'elle estoit preste pour endurer, & qu'il estoit raisonnable de preferer l'ame du prochain à nostre corps, & à nostre propre vie. Et Dieu par sa grande bonté l'a choisie pour vne chose, que ny vous ny moy ne pouuons croire, si nous ne le voyons par experience, & ceux encor qui n'ont pas eu la commodité de la voir, auront, peut estre, moyen au moins de lire ceste merueille. Car on met toutes les diligences qu'on peut pour faire voir des choses si inaudites, & vn miracle si nouueau, & m'asseure que si vous le sçauiez que quitteriez le boire & le manger, voire ie dis bien plus, voire mesme tous vos estudes, pour entendre ce que nous entendons tous les iours. Car le P. Michaëlis, estant inspiré de Dieu, bailla conseil au P. Romillon, d'amener Magdaleine de la Palud, voire de mãder querir toutes celles qui seroient charmees, pour les amener à la saincte Baume, pour y faire vne neufuaine. Estant là, Louyse Capeau vint d'Aix, & non les autres, mais seulement elle, Magdaleine de la Palud y estant desia. Quãt à Louyse, du cõmencement elle ne voulut pas entendre parler des exor-

L ij

cifmes, difant qu'elle n'eftoit point poffedee, que tout cela pouuoit venir de la nature feulement, ou par la violence & rufe des demons, qui eftoient dans le corps de Magdaleine. Elle eftoit à Aix quand ils fe a defcouurirent, fe defcouurant à la confeffion, & lors Magdaleine eftoit à S. Maximin, & encor bien que fes Confeffeurs luy remonftraffent, que ce qu'elle penfoit ne pouuoit eftre, elle eftant pleine de fuperbe, d'arrogance, & de rebellió, ne pouuoit humilier fon iugement à fon fuperieur, la mandât querir à la fainéte Baume. Et le diable prenant la parole dit : Non, ie ne veux point faire l'obeiffance, & luy eftant remonftré qu'elle eftoit en la prefence mefme de Dieu : car c'eftoit dans l'Eglife de fainéte Vrfule, celuy qui la confeffoit quand les demons commencerent à fe defcouurir la reprint & luy dit : b Commét eft-ce que tu as la hardieffe de parler ainfi deuant ton fuperieur? Et lors elle refpondit qu'elle ne vouloit point recognoiftre ny fuperieur, ny fuperieure, ny fe foucier d'eux, penfant eftre plus fçauante pour fe conduire, que mefme fon fuperieur, faifant beaucoup de iugement, difant que les fuperieurs bien fouuent commandent des chofes qu'on ne peut mettre en effeét, ne cognoiffant point que c'eftoit vne rufe du diable, pour empefcher l'œuure qui eft commencé, y mettant tous les empefchemens qu'il pouuoit, mais toutesfois elle fit l'obeiffance ou par force, ou par amour, difant qu'elle ne permettroit point d'eftre exorcifee. Mais Dieu changeant fa volonté fe difpofa du

a *Il fe defcouurit par mouuemēts eftranges.*

b *L'on imputoit le tout à Loyfe, mais du depuis s'eftant defcouuert, on iugea que c'eftoient les diables qui la faifoient parler ainfi.*

tout pour faire la volonté de Dieu, & de son superieur, & non la sienne, se laissant mener à la saincte Baume, où se laissât exorciser, vn des demons nómé Verrine se mit à parler, & dire son nom, & apres beaucoup d'adiuratiõs, aussi les noms de ses compagnons, & continuãs les exorcismes dit, & iura (auec vn iuremẽt solennel, & auec toutes les qualitez requises) sur le sainct Sacrement, disant ces paroles: Ie iure par le Dieu viuant, que tout ce que i'ay dit est veritable, Ie iure selon l'intention de Dieu, & de son Eglise, que les diables auec tout l'Enfer auoient coniuré la ruine de la doctrine Chrestiéne, voire méme de la compagnie de saincte Vrsule, parce qu'en abolissant l'vne, l'autre luy tiendroit compagnie, & plusieurs autres choses qu'il parla à cet exorcisme, & nous dit, & chargea de mander querir de la part de Dieu, & non pas de la part de Romillon, a tous ceux qui estoient tentez, & particulierement vn qui est vn superbe, & trop plein de iugement, & de sa propre volonté, qu'il se range s'il est sage à la volonté de Dieu, & à l'obeissance qui est de retourner à sa vocatiõ premiere, & qu'il vienne plaider sa cause. Car il y a icy vn aduocat qui sçait si bien plaider, il l'ostera (dit il) de tout regret & scrupule, & de toutes les obscuritez qu'il a eu pour cognoistre la volóté de Dieu, laquelle ayant cherchee auec vne láterne obscure, ce n'est pas merueille si ne l'a sceu trouuer.

a *Aucuns Prestres de la doctrine furent fort tentez de quitter, à cause de ces possessions, se bandans mesmes cõtre leur superieur.*

Mais Dieu le voyant en peine luy a enuoyé vn flambeau fort luisant, il ne peut plus vser d'excuse, qu'il vienne s'il est sage, & descouurira ce qui est de la lumiere & des tenebres, ce qui est du mensonge & de la verité, & ce qui est de son iugement & du iugement de Dieu. Venez donc promptemét, & ne soyez pas tardif pour venir voir vne chose qui vous touche de si pres, & souuenez vous de tant de prieres qu'auez fait faire pour ce mesme subiect, Dieu les ayant exaucees, ne veut pas vous abandonner, elles luy ont esté fort agreables, & à vous fort profitables, si vous vous rendez capables à faire sa volonté. Et souuenez vous de ce que Dieu a dit, qu'il donne ses graces aux humbles & resiste aux orgueilleux, vous n'estes point encor digne de cognoistre sa saincte volonté, ny iamais la cognoistrez si vous ne faittes l'obeissance, & vous vous humiliez. Cerchez par tous les liures tant que voudrez, c'est vn liure tout nouueau, il n'y a pas long temps qu'il est composé, & non pas encor mis en lumiere, dás ce liure il n'y a que deux mots, & neantmoins c'est l'abregé de toute perfection, c'est nostre Philosophie & Theologie, là où nous deuons estudier.

Et souuenez vous que tous ceux qui ne voudront point lire ce liure, ne meriteront point d'arriuer à vne haute & sublime perfection. Venez, ne soyez point tardif, Dieu vous attend, de vous donner ce qu'auec beaucoup d'instance luy auez demandé, & fait entendre, c'est à sçauoir, de cognoistre sa saincte volonté. Et souuenez vous de ce qu'il a dit, demandez & vous aurez, cherchez & vous trouuerez, frappez & vous sera ouuert. Souuenez vous de tant de coups de marteau, qu'auez frappé à la porte de ce Roy, qui est Dieu, & souuenez vous comme celuy qui a la clef de ceste porte, sçauoir, *Petrus*, & autres ont dict, voire prié pour vous, comme pour la Cananee, disant, Seigneur, donne à ce pauure aueugle ce qu'il te demande (& qui croiroit que tu serois borgne, c'est à sçauoir de cognoistre sa saincte volonté) & Dieu comme choleré a dit par plusieurs fois, Ie ne donne point mes graces à vn homme superbe. Et si tu dis que tu n'es pas superbe, estime toy auoir peu de lumiere, & qu'il aduient bien souuent que celuy qui deuant Dieu s'estime humble, il est tout plein d'orgueil deuant luy. Si tu me dis, que tu es vn superbe, ie le dis auec toy, & partant il n'y a pas de mal que les superbes apprenent à s'humilier. Si tu me dis que tu es humble, ie diray qu'il n'est pas vray, parce que le vrayement humble, n'ayant pas ny entendement ny volonté, se laisse conduire comme vn aueugle à celuy qui le meine, croyant veritablement qu'il a meilleure veuë que luy. Et partant tu es vn aueugle, & il n'y a pas de mal que celuy qui n'a pas de lumiere l'aille querir à celuy qui en a, & la trouueras ie te puis asseurer, en faisant la volonté de ton superieur, le recognoissant pour tel, qui est le Reuerend Pere Romillon. Louyse vous prie pour l'amour de Dieu de demãder à Dieu cinq choses qu'elle desire, & que vo9 les preniez aussi pour vous, c'est à sçauoir droite intention, pure affe-

L iiij

ction, pureté de conscièce, puis simplicité, humilité, obeissance, resignation en toutes choses qui sont de la gloire de Dieu pour le salut des ames, & nostre bien en particulier.

Et elle dit qu'il vous plaise luy pardonner si elle a esté trop superbe, de vous vouloir enseigner, toutesfois ce n'est pas son intention, mais le grand besoin qu'elle a luy faict prendre la hardiesse de vous dire ce mot, & le prendrez en bonne part, elle seroit bien marrie de ne point receuoir vos conseils auec toutes ses superbes, & ne s'humilier à celuy qu'elle voit & cognoist auoir vne si grâde dignité comme est celle des Prestres: elle desire les honorer comme des dieux en terre, & la dignité le requiert. Vostre tres-humble, & tres affectionné, & tres-obeissant pour faire vos commandemens, quand il vous plaira commander, François Billet Prestre indigne, voire tres-indigne de la congregation de la doctrine Chrestienne, suis tesmoin de ce que dessus.

ACTE DV DIXNEVFIESME de Decembre 1610.

CE iour à l'eleuation du sainct Sacrement, Verrine se mist à crier, & dire tout haut, quand il vit prendre le cierge qu'on allume à l'eleuation du sainct Sacrement.

Ceste lumiere que vous voyez represente la foy, que vous deuez auoir, c'est que là est Dieu en ce tressainct Sacrement en sa diuinité, son humanité, & son sang, voire, voire, ie dis bien plus, il est là dans le sainct Calice.

Il est vray, n'est-il pas assez d'auoir confessé estre en la saincte Hostie ? & alors se mit à l'adorer.

Et parlant à Dieu, dit, Ouy, ie t'adore, *Adoramus te Christe*, & quand il est venu à ces paroles, *Redemisti*, il a dit, en criant, Vous autres, & nō pas moy, car il n'est pas mon Redēpteur, mais bien mon iuge, & encore bien seuere. Et puis fit vne telle exclamation, disant : O grand miracle ! voire ie dis tres-grand, encore que ie ne dis rien de nouueau, car il n'est rien de nouueau que le fils de Dieu a obeist au Prestre.

b Ha Dieu! ce n'est pas vn grād miracle de resusciter les morts, d'illuminer les aueugles, ny de faire parler les muets, & de plusieurs œuures semblables : mais c'est bien vn tres grand miracle que le fils de Dieu auec quatre paroles descend sur cet autel : encore ie vous veux dire vn autre grand miracle, c'est que le diable soit cōtraint de dire la verité. Ie dis qu'il est plus estrāge qu'vn diable dise ainsi la verité que non de creer 1000. mondes, ou voire ressusciter mille morts. Car cela est fort facile à Dieu de commander aux choses qui ne luy donnent point d'empeschement. Quand Dieu a creé le monde il a dit, *Fiat* : quād il ressuscita les morts, il n'a fait que commander, & toute chose luy obeissoit : mais quand il vient pour commander au diable, il faut qu'il y employe toute sa puissance, pour luy faire faire sa volonté. Car le diable est si meschāt qu'il c resiste tant qu'il peut,

a *Quand il est dit que Dieu obeit à la voix de Iosué, c'est à dire qu'il fit ainsi qu'il demādoit, arrestāt le Soleil.*

a *Il n'est pas estrāge que Dieu tout puissāt cree ou resuscite les morts, mais bien qu'vn diable à sa propre ruine vienne à descouurir les siens en disant la verité du fait, cōme en ceste histoire.*

c *L'exēple de Sathan, parlementant auec Dieu se trouue en Iob ch. 1.*

& toufiours difpute auec Dieu, propofant plufieurs raifons, difant: ils ont des Predicateurs, ils ont beaucoup de liures, qu'ils croyent s'ils veulent.

Et puis dit, Dieu eſt le maiſtre d'vne grande boutique, il eſt le maiſtre de tous les arts, il vous baillera de la befongne, il coupe ſi bien, il eſt vn ſi braue tailleur, il ſçait fort bien couper les robbes, il ne luy manque que des ouuriers. Car il ſçait fort bien couper la befongne, allez y vous autres Eccleſiaſtiques. Parce que vous autres Preſtres deuez mener vne vie plus Angelique qu'humaine, & auoir en recommādation les confeils & commandemens.

Et puis fe tournant vers les laics leur dit, Nô, non, les Preſtres n'ont pas le bon temps, comme vous autres penſez, il faut qu'ils foiét humbles, chaſtes, pauures, & qu'ils fe mortifient en pluſieurs manieres, ce qui eſt par trop difficile à ceux qui n'ont point de charité.

a *Aux Religieux.*

a Et parlant aux Religieux, dit: Vous autres Religieux fongez à voſtre eſtat, ce n'eſt pas aſſez d'eſtre enclos dedans quatre murailles, & puis viure à vos aifes, non: il vous faut leuer à minuict, il faut eſtudier, il faut eſtre humble, il faut eſtre modeſte: il faut eſtre vn miroir aux feculiers, il faut viure d'vne vie parfaicte, & vous autres du monde, penfez que les Religieux ayent du bon temps. Ie vous dis que le trauail d'vne heure employé aux eſtudes eſt de beaucoup plus grand, que les labeurs d'vn laboureur qui aura trauaillé toute vne femaine.

La bonne vie des Religieux apporte vn fruit ineſtimable parmy les Chreſtiens. Religieux, obeiſſez à Dieu, & à ſon Egliſe, & dix mille ames ſe conuertiront à voſtre exemple. Ne dites pas, nous ſommes ieunes. Si voꝰ auez quelque lettre ou cedule de l'autre monde, ie vous conſeille de differer voſtre amandement. Mais ſongez à la mort, péſez comment elle ſurpréd les gens. La mort eſt vn larron, & vient quand moins on y penſe. Bien-heureux ceux qu'elle prend en bon eſtat, mal-heureux ceux qu'elle ſurprend en mauuais eſtat, la mort n'eſpargne ny grand ny petit.

a Et parlant aux ſeculiers dit : Vous autres deuez viure ſelon voſtre vocation. En Paradis vous auez des Roys & des pauures, de tous eſtats il y en a de ſauuez. Ne dites pas, nous ſommes pauures, nous ne pouuons bien viure, ne dites pas nous ſommes pauures, Dieu regardera à noſtre pauureté, & nous ſauuera, mais les Nobles n'ont point d'excuſe. Pluſtoſt vous pauures auez vous dequoy vous reſioüir, penſant que Dieu a eſté pauure pour vous.

^a *Diſcours faict au pauure peuple qui aſſiſtoit.*

Dieu eſt vn tailleur qui ne demande que des ouuriers, c'eſt vn Medecin, vn Chirurgien qui ne cherche que des bleſſez, & des malades.

Liſez bien le liure du crucifix, & là trouuerez toute ſorte de ſcience. Si tu dis, ie ne ſçay lire ce liure, ie dis que tu en as menty. Parce que c'eſt vn liure qui ſe peut lire des hommes, des femmes, voire ie dis des gens les plus grossiers, voire ie dis aussi dãs l'Eglise, & dans la maison, au lict mesme, & par les champs, & peuuent sçauoir par ce liure toute sorte d'intelligence, entant que concerne le salut de leurs ames: regardez le bien, & le lisez bien vous trouuerez toute sorte de vertus, vous y trouuerez l'humilité, la pauureté, la patience, l'obeissance, voire ie dis toute sorte de perfection. Mirez vous bien pauures & riches, & toute sorte de gens, au miroir de la Croix, considerez en la Croix vn Dieu si grand, si humble, si plein de Majesté, vous y voyez vostre Dieu pauure, & vous voulez hayr, & detester la pauureté. Si la superbe vous y fait penser, pensez que vostre Dieu s'est fait homme, pour mourir en vne Croix.

a De la redemption. a C'est plus grãd miracle voir Dieu fait homme, que voir creer cent mille mondes. Le Verbe esgal au Pere a prins la nature humaine pour souffrir, & mourir cruellement, & vous aussi Marie, auez enduré grandement, & combien d'ames sont par cela en Paradis?

Si le Roy auoit vn esclaue, & qu'il le voulust rachepter en donnant dix mille escus pour le rachepter, cela seroit vn beau prix, mais il nommoit vn million d'or, encores seroit-il dauantage, tousiours luy monstreroit-il plus grãd amour, mais ce n'est tant comme s'il n'auoit qu'vn fils vnique, & le voulust donner pour cet esclaue, on admireroit bien dauantage la clemence de ce Roy là. Aussi ie vous asseure que cela seroit bien d'admirer: mais encores tout cela n'est rié au prix de vostre Dieu, n'ayãt qu'vn seul fils vnique, & le donnant pour vous pecheurs, ce fils esgal au Pere, en puissance, en sapience & en bonté, c'est le Verbe diuin.

Grande merueille que le Fils de Dieu aye tant souffert pour des ingrates creatures, qui en font si mal leur profit! Si les pierres estoient capables d'entendement, elles rendroient action de graces, & si les fueilles aussi estoient capables d'entendement, rendroient aussi action de graces: & vous autres estes tous ingrats, ne recognoissans point l'amour que Dieu vous porte, qui est si grand, que si vous autres en auiez la cognoissance, vous marcheriez le ventre par terre, & encore vous vous estimeriez indignes de cela. Dieu est vn miroir, & bien-heureux celuy qui prend Iesus-Christ pour son miroir, & puis la Mere de Dieu. Il est vray qu'en terre fut tenuë comme vne pauure fille, mais ne sçauez vous pas que Dieu sçait bien abbaisser les superbes? Vous autres pauures voulez bié estre vn peu en ce desert, & n'auez point d'argent pour aller chez les Apoticaires pour achepter les drogues, ou confitures, c'est tout vn, mais venez & entendez comment il faut estre deuots à la tres-saincte Mere de Dieu : ie dits que ces deuots ne mourront iamais en peché mortel. Marie est l'Aduocate des pecheurs entre Dieu & l'ame, il y a vn grand procés, la tres-saincte Mere de Dieu est le Rapporteur, & les Aduocats sont les Anges, & les Saincts: Marie est le refuge du pauure pecheur, & toy Magdaleine, tu obtins remission de tes pechez. Mais la croix c'est vostre Grammaire, vostre Philosophie, & vostre sainct Thomas.

Puis confirma tout le susdit propos, & plusieurs autres choses par vn serment à l'accoustumee.

a Exhortation à Magdaleine.

a Et parlant à Magdaleine luy dit, Or bien Magdaleine, n'es tu pas maintenant contente, ne vaut-il pas mieux obeyr à ton Dieu qu'à Belzebub? Lors Magdaleine dit tout haut & clair. Quoy? il y a bien de la difference, dit-elle. Et Verrine luy dit: Magdaleine vn moment de delices de Dieu, est plus que l'eternité de tout l'enfer, & de tous les delices du monde ensemble.

b Mystere [...] Magdaleine, en [...] & autres personnes.

b Serez changee Magdaleine, serez Magdaleine de nom, & ne demeurerez plus Magdaleine quant au premieres œuures. Seras toute changee Magdaleine, comme si on t'auoit tournee paste en vne fiscelle. Sçauez vous bien que ceux qui font le fourmage, quand ils ne sont pas bien faits, les tournent desfaire, afin de les mieux faire? Ainsi fait le Dieu puissant, quand il voit l'ame par le peché estre defaite, & defiguree, il la sçait fort bien reprendre, & la sçait fort bien changer, luy faisant faire sa volonté. Et neantmoins comme le fourmage, c'est tousiours le mesme fourmage, ainsi la creature c'est tousiours la mesme creature. Celuy qui la refait est tout-puissant, pour ce faire, il faut que tout obeysse, voire mesme le diable, quand il est contraint de faire sa volonté. Ainsi la creature peut pour vn temps resister, mais Dieu l'ayant long temps

d'vn Magicien.

attenduë, comme impatient d'auoir tant demeuré deuant sa porte, dit ces paroles: Non, non, i'y veux entrer, ie suis maistre de ceste maison, ie suis celuy qui veux tourner refaire ceste image que le diable m'auoit gastee.

a Ie suis le peintre, ne sçauray ie point refaire ce tableau quand bon me semblera? Tesmoin ma Passion, où ma tres saincte, & tressacree face a esté couuerte de crachats, or c'estoit afin de la faire plus reluisante: Ie suis content qu'en ce monde on soit mesprisé, on soit effacé, mesme par le diable, car toutes les creatures sont mes pourtraicts. Ie suis le peintre, ie les ay tous faits, & les diables mes mortels ennemis bien souuent viennent & desfigurent tous les tableaux, mesmes les effacent de telle façon que moy mesme quasi prends horreur de les voir. Mais toutesfois me souuenant que ce sont mes mains qui les ont faicts, ie prends le pinceau des sainctes inspirations, ie prends les couleurs de mes graces, & ie viens à ce tableau, luy donnant le premier traict par vne grande contrition, & l'autre de la confession, & puis de la satisfaction. Ie me contente, puis que la toille demeure, c'est à dire le corps, & l'ame de la creature. Or Dieu qui tient les viues couleurs entre ses mains, il sçait bien donner les couleurs qu'il luy plaist, luy donnant le blanc d'humilité, le rouge de la charité, l'orangé de la patience, le verd de l'esperance, & le jaune, pour vn iour auoir de son Peintre la

a Iesus peintre. Magdaleine tableau & image.

iouyssance, à ce qu'auec action de graces, ce tableau luy soit recognoissant, voyant qu'il a esté faict, voire plusieurs fois refaict, quand le diable par sa malice l'auoit effacé : ainsi fait Dieu en l'ame de Magdaleine, c'estoit vn beau tableau que Dieu auoit fait, mais Belzebub & Lucifer, voire tout l'Enfer se sont bandez & resolus de l'effacer, non seulement vne fois, mais en plurier, qui veut dire en milliers, & Dieu comme tout impatient de voir si grandes meschancetez, qui par elle se commettoient, l'a voulu conuertir, il luy a voulu faire entendre qu'il y auoit assez long temps qu'il l'auoit attenduë à patience, & l'a fort menacee auecques grand authorité, auecques des paroles fort estranges, & auec coups de marteau si violents, qu'elle a esté contrainte d'ouurir la porte à celuy qui dit, ouure moy, & i'entreray, & feray ma demeure chez toy : il y a si long temps Magdaleine, que ie suis à ta porte, laisse moy entrer, baille moy les clefs.

a *Acte d'humilité de Magdaleine.*

a Ce mesme matin apres les exorcismes, Magdaleine fist trois actes d'humilité : pour le premier, demanda pardon à tous les assistans : au deuxiesme, demanda pardon à tous absens, & se confessa indigne de l'enfer, & pria qu'on mist les piedz sur elle. Et Verrine dit que cela auoit esté plus agreable à Dieu qu'vn an de penitence. Au troisiesme, elle dit à l'assistance qu'elle se mettroit à l'entree de l'Eglise, priant les assistans de vouloir

mettre

d'vn Magicien. 177

mettre les pieds sur elle, comme sur la plus chetifue creature du monde, ce qui fut fait.

a Et Verrine dit, que iamais tel acte d'humilité ne fut faict par aucune possedee, & que Belzebub eut choisi plustost mil ans de peines en enfer, qu'auoir enduré telle infamie au corps de Magdaleine.

b Le mesme iour, enuiron deux heures apres midy, vint en compagnie d'aucuns Gentils-hommes, vn huguenot voulant disputer auec le diable. Et le diable Verrine luy commença à dire : Celle que tu vois icy est la fille d'vn Heretique, elle est de sainct Remy, son pere, sa mere sont morts Huguenots, & Monsieur de Beaucamp est son parrin, qui la vouloit empescher de se mettre au seruice de Dieu, & est maintenant possedee par la permission de Dieu, elle est charmee, & a trois demons dedans son corps. Ne pense pas icy disputer auec vne fille, non ce n'est pas auec elle qu'il te faudra parler, ce sera auec moy : ça venez, demandez ce que vous voudrez. Il respondit, ie ne demande rien. Et le demon luy respondit, vous serez bien tost satisfaict, vous estes bien riche, si vous n'auez besoin de rien. Et dit à ce Gentil-homme, proposez-vous ce que vous voudriez dire, qu'est-ce que vous demandez? Il dit qu'il luy prouuast que l'Eglise estoit la vraye Eglise. Et le demon luy dit, qu'il n'y auoit qu'vn Dieu, & qu'vne Eglise. Et le Huguenot luy repartist sur cela : Ie crois l'Eglise. Et Verrine luy dit alors, crois-tu la vraye Eglise, qui est

a Sçauoir en telle façon, tous les passans mettant leurs pieds sur la possedee. Il parle seulemēt des possedez actuellement.
b Dispute d'vn Heretique auec Verrine.

M

l'Eglise Romaine, tu ne la crois point.

Il dit, Laissons cela, ie dis que ie suis dedans la vraye Eglise. Et Verrine dit qu'il n'estoit pas vray. a L'autre luy demanda qu'il luy rendist raison, pour voir si les Saincts pourroient prier pour nous autres, ou non.

a *De la priere des Saincts.*

Verrine dit, Qui nie la priere des Saincts, il nie vn article du *Credo*, qui confesse la Communion des Saincts.

Et l'autre dit, Ie ne suis point satisfaict, dits-moy quelqu'autre raison. Alors Verrine luy respondit: Vous autres mesmes ne priez-vous pas les vns pour les autres? Vous sçauez bien que vous priez pour les Roys, & les Princes, & voulez-vous qu'en Paradis la charité y soit moindre? Ie dis que non, parce qu'estant auec Dieu, & Dieu estant la mesme charité, il ne faut point douter que les Saincts ne prient pour vous. Il dit, qu'il n'estoit point satisfaict pour tout cela.

Et Verrine luy dict, Tu es vn superbe, voire, ie dis vn curieux, tu ne merite pas de receuoir la lumiere: car tu ne la veux pas chercher. b Et puis se mirent à disputer du sainct Sacrement. Le Huguenot disoit, qu'il falloit croire que tant seulement la diuinité y estoit, & non l'humanité. Et Verrine respondit, qu'il y estoit reellement & de faict, sa diuinité, & humanité, alleguant plusieurs raisons: disant que celuy qui nioit cela, nioit le premier article du *Credo*, disant à l'Huguenot, Tu dis à ton *Credo*, que Dieu est tout puissant, & à ceste heure tu viens

b *Dispute du S. Sacrement.*

à nier sa puissance: car s'il est tout puissant, il peut bien faire, comme il est vray que son corps & sa diuinité soient au sainct Sacrement; adioustant que sa parole auec sa puissance, auoient cet effect quand il disoit vne chose il ne pouuoit mentir.

Et l'autre dict, Et comment ie dis qu'il ne le faut receuoir que par foy. Et Verrine luy dict: Ce par foy vous menera tous en enfer, si vous ne vous rendez humbles, & considerez la verité. Et l'autre dit, Et comment voulez-vous que le corps soit là, puis qu'il a dict qu'il est assis à la dextre de Dieu? Et Verrine dict, Cela est vray, mais il n'a pas dict, Ie ne pourray estre qu'à la dextre, comme il a bien dict, quand il a institué ce sainct Sacrement, prenez, cecy est mon Corps, & mon Sang, & n'a pas dict, Cecy est par foy, mais il a dict, Cecy est mon Corps, toutes les fois que vous le ferez, ce sera en memoire de ma Passion. Puis Verrine adiousta, Vous vous trompez en cecy, que vous pensez que le corps de nostre Seigneur occupe quelque lieu. Non, non, il n'est pas ainsi, Car c'est vn corps glorieux, il a toutes les qualitez d'vn corps glorieux, voire ie dis estant le plus parfaict de tous, c'est vn corps si bien-heureux, qu'il n'occupe point de lieu, mais il se couure seulement ᵃ d'vn morceau de pain.

ᵇ Puis se commença vne dispute, entre Leuiathan & Verrine, à la presence dudit Hu-

a Il entend des especes selon la phrase de l'escriture.
b Dispute de Leuiathan & Verrine.

guenot, & de plusieurs Catholiques, vn demon soustenant de la part de Dieu, qui est Verrine, & l'autre, sçauoir Leuiathan (qui est le maistre des Heretiques) la part de Lucifer, & en parlant ensemble, dirent ces paroles.

Et bien Dieu n'est il pas tout-puissant, dict Verrine, quand bon luy semble il forcera le diable à faire sa volonté?

a Leuiathan dit, prenant le party de l'Huguenot, Mon amy ne le crois pas, nous sommes les peres des mensonges. Ha! vous seriez bien fols de le croire, croyez-moy, vous estes en bon chemin, croy moy, & tiens bō. Verrine dit, tu en as menty, tu ne me le sçaurois prouuer. Leuiathan dit, i'en iureray qu'il est au bon chemin. Verrine dit, Tu es vn miserable, tu ferois vn faux serment contre Dieu & son Eglise. Leuiathan luy dict, Non ie dis que ie feray vn serment selon Dieu & son Eglise. Verrine dit, Tu ne le sçaurois faire, si tu ne te retiens quelque sinistre intention. Et Leuiathan dit, Laisse cela, ne va pas chercher si profond, ie dis seulement que tu respondes à ce que tu dois.

Verrine dict, Ie suis icy de la part de Dieu viuant. Il est vray, dict Leuiathan, & moy, ie suis icy de la part de Lucifer. Et Verrine dict, & voila pourquoy tu ne pourras dire ce que ie dis, mais seulement des mensonges, tu es icy en ce corps de Magdaleine, pour perdre les ames, & moy ie suis icy pour les gaigner. Il est vray, dit Leuiathan. Et Verrine dict, feras-tu

a Leuiathā se contredisoit, car s'il est pere de mensonge il mentoit doncques en ce qu'il disoit.

vn ferment comme moy, difant qu'il n'y a qu'vn Dieu, qu'vn Baptefme, qu'vne Eglife? Ie tiens icy la part de Dieu. Leuiathan dit, fe tournant du cofté de l'Huguenot, tiens bon mon amy, tiens bon, ton Eglife c'eft la vraye Eglife, tu peux marcher feurement par ce chemin.

Et Verrine luy dict, qu'il en auoit menty, que c'eftoit là l'Eglife des tenebres, & que là on ne trouueroit point la verité, & qu'ils n'aportoient point le flambeau pour la chercher, mais qu'ils portent leur lanterne obfcure, & ne falloit point s'eftonner, s'ils ne la pouuoient trouuer. Leuithan dit que non, que c'eftoit la vraye Eglife, voire c'eftoit l'Eglife reformee, & Verrine luy dit, Ie te dis que c'eft le puits d'enfer, parce que les curieux vont au bord du puits, & cauans, & recauans, ne pouuans point trouuer ce qu'ils cherchent, ils y tombent dedans, & quand le chef tombe le premier, les autres membres du corps facilement fuiuent, tefmoin vn Beze, vn Caluin, vn Luther, alleguant, & difant qu'ils eftoient Preftres, & qu'ils eftoient Religieux mefprifans toute Religion, & toutes chofes Ecclefiaftiques, & pour ce d'où deuoit venir la lumiere, en font forties les tenebres: toutesfois dit Verrine fur cela, que pour vn mauuais Preftre, ou vn mauuais Religieux, il ne falloit pas pour cela ofter, ou la Preftrife aux Preftres, ou abolir les Religieux, alleguát qu'à la compagnie de noftre Seigneur mefme, il y auoit bien eu vn Iudas, & pour cela les au-

M iij

tres n'ont pas esté meschans comme luy. Et le huguenot dit, luy demandant, monstre moy la preuue comme Dieu a dit qu'il faut prier les saincts? Et Verrine luy dit, c'est vn article de vostre *Credo*, si vous estes a plus sages que Dieu, va l'oster de son Throsne. Il dit ie ne suis point satisfaict, & puis dit, Prouue moy comment il y a vn Purgatoire. Et Verrine luy dit, ouy ie vous le prouue. Ie dis que Dieu a dict que rien de soüillé n'entrera au Royaume du Ciel. Il dit qu'il n'estoit pas content, le diable estant le pere des mensonges. Verrine dit, Cela est vray, nous sommes les peres des mensonges, quand nous ne sommes contraincts de dire la verité, mais estans côtraints de la part de Dieu, il nous est bien force de la dire. Et quoy, pense-tu icy disputer auec vne fille? Tu es trop superbe, tu ne merite point d'estre illuminé, tu es trop curieux, tu ne feras aucun profit. Et le huguenot luy dit, Tais toy, tu ne sçais que respondre, tu es vn grossier. Et Verrine luy dict, Ce ne sont pas les belles paroles qui mettent les gens au Ciel, icy faut bié d'autres choses, il y faut la foy, & les bonnes œuures, pour aller en Paradis. Et Leuiathan sur cela dit, se tournant vers le huguenot, croy moy mon amy, tiens bon ie t'accompagneray si tu veux.

a Parlant de toute la secte.

b Estimans parler à la possedee fille de dix-neuf ans.

a Et alors le huguenot dit, ie le veux bié, touche moy la main si tu veux, & allons. Lors Verrine se tournant vers le huguenot luy dit, Tout beau, tout beau, le diable n'a point de pouuoir sur le corps de ceste-cy, que de la langue pour s'en seruir à parler. & quoy, où pense-tu estre,

d'vn Magicien.

en quelque bois, ou en quelque ieu? & le tançant bien aigrement luy dit: aux diables tous ces gens icy, qui ne vont aux Eglises que pour commettre mille pechez. Et luy disoit, s'il n'estoit pas honteux, estant deuant son Dieu, & qu'il estoit pire qu'vn diable de prononcer ces paroles. Ha! miserable, tu ne merite pas d'estre illuminé, car quãd tu as dit cela, tu as pensé à la creature, & non de parler au diable: miserable, abominable, detestable, tu es pire que le diable, ouy tu as pensé à quelque peché, va malheureux va. Dans vne Eglise où repose le sainct Sacrement, as-tu bien la hardiesse de penser à ce que tu as pensé? tu merites de mourir obstiné: lors a le huguenot s'en alla, & Verrine dict aux Catholiques qui estoient demeurez : Et quoy? vous voyez comment ce miserable a reculé. Faites mieux vostre profit que luy, ne faites point ainsi comme auez accoustumé, mettant vn genoux à terre seulement pour entendre la Messe. Non, non, ce n'est point ainsi qu'il faut faire, tenez-vous tous comme criminels deuant vostre iuge.

a Il se departit honteux.

b Sur le soir fut seulement exorcisee Magdaleine, & tandis que l'on l'exorcisoit elle eut vne vision fort espouuentable, voyãt deux diables en forme de serpens, qui tenoient chacun en leur gueulle vne ame, qui luy sembloit plus abominable que l'enfer mesme, & la frayeur de ce spectacle luy dura encor beaucoup apres l'exorcisme, & mesme lors qu'elle le racontoit.

b Le diable luy pouuoit representer à l'imagination l'vn & l'autre tout à la fois. Le mesme arriuoit à la possedee de Laon.

Ce mesme iour fut escrite par le Pere François Billet aux Prestres de la Doctrine vne let-

M iiij

tre en ceste teneur.

a Il les con-vie à venir pour se-couer la tê-tation qu'ils a-voient de quitter la compagnie, e sans cô-me scan-dalizer.

a Mes tres-chers, & bien aimez freres, Ie vous mande de la part de Dieu tout-puissant, qu'il vous plaise de vous transporter & venir le plustost que vous pourrez, mesme si vous pouuez partir le iour ou le lendemain que le porteur arriuera pour entendre & sçauoir des choses si nouuelles, si inoüyes, & si belles que qui ne les entend, & n'y assiste, difficilement le croira. Car ce sont choses, que qui n'en sçait le fondement, à grande peine humiliera son iugement: mais venez, car cecy touche la gloire de Dieu, & encore toute son Eglise, & la conuersion des ames, au profit & vtilité de vostre vocation. Venez doncques & ne vous estonnez si ie vous repete ce mot de venez, car ie vous asseure qu'il est d'importance, les lettres ne parlent qu'vne fois, & partant est de besoin que ce mot y soit souuent repeté. Venez doncques le plustost que vous pourrez, ie me sentirois coulpable, si ie n'estois obeyssant en escriuant la presente. Vous autres me direz que ie suis trop facile à croire, mais venez & verrez, ie ne suis pas seul, si ie suis trompé, il y en a bien d'autres, que ie dois croire plus capables que moy. Ie vous asseure que si vous auiez veu, receuriez grand contentement, & seriez tous satisfaicts. Car Dieu a permis qu'vne fille de la compagnie de saincte Vrsule, indigne qu'elle est, voire ie dis tres indigne soit charmee, ayāt trois demons dans son corps, & son nom est Louyse Capeau, ayant depuis sa jeunesse demandé à Dieu de la mettre dans vn lieu où elle seroit à sa plus grande gloire, pour le salut de son ame, & pour le profit & vtilité de son prochain, & l'ayant appellee à la vocation où elle est, le premier an de son Nouiciat, Dieu commença à luy donner de grands & extremes desirs d'endurer pour le prochain toutes les peines téporelles, voire mesme celles de l'enfer, si se pouuoit faire sans estre separee de son Dieu, & ayāt perseueré iusques àceste heure en sa demāde, & sur tout à la sainte Communion, elle acceptoit de bon cœur toutes les peines susdites, & disoit tousiours ces paroles, Seigneur ie m'estime indigne de souffrir quelque chose pour l'amour de vous: elle faisoit toutes ces demandes sans demander aucun conseil, parce qu'elle croyoit tousiours qu'il n'y auoit nul peché, dont quand elle s'est trouuee charmee, a esté fort estonnee, pensant & repensant plusieurs fois d'où cela pouuoit proceder.

Mais Dieu qui le sçauoit nous a osté de beaucoup de peine, commādant à vn des Demons qui sont dans son corps de respōdre aux exorcismes, & dire la verité : pourquoy est-ce qu'il estoit dedans ce corps ? Or le diable ne voulant respondre apres plusieurs adiurations que les exorcistes luy faisoient, commandé de la part de Dieu, & de l'authorité qu'il a donné à son Eglise, finalement en vertu des exorcismes, s'est prins à crier tout haut comme vn enragé & desesperé auec des cris si grands, que de bien loing on l'eust peu entendre. Et se tournāt vers Magdaleine de la Palud dit, Il est vray Magdaleine, il est vray, par trois fois, Louyse est possedee pour toy, elle a vn malheur pour toy. O Magdaleine, Louyse est ton plege, repliquãt ces paroles par trois fois, son corps endurera pour ton ame en particulier, & pour plusieurs autres. Et parlant à Louyse dit: Souuiéne-toy mal heureuse, detestable, miserable, abominable creature, tiens-toy pour telle deuant Dieu, il est vray, ie suis cõtraint de le dire, laisse croire ce qu'on voudra de toy, si tu as du mal, c'est à ton dam, ie n'y sçaurois que faire. Sçais-tu pas ce qui se dit par le monde que qui mal-cherche, mal luy vient, & ne perd pas tout son temps, entendant des tourmens qu'il luy faisoit endurer, luy disant qu'elle ne se deuoit fascher si elle souffroit, & luy dit, Pourquoy l'as tu demandé? Maudit soit le malefice par lequel Dieu receura tant d'actions de graces & les gens des benefices. Et repetãt par trois fois, Que maudit soit le malefice, ce n'a pas esté, disoit-il, nostre intention ny celle du Magicien, ny de tous ceux qui y ont consenty. Nostre intention est tousiours peruerse pour faire faire beaucoup de pechez, & beaucoup de iugemens, nous auons esté contraints de la part de Dieu de dire, & declarer innocent celuy que nous faisons croire à Louyse estre autheur de son mal. Nous auons manifesté en vertu des exorcismes le nom du Magicien, & auons crié tout haut, & dit c'est vn tel. Et pourtant ie vous dis que vous ne pouuez sçauoir toutes les choses qui se passent. Or depuis le soir de la Cõception de la tres-saincte Mere de Dieu, ce sont dites des choses fort belles & vtiles, promettãt qu'elles dureroient iusques à Noel: touchant en particulier la conuersion de Magdaleine, & mesmes en general de plusieurs autres, si que les gēs qui l'entēdent s'en retournēt satisfaits, mesmes deux fois le iour aux deux exorcismes où les auditeurs se trouuent tous pleins d'admiration. Et partant, ie vous diray encores ce mot. Si estes sages, venez & mōstrez vostre sagesse, car la vraye sagesse, c'est faire la volonté de Dieu: mais vous me direz, prouuez moy comment c'est la volonté de Dieu? venez & vous en serez du tout esclaircis. Car voº sçauez bien qu'il n'y a nul bien sans peine, venez, venez accompagnez nostre Seigneur, & aydez-luy à porter les peines, luy qui n'a pas eu crainte pour l'amour de vous, d'aller au mont de Caluaire, & vous autres pour l'amour de luy ne craignez point ce peu de peine, il vous a monstré le chemin, suiuez vostre Capitaine. Et puis que vous autres estes les soldats, il est bien raisonnable que vous teniez en garnison, i'entens à vostre vocation: mais venez & ne craignez point de faire la guerre à ses ennemis. Car à cest heure c'est le tēps, les ennemis sont descouuerts, on ne combat plus à cachetes: Car Dieu ayant eu tant de patience de tant de peines qu'on a prins pour soy; il veut donner la recompense. Le diable a iuré auec vn iurement fort solennel qu'il auoit determiné, voire tout l'Enfer, de mettre à neant & abolir la doctrine Chrestienne, & la compagnie de saincte Vrsule en ruine & perdition, s'il eust esté à leur pouuoir, Dieu mesme le luy permettât comme il a fait à vn Iob pour sa gloire. Et pour le mieux asseurer il a permis que le diable l'aye dit, voire ie dis plus qu'il a esté contrainct de dire que Dieu vouloit faire comme à vn Iob, que des tentations que le diable luy faisoit il en tiroit du profit. Ainsi Dieu du mal en sçait fort bien tirer le bié. Et ie vous asseure qu'il est vn fort braue Chirurgié, quand il voit qu'vne personne a du sang plus qu'il n'est de besoin, il sçait prendre la lancette & luy en tirer, non toutesfois pour le tuer, mais comme le Chirurgié oste le sang au malade & le tire pour sa guerisõ, & est pour le preseruer de plusieurs inconueniens, & grandes maladies, sans quoy il seroit tombé, ainsi a fait Dieu enuers tous nous autres, ayant permis que nous ayons esté tempestez sans en excepter vn seul. Et puis disoit le diable, nous autres n'auons pas laissé vn seul sans le tenter. Et criant tout haut, disoit: François ne sois pas marry, tu as esté tenté comme les autres. Et toy aussi Iacques, parlant du Pere de Rets, il est vray, Romillon, il est vray, tous tes gés ont esté tentez, mais resiouys toy, Romillon, car tu les auras. Pierre Barmod a esté tenté, il est vray, il est vray, mais tu l'auras, & sera bien mal-heureux s'il resiste. Et nous chargea de luy enuoyer, dont il y a vne lettre escrite aussi pour les Peres d'Aix que le Pere de Rets luy apporta.

Et nous voyons desia vn bon commencement à Magdaleine de la Palud & est fort fortifiee, & son interieur fort changé. Belzebub & tous les demons qui sont dans le corps de

Magdaleine sont contraincts d'obeyr à Dieu. Et Verrine de la part de Dieu les braue en telle maniere que nous autres en sommes tous estonnez, luy disant: Maudit Belzebub, Balberith, Leuiathan, Asmodee, Astaroth, & Carreau, voire il braue Lucifer, luy disant il est bié raisonnable que le Dieu Tout-puissant soit obey & non point Lucifer, ny l'enfer, ny tous les diables, se mettát à crier par plusieurs fois. Belzebub tu es mó maistre, ie suis vn de tes valets, quád ie suis enuoyé de la part de Lucifer: mais maintenant ie suis icy de la part de Dieu Tout-puissant, & voila pourquoy ie parle si arrogamment deuant mó Prince, voire ie braue tout l'éfer disant à Belzebub. Belzebub ie t'adjure de la part de Dieu Tout-puissant, que tu ayes à te coucher tout du long à terre, & luy mettant le pied dessus, luy dit ces paroles pleines d'arrogáce & superbe: Où sont tes Princes Belzebub? & tous vous autres, où estes vous? parlát aux demons. Vous autres estes tous des Princes pour le moins cinq, leur disant, si vous autres auez quelque credit, & quelque authorité ie vous comande de respondre, & mesme ie vous baille le pouuoir d'appeller Lucifer à vostre ayde, car maintenant c'est le temps. Et quoy Belzebub? permettras-tu que tó valet te tienne ainsi les pieds dessus? Et criant à toute l'assistance, ce sont mes Princes, mais ie ne les recognois point, c'est par force & non par amour, par contraincte & non par grace, cóme à vn forçat de galere. Et Belzebub ne luy respódant vn seul mot deuenát cófus sans force, ne pouuāt plus resister. Verrine se mit à crier tout haut, Venez tous vous autres, parlant aux assistans, (car il y auoit beaucoup de gens) Venez, venez, & ne craignez de mespriser vos ennemis & celuy de vostre Dieu. Et l'assistance y venant, luy mettoit le pied dessus, sans que Belzebub osast dire ou respondre tant seulement vn seul mot, & demeuroit tout confus, & dit encor plusieurs paroles trop longues à raconter, mais venez si vous voulez & les entendrez. Vostre tres-humble & tres-affectionné François Billet Prestre de la doctrine Chrestiēne ay escrit la presente, & estoit signé, & aussi, *Franciscus Domptius*, Et plus bas, Ie Magdaleine de Demandoul confirme estre vray tout ce qui est escrit dās la presente, & sur tout quād au repos de ma conscience, car ie me trouue toute chāgee, benit soit Dieu, & sa tres-saincte Mere, car ie vous asseure qu'elle m'a bien assistee. Priez Dieu qu'il me donne la perseuerance, & la grace de luy estre bien recognoissante de tant de benefices qu'il m'a faict.

ACTES DV VINGTIESME de Decembre.

Colloque de Verrine auec Leuiathan.

CE iour furent exorcisees Louyse & Magdaleine, & au milieu des exorcismes Leuiathan se mit en campagne, & dit à Verrine, ô Verrine maintenant tu ne dis rien. Et Verrine luy dit, ce n'est pas pour toy que ie respondray, i'ay bien vn plus grand maistre que toy, à qui faut que i'obeysse.

Leuiathan dit, Tais-toy tu es vn superbe. Verrine dit, il est vray, nous sommes tous des superbes, enfans de la superbe mesme : n'est il pas vray que ie t'ay humilié? Leuiathan dit, non ce n'a pas esté toy, ç'a esté la creature que tu as humilié. Verrine dit, Tu en as menty, ce n'est point la creature, tout a esté à ta confusion, & au profit de la creature. Miserable que tu es, ie suis icy l'ambassadeur de Dieu viuant, & tu es icy de la part de Lucifer, le veux-tu nier ? dict Verrine à Leuiathan.

Leuiathan dit, non. Et alors Verrine dit, ie suis icy vn Ambassadeur de la part de Dieu qui m'a enuoyé icy pour faire sa saincte volonté, & non la mienne. Leuiathan dit, N'a-il point d'autre ambassadeur? il a des Anges, des predicateurs ; cela n'est-il pas vray ? Verrine dit, il est vray, mais ne sçais tu pas que quand vn Roy veut enuoyer quelque Ambassadeur il a bien des Princes & grands Seigneurs, & beaucoup de Gentils-hommes, neantmoins si c'est sa volonté d'enuoyer quelque laquais, il est Roy, & peut commander & faire ce que bon luy semble.

Car il peut prendre des choses moindres pour en faire des choses grandes.

Et Leuiathan dit, il y a bien grande difference: Il est vray, dit Verrine, car si les Roys de la terre ont ce pouuoir, le Roy de gloire en a bié dauantage. Cela est vray qu'il a des Princes, il a des Anges, il a des grāds predicateurs, mais s'il veut cōmander à vn de ses moindres esclaues qui l'empeschera de ce faire ? voyant qu'il est tout puissant. Pour cela n'est pas moins Roy, moins grand, cela n'amoindrit point sa gloire, tant s'en faut, c'est vn traict de sa puissance, de forcer nostre volonté. Car de nous-mesmes nous sommes tous des meschans, mais Dieu se sçait fort bien faire obeyr: voire ie dis à toy Leuiathã & à Lucifer, car il est superieur de tous, il se fait bien obeir. Leuiathã dit, & quoy? veux-tu qu'on t'escoute, tu n'es qu'vn diable?

Verrine dit, il est vray, que ie ne suis qu'vn diable de moy-mesme, mais estant forcé de la part de Dieu à dire la verité, quand il nous cõtrainct, il la faut dire. Ne sçais tu pas qu'il resuscita vn Lazare, & que sa parole est toute-puissãte, en disãt vn *fiat*, il a fait ce que bõ luy sẽble. Ouy dit Leuiathã, mais les creatures y mettent empeschemẽt, & le Lazare n'y mettoit point. Verrine respõdit, il est tout-puissãt pour chãger le mal en biẽ, voire plus puissant retirant du peché en la grace, que non pas l'enfer à tirer de la grace au peché; voire ie dis quand bõ luy semble, parce que c'est le Roy de la terre en commandant ie veux que cela soit, il est obey. Parce que c'est le Roy qui commãde. Et Dieu ne seroit pas Dieu, s'il n'estoit pas plus puissant que ses creatures, voire ie dis bien plus, que le diable mesme seroit plus puissant que Dieu, car il tire du bien au mal, & Dieu ne pourroit-il pas tirer du mal au bien? voyla comment ie suis arrogant. Leuiathan dit, il est vray, Dieu les appelle a par beaucoup d'inspirations & enseignemẽs de doctes personnages, par menaces de ses iugemens, & par les Anges, & nonobstant tout cela, ils sont tellement endurcis dedans leur cœur que se voyant pressez de tous costez

à Cõtre les pecheurs.

costez de se tourner à Dieu, en disant auec grande superbe, & endurcissement de cœur : Seigneur, tu me veux, & ie ne te veux pas : car ie n'ay nullement affaire de toy, i'ayme mieux auec tous mes plaisirs aller à tous les diables, & estre leur proye, que non pas aller à toy, & congedier mes plaisirs.

Il est vray dit Verrine, ce que tu as dit, qu'il y a des pecheurs si miserables & endurcis en leurs pechez, demeurans beaucoup d'annees perseuerans en leur meschanceté, que Dieu en est comme tout choleré & seroit plein d'impatience si en Dieu pouuoit habiter.

Mais ie dis que non : car ce seroit vne imperfectiõ, mais si en Dieu y pouuoit auoir d'impatience, & si Dieu se pouuoit contrister quand il void ces ames obstinees, ie dis qu'il ploreroit. Mais Dieu ne se peut contrister : car ceux qui disent que les pechez contristent le S. Esprit, ce n'est point que le S. Esprit pleure : Non, non, ce n'est point ainsi, mais c'est qu'il a en horreur ces obominables, & toutesfois estant vn souuerain peintre peut reformer son tableau. Cela est vray Leuiathan, & tu sçais bien que ie suis icy de la part de Dieu, mais suis attaché pour ne dire les pechez. Leuiathã dit, tu méts, car tu les as diuulguez, & tu méts manifestement. Il est vray dit Verrine, mais c'est pour ceux que cecy se fait, ouy : car le miracle ne pourroit estre si ces pechez n'estoient diuulguez. Et se tournant vers la Ste. Magdaleine, dit ces paroles : Il est vray Magdaleine, tu as esté vne pecheresse, mais cela ne redõde poins

N

au deshonneur de ton Dieu, ny au tien, voire ie dis tu n'es pas moins pour cela bié-heureuse. Leuiathan dit, il est vray, mais il y a bien de la difference de l'vne à l'autre, car il ne s'est pas seruy des diables pour la conuertir, l'ayant conuertie par vn sien seul regard, & partāt ce n'est pas vne chose probable que Dieu t'aye ennoyé (pour la cōseruatiō de ces deux ames) dedās ce corps, attendu qu'il a beaucoup d'autres moyés pour ce faire sans toy, qui es le pere des mésōges, & à grāde peine on te voudra croire. Tais toy, dit Verrine, miserable malheureux, baille moy audience. Il est vray ie suis dans ce corps, Dieu ayant ioint sa volonté auec le desir de ceste creature. Ie suis icy expressement de la part de Dieu puissant & pour sa gloire, & pour la conuersion en particulier de ces deux ames, & miserables seront si elles ne se cōuertissent.

Tu m'as dit que saincte Magdaleine n'auoit pas esté conuertie par le diable, ie dis que cela est vray, mais nous ne sommes plus au tēps que Dieu vienne du Ciel, & que auec sa diuinité & son humanité, comme il estoit par le passé, il vienne à cōuertir les ames, mais ie dis bien que c'est le mesme Dieu, & partant peut bien faire choses grandes comme il a fait.

Cela est vray, dit Leuiathan, que Dieu n'est plus en ce monde comme du passé, mais il a laissé ses Sacrements en son Eglise & des prescheurs & plusieurs autres remedes, qui n'estoiēt pas pour lors. Car on n'a iamais leu que Dieu se soit seruy des diables pour conuertir les ames, veu que ce sont les peres des mensonges, & tous remplis de malice & faussetez. Car à grande peine aucuns le pourront croire, disans que Dieu auoit beaucoup d'autres remedes pour attirer les ames à soy sans se seruir des diables.

Cela est vray, dit Verrine, mais dits moy icy, Leuiathan, n'y a-il point des iurements qui soient veritables ? Leuiathan dict, ne sçais-tu point que nous faisons des faux sermets, tu le sçais bien, tesmoin celuy qui fut fait dernierement aux Capucins, tu m'entens bien. Verrine dit, Il faut que tu me preunes, qu'il n'y a point de iurement qui soit vallable, ou tu seras confondu, car ie dis que le iurement fait selon l'intention de Dieu & de toute son Eglise, & auec toutes ces circonstances, ie dis que ceux qui nieront cecy nieront la toute puissance de Dieu, & toute l'authorité de l'Eglise, & tous les liures des exorcismes. a De ce serment faux voyez les Actes du 18. de Decembre cy dessus.

Pourquoy est ce qu'on exorcise & interroge t'ō les diables s'ils ne peuuent point dire de verité ? il n'est pas besoin d'employer tant de tēps apres, voire ie dis mesme des annees entieres, voire ie dis qu'il vaudroit mieux, que les exorcistes employassent leur temps à estudier. Et Leuiathan dit ; ie t'ay dict que tous les sermens ne sont pas veritables : à cause des sinistres & peruerses intentions des diables. Il est vray, dit Verrine que tous ne sont pas veritables, parce que quand les exorcistes ne sont pas bien auisez, nous autres sommes si miserables, que nous retenons tousiours quelque sinistre intention, mais quand nous sommes forcez de la part de

Dieu côme forçats de gallere, i'ay dit qu'il faut bien faire sa volonté, & pourtant tu es côfondu, Leuiathan. Parce que moy, non de ma volonté, mais par contrainéte de la part de Dieu mesme i'ay fait prendre garde aux exorcistes de toutes les intentions & de toutes les circonstances qu'il falloit auoir pour faire vn vray serment.

Leuiathan dit, & comment ose-tu ainsi parler en ma presence? ne sçais-tu pas que ie suis plus que toy? Verrine dit, il est vray quant au mal, tu as plus de science: car tu estois des Seraphins, & moy seulement des Throsnes, il est vray, ie suis de vos valets, mais maintenant ne recognois nul de vous autres, (entendant des Princes qui estoient au corps de Magdaleine, les brauant tous les vns apres les autres) & quoy? dit-il, ne respondez vous rien, vous autres estes si braues Docteurs, & ne respondez mot? ha, il faut bien respondre si auez de quoy. Parle, parle maintenant.

a La respôce de ce blaspheme est au discours suiuant.

a Leuiathan dit, ne sçais tu pas que quand les pecheurs sont obstinez, ils ne se peuuent conuertir, Dieu mesme ne les peut conuertir, tesmoin Iudas que nostre Seigneur ne peut conuertir, & comment veux tu que le diable le puisse faire, puis que Dieu mesme vsant de tres grãds artifices ne le peut faire? Verrine dit, i'ay dit que Dieu est tout puissant, & qu'il peut changer de liberal arbitre quand bon luy semble, & le changer du mal en bien. Ne sçais-tu pas que Dieu est vn bon peintre, voire ie dis bien plus, qu'il est vn tres souuerain peintre, &

qu'il sçait bien refaire quand bon luy semble, il se côtente quand on luy laisse la toille. Leuiathâ dit, il est vray moyennât que la creature n'y mette point d'empeschement, car Dieu a creé l'hôme sans luy, mais ne le peut sauuer sâs luy. Cela est vray dit Verrine, pourueu que le corps & l'ame demeurét, Dieu est content, car il sçait fort bien prendre ces pinceaux, pour retourner refaire son tableau, voire ie dis bien dauantage, qu'il le peut refaire plus beau qu'auparauant, Car s'il veut il y peut mettre plus viues couleurs. Ne sçais-tu pas qu'il est comme le Pere de l'enfât prodigue; Et si i'ay dit que les Peres de ce monde sont si bons enuers leurs enfans, & les ayment, & neantmois les menacent, nô point pour les faire mourir, tant s'en faut, c'est pour les rendre plus sages & aduisez. Il sçait aussi fort bien prendre la verge en la main pour les preseruer des mains de la iustice.

Et l'enfant reconnoissant sa faute se retournera à son pere, & s'humiliera, car cet enfant auoit fait comme l'enfant Prodigue qui auoit demandé à son Pere son patrimoine, & son Pere luy auoit donné, & ayant tout despendu estoit venu à telle extremité, que mesme il mangeoit auec les pourceaux. Ainsi a fait le pecheur, Dieu luy auoit baillé tant de biens, il les a tous despendu, mais ce Pere plein de bôté les reçoit trestous, pourueu qu'ils ne veulent demeurer obstinez. Car si les Peres de la terre sont si bons, Dieu qui les a creés est-il pas beaucoup plus bon ? Il est vray dit Leuiathan, qu'il y a plusieurs enfans Prodigues, mais bien peu qui imitent le premier enfant Prodigue, c'est à dire de se retourner à Dieu. Car apres qu'ils ont dépendu tous leurs biens, & qu'ils se sont addonnez à toute sorte de maux, nonobstant tout cela ils demeurent tousiours obstinez & endurcis en leur meschanceté & en leur malice, & nonobstant que Dieu les appelle par beaucoup d'inspirations, ils disent qu'ils veulent passer leur temps. Et Verrine dit, il est vray mais quand Dieu veut, il sçait fort bien du mal en tirer le bien, il ne seroit pas autrement tout puissant, ce n'est pas vne impuissance de ne pouuoir pecher ny mentir, mais c'est vn trait de sa toute-puissance, voire ie dis de sa plus grande perfection, de tirer du mal le bien. Nous sommes tous doux sergens, & faisons tous deux nostre commission, mais bien differente l'vne de l'autre, car tu fais icy la volonté de Lucifer, & moy ie fais icy la volóté du Tout puissant. Et quoy? me penseras tu brauer? Ie dis que tousiours nous sommes sergens, c'est comme si quelqu'vn enuoye des sergens vne partie contre l'autre, neantmoins chacun fait la volonté de celuy qui le mande, & neantmoins tous deux sont sergens, bien qu'ils n'executent point vne mesme volonté. Aussi dit-il, voyla deux qui preschent, & tous deux pensent prescher la verité, vn Predicateur de l'Eglise, & vn Ministre, tous deux preschent, mais non tous deux d'vn mesme costé: par ce que le Predicateur de l'Eglise presche la verité, & le Ministre a l'intention peruerse & sinistre, interpretant plusieurs passages de l'Escriture, selon sa volonté ; pensant pouuoir mettre, par ce qu'ils sont tous des curieux, toute la puissance du Pere, la sapience du Fils, la bonté du sainct Esprit, dans leurs entédemens. Et se trópent, leur entendement est trop petit, pour pouuoir contenir Dieu, auec toutes ses perfections. Ie dis que Dieu est assez sage : car ie dis qu'il est la Sapience mesme, il n'a point besoin de conseil, ny des Anges, ny des hommes, encores moins des Diables. Ie te dis Leuiathan, que de cecy ie ne baille rien que le nom, & le tourment à la creature. Car Dieu ne veut point prendre sa force ny authorité des diables, il ne seroit pas Dieu. Ie serois d'aduis, que ceux qui ne se veulent humilier, qu'ils aillent prendre Dieu & l'oster de sa gloire, & aillent prendre Lucifer & le mettre en Paradis. Si Dieu n'est pas plus puissant, pour changer le mal en bien, que le diable de conuertir le bien en mal, c'est vn erreur trop grande : cela ne va pas ainsi. Ie dis que Dieu est tout-puissant, & puis qu'il est tout-puissant, il peut tout faire, vsant de sa toute puissance, & forcer le diable, comme vn Forçat de Galere, & comme fait vn Iuge à vn criminel, & luy faire faite sa volonté quand bon luy semble : ceux qui ne croient cecy seront bien miserables, il faut qu'ils nient le premier article de leur Credo, qui dit que Dieu est tout-puissant, ie le prens ainsi, par ce que Dieu mesme a esté obeyssant aux bourreaux sur la Croix quād ils le cloüerent. Les Saincts quand on les menoit au Martyre, ils faisoient la volonté des Bourreaux, non toutesfois à la gloire des Bourreaux, ny à la gloire du Diable, comme a fait aussi nostre Seigneur, tant luy est agreable la vertu de l'obeissance, dont il m'en faut parler maintenant.

J'ay resisté, tant que i'ay peu, & parlant à nostre Seigneur i'ay dit: Non ie ne le diray pas. Il m'a dit, il te sera bien force. I'ay dit, ha non, non, ils ont tant de liures, ils ont tant de bōs escrits, mais il m'a contraint, & m'a fallu cōmencer par la vertu d'obeyssance. Et Verrine se mit à dire, parle maintenant a Docteur bié illuminé, parlat à Leuiathā, tu es le docteur des Heretiques, viés parler maintenāt, & toy Belzebub, tu es vn superbe, tu es celuy qui rend les gens curieux & qui les maintiens tousiours auec leur orgueil. Et toy Balberith, tu es celuy qui dit, qui bien l'ayme souuent le nōme, les faisant renier. Et toy Asmodee, tu es celuy qui fais perdre la ieunesse auec tes belles paroles, & tes regards attrayants. Et toy Astaroth, tu es celuy qui tentes de paresse, & principalemēt vous autres Religieux. Toy Carreau tu endurcis les cœurs en obstination, & péses tout gagner, mais ne sçais tu pas qu'en vn *fiat*, en vne seule parole, Dieu peut faire ce que bō luy semble; ne sçais tu pas qu'il peut resusciter les morts; voire ie dis que cela luy est fort facile, tesmoin la fille du Prince de la Synagogue, quand il la print par la main, & luy dit qu'elle se leuast, que nous signifie

¶ Divers offices des Diables.

le peché qui est commis par pensees qui ne sont que deuant Dieu, offenses, & contre l'ame de celuy qui les commet, & partant sont fort faciles à pardonner.

a Mais il y a trois sortes de morts, comme a trois sortes de pechez. Car il y a l'enfant de la vefue Naim qu'on emportoit à la sepulture, qui nous signifie ceux qui sõt morts par paroles, & sont hors de la ville, c'est à dire hors de l'ame en la bouche : & l'offence est bien souuent au scandale du prochain, representee par cet adolescent, auquel nostre Seigneur luy dit qu'il se leuast & le bailla à sa mere, signifiant que le pecheur quand il a peché, on le doit bailler à sa Mere, qui est l'Eglise, comme Dieu auoit commandé d'iceluy, comme sçauez. Encores il y a d'autres qui sont morts par œuures, voire ie dis du tout obstinez, comme font ceux qui demeurent les 20. 30. 40. 50. ans en leur peché, representez au Lazare, qui auoit vne pierre sur le monument. Voyla pourquoy Dieu commanda de le deslier pour monstrer l'authorité qu'il a donné à son Eglise, & comment on doit honorer les Prestres, contre ceux qui disent qu'ils ne se veulent cõfesser, disans, En quoy m'humilieray-ie deuant vn Prestre? il n'est qu'vn homme comme moy, voire ie dis vn pecheur. Et quoy, diray-ie mes pechés deuant vn Prestre? non, Dieu est tout bon, il me pardonnera sans me confesser. Et puis Verrine cõmença à parler de l'obeyssance en telle maniere. b L'obeissance est vne vertu des plus agreables à Dieu. La Charité est vn

a Trois sortes de morts

b De l'obeissance

grande vertu, parce que sans Charité, on ne peut entrer en Paradis. Aussi la Foy est vne vertu necessaire entant que sans la foy il est impossible de complaire à Dieu. Et de mesme l'espoir peut aussi tenir son rang, parce que c'est l'espoir qui nous conduit iusques en Paradis, & l'Humilité est le fondement de toute vertu, & toutes les vertus morales sont belles, bonnes & profitables, & ie ne dis pas qu'on puisse aller en Paradis sans l'Humilité, ou sans la Charité, & les autres vertus, mais ie dis que celuy la aura toutes les vertus qui aura l'obeissance. L'obeissance est la plus excellente de toutes les vertus, mais ie dis l'obeissance parfaicte : car celuy qui est parfaictement obeissant, il est humble, il est charitable, il a la confiance, il perseuere, voire ie dis bien plus, que le vray obeissant ne peut mourir ie dis de la mort eternelle. Parce que quelqu'vn me pourroit respondre que Isaac a esté bien obeissant à son Pere Abraham & neantmoins il est mort. Ie dis que non, parce que S. Paul dit, que les bien-heureux ne sont pas morts, mais il les appelle dormants, comme il est vray. Isaac tu dors & on te réueillera le iour du iugement. Si tu as la parfaicte obeyssance, tu n'auras point de repugnance. Pensez y bien vous autres Religieux, qui faites le vœu d'obeyssance : Souuenez vous que vostre Dieu a esté obeyssant, voire ie dis iusques à la mort, & à la mort de la Croix. Et il n'a pas dit à son Pere. Mon Pere ceste montagne est fascheuse, parlāt du mōt de Caluaire, non il n'a point dit cela. Il n'a pas dit mon Pere deuriez ordonner qu'on me fist mourir dans vne chambre, ou dans vne falle, par ce que cefte montaigne eft fi puante, il y a des chofes fi fafcheufes à voir, voire c'eft vne voërie bien puãte: non, non de fon plein gré, & bonne volonté eft mort pour l'amour de vous.

Et vous autres Religieux aprenez à obeyr à vos Superieurs quand ils vous commandent quelque chofe, ne dites point, a Mon superieur me commande chofes fi difficiles, voire ie dis, tout impoffibles, cela n'eft pas vray. Il a dira! Ha mõ Seigneur me commande de dire ma coulpe icy deuãt les gens, & quoy cela edifiera mal mon prochain, le Superieur me commande d'aller à Rome, & dira ie ne fçay point le chemin, il commandera la ieufne, & dira, Ha! mon Pere ie fuis d'vne complexion fi delicate, fi ie fais cette penitence ie feray malade, s'il faut porter des cilices, cela eft fi fafcheux : Ce Superieur eft tant fafcheux, ie ne le puis plus fouffrir. Dira le Superieur, tu as entreprins de tuer quelqu'vn de tes freres, & l'autre ne fçachant pas l'intention de fon Superieur, le difant de bouche, & non point de cœur, pour le prouuer, il luy refpondra, Il n'eft pas obeiffant pourtant n'eft pas humble. Car ie dis que l'obeyffance eft la fille d'humilité, & le vray hũble fera toufiours obeyffant.

Aux Religieux.

Apprenez vous autres Religieux, & vous autres Preftres, & lifez en ce beau liure qui eft fur l'arbre de la Croix, c'eft voftre Dieu, c'eft celuy qui a gardé les trois vœux cõme il faut, le vœu de chafteté, parce qu'il eft la mefme pureté, il furpaffe toʳ les Anges, & toute autre creature comme celuy qui est la mesme pureté.

Pour le vœu de pauureté il a esté tout nud sur vne Croix, & pouuoit bien auoir beaucoup de ses Princes qui sont les Anges, il pouuoit bien auoir des robbes pour se couurir, & tout ce qui luy estoit de besoin, neantmoins il a voulu tout mespriser, monstrant en cela à vous autres Religieux qui luy auez donné vostre bourse, auec tous vos thresors, qu'il est bien raisonnable que le pere pouruoye de tout ce qui est raisonnable à ses enfans.

Pour le vœu d'obeissance, il a esté plus obeissant qu'aucun ne fut iamais. Ie vous dits à vous autres Prestres & Religieux, mirez vous bien en ce miroir, & lisez bien se liure, il n'y a que deux fueillets, & neantmoins contient toute perfection, il n'y a que deux mots dedans ce liure ; l'obeyssance, & l'humilité, & neantmoins si on sçauoit bien tirer l'intelligence de ce liure, on y trouuera toute sorte de vertus pour arriuer à vne tres-haute & sublime perfection. Pourquoy est-ce que vous autres estudiez tant, & prenez tant de peine à estudier & lire? lisez seulement dans ce liure, & vous ferez la volonté de Dieu.

Si vn esclaue obeyst à son maistre, que doit faire vn enfant? nous diables sommes des esclaues, & ne faisons rien que par force & contre nostre volonté: mais vous autres qui esperez son heritage, le deuez bien mieux aymer & seruir. Mais encor ie dis que Dieu a trois sortes de gens: il y a qui le seruent seulement par contrainte, & sont ceux qui ne regardent que l'Enfer, & s'il n'y auoit point d'Enfer, ils ne se soucieroient point des pechez, & des autres qui le seruent comme mercenaires, comme font ceux qui le seruent pour le Paradis, en disant, Dieu nous a promis son Paradis, il luy faut bien obeyr: mais il y en a d'autres plus sages qui ne regardent ny le Paradis ny l'Enfer, mais purement pour l'amour de leur pere, & font sa saincte volonté, ne regardans point à la recompése, & se fient à Dieu de tout leur cœur, pensant qu'il sçait bien pouruoir à toutes leurs necessitez, en disants, s'il a soin des oyseaux, & autres bestes, qu'il aura bien soin d'eux. Et Dieu fait comme vn marchant, qui separe les liarts d'auec les sols, les escus & les pieces de quatre, les mettant à part, quand il veut faire quelque belle emploite, & neantmoins ne mesprise pas son autre argent. Ainsi fait Dieu prenant les Religieux, & tous ceux qu'il appelle à son sainct seruice, voulant faire quelque belle emploite, afin qu'ils facent des choses grandes pour sa gloire, toutesfois il ne mesprise point les seculiers pour cela, mais il les reçoit tous s'ils font ses saincts commádemens, comme fait le marchant de ses liarts & de tout son autre argent. Les rebelles veulent que les Superieurs leur soient obeissans, & nõ point eux à luy, mais ce n'est point ainsi qu'il faut faire. Ie dis que non, qu'il faut estre bien obeissant, ne sçauez vous pas que le diable tente les Religieux? Voyla vn grand Prince, vn grand Seigneur qui se mettra au seruice de Dieu, & tout aussi-tost nous autres nous nous mettons en campagne, & le tentons & difons, Et quoy? Monfieur, vous eftes bien à voftre aife en voftre maifon, vous auez tant de pages, vous auez tant de Gentilshommes qui vous feruent, tant de laquais & palfreniers, voire ie dis que vous pouuez du tout bien viure, & ne rien faire, vous eftes de fi grãde maifon, Monfieur ne vous rendez pas efclaue, puis que pouuez viure en liberté. Et quoy? vous aurez vn Superieur qui fera de fort baffe maifon. Quoy? luy voudriez vous obeyr? il vous faudra porter la befaffe par la ville, il faudra porter le cilice, & prendre la difcipline. Ha! Monfieur cela eft trop fafcheux, ha vous ne perfeuererez iamais, retournez, croyez moy dit le monde, & y en a plus de quatre qui croyent & font ainfi. L'enfant à plus forte raifon doit obeyr au pere que l'efclaue au maiftre. Le maiftre & la maiftreffe, quand ils ont des feruiteurs & feruantes qui ne veulent obeyr, & qui fe rendent rebelles, tout auffi toft difent, il les faut payer, on leur dit, vous n'eftes pas propres pour moy: il vous faut paffer la porte. Ainfi faut il qu'vn Superieur face enuers fes inferieurs quand il les voit rebelles, & qu'ils ne luy veulent obeyr, allez vous en, dit-il, paffez la porte: Car vous n'eftes pas icy pour eftre à voftre propre: les rebelles ne demeureront point icy. Mais ie vous diray bien qu'ils luy peuuent bié propofer vne fois ce qui leur eft commandé, & dire: Mõ pere, il me femble qu'vne telle chofe iroit mieux ainfi: mais toutesfois gardez la replique? Car il fe doit humilier, & croire que fon iugement le peut tromper, voire ie dis bien plus, qu'il faut reprendre son Superieur, toutesfois auec vne grande charité, non en le reprenant, mais par maniere de conseil en luy disant ainsi: Mõ pere il me semble que vous auez fait vne telle action, ou dit quelque parole qui me semble qu'il iroit mieux autrement. Mais il faut que cela se face auec vne si grande humilité, & vne si grande crainte, comme mesme si on parloit à Dieu. Parce que les Superieurs sont des Dieux en terre, & ne peuuent point manquer, faisant l'obeissance, pourueu toutesfois que ce ne soit chose contre Dieu, ou contre la reigle ou contre soy-mesme, alors il n'est pas tenu de luy obeyr. Voire ie dis bien plus, qu'il est tenu de le mespriser & le brauer, voire le scandaliser, quand il commanderoit vne chose laquelle seroit directement contre Dieu, & le prochain: c'est à dire, le denoncer à son Superieu, faire venir sa faute en reconnoissance quand le peché sera public, comme quand il commãderoit de prescher quelque heresie: ou quelque chose contre les vœux, ie dis qu'alors il est permis à l'inferieur de reprendre le Superieur.

a *En quel cas on ne doit obeir.*

Sur le soir furent exorcisees Louyse & Magdaleine par le pere François, & le Prestre qui exorcisoit recita plusieurs noms de Dieu. Lors Verrine luy dit, dis le Dieu des Chrestiẽs & tu auras tout dit, parce qu'il est la fin, & le commencement, & tous ces noms luy conuiennent & dix cents mille fois d'auantage, ce ne sont pas des bayes ny sornettes, maudits seront ceux qui ne le croyent. Et Dieu voulant que Verrine parlast de la Confession pour instruire les ames. ᵃ Verrine dict à Dieu, qu'ils auoient des viandes assez, & qu'il n'estoit pas besoin que les diables fussent les Medecins des hommes, & qu'ils n'adioustoyent point foy aux Anges, voire mesmes qu'ils n'auoient pas voulu croire à luy mesme, disans qu'il estoit vn yurongne, vn fol, & qu'ils diront que, le diable est vn menteur.

ᵃ *Par reuelation & intelligence.*

Si tu dis qu'il faudroit consequemment nier ta puissance & l'authorité de ton Eglise, & la vertu des exorcismes, ie dis qu'ils nient bien la Communion des Saincts, & les Sacremens. Et si tu dis que tu leur donneras la lumiere, ie dis qu'ils ne la demandent pas ny la cherchent.

Les Turcs peuuent prendre quelque excuse par ignorance, mais les Chrestiens peuuent apprendre ce qu'ils doiuent sçauoir & croire. Vous autres estes images du peintre des peintres, ᵇ maudits soient ceux qui se laissent flater par les diables. Maudite soit l'heure qu'il me faut dire comment il se faut confesser. ᶜ C'est toy Leuiathan qui fais aux vns nier la Sapience, aux autres la bonté, aux autres la Puissance, & leur aprens des interpretations nouuelles, & inaudites à la saincte antiquité, tu es l'autheur de toutes les heresies qui sont, & seront, & furent iamais: & es vn miserable, & voudrois ietter Dieu hors de son throsne, tu es vn aueugle, & ceux qui te suyuent, disent *Credo*, sans, *Credo*, & quand l'aueugle conduit l'aueugle, tous deux tombent au fossé. Tu es le

ᵇ *Cōtraincte des diables quand Dieu commande.*
ᶜ *Contre Leuiathan seducteur.*

Docteur

Docteur de la fausse Eglise, mais le pere & la mere quittera son enfant, & iamais Dieu n'abandonnera son Eglise.

a Vn pere n'est pas responsable pour les pechez de son enfant, & le pere des ames doit rédre compte des pechez commis par ses enfans: Pere & Pasteur souuerain, songez à vostre charge. b Or il faut la Confession deuant la saincte Communion, & s'humilier deuant qu'obtenir sa demande. On prepareroit la maison où le Roy voudroit venir, & comment osez vous receuoir en vostre maison de terre le Roy de gloire ayant la consceince souillee par le peché? Ie dis qu'vn tel donne à Dieu vn enfer pour logis. Par ce que l'ame pecheresse, est la demeure des demons, & est Chrestienne, non de fait, mais de nom. Vous autres entrez dedás les Eglises, & mettrez vn genoüil à terre, & demádez les courtes Messes, & ne pensez pas cóme la dignité des Prestres surpasse celle des Anges. Ie dis qu'il faut flechir le genoüil, oyant le nom de Iesus, & nous obeissons à Dieu par amour ou par force, en vertu des exorcismes, & sommes meilleurs que vous autres.

a Il entend d'vn enfãt emancipé faisãt maison à part, car lors le pere n'est pas tenu de tenir l'œil sur celuy qui est son enfãt, mais bien le pasteur de son ame, pour tout le tẽps de sa vie. b De la cõfession & penitence.

Si on vient à dire, voicy le Roy qui veut venir loger en ta maison, ie dis que tu ferois beaucoup d'excuses, te reconnoissant indigne d'vn tel honneur, & t'efforcerois à bien parer ta maison, & crierois de toute part pour embellir la demeure. Ainsi vous autres prenez le balay d'vne vraye contrition, & penitence, nettoyez les chambres & cabinets de vostre ame, & le Roy venant y fera son Palais.

Ne dites pas pauures gens aueuglez, estans aux pieds d'vn Prestre à Confession, mon Pere dites moy, s'il vous plaist mes pechez. Ie dis que ce n'est pas bien procedé: car vn chacun a vn entendement assez clair & aigu aux choses petites & concernantes au corps, à plus forte raison en ce qui concerne le salut de l'ame, qui est chose plus importante, mais au contraire la plus part s'y rendent fort hebetez, & du tout stupides. Il s'en trouue plusieurs qui presque tous les iours se confessent, & encores auec cela sont oublieux de beaucoup de pechez, que doiuent donc faire ceux qui ne se confessent que d'annee en annee, ou de six en six mois? Tu diras, Mon Pere, ie ne connois pas mes pechez interrogez moy: ô sourd & aueugle, tu sçais bien donner audience au diable, & faire le mal qu'il te suade faire, & tu refuse d'escouter la voix de Dieu, qui t'inspire la souuenance de tes mesfaicts.

Les autres disent, Pourquoy me confesserai-ie? le Prestre n'est il pas pecheur comme moy? ie n'ay pas que faire de luy annoncer mon peché: ie vous dis que c'est vne institution de Sathan, au mespris de la Prestrise, qui est vne dignité plus grande & plus excellente que celle des Anges: car les Anges contemplent bien la face de leur Dieu: b mais en la consecration du Prestre il descend du Ciel à l'Autel.

Vous auez vn grãd procés fort difficile & douteux en la Cour supréme de Dieu, les saincts ignorent bien l'euenement d'iceluy: neantmoins la vierge Mere de Dieu tiét vostre parti,

a p. 4. signatum est super nos lumen vultus tui domine Rom. 2. conscientia accusante aut etiam defendete b C'est vne phrase de parler vsitée en l'Escriture, où est dit souuent que Dieu descéd en terre, ou le verbe est descé du du ciel, ou le sainct Esprit, qui neãtmoins ne bougent du Ciel & ne viénent par descéte physique et mouuemét local, mais bien y sont ils en verité.

auec vostre Ange gardien, & qui tousiours aduocassent pour vous, disans, Seigneur faites leur misericorde.

Auant la Confession, prouuez vous vous mesmes, examinez vostre conscience, demandez à Dieu des larmes, priez Pierre, la Magdaleine & le bon larron. Le bon larron à cõfessé luy mesme son peché, disant à son compagnon, Quoy ? tu n'as point de crainte de Dieu, &c. Il a eu contrition disant, *Domine memento mei.* Seigneur souuenez vous de moy: Il a aussi satisfait en mourant, car il a conioinct sa mort & ses tourmens, à la mort & aux tourments de Iesus-Christ.

Vostre Dieu vous attire par des moyens admirables, & si le voulez entẽdre vous departira à la cõtrition, & connoissance de vos pechez, & vous y fera penser. Voyla comme vous auez tous prins en patience tout ce qui vous peut aduenir. Tenez vous tousiours deuant vostre iuge comme criminels de leze majesté, & estimes que les peines de l'Enfer sont moindres que vos demerites, & que vous estes indignes a de les souffrir.

Vrayemẽt Dieu est plustost cogneu de ceux qui regardent la b terre, que de ceux qui leuent les yeux au Ciel: Pource pensez tousiours que vous n'estes que poussiere, qu'vn peu de cendre, que viande des vers, & qu'vn pot de terre subiect à mille miseres, & infirmitez, & apres ce, esleuez vostre entendement en haut, & pensez à la bonté de Dieu, lequel a creé pour vous les Cieux, remplis d'Anges, &

a *C'est à dire dignes de plus grãdes peines, & que c'est grace qu'on vous feroit à cõparaison de vos demerites, comme vn parricide seroit indigne d'estre condamné au fouët.*
b *Exemple du Publicain & Pharisien, en sainct Luc 18.*

O ij

neantmoins vous demeurez tousiours obstinez en vos iniquitez.

Dieu pardonne facilement, moyennant que l'homme contribue du sien : car Dieu est celuy qui opere, & l'homme est celuy qui coopere.

Si vous habitez en vne maison tenebreuse & voulez iouir de la lumiere, faut ouurir la porte à celuy qui porte la torche allumee : car celuy-là ne merite d'estre esclairé, qui refuse de l'ouurir : Et si apres se vient à plaindre qu'il est en tenebres, & ne voit rien, & que par ce moyé il ne peut trauailler, on luy dira qu'il est cause de sa misere, & qu'il ne iouit du iour, parce qu'il luy ferme l'huis : Ainsi fait Dieu enuers l'ame obtenebree, luy disât, Ouure moy miserable aueugle, ouure moy la porte de ta volonté, ie suis le Soleil de iustice, qui te a veux illuminer : Elle ne veut ouurir, ains demeurer en son obscurité. Et pourquoy ? parce que moy entrant là dedans, ie descouurirois tout par ma lumiere, & chasserois loin d'elle ces tenebres caligineuses : mais helas ! elle ayme mieux viure en son obscurité auec les voluptez & plaisirs, qui soudain s'euanouïssent, qu'auec vn peu de labeur iouir d'vne esclairante lumiere.

La Confession va apras la contrition, & auant ladite Confession se faut examiner & dire apres : O mon Dieu, qui suis ie, qui reçois tant de bien-faits de vos mains ? Vous m'auez tiré des pattes de Satan, & m'auez derechef retiré soubs vos aisles, mon Dieu i'estois comme vn mal-faicteur n'attendant que le iugement de ma mort, & cependant vous m'auez

a Iob. 3.
Dilexerũt homines magis tenebras quàm lucem.

deliuré de cette prison estroicte, & obscure, & pleine d'horreur, & m'auez donné auec la vie saue la liberté des enfans de Dieu. Bon Dieu, i'estois criminel, & vous auois offensé d'vn peché fort enorme, & neantmoins vous me l'auez remis.

a Apres la Confession, faut penser à la satisfaction, mais il s'en trouue plusieurs qui estimét ne rien deuoir à Dieu, ains que Dieu leur est debiteur. Celuy qui se comporte en ceste maniere, qu'il sçache que le Ciel luy sera fermé, s'il ne se met en deuoir de se munir de bonnes œuures, & n'apparoistre les mains vuides deuant son Dieu? Car à quoy seruent les Commandemens, si les bonnes œuures ne sont necessaires à salut? Vous estes errans si vous pensez estre sauuez sans rié faire: car Dieu ne peut mentir. Et pource, dites hardiment: Ha! mon Dieu auec quelle misericorde auez vous retiré mon ame de l'Enfer, & doüee de vostre saincte grace? Bon Dieu qu'auoy-ie faict miserable, pour receuoir de vous tant de graces? Ha! Dieu infiny, & immense, vos benefices enuers moy sont sans nombre, & sans fin, ie confesse librement que ie les peux comprendre: Dieu de misericorde, vous auez condamné à l'Enfer les Anges si beaux eternellement pour vn peché de superbe : & à moy, qui vous ay tant offensé, me faites misericorde?

b Sur ces propos Dieu commanda à Verrine de donner aux assistans leur dessert. Verrine alors commença à confesser, disant, ie n'en feray rien, ie ne veux plus rien dire, qu'ils aillent aux

a Satisfaction.

b Par intelligence & reuelation. Voyez l'acte suyuãt. C'est encores vn discours sur le S. Sacrement: mais ayãt dit ce que dessus par cõtrainte, il se faschoit d'en commencer vn autre, duquel il n'auoit eu encores cõmãdement.

Apoticaires acheter du desserr, s'ils en veulent. Que me soucie ie s'ils ont la bouche douce, ou amere? car pour ma part, ie voudrois qu'ils allassent tous aux mille diables tout maintenant, nous les traitterons bien en Enfer. Dieu luy respondit, ce souper ne se faict pour toy : ie te commande de dire, & faire ce que i'ordonne.

<small>a Dieu le laissant en son naturel & n'vsant encore de sa puissance absoluë.</small>

Et apres beaucoup ^a de repugnance, Verrine dit: Ie ne puis plus luy resister, il est plus fort que moy : & estant tout puissant se fait obeyr par force, ou de bon gré, autrement il ne seroit tout puissant. Adonc Verrine dit, Que Dieu auoit institué le sainct Sacrement d'Eucharistie, ie le dis forcé, & contre ma coustume (dit-il) & des autres demons: car tous ont coustume, parlant de Dieu, dire de luy, celuy-cy, & de Marie, celle là, & nõ autrement: mais moy qui tiens le party de Dieu, & nõ de l'Enfer, ie suis contrainct de proferer ces mots, Sainct, Sainct, Saincte, & Paradis, & pour confirmation de celuy, il me faudra iurer.

Puis auant la communion du Prestre, Verrine adiousta: Ruminez en vostre entendement comme Dieu vous dit, Ouure moy ton cœur, car c'est à vous de l'ouurir & l'orner de foy, d'esperance, & charité, & croire Iesvs-Christ estre en la saincte Hostie, auec son humanité & diuinité.

<small>b De la saincte Eucharistie.</small>

^b Vous me direz: Cõment, & par quel moyen y est il? Ie vous dis, qu'il ne vous appartient pas de vous enquerir des moyens si curieusement: croyez simplement, qu'il a vn corps glorieux, & qu'il n'occupe point de lieu, & qu'il se

couure soubs les especes du pain.

Cela dit parla aux Prestres presens, en ceste sorte: Vous autres Prestres, comment oseriez-vous toucher vostre Dieu, s'il estoit là visiblement, & non soubs les especes? ie vous dis que vous n'auriez la hardiesse de vous approcher d'vne si grande lumiere, car sa tressaincte Mere, le iour de sa Natiuité, n'osoit pas quasi le toucher des mains, quoy qu'elle l'eust porté dans son ventre neuf mois, ne sçauez vous pas que Moyse descendant de la montaigne, ayant parlé à Dieu, il fallut qu'il couurist sa face d'vn voile, parce que le peuple ne luy pouuoit parler autrement, à cause de la grande clarté qui sortoit de son visage? Aussi tost se tournant vers Leuiathan, vn des demons, qui estoient en Magdaleine, luy dit: Hola Docteur tant illuminé, que dis-tu maintenant? plaide ta cause: ô Docteur, soubs la cheminee de l'enfer (côme ie feray auec le temps) car maintenant ie soustiens le party du Docteur des Docteurs, qui est aussi la mesme Sapience. Puis tout à vn coup il dit, pensez, pensez tous vous autres, qui vous approchez de la sacree Communion, comme vous receuez Dieu en vos cœurs, lequel les cieux des cieux ne peuuent comprendre. Si le Roy de France, ô homme, vouloit visiter ta maison, ne dirois tu pas, ha! Sire, ma maison est trop estroicte pour vostre majesté, Sire ne prenez pas la peine de la visiter, ayant esgard à ma misere & pauureté? Alors l'on te respondroit, qu'ainsi plaist au Roy, qu'il est assez opulent, & qu'il fera apporter tout ce qui

a De la sainte communion.

sera necessaire à son seruice, car il a ses pages, ses seruiteurs, & tout son train, & n'a que faire de tes biens, ny de ce qui t'appartient, suffit que tu luy donnes ta maison, & d'autant que où est le Roy là est la Cour, par consequent le Roy estant en ta maison, elle sera vn Palais. Ainsi fait Dieu lors qu'il vient en ton ame, donne luy seulement l'habitation de ta volonté, & soudain luy mesme la tapissera de diuerses vertus. La sacree Communion, c'est la table du Roy de gloire, & toutesfois vous y venez come à vne table commune d'vn logis, ou bien comme à vn jeu, ou comme à vne danse. Les ministres & pages de cette table sont les Anges, & neantmoins, ne considerant tout cela vous offencez aux Eglises en mille moyens, sçauoir en pensee, paroles, & autres choses que ie ne dits pas, mesme vous y commettez des vices & saletez plus horribles, que les Turcs. Demandez les douze fruits, & les sept dons du S. Esprit, & par ce moyen Dieu vous donnera sa grace en ce monde, & en l'autre la gloire eternelle. Vous mespriseriez facilement toutes les voluptez du monde, si vous auiez quelque peu gousté des delices de vostre Dieu: & vous autres pauures souuent en vne heure vous despensez tout ce qu'auez acquis à vostre famille en vne sepmaine. Il est decent à vn Chrestien d'imiter Iesus-Christ, & puis que la recompense suit le labeur, en vain celuy-là qui ne veut trauailler, attend ladite recompense. Pesez, & repensez, qu'vne fois Dieu dira : *Ite maledicti*, alors les procez seront finis, & n'y aura point

Qui manducat indigne, &c.

d'appel. a Rendez graces à Dieu apres la communion, car c'est vn grand benefice qu'il vous a fait, de vous auoir admis à la participation de son corps.

a *Rendre graces.*

Ce seroit vne chose presque inaudite, si le Roy donnoit grace, la vie, & la liberté à vn criminel de leze Majesté : mais c'est vn plus grand miracle de tirer les ames du peché à la grace, b parce que le peché est plus esloigné de la grace que n'est le Ciel de la terre : & pour ce, la remission d'vn seul peché, merite des eternelles actions de grace.

b *Tes diables en font la preuue, & les damnez.*

La moindre chose que Dieu baille à vn homme est plus grande que si vn puissant Roy luy donnoit son Royaume : & Dieu ne nous a-il pas donné vne ame auec ces trois puissances pour en vser à sa gloire?

Le peché commis par sa fragilité, est contre le Pere, & se remet facilement : celuy d'ignorance est contre le Fils, qui est la sapience eternelle, & se peut excuser : mais le peché qui est commis contre le S. Esprit, qui est la bonté eternelle, se pardonne fort difficilement, quelqu'vns se reconnoissent mais fort rarement.

Apres tout cecy, Verrine par iurement solennissime confirma tout ce que dessus, & à l'honneur des cinq playes, il dit apres, cinq fois *Adoramus te Christe, &c.* sur la fin, disant ce mot, *Redemisti*, dit, *Redemisti* vous autres, & nõ nous autres diables qui sommes en enfer.

c Puis dit, grãd Dieu ie t'adore qui est là soubs vne petite Hostie, maudit soit le Chrestien qui se nomme Chrestien, & ne croit pas, car il est pire qu'vn diable.

c *Adoration de l'Eucharistie.*

Le mesme iour du matin, Belzebub sortant de Magdaleine, luy dit, A Dieu ie vay voir tõ amy qui se trouble fort, & lors s'en alla à Marseille pour aider le Magicien (ainsi qu'il disoit) contre ceux qui l'aduertissoient de penser à sa conscience de la part du Pere Michaëlis. Et le mesme iour arriua d'Aix à la saincte Baume le Pere Iacques de Rets, disant que le a Pere Michaëlis auoit consulté ceste affaire à Aix, auec les Peres Capucins, & qu'il auoit mandé quelques vns à Marseille pour prendre garde à cet affaire de si grand poids.

a Consultation de l'affaire auec personnes Religieuses.

ACTES DV XXI. DECEMBRE.

CE iour du matin exorcisa le Pere Dominicain, & soudain au commencement des exorcismes, vn des demons qui estoit en Louyse, commença à l'interroger disant, Au nom de qui m'exorcises-tu? qui t'a donné l'authorité? L'exorciste luy respond, Dieu & son Eglise. Le demon luy dit: Dieu peut il contraindre vn diable de dire la verité? L'exorciste respõd, qu'il le pouuoit. Alors Verrine dit, ne crois pas cela, parce que nous sommes peres des mésonges. L'exorciste respond, vrayement vous estes peres de mensonges, lors que vous parlez de vostre propre, mais quand vous estes forcez de la part de Dieu tout-puissant, ie dis que pouuez dire la verité: Et Verrine luy dit, Dis moy s'il y a quelque authorité aux liures des exorcismes pour nous contraindre à faire vn iurement valide, responds-moy à ceste heure à cela. Est-il vray que nous puissions faire vn vray iuremét, par exemple. Lors que nous sommes interrogez de vous autres de la part de Dieu tout-puissant, auec l'authorité de l'Eglise, dites moy si Dieu, pour lors vous a donné la puissance de nous forcer à faire vn iurement valide, sçauoir selon Dieu, & selon l'intention de toute l'Eglise? L'exorciste respondit, cela est vray que Dieu a donné ceste puissance à son Eglise, & à nous. Verrine repliqua, cecy est dit contre ceux, qui disent que les diables ne peuuent dire la verité, & ainsi ie vous dis, que tels nient la puissance de Dieu, & pource, il ne leur est pas necessaire de dire leur *Credo*, & s'ils le disent, c'est à la mode des Heretiques, qui prononcent leur *Credo*, sans *Credo*, parce qu'ils le disent de bouche, & le nient de cœur : car ie dis que puis que Dieu est tout puissant, il est vray, il peut contraindre le diable de faire sa volonté.

a Puis Verrine se tournant vers Leuiathã, luy dit : parle maintenant Leuiathan, si tu as quelque chose à dire : Leuiathan respondit, Il ne m'est honneur de respondre à mon valet : ie ne veux pas parler. Verrine repliqua, Tu dits cela, parce que tu n'as rien à me respõdre en ce que ie dits de la part de Dieu. Leuiathan respondit, Dieu n'a pas coustume d'enuoyer les diables pour prescher. Il est vray dit Verrine, b Aussi ne suis ie pas venu icy pour prescher. Leuiathã respondit, Que penses tu faire auec tes paroles ? Verrine dit, Ce ne sont pas mes paroles : toute ma science ne me sert icy de rien, celuy qui me fait parler, c'est la mesme Sapience, tout vient du tout puissant : Parle maintenant

a *Dialogue de Verrine & Leuiathan.*

b *Voyez la responce à l'obiection premiere apres l'epistre au lecteur.*

Docteur illuminé deffends toy, Docteur des Heretiques, ie fais ma commission, & ne parle qu'en vertu de ce qui m'a esté commandé de Dieu, & non par amour, car il n'y a point de charité en moy, mais ce que ie dis, ie le dis forcé. Parle maintenant, peut estre que tu gagneras quelque chose.

Alors Leuiathan dit, Si ie voyois quelqu'vn des miens (parlant des Heretiques) ie parlerois. Verrine repliqua, Péses-tu que Dieu soit semblable aux hommes, qui abondent en paroles, & s'estudient aux mots diserts, & eloquéts? *Ie dis que d'vn seul mouuement de volonté, il fait entendre par intelligence, tout ce qu'il veut qui se face, mais tu es vn pusillanime & n'as rien à respondre. Leuiathan respondit, ie ne crains ny Dieu, ny ses Anges, & quoy que ie te craignisse, qui n'es qu'vn laquais? Verrine dit, Il est vray, ie ne suis que ton laquais, toutesfois deuois respondre, si auois du courage: mais tu es vn Docteur bien peu illuminé, & ceux qui te suiuent, ne peuuent marcher qu'en tenebres, parce que ta doctrine est toute pleine de fausseté. Voudrois tu iurer que ta doctrine soit vraye, cóme ie iureray, que tout ce que i'ay dit vient de la part de Dieu viuant? Leuiathan respondit, Ouy, ie dis que tout est vray. Verrine repliqua, malheureux, oserois tu iurer comme moy? Ouy, dit Leuiathan. Verrine respond: Tu ne pourrois aucunemét sans te reseruer quelque sinistre intention. Leuiathan dit, Laissons tout cela. Alors Verrine respond: Tu le voudrois bien, si tu pouuois, parce que

a Voila la maniere de parler, quãd Dieu parle aux esprits, ou veut faire quelque chose, Dixit & facta sunt.

ta doctrine est fausse, & si tu iurois, a tu iure- | a Dieu n'est iamais tesmoin de fausseté.
rois faussement, & nõ selon l'intentiõ de Dieu
& de toute l'Eglise. Leuiathan respondit, Non
ie iureray selon l'intention de l'Eglise. Verrine
luy dit, Iureras tu selon l'intention de l'Eglise
Catholique, Apostolique & Romaine? Leuiathan respondit, Qu'est il besoin de tant de paroles? Verrine repliqua, C'est en quoy tu es cõ-
uaincu: car tu iurerois selon l'Eglise qui se dit
reformee, qui est l'Eglise de Caluin, Beze, Luther, Arius, & semblables Heretiques. Leuiathan respondit, Crois luy, parce qu'il est vn
grand Prophete. Verrine dit, il est vray, que de
moy-mesme, ie ne suis qu'vn b miserable dia- | b Verrine à tous ses propos se confessoit vn diable.
ble, cõme toy, mais apres auoir beaucoup re-
sisté à Dieu, & disputé auec luy, i'ay esté contraint de dire la verité, car luy est le Prophete
des Prophetes, & celuy qui a fait parler l'anesse de Balaam. Leuiathan respond? Quoy Dieu
parle-il auec le diable? c Ouy, dit Verrine, mais | c Notez que c'est par intelligence.
par intelligence, & nous resistons tant que
nous pouuons à ses commandemens, & en fin
forcez, nous obeyssons. Leuiathan alors repliqua, Pour moy ie ne hante que les bonnes
compagnies, & les honnestes hommes. Verrine respõd, miserable & malheureux, ne sçais
tu pas que Dieu n'opere pas ce qu'il opere pour
le respect du corps, ains plustost pour le regard
des ames? ie te dis que l'ame d'vn rusticque
auec la grace de son Dieu, est autant deuant sõ
Createur que l'ame d'vn grand Roy & Monarque. Il est vray qu'ils sont pauures, mais Dieu
les peut enrichir & leur donner sa grace. Parle

maintenant Leuiathan, & se pourra faire que tu gagneras quelqu'vn à Lucifer, & ne perdras totalement tes peines. Leuiathan respondit, Ha! Verrine, tu m'entens bien, car ie gagne dauantage auec les grands, qu'auec les rustiques, & pauures gens. Il est vray dit Verrine, qu'il est plus difficile à vn homme notable de laisser le mal, & faire le bien, qu'à vn pauure homme, toutesfois le bon rustique peut beaucoup seruir, & le mauuais apporter beaucoup de dommage. Les pauures & les riches sont esgaux en Paradis, car là les pauures ne se discernét d'auec les riches. Et de peur que quelqu'vn ne dise qu'il y a de l'erreur en ces paroles, ie ne dis pas qu'au Ciel il n'y aura point de diuersité aux hommes, quant au degré de la gloire, car qui aura en ce monde plus de grace, aura en l'autre plus grand degré de gloire, appert en la Magdaleine, laquelle ayant beaucoup aymé, beaucoup de pechez luy ont esté remis, & pour ce elle est la seconde a apres la Mere de Dieu, & l'Eglise l'ordonne ainsi aux Letanies.

ab Rien ne repugne qu'ainsi ne soit.
c Sainct Dominique ennemy de Verrine.

c O Dominique tu es mon grand ennemy, & maintenant tu habites entre les Throsnes, & tiens la place b que i'auois, ie ne dis pas comme Ange, ains comme vn S. bien-heureux, parce que tout ainsi que de tous les ordres sont tombez des Anges, miserable que ie suis, ainsi ie dis que Dieu pour remplir les sieges vuides par la ruine des Anges, là il y colloque les ames, selon qu'il iuge auoir merité. Alors Leuiathan dit, Ie n'ay que faire d'vn tel Predicateur. Verrine respond, Ie ne suis pas venu pour prescher

& ceux qui m'entendent, ne disent pas auoir ouy vne predication, mais ils diront auoir veu exorciser deux personnes possedees, & que le diable parloit en l'vne & faisoit des discours.

a Verrine nie qu'il soit prescheur. Voyez la response à la premiere obsection apres l'Epistre au Lecteur.

Puis Verrine parlant à l'Exorciste, luy dit: Que ne commandes tu à Leuiathan de parler? Alors l'Exorciste dit, Leuiathan, pourquoy ne parle tu pas? Verrine respond, Parce qu'il n'a rien à repliquer. Leuiathã dit, I'asseure que ma doctrine est vraye, & non la doctrine de l'Eglise Romaine. Verrine respondit, Ouy, elle est vraye, selon ton intention peruerse & maudite. Et moy ie dis plus, qu'encores que le Pontife Romain fust d'vne meschante vie, (ce que ie ne dis pas, car ie ne touche personne en particulier) & supposé qu'ainsi fust, il n'auroit pas moins pour cela l'authorité & la puissance que Dieu a donné à son Eglise: Car c'est tousiours vne mesme puissance, comme il se void tousiours en l'Eglise vn mesme Sacrifice, soit que le Prestre qui sacrifie soit mauuais, soit qu'il soit bon, par ce que le Prestre tire sa puissance de Dieu, & non Dieu du Prestre.

Puis cria, Hola Leuiathan approche: car ie veux disputer auec toy de la Messe, du Purgatoire, & de l'inuocation des Saincts. Ma doctrine sort d'vne fontaine qui ne se tarit iamais c'est de Iesus Christ qui est la lumiere du monde, dit Iean l'Euangeliste.

Leuiathan, tu estois le troisiesme apres Lucifer entre les supremes Seraphins: qu'as tu à dire, docteur illuminé? oseras tu dire qu'au Sacrement de l'Eucharistie, le corps de Iesus-

Christ n'y soit reellement & de fait.

Ie dis moy, Docteur sans science, que Dieu estant tout-puissant, peut faire que son corps soit en cent mille autels: trompes tu ainsi les ames auec tes paroles emmiellees?

a *Diuers offices des diables pour têter.*

a Et toy Balberith, parle, qui fais accroire à la Noblesse que c'est vertu de iurer le nom de Dieu, & blasphemer incessamment. Approche aussi Astaroth, maistre des paresseux. Et toy Asmodee, qui seduis tous les iours la ieunesse. Et toy Carreau, qui endurcis les cœurs, Ie vois bien que n'auez rien à respondre, & cependant en secret vous deceuez les hommes. Puis Verrine se tournant vers les assistans, leur dit, Vous autres obseruez les commandemens de Dieu, & de son Eglise, laquelle ne peut errer, car elle a tousiours son Espoux qui en est la vraye lumiere : Entendez la Messe les Dimanches, & festes, car ceux qui ne sont legitimement empeschez en ces iours, s'ils ne l'entendent, pechent mortellement. L'Eglise est plus soigneuse de vous enseigner, que la mere naturelle n'est diligente d'ayder & secourir son enfant. Il y en a qui vont ouyr la Messe, mais ils y vont comme vn ouurier iroit à son ouurage sans preparatiõ, ou comme qui iroit à vne farce, ou à vn bal. Entendez, entendez choses admirables, moy Verrine entant que diable, i'aymerois mieux patir les peines de l'enfer pour 20. 30. 40. & 50. annees, que de vous dire vn seul petit mot séblable à ce que i'ay dit maintenant : & de rage ie crierois si haut qu'on m'entédroit de demie

lieuë

lieües, si ceste creature icy auoit des forces, pensez incessamment à part vous, que moy miserable, ne suis autre chose qu'vn tison d'Enfer, & encores indigne d'y estre bruslé, & en ces contemplations, pensez à vous mesmes, & aux peines de l'autre monde, ainsi que feroit vn criminel, qui attendroit d'heure en heure sa sentence, ie dis que ceste seule attente est souuentes-fois plus griefue que le supplice mesme, & quelquesfois cause la mort.

Dites à vos ames: Mon ame prends garde à ta dignité, prends garde que Dieu t'a creée capable de la vie eternelle, il est plus que raisonnable, que tu obserues les commandements de ton Dieu, c'est vne chose iuste, que l'Espouse obeysse à son Espoux, car tout ce que tu peux faire est inferieur à ces miseratiõs & qu'encores, ce seroit te faire grande misericorde de te punir des peines infernales.

Et vous autres qui allez à l'Eglise pour ouyr la Messe, dites: Mon ame où vas-tu? tu, vas receuoir, ou benediction, ou malediction, ie ne dis (dit Verrine) que les pecheurs offencent Dieu de nouueau, allans entendre la Messe, mais ie dis qu'ils sont semblables à ceux qui lors que la pluye tombe, ferment tous les conduits de leur cisterne, de peur que l'eau ne tombe en icelle. Et si ceux-là ne reçoiuent la grace de Dieu, le Prestre n'en est pas la cause, ains eux mesmes qui ont vn cœur de pierre, & non de terre, qui est propre à porter du fruict.

Dictes aussi: Mon ame allons & demeurons à la grace de Dieu: car estât digne de mort & vne miserable criminelle, c'est la raison de luy demander sa misericorde. Cependant il n'est pas ainsi d'vn pecheur comme d'vn criminel, qui s'appelle à la Cour & Conseil du Roy à Paris, car souuent auec leurs trauaux, ils y perdent la vie, parce que là le premier Arrest de sa mort y est ratifié. Mais vostre Dieu vous inuite, disant: Venez à moy, & ie vous soulageray: demandez, & vous sera donné: toutesfois la demande que deuez faire, doit estre des vertus, & des biens spirituels, qui concernent le salut de voz ames, non des biens, non des richesses, non des sciences, ny aucunes curiositez. Cherchez la lumiére de vos ames, car Dieu la presente à tout le monde, aux riches, & aux pauures, aux nobles, & aux ignobles. Vostre memoire vous represente le Pere eternel, l'entendement le Fils, la volonté, le sainct Esprit, & toute vostre ame la tres-saincte Trinité. Le Pere vous dit souuenez vous des biens-faits que ie vous ay departy: Le Fils dict, en ces bien-faits receus de vostre Dieu, contemplez y sa puissance, & sa misericorde, sa sagesse, & sa iustice. Le sainct Esprit vous pousse à la crainte & à l'amour. La memoire, l'entendement, la volonté, sont trois choses, & vne chose: le Pere, le Fils, & le sainct Esprit, sont trois personnes, & vn Dieu. Vous qui entendez la Messe, meditez encores, & dites à part vous, Dieu immense, & le Sainct des Saincts, ie ne sçay pas si ceste Messe me sera la derniere, &

en ceste maniere, pensez à vostre conscience, comme si on vous auoit denoncé vostre heure derniere, car tous, en tout temps, & tous lieux vous estes menacez de la mort, mais helas! personne n'y pense. Les Anges tremblent deuant la Maiesté de Dieu, & les criminels viuent en seureté & en repos : les premiers nez portent honneur & reuerence à leur Createur, & le suiect seruiteur marche sans crainte.

Puis fit vne exclamatiõ à Dieu, disant : Vrayement vous estes le Dieu de force & de puissance, & vous vous faites obeyr aux Anges, aux hommes, & mesmes aux demõs, ainsi qu'il appert maintenant. Et en cecy, ie dis qu'vn grand signe de vostre toute puissance reluit, & se monstre vn miracle tout nouueau : car ô grand Dieu, vous n'auez que faire de la sapiéce des sages de ce monde, mais tous ceux qui s'humilieront, receuront soudain vostre lumiere, & ceux qui voudront s'esleuer, demeureront obstinez en leur superbe.

Il faut demander trois choses à vostre Dieu, auant toutes autres choses, sçauoir la gloire du Paradis, apres, ce qui appartient à vostre salut, & tiercement, le bien de vostre prochain.

Demandez aussi à vostre Createur, sa grace d'vn cœur humble, comme vn criminel à genoux la corde au col, disant, Mon Dieu, mon Seigneur, donnez moy lumiere pour bien cognoistre, & confesser mes pechez : donnez moy vn cœur penitent, & contrit, afin que ie pleure, & deteste mes offences, & que par ce moyé ie sois digne d'estre absous par le Prestre.

P ij

Que si ton frere a besoin de ton corps, pour le salut de son ame, ne differe pas de luy donner, & si son corps a necessité de tes biens, tu ne luy denieras pas: Car ce n'est la volonté de Dieu, que vous donniez l'ame pour l'ame, le corps pour le corps, ny les biens pour les biens, ains que vous preferiez le salut de l'ame à la vie, & aux biens: Non que soyez abstraincts tousiours à cecy, mais celuy qui le fait, met en execution la volonté de Dieu, car Dieu a dit, Tu aimeras ton prochain comme toy mesme, mais il s'en trouue peu qui le facent.

Puis fit exclamation, apportant exemple de ce que dessus, disant, Ha Thomas, tu n'estois pas ignorant de la mort de ton maistre, tu sçauois bien qu'il deuoit ressusciter, & toutesfois tu dis, Si ie ne touche les lieux des clouds, & mette ma main à son costé, ie ne croiray pas. Ie ne dis pas cecy à tõ mespris, mais ie dis que si tu eusses esté prompt à croire, ton Sauueur ne t'eust pas reprins, & n'eusses pas puis apres cogneu ta fragilité: Cependant tu estois nommé au nombre des Apostres, aussi bien que les autres, mais apres tu es mort constamment, en confirmation de la verité que tu auois douté. Vostre Dieu a pardonné à vn Dauid, afin que vous sçachiez qu'il a puissance de remettre les pechez; Il a enseigné auec le Publicain, pour mõstrer qu'il n'estoit venu pour les iustes seulement: ie dis plus, que vostre Dieu cherche auec plus de diligence la brebis perduë & l'ame pecheresse, que celle qui est en saincteté, &

innocence. O grand Dieu, tu es le vray Pasteur qui as mis ton ame pour le salut de l'oüaille perduë. Tu la cherches, & l'as trouuee, qui s'estoit desuoyee du pasturage de son Pasteur.

Ce mesme iour Magdaleine dit, qu'vn certain diable vint de dehors pour appeller Carreau, qui estoit vn Demon de ceux qui estoiét dans son corps, luy disant, Viens viste: car Belzebub t'appelle, & aussi tost ledict Carreau sortist en sorte d'vne flamme. Elle dit encores que Belzebub auoit esté dehors de son corps toute la iournee, & qu'il n'auoit iamais tant demeuré: Et que lisant vne lettre qui parloit de la Mere de Dieu, elle vid Belzebub qui retournoit.

Ce mesme iour aussi, le Pere d'Ambruc Soubs-Prieur du Conuent de sainct Maximin arriua à la saincte Baume pour s'informer de Louyse, parce que plusieurs disoient qu'elle n'estoit point possedee: & en mesme iour sur le soir furent exorcisees les deux filles par le Pere François Billet, & alors Verrine commença à parler en ceste sorte.

Quoy? Tu es retourné Belzebub? Belzebub luy respond, Donc tu as cogneu mon retour? Ouy, dit Verrine, le seruiteur cognoist son maistre. Puis adiousta, le chef tire apres soy tout le corps, & si la teste venoit à tomber dans vn puits, faudroit de necessité que tout le corps suyuist. Loüaille va apres son Pasteur, tesmoins nous autres miserables qui auons creu à Lucifer, comme à nostre chef, & à noſtre Paſteur. Ie voudrois que Louyſe creuſt qu'elle n'eſt poſſedee, ou que ie ſuis icy pour le party de Lucifer, comme nous l'auons tentee tout auiourd'huy de cecy luy diſant, que c'eſtoit elle qui faiſoit toutes ces actions, & mouuements, & qu'vne fille pouuoit faire tous ces diſcours : il y en a pluſieurs qui diſent : Ha ! ſi Dieu vouloit conuertir vne ame, ou bien annoncer à ſon Egliſe quelque verité en cecy, il ne ſe ſeruitoit pas d'vn diable.

Mais moy, ie dis, que l'Egliſe a authorité de Dieu, de commander aux demons, & les peut contraindre en vertu des Exorciſmes de dire la verité, & que le diable peut par iurement aſſeurer la verité, y eſtant forcé par la puiſſance de Dieu donnee à ſon Egliſe, & par la vertu des Exorciſmes, & ce auec toutes les conditions d'vn iurement ſolemnel : & cependant y a vn Religieux qui dit, que ie ne peux dire la verité. Ie luy reſponds, que comme diable, ie ne pouuois dire verité, & qu'en cela, i'eſtois de ſon coſté : mais que comme enuoyé de Dieu, qui d'vne choſe mauuaiſe en peut faire vne bonne, on me pouuoit contraindre à la dire, & le confirmer par iurement, ou qu'il falloit nier le premier article de la foy & dire, *Credo non credo*, s'il n'eſt vray que l'on puiſſe forcer le diable, à dire la verité : Car Dieu a donné toute authorité à ſon Egliſe de commander aux demons, & les contraindre d'obeyr aux preceptes qu'on leur fait : mais ie ne m'eſtonne pas ſi ceſte fille eſt en doute de

d'vn Magicien.

sa possession, puis que mesmes les Religieux en sont douteux.

a Puis parlant à Dieu, dit : Il me seroit plus tollerable d'endurer cinquante ans les peines d'Enfer, que de prononcer ton nom vne fois seulement, & cependant tu me forces de parler auec reuerence de tes Saincts, côtre la coustume des diables : Baille ceste charge à tes enfans, qui attendent ton heritage, & la recompense de leur obeyssance enuers toy: Ils ont tât de Predicateurs fameux, tant de liures remplis de science, & moy qui n'attens autre retribution que l'Enfer, tu veux que ie parle & aux fols, & aux sages. Qu'est-il de merueille si les diables resistent à Dieu, puis que ses enfans mesmes y resistent, à qui le Paradis est promis? Qui a iamais entendu que les diables conseillent aux hommes d'inuoquer les Saincts? cependant i'y suis contrainct de dire, qu'on les prie, & particulierement Dominique. b Maudite soit ta deuotion, Dominique, que tu as eu à la vierge Marie mere de Dieu, Maudits soiét tes Religieux, maudit soit ton ordre, l'aymerois mieux patir les peines d'enfer, que de parler à ta loüange, & à la loüange de Bernard. Ie vous dis que les Saincts prient pour vous, & que Dominique est vn des intimes de la Vierge, Bernard en est de mesmes : & toy grand Dieu tu me contraincts de loüer Dominique mon plus grand ennemy, car tu veux que tous sçachent combien il est bon & salutaire d'aymer ta Mere, & encores afin qu'on la serue plus deuotement, tu me contraincts.

a *Verrine contrainct de parler.*

b *De S. Dominique.*

P iiij

Dominique ie te hays plus que la peste, & les tenebres exterieures de l'abisme m'aporteroient plus de contentemét que le discours de tes loüanges. a Tu as esté fort deuot à la Vierge, comme ont esté aussi *Bernardus, Stanislaus, Anselmus*: & toy *Stephanus*, ta familiarité luy a esté grande. Il faut seruir à Dominique auec ferueur, qui veut estre amy de la bienheureuse Mere de Dieu. Or parlez premierement à la Mere, puis addressez vous au Fils. Ils s'en trouuent plusieurs qui sont deuots à leur Createur, mais bien peu à la Vierge, mesmes entre les femmes lettrees, & neantmoins qui desire auoir la vie eternelle faut s'adresser à Marie, b Marie est l'eschelle des Cieux, & les Saincts en sont les degrez, si bien que qui veut entrer au Palais du Roy, faut monter premierement par les marches. Vous autres estes tous criminels de leur maiesté, n'y a personne qui puisse cognoistre l'estat & l'issuë de vostre cause que Dieu seul, mais pour ceste affaire adressez vous la corde au col à Marie, auant que de parler à son Fils, & tout premier suiuez le conseil de Dominique, auant que vous approcher de la Mere de Dieu. Car ce vous seroit comme vne presomptiō de vouloir parler à la Royne, sans y estre introduict par vn mediateur. Soyez donc soigneux d'acquerir la bonne grace de quelqu'vn de ses intimes, & fauoris, & auec ce, vous pouuez auec plus de confiance vous approcher, & entrer en son cabinet, plustost auoir audience, & plustost remporter l'enterinement de vostre requeste, parce qu'ainsi est la

a Les SS. plus deuots à la Vierge.

b Scala caeli, ainsi l'appelle Fulgence, au sermon des loüanges de la Vierge, sãs le fruict qu'elle a porté, il n'y eust point eu d'eschelle pour no9 au Ciel, & l'arbre sert d'vne eschelle pour cueillir le fruict.

d'vn Magicien. 233

volonté de celuy qui donne la grace.

Dominique, quoy que tu fois mon ennemy iuré par deſſus tous ceux qui ſont au Ciel, ie ſuis contraint toutesfois de dire tes loüanges, & i'ay deſia parlé en faueur de ton ordre le iour de la Conception de la Vierge, & Dieu veut maintenant que l'on ſoit plus que iamais deuot à ton ordre, parce que tu es l'vn des mignons de la Vierge, & peux beaucoup enuers elle pour les hommes.

Vous me direz que Dieu n'a creé le Paradis que pour vous, non pour les beſtes, ny pour les Turcs, ains pour les Chreſtiens. Il eſt vray, mais il faut eſtre deuot, & ne viure pas à la mode des beſtes, & pis encores que ne viuent les Payens.

Les Sainɛts parfaits, & remplis de charité vous obtiendront ſanctificatiõ, ſi vous le priez pour ce fait, & non pour les biens temporels, & ainſi vous ferez la volonté du Sainɛt des Sainɛts.

Vous penſez que Dieu deſcendra du Ciel, vous prendra par la main, & vous introduira dans ſon Royaume, il eſt vray, car il vous regarde de loing, vous va au deuant auec les bras ouuerts, mais il veut, auant vous embraſſer que vous ayez recours à Dominique, à *Staniſlaus*, à *Bernardus*, à *Anſelmus*, à *Stephanus*, & à voſtre Ange cuſtode, les prians de vous conduire au louure de ſa Maieſté. Et ceux qui deſirent parler à la Royne, faut qu'ils facent le meſme, car c'eſt elle ſur tous qui intercede dauantage pour vous, cognoiſſant mieux qu'aucuns les tourmens & douleurs que son cher fils a souffert pour vous. Honorez voſtre a Ange gardié, car il eſt vn des pages du ſouuerain Roy, voyãt touſiours ſa face deſcouuerte, & penſez inceſſamment à voſtre ſalut. Dites luy, ô mon bon Ange cuſtode, prenez moy par la main, introduiſez moy par le droit chemin à la maiſon du Roy, faictes moy ceſte faueur, que ie puiſſe eſtre aux graces de voſtre Prince. Ie dits que tous les Saincts ſont Roys & Princes, & ont beaucoup d'authorité & de puiſſance en la Cour du Roy ſouuerain. Et comme le corps eſt fort different de l'ame: Ainſi la Cour de ce monde, de la Cour celeſte. Si vous auez gouſté de la douceur du vin d'amour ſeruy en la mõtagne de Thabor, ſans difficulté vous meſpriſeriez toutes choſes. Ce vin, c'eſt vn vin delicat, & tout pur, mais le vin des voluptez, c'eſt vn vin meſlé d'eau, & hors de toute faueur: Qui boira du vin du Ciel, il eſteindra ſa ſoif, comme la Magdaleine, qui en a beu aux pieds de ſon Sauueur.

Les portes du Palais du Roy de gloire, ſont fort eſtroictes, & n'y entre pas qui veut. Il faut premierement heurter à la porte de la miſericorde, prendre vn Ange pour ſon conducteur, & pour ſa compagnie, l'humilité, & l'obedience: car vous ne pouuez entrer au Royaume des cieux, ſinon aſſociez de ces deux vertus. Le fils de Dieu en eſt le garẽt, qui eſt mort par obeiſſance en Croix, & qui plus eſt, eſtant obeiſſant aux bourreaux, il obeit aux miniſtres des demons, & donc à bon droict les demons

a L'Ange gardien.

d'vn Magicien.

luy doiuent maintenant obeïr. Celuy qui deuotement feruira à la mere de Dieu, & à Dominique, qu'il s'affeure d'obtenir remiffion de fes pechez.

Apres tout cecy Verrine confirma le tout auec vn ferment folemnel, inuoquant l'ire de Dieu fur luy, & fur tout l'Enfer, puis dit, auec beaucoup de refiftance, trois fois, *Aue Maria*, & difant: *Ora, &c.* dit, *Ora pro illis miferis peccatoribus nunc, & in hora mortis*, à l'honneur de la mere de Dieu, & de Dominique. Puis cria, ô Dominique, tu n'auois iamais receu tãt d'honneur d'vn diable: mais tu en merite encores d'auãtage. Et fe tournant au Pere foubs-Prieur fufdict, luy dit: Maudite foit ta venuë qui a efté à la confufion des diables.

ACTES DV VINGT-DEVXIESME iour de Decembre.

CE iour du matin exorcifa le P. Domini- *a Difpute*
cain, & au commencement de l'exorcif- *d'vn Pere*
me fe feit vne difpute, a entre le P. Frere Pier- *auec Verri-*
re d'Ambruc foubs-Prieur du Conuent Royal *ne.*
de fainte Magdaleine, à fainct Maximin, de l'ordre de fainct Dominique, & le demon Verrine vn de ceux qui poffedoit Louyfe Capeau. Ledict Pere foubs-Prieur dit qu'il ne voyoit aucun figne qui le peuft induire à croire que ladite Louyfe fuft poffedee. Verrine luy refpondit, Cela me plait, que tu ne le crois pas difant, qu'elle fait expreffement tous ces difcours, & mouuemens. Ledit Pere dit, Non,

ie ne le crois pas. Verrine respond, ie voids assez ce que tu crois, tu dis *Credo, non credo*, tu es en doute: mais tu me diras que ce n'est vn article de foy, ie te dits que tu n'es gueres loüable de ne le croire. Ledit Pere luy dit, tu ne parles pas Latin. Verrine respond, Dieu ne le veut pas & me contraint de parler en langue vulgaire. Ledit Pere luy repliqua, tu as menty en cela. Verrine respond, ie ne ments pas, ie te dits que Dieu ne le veut pas, afin d'humilier dauantage Louyse, & que la puissions tenter de ceste part plus facilement. Outre, afin qu'elle croye sans difficulté à ceux qui disent, ou que ce qu'elle fait vient de Dieu, ou du diable seulement, ou qu'expressemēt elle feint tous ces mouuemēts & paroles. Non, non, Dieu veut qu'elle s'abbaisse, car ce n'est vne chose arduë de croire ce que nous voyōs. Ledit Pere luy dit, cela n'est pas ainsi, tu ne me satisfaits pas. Verrine respond, que desire tu dauantage pour croire que Louyse est possedee? le crois-tu? ou nō, ie vois assez que tu ne le crois pas, car certainement c'est icy vne chose toute nouuelle, & n'est possedee, à la façon des autres, qui parlēt auec paroles elegantes & facondes: & ainsi trompent les ames: mais moy ie suis icy de la part de Dieu pour les conuertir, & non pour les deceuoir.

Alors l'Exorciste tenant le liure des exorcismes luy commanda de la part de Dieu de parler, & respondre à ce qu'il luy demanderoit: Et Verrine prenant le liure par violence, le ietta à bas, disant, quoy? tu veux exorciser Louyse, elle n'est pas possedee. Puis dit à la possedee, non Louyse, ne permets pas que plus l'on t'exorcise, tu es vne folle, tu n'es pas possedee : Si tu te laisses exorciser, ie crieray tout haut que tu t'es donnee au diable, toutesfois ie me garderay bien d'en iurer : cependant l'exorciste ne laissoit pas pour ces paroles de l'exorciser, & adiurer qu'il luy respondist.

Verrine luy dit, Que veux-tu que ie responde ? Puis se tournant audit Pere soubs-Prieur, ayant respondu à quelques mots Latins de l'exorcisme, luy dit, tu entends bien le Latin, ce Latin, est-ce du Latin vulgaire ? Ha Louyse sçait tout cecy, Son Pere, & sa mere luy ont apprins à parler Latin. Et se mocquant, dit, Les Heretiques ont coustume d'enseigner & apprendre à leurs enfans la lãgue Latine, ne sçais tu pas cela ? hâ, il n'y a que bien peu de temps que Louyse a apprins son *Confiteor*, & ne sçauoit pas seulemét lire l'office de la Vierge. Cependant l'Exorciste ne cessoit de l'adiurer. Et Verrine dit, ie ne respondray rien, ie resisteray tant que ie pourray, & quand ie ne pourray plus, ie me prosterneray à terre, & resisteray à Dieu de toutes mes forces, disant tout cecy auec vne extréme rage, s'en voulant fuir. Alors Verrine commença à parler auec Dieu, disant, non, non, ie n'en veux rien faire, ie te repugneray tãt que ie pourray, ie ne veux pas loüer mõ ennemy. Quoy ? a que ie loüe cestuy là, lequel fort volontiers ie sortirois de sa place, si ie pouuois? ie n'en veux rien faire, & principalement, parce qu'il y a icy des Religieux de son ordre: ie n'en veux rien faire, ie ne leur veux pas donner

a *Sainct Dominique aduersaire de Verrine.*

ceste cõsolation. Puis apres dit, Il m'a commãdé de luy acquiescer, & pour ce cõme vn forçat de galeres, & esclaue, ie suis contrainct de
faire la volonté de Dieu, & dire en mon despit
& confusion, que Dominique a obtenu de la
tres-saincte mere de Dieu, que ses Religieux
pourroient viure en grande perfection, ores
qu'ils ne soient abstraincts à aucun peché mor-

a *C'est vne grãde perfection de n'obmettre rien à faire de biẽ, ores que l'obmissiõ n'oblige à peché mortel.*

tel. Et a toutesfois auparauant qu'il dist cecy, auoit disputé auec le susdit Pere soubs-Prieur, disant que les murailles ne sanctifioient pas les ames & que souuentesfois dans les cloistres se cõmettoient beaucoup de pechez, neãtmoins qu'il ne pretẽdoit accuser personne en particulier, & que les meschans n'apportent point de preiudice aux bõs. Or ledit Pere soubs-Prieur luy respond: Quoy? ne sommes nous pas obligez à peché mortel par nostre regle? Verrine dit, non. Et interrogé si la regle de S. François obligeoit à peché mortel. Verrine dit, Ouy. Et la regle de Claire oblige de mesmes. Puis adiousta que le diable trauailloit dauantage à surmonter vn Religieux, que de triõpher de mille autres, parce que aux mondains (dit-il) nous parlons en cachette, & les conduisons, comme la mere fait son petit, & les Damoiselles, nous les tentons de ne se soucier d'ouir la Messe les Dimanches & festes, ains d'employer tout le temps à s'attifer, & à autres vanitez. Et aux ieunes Gentils-hõmes & autres nous leur disons, Tu es ieune, il te faut maintenant donner du bon temps, caresse-toy vn peu, faut aller ioüer à la paume, faut aller au bal, & ce faisant nous les poussons & incitons à n'assister à Vespres, & faire ce qui est du deuoir d'vn Chrestié, ains à commettre mille offenses. Mais au contraire il nous faut beaucoup trauailler à seduire vn Religieux. Astaroth y prend beaucoup de peine, tátost leur disant, de differer vn peu d'aller dire Messe, tantost de retarder l'office, leur mettant en teste que c'est vne chose legere : que c'est peu de cas de n'obeir en choses petites : mais il faut vser enuers eux de beaucoup de ruses, faut heurter à leur porte, & à leurs fenestres pour entrer, & toutesfois encores nous n'en pouuós venir à bout, car ils ferment toutes les entrees. ie ne parle pas de tous, car il en y a plus de quatre qui laissent entrer Astaroth facilement.

a Il dit puis apres, que trois exorcismes luy auoient esté faits au ciel, l'vn de Dieu, l'autre de la Vierge, & le tiers de Dominique.

Cela dit, il adiousta, que fort volontiers, s'il pouuoit, diroit des maledictions contre celuy qui a le premier commencé la reformation, & contre toutes ses inspirations.

Hâ, Michaëlis, tu n'as iamais veu Louyse, & toutesfois nous tascherós de persuader aux hommes que Romillon, & Michaëlis ont instruict Louyse, laquelle sera examinee.

Ie ne m'estonne pas si plusieurs ne croyent pas, car en tout miracle de Dieu, faut qu'il y aye de la contradiction, ce qu'appert aux miracles de Iesus-Christ, en ceux qui ont esté faits puis apres par les Apostres, & en ceux qui auoient esté mis en euidéce par les Prophetes.

Les œuures qui prouiennent du diable sont

a C'est vne allusion à la cótrainéte qu'on lui faitaux exorcismes voulant dire qu'il estoit contrainét de trois parts, de la voloté de Dieu, des merites de la Vierge, & des intercessés de S. Dominique, le tout estant fait en vne des Eglises de son ordre.

receus auec ioye, mais ce n'est point vne œuure de Dieu, a ce qui n'a point de contredit ny de repugnance. O grand Dieu, tu as beaucoup d'amis de table, mais peu au trauail & à la Croix. Les Roys de la terre mangent tous seuls, mais le Roy de gloire en cōpagnie. Pierre tu as renié ton maistre, & alors as apprins à compatir. Que feroit le miserable pecheur si tous les SS. auoient vescu en innocence? Magdaleine que seroit-ce des penitens, si tu eusses esté comme vne Catherine de Sienne?

O tres-saincte Mere de Dieu, tu as esté conceuë sans peché originel, & as esté seule qui as vescu sās b macule. Marthe a suiuy ta virginité, & est ton intime amie, comme la Magdaleine l'est de tō fils. Les miracles ont tousiours d'impugnateurs, comme celuy-cy en a, car c'est vn miracle tout nouueau, & vn signe de la toute-puissance de Dieu, & vn miracle qui iamais n'a esté fait depuis que le monde est, & Dieu a la puissance de faire cent & cent miracles plus grands qu'il n'a fait. Ce miracle icy est faict de Dieu, particulierement à la petition de la tres-saincte Mere de Dieu, de Magdaleine, & de Dominique, & ce pour la reformation de son ordre. Et maudit soit le premier qui se reformera, car il y en aura pl⁹ de quatre qui se reformeront, & specialemēt en l'ordre de Dominique, & ceux qui ne se reformeront seront en grand danger. L'vn dira: ie ne suis pas appellé à la reforme: l'autre, ie suis d'vne nature fort delicate, l'autre s'excusera, disant, mon Pere, ie suis encores trop ieune, & cela me seroit trop difficile à

a Cela arriue ordinairement.

b Originelle, actuelle, & venielle.

à faire. Cependant plusieurs entreront en l'ordre de Dominique parce que sa regle n'oblige pas à peché mortel, & se reformeront. Et esliront cet institut, entendans les priuileges que Dominique a obtenu pour son ordre de la tresdigne Mere de Dieu, à laquelle il a esté fort deuot, & la Vierge à luy fort amie, à cause de sa continence & pureté. Et plusieurs prendront cet habit, entendans aussi l'excellence de cet ordre, & comme il est fort agreable à Dieu. Semblablement fleuriront les congregations de la doctrine Chrestienne, & d'Vrsule, sans preiudice toutesfois des autres: & les Reformez viuront comme des Anges de Dieu. A la fin des exorcismes l'on trouua bon, en confirmation de ce qu'auoit dit Verrine cy dessus, qu'il iurast solemnellement sur le sainct Sacrement.

Et premierement l'on l'interrogea de quelle façon il auoit parlé de la Côception de la Vierge: A quoy il respondit en ces mots: Ceux qui sont icy presens sont en diuerses opinions. L'exorciste luy commanda de dire distinctemét, & clairement, si tel estoit le vouloir de Dieu, & s'il en auoit des reuelations de la part de Dieu, ce qu'en estoit de cet article. a Alors il dit apertement, Qu'elle auoit esté tousiours immaculee. Et l'exorciste luy cômanda derechef, qu'il dist plus amplement deuant tous, & cômença à parler en ceste sorte: Ie dis que le Pere Eternel determina d'éuoyer son Verbe en terre pour faire la reparation du genre humain, & le Verbe fut prest de faire la volonté de son Pere, qui determina de creer vne creature en particulier qui

a *De la Conception de la Vierge.*

Q

seroit la tres-saincte mere de son fils. Et comme iceluy est seul Roy tout puissant, ie dits qu'il a peu faire que sa mere cooperast à toutes les graces qu'il luy confereroit, & tout cecy estoit iuste & raisonnable d'estre fait. Ie dits que cōme il est la Sapience du Pere, sçachant & voyāt que sa tres-saincte Mere n'y apporteroit aucun empeschement en ce qu'il auoit arresté de faire en vne chose de si grād poids, cōme estoit la conionction de la nature diuine, auec la nature humaine, il iugea digne & expedient qu'elle fust exēpte pour tousiours de la seruitude du peché quel qu'il fust, ou originel, ou actuel, ou mortel, ou veniel: de là vient qu'elle n'a jamais offēsé Dieu son Pere. Et si Iean Baptiste, & Hieremie ont esté sanctifiez au ventre de leur mere, il estoit raisonnable que la tres-saincte Mere de Dieu fust, entre toutes les creatures d'iceluy la plus excellente, apres l'humanité de son fils. Et comme en Dieu il n'y a ny preterit, ny futur, ains que tout luy est present, & cōme aussi il est vn miroir tres-clair qui ne s'offusque jamais de tenebres, il voioit en son idee, ou en son miroir sa tres saincte mere, laquelle toute sa vie feroit sa volonté, & obeïroit à l'Ange. Et que si Eue auoit esté creée sans peché, qu'il estoit raisonnable que la seconde Eue fust encores plus pure, que la premiere n'auoit esté. Et cōme le premier Adam, figure de Iesus-Christ, auoit esté aussi creé sans peché, & d'vne terre toute nouuelle, qu'il estoit iuste que le second Adam fust beaucoup plus excellent que le premier en son humanité. Et comme du premier Adam, lors qu'il dormoit, Dieu prit vne de ses costes, & en

d'vn Magicien.

crea Eue: Ainsi Dieu le Pere, cependant que le second futur Adam en son sein, a print vne de ses costes,b & en crea vne autre Eue, sçauoir la tres-saincte Mere de Dieu. Le Pere y contribua sa puissance, le Fils sa sapience, & consentit qu'elle eust plus de Sapience, que les Seraphins, & qu'aucune creature, apres l'humanité future & la coste que Dieu tout puissãt tira d'Adam lors qu'il dormoit, signifie ce que dessus. Semblablement le S. Esprit luy donna de sa bonté, non de celle qui est eternelle, mais d'vne autre bõté si grande & magnifique qu'il pouuoit dõner à vne pure creature. Apres il dicta la forme qu'il falloit tenir pour tesmoigner tout ce qui auoit esté dit, & ouy en ceste maniere.

a *Par prenoyance eternelle.*
b *De ses plus intimes graces communicables à la creature, & est vne metaphore prise sur la coste d'Adam.*

Nous soubs signez auons ouy, & veu, tout ce qui s'est dit par la bouche de Louyse Cappeau, qui est possedee de trois demons par malefice, donné auec iceux. Et auons entendu de mesme, que l'vn des demons nommé Verrine a esté contrainct de Dieu, apres beaucoup de repugnance, & rebellion contre Dieu, & l'exorcisme, de dire tout ce qui est escrit icy de la tres-saincte Mere de Dieu & du Verbe eternel, à sa gloire, & au salut des ames.

Puis confessa tout furibond, & desesperé, que hors de l'Eglise Romaine, il n'y auoit point de salut, qu'il n'y auoit qu'vn Dieu, & qu'vn Baptesme tout sainct, & par consequent qu'il n'y auoit qu'vne Eglise.

Apres il dit que tous ces Actes icy estoiẽt en cõfirmation de ce qu'il auoit dit cy dessus, que l'ordre de Dominique, & sa regle estoit fort a-

Q ij

greable à Dieu, & à sa tres-saincte Mere, & que ce miracle se faisoit en faueur dudit ordre: & faut noter que cecy fut dit, apres que ledit Verrine eut dit, que ce miracle se faisoit à la gloire de Dieu, à l'honneur de la tres saincte Mere de Dieu, de la Magdaleine, & de Dominique.

Apres tout cecy il fit vn iurement pour confirmer tout ce que dessus, disãt estre le plus valide qu'vn diable a iamais peu faire, & que ou iamais aucun iurement n'a esté valide, ou s'il a esté, celuy-cy de mesme le sera. Adioustãt que ceux qui disent qu'aucun iurement n'est valide deuãt Dieu, qui a dit à ses Apostres, qu'ils chasseroient les demons: & preuoyãt qu'iceux diables remplis d'iniquité, de leur propre volonté n'obeyroient aux commandemens de l'Eglise, sinon apres auoir esté commandez au nom de Dieu tout-puissant, il a donné à son Eglise authorité sur les demõs, laquelle les pourroit cõtraindre en vertu des exorcismes: Et pource, ie dis que les iuremens des demons sont valides, lors que l'on les fait faire auec prudéce: Et puis que le iurement duquel est question a esté fait auec vne tres grande solennité, & telle que se pourroit faire, ayant iuré sur le venerable & S. Sacrement, au nom du Pere tout puissant, au nom de la Sapience eternelle qui est le Fils, & au nom de la Bonté eternelle, qui est le sainct Esprit. Puis selon l'intention de toute l'Eglise triomphante, & militante, contre l'intention de tout l'Enfer s'ecluse toute intention sinistre, laquelle souuent les demons retiennẽt deuers eux, si l'Exorciste n'y préd garde diligemment.

d'vn Magicien.

Et apres auoir faict ce iurement, inuoqua sur soy l'ire de Dieu, de la tres-saincte Trinité, & de toute l'Eglise triomphante, & militante, & fit la mesme inuocation contre tout l'enfer, & ce en presence de tous les assistans.

a Voicy les noms des assistans qui ont entendu ce que dessus, & qui sont soubs-signez, sçauoir, Frere Pierre d'Ambruc, François Billet, Prestre de la Doctrine Chrestienne Exorciste, Romillon Prestre indigne, Godan Docteur en la saincte Theologie, Frere Pierre Foruez Vicaire de la saincte Baume, A. Porchieres, Lage, Carret, Baltazar Charuaz, A. Limory Prestre, Honorat, Bœuf, Iean Flotte Prestre, Denys Guillemini Prieur de Romoules, Frere Guillaume Cadry.

Tesmoins presents à ce que dessus signez.

Puis en confirmation de tout ce qu'il auoit dit, ledit Verrine fut contrainct d'adorer le venerable & S. Sacrement, & dire trois fois, *Adoramus te Christe, quia per sanctam crucem tuam redemisti hos, non autem nos.*

Apres le susdit iurement, il dit, comme le iour precedent trois fois *Aue Maria*, & puis dict trois fois, *Ora pro illis sancta Mater Dei*, & semblablement dit trois fois, *Ora pro illis sancta Magdalena*. Item trois fois, *Ora pro illis sancta Martha*. Item trois fois, *Ora pro illis sancte Lazare*: Outre, il refusoit de dire *Mater Dei*, en la salutation de la Vierge, disant que c'estoit le plus excellent nom de ses loüanges.

Apres disné en la presence du Pere Soubsprieur susdit, lors qu'il parloit à Magdaleine, Belzebub retourna, & entra dedans le corps de

Q iij

ladite Magdaleine, & dit à Leuiathan, fors & incontinent ᵃ sortit, autant en dit à Asmodée qui sortit en flamme de feu auec soulphre, il dict aussi à Astaroth, sors, & sortist auec vne odeur de soulphre & roth.

Puis apres comme Verrine dictoit la dispute interuenuë entre luy, & le Pere soubs Prieur susdict, Belzebub luy vint demander les deux demons qui estoient auec luy, sçauoir Gresil, & Sonneillon. Verrine luy dit, ils ne te seruirōt de rien, car tu vois que les princes qui sont auec toy ne t'ont de rien seruy. Belzebub luy dit viés y aussi toy mesme. Verrine luy respond, ie ne peux laisser mon maistre, qu'il te suffise que ie te donne mes seruiteurs, & soudain sont sortis Gresil, & Sonneillō du corps de Louyse, cōme elle sentit qu'ils sortoiēt en forme de vēt. Pour cela Belzebub ne laissa de prier Verrine d'aller auec eux. Verrine respōd, quoy que tu me prie ie n'y peux aller, & pense bien, que si i'y vay, ce sera à ton ᵇ dōmage. Belzebub luy dit, ne parle pas ainsi, car nous sommes cōpagnons. Verrine respond, non pas beaucoup: Le diable l'a seduit & le diable le ramenera à la confusion de tout l'enfer. Puis dit Verrine, il m'y faut donc aller, mais ce sera pour la conuersion du Magicien: & alors dit à l'Exorciste, ᶜ Prends le liure des Exorcismes, & commande moy au nom de Dieu d'y aller, ce qui fut faict par l'Exorciste: ᵈ Et aussi tost Verrine sortit, disant, ie m'en vay cōtre Belzebub, alors Louyse le sentit sortir comme vn vent, disant, ie ne m'en vay pas du tout: Luy estant dehors, Louyse demeura sans aucun demon ressentant seulement la douleur du male-

ᵃ Cecy a esté dit par Magdaleine.

ᵇ Il parle du Magicien Louys.
ᶜ Voyez la responce à la 5. diffic. apres l'Epistre au Lecteur.
ᵈ Ces possedees se sentoient fort deschargees & soulagees, quand les malins sortoient.

fice. Ce mesme iour le soir furét exorcisees les deux susdites filles, par le Pere François, Prestre de la doctrine : & Verrine commença à parler en ceste maniere.

Les Soldats suiuent leur Capitaine, & Belzebub sortant, nous sortirons tous, car Dieu veut tirer à soy les ames endurcies, & sa volonté est, que vous laissiez le mal, & faisiez le bien : nous auons esté à Marseille, & auons heurté souuentesfois à la porte. Et voila Belzebub, combien tes forces sons petites, puis que tu m'as demâdé l'aide de mes seruiteurs : Belzebub, tes affaires sont en pauure estat, & pource ie te vois tout taciturne, Belzebub, tu n'as plus de conseil. Puis parlant à Magdaleine luy dit, Magdaleine ne perds point courage, pour si peu de tourmens que tu endures, car les peines d'enfer sont plus griefues. Apres parlant aux demós leur dit, diables de l'air, diables de la terre, diables des enfers venez tous à l'aide de Belzebub, mais en vain y viendrez vous, vostre ayde sera inutile, parce que vous n'estes tous que des fueilles d'arbres.

Puis se retournant à Belzebub, luy dict, courage Belzebub, ne sçais-tu pas que pour vn perdu, tu en gaigneras dix. Ha! miserable, ne dois tu pas penser que tu n'as pas creé ces ames : ne vois tu pas que Dieu les veut auoir tu luy en as osté tant de milliers, estimes-tu qu'il dissimulera tousiours?

a Si les fueilles des arbres pouuoient plorer, elles jetteroient des larmes de sang, pour ce miserable pecheur, tant est grand pecheur

a *Inuectiue contre le Magicien.*

deuant Dieu.

Apres Verrine se tournant à Dieu, luy dict, Grand Dieu que vous estes bon, que vous estes benin, que vous estes suaue, ie suis bourrelé & tourmenté, portant auec impatience de voir vostre grande bonté, mesme enuers les plus miserables pecheurs, qui vous ont tant offencé, & particulieremēt enuers cestuy-cy lequel m'a esté commandé de ne nommer. O Dieu tout puissant, que ne faites-vous débander le deluge, ou descédre le foudre du Ciel, pour totalement perdre ce miserable, lequel conduit les ames en enfer, & mesme d'auantage, & en plus grand nombre, que la gresle ne tombe sur la terre. Ie vous dis que Dieu ne peut plus dissimuler, & ne veut plus patir les meschancetez, mais c'est sa volonté, ou qu'il se conuertisse, ou qu'il soit puny: mais l'impatience que Dieu a à cause de ces ames, & autres obstinees, ce n'est pas vne impatience qui soit au preiudice de ses perfections, ains c'est plustost vn signe de sa pure bonté: car Dieu deuoit enuoyer le foudre du Ciel, pour les exterminer, ou permettre que la terre s'ouurist pour les engloutir, ayant merité ceste punition, & mesme plus que Dathan & Abyron qui ont esté engloutis de la terre pour leur rebellion. O Seigneur Dieu, il ne te peut fuir, soit qu'il descende aux Enfers, car tu es là selon ton essence: soit qu'il pense vagabóder par le móde, car tu vois tout, & es par tout: s'il veut monter au Ciel, la porte luy sera fermee, s'il ne faict penitence, il peut bien fuir, mais ne peut euader.

Grand Dieu, tu t'es reserué trois choses, & ne veux pas que les pecheurs y mettent la main, sçauoir ta gloire, le iugement & la vengeance.

Et pource, puisque le gouuernement luy conuient tres-bien, il le faut laisser gouuerner, car il sçait bien prendre la cause des innocens. Quoy? Dieu voudroit il dauantage tollerer ceste iniquité? Ie dis qu'il est lassé, & pour ceste occasion veut voir la fin de ce procez, & en quelque façon que ce soit que l'affaire tourne, tousiours elle sera à sa gloire, & au salut des ames. a Ie dis plus que s'il ne se conuertist sera bruslé tout vif : s'il se veut perdre, Dieu permettra qu'il se perde, car ce bon Dieu pour sa part ne luy a en rien defailly. Dieu sera comme vn Pere, qui a plusieurs enfans qui luy sont tousiours rebelles, & ne veulent retourner ny par blandices, ny par menaces, il dit, qu'ils meritent d'estre punis, parce qu'ils sont desobeyssans à leur Pere, & ne veulent obeyr, ny pour l'esperance de l'heritage, ny pour toutes les admonitions qu'on leur fait, ains mesprisent tout.

a Prediction que le Magicien seroit bruslé.

C'est vne chose pleine d'estonnement de voir, que Dieu a pourueu de ce grand remede pour vous autres miserables & maudits, & cependant il s'en trouue bien peu qui luy seruent. Il y en a qui estiment que Dieu est leur debiteur, pensant en eux-mesmes, & disant, que Dieu leur a promis le Paradis, & que le Ciel n'est pas pour les bestes, ny pour les infideles, ains pour les Chrestiens. Hâ! qu'il y en aura de trompez. Il est vray, Dieu est impatient d'vne saincte impatience, & de la malice des hommes: il a racheté les ames auec vn grand, & inestimable prix, & pour cela, il a fallu que la diuinité se soit vnie à la nature humaine. Et toy tres-puissante Mere de Dieu, as beaucoup souffert, estant soubs la Croix, proche de ton Fils: & nonobstant tout cela, ces miserables renoncent à ta Passion! ô Dieu, à tes cloux, à tes douleurs, & encores apres tout, tu les recherches, & voudrois mourir vne autre fois pour eux. Pourquoy les cheris-tu tát? N'as-tu pas au ciel ta saincte Mere, tant de Saincts, & tant d'Anges ? Si toutes les gouttes d'eau de la mer, toutes les fueilles des arbres, toutes les estoiles du ciel estoiét capables, tout cela beniroit Dieu, & luy rendroit graces, pour tant de benefices qu'il vous a cóferé, & mesme le seul bien fait de la creation, merite d'eternelles actions de graces. Outre il vous a donné des Anges, luy disant incessammét pour vous, ils se conuertiront, ils se conuertiront, ils feront penitence, faut encores vn peu dissimuler. Et de mesme la Vierge Marie est tousiours en oraison pour vous, cependant vous negligez tout cela, & specialement ce miserable, lequel ou sera bruslé ou se conuertira : Car Dieu ne peut plus attendre, ny souffrir tant de meschancetez. Et ainsi aduiendra.

Les Satellites du Roy ont esté à sa porte, & souuent ont hurté, & moy-mesme ie m'y suis trouué, mais non en faueur de Belzebub.

Apres parlant à Belzebub, luy dit, malheureux, tu estimois que ie tiendrois ton party, il n'a pas esté ainsi, ie ne peux-pas preuariquer contre la commission de mon maistre: ie t'ay bien donné mes seruiteurs, pour t'ayder, mais moy i'ay esté contre toy, & y suis allé pour luy dire, comme le diable l'auoit trompé, & que le diable le rameneroit.

Puis iura d'vn iurement fort solemnel, que tout ce que dessus estoit veritable.

Ce mesme iour Verrine dictant ce qu'il auoit dit cy-dessus sur la Conception immaculee de la saincte Vierge Marie Mere de Dieu, l'on luy demāda comme il entēdoit que l'humanité du Fils de Dieu se reposoit au sein du Pere, & que lors il auoit formé d'vne de ses costes sa saincte Mere? Ledit Verrine respondit, Vous me direz, Comment, ne pourrons-nous pas donc dire, que le Fils est deuant sa Mere? Ie vous dits (dit-il) que l'humanité de Iesus-Christ, & toutes autres choses ont esté tousjours presentes au Pere celeste, car deuāt luy il n'y a ny passé, ny aduenir, mais tout est presēt, & le Fils est deuant sa Mere, a parce que premierement le Pere ietta b ses yeux sur l'humanité de son fils, que sur sa Mere, mais pour cela il ne se peut dire que l'vn ait precedé l'autre, car en Dieu tout est present.

a C'est à dire de ses graces.
b Pour le regard de la dignité.

ACTES DV XXIII. DECEMBRE.

c CE iour en la chambre Verrine commença à inuectiuer, auec grande furie contre le Magicien, disant auec clameurs.

c Inuectiue contre le Magicien.

Miserable tu es digne que Dieu te restituast la vie, dix mille fois, afin de pouuoir mourir autāt de fois, & encores toutes & quantesfois que tu as commis des sacrileges.

Il est vray miserable que Dieu te voudroit encores traicter benignement.

Ha! Capucins, vous serez punis temporellement, parce que vous n'auez tenu la forme qu'on vous auoit prescripte. Vous deuiez penser, que Dieu tout-puissant a donné à son Eglise l'authorité de commander aux Demons, & que vostre charité enuers le prochain vouloit que vinssiez icy, pour vous informer de tout: mais celuy là n'est pas tousiours parfaict, qui l'estime auoir apprehendé.

Apres Verrine dit au Pere Dominicain (qui escriuoit tousiours tout ce qu'il disoit: Il m'y faut encores aller pour la troisiesme fois, préds garde combien Dieu ayme ceste ame, & auant Noël le fonds du sac se vuidera, il n'y a eu iamais vne pareille iniquité, ny aussi remede pareil, ny semblable miracle. Puis ledict Verrine dit au Pere Dominicain, en la presence du Pere soubs-Prieur susdict, ᵃ qu'il prinst le liure des Exorcistes, & luy commandast au nom de Dieu d'aller à Marseille pour la troisiesme fois pour solliciter la conuersiō du Magicien. Verrine sorty, en son absence Gresil qui tenoit sa place dit qu'il parleroit tout autrement au Magiciē, que non pas à Magdaleine, c'est à dire, en autre forme: & cōme Magdaleine au cōmencement vouloit croire, parce qu'il s'agissoit de l'affaire de Dieu, ou plustost parce que Louys l'enseignoit, ou bien quelque diable (comme l'on disoit) ainsi le Magicien ne se soucioit

ᵃ *Voyez l'Apologie difficulté.* 5

de rien de tout ce qu'on luy dit.

Ce mesme iour du matin le P. Dominicain exorcisa, & Verrine commença à parler en ces mots.

La volonté accompagnee de la grace de Dieu peut tout, & est plus forte que tout l'Enfer, & pource il n'y a personne qui puisse dire, ie ne me peux conuertir, & ne faut pas apporter d'excuses aux pechez comme fit Eue, puis apres Adam.

Adam, tu as eu la grace suffisante, mais pauure miserable tu as permis te laisser tromper, le mesme auient tous les iours aux miserables pecheurs.

L'ame est la maistresse, & le corps la chambriere. L'ame dira, Leuons nous du matin pour prier & seruir Dieu, mais le corps repugnera, disant, Ie suis encores ieune, faut attendre la vieillesse, il y aura assez de temps pour faire penitence.

Dispute de l'Ame & du corps.

La memoire dira, il se faut ressouuenir des benefices de nostre Dieu: l'entendement adioustera, Considerons en ces bien-faits la bonté, sagesse, & puissance du Createur: & la volonté incitera à aymer, & craindre le mesme Dieu, parce que de luy vous viennent tous vos biens.

L'ame dira, Ie veux suiure les inspirations diuines, ie me veux voüer à son seruice, ie ne veux plus que la seruāte gouuerne en ma maison. La chambriere repliquera: Ha! maistresse, que voulez-vous faire? prenez garde à vostre tēdresse, vous estes trop delicate, vous ne pouuez patir tāt d'austeritez, il reste encores beaucoup de temps pour se recognoistre, donnez-vous du bon temps pédant qu'auez l'occasion & seruez-vous de vos biens tât que le temps le permettra. Puis Verrine dit, Pensez que toutes mes paroles sont esprit, & que l'ame se peut dire maistre & maistresse du corps, & le doit estre en effect. Il est tres certain qu'vne famille tōbe bien tost en decadence, où la chambriere gouuerne : & pource il n'est pas seant que le corps gouuerne, parce qu'il est semblable à vne femme, laquelle n'a point de iugement pour se regir soy-mesme: & Dieu ne demandera pas compte au corps, mais bien à l'ame, & icelle precedera le corps & en la recompense, & au supplice, parce que l'ame deuoit plustost croire à son Createur, que non pas à sa seruāte. Vn aueugle n'est pas propre à regner : pourquoy? parce qu'il est aueugle. a L'ame c'est vne republique, & si la conscience est bonne, tout le reste est en paix : & pour cela faut que l'ame gouuerne, non le corps qui est insensé: car Eue a parlé seulemēt vne fois, s'excusant de sa faute, mais le corps, regimbe perpetuellement.

Voster Dieu, & Pere tres-bon a vn armoire remply de toutes perfections, & en peut presenter tousiours de nouuelles à ceux qui en demandent, car il les a pour les communiquer à ses enfans : pareillement vostre Dieu tres-debonnaire a donné à son Eglise les escritures sainctes, le nouueau Testament, & les vies de plusieurs Saincts, & encores ce ne luy est assez, car tous les iours il luy offre encores de nouueaux presens.

a Ame republique

Embrassez vostre Dieu pendant tout nud en Croix, car il est vostre Pere : & la tres-digne mere de Dieu est aussi la vostre : les Anges & tous les Saincts sont vos freres, & sont tous de tres-noble race, Vostre Dieu vous annoblira ainsi, & ceste noblesse est plus sublime que celle des Roys de la terre.

a Le Roy de France dernier defunct recognoissoit fort bien ceste Noblesse, il se sçauoit humilier, & recognoissoit son Dieu, & se tenoit en sa presence, cõme vn criminel, & auec vne grãde deuotion, & effusion de larmes entendoit la saincte Messe: Ie dits que plusieurs Prestres ne pensent pas si exactemẽt à la grandeur & excellẽce de Dieu, comme il faisoit, & luy a esté reputé en espece de martyre sa mort, pource qu'il aymoit mieux souffrir la mort pour la reuerence, & amour qu'il portoit à son Dieu, que d'adiouster foy, & croire à tout ce que les Magiciens luy auoient dit, & en mourant prononça le nom de IESVS, & recommanda son ame entre les mains de son Dieu. Il auoit offensé son Dieu comme Dauid, & a esté en coulpe comme luy, estant aussi Roy comme luy: mais d'abondant, il a esté heretique comme toy Louyse, qui as esté heretique. O Henry c'est la verité que tu es en Paradis. Esioüis-toy Marie de Medicis ayant eu cet honneur d'auoir esté espouse d'vn Roy, qui est sainct en Paradis. Et toy aussi, si tu imites sa bonne fin pourras estre vne saincte : Et toy Dauphin, maintenant Roy tendrelet, tu seras imitateur des bonnes conditions de ton Pere, qui auoit

Voyez l'Apol. difficulté 6. Il en est encores parlé aux pages 303. & 323

Discours du Roy defunct.

Le sieur Boutereau Aduocat du Conseil a en beaux termes selõ sa coustume, recité en la vie qu'il a escrite du Roy defũct Henry 4. ce poinct, ayant enuoyé expressement en Flandre au P. François Dõp, qui escriuoit la presente histoire fidelement de mot à mot, pour plus grande asseurance de la verité.

encores qu'il eust d'autres tesmoins. Les deux exéplaires latin & françois auoient de mot à mot tous ces discours, & n'auons osé cháger vn seul mot nō plus qu'au reste de ceste histoire, le tout soit à la gloire de Dieu.
a Il se dit Seruus seruorum.
b Merueilleuse Apostrophe au Magicien.

grand soin de tō instruction, Vous autres tous tant que vous estes, aimez ce Prince, car il est digne d'estre aimé de tous, maudit celuy qui se bandera contre son Prince, ne voulāt obeyr, mesmement à vn Prince si debonnaire, il sera en France vn autre Louys, qui a esté canonizé. Resioüys toy petit Roy, car tu as ton Pere au Ciel. Ie veux dire, vous donc qui n'estes que vers de terre, prenez garde : si vostre Prince s'est tant humilié, combien dauantage vous deuez vous humilier, & pensez y bien vne, & plusieurs fois.

a Et puis que le sainct Pere s'humilie, n'ayāt point de superieur en ce monde, c'est merueille que vous soyez negligens à vous humilier.

Ce mesme iour Verrine alla de rechef trouuer le Magicien, & auant que sortir du corps de Louyse, il tint vn Discours sur la cōdition miserable dudit Magicien, & sur la misericorde de Dieu enuers luy, presque en ces mots.

b Vrayemēt Louys tu es vn hypocrite, & vn Pharisien, & sous espece de pieté, Louys, tu as commis d'offences sans nombre, & tout autant de sacrileges. Vrayement Louys tu surpasses tous les Magiciens en malice, & impieté, & tu es le chef de tous les Sabats. Vrayement Louys les diables croient que l'Enfer ne suffira pas pour punir tes meschancetez. Ie te dits Louys qu'ils protesteront tous contre Dieu, si tu ne te conuertis, & luy demanderont qu'il cree vn Enfer six fois plus terrible, que n'est celuy de maintenant, & ce pour te tourmenter à iamais. Vrayement Louys, Cain, & Iudas serons ront iugez, comme innocens, au respect de toy, car Iesus-Christ n'auoit encores espanché son sang pour eux, comme il a fait pour toy. Ie te dis Louys, que tes iniquitez sont si grandes, & si intolerables, que Dieu mesme les deploreroit, s'il estoit capable de larmes. Et vn chacun donneroit volontiers vn faix de bois pour te brusler, & diroit, Dieu tres-iuste, donnez à cet impie viure vn millier de fois, & autant à mourir. Et neantmoins, c'est la verité (Louys) que ce bon Dieu est encores prest de mourir pour toy, & à ceste heure descendroit du Ciel, & permettroit, s'il estoit de besoin, qu'on le crucifiast à ceste Croix. a

Outre aussi la tres-saincte Mere de Dieu, & tous les saincts d'vne pure misericorde plaidét ta cause, ie dits la verité, Louys, non qu'ils ayent besoin de toy, mais afin que tu ramene à ton Dieu tant d'ames que tu as perdues. Vrayemét Louys, Dieu t'a enuoyé ses satellites, & ont ietté la verge de leur puissance en ta maison: Et ie dis plus, que les creatures irraisonnables aussi demanderoient à Dieu misericorde pour toy, si elles auoient la raison. Il est vray ce que ie dits, car il n'y a rien d'impossible à Dieu, pouuant faire d'vn diable vn Ange, & d'vn grand pecheur, vn Sainct.

a Il parle de la Croix esleuee à la saincte Baume.

Ce mesme iour sur le soir le P. François Billet fit l'exorcisme, & au commencement de l'exorcisme, Magdaleine esmeut tous les assistans à commiseration, pour plusieurs grands, & extraordinaires souspirs qu'elle iettoit, à cause des tourmens que le diable luy donnoit. Et Verrine dit, Obeyssez à vostre Dieu vous autres, qui esperez recompense, obeïssez vous autres saincts qui estes auec luy, & qui iouïssez maintenant de la fin de vos labeurs, de la grace & de la gloire eternelle. a Et moy damné que ie suis, ie n'attends aucune recompense de mes trauaux.

a Verrine se confesse estre damné.

ACTES DV VINGTQVATRIESme Decembre veille de Noel.

CE jour le matin le Pere Dominicain exorcisa, & Verrine dit en ces mots.

Dieu veut que tous sçachent que les diables luy obeyssent, & tremblent deuant luy. b Et ie vous dis, que vostre Dieu est lassé, & qu'il a fait vn grand saut du Ciel en terre dans la vétre de sa tres-saincte Mere. Tres-saincte Mere de Dieu, Ie dits, que vostre Fils est lassé de demeurer tant de temps reclus dedans vos entrailles, non qu'il ait veu aucune chose en vous qu'il luy aye despleu, ains par ce que c'estoit sa volonté d'entrer en ce monde, & sortir de ceste tres-saincte prison, par ce qu'il est la lumiere du monde, & veut à ses creatures communiquer de sa lumiere. Vrayement Marie tu es la Lune, & ton Fils le Soleil de ce monde, les Saincts son les Estoilles, & parce que ce Soleil a esté donné par le Pere Celeste, non seulement pour illuminer la Lune & les Estoilles, mais aussi pour illuminer tout homme venant en ce monde, & comment eust-il illuminé le monde, s'il ne se fust monstré au monde par sa

b Discours sur la natiuité de Iesus-Christ digne d'estre leu.

d'vn Magicien.

natiuité? ne vous émerueillez pas de ce que i'ay dit souuentesfois qu'il estoit fort admirable, Car les Roys ont leurs Palais, & leur couche tousiours fort bien appareillez: mais toy bon Dieu tu n'as trouué aucun lieu pour naistre. Ce pendant tu pouuois faire edifier vne ville de Paris, ou bien eslire pour toy vne ville de Rome chef de l'Empire, ou te faire preparer quelque grand Louure Royal, car tu es la mesme sapience, & la mesme bonté, & as creé le Ciel & la terre de rien. Et ayant la prouidence de toutes choses, tu n'as pas esleu les lieux magnifics pour ta puissance, ny des Roynes, & Princesses pour aider ta mere à l'enfantement.

Grand Dieu qui est le plus grand de tous les maistres, cependant tu es mal seruy de tes creatures.

a Et toy Ioseph tu as douté plus de quatre fois & puis tu as cognu que la Mere de Dieu estoit Vierge auant l'enfantement, à l'enfantement, & apres l'enfantement. b De mesme plusieurs sont en doute de ce miracle que Dieu faict maintenant: mais ne vous esmerueillez pas de cecy que le diable vous annonce la verité, car c'est la volonté du Tres-haut, & par ceste voye il veut renouueller son amour enuers ses creatures. O mere de Dieu tres-saincte, ton Fils est vray Dieu engendré de son Pere. Considere quelle chose vn si grand Pere a preparé à son Fils vnique, & bien-aimé, & auquel il s'est cōpleu: & pareillement contemple ce que ton cher Fils t'a preparé comme à sa Mere. Et toy sainct Esprit, où est le lict que tu as aorné &

a *Sainct Gregoire en l'homilie 26. faict comparaisō de sainct Ioseph auec sainct Thomas, tous les deux ayans douté pour vn tēps. Dieu le permettant pour nous mieux asseurer.*
b *Doubte de ceste histoire.*

preparé à ton espouse, où sont les littieres, où sont les carrosses, où les cheuaux, il n'y auoit là qu'vn bœuf, & vn asne, parce que tous les autres animaux sont trop superbes. Ie dis que Dieu a refusé les animaux qui s'enorgueillissēt comme le cheual: il rejette les Lyons, qui signifient l'arrogance: & ne veut point de mulets, qui figurent la malice, ne veut que l'asne & le bœuf qui sont bestes simples, & sans aucune malice. L'Asne denote le corps, & le bœuf l'entendemēt: & le bœuf & l'asne conjoincts ensemble portent le ioug du Seigneur: & les Anges sont des Princes, sont des Barons, sont des Seigneurs, & courtisans, selon qu'il a esté veu en sa natiuité, car eux chantoient, *Gloria in excelsis Deo*. Et toy François tu sçauois bien quelle difference il y auoit entre la musique du mōde, & la musique du Ciel, & n'auois seulement apperceu que la douceur d'vn instrument à vn toucher d'vne seule corde, & oublions le boire & le manger, & partant il est vray que qui a gousté de la douceur du Ciel, contemne facilement toutes les douceurs de la terre. Tresgrand Dieu, tout est remis en ta volonté, car toutes choses obeissēt à ta seule parole, & pour ce tu as esleu pour ta Mere vne pauure vierge, & contemptible, par ce qu'en toy-mesme tu as voulu monstrer vne parfaicte humilité.

Et qui est celuy, qui eut iamais dit, qu'vne telle eust esté la mere de Dieu tout-puissant? qui eust pensé que le Fils qu'elle portoit entre ses bras eust esté le Dieu viuant, Createur du

Ciel, & de la terre?

Et toy semblablement es sorty des chastes entrailles de ta tres-saincte Mere, sans aucune corruption de son integrité, comme vn rayon passe par la vitre, & ne la rompt pas, ains la rend plus claire, & splendide.

Grand Dieu, ta tres-saincte Mere & Ioseph sont allez en Bethleem, & ont esleu vne estable estrangere pour leur maison.

Il me déplaist fort de ta trop grande humilité voyant les hommes si orgueilleux, ie ne parle pas icy des Roys & des Princes, ains ie parle des mondains, qui ne sont que moucherons, car s'il leur defaut la moindre commodité, soudain auec vn despit murmurent, & leur semble que tu leurs faits iniure, quoy qu'il ne soit pas ainsi, mais ils errent & se trompent grandement.

O Ioseph, tu cherchois vn lieu de retraicte en quelque logis, mais il n'y eut moyē de trouuer place en aucune hostellerie, & pourquoy? par ce qu'ils ne vous cognoissoient pas, & s'ils eussent eu cognoissance de vous, ils vous eussent preparé logis en leur maison.

Mais Dieu voulut s'heberger en vne pauure, & tres pauure logette, presque toute ouuerte, à l'entour, n'estant bien fermee, sinon par le dessus. Et pour ce vous autres pauures, vous n'auez point d'excuse de vous impatienter, moyennant que vous ayez quelque peu pour vous entretenir. Vous auez aussi vne estable, & vne creche pour loger le Roy de gloire, l'estable c'est vostre ame, & la creche c'est vostre cœur.

Ioseph, & Marie sont entrez à l'estable, quoy qu'il peust naistre dehors, au milieu des chāps, mais il voulut eslire l'estable, non qu'il en eust besoin, mais parce que l'estable en auoit necessité, afin qu'icelle se fist vn lieu plus honorable, que tous les Palais Royaux. Et si Dieu eust laissé à determiner ceste affaire à la volonté des Seraphins, ou Sages de ce monde, ie dis qu'ils eussent arresté tout le contraire que Dieu n'en a ordonné. Mais bon Dieu tu as inspiré à Ioseph d'eslire l'estable, parce que tu as voulu môstrer que tu ne mesprise l'ame de personne, & afin qu'aucuns ne s'excusent, disant ie suis trop pauure, ie ne puis loger mon Dieu, car l'ame d'vn pauure luy est autant agreable, que l'ame d'vn Roy, si elle est en la grace de Dieu. Ce n'est plus l'estable où Dieu est né, mais c'est vn Palais, c'est vne Eglise, & plusieurs s'estimēt tres-heureux de la voir. De mesme ton ame ne sera plus vne estable, mais vn tēple, mais vn Palais, lors que Dieu y sera logé. C'est pourquoy ne profanez pas ceste estable d'aucun peché mortel, ains plustost sanctifiez la, & d'auantage que ceste Baume n'est respectee, en laquelle personne ne peut entrer sinon à pieds nuds.

Dites au peché, dites au diable, lors qu'ils taschent d'y entrer, sortez d'icy, car ceste estable est sainte, où Dieu a reposé: & alors vostre Dieu viendra à vous cōme vn petit enfant, enuelopez le de petits drapelets, caressez le, applaudissez luy, & le maniez doucemēt & deuotement.

Marie l'auoit enfanté, & toutesfois n'osoit pas le toucher, & vous aussi vous n'auriez pas la hardiesse de le manier, si vous l'auiez cogneu, mais la crainte ne sert de rien sans l'amour, l'amour doit surmonter la crainte, autrement qui est celuy qui osast s'approcher? Et toy Eglise, tu serois vne Espouse ingrate, si tu ne recognoissois le benefice de ton Espoux. Ignores-tu, ce que le Seigneur dit à Pierre, Pais mes oüailles, car vous ne seriez vrays Pasteurs, si vous ne dōniez à manger à vos brebis. Ie ne dits pas pourtant qu'il les faille conduire en quelque pasturage de la terre, mais ie veux dire qu'il les faut faire participantes de la Doctrine de leur Dieu.

Il est vray, Iean l'euangeliste, tu as cognu beaucoup de mystere, & n'as caché ton talent, ny mangé de la viande Royalle tout seul, mais ta volōté a esté de la communiquer, & distribuer aux autres. Et vous orgueilleux, & superbes estimez vous vous humilier, ne communiquant à vostre prochain, que ce que vous sçauez?

Outre plus, ô Iean, tu as communiqué les visions que tu as veuës: Et toy Iean Baptiste, tu as presté ta voix tout cet Aduent, disant, toutes montagnes seront humiliees, & combien pensez vous qu'il y a encores de montaignes?

Michaëlis, tu as aussi beaucoup crié à Aix à l'imitation de Iean Baptiste, disant, Applanissez le chemin du Seigneur : mais y en a plusieurs qui ont entendu tes predications, disans, que tu n'auois la langue diserte, & faconde, les autres t'alloient ouyr par curiosité, les autres murmuroient disans, l'action du Predicateur n'est pas gracieuse: d'aucuns disoient, il presche trop familierement: & les autres disoient qu'il falloit auoir des ieunes Predicateurs, & qu'ils estoient plus excellents à prescher. Et pour ce, ils sont indignes d'oüyr la parole de Dieu, & meritent d'estre resserrez en quelque receptacle d'Enfer, puis qu'ils ne veulent ouyr la parole de Dieu pour leur profit & vtilité.

a Du trauail des Predicateurs.

a Puis dit, ô miserables! estimez vous que les Predicateurs trauaillent peu? Ie vous dits qu'ils ne mangent tousiours lors qu'ils ont faim, & ne dorment quand le sommeil les surprend, ils ne se chauffent lors qu'ils ont froid, & trauaillent souuent quand ils sont fatiguez & lassez, faisant comme les fidelles enfans, qui ne regardent point les promesses du Pere, sçauoir le Paradis, ny aussi ses menaces, sçauoir l'Enfer. Mais comme le fils legitime obeit à son Pere par amour, ainsi font les vrays enfás de Dieu, qui ne regardent point leur dommage ny leur interest propre, & ne fuyent point les labeurs & peines, ains font ce à quoy Dieu les a appellez par sa saincte vocatió, comme sont les Prestres, Religieux, & Predicateurs.

b Signe de la predestination.

b Vn signe de l'eternelle predestination est, d'oüir volontiers la parole de Dieu, se confesser librement, & communier, & seruir deuotement à Marie mere de Dieu. c Puis dit, il a esté

c Gerson & aucuns autres tiennent qu'il a esté sanctifié au ventre de sa mere.

raisonnable que celuy qui deuoit estre Gardien de la Vierge, eust vne prerogatiue plus excellente que tous les autres Saincts, & ie dis qu'il en a eu autant que Iean Baptiste & Hieremie en ont eu: Car il deuoit estre l'Espoux de la Mere de son Dieu, & son Pere putatif & nourrissier, & vrayement, ô Ioseph, Marie a esté ta sœur,

& luy as tousiours exhibé vne fidelle compagnie. Il dit aussi que Ioseph auoit demeuré quelque temps auec crainte, ne sçachant le mystere qui estoit caché dessous. Et moy, ie ne m'esmerueille pas, car Marie n'estoit semblable aux femmes modernes, qui disent tout ce qu'elles sçauent à leurs maris, mais elle sous vn estroict siléce gardoit tout ce qui luy estoit reuelé & cogneu du Ciel par l'Archange Gabriel, venant de la part du supreme conseil de la tressainte Trinité: Toutes ses paroles estoient de grand poids, & Marie ne fut comme Eue, qui multiplioit les paroles.

En disnant, Verrine dit plusieurs choses pleines d'edification, & entre autres, que les ames bien-heureuses auoient dauantage soif du salut de nosames, & de nous voir auec elles en Paradis, que l'Enfer, & que tous les diables ensemble ne respiroient la perdition d'icelles, car la vertu & puissance des bien heureux surmonte l'impieté & malice de tous les damnez. Il disoit aussi, lors que vous vous mettez à table, pensez que ce qui est seruy dessus, vous crie ces trois choses, *Accipe, Redde, Time. Accipe* prends ta refection? *Redde*, rends graces à Dieu: & *Time*, aye crainte d'estre trouué ingrat apres tant de benefices.

Cependant quelqu'vn auoit donné à ces filles quelque partie d'vn rayon de miel, que l'on auoit trouué à terre, tombé d'vn arbre par le vent, & à l'occasion de ce rayon de miel, Verrine dit à Magdaleine : Magdaleine tu dois imiter l'abeille, laquella va colligeant auec silence ce qui est de plus precieux en la fleur, & cela signifie la vertu.

a Acquisition de vertus.

a Magdaleine va t'en pareillement à saincte Vrsule, & prends de chacune de tes sœurs vne vertu: de l'vne collige l'humilité, de l'autre la patience, d'vne autre la droicte intention, de l'autre la charité, & d'vne autre l'obeyssance: c'est ainsi Magdaleine que la diligéte mouche à miel se côporte, & meurt mesme en trauaillant, car elle a esté créée pour le trauail : Vous autres deuez faire le semblable, & mourir en vous-mesme. Puis parlant encores de la saincte Vierge, dit: O Dieu immense, Marie te portoit selon ton humanité, & toy tu la portois selon ta diuinité, car vrayement tu estois vn petit enfant, mais vn grand Dieu.

b Cooperatiô de la creature auec Dieu.

b Dieu opere, & veut que la creature coopere, & cecy se verifie en toy, ô Marie, car Dieu t'a donné de grands & precieux presens: mais en tout tu as tousiours apparu plus humble, & ne serois pas la Mere de Dieu, si tu n'y auois contribué, car Dieu veut que la creature contribue tousiours quelque chose. Vous n'auez rien à luy donner sinon la volonté, & personne ne se peut excuser, donnez luy donc vostre corps & vostre ame, car cela luy suffit.

c Verrine se dit arbre sterile & mauuais.

c Ce mesme iour Verrine se compara à vn arbre steril, mais que Dieu, dit-il, luy donnoit, par sa toutepuissâce, vertu de produire de si bôs & si suaues fruicts, & que toutefois il demeureroit tousiours vn arbre sterile, & mauuais: qu'il ne verroit iamais la face de Dieu, ains qu'il demeureroit tousiours diable, & que neátmoins

d'un Magicien.

aucun diable n'auoit iamais esté esleué à vn tel honneur que de loüer Dieu, & faire sa volonté comme luy, & qu'il luy auoit esté promis a alleuiation de quelques degrez de peines, si toutesfois il faisoit fidelement son deuoir.

Actes du XXV. Decembre iour de Noel.

b CE iour de Noël vers la minuict les trois Demons qui estoient en Louyse, furent commandez d'aller à Marseille pour cooperer à la conuersiō du Magicien Louys. Alors Magdaleine estoit toute assoupie & estourdie de sommeil causé par le diable, tout au long de la Messe, & icelle acheuee retourna à soy.

Ce iour à l'heure susdite le Pere Dominicain exorcisa Louyse, & Magdaleine, c & lors Verrine cōmença à parler en ceste maniere: Il faut regarder la terre, qui veut trouuer son Dieu: cognoistre la terre, c'est cognoistre le petit enfant qui est à l'estable. Vous regardez aussi le ciel, prenans garde à la diuinité, & cōme il est nostre iuge, mais entāt que petit enfançō, il merite d'estre aimé de vous Selō son humanité, il est fort petit, mais selon sa diuinité, il est vn grand Dieu & digne d'estre loüé. Tous peuuent seruir à ce petit enfant, & n'y a personne qui se puisse excuser, car vn chacun a vn bœuf, & vn asne: l'asne, c'est le corps, & l'ame le bœuf. Car l'ame, cōme le bœuf recognoist facilement la creche de son Seigneur. Ie dits qu'il faut que ce bœuf & cet asne portent le ioug de leur maistre, c'est à dire tout ce qu'il luy plaira de leur mettre dessus, sçauoir toutes mortificatiōs, afflictiōs, trauaux, & tout ce qui aduict à l'hōme par la volōté de Dieu, car tout cela, c'est le ioug du Seign.

a *Voyez la response aux difficultez à l'objection dixiesme.*

b *Poursuite pieuse sur la feste de Noel.*

c *Les esprits vont & reuiennēt promptement.*

Ce ioug eſt ſuaue, & ce fardeau leger à tous ceux qui l'ayment, & pour ce ne dites pas ie ne le peux porter, car voſtre Dieu n'a rien commandé d'impoſſible. C'eſt la verité, luy a porté vn ioug fort aſpre, & vn fardeau fort peſant, car ſa Croix eſtoit fort peſante, & ne vous dit pas: Voicy ma Croix, portez-la, comme ie l'ay portee: non, il ne dit pas cela, parce que vous eſtes trop debiles pour porter ceſte Croix, mais il a dit, Portez mō ioug, parce que ce faix eſt tres-leger à tous ceux qui ayment Dieu, & luy ſeruent comme il faut. Dieu a des Anges, & des Saincts, mais il ne ſe faut eſmerueiller ſi les Anges luy obeyſſent, & les hommes font ſa volōté: ce qui eſt admirable, c'eſt que les diables luy obeyſſent, encores qu'ils ſoient condamnez aux Galeres de l'Enfer. Grand Dieu que ne faites vous dire tout cecy à quelque Seraphin, ou à quelque docte Predicateur, & non pas par la bouche d'vne fille? que ie ne ſois contraint de contribuer mon nom en ce qui eſt directement contre l'Enfer, qui plus eſt cecy eſt grief à celuy qui le prononce. Puis dit que pluſieurs ne croyent à tout cecy, mais ie leur reſpons, qu'il n'ont veu Dieu: cependant ils le croyent, & de meſme du Paradis. Vrayement Thomas ton Dieu auoit dit, (auquel il eſt impoſſible de métir) qu'il reſſuſciteroit le troiſieſme iour, & quoy? n'eſtoit-il pas reſſuſcité ce troiſieſme iour? Il eſtoit vrayement reſſuſcité, mais parce que tu ne l'auois veu reſſuſciter, tu ne voulois croire, & dis, ie ne le croy pas, ſi ie ne touche le lieu des cloux. Perſonne auſſi de vous autres ne l'a veu mourir pour soy-mesme, & toutesfois vous croyez qu'il est mort pour vous: ignorez-vous ce que Dieu dit à Thomas: Bien-heureux ceux qui ne verront ce que tu vois, & croiront? Il n'est besoin de foy és choses que nous voyons manifestement, comme si ie vous disois que ce Prestre est à l'Autel, ie crois que vous me croiriez, & vostre foy ne seroit de grand merite, parce que vous voyez cela auec moy. Ie dis que toutes les sciences de Ciceron, de Platon, & de tous les autres Philosophes Payens ne seruent d'autre chose que pour occuper en vain l'esprit des hommes, ces eaux ne pourront iamais esteindre la soif des ames, & par consequent ne les pourront refectionner, mais les plus petites delices de l'esprit surmontent les delectations du monde, & maudits sont ceux, qui pour vne volupté momentanee, souuentesfois perdēt la vie eternelle. Vostre Dieu est vn Chirurgien tres-expert, & le plus grand entre les plus fameux, il sçait fort bien mettre le fer à la playe, & preuoit si elle se peut guerir, y apportant soudain le remede & le medicament, qu'il iuge y estre necessaire pour sa cure. Dieu le Pere a deux filles, sçauoir la Misericorde, & la Iustice: & la Misericorde a obtenu le droict d'ainesse en la maison de Dieu, & comme vous sçauez les premiers nez ont quelque prerogatiue sur les autres. La misericorde est sœur de Iesus-Christ, & c'est elle qui luy disoit, qu'il falloit patir, & souffrir toutes les douleurs & tourmens qu'il a soufferts en sa Passion. Et toutes ces deux susdites sont sœurs germaines comme d'vn mesme Pere, & d'vne mesme Mere, & toutesfois il est certain, qu'vne a dauantage de faueurs que l'autre. Pareillement Dieu le pere a plus fauory la misericorde, que la iustice, & neantmoins elles sont sœurs, & ses filles toutes deux: car il n'est pas moins iuste exerçant la iustice, qu'il est bon faisant misericorde. Cela n'apporte rien d'imperfection en Dieu, lors qu'il punit les meschans, & recompense les bons, ie dis que c'est vn grand signe de sa toute puissance, de rendre à vn chacun selon ses œuures.

Vrayement Mere de Dieu, tes entrailles ont esté vne boutique d'Apoticaire, pleine de tresbons onguents, & de parfums fort odoriferans, & le sainct Esprit a fourny ceste boutique de tous ces aromats, c'est à dire de ses bons fruicts, auec vne abondance de vertus & de graces. Ie dis aussi que Marie est vn Iardin clos, & que le sainct Esprit est le iardinier, qui sçauoit tres-bien labourer ceste terre beniste, & y semer de toutes les especes de fleurs, & planter là de beaux arbres verdoyāts, auec leurs belles fleurs, & tres bons fruicts. Marie, tu es l'arbre, tes cogitations sainctes en sont les fueilles, tes feruens desirs, sont les fleurs, & le petit Iesus en est le fruict, qui a esté né pour vous. Luy est vn fruict si admirable, qu'il a esté digne d'estre presenté au Pere eternel en l'arbre de la Croix pour vos pechez. Vostre memoire vous faict souuenir des benefices de vostre Dieu, & Ioseph, qui est vostre entendement, flechist les genoux en quelque coin de l'estable, & considere attentiuement ce mystere tant excellēt: & Marie comme illuminee, est la plus proche, & signifie la volonté: l'entendement veut comprendre, mais la volonté fuit, & fait comme la Mere de Iesus Christ, qui ne l'osoit toucher, mais en fin Marie qui est cōme la volonté, le prend & le meine: car il faut que l'amour surmonte la crainte. Partāt prenez le petit enfant, applaudissez luy, & l'enueloppez dans les drapelets, il est petit, & par ainsi traictable, efforcez vous tant que vous pourrez à luy seruir, apportez des bandelettes pour le lier, bref tout ce qui luy sera de besoin. Il est petit, mais grand Dieu, comme est escrit, Vn petit vous est né, & vn fils vous est donné, il est petit, & a les mains liees, & ne sont propres pour frapper: Venez donc, & approchez vous, & contemplez qu'il est aussi iuge seuere à ceux qui refusent de faire sa volonté. Si Abraham eust disputé auec Dieu, lors qu'il luy commanda d'immoler son fils Isaac qu'il aymoit tant, & eust dit, comment se peut faire cela, ou de quelle façon? ie vous dis qu'il n'eust merité d'estre fait le Pere des croyans. Partant faut que vous vous humiliez, & croyez que là au sainct Sacrement est vostre Dieu, car son corps est glorieux, qui n'occupe point de lieu.

Outre ie dis que ce n'est pas assez d'auoir enueloppé & emmaillotté de drappelets le petit Iesus, mais il le faut encores eschaufer de l'haleine d'vne parfaicte deuotion, qui est vne ferueur permanente du sainct Esprit.

Outre, il dit beaucoup d'autres choses, sçauoir que les plus humbles, eſtoient les plus ſublimes en Paradis, teſmoin Ieſus-Chriſt, & Marie : que l'amour allegeoit tout labeur, teſmoin les diables, qui defaillans a en amour, il leur eſt plus grief, & plus intollerable de dire vn *Aue Maria*, que ſouffrir dix mille annees en Enfer. Il eſtoit auſſi raiſonnable, dit-il, que ſi les Princes ſont contraincts d'obeyr, que les ſeruiteurs ne reſiſtent. Il diſoit encores, que ſi quelqu'vn voyoit vne ame en eſtat de grace, ſelon ſa totale beauté, ſoudain mourroit de ioye, & d'eſtonnement, eſtimant voir la diuinité, mais il ne faut demander de le voir. Si ton corps ſe plaint, dis à ton ame, Mon ame, il ne faut ſuccomber ſoubs ce faix, penſe que tu es creée pour regner, & commander, rends graces à celuy qui t'a formee, Dieu n'eſt pas comme vn homme, car l'homme obmet de bié faire, & eſt ingrat aux benefices receus : mais voſtre Dieu a bien preueu l'ingratitude des hommes, & entendu de ſes aureilles leurs pechez criants vengeance, & auec tout cela n'a laiſſé de vous donner ſon fils. Voſtre Redempteur eſt né à la minuict, receuez le, voſtre corps eſt vne eſtable, voſtre ame la creche, & quoy qu'il ſoit Roy, pourtant il ne refuſe l'eſtable, & n'y a perſonne qui ſe puiſſe excuſer. Eſchauffez le petit enfant, & ne dites pas, ie n'ay rien pour l'eſchauffer : le ſainct Eſprit eſt vne fournaiſe, il vous donnera du feu, apreſtez luy ſeulement du bois, c'eſt à dire vos pechez, il les prendra, & conſumera tous au feu de ſon amour. Apres tout cecy, & beaucoup d'autres diſcours

a *Ainſi qu'vn homme obſtiné à vne choſe, ſe laiſſera pluſtoſt mettre en pieces.*

d'vn Magicien. 273

discours, auec vne grande force, & vehemence tout enragé fit ceste abrenonciation, qui s'ensuit, disant.

a Ie Verrine, au nom de tous les Magiciens, & Magiciennes, Sorciers, Sorcieres, ie renōce à toutes les abrenonciations qu'ils ont fait contre la puissance du Pere, à la sapience du Fils, & bonté du S. Esprit. Ie renonce à toutes les abrenonciations, desquelles ils ont renoncé à la S. Vierge, à tous les Anges, & à tous les Saincts de Paradis. Ie renonce à toutes leurs impietez, par lesquelles ils ont choisi l'Enfer pour leur eternelle demeure, & ont dit à Dieu qui ne se soucioient de toutes ses inspirations, & graces, & qu'ils vouloient estre eternellemēt separez de luy, & de ses Anges. Puis au nom de tout l'Enfer, cria: Ie renonce à toutes les damnatiōs, & cedulles, qu'ils ont fait au diable. Apres dit, croyez que Dieu estāt tout-puissant, peut permettre aux diables qu'ils apportent sur ceste Eglise les corps des Magiciens, & Magiciennes, pour entendre leur iugement, & sentence, ie parle en general, non en particulier. b Puis adiousta, disant, qu'à ceste fin Dieu n'a voulu se seruir du ministere d'vn Ange, parce que s'il fust venu inuisiblement, on eut dit, que c'estoit vn diable en forme d'homme, on eut dit c'est vn homme, & l'on n'en eut pas fait grād compte de ses paroles, mais Dieu en cet œuure fait comme vn Roy, qui auroit plusieurs Princes, plusieurs subiects, & seruiteurs, & prendroit vn de ces seruiteurs, pour en faire son Ambassadeur, ce qu'il ne feroit pour honorer le ser-

a A leur rapport le Sabbat se tenoit d'ordinaire à la saincte Baume, de nuict, & Dieu contraignoit les malings d'y porter les Magiciens, pour voir & entendre.

b Pourquoy vn diable est employé en ce fauct estat vil, & captif.

S

uiteur, ains pluftoft pour môftrer & magnifier fa puiffance, car il n'a befoin de l'authorité, ou qualité de fon ambaffadeur, iceluy prenât toute fa puiffance du Roy. Ainfi Dieu n'a point choifi de fes Princes, ou fuiects, ains il f'eft seruy d'vn de fes plus vils captifs, qui font les diables, non pour l'honorer, mais afin de faire cognoiftre fa grande puiffance. Car Dieu force le diable de faire fa volonté, & luy donne authorité de faire ce qui luy plaift, & eft agreable à fes yeux, & ce à fa plus grande gloire, & confufion de tout l'Enfer. Dieu voulant vfer de ce nouueau remede pour la côuerfion des ames, & pour plus ample tefmoignage de fa bonté. Apres Verrine, Grefil fon compagnon fit la femblable abrenonciation que deffus, & ce par la bouche de Louyfe qu'il poffedoit. Apres le troifiefme, qui eftoit au mefme corps, nommé Sonneillon renonça en méme maniere, & outre, adioufta qu'alors les Magiciés & Magiciennes y eftoient prefens, qu'ils furent grandemét esbahis de voir, & ouïr telles chofes, & que cela fe faifoit à leur plus grande condamnatió, ou à leur conuerfion, f'ils y vouloient prefter leur volonté.

Puis tous les trois confirmerét ce que deffus par vn iurement fort folénel, difans qu'en toutes les Meffes, il falloit dire quelque chofe.

A la Meffe de l'aurore exorcifa le Pere Dominicain, & côméça Verrine à parler en ces mots: Le chef de la famille c'eft l'homme, il n'eft pas feât que la femme gouuerne, car elles font fubiettes à leurs maris, & ie dis que c'eft au chef de presider, & au maistre de cōmander. l'ame c'est le chef, le corps n'est que la femme, & ie dits plus, que l'ame est la maistresse, & le corps la chambriere, & toutesfois il se plaint tousiours, disant, il ne faut se leuer du matin, faut prendre ses plaisirs, faut vser des creatures en ioye & liesse, pēdant qu'auōs le temps, au declin de nostre aage nous penserons à nous cōuertir, mais si le Maistre est aduisé, prédra la chambriere & la iettera hors de sa maison. Ainsi doit l'ame se cōporter enuers le corps, lors qu'il se plaint, en luy disant: ma chair, tu n'es que la châbriere, & non la maistresse, c'est à toy de seruir, non de commander, ie te dits que si tu veux vn iour māger auec moy des viādes delicates, il ne faut point maintenant fuyr les labeurs: ne sçais-tu pas qu'on me dira: O ame, faut que tu rendes la premiere raison de tes comportemens, tu estois la maistresse, & ainsi tu te deuois gouuerner auec prudēce. L'hōme qui a vne fēme prudente, luy doit laisser entre ses mains tout le gouuernement de sa famille, & non à la seruāte: mais tu as fait le contraire. Vous autres faites le mesme, disans: Nous sommes d'vne nature delicate, faut vn peu se carresser: l'autre dira, il faut se resiouïr, ie peux viure sans trauail, i'ay des biens assez, ie suis de noblesse, ie suis d'vne telle race, ie peux nourrir tant de cheuaux, auoir tant de Gentils-hommes à ma suitte, estre seruy de tant de pages & laquais que ie voudray. Vn autre se plaindra sur sa vieillesse, qu'il ne peut faire penitence en cet aage, & pour ce les familles se ruinent, esquelles ceste maudite chambriere gouuerne. Vous autres ne soyez semblables à ceux desquels il est dit en prouerbe, qu'aux places ils sont facecieux, mais en leurs maisons tristes. Puis Verrine parlant aux assistans, dit : Vous vous promettez le Paradis, mais ne le pésez pas auoir sans patir en ce monde, parce que le seruiteur n'est pas plus grand que son maistre, & puis qu'il a fallu que Dieu ait souffert, & ainsi entrer en sa gloire: vous autres voudriez entrer au Ciel à cheual, & en carosse? Ie vo⁹ dis qu'il y faut entrer à pied, & encores chargé de bonnes œuures. Autrement l'on vous dira, Ie ne sçay qui vous estes, vous ne pouuez entrer icy, car moy, & mes enfans sommes au lict: n'entédez pas cecy des lits molets comme quelque ignare pourroit entédre, car ces paroles se dirōt aux pecheurs endurcis, & qui ne veulent se conuertir. Il ne faut viure en ceste façon, si voulez estre sauuez, vous ne pouuez vous excuser, vous estes tous chargez de bois, & estes pecheurs, presentez vous deuant le petit enfant, qui est à la creche, portez y tout: car il vous deschargera. Si vous me dites que vous n'auez aucun peché, ie dis, que c'est vn mensonge, car tous sont pecheurs, le peché est comme bois, arrange-le afin que venant le S. Esprit, il y mette le feu, i'entēds le feu de son amour, qui ne cherche qu'à brusler. Ie dis encores que personne ne se peut excuser, car vn chacun a vn baston pour s'appuyer, qui est la volonté, tout le reste est à Dieu, mais ce baston est vostre, car Dieu vous l'a laissé, prenez-le donc, car Dieu est vn pasteur, & vous ses oüailles, & lors que le loup rauiſſant viédra, il prendra le baſtō de voſtre volôté, & le frapera tellemēt qu'il n'y retourneta ſinō auec ſa confuſiō.

Apres Verrine inuita toutes les creatures du ciel, tous les chœurs des Anges, tous les Sainꝗes & Sainꝗes, & particulierement la tres-ſainꝗe mere de Dieu: Outre toute l'Egliſe triōphante & militante à loüer Dieu pour les pecheurs, & ſpecialement pour les obſtinez, Magiciens, & Magiciennes, Sorciers & Sorcieres, diſant en ces mots, Verrine au nom de tous les Magiciés & Magiciennes, Sorciers, & Sorcieres, Maſcs, & Maſques, de la part du Souuerain Dieu. O quatre elemés loüez Dieu, toutes creatures raiſonnables, & ꝯraiſōnables, loüez le Seigneur, toutes creatures vegetātes & mouuātes loüez Dieu, terre, mer, air, & feu, arbres & eſtoilles, loüez le Seigneur, &c. Et ie vous dis, que ſi toutes les creatures pouuoient eſpancher des larmes de ſang, elles déploreroient tellemēt les impietez des Magiciens & Magiciennes, que rien plus, tant ils ſont en abominatiō deuant Dieu. Tout ce que deſſus a eſté prononcé pendant que le Preſtre tenoit à ſa main le venerable Sacremēt, voulant communier Louyſe, & Magdaleine. Apres fit les renoncemens des abrenonciatiōs des Magiciés, & Magiciennes, Sorciers, & Sorcieres, Maſqs, & Maſques, comme deſſus auoit fait à la Meſſe de la minuict: les meſmes firent Greſil & Sonneillon, vne fois, lors que le *Credo* ſe diſoit à la Meſſe, & l'autre à l'éleuation, & la tierce à la Communion: & pareillemēt tous ces trois demons confirmerent par iuremēts

S iij

tout ce que deſſus, tout ainſi qu'à la minuict. Ce meſme iour le Pere Dominicain manda vne lettre au Pere Michaëlis, luy reſpondant à vne des ſiénes eſcrite le treziesme de ce mois, & le priant de venir à la ſaincte Baume.

Ce meſme iour auſſi Verrine dit audit Pere Dominicain, Cõmande moy au nom de Dieu, & de l'authorité de l'Egliſe triomphãte, & militante, d'aller en vne expedition que Dieu m'a impoſé, & alors print en teſmoin de ce, le Pere Romillon, & le Pere André Godan, de l'ordre de ſainct Dominique, puis ſortit.

Encores en ce iour aduint vne choſe notable, ſçauoir que Belzebub parla en ceſte ſorte, diſant : Verrine crioit tantoſt que tout l'Enfer auoit eſté contrainct de Dieu, à renoncer à toutes les choſes que les magiciens, & magiciennes font. a Et moy Belzebub, chef de tous les demons qui ſont au corps de Magdaleine, ay eſté contrainct du Tout-puiſſant, de renoncer le meſme en effect, contre ma volonté, & ſuperbe. b Ouy, ouy, ouy, moy au nom de tous mes cõpagnons du tout enragé, & repugnante ma ſuperbe, & rebellion, ie renonce, ie renonce, ie renonce dis ie, à tout ce que i'ay ſuggeré à Magdaleine de faire tant ces iours paſſez, que tous les autres iours, contre ſon Dieu, & ſa cõſcience : Ouy, ouy, ouy, ie reuoque tout cela, & les condamne, & y renonce tout à fait.

Le meſme iour encores à la grande Meſſe, furent exorciſees les deux filles par le Pere Dominicain, & Verrine commença à parler en ces mots.

a Cõtrainte à Belzebub de renoncer.

b Au Tribunal de Dieu, toutes choſes ſe font ſi exactemẽt que meſme les diables n'ont que repliquer.

Dieu des puissances, faites descendre un Ange du Ciel sur cet autel, afin qu'ils croyent: Que voulez vous faire, de vous seruir d'vn demon en ceste affaire? Vous auez icy des Docteurs capables pour dire le mesme que ie dits, car on dira tousiours que Louyse n'est pas possedee, maudite soit la folie, l'Enfer me seroit plus tolerable qu'icelle.

a Puis ledit Verrine commença à se gausser de Belzebub, & de ses Princes en ceste maniere. Quoy Belzebub qui es maistre de superbe, cedes-tu maintenant? Tu es celuy qui dits à la noblesse, Comment monsieur, ne luy cedez pas, vous estes noble, vous estes d'vne tige si ancienne, quoy vous abbaissez vous deuant vn tel? non, cela n'est pas conuenable à vostre noblesse. Quoy Belzebub miserable n'est-ce pas toy qui voulus precipiter Dieu mesme de son throsne, si tu eusses eu le pouuoir? Voila comment tu es abbaissé maintenát, tu n'as rien que respondre, tu es tout en confusion. b Et toy Leuiathan, monsieur le Docteur des heretiques, n'es-tu pas celuy qui leur donnes abondáce de ta lumiere, mais ta lumiere n'est que tenebres, parce que personne ne peut donner ce qui n'a pas. Tu dits aux curieux qu'il faut disputer ce lieu-là de l'Escriture, & celuy-là, & celuy-là, car il n'est pas interpreté, cóme il doit estre, & voyant que sur toutes choses ils sont superbes, tu les empesches par là de s'humilier, mais ie te dits qu'aucuns superbes ny curieux n'entreront en Paradis, s'ils ne viennét à s'humilier, & delaisser toute curiosité. Que ne res-

a Tétation contre la Noblesse.

b Tétation contre les heretiques.

ponds-tu maintenant? tu es vn braue Docteur: mais ie voids, tu n'as rien que respondre, & monstres assez que tu n'es guere sage. Il y a icy d'honnestes gens qui t'entendront parler, mais ô Leuiathan, il appert, tu es vn confusible comme ton compagnon.

a Tentations pour les dyels.

a Et toy Belzebub, qui souffle aux aureilles de la noblesse, & autres, & leur dis: Qui bien aime, ce qu'il aime, souuentil l'a en la bouche, & cependant les faits renier Dieu, depuis la teste iusques aux piedz, & leurs dis, comment monsieur, il est plus que raisonnable de deffendre vostre honneur. Voudriez vous souffrir vne telle escorne, considerez bien telle & telle parole, tel & tel dementy, c'est vn coquin, il est inferieur à vous, faut se venger de luy, faut l'appeller en duel, & ainsi quoy que Dieu leur deffende, que l'Eglise excommunie telles gens, & que le Roy par ses Edits les prohibe, pour tout cela, ils ne s'en soucient pas, se fourrent aux coups, & ne peut-on aucunement empescher ce malheur.

b Tentation contre la ieunesse.

b Puis Vertine se riant d'Asmodee luy dit: Et toy malheureux, qui suades aux ieunes gens, que d'offenser Dieu n'est point peché, & ainsi leur voiles les yeux, si que ne voyāt la lumiere, ne peuuent marcher qu'en tenebres.

Et toy Astaroth maistre des paresseux, parle pour tous, deffends ta cause, tu es vn fort grand Prince, tu ne pardonnes à personne, tu commandes mesmes aux Roys, tu tentes les Princes & les Ecclesiastiques, tu entres par tout fort facilement, & lors mesmes que les portes

& fenestres sont fermees.

a Et toy Carreau, tu es celuy qui dits que le *a Tentatiō*
Lazare ne peut ressusciter de mort à vie, & par *d'endurcis-*
le Lazare tu entens le pecheur obstiné: & moy *sement.*
ie dits qu'il peut ressusciter non de soy-mesme,
ains auec l'aide de l'Eglise, & de Dieu, qui dit,
Lazare veni foras, qui commande d'oster la
pierre, si que luy est facile de faire tout ce que
bon luy semble.

Ie dits que Dieu peut oster la pierre du cœur
d'vn pecheur endurcy, puis se confessant, le
Prestre l'absout de ses pechez, selon l'authorité que Dieu a donné à son Eglise, & ainsi le
mort est ressuscité.

Apres dit, que celuy-là n'a pas la vraye noblesse, qui n'a pas la charité, car la vraye noblesse vient du Ciel.

b Tous les citoyens du Ciel se resiouyssent à *b Bref dis-*
la naissance du Fils de Dieu. L'ame du pauure *cours sur la*
est comme celle du Roy, si elle est en grace. *feste de*
Le petit enfant est né pour vous, & le Fils *Noel.*
vous a esté donné, Roy & Iuge tout ensemble, né petit, pour estre maniable à tous, & facile à estre appaisé, mesme d'vne seule pomme. La pomme signifie l'ame auec ses trois
puissances, la memoire denote le Pere, l'entendement le Fils, & la volonté le S. Esprit: Donnez à ce petit enfant voz pensees, voz desirs,
& voz œuures, & ainsi vous luy donnerez l'odeur, la saueur, & la beauté de ceste pomme, &
lors il sera appaisé auec ce present, car il s'est aneanty afin que tu le peusses porter. Il est eternel auec son Pere. Ouy tu le sçauois bien Ma-

rie, & non les autres, cependant il n'a pas pour reposer sa teste, à tout le moins donnez luy la pierre de vostre cœur, afin d'é faire vn oreiller. Si le Roy deffunct d'heureuse memoire, vous auoit dõné son Dauphin, ie vous dits que vous l'eussiez receu auec vne tres-grande ioye: le Pere celeste vous a donné le Dauphin du Ciel esgal à luy, & les Roys le sont venus chercher de bié loin pour l'adorer: n'est-il pas raisonnable que vous pareillement l'adoriez? Le temps est venu que Dieu veut remplir les sieges vuides du Ciel, le grand iour de Dieu s'approche auquel il vous veut mettre en son Paradis.

Apres Verrine dit, Ie Verrine renonce, &c. comme dessus, à la Messe de la minuict. Puis inuita toutes les creatures à loüer Dieu pour sa bonté ineffable, & sa misericorde infinie, comme dessus. Apres luy, Gresil fit le semblable, & Sonneillon le dernier fit le mesme, & celuy-cy adiousta, Dieu tout puissant qu'il te plaise de creer de nouueau mille Enfers pour tous ceux qui ne se conuertiront, dõne leur mille vies & autant qu'il y a d'estoilles au firmament, car tout cecy t'est possible, & ce afin qu'autant de fois ils puissent mourir.

Ce mesme iour sur le soir, les deux possedees furent exorcisees par le P. François Billet Prestre de la doctrine, & Verrine commença à parler en ces mots: Le chaud de l'Enfer ne m'est pas tant intollerable, que tes exorcismes, & pleust à Dieu que ie fusse sourd lors que l'on m'exorcise. Apres dit, Belzebub, tu tourmentes Magdaleine, mais ne te trouble pas Magdalei-

d'vn Magicien.

ne, cela est parce qu'il n'a demeuré en nous, ny raison ny côseil. L'exorciste luy dit, *Recede maledicte*, & respondit en Latin, *non est tempus*. Et l'Exorciste disant, *Angeli decantauerũt Gloria*. Verrine dit à ces mots, que les diables aussi auoiẽt dit, *Gloria in excelsis Deo*, & qu'il n'estoit pas grãd miracle que les Anges eussent chãté, *Gloria in excelsis Deo*, mais que c'estoit vn grãd miracle d'entẽdre chanter ce *Gloria* par les diables, & que s'ils auoiẽt à choisir, ils esliroiẽt plustost de patir tous les tourments d'Enfer, cõme vn plus moindre mal, que de dire ce *Gloria*. Il dit encores; a quelques vns disent que les diables ne peuuent dire la verité: miserables & stupides, Dieu ne peut-il pas faire que les Anges, & les hommes & les diables luy obeissent. Les autres disent que ce sont des fables, les autres, que ce sont comœdies & inuẽtions, d'aucuns murmurent, qu'ils ne voyent aucun signe & qu'ils ne parlent pas toutes langues, & les autres croyent que Louyse a peu entendre aux predications tout ce qu'elle a ja dit, il ne se faut esmerueiller si les hommes ne croyẽt, car c'est vne chose toute nouuelle. b Et toy Michaëlis tu examineras tout cecy, puis apres l'Eglise. Mais comme tel s'estime sain, qui est deuant Dieu fort infirme, appert au Pharisien: ainsi au contraire tel s'estime deuant Dieu infirme, qui est grandement sain, tesmoin le Publicain.

O tres-saincte Mere de Dieu, tu n'as pas imité Eue, tu n'as pas dit à l'Ange, c *quare*, ny *quomodo*, mais du dits soudain, *Ecce ancilla Do.*

a Diuers iugements de ceste histoire, voyez la page 35.
b Il l'a examiné par deux fois, premierement à la S. Baume, au mois de Iãuier suiuãt sur la verification de tous ces propos, ayant entendu les témoins qui auoient esté tousiours presens aux Actes. En second lieu, ayant leu attentuement le tout aux 2. exẽplaires Latin & François. Il y a apparẽce que le tout sera encore examiné à Rome, souz l'authorité de la supresme inquisitiõ,

ce qu'a esté fait, & approuué. c Apres que l'Ange eut dit, *Spiritus sanctus superueniet in te*, &c. & aussi elle n'a pas dit le *quomodo* d'infidelité.

mini. Le serpent dit à Eue, Dieu vous a donné à manger de tous les fruits des arbres, qui sont au Paradis. Eue respondit, il nous a commandé de ne mãger de cè fruit, & adiousta beaucoup d'autres paroles, & pour lors apres tout, Eue creut au serpent: Adam puis apres preuariqua à la suasion d'Eue, au lieu qu'il luy deuoit dire, que ce n'estoit à elle de prendre la pomme, & qu'elle luy deuoit communiquer le tout, ne luy ayant commandé de ce faire, mesme que Dieu leur auoit deffendu. Ainsi miserable pecheur si ton corps te dit, prends, mange, il n'y a point de peché, faut que ton ame comme le chef du corps l'arreste, luy disant, ie ne veux pas cela, Dieu l'a prohibé, & si dauanture tu as permis te seduire, garde de faire comme Adam, mais humilie toy, & ne dits pas, *quare*, *& quomodo*, ains plustost estime toy indigne de patir les peines eternelles pour ton peché. Il dict apres, il y en a qui disent au Prestre, mon Pere, dites moy mes pechez, mais les Prestres leur doiuent respondre, c'est à vous de vous examiner, & dire ce qu'auez commis, car ie ne suis pas Dieu, ny Prophete, pour sçauoir vos consciences, icy s'agist vostre cause, la partie doit instruire son Aduocat. Ie dis qu'en tel euenement le Prestre deuroit demander son absolution, parce que luy s'est confessé, & non le penitent, & telles personnes sont pires que bestes irraisonnables. Si que le confesseur doit reprendre seuerement telles gens, toutesfois auec discretion, disant, que sciemment ils ont offensé, & par consequent qu'il est necessaire qu'ils de-

d'vn Magicien. 285

mandent d'eſtre illuminez de Dieu, lequel dōne tres-facilement aux humbles, il faut chercher pour trouuer, & heurter à la porte de la miſericorde de Dieu. Car icelle eſt la ſœur du Verbe eternel, laquelle ouure facilemēt, & dit plus, que le Verbe eſt la meſme miſericorde, & ne laiſſe pourtant d'vſer de iuſtice. Mōſieur du Vair eſt miſericordieux, pour cela il n'eſt pas inique, car il ayme la iuſtice. Ainſi vous autres penſez qu'il eſt de meſmes de voſtre Dieu. La iuſtice eſt vn germe de la miſericorde, & la compagnie indiuiduë des Princes. Oſtez moy la punition des meſchants, & voila tout ordre troublé, voila toute police renuerſee.

a Apres parlant à Magdaleine, luy dit, Magdaleine conſerue diligemment ce petit enfant, enueloppe-le aux drapelets de la mortification de tes cinq ſens, c'eſt luy qui continuellement offre pour toy à Dieu le Pere ſes cinq playes, leſquelles il a ſouffert en croix pour ton ſalut: Ce ſont des marguerites precieuſes, & ſi precieuſes, que Dieu le Pere iettant les yeux deſſus apres ne peut rien denier. Ieſus eſt vne fleur tres-noble du iardin de Marie, ſe preſentant touſiours à la face de ſon Pere. Macelle c'eſt toy qui as crié, heureux le ventre qui t'a porté, à quoy reſpondit le Verbe diuin, nō Marcelle, heureux ſont ceux qui entendent la parole de Dieu, & l'obſeruent auec diligence.

a *Apoſtrophe à Magdaleine.*

Puis dit, ô Roys de l'Orient, vous auez adoré le petit enfant: qu'auez vous trouué auec Ioſeph & Marie ſa mere, ſinon vn aſne, & vn bœuf à l'eſtable? qui vous dit, que le Roy de gloire estoit là? Vous y auez veu sa face radieuse, côme tesmoin de sa diuinité. C'est auec icelle qu'il renuersa les soldats qui venoient le garrotter & lier de grosses cordes. Et toy bon larron qui te dit, que c'estoit vn Roy celuy qui estoit auec toy crucifié en croix, puisque tu n'auois veu les couronnes, les sceptres, & les triomphes? Cependant tu ne laisses de crier, *Memento mei dum veneris in regnum tuum:* quoy que ce soit portant la couronne d'espines, il vous a acquis vne couronne d'immortalité, & par sa nudité, vn vestement de gloire. Que si vn Roy disoit à quelque forçast de galere, Ie te veux adopter pour mon fils, ne seroit il pas bien miserable, & insensé, s'il respondoit au Roy, Sire, ie suis attaché icy à la chaisne, ie ne veux ny estre, ny estre appellé vostre fils. Tous vous autres vous estes pareillement criminels de leze Maiesté, & mesme de pire condition que ne sont les esclaues, ou galeriés, car pour le moins ils voyent encores le ciel, & la terre: mais vous autres pecheurs vous marchez tousiours en tenebres. Dieu vous dit, ie veux vous faire Roys, ie veux vous mettre au nombre de mes enfans, ie veux que soyez assis à ma table, bref, ie vous veux communiquer tous mes tresors, lauez-vous seulement, sortez de vos ordures, purgez vostre ame, mais vous n'en voulez sortir aucunement. O Chrestiens ne pésez pas côme vous deuez nourrir le corps, mais soyez soigneux de la nourriture de l'ame. Communiez vous souuent, car souuent Iesus-Christ est consacré, souuent il est immolé, mais auât que communier, prouuez vous diligemment, car vous ne vous en pouuez approcher trop dignemét, bien que vous eussiez vescu cent mille ans, vous preparans tousiours. Accompagnez vostre humilité de la misericorde de Dieu, ce faisant vous attirerez à vous l'humanité & diuinité de vostre Dieu. O tres-saincte mere de Dieu, vous auez attiré du Ciel en terre le Dieu des Dieux, qui comme vn geant a fait ce grád sault, parce que vous vous estiez faicte la seruante des seruantes, & pource, regardant en vous ceste humilité, vous a choisie pour sa Mere.

Le S. Esprit est le Dieu d'amour, de deuotion, des bons desirs, & de compunction, heurtez à sa porte, & vous donnera ce que demanderez, comme à la Magdaleine, à Pierre, à Dauid, & au bon larron, Outre ce, tous ceux-cy viendront à vostre ayde, car ils desirent cét mille fois plus vostre salut, que vous mesmes.

Dieu a fait trois choses, le Paradis, l'humanité de son fils, & sa Mere, & n'en peut faire de plus grandes: Ioseph est l'entendement, Marie la volonté, dites à Marie, Enseignez moy d'obeir & aymer mon frere, dites à Ioseph, gardien de Marie, monstrez moy à considerer ma misere, & ainsi ce petit enfant vous donnera la grace, la crainte, l'amour, & l'obeissance, & obeissant à luy, il vous obeira. Vostre Redempteur a obey à sa mere & à Ioseph, & mesme, aux mébres de Sathan, nó pour luy porter honeur, ains afin de monstrer aux superbes vn signe de sa grande humilité. Ainsi le diable vous parle de choses salutaires, prenez ce qui est bó,

Histoire admirable

(côme si vn meschant Prestre vous exhortoit) & si ne le voulez faire, ie vous dits, a que n'y estes contraincts. Apres cecy iura, inuoquant l'ire de Dieu sur luy, s'il n'auoit iuré en verité, & puis dit, *Sancta Maria ora pro eis, Sancte Ioseph, Sancta Magdalena, Sancte Dominice, Sancte Stephane*, l'ennemy de Sonneillon, *orate pro eis*. Maudits soient ceux qui disent, que les SS. ne prient pour vous.

a Notez qu'il n'abstraint personne à croire à luy. Voyez la responce de l'obiection 2. apres l'epistre au Lecteur.

Actes du XXVI. Decembre iour de S. Estienne.

CE iour du matin exorcisa le Pere Dominicain, & au commencemét des exorcismes Sonneillon qui estoit en Louyse commença à parler en ces mots.

Ie suis côtrainct de parler d'Estienne, & des superstitions, Viés icy Asmodee. Tu es vn malheureux qui enseigne les Magiciens à faire des ligatures, factures, d'images de cire, d'airain, de pierre, & beaucoup d'autres choses, à cette fin d'inciter à vn amour charnel. Apres tu fais baptiser ces statuës par le Prestre Magicien, mais ie dits que ce Prestre qui baptise ces idoles peche fort griefuement, & ne pecheroit pas tant baptisant vne colôbe, vn Aigle, ou vn autre oyseau de l'air, car ces oyseaux benissent Dieu par leur voix : toutesfois ces animaux ne meritent point d'estre baptisez, car il n'est pas raisonnable de baptiser les bestes, mais ie dits que ceux qui le feroiét, seroiét moins coulpables, & n'offenseroient tát, que ceux qui baptisent ces idoles, qui sont des statuës des diables. O Prestre detestable, tu regarde fort mal à ta dignité, & à ton office. Ie parle des meschans, non des bons,

bons en general, non en particulier, & dicts que ceux là font des Magiciens, & par consequent esclaues du diable.

a Il y a plusieurs sortes de Magie, de Magiciés & Magiciennes, de Sorciers, & Sorcieres. Ha! mal-heureux Asmodee, tu aueugleras les grãds leur disant, tu es grand, tu es puissant, ce n'est pas mal faict d'offenser Dieu, tout t'est permis, qui te reprendra? la loy n'est pas faite pour toy, c'est toy qui faicts les loix, il n'y a personne qui t'ose rien dire, & entreprendre sur toy. Et pource aucuns des grands sont ceux qui escoutent les Magiciens, & qui apprennent leur art diabolique, & ce pour estre plus grands.

a *Tromperie d'Asmodee.*

Asmodee tu leur siffle tousiours aux oreilles, leur disant : Monsieur vous estes Prince, faut aspirer à vn Royaume, faut estre Empereur, faut subiuguer tout le monde, comme vn Alexandre le grand, & ainsi n'ont iamais repos, & voudroient encores qu'on les adorast comme Dieu, comme appert en celuy qui entra en mer, pour voir s'il y auoit quelqu'vn plus grand & plus puissant que luy. Ainsi le diable ayme l'ambition, & hait la vertu, sollicitãt tousiours à ceste fin toutes personnes de quelque qualité & condition qu'ils soient. Mais pleust à Dieu qu'il ne s'ingerast seulemẽt qu'aux maisons des grands, mais il court par tout, & tente toutes personnes de quel sexe qu'ils soient. b Appert en Nabuchodonosor qui fut tenté de ce desir, que tout ce qu'il mangeroit, fust couerty comme en or, ou ayant espece d'or, & parce qu'il fut si superbe, Dieu permit apres qu'il fust châ-

b *C'est vne description de la superbe & amour de soy-mesme, laquelle estime ses cheueux & ongles, mesme ses ordures, comme or & pierres precieuses.*

T

a Du salut de Salomon il n'en appert rien par l'escriture clairement, il y a des argumens d'un costé & d'autre, & les Docteurs de l'Eglise sôt divers en opinions sur ce subiect. Pour le regard de Nabuchodonosor il appert qu'il a fait penitence, voyez l'Apologie difficul. 4. apres l'epistre au lecteur.

gé en beste, & ainsi fort humilié; mais parce qu'il se recogneut & fit penitence de son orgueil, a merité d'estre sauué. a Ie dis que Salomon estoit la sagesse du monde, mais le diable le deceut par les Magiciens & les femmes, & est maintenant aux flammes infernalles, parce qu'il ne fit penitence qui meritast d'estre acceptee de Dieu. Dauid vrayement offensa son Dieu, mais il se conuertit à bon escient, arrousant sa couche de larmes, & mangeant son pain meslé auec la cendre, afin que tous sceussent qu'il auoit vn cœur fort contrit & humilié.

Apres parlant encores à Asmodee luy dit, Malheureux tu es aussi celuy, qui auant toute chose mets vn voile deuant les yeux des ames qui te suiuent, & apres tu leur ferme les aureilles, afin que la parole de Dieu ne puisse penetrer iusques à la moelle de leur cœur, & parce qu'ils sont ainsi sourds & aueugles n'ont point de part au Royaume de Dieu. Ie ne parle pas icy de la cecité & surdesse du corps; ains de l'aueuglement & surdesse de l'ame, car vrayemét les aueugles selon le corps peuuent entrer au Royaume des Cieux, & la lumiere de ce monde n'y est pas necessaire. Que feroient les paures aueugles, si autrement estoit? Il n'y en auroit aucun de sauué, & pour ce ie dits que Dieu ne parle pas de ceste lumiere que nous voyons, ains de la lumiere de la foy. b Apres parlant à Baalberith, luy dit, meschât & impie Baalberith tu es celuy qui faicts côtinuellement blasphemer le nom de Dieu, outre tu leur dicts, n'es tu

b Tentations de Baalberith.

pas vn cōseiller? ne gouuernes tu pas la iustice? n'es tu pas des amis du Roy? ne crains pas, & par ce moyen tu iettes les premiers fondemēs des duels, & de la magie. Ce pédant tu es vn aueugle, & vn miserable qui faits tomber ceux qui te suiuent. Puis tu dicts, Ta condition veut que tu ayes tant de laquais, tant de cheuaux, tant de pages, c'est en quoy se cognoist la vraye a noblesse : mais ie dis que la vraye noblesse est accōpagnee de liberalité, elle ayme la charité & largesse, hait les vices, & la prodigalité. Toy miserable ne voudrois pas respondre pour tes disciples, lors que Dieu leur demandera raison de leurs œuures : Resistez au diable & il fuira de vous. Mais il y en a trop qui se laissent tromper, les vns se courrouçant contre les pauures qui leur demandent l'aumosne, disans qu'ils sont importuns, & le plus souuent les chassent auec le baston, outre disent les demōs, donnez nous à disner en ce monde, & nous vous donnerons à soupper en l'autre : Les autres detractent d'vne communauté, pour vn qui s'y comportera mal, voyla Balberith malheureux, tous tes enseignemēs. b Puis dit, ils s'en trouuent qui auront leurs enfans maleficiez, & cognoistront le sorcier qui l'a fait, & toutefois au lieu de recourir à Dieu pour la guerison, irōt à ce sorcier le prians de guerir leurs enfans. Miserable ton malheur vient du diable, tu en estois innocent auec ton fils, & maintenant tu es coupable du mal : car tu deuois recourir à Dieu, qui sçait pourquoy il a permis ce mal, & non pas au diable, ny au sorcier, pour en sçauoir le remede.

a *De la vraye noblesse.*

b *Contre ceux qui s'addressēt aux sorciers.*

Tu ne te deuois rendre familier à luy, ains le notifier à l'Eglise, & aller chercher le remede à ceux qui ont le soin des ames: mais au contraire tu bois & mange auec ces sorciers, & par consequent auec le diable, auquel ils se sont liurez corps & ame, quittans leur part de Paradis, & tout ce qu'ils pouuoient pretendre du Ciel. a Et dits plus, que s'ils pouuoient liurer Dieu mesme entre les mains des demons, ils le feroient tres volontiers, tant sont-ils impies & malheureux. b Outre le diable leur fait renoncer à l'amour qu'ils portoient à leurs Pere & Mere, & à tous leurs parens, leur prohibe de prier pour eux, & qui plus est, leur commande souuent de les faire mourir, car ils nuisent d'auantage à ceux qu'ils deuroient aymer, par ce que c'est la coustume du diable rendre mal pour bien, comme c'est le propre de Dieu de rendre bien pour mal. Ie dis encores que les enfans des tenebres seruent auec plus de diligence au diable, que les enfans de lumiere à leur Dieu, c & toutesfois il y a vne grande difference de seruir à Dieu, & seruir au diable, car vostre seruice est accompagné d'vn grand repos, mais celuy du diable d'vn grandissime trauail, il commande aux siens de iour & de nuict, en yuer, & en esté, en santé & en maladie, & tousiours quoy que ce soit, faut comparoistre, & s'ils defaillent à leurs promesses vn moment seulement, ie vous dis qu'ils sont bien battus, si qu'vn forçat de galere n'est pas si bien lié & captif à la chaisne, ny vn lacquais n'est pas si bien foüetté comme sont liez & foüettez ceux qui obmettent à seruir le dia-

a Rage des Magiciens.

b Les Sorciers conuertis, nous ont declaré ce poinct estre veritable, si bien qu'ils sont vrayes pestes en leurs maisons.

c Trauail à seruir le diable, & repos à seruir Dieu.

d'vn Magicien. 293

ble. Et puis qui est le pis, il recompense moins ceux qui le seruent le plus fidelement, car il n'a rien qui leur puisse donner. Seruez le plus fidelement que pourrez, pour toute recompense ne vous donnera que l'enfer, tesmoins sont plusieurs, qui meurent sans confession, & plusieurs sont morts en France de ceste façon, ie parle en general, non en particulier. Les enfans de Dieu mourans luy recommandent leurs ames disans: *In manus tuas, &c.* & au contraire, les enfans du diable leurs derniers mots sont a Le diable m'emporte corps & ame, & c'est la recompense qu'ils demandent à celuy qu'ils ont si diligemment seruy en ce monde, & c'est aussi ce qu'il leur auoit promis, & meritent bien l'enfer.

<small>a Obstination finale, & endurcissement des Magiciens accōpagné d'un grād aueuglement.</small>

Apres il dit à Asmodee, N'est-il pas vray tout ce que i'ay dit? Asmodee respondit qu'il estoit ainsi. Sonneillon luy dit, Asmodee iure qu'il est vray, & ie iureray auec toy. Asmodee respondit, Ie ne veux pas iurer auec toy. b Sonneillon luy dit, iure de la part de Lucifer, & moy ie iureray de la part de Dieu. Asmodee respondit: Ie ne veux pas iurer, toutesfois i'asseure & confesse que tout ce que tu as dit est veritable. Sonneillon dit, ne voyez-vous pas la malice de ce miserable maudit. Il faict tout cecy, afin que ne croyez, & vostre Dieu veut, que meritiez d'auantage exerçant vostre foy, ne luy ayāt point maintenant commandé de iurer, que si il luy commandoit, il luy seroit force d'obeïr : mais qu'il vous suffise, que de la part du Dieu viuant, ie iure, que tout ce que i'ay dict cy-dessus

<small>b Colloque de Sonneillon auec Asmodee.</small>

T iij

a Ce iurement contient quatre poincts notables.
b Elle a approuué le tout n'y ayant rien contre la foy.
c Voyez l'Apol. difficulté 10. apres l'epist au Lecteur.
d Discours à propos de sainct Estienne.

est veritable, & par ainsi soyez satisfaits, cela dit, il iura. a Il dit aussi, ie iureray que l'Eglise approuuera b tout cecy, & que le diable n'a iamais parlé ainsi en la presence de ses Princes, & que par cecy ie receuray c alleuiation de mes peines, & que Dieu ne permettroit iamais tout ce fait, s'il venoit de la part du diable, parce que ce seroit cause de la perdition des ames.

Apres il dit, prenez garde à la bonté de vostre Dieu, qui a tousiours coustume de mettre premier ce qui est de pire, comme sçauez que iusques icy les viandes desquelles auez esté seruis, n'ont gueres esté delectables, car auons tousiours parlé des pechez, & vous faut donner quelque dessert. d Puis dit, Dieu m'a commandé, qui suis ennemy d'Estienne, voire mesme m'a contraint de loüer ceux qui pardonnent à leurs ennemis à l'imitation d'Estienne, qui a pardonné aux siens à l'exemple de Iesus-Christ. Seigneur, estant en Croix, vostre premiere parole fut pour la remission des pechez de vos ennemis, disant: *Pater ignosce eis, quia nesciunt quid faciunt.* Mais, ô grand Dieu, pourquoy n'auez-vous recommandé premierement vostre Mere à Iean, & Iean à vostre Mere? Il n'a pas esté ainsi faict, parce que ne l'auez voulu, ains parce que vous leur auez voulu donner exemple de pardonner à leurs ennemis.

Les richesses de ce monde sont les ballieures du Paradis: Vous me direz, quoy? en Paradis y a-il des balieures? ie vo° dis qu'il y en a à miliers, car là il n'y a rien d'immonde, rien d'imparfait:

mais i'appelle ainsi les ballieures du Paradis, les richesses, parce que les Esleus ne tiénent compte d'icelles, les bien-heureux mesprisent tout or, argent, pierres precieuses, & tous les biens du monde.

Le seruiteur n'est pas plus grand que son maistre, le maistre n'est pas entré en Paradis à cheual, ains tout nud, & ce au bois de la Croix: ainsi pour vostre Dieu, vous ne deuez craindre ny supplices, ny trauaux, ny labeurs, ny humiliations aucunes, parce qu'il est bon, & fait bon le seruir, car il colloquera & vostre ame & vostre corps en Paradis.

Chose esmerueillable! le monde est renuersé, Sathá est côtraire à Sathan, son royaume est diuisé, non de sa propre volonté, ains contraint. Apres toutes ces raisons, il dit à Dieu : a Ho! faites parler vn Ange, faites parler vn hôme de tout cecy, ne me contraignez pas plus, il y a tãt de Predicateurs, mais bien peu ouys, car on y va pour les surprendre en leurs discours, & noter leurs actions. O aueuglement! que l'on soit plus attentif à la voix du diable, qu'à la parole de Dieu, preschee par le Predicateur. b Imitez Estienne, priez pour vos ennemis, par ce que luy par ceste priere a merité de voir le Fils de Dieu, & gaigner à son Eglise Saulus, persecuteur d'icelle, qui pour lors gardoit les vestemens de ceux qui le lapidoiét. Saulus, tu le sçais qu'il t'a impetré la charité, Estienne estant encores ieune fut l'vn des premiers Diacres, le Thresorier de l'Eglise, amateur des pauures, côme ses freres, grand amy de Dieu, & pource

a Diable forcé.

b Priere pour les ennemis.

il a fallu qu'il ait party cõme toy, Marguerite, Vrsule auec les vnze mille Vierges, & comme Catherine, Barbe, Catherine de Sienne, afin que par leur exemple l'on apprinst d'auoir patience aux tribulations. Et toy Estienne, si tu n'eusses esté tel que tu estois, les Apostres ne t'eussent tant honoré. Dictes vn *Pater*, seulement, tous les iours pour vos ennemis, car c'est vne tresbelle oraison : la premiere pour les ennemis, c'est le sommet de la perfection, c'est vn seruice à Dieu fort agreable, a parce qu'il ayme cent fois plus les ames de ses ennemis, que le corps de ses amis, & pese plus vn *Aue*, dit pour les ennemis, que cent *Pater*, pour les amis. Il est facile de prier pour les amis, mais fort difficile pour les ennemis : pour ceux qui t'ont voulu tuer, c'est vn morceau fort espineux, mais vn remede singulier pour le salut, & vn chemin de vie, moyennant que ce soit auec droicte intention, en pureté de conscience, & affection, à la gloire de Dieu, & au salut des ames. Ie vous dis que ceste oraison n'est pas de moindre efficace, & valeur, que sont esté les oraisons de plusieurs saincts, mesmes que ne sont les rauissemens, & extases, & autres choses admirables, car celuy-là prie assez pour soy-mesme, qui prie pour autruy. Apres il dict à Belzebub, tu es troublé de ce que i'ay dict, vrayement tu es troublé, respons maintenant, & toy Asmodee soustiens ton party, si tu as quelque chose à dire, mais ie vois, vous n'auez plus de langue pour respondre, faut que ie poursuiue tout. Apres il

a Efficace de la priere pour les ennemis.

iura que tout cecy seroit approuué, & parlant à soy-mesme dit, ᵃO Sonneillon tu es celui qui tente d'enuie, & empesche qu'on ne prie pour ses ennemis, & pource Dieu a voulu que tu parlasses contre toy-mesme, contre tout l'Enfer, il a prins tes armes propres, & t'en a battu par toy-mesme : Apres il fut requis de trois articles, premierement de l'estat de Nabuchodonosor : puis de Salomon, & puis qu'il dist s'il auoit dit que S. Estienne eust esté rosty sur la grille : car ainsi quelques vns l'auoient entendu. ᵇ Il respondit distinctement, que Nabuchodonosor estoit sauué, Salomon damné, & que c'estoit vn probleme en l'Eglise, & que sa damnatiō auoit esté reuelee à plusieurs saincts, mais par humilité n'ont voulu attenter de le dire, & que Dieu veut que son Eglise en soit certifiee, car on lit bien son peché, mais non pas sa penitence : que Dieu vouloit esclaircir & determiner, auant la consommation du monde, tous les doubtes qui sont en son Eglise, car il veut que son Eglise ait quelque chose de nouueau & veut orner sa fidelle Espouse de quelque present. Cela est raisonnnable, car si le Roy honore tousiours la Royne de nouueaux dons, Dieu estant meilleur que le Roy, & plus abondant en richesses, il peut, & veut donner, selon son bon plaisir, de nouueaux, & nouueaux presens. Iean l'Euangeliste, ie dis que tu es vn aigle qui a volé plus haut que tous les autres, & que beaucoup de mysteres t'ont esté reuelez, toutesfois que le tout ne t'a esté reuelé, car Dieu a vne armoire fort secrette, & fort pleine de per-

ᵃ *Tentatiō de Sonneillon.*

ᵇ *Probleme en l'Eglise.*

fections, & de la peut tousiours tirer quand bon luy semble, nouuelles choses. Ie dis plus, que ny le plus haut Seraphin, ny mesme la tres-saincte mere de Dieu ne cognoist pas tous les secrets de son fils, ny mesmes de son humanité. Car Dieu excelle tous, & apres luy Marie, & quoy qu'elle soit femme elle est seconde apres Dieu, & n'est moins toutefois la Mere de Dieu.

a Manteau d'impieté.

a Apres disner le mesme Sonneillon dit beaucoup de choses d'edification, sçauoir que la vertu estoit montee au Ciel, ayant laissé tomber son manteau, & que l'impieté estoit demeuree en terre, & auoit prins le manteau qui estoit tombé, & que soubs ce couuert elle vient en public tromper les hommes, car elle ne pouuoit autrement deceuoir. Il dit encores que les damnez seroient punis en toutes leurs puissances, memoire, entendement, volonté, comme aux cinq sens, & ce par visions des diables. Sur

b Il a dit cecy plusieurs fois, le temps le fera cognoistre, & comment.

le soir, Verrine dit que le temps viendroit, b que son nom seroit effacé, & que plusieurs le verroient. En ce mesme soir, Louyse ne fut point exorcisee, mais Verrine inuectiua fort contre Magdaleine, parce qu'elle recognoissoit fort tiedement la grace de Dieu, & qu'elle ne faisoit encores bien penitence. Puis admonesta vn chacun en particulier, comme prudemment ils se doiuent comporter au fait de leur salut.

ACTES DV XXVII. DECEMbre, iour de sainct Iean.

CE iour le matin exorcisa le Pere Dominicain, & Verrine selon sa coustume commença à parler ainsi.

a Oyez & soyez attentifs, l'heure du grand Iugement approche, car l'Ante-Christ est né, depuis quelques mois d'vne Iuifue. Les Predicateurs prescheront sa natiuité disans, nous sommes aux derniers iours. b Dieu veut exterminer la Magie; & tous Magiciens, & Magiciennes retourneront à luy, & le Souuerain Pontife leur donnera pleniere absolution, tous les complices seront declarez, & ne sont point fables, ny feintises, ny paroles de gausserie. Ie dis cecy de la part du sainct Esprit, que tout cecy est vray, que ie n'y preste que le nom, & que l'Eglise prendra cecy comme reuelation. Dieu veut preuenir le diable, & pour ce vous fait annoncer que le c Iugement approche, & que l'Ante-Christ d est né, sept ans auant le grand iour du Seigneur, la terre ne produira aucun fruict, les femmes ne conceuront pas, & beaucoup de signes se verront, comme il s'en void desia. Le fils commence à se rebeller contre son Pere, & la fille contre sa Mere, comme voyez tous les iours, & que desia de toutes nations qui sont soubs le Ciel, quelques vns se conuertissent.

Iean Euangeliste, tu as eu reuelation de beaucoup de secrets celestes, tu as esté vne co-

a *Si cecy est vray, les reuelations ont esté reseruees au iour de S. Iean l'Euangeliste.*
b *Ce sont predictions, lesquelles feront voir auec le têps la verité ou fausceté de ce faict, & se faut tenir cepêdât en ce que l'Eglise en enseigne.*
c *Apres les signes du dernier iugemêt viêdra vn brief temps paisible & agreable, soux lequel les hommes s'endormirôt, côme au têps de Noé. Luc. 17.*
d *Voyez l'Apologie difficulté a-pres l'epistre au Lecteur.*

1510.

lombe en simplicité, & as reposé sur la poitrine de ton Redempteur en la dernière Cene, & te reposes encores a en Paradis. Et vous Moyse, Enoch, & Elie y estes aussi, car vos corps ne sont point esté trouuez en terre.

Grand Dieu des Chrestiens, tes saincts ont beaucoup de reuelations, mais non iamais vne telle parce que le temps n'estoit encores venu de ceste reuelation: car le Fils de perdition n'estoit encores né.

Ie te dis, ô Espouse, que tu serois grandement ingrate, si tu refusois ce present si excellent, enuoyé par ton espoux: mais ie dis que tu le receuras, comme aussi les chefs de la Magie s'ils se conuertissent, & ce auec beaucoup de misericorde, & alors le bras seculier ne les pourra supplicier, ny punir. Dieu veut que par iceux sa bonté soit preschee, & qu'ils soient cause de la conuersion de plusieurs ames, comme ils en sont la perdition. b Faudra que les prestres absoluent les Magiciens & Magiciennes qui se recognoistront, & demanderont à Dieu remission de leurs pechez. c Et toy chef des Magiciens tu seras examiné specialement, & par le diable Dieu te menacera, parce que les autres creatures n'ont peu rien faire enuers toy: La France est infectee de cet art pestilentieux de Magie. Toutes les filles de la maison d'Vrsule sont maleficiees à Marseille, à Aix, & en beaucoup d'autres lieux y abondent les malefices. Venez, approchez vous de l'enfant IESVS, il a les mains tendrelettes, & ne peut toucher gueres fort, mais pensez tousiours qu'vn iour cet enfant

a Aucuns Docteurs tiennent que sainct Iean est en Paradis en corps & en ame, toutesfois le mettant au rang des trois suyuans, il entend que son corps est en Paradis terrestre auec celuy de Moyse.

b Conuersion des Magiciens.
c Cecy a esté pratiqué à Aix, ainsi qu'on verra cy-apres.

d'vn Magicien. 303

sera vostre iuge, de toutes nations se conuertiront, & ce miracle s'annoncera par tout le monde. Il y a encore beaucoup de sieges vuides, Dieu les veut remplir. a Lucifer, tu voudrois perdre les ames que tu n'as pas rachepté, mais Dieu l'a bien monstré, que personne ne peut rauir de ses mains ce qu'vne fois il a decreté de sauuer. Miserable, en cecy Dieu manifeste vn moyen de sa sapience, de sa puissance, & authorité que tu n'auois pas preueu, car il te confond, & te frappe par vn demon ton seruiteur, & ton subiect, par deux filles conuertira les ames, & mettra tout l'Enfer en confusion & desordre: car ja dés ceste heure y a plus de mille ames conuerties à la foy: Ce pendant malheureux tu estimois tout sçauoir, & ie te dis que Marie mesme ne sçait pas tout, & toutesfois elle est fort parfaicte, & a beaucoup d'authorité, & de puissance. Tous ces discours ne sont pas puysez du puits de l'Enfer, car au fruict se cognoist l'arbre. Quand Dieu donne le feu de charité, il donne aussi les cendres d'humilité, car le feu se conserue dans la cendre.

a Brauade de Verrine à Lucifer.

Puis parlant à Carreau dit: Tu es vn miserable, tu es celuy qui dis que Dieu n'a pas la puissance de resusciter le Lazare, Ie dis que tu as menty, & qu'il conuertira à soy les chefs de la Magie, & Dieu sera loüé pour sa grande bonté, par ceux qui verront cecy.

b Dieu a veu qu'on ne tient compte de ses Predicateurs, pour ce a voulu qu'vn diable die la verité par la bouche d'vne fille. Les Medecins aux nouuelles maladies, donnent de nou-

b Grande reprehésion aux hômes Voyez l'Apologie côme c'est le plus haut signe de l'ire de Dieu ueaux remedes, & medicamens, ainsi parce que la maladie des hommes excedoit contre la coustume, aussi il a fallu pour guerir ce malade vser de remedes extraordinaires, & particulierement enuers ceux que le diable auoit trompé, & mis en route. Ie dis qu'il faudra aller à Rome, & Dieu veut que le fait soit examiné.

Apres cecy demanda de iurer, alors fut trouué bon, qu'en ayant reuelé des choses toutes nouuelles & admirables, il iurast sur le sainct Sacrement, & cependant que le Prestre le tenoit, Verrine dit plusieurs choses, mais entre autres, a que la compagnie de la doctrine Chrestienne, & S. Vrsule, & l'ordre de S. Dominique fleuriroient, sans preiudice toutesfois des autres ordres, comme des Iesuites, & des autres : Que le pere, la mere, oncle & tante, & presque tous les parens de Louyse estoient damnez, & qu'il a fallu qu'elle ait dit cecy de sa bouche propre, & que luy-mesme auoit esté contrainct de dire qu'ils estoient damnez, disant : b Louyse vrayement ton pere, & ta mere sont danez en Enfer. Qui eust iamais dit à Iean Cappeau, & Loüyse de Baume, que leur fille publieroit vn iour au monde leur eternelle damnation? Louyse vraiement tu n'as point vn cœur de pierre.

Alors Louyse ploroit fort amerement, & les assistans esmeuz de compassion ploroient pareillement.

Apres que Verrine eust vn peu fait de silence tout soudain cria de rechef : Le pere de ton pere, le pere de ta mere, le pere de ton grand

a Des ordres Religieux.

b Chose merueilleuse seroit qu'vne fille honorable dit cela de ses pere & mere en public. Elle hors des exorcismes est de fort sain entendement, & bon discours.

pere, & le pere de ta grande mere, & tous tes parents sont aussi damnez. a Puis il dit, le Roy de France de bonne memoire, auoit esté heretique, mais il est mort en bon estat. Le Pere Romillon Superieur de Louyse a esté aussi heretique, maintenant il est son Pere spirituel, & que mesme Louyse auoit esté nourrie à la façon des heretiques.

a Voyez à la page cy-dessus 263. du Roy Héry IIII.

Apres Verrine commença à crier, que Dieu deuoit prendre pour ceste affaire, ou vne Royne, ou vne Princesse, & qu'il ne faudroit s'esmerueiller si en ce ministere il auroit choisi vne Vrsule qui estoit Royne, ou autre semblable. Puis parlant à Dieu luy dit, Pourquoy n'as tu choisi plustost vne Royne, ou vne Imperatrice, que non pas ceste-icy? mais tu me diras que tu n'as besoin de tes creatures, ains qu'elles ont besoin de toy, que tu es tousiours prest à leur donner, moyennant qu'elles cooperent selon ta saincte volonté, qu'il te suffit de trouuer vne ame disposee, pour en faire ce qu'il te plaist. Vrayement Louyse tu as demandé de souffrir les peines de l'Enfer, supposé le bon plaisir de Dieu, & l'as desiré à sa plus grande gloire: toutesfois sans la priuation de la vision de Dieu, Dieu selon tes desirs t'accorde ta requeste, & t'es remise à sa volonté, tu n'as point dit que tu voulois patir de telle & telle façon, ains totalement tu t'es offerte à tout ce qu'il en disposeroit. En verité le tout sera à la gloire de Dieu, exaltation de son Eglise, & à l'vtilité de ta vocation, ce pendant, tu n'attendois de cecy que ta pure confusion, que tu disois auoir bien merité, sçauoir toutes iniures & tout mespris que tu pourrois patir pour l'amour de luy. a Il est vray Michaëlis, que tu as dit auoir eu vne inspiration de reformation, mais ie te dis que ç'a esté plustost vne reuelation, toutesfois pour ton humilité l'as ainsi appellee, car les humbles le plus souuent aiment mieux la nommer ainsi.

Ie dis que la reuelation de Michaëlis, l'inspiration de Romillon, & la volonté de Dieu, ont constitué vn ternaire, c'est vne chose en trois: car le tout se resoult en vne volonté de Dieu, si deux personnes diuerses conuiennent ensemble en concorde, ie dis que ce n'est qu'vn cœur & vne ame: Ainsi lors que les creatures conforment leur volonté à celle de Dieu, lors elles n'ont qu'vne volonté auec Dieu.

Apres beaucoup d'autres discours, il iura fort solennellement de la part de la tres-saincte Trinité, & de toute l'Eglise triomphante, & militante, à la confusion de tous les diables, & à sa confusion particuliere, & ce sur le sainct Sacrement, mettant arriere toute sinistre intention. Outre appella Belzebub & tous ses compagnons, leur disant: Parlez maintenant si vous auez quelque chose à repliquer, si ie me suis reserué aucune chose, ie vous promets de le dire, cependãt personne d'eux n'osa seulemẽt gronder. Alors Verrine commença à crier fort haut en la presence du sainct Sacrement, disant: ô grand Dieu que vostre puissance est admirable, car vous auez permis, & mesmes commandé aux diables de porter icy en ceste Eglise les Magiciens & Magiciennes pour entendre ce que

a Ce qui est hors de l'Escriture le demon n'astraint personne à croire, & nous prenõs cecy pour flatterie.

que de ta part ie suis contrainct de dire contre eux. Tout l'enfer est en desordre, & n'a plus de forces, ses tromperies & finesses sont descouuertes & prennent fin. a Louys le Magicien exorcisera, les malefices de la maison d'Vrsule cesseront, & toutes les filles seront deliurees, horsmis Louyse & Magdaleine, & faudra aller à Rome où Verrine par la bouche de Louyse, auec Magdaleine fera des harangues.

a Il exorcisa estant à la saincte Baume, ainsi qu'on verra cy après, aux Actes du dernier Decembre, page 329. & 330.

Ce mesme iour Verrine dit à Magdaleine, donne les clefs de ta maison à Dieu, qui en est le Pere de famille, l'ame la maistresse, & le corps la seruante, donne les clefs à Dieu le Pere, le baston de maistrise aux Fils, & le bois qui est en ta maison au sainct Esprit, car eux administreront bien le tout, toy ne le pouuant faire. Ce mesme iour aussi l'on demanda audit Verrine comme il entendoit que Moyse fust au Paradis terrestre, car l'escriture parle de sa mort. Il respondit, b Il peut bien estre mort, & estre au Paradis terrestre selon le corps, que Dieu pouuoit ressusciter, parce qu'il est l'vn des quatre trompettes, qui aux derniers iours doiuent annoncer le iugement de Dieu aux quatre parties du monde, il est certain que son corps, ny celuy de Ieã l'Euangeliste ne se trouuent point. Quelqu'vn repliqua que l'Apocalypse ne parloit que de deux tesmoins, sçauoir d'Enoch, & d'Elie, que l'Antechrist feroit mourir. Verrine respondit qu'il estoit vray ce que Iean disoit de ces deux tesmoins, mais que pour cela il n'excluoit pas les autres, & qu'il faisoit seulement mention de ceux qui deuoient clarifier Dieu par la mort,

b Cecy est nouueau.

V

& non de Iean & de Moyse, qui auoient ja gousté la mort.

à La ruine des Anges.

a Puis il dit qu'il estoit du nombre des Throsnes, & qu'il auoit commandement sur trois legions d'Anges. Qu'vne grande ruïne estoit arriuee aux Throsnes, que tous les Princes & premiers de tous les ordres estoient tombez, qu'au Ciel la plus grande ruïne fut à la cheute des Throsnes, & que pour cela Dieu a voulu remplir les ruïnes par les mesmes Throsnes.

Il dit encores que Belzebub auoit tenté Adã, & luy Eue, luy parlant en forme de Serpent, ayant toutesfois prins la face d'vne pucelle.

Le soir du mesme iour, le Pere Dominicain exorcisa, & au commencement soudain Verrine commença à se gausser de Belzebub, disant: Vn Prince n'a pas accoustumé de frapper vne personne de peu, ains commande à ses plus vils seruiteurs de le faire : Ainsi Belzebub tu n'es pas digne que ie te frappe, faut que mon seruiteur face cela. Puis parlant à Gresille luy dict, Estrille-moy ce Belzebub mal-heureux, qui vouloit ietter Dieu hors de son Throsne, mais ses forces ont esté rompuës.

Ie suis huissier de Dieu, ie seray payé de bonne monnoye, neátmoins ny toy, ny moy n'aurons le Paradis, quoy qu'il me le peust donner, ie ne dis pas qu'il me le donnera, mais ie dis que ie seray plus heureux que toy, que la recópense suit le trauailleur, & que si ie ne iouïs de la felicité, pour le moins ie ne seray affligé de tant de peines, b car il m'a promis allegement.

b Voyez l'Apologie 10. difficul. apres l'Epistre au Lecteur.

Apres il dict, Miserable Belzebub, tu veux

d'vn Magicien.

parler, parle donc, tout tombera sur ta teste. Belzebub repliqua, Ie ne parle pas à toy. Verrine dit, Ha! Belzebub tu n'as pas les clefs de l'ame de Magdaleine, les portes te sont fermees, le baston t'a esté osté.

Alors l'exorciste disant ces mots, *Ecce non dormitabit*, Verrine dit, Ouy le diable ne dort pas, mais tasche tousiours à nuire: mais Dieu ne dort pas aussi, ains est tousiours prest à bien faire. Car sa bonté est plus grande, que l'iniquité de tout l'enfer.

Iean tu as esté le disciple d'amour, & Magdaleine de la dilection.

a L'Antechrist se fera adorer, & aura des Roys & Princes pour ses seruiteurs, mais quelle recompense auront-ils de luy? Rien. Il se fera porter en l'air, disant, qu'il est le Christ, qu'il est le Messias, mais sera vn menteur, car il sera l'Antechrist. Alors l'on verra la difference des enfans de Dieu, & des enfans du diable. Les Iuifs ont esté autrefois les enfans bien-aimez, mais parce qu'il n'ont voulu recognoistre leur Dieu, ains l'ont crucifié apres tãt de benefices receuz de luy, pour ce ont esté reprouuez: Iesus-Christ leur auoit esté promis, mais ne le voulant receuoir, mesme quand il pria pour eux, ils ont esté priuez de la lumiere, car qui hait le bien, & le reiette, à la fin le mal le saisit. C'est à bon droict que le medecin delaisse le malade, lors qu'il mesprise son conseil.

Vous estes tous malades, les vns le sont de la teste, les autres du cerueau, d'aucuns des yeux, les autres des aureilles, cependant si Dieu

a *Action de l'Antechrist.*

b *Maladie de hommes.*

vray medecin vous fait dire si vous estes malades. Vous respondez que non, & neantmoins vous l'estes, car il le cognoist biē à vostre poulx. Luy, donne à ceux qui ont mal à la teste, c'est à dire aux superbes, vne medecine douce d'vne profonde humilité: Aux autres infirmes, ou d'impatience, ou de curiosité, ou d'autres maladies, selon le cours de l'infirmité, a ordonné à chacun son remede, toutesfois tousiours y a quelque amertume à la medecine, & de la difficulté à la prendre: ne pensez pas que ie parle icy des medecines corporelles, qui se font, & composent d'herbes, & de simples. Ie parle spirituellement de toutes les vertus qui sont les vrayes medecines des ames. Partant, prenez, goustez, beuuez ceste medecine. Ie vous dis que vous guarirez, bien que vostre maladie fust mortelle, car le Medecin est tres-expert.

a *Medecine pour ladite maladie.*

Puis dit: Helas! voicy son grand iugemēt qui s'approche, b car l'Antechrist est né: si la vertu vous est difficile, il vous veut donner de la douceur, & consolation diuine, & ne veut pas que sortiez de sa table auec le goust corrompu. Chrestiens donc il est temps de se resigner, & mettre vostre volonté entre les mains de vostre Createur, donnez luy vos trois puissances: vostre memoire, afin de se ressouuenir d'iceluy: vostre entendement, afin de considerer ses benefices, & vostre volonté, afin de luy obeyr: faites comme les bœufs qui mangent de iour, & ruminent de nuict, il n'est plus le temps que la seruante gouuerne. Le S. Esprit est à vostre couche qui tient en sa main la medecine du sa-

b *Voyez l'Apologie 1. difficulté apres l'Epistre au Lecteur.*

lut de vos ames, vn peu d'humilité, vn peu de charité, vn peu de patience, vn peu de perseuerance, vn peu d'esperance, vn peu de resignation. Ceste medecine n'est pas sans amertume, & mortification, mais il tient le sucre de ses cósolations pour adoucir le tout. Ne faut-il pas premierement aller en Caluaire, & y gouster du fiel, que de taster de la viande douce, boire le vin miellé & hypocras du Ciel, & iouir de la vision de l'eternelle clarté? Partant receuez le Sacrement de l'Autel, car il vous preseruera, vous restaurera, vous consolidera, & dites tousiours à part vous, Ie suis vn miserable pecheur & mesme indigne de receuoir mon Createur. Et toy Iean l'Euangeliste estois present, lors que ce grand Sacrement fut institué, tu reposois sur la poictrine du Fils de Dieu, & alors tu furêt reuelez plusieurs secrets celestes, tu sçais fort biē que c'est vn Sacremēt d'amour, & que le meilleur conseil que l'on pourroit donner, est de le frequenter ᵃ de quinze en quinze iours, & mediter tousiours que l'Antechrist est né, qu'il faut que soyez soldats forts & robustes contre luy, & non effeminez, & dis plus que les vierges, & les mariees se doiuent armer en mesme sorte ᵇ, Car l'Eglise n'a iamais eu tant de martyrs, qu'elle en aura en ce temps qui se prepare. Il y aura deux trouppes, & deux armees, l'vne de Dieu, l'autre du diable, où sera l'Antechrist. Dieu voudra sauuer les siens : qu'il a racheté de son sang, & le diable d'autre costé voudra rauir ce qui n'est pas sien. Sans la volonté de Dieu rien ne se faict, il veut que ce temps là aduienne,

a Frequentation du sainct Sacrement.

b Temps preparé au martyre.

V iij

L'Antechrist regnant, dira, Ie suis le Christ, ie suis le Messie, & plusieurs diront, qu'il est ainsi, mais les vrays Chrestiens, luy diront: Tu ne l'es pas, tu es vn Antechrist. Le mesme Dieu, qui dit aux Niniuites, Faites penitence, maintenãt vous dit, Mon iugement s'approche faites penitence. Enfans, enfans, obeissez à la voix de vostre Pere, fermez, fermez, fermez la porte à Sathan, s'il veut entrer, dites que Dieu a les clefs. Si le diable est importun, s'il frappe auec impatience, bref s'il veut entrer par violence, va au maistre de la maison, & luy dits, Seigneur, & bon Pasteur, il y a des estrangers à la porte qui veulent entrer par force, y a des loups qui sont là dehors. Seigneur vous auez les clefs, vous auez le baston pour les chasser, vous les pouuez faire fuir au moindre clein d'œil, alors les chassera auec leur confusion. Ayez vostre refuge au petit I e s v s, il pouruoyra à vos necessitez. Presentez vostre seruice à Marie, & elle vous aydera : mais vous aymez mieux passer le temps, que de prier pour vostre ame. Il faut premierement honorer deuotement la bien-heureuse mere de Dieu, Iean, & Magdaleine, puis vous sera donné l'amour de Dieu. Il est raisonnable de venerer la tressaincte mere de Dieu : car vous estes ses enfans. C'est la verité que nul ne peut mal mourir qui a porté honneur & reuerence à la mere de Dieu, à Magdaleine, à Marthe, à Catherine, à Vrsule, à Dominique, à Anselme, à Stanislaus, à Estienne, Bernard, Anthoine de Padouë, & aux Innocens. Car aux plus grandes solemnitez se commettent de plus grands crimes.

a Vous autres errez disans, que s'il eust voulu reueler tout cecy à son Eglise, il eust choisi des predicateurs, non des diables : mais Dieu est assez sage, & la mesme sagesse, & n'a besoin de vostre conseil, ny mesmes du conseil des Anges. S'il eust pris le conseil, ou des Anges, ou des hommes, alors qu'il choisit sa sainte Mere, on luy eust dict qu'il esleust plustost vne Royne, ou Princesse; car la saincte Vierge estoit fort pauure & cótemptible aux yeux du monde. Pareillement s'il eust prins pour conseillers aucuns du lieu de sa Natiuité, on luy eust dict: Comment Seigneur, élisez-vous vne estable? Ne pouuez-vous pas auoir vn Palais? Mais il a coustume de faire ce que bon lui semble, & non selon les hommes : Puis iura Verrine de tout ce que dessus selon sa coustume.

a Reprehésion aux sages mondains.

ACTES DV XXVIII. DECEMbre, iour des Innocens.

CE iour exorcisa le Pere Dominicain, & Verrine commença à parler en ceste sorte: Il y a deux liures, b Dieu garde le liure de vie, le diable le liure de mort eternelle, auquel il escrit les pechez de tous, comme à l'autre, Dieu escrit les bonnes œuures : sainct Martin en est le tesmoin. Le diable ruyne tout, Dieu reedifie tout, & de peu de chose en faict vne grande, d'vne infructueuse, vne bonne.

b Le liure de mort en Sathā n'est autre chose que les pensées & ruses qu'il a en soy pour nous perdre. Au reste si par le liure de mort estoit entendüe la reprobation, ce liure est en l'eternité de Dieu, comme le liure de la predestination.

V iiij

Le chemin de la vie à la mort, est fort facile, mais de retourner du peché à la grace, il est tres-difficile. Dieu n'a pas coustume de se seruir du ministere de ceux qui sont en peché mortel, lors qu'il veut faire quelque grande œuure au profit de son Eglise: Ainsi que le diable n'opere grande chose au profit de l'Enfer, par celuy qui est en la grace de Dieu. Car il faut qu'il y ait tousiours quelque sympathie & conuention entre Dieu, & sa creature, de laquelle il se sert en ses œuures.

Dieu estant tout puissant peut bien faire d'vne chose du tout infructueuse, ou bien d'vne paille vne chose grande, toutesfois il est requis que ceste paille n'y mette empeschement: Car la creature raisonnable a le liberal arbitre à elle donné de Dieu, afin de meriter faisant le bien, & faisant le mal demeriter.

Il n'est pas ainsi des hommes, comme des demons, car ceux-cy sont forcez de faire le commandement de Dieu, non les hommes absoluëment, toutesfois Dieu leur peut commander estant le Seigneur de tous, leur Createur, Redempteur, & Sanctificateur. Mais le diable ayant perdu la grace de Dieu, ne faict rien que par menaces, afin que sçachiez que Dieu a creé la creature sans son consentement, mais n'opere en sa creature sans icelle, ny l'homme sera introduit au Royaume de Dieu, s'il n'y veut aller: Dieu luy donnera bien plusieurs moyés pour y paruenir, mais si l'hôme n'en veut vser, Dieu a le laissera, & alors il se perdra: ceste perdition ne viendra du costé de Dieu, mais bien

a La perdition de l'homme vient de luy mesme.

de la creature, laquelle de sa pure malice a voulu quitter la maison paternelle, pour se precipiter au feu d'Enfer. Le bon Roy fait le bon vassal. a Le Roy deffunct de bonne memoire a aymé la paix en sa vie, & apres Dieu luy a donné la vraye paix: ne contendez pas si Heretique, si Catholique, car la fin couronne l'œuure: il auoit offensé comme Dauid, & Dieu luy a fait misericorde comme à Dauid.

a Du Roy deffunct Henry 4. Voyez plus amplement en la page 265.

Le propre du diable est de faire tomber tousiours de mal en pis, mais le propre de Dieu est d'attirer l'homme de bien en mieux, car rien de sale ne peut entrer au ciel.

Puis Verrine à ces mots de l'exorcisme, *Tu Innocentium Persecutor*, dit, Vrayemēt Herode tu as esté vn tres-meschant homme, tu as voulu faire dire que tu estois le Messie, & as tasché d'occire le vray Messie, auec les innocens; mais il pouuoit se deffendre de toy: neātmoins voulut fuir ta rage, afin de nous monstrer qu'il ne faut tenter Dieu.

Herode d'vn costé pensoit tuer Iesus-Christ, & d'autre costé les Roys viennent d'Orient pour l'adorer: mais bons Roys, qu'auez vous veu en luy? il n'estoit qu'vn petit enfant. Marie n'estoit pas vne Royne, & n'y auoit là qu'vn Ioseph, vn bœuf, & vn asne: où estoit sa couronne, où son sceptre, où les tapisseries, où estoit le lict Royal? qu'auez-vous veu, sinon des toilles d'araignees en ceste pauure estable, qu'vn bœuf eschauffant l'enfant auec son haleine?

C'est ainsi que deuez faire, le sainct Esprit

donne l'haleine de deuotion, & vous communiquez la voſtre à ce petit enfant, & conioincts enſemble, luy ſera le feu, & vous la cendre. L'haleine du ſainct Eſprit eſt vn feu, repreſentant la charité, & voſtre haleine eſt la cendre d'vne profonde humilité, car en la cendre ſe conſerue le feu. Apprenez d'icy de parler des choſes diuines, attentiuement, ſerieuſement & auec verité, & gardez vous pauures & riches de blaſphemer contre luy. a La pauureté de ce monde ne fait les hommes bien-heureux, ny Dieu ne parle pas de ceſte pauureté, & meſme pluſieurs crient maintenant aux flammes d'Enfer, qui s'eſtoient par trop confiez en ceſte pauureté. Bien-heureux ſont les pauures, mais les pauures d'eſprit, parce que le Royaume des cieux eſt à eux : ne ſçauez vous pas en quoy conſiſte ceſte pauureté d'eſprit? elle conſiſte de ne poſſeder autre choſe que Dieu, & ſoy meſme, car il y a pluſieurs pauures ſelon le monde qui ſont toutefois riches en leur ambition, & au contraire ils ſe trouuent pluſieurs Roys, Princes, & nobles, qui ne poſſedent autre choſe fors Dieu & eux-meſmes. Car les richeſſes ne nuiſent pas à ceux qui en vſent bien & ſelon le cōmandement de Dieu. b Puis Verrine ſe tournant aux pauures qui eſtoient là, leur dit, Il n'y en a pas vn icy de vous autres qui n'aye plus de commodité, que n'auoit le fils de Dieu eſtant à la creche. Partant faut que diſiez à Dieu s'il vous offroit ſon Royaume, Bon Dieu ie n'en ſuis pas apte, car il faut touſiours deuant luy recognoiſtre ſon infirmité.

a Quelle pauureté eſt la meilleure.

b Conſolation aux pauures.

d'vn Magicien. 315

Et faut encores descendre aux Enfers, a ou en cefte vie, ou apres la mort, Dictes vous autres qui estes en aduersité, Ie suis prest de patir auec mon Redempteur, car i'ay merité de patir encores dauátage, & toutesfois il se comporte en mon endroit fort benignement, & auec grande misericorde. C'est la verité, que vous & moy auons affaire auec vn iuge tres seuere, & pource, humiliez-vous, & vous entrerez au Royaume du Ciel. Ne murmurez-pas, disant, Dieu m'a fait pauure, & celuy-là riche, il m'a fait idiot, & celuy-là sçauant : Car il a creé les Anges, & mis en ordre, il y a des Seraphins, des Cherubins, des Throsnes, &c. & chacun en son grade, & quoy qu'il y aye entre eux tant de varieté, direz-vous pour cela qu'entre eux il n'y a point d'ordre ? Faut tout faire auec intention droicte, c'est à dire tout à la gloire de Dieu, au salut de son ame, & pour le bien du prochain, & lors Sathan s'enfuira de vous. Ayez trois choses en vostre ame, droicte intention en vostre memoire, pure affection en vostre volonté, & vne sincere conscience en vostre entendement. La memoire se ressouuenant de quelque chose mauuaise, n'offense pas Dieu, l'entendement le considerant, le peché mortel n'y est encores, mais la volonté y interuenant, le peché se consomme.

b Lisez diligemment le liure du Crucifix, car en ce liure vous y apprendrez la pauureté, la patience, l'aumilité, & toutes sciences, puis laissez à part toutes sciences mondaines, car ceste icy vous suffit. Apres il dict, que si

a *Par meditation.*

b *Liure du Crucifix.*

vne ame damnee pouuoit sortir de l'Enfer, elle demanderoit de souffrir toute sorte de tourments, ayant esperance de la iouyssance de Dieu, & diroit encores que tous ces tourmens seroient des fleurs, & des roses. Puis dit, Dieu est vny à son Eglise, comme l'ongle adhere à la chair.

ACTES DV VINGTNEV.FIES-me Decembre.

CE iour pendant que le Pere Dominicain disoit la Messe, Verrine disputoit auec Dieu, puis soudain commença à parler en ceste sorte par la langue de Louyse.

a Grand Dieu, ie vous offre tous les sacrifices qui ont esté offerts depuis le commencement du monde, ie vous offre tous ceux qui se presentent, & presenteront à vostre majesté, iusques à la consommation des siecles, & le tout pour Louys. Ie vous offre aussi toutes les pleurs & toutes les penitences de tous les Saincts & Sainctes, qui sont en vostre Cour triomphante, & militante, & le tout pour Louys. Ie vous offre toutes les prieres, qui ont esté faites, se font, & se feront, le tout pour Louys. Ie vous offre toutes les extases, & rauissemens, tant des hommes, que des Anges, qui ont esté faits, sont & seront, & le tout pour Louys. Outre ie voudrois de la part de Dieu, (non entant que diable) qu'il y eust plus de personnes pour of-

a Ce iour Louys le Magicien estoit en chemin venant à la saincte Baume. Cecy estoit dit auec vne admirable vehemence, dont la fille en estoit toute en sueur.
Il semble enseigner auec quelle feruuer de charité on doit prier Dieu pour tels desuoyez, & faisoit prier Louyse, mouuant sa langue comme il luy faisoit dicter des lettres missiues au nō de Louyse, en son propre nom, ladicte Louyse y consentant, comme chose qu'elle desiroit. Voyez l'annotation de la page 345.

d'vne Magicien.

frir, afin que l'oblation fust plus grande, & le tout pour Louys. Apres fit dire, Pere eternel ie vous offre maintenant vostre bien-aymé Fils, qui est entre les mains de ce Prestre, qui dit la Messe, le tout pour Louys. a Ie vous offre encore tous les merites de sa tres-saincte, & tres-douloureuse Passion, me confiant qu'aurez pitié de luy. Puis dit, *Pater de cœlis Deus, miserere Ludouici. Fili Redemptor mundi Deus, miserere Ludouici. Spiritus sancte Deus, miserere Ludouici. Sancta Trinitas vnus Deus, miserere Ludouici. Sancta Dei genitrix, Ora pro Ludouico. Sancta Virgo virginũ, ora pro Ludouico. Sancta Maria, ora pro Ludouico. Sancti Angeli & Archangeli, orate pro Ludouico. Sancti Patriarcha & Propheta, orate pro Ludouico. Sancti Apostoli, & Euangelistæ, orate pro Ludouico. Sancti Martyres, orate pro Ludouico. Sancti Confessores, orate pro Ludouico. Sanctæ Virgines, & Viduæ, orate pro Ludouico. Omnes Sancti, & Sanctæ Dei, orate pro Ludouico. Omnes Sancti, & Sanctæ Dei, orate pro Ludouico. O Ludouice veni, veni, Ludouice,* b que demeure tu tant à te conuertir à ton Dieu? Dieu est lassé, Dieu a soif, Louys, il te demande à boire, mais tu fais comme la Samaritaine refusante. Tu n'as point de seau pour luy donner à boire. Toutesfois tu n'as point d'excuse, parce qu'il te demande à boire de l'eau de ton ame, ce que tu peux faire, par ta conuersion. Louys, Louys, Louys, monte sur des cheuaux legers, car tu seras conuerty, si tu veux, Dieu est plus puissant que le diable, & personne ne luy peut oster des mains ce qu'vne fois il a decreté d'auoir.

a *Voyez la reponse en l'Apologie à la difficulté 9.*

b *Prediction de la venue de Louys.*

318 *Histoire admirable*

Apres le Pere Dominicain exorcisa, & Verrine au commencement des exorcismes commença à se gausser de Belzebub, disant:

Hola Belzebub, dictes nous vn peu en quel estat sõt les affaires de l'Enfer; il me semble que tu as mal à la teste: Peut-estre que les honnestes gens te font peur: Tu ne fais pas comme moy qui desire l'inquisiteur de la foy : les personnes les plus illuminees: mais ie vois que tu ne peux plus gueres. Cependant il y a quinze iours que tu voulois chasser Dieu de la Baume, parle maintenant.

Belzebub respondit : Ie parle quand il me plaist, & non pas quand tu le veux. Verrine repliqua, Ouy, il est vray, tu n'as rien à respondre. Puis dit à Carreau, Tes armes te sont esté ostees, car la pierre a esté molifiee, & le sang de l'Aigneau la brisera du tout, Louys, dis, *miserere mei*, tu es encores aueugle, mais quand tu seras venu,[a] peut estre tu seras illuminé. O paures Princes, où sont maintenant vos principautez? maudits soient ceux qui vous presteront l'oreille. Quoy? pouuez-vous donner ce que vous n'auez-pas? Ha:ha, si les Princes sont estonnez, que feront les laquais? Ie vous dis estant icy de la part de Dieu, que ie descouuriray vos finesses.

[b] Ie ne m'estonne pas s'il y en a de rudes à croire à cecy : car si l'on monstroit à vn homme du tout stupide, les œufs des vers à soye, ne les ayant iamais veus, ny entendu que c'est de la soye, ou des vers qui la font, & qu'on luy dist, que moyennant l'industrie donnee de

[a] Il n'asseuroit pas la cõuersion de Louys.

[b] Similitude contre la difficulté de croire ceste merueille.

Dieu à l'hôme, de ces œufs s'engendreroient des vers, qui estans fomentez, & nourris auec diligéce, fileroient auec le temps la soye, & d'icelle en fin se feroit vn beau veloux, ou taffetas, d'où se tireroit vn beau deuant d'Autel. Ie dits, que ce rustique n'ayant le iugement de iuger de tout ce que dessus, estant ignorant en cet art, diroit en fin qu'il n'en croiroit rien du tout, car il est difficile de croire, ce que l'on ne peut comprendre. Mais ie dis que celuy qui a commencé ces œufs, sçait fort bien l'industrie de les fomenter, & les conduire à leur perfection: les marchands le croyent, car ils sçauent comme les vers font la soye, & comme il s'en fera vn beau damas, toutesfois qu'il y faut de la patience fort grande auant que veoir la piece toute faite.

a Ainsi Dieu a fait, en cet affaire il a prins du petit grain, que ie suis, dit Verrine, estant creature de Dieu: outre a prins vne autre fort petite creature cóme vn petit grain, qui est Louyse, afin que sçachiez qu'il n'a besoin de ses creatures, lors qu'il veut commencer quelque œuure: car estãt tout puissant, & le souuerain maistre des tireurs d'espee, il se reserue tousiours quelques coups de son art, de sa puissance, & de sa sagesse, & ce à la cõfusion de tout l'Enfer: le diable au contraire enseigne toute sa science à ceux qui se donnent à luy.

Apres dit, Vous estes tous des enfans prodigues, car les vns n'ont voulu demeurer en la maison paternelle, & les autres qui y sont demeurez, ont vescu comme des per-

a *Application de la similitude.*

dus, & ont mangé auec les pourceaux. Laissez toutes ces voluptez: car ce ne sont que des escorces de glan, & le reste des porcs, considerans que vos ames sont nobles, & qu'il n'est pas decent, ny honneste, de seruir de pailles les Roys, & que le Maistre d'hostel qui les seruiroit ainsi meriteroit d'estre puny griefuement. Dieu ne veut plus que vous vous nourrissiez de viandes si viles, luy a mis la table, & vous veut traicter du pain des Anges. Les tables des grands affluent en delices, mais il n'y a nul accord de Iesus-Christ auec Belial. Les arbres les plus hauts tombent plus facilement, mais les petits arbrisseaux tiennent plus fort en terre. Ce n'est pas assez de paroistre à la veuë des hômes, comme le Pharisien, & auoir le cœur malicieux deuant Dieu. Puis Verrine dit, qu'il ne feroit plus de tels discours, comme il auoit accoustumé, qu'il falloit ruminer tout ce qu'il auoit dit, & garder la voix de Louyse pour d'autres occasions. Le soir de ce mesme iour exorcisa le Pere Dominicain, & au commencement de l'exorcisme, Verrine, & Belzebub se parlerent l'vn l'autre en forme de Dialogue, & le tout fut de l'estat & condition des Magiciens, & Magiciennes, & de plusieurs especes de superstitions, auec admiration de tous les assistans. Il dit encores ce mesme soir que le Pere Michaëlis estoit guetté de quatre diables, & d'autant de Magiciens pour le maleficier, & que ce malefice estoit si poignant, que s'il prenoit coup vne fois, il ne viuroit pas trois iours.

ACTES

ACTES DV XXX. DECEMBRE.

CE iour le matin exorcisa les deux filles le Pere Dominicain, & auant l'Exorcisme, ledit Pere s'humilia deuant tous, demandant pardon aux assistans, pour quelque impatience publique qu'il auoit cōmise le iour precedent.

Puis Verrine dit, Souuentefois la maistresse est autant folle que la chambriere, ne faisants rien de bien aux yeux du maistre, & cherchants par trop ses aises: Que fait le maistre, il crie contre elles, leur oste les clefs de la maison, toutefois sans aucune violence. a Dieu a fait de mesme auec les ames, car voyant que ny la chambriere, qui est le corps, ny la maistresse qui est l'ame, ne font rien à son gré, comme maistre de la maison leur oste les clefs, & luy mesme ferme les portes & les fenestres, afin que les larrons n'y entrent, neantmoins il fait tout cela sans aucune violence, ayant patience qu'on luy donne lesdites clefs, cela fait il tasche d'accorder la seruāte auec la maistresse: que si elles resistent, permet apres qu'elles tombent par leur faute, au puits de l'abysme, car il est dit en prouerbe, que ceux qui negligent le bien, en fin le mal les preoccupe. Et qui ne choisit Iesus-Christ pour son hoste, a le diable pour compagnon.

Iesus-Christ est le bon Pasteur qui conduit ses brebis en des pasquis fort gras de son corps & de son sang, il est Pasteur & Agneau tout ensemble, qui a esté immolé pour vous, dōnez luy le baston de vostre volonté: & laissez vous

Bonté de Dieu, & malice des hommes.

X

mener à luy, car il vous conseruera tres-bien de la fureur des Loups rauissans, Maudite soit l'oüaille qui ne se laissera conduire, car elle meritera d'estre deuoree.

L'oüaille mange & rumine, ainsi prenez, & mangez, dit Iesus-Christ, non vne chair morte, ains toute viue & celeste : il n'y a rien au môde qui puisse estre comparé à ceste viande: Paulus en son rauissement en auoit gousté, & quelques autres apres, toutefois il y en a tousiours de reste, car c'est vn thresor infiny, que les Seraphins mesmes ne peuuent comprendre, voyâs tousiours de nouuelles, & nouuelles perfections en Dieu, & pource ne vous estonnez pas s'il donne maintenant à son Eglise vn nouueau present.

Puis se tournant à l'image de la saincte Magdeleine, dit : ô Magdeleine, tu as esté en ceste Baume, où tu as fait ta penitence, & en la petite grotte, où tu estois couchee, il n'est permis d'y entrer auec les souliers : Et moy Verrine, ie crois que difficilement Dieu permettroit l'entree à vn homme obstiné en son peché. Dieu dit à Moyse du buisson ardant, Deschausse tes souliers, parce que le lieu où tu es est vne terre saincte, ie dis aussi que ce lieu n'est pas moins vne terre saincte que celuy-là, car en ce lieu repose le sainct Sacrement, qui est le Sainct des Saincts, & mesmes Iesus-Christ en sa diuinité, & humanité, est a descendu du ciel, pour visiter la Magdeleine en ceste Baume. Pensez donc diligemment vous autres qui vous approchez de la Communion, quelle, & combien pre-

a L'histoire autétique le dit.

cieuse est la viande qui vous est administree, où les Anges assistent cõme Ministres, & Pages de Dieu. O Marie tres-saincte Mere de Dieu, tu as esté la premiere qui as gousté de ceste viãde, qui l'as mieux cogneuë qu'aucune autre creature, t'abaissant à la venuë & salutation de l'Ange, & te reputant indigne d'estre la seruante des seruantes du Seigneur. Dieu a tousiours coustume de donner vne profonde humilité, dónnãt les autres vertus, & ce afin que l'ame ne luy soit ingrate, recognoissant les benefices receuz. Car la grace de Dieu est vn poids qui tire l'homme en l'abysme de son rien, puis de rechef le tire en haut pour joindre la volonté de la creature, à la volonté de son Createur: & luy fait sçauoir, que si Dieu ne l'eut preseruee, elle eust esté miserable. Marie tu as esté celle qui a tiré comme vn poids, ton fils du ciel en terre: mais non pas pour toy seulement, ains encore pour les miserables pecheurs, & qui veut auoir la vie, faut recourir à toy. Car Dieu est celuy qui donne les vertus, & ton fils renouuelle continuellement ses playes, mais toy tu remets en memoire tous les seruices que tu luy as fait, non par jactance, ains par amour, & le tout afin que tu obtiennes pardon, & grace aux pecheurs. En ce monde tu estois toute ardante en charité, mais dauantage maintenant puisque tu es auprés de la fournaise d'amour & de la fõtaine des graces.

a Puis dit, Louys a commis contre Dieu des sacrileges infinis, & a fait que mille, & mille personnes ont renié leur Dieu, mais Dieu en veut voir la fin: c'est vne des plus pernicieuses here-

a *Exclamation contre Louys Magicien.*

fies qui puiſſent eſtre, la France en eſt infectee & à Paris y a eſcholes de Magie, plus frequentees que n'eſt la Theologie en Auignon.

Dieu ſouuentefois s'eſt preſenté à l'ame de Louys, tantoſt par les predications, & tantoſt par inſpirations diuerſes, mais il n'a voulu luy donner à boire.

Belzebub le tira à la Magie & malefices, il en a les cedulles, & eſt cauſe que pluſieurs ſont morts de mort ſubite, Dieu le veut conuertir, & luy y fait reſiſtance.

Tout ce que deſſus a eſté commencé le iour de la Conception de la Vierge en ce lieu de penitence, parce qu'il faut premierement ambraſſer la penitence, repreſentee par Marie Magdeleine, puis apres l'innocence, figuree par la Mere de Dieu. Apres cecy iura comme deſſus.

Ce meſme iour le ſoir furent encores exorciſees les deux filles, & Belzebub dit, a Ie ſçay qu'on tient maintenant la Synagogue, laiſſeroit-il cet office pour venir icy ? Ie veux aller là les voir. Alors Aſmodee ſortit pour aduertir les Magiciens & Magiciennes, comme il dit.

a Il parloit du Magicien.

b En ce meſme temps qui eſtoit l'heure de neuf heures du ſoir, le Pere Michaëlis arriua à la ſaincte Baume reuenant d'Aix, de preſcher l'Aduent auec ſon compagnon le Pere Anthoine Boilletot, & le maiſtre du Chapitre d'Aix, & ledit Pere Michaëlis eſtant arriué eſtimoit que Louys fuſt deſia venu, parce que le iour precedent il eſtoit ſorty de la ville d'Aix auec deux Peres Capucins, mais il n'eſtoit encores arriué.

b Arriuee du Pere Michaëlis à la ſaincte Baume.

ACTES DV TRENTE-VNIESME
Decembre 1610.

CE iour le matin furent exorcisées les deux filles par le Pere Domps Dominicain, & Verrine commença à parler en ceste maniere. a Tres-saincte Mere de Dieu, *Veni Maria, veni in adiutorium Ludouico: Sancta Maria Magdalena, veni in adiutorium Ludouico: Sancte Ioannes Euangelista, veni in adiutoriũ Ludouico: Sancta Martha, veni in adiutorium Ludouico.* Puis dit, Tres-sainte Mere de Dieu tu sçais combien de douleurs ton Fils a paty portant sa Croix: & en ceste façõ inuoqua plusieurs SS, & sainctes, qui auoiét assisté en Caluaire à la mort de Iesus-Christ. Apres il dit, O sacro-saincte humanité, ie t'adiure au nom du Pere Eternel, que tu luy offres tes playes pour Louys, ie t'adiure que tu luy offres toutes les peines, douleurs & supplices que tu as soufferts pour Louys. Presente aussi ta soif à ton Pere Eternel, que tu as paty en l'arbre de la Croix. Puis parlãt à Iesus-Christ luy dit: Quoy Seigneur auez vous soif? Vous estes vne fontaine indeficiente, vous estes vne mer, vous estes le celier, & la caue du bon vin, & toutefois vous criez, *Sitio.* Seigneur les ames qui sont en Paradis sont suffisantes pour vous donner à boire. Mais quelqu'vn dira, Quoy Iesus-Christ a-il soif? n'a-il pas vn corps glorieux? n'est il pas dit que les biẽ-heureux n'õt plus ny soif, ny faim? aussi puis que Dieu est la perfection mesme il ne peut auoir soif: Verrine respond,

a Faut entendre cecy comme en l'acte precedent.

Dieu est lassé sans lassitude, impatient sans impatience, a soif comme en Caluaire, sçauoir du salut des ames, pour lesquelles s'il estoit besoin se feroit crucifier vne autre fois à ceste a croix de la Baume, s'il auoit vn corps passible, tant est grande sa charité enuers elles. Puis il dit. C'est auiourd'huy Vendredy, iour de vostre redemption, & le iour de la iustification de Louys, s'il veut, auquel il pourra entendre ces mots, *Remittuntur tibi, ô Ludouice, peccata tua*, & ceux icy, *Vade in pace*. Louys que tardes tu tant de venir? ô Capucins, Capucins, Capucins, marchez viste, mais vous direz que vous estes nuds pieds, & qu'il vous est impossible d'arriuer. Tout b l'Enfer a fait venir la pluye auiourd'huy, & hier, & ce, ô Dieu, pour empescher vostre œuure, mais vous estes tout puissant, & pouuez faire obeyr toutes les creatures, mesmes les plus rebelles.

Apres parlant à Magdeleine luy dit, Ne souspire pas, Dieu a les clefs de ton ame, & t'a donné à manger à sa table. Et toy Belzebub tu t'atristes, & moy ie me resiouys, car ce qui est entre les mains tresfortes de Dieu tout l'enfer ne le peut rauir.

c L'ame est vne vigne achetee auec vn grand prix, mais bien peu trauaillent en ceste vigne comme il faut, & souuent ils y laissent entrer le loup, qui est le diable, destruisant tout: l'heritier, & maistre de ceste vigne, c'est le Fils de Dieu, sans Mere au ciel, & sans Pere en terre, & le second Adã conçeu d'vne Vierge sans peché. L'Eucharistie est vn Sacrement d'amour, & la nourriture des ames qui vous transforme en

a Il y a vne grande croix esleuee à la S. Baume.

b Empeschement de la venuë du Magicien par la pluye durant deux iours.

c L'ame est vne vigne.

dieux. Le Paradis est l'habitation des Saincts, & si tu veux estre sainct & parfaict, descends aux enfers, par contemplation, disant : Ie suis indigne de patir ces peines, l'enfer a esté fait pour moy qui suis l'origine de tous maux & pechez, mais bien peu paruiennent iusques à ce poinct d'humilité, & aneantissement, ce pendant c'est le point où l'on doit commécer, & le plus haut où l'on doit finir: Car ie dits que ceste exinanition n'a pas ses racines par tout. Qui est celuy qui croira, qu'il est la cause de tous les maux, peines, blasphemes, supplices, & specialement s'il a vescu de son ieune aage en vne saincte religion, gardant la regle & preceptes de ses superieurs? Cependant c'est le sommet de toute perfection, & la Royne qui attire apres soy toutes les Princesses, Dames, & Damoyselles: & qui plus est, la Mere de Dieu est le mesme aneantissement, & pource le requiert de vous. Dieu a dóné à l'ame deux aisles, l'vne de crainte, l'autre d'amour, la premiere considerant ses pechez, l'autre considerant la bonté de Dieu.

Celuy qui mange à la table du Roy ne s'assira pas sans lauer les mains, bié qu'il fust du tout inciuil. Ainsi deuez vous faire venant à la table du Roy de gloire, lauez vos mains de l'eau de contrition, & confessez vos pechez. En l'institution du S. Sacrement, Iesus-Christ laua les pieds de ses Apostres, & Pierre au commencement le vouloit empescher, mais obeit puis apres à la volonté de son maistre : Iudas aussi mit ses pieds sur la poitrine du Fils de Dieu, & pour cela ne voulut retourner: Iean de mes-

X iiij

me reposa sur le cœur de son maistre, & y trouua des aisles d'aigle, si qu'il fut puis apres Fils adoptif de sa tres-saincte Mere. Les iugements de Dieu & des hommes sont fort differens, car plusieurs sont languissants deuant Dieu, qui sont forts deuant les hommes, & au contraire ceux qui sont saincts deuāt Dieu, sont infirmes deuant les hommes. Il viendra en iugement auec terreur & puissance, tout tremblera deuant sa face, mesme les Anges, a & les iustes, deux torches allumees le precederont, toute creature le verra, & fremira deuant sa Majesté: Les liures seront ouuerts, & tout sera mis en public : Icy d'aucuns sont honteux de confesser leurs pechez, mais le diable note tout, porte tousiours vne escritoire auec soy, il n'obmet rié que ce soit, & alors deuant tous les reprochera. Il ne seroit pas conuenable de demander à vn Roy de la paille, les presens des Roys sont magnifiques, & leur faut tousiours demander choses grandes : Ainsi ne demādez pas au Roy des Roys la paille des choses temporelles, demandez luy les thresors du Ciel, car il desire que vous luy demandiez, demandez luy l'humilité, la patience, & les autres vertus, non pas le temps serain, la pluye, les richesses, & dignitez du monde. S'il fait pluye, si serain, rendez graces à Dieu, cooperez aux plus petites choses auec luy, & cela luy suffit.

a Du iugement der pier.

b Ce iour sur le soir arriua à la saincte Baume Louys Gaufridy auec le Pere d'Ambruc, sous-Prieur du Conuent de sainct Maximin, & deux Peres Capucins, il fut trouué bon

b Arriuee du Magicien.

d'vn Magicien. 329

que Louyse fust exorcisee du Prestre Louys, ce qui fut fait, le Pere Michaelis luy donnant toute son authorité. Verrine faisant crier fort haut Louyse cómença soudain par vne oraison tres-ardente & deuote, priant Iesus-Christ de vouloir auoir pitié de Louys, & prononça ceste oraison auec vne telle affection, qu'il esmouuoit le cœur de plusieurs, d'autres interrompoient ceste oraison, disans, qu'il ne falloit pas laisser parler ce Verrine. Toutefois vn peu apres ces interruptions proposa à Louys a ces interrogations, luy disant, *Primò.* Dieu est-il tout puissant ou non? Louys respondit ouy, il est tout puissant. *Secundò.* Luy demanda, l'Eglise a elle authorité & puissance de commander aux demons? Louys respódit qu'elle auoit puissance. *Tertiò* demanda, Les diables peuuét ils estre contraints de dire la verité? Louys respondit qu'ouy. *Quarto*, demanda, Les iuremés faits par les diables auec toutes les conditions, & solemnitez requises, sont ils valides, ou nó? Louys respondit, Ouy, ils sont valides.

b Verrine apres, dit aux PP. assistans, prenez bien garde à ce qu'il m'a concedé. Puis dit à Louys, c Commence à exorciser, & ainsi le fit, mais ne pouuát lire, & n'entendant rien à exorciser, demandoit à chaque mot au P. Michaelis, disant, Mon Pere faut-il dire ainsi, faut-il faire ainsi, & ledit Pere luy respódoit, qu'ouy, qu'il poursuiuist tousiours.

Faut noter icy que lors que les Peres Michaelis, & autres cy-dessus nommez luy demandoient la verité du fait, s'il estoit vray qu'il fust Ma-

a Interrogations du demon au Magicien.

b Conclusion du demon contre le Magicié

c Louys exorcise selon la prediction faite cy-dessus sup. 305.

cien, & autres questions sur ce suiet, au lieu d'inuoquer le nom de Dieu, se donnoit aux mille diables s'il estoit ainsi, repetant cela souuent à toutes les questions qu'on luy faisoit, faisant semblant de plorer, comme le vismes par experience, & mesme Belzebub le dit, cependant il ne iettoit aucunes larmes. Sur la fin dudit exorcisme, Verrine exhorta ledit Louys de renoncer à la Magie, & se conuertir à son Dieu, luy enseignant beaucoup de motifs à ceste fin.

a *Belzebub & Verrine se rient du Magicien exorcisant.*

a Or comme ledit Louys exorcisoit Magdeleine, Belzebub, & Verrine tous ensemble se mirent à crier fort haut en riant, disant ces mots. Qui eust iamais dit, que Louys eust exorcisé Magdeleine & Louyse? Aux exorcismes que Louys luy fit, & hors desdits exorcismes

b *Horreur de Magdeleine voyāt le Magicié.*

Magdeleine se b fermoit les yeux afin de ne le voir ayant horreur de voir vn trompeur, vn Magicien, & vn homme detestable, comme il estoit.

c *Reproche du demon au Magicié de ses forfaits.*

c Verrine luy ayant dit tout ce qu'il estoit, deuant tous, sçauoir, qu'il estoit vn Magicié, qu'il auoit trompé Magdeleine, qu'il estoit le Prince de tous, & beaucoup d'autres choses sur le fait de sa Magie, & malefices donnez tant à la maison de saincte Vrsule, qu'en autres lieux & persónes, iura que tout cela estoit veritable, & ce sur le S. Sacrement: Et Magdeleine confirma le tout par vn double serment que tout estoit vray, & ce sur le mesme S. Sacrement. Aprestout, Verrine dit qu'il falloit enfermer Louys dans le lieu de la penitence, qui ferme à clef, auec vne porte de fer, & qu'il falloit que

d *Accusation du demon & de Magdeleine contre le Magicien.*

D'vn Magicien.

deux Prestres couchassent auec luy dedans ladite penitence, & deux autres dehors, afin de le garder d'eschapper.

ACTES DV PREMIER IANVIER
iour de la Circoncision. 1611.

Ce iour matin, le Pere Michaelis, auec deux Peres Capucins, le Pere d'Ambruc souz-Prieur du Conuent des Freres Prescheurs de S. Maximin, & deux Prestres, a sçauoir, messires Gombert, & de Rets, Prestres de nostre Dame de Grace, firent vn conseil à la chambre du Roy, & fut trouué bon d'exclure de ce cõseil les Peres Romillon, & François Billet, & le Pere Frãçois Domps Dominicain, qui auoient assisté ces filles depuis le commencement de l'Aduent, & ce parce que ledit Pere Michaelis vouloit proceder iuridiquement, b mettant lesdites filles à l'Inquisition, afin de cognoistre, & voir que c'estoit de tout ce faiſt, en voulant tirer la pure verité.

Ce mesme iour le Pere Michaelis communia Louyse, & Verrine contre le commandement qui luy auoit esté fait de ne parler, cõmença à parler & à dire ce que Dieu luy auoit reuelé d'annõcer à ceux qui estoiẽt venus pour ouyr les choses admirables qu'il proferoit.

c Le Pere Dominicain susdit Exorciste, ayãt demandé sa licence au Pere Michaelis son superieur de s'en retourner en sa prouince, mais non pas auec la modestie requise, se prosternant bien aux pieds dudit Pere selon la façon de son ordre, en la presence des peres

a Conseil tenu pour verifier les precedents actes, auec exclusion des PP. exorcistes & confesseurs.

b Les deux possedees separees pour estre examinees.

c Ce Pere se fascha d'auoir esté exclus du conseil, & luy sẽbloit qu'on luy faisoit tort cõme soupçõné d'eux.

Capucins, toutefois tout courroucé, & son intention estoit de s'en retourner, parce que le Pere Michaelis ne vouloit qu'il assistast au conseil, ny l'ouyr & examiner sur ce qui auoit esté dit par Verrine, ains il vouloit examiner & voir le tout auec d'autres, ce qui estoit raisonnable, car ledit Pere estoit comme partie, ayāt escrit tout ce que ledit Verrine auoit dit, durant tout l'Aduent, & ainsi ne falloit qu'il fust present audit examen, afin qu'il fust mieux fait, & sans passion aucune.

a Audition de Magdeleine.

a Ce mesme iour en la presence dudit Pere Michaelis, des Peres Capucins & autres susnōmez fut ouye la deposition de Magdeleine, laquelle auec vn sens rassis, & entier present Louys Gaufridy, deposa plusieurs choses contre luy, cócernantes sa possession, seduction & autres choses, qui sont descrites en gros aux actes recueillis par le Pere Michaelis depuis le 11. Ianuier iusques presque au dernier d'Auril. Comme aussi elle mōstra les marques qu'elle auoit aux pieds, insensibles du tout cōme l'experience y estoit claire à l'espreuue d'icelles y mettant vne espingle au dedans. Nonobstant ceste deposition, Louys ne voulut aucunement confesser sa faute, ains menaçant, disoit, qu'il en tireroit raison auec le temps, & qu'il ne sortiroit de la saincte Baume qu'il ne fust declaré innocent.

b Negatiue du Magicié.

Le soir, le Pere Michaelis exorcisa les filles, b Puis Louys renonçant à la Magie, par conseil qu'on luy auoit donné, Verrine à chaque renoncement respondoit, *Amen*. Re-

d'vn Magicien. 333

nonçant à toutes les cedulles faites, & Verrine respondoit, *Amen*, & luy dit, Louys prepare ton ame, & Dieu t'illuminera.

Le Pere Michaelis disant en l'exorcisme, *Qui inferni triomphator fuit*, Verrine dit, il triomphera encores du mesme enfer, qui est maintenāt tout en confusion. L'exorciste disant, *Quem ad imaginem suam fecit*, Verrine dit, ç'a esté vne belle image, mais Dieu a encores les pinceaux, & les couleurs, pour la reformer vne autre fois. Puis Verrine parlant à Louys luy dit, *Adam vbi es? Adam vbi es?* crie à ton Dieu du profōd de ton cœur, & il t'exaucera, demande luy d'aller où se chante *Sanctus, Sanctus*, & non où l'on maudit Pere & Mere, & le Dieu viuant. Apres dit à Belzebub, Ceste maison t'est encores ouuerte, mais s'il veut donner sa toille à son Dieu qui est vn bon ouurier, il y peindra dessus vne fort belle image.

a Verrine souloit dire que ce Magicien estoit la perte d'vne infinité d'Ames comme auoit esté Adam.

Apres l'on donna l'estole au Pere François Dominicain, lequel demandant à Astaroth, pourquoy il ne parloit pas? Verrine dit audit Pere, tu cherches la verité de celuy qui tient le party de Lucifer, & non de celuy qui tient le party de Dieu. Puis ledit Verrine fit vne exhortation à Louys, luy voulāt persuader de se conuertir, inuitant le fils de Dieu qu'il monstrast ses playes à son Pere; la Vierge, qu'elle descouurist ses mammelles à son fils, Pierre, & la Magdeleine qu'ils obtinsent des pleurs, des regrets des douleurs, des contritions pour Louys.

Faut noter que le mesme iour Verrine dit à Louys, b Tu es sēblable à vn malade qui est à

b Exhortation de Verrine à Louys.

l'article de la mort, lequel n'ayant plus que la lãgue & les aureilles, si le medecin luy demande de sa maladie, du commencement, du progrez de son mal, & de ses douleurs, respondra qu'il n'en sçait rien, qu'il a perdu la memoire, & cependant apres tout cela il peut recouurer la sáté, moyénant que l'ame ne soit separee du corps, car il suffit au medecin que le malade se recognoisse tel, & qu'il permette que l'on y apporte les remedes. Ainsi Louys les diables t'ont osté la memoire: mais suffit pour ton salut si tu te veux laisser conduire au vray medecin des ames, car il y apportera incontinent le remede.

a C'est à dire, qu'apres la mort il n'y a plus d'esperãce.
b Le Magicien nous disoit que si nous cognoissiõs sa conditiõ se riõs esmerueillez, car il n'auoit point de memoire, mais en cela il cooperoit au diable, car l'ayãt souuent essayé en Magdeleine ils ne peurẽt par charmes, (comme on verra cy-apres,) elle n'y consentant point.
c Belzebub accuse Louys Magicien.

ACTES DV II. IANVIER, iour de Dimanche.

CE iour le matin exorcisa le Pere Dominicain, & Belzebub dit qu'il estoit lié à cause du iurement que Louys auoit fait, puis estant deslié iura fort solénellemét que Louyse estoit vrayemét possedee, que Louys estoit en verité le Prince des Magiciens, & que luymesme luy auoit imprimé des marques inuisibles, l'vne sur la teste, l'autre au costé. Que Louys auoit donné le malefice à Louyse, & qu'elle estoit possedee à cause de ce malefice, & luy auoit donné ledit malefice pour la faire offécer Dieu, mais que Dieu l'auoit preseruee. Verrine confirma ledit iurement de Belzebub inuitant toutes les creatures à prendre vengeãce de Louys, s'il ne se retournoit. Puis donna

d'vn Magicien. 335

la cause pourquoy Dieu auoit voulu qu'il descouurist Louys, parce que, dit-il, il auoit renoncé à toutes choses, horsmis au diable. Apres Verrine, par la langue & consentement de Louyse offrit à Dieu le Pere a les playes de son fils, disant, Si tu veux, tu peux pardonner à Louys, vne goutte de sang de ton fils te peut appaiser. Puis dit, Mere de Dieu restituez les sens à ce pauure infirme, & la lumiere à cet aueugle. Louys profóde toy dans les playes de ton Redempteur, & il te fera pardon.

Puis se tournant aux assistans dit, il y en a icy qui verrót le temps b de la persecution de l'Antechrist, & plus de quatre seront martyrisez. Apres il dit, il n'y a pas plus de difficulté de tirer les ames de Cain, de Pilate, d'Herode, & de Iudas des Enfers, mesme aussi les diables qui sçauent les peines de l'abisme, que de retirer l'ame de Louys de ses iniquitez : c Que Lucifer & tous les diables ne resisteroient point tant, si Dieu les vouloit appeller à penitence, que fait maintenant Louys.

d Ce mesme iour l'on tint conseil, auquel le Pere Michaelis proposa, que c'estoit son intention d'exorciser Louyse & Magdeleine, afin de sçauoir si vrayement elles estoient possedees, ou non, que Messieurs les Presidens, & Conseillers de la ville d'Aix desiroiét de le sçauoir, & pource fut conclud qu'elles seroiét separees, Magdeleine demeureroit à la chambre du Roy, & Louyse en vne autre chambre chacune auec sa compagnie de filles, afin de ne parler l'vne à l'autre, que le Pere Romillon, le Pere François Domps, & le Pere François

a Louyse nous recitoit qu'elle entendoit fort bié tout ce que Verrine luy faisoit dire & cooperoit volontiers à toutes ces prieres faictes pour la cóuersion du Magicien.
b L'Antechrist. Voyez aux difficultez.
c Endurcissemét du Magicien.

d Conseil de la separation des filles.

Billet n'assisteroient au conseil, ny à l'examen d'icelles, mais seulement aux exorcismes, afin d'oster toute doute, que l'on pourroit auoir de ce fait.

a Mutatiō d'exorciste.

a Ce mesme iour le soir, exorcisa Messire Paul Prestre de la doctrine, qui estoit venu pour ce subiect, homme de grande estime: Et au cōmencemēt de l'exorcisme Verrine parla ainsi, comme si ce fust esté Louyse, disant. Ne m'exorcise pas, car ie ne suis pas possedee. Puis l'Exorciste demandant à Leuiathan, où estoit Belzebub? il respōdit, il est au corps de Louys. L'Exorciste luy dit, Que ne sors-tu de ce corps qui n'est pas tien? Leuiathan respondit, qu'il ne vouloit sortir, car il estoit là pour la tourmēter. Alors le Pere Michaelis luy demāda, *Quod tibi nomen*? Il b respondit, Leuiathan. Il luy

b Responce de Leuiathan.

demanda de rechef, Combien estes vous là dedans? il respondit, il en y a en toutes les parties du corps. Il luy demanda encores, Pourquoy ne sortez vous? Il respōdit, Nous ne pouuons sortir iusques à ce que les cedules soient renduës: on luy demāda, où sont les cedulles? Il respondit, ie ne le veux pas dire. Alors l'on

c Il dʹsout cela pource qu'on luy auoit imposé silence sur les accusatiōs de Louys, & ce pour vn temps.

fit appeller Louys qui estoit en vne chambre pour venir à l'Eglise, & renōcer aux cedulles: & estant venu il y renonça: Puis Leuiathan dit, il n'a pas renoncé d'vn bon cœur. Alors vn Pere Capucin commença à exorciser Louys, & Verrine luy voulant dōner des moyés pour ce faire, le Pere Capucin luy dit, ie n'ay que faire de maistre, *Obmutesce maledicte*. Et Verrine dit, hâ Michaelis, Dieu m'a deslié, & tu me lies.

L'Exor-

d'vn Magicien. 337

l'Exorciste luy dit encores, *obmutesce*. Et Verrine ne voulant se taire dit, d'où vient Louys, que tu ne peux imposer silence aux demons, qui sont au corps de Louyse, & peux lier ceux qui sont au corps de Magdeleine? Entant que diable, ie ne peux cognoistre ton interieur, mais ie le cognois entant que ie suis icy de la part de Dieu.

ACTES DV III. IANVIER.

CE iour le matin (apres que Louys eust esté à la chambre du Pere Michaëlis faisant semblant de plorer, toutefois ce n'estoit qu'hypocrisie en son fait) Magdeleine estant fort tourmentée à l'exorcisme, Verrine commença à parler en ceste sorte.

a Dieu tout-puissant que n'enuoyes tu vn Ange, ou vn Predicateur pour dire tout cecy, & non vne fille? mais bon Dieu, tu as decreté par ceste voye d'exterminer la magie. Mets moy bon Dieu, à la place de ce Magicien, & ie feray penitence de mes pechez: Si tu me faisois ceste grace, ie ne dis pas que ie me prosternerois à tes pieds, ains ie m'humilierois iusques au profond des Enfers, & te prierois, bon Dieu, que de là, iusques au dernier des cieux, tu erigeasses vne eschelle, les eschellons de laquelle fussent tous de rasoirs, & que ie passasse par dessus, môtant & descendât iusques au iour du iugemét, tout cela me seroit encores des fleurs, & des roses, & vne tres-grâde misericorde. Ce Magicien Louys, bon Dieu, a dit quelquefois les pa-

a *Exilamation du demon contre l'endurcissement du Magicien.*

Y

roles de la confecration, & plufieurs autresfois ne les difoit pas, feignoit l'hypocrite & le Pharifien, faifant des pelerinages en Turquie & en Flandre, mais c'eftoit pour vifiter les Synagogues de Satan. Bon Dieu, ce n'eft pas à moy à vous reprédre, mais pourquoy auez vous permis ces mal-heureufes impietez ? En verité, ie voys que voulez monftrer les richefles de voftre bonté, cóme en vn Pierre & en vn Dauid. La vie mauuaife, & la bonne mort ne fuiuent pas, qui veut bien mourir faut bien viure.

Puis dit à la faincte Magdeleine, Vrayement Magdeleine tu as eu des demons en ton corps, mais non pas de la façon que cefte Magdeleine icy, tu eftois toute courtifane, & aymois les hommes beaux, mais en fin tu as aymé le plus beau de tous les hommes, comme veut faire maintenant cefte Magdeleine.

a *Hipocrifie du Magicien.* a Apres Verrine dit, Louys au dehors fait croire qu'il eft vn fainct, cependant à l'interieur eft tout plein d'iniquité, il feint de s'abftenir de la chair, & toutefois il fe faoule de la chair des petits enfans.

Icy faut noter que Beelzebub en dit de mefme à vn exorcifme auquel on luy demáda, que vouloit dire que durant neuf ou dix iours que ledict Louys demeura à la faincte Baume mangeant auec les Religieux, il laiffoit tout fur fon affiette, ne mangeant pas : il refpondit en riant & fe gauffant, il s'en foucie bien de voftre merluffe, & de vos œufs, il mange de bonne chair de petits enfans qu'on luy apporte inuifiblement de la Synagogue.

d'vn Magicien. 339

Outre Verrine dit, Louyse n'aura pas loisir de ⟨ᵃ Cecy est remarquable, & l'a dit plusieurs fois.⟩
se glorifier de tout cecy, car elle mourra apres
que l'Eglise aura approuué ces actes.

Vous demandez des signes de sa possession, ⟨ᵇ mort de Louyse.⟩
les vns que ie parle Grec, les autres que ie parle
Espagnol, & les autres demandent du Latin,
mais ie dis que cet œuure est fort esloigné de
curiosité : ᶜ ie vous ay dit plusieurs choses ja ⟨ᶜ Predictions de Verrine arriuées.⟩
aduenuës, cōme que Louyse seroit examinee,
que Magdeleine se conuertiroit, & encore
vous cherchez des signes cōme les Pharisiens.

Puis dit, Tous les Sabats sont en desordre, &
tout l'Enfer en confusion, voyant qu'on presse
de si prés la conuersion de leur Prince Louys
Gaufridi : ils sont troublez, comme seroit troublee la France si son Roy laissant le Christianisme se faisoit Sarrazin, ou comme l'Eglise seroit
en trouble si le Pape se faisoit heretique.

Apres dit, Dieu veut exterminer ceste maudite race, & remplir les sieges des Anges tombez, car le iugement s'approche, ᵈ & l'Antechrist est né d'vne Iuifue corrompuë d'vn Incube : Dieu veut maintenant preparer ses soldats au combat, & le diable les siens, les Magiciens seront les precurseurs & Prophetes de l'Antechrist. ⟨ᵈ De l'Antechrist, voyez aux difficultez apres l'epistre au Lecteur.⟩

ᵉ Ce iour sur les trois heures apres midy, les ⟨ᵉ Deux Peres Capucins vont à Marseille.⟩
deux Peres Capucins s'en allerent à Marseille,
de l'aduis du Pere Michaëlis, & de leur gré,
pour s'informer de la vie, & mœurs de Louys
Gaufridi, & afin de visiter sa chābre, & ses liures
si parmy iceux aucunes cedulles, ou quelque
marque de la magie s'y trouueroient point.

Y ij

Histoire admirable

a Sorcieres portées invisiblemēt.

a Ce iout sur le soir le Pere Michaëlis exorcisant, Belzebub cria, Voyla des Sorcieres qui viennent visiter leur Prince Louys. Alors Verrine dit, Leur Prince les appelle. Puis dit, Dieu accable ce loup, qui vient deuorer les brebis.

b Verrine abbaye comme vn chien.

b C'est au chien d'obeir à son Pasteur, & à crier quand il voit le loup, & disant cecy se mit à crier cōme vn chien (ce qu'il fit par plusieurs iours, lors que les Magiciens, & Magiciennes, &c. venoient inuisiblement à la saincte Baume.) Apres il dit, Vous ne me voulez laisser parler qui descouure les ruses des Magiciens? & Belzebub interrogé quelles estoient celles qui estoient venuës, & d'où estoient-elles? Il respondit, ie suis lié: Et Verrine dit, ne vous estōnez pas s'il ne parle, car ne voulez pas croire, & voudriez que Dieu descendist du Ciel, & vous conduisist par la main, Vous auez le Prin-

c Les demōs superieurs liēt les inferieurs & les arrestēt comme par my les hōmes le plus fort lie & ferme la bouche au plus foible, & parmy les animaux l'vn arrste l'autre naturellement.

ce de la magie, n'est-ce pas assez? mais, ô grand aueuglement! vous ne voulez rien croire. Puis il cria à haute voix, Magiciens, & Magiciennes Dieu vous confonde tous tant que vous estes, que venez vous chercher en ceste Eglise? Ce n'est pas icy le lieu de vostre malheureuse Synagogue. Mais ie voys, vous vous contentez d'empescher c le diable de parler. Et toy Magicien Pasteur de ces miserables, Dieu te cōfonde auec eux, bouc puant. Par apres il iura cōme les demōs qui estoient dās Magdeleine estoiēt liez, & que luy ne l'estoit pas, & pource (dit-il) me deuez entendre qui suis du party contraire à eux. Sur cecy on luy commanda de descouurir les embusches du diable. Verrine respōdit,

d'vn Magicien. 341

Puis que vous voulez entédre tout ce que i'ay dit, entendez: La volonté de Dieu est que tous sçachent tout ce que i'ay dit le matin, & non seulement les confesseurs de Louyse, car il veut monstrer sa grandissime bonté. C'est la verité que Magdeleine n'est pas encore bien conuertie, & est perpetuellement vexee des Incubes, cómettans en elle mille impuretez.a Il est vray Michaëlis, Dieu est fasché contre toy, si tu n'y mets ordre, & ne crois ce que ie dis de sa part, & que celle-cy est possedee. Que si elle n'est possedee, pourquoy l'exorcisez vous? ne seroit-il pas mieux faict de la renuoyer en sa cuisine? Elle se contentera de ceste office, comme elle s'en contentoit auant que venir icy. Que pensez vous, pourquoy Magdeleine ne me peut entendre maintenant? C'est parce que ie luy dis la verité, qu'elle n'est encores bien conuertie, qu'elle n'obeit pas à ses superieurs, qu'elle dit ses pechez auec curiosité, & comme vne Comedienne: Magdeleine il ne faut ainsi dire, ains auec contritió, & douleur. Apres l'on cómanda à Verrine de parler plus bas, car il crioit de toutes les forces que pouuoit auoir la fille. Ledit Verrine respondit, quád ie parle bas, vous mesprisez d'entendre, & quand ie crie haut, vous me faictes taire. Sodome, iamais telles choses ne sont esté dictes de toy: & mesmes du temps du deluge n'est aduenu ce qui se faict maintenant, & toutefois ont esté noyez dans les eaux, ou bruslez dans le feu: A-on iamais entendu qu'il ait fallu vn diable pour reprendre vn pecheur, comme à ceste heure? Sçachez

a Nous estions encores en l'indifference faisans les inquisitions.

Y iij

qu'il y a a difference, d'auoir le diable au corps, & de l'auoir en l'ame, ou de l'auoir au corps pour conseruer l'ame. Puis, comme quelqu'vn luy dit qu'il falloit qu'il obeïst à l'Eglise Espouse de Dieu, il respondit qu'il falloit aussi que l'Espouse s'humiliast deuant son Espoux, Dieu vous veut faire present de sa lumiere, & vous cependant me dictes, Verrine, b *Obmutesce*. Ie veux parler, mais à l'honneur de Dieu : Ay-ie iamais dit, portez honneur à Verrine? non. I'ay tousiours dit que ie n'estois qu'vn diable maudit, Si i'ay mal parlé, monstrez le moy ; mais bon Dieu (dit-il) commandez moy de parler Hebrieu, ou faire quelque autre prodige, car ces pauures aueugles demandent encores des signes. Mais qu'auez vous fait, Seigneur, à ceux qui vous en demandoient? Vous leur pouuiez donner des signes du ciel comme ils demandoient, mais ne l'auez voulu faire, parce qu'ils n'auoient la foy, laquelle vous requerez aux hommes.

Michaëlis, les petits enfans qu'ils ont mangé, les autres qu'ils ont suffoquez, & puis apres deterrez pour en faire des pastez, crient tous vengeance deuant Dieu, pour des crimes si execrables. Et encores ces miserables Magiciés ne se contentét pas, ils voudroient encores ietter Dieu de son Throsne : c ils adorét vn bouc & luy sacrifient tous les iours: Et quoy, ne pensez vous pas que Dieu ne soit irrité pour tant d'abominations? A leurs tables il n'y a point de cousteau, parce qu'ils ne veulent retrancher leurs imperfections : il n'y a point de sel, par-

a Differēces des demons.

b En esprouuāt on signifioit au demon qu'on ne croyoit pas.

c Adoratiō du bouc en la Sinagogue.

d'vn Magicien. 343

ce qu'ils haïssent la vertu de sagesse. Et n'y a point d'oliues, ny huile de ce fruit, parce qu'ils n'ayment que la cruauté. En ceste Baume ils font leurs Sabats, en ceste Baume ils mangent de la chair, en ceste Baume blasphemét contre la saincte Trinité, les Sacremens, la Mere de Dieu & les SS. Quoy? Dieu n'a-il pas occasion d'estre irrité? Le Turc infidele, les Iuifs attendans leurs Messias, & les Heretiques adorás leur propre volonté, & conceptions, ne sont pas si detestables que les Magiciens; car ceux-cy tous les iours renoncent à Dieu, & le crucifient à tous moments. Ie dis encores, que si à Geneue auoit esté dit ce qui a esté prononcé en ceste Baume, ils ne demeureroient en leur obstination. Cependant les enfans de l'Eglise tiennent le Magicien, & ne veulent que ie luy parle. O! Michaëlis, le Magicien est entre tes mains, faicts le bien garder, car il estonne encores Magdeleine. Apres cecy l'on enuoya chercher Louys, qui estoit à la chambre, pour venir à l'Eglise: comme il entra a Verrine jappa comme vn chien, & dit, Ne vous esbahissez pas si ie japqe, car ie voy le Loup. Puis parlant à Louys, luy dit, Tu es vn Magicien, tu es vn miserable Sorcier, ie te dis, que si tu ne te conuertis, b tu seras bruslé: & faudra que ces filles icy soient exorcisees deuant le Parlement d'Aix. Si Louys ne se conuertit dans huict iours, ie vous dis, & inuoque en tesmoignage la tres-saincte Mere de Dieu, les Seraphins, les Martyrs, les Vierges, tous les Saincts, Sainctes, & tous tant que

a Abbayement de Verrine cōtre Louys.

b Predictiō que le Magiciē seroit bruslé & les deux filles exorcisées à Aix comme est arriué.

Y iiij

a Il a esté degradé par le sieur Euesque de Marseille, lequel aussi auoit deputé commissaire aux auditions de Louys, comme estant de son diocese.

vous estes icy qu'il sera liuré entre les mains de monsieur de Marseille, & puis l'on dit, que Louyse n'est pas possedee.

Faut icy noter que les Peres Capucins ne trouuerent rien à Marseille, en la chambre de Louys, touchant la Magie, & ceste visitation despleut à plusieurs de Marseille, & soudain coururent de faux bruits par la ville contre le Pere Michaëlis, comme autheur du tout.

Faut encores noter que les Magiciens, & Magiciennes qui venoient inuisiblement à la saincte Baume, y laissoient de mauuaises senteurs, & iettoient sur les vns, & sur les autres, d'onctions, & poudres, particulierement sur le Pere François Billet, & deux fois sur le Pere Anthoine Boilletot, qui se trouua oinct aux leures, & demandant à Louys que vouloit dire cela? il s'en rioit : Ils en ietterent tellement à vne sœur Catherine, coadiutrice de saincte Vrsule, qu'elle en fut notablement malade quelques iours.

b Prediction de la punition & mort du Magicien auec sermēt solemnel, & le demō donne ceste prediction pour signe.

b Outre ce que dessus, Vetrine iura de la part de Dieu, Createur du ciel & de la terre, de la part de la tres-saincte Mere de Dieu, des Anges, des Patriarches, Apostres, Martyrs, Docteurs, Confesseurs, Vierges, Vefues, & de la part de toute l'Eglise triomphante, & militante, & à la cōfusion de tout l'Enfer, que Louys Gaufridy seroit prins, lié & bruslé s'il ne se conuertissoit. Puis dit, s'il y a iurement qui iamais ayt esté valable, sera celuy-cy, & pource ne demandez plus des signes, & inuoqua encores pour ce fait

d'vn Magicien. 345

l'ire de Dieu fur foy-mefme. Outre il dit, que s'il fe conuertiffoit, on ne luy feroit aucun mal, mais qu'il eftoit plus veritable qu'il feroit puny.

ACTES DV IV. IANVIER.

CE iour durant vne Meffe que Louyfe en-tédoit, Verrine cria, Seigneur permettez moy, que ie parle Efpagnol & Grec, a car on demáde toufiours des fignes, ou bien permettez que le Pere fouz-Prieur qui ne veut rien croire de cecy, foit borgne d'vn œil : & ce Pere qui eft Capucin foit boiteux. Ouy, faites defcendre le feu du Ciel, & ainfi ils auront des fignes, puis dit, Si voftre Dieu n'eft pas affez fage, donnez luy confeil. Ils demandent des fignes, & difent que Louyfe fait, & dit tout ce qui fe paffe, & cependant laiffent communier celle qui a tant de fois inuoqué l'ire de Dieu fur foy. Ie dis qu'en cefte façõ, fi elle n'eft poffedee, comme l'on dit, elle eft pire que Lucifer, & trompe l'Eglife de Dieu, difant tant de chofes admirables, & pleines d'eftonnement, comme qu'vn Salomon foit dáné, & l'Ante-Chrift né. Il feroit raifonnable de la prendre, & la faire brufler, ou bien que Dieu ouurift la terre pour l'engloutir toute viue, fi elle eft coulpable en tout ce fait. Puis Verrine parlant à Louyfe, l uy dit.

Pauure chetiue! prens garde à toy, qui te defendra, tu n'es qu'vne fille, tu te mets toy-mefme au peril de ta vie, fi tu dis que tu n'as

a Difficulté que les PP. faifoient à croire.

point dit d'heresie: mais ie vous dis, que iamais ne s'est veuë chose séblable à ce que l'on voit maintenant. Que dis-tu Louyse, tu ne dis rien? Il faut qu'on te prenne, & qu'on te mette à la place du Magicien, & qu'on te brusle. O misere! ô aueuglement! ce n'est pas de merueille si les Heretiques ne croyét, car vous autres apres tant de choses admirables que i'ay dit, & mesme que le liure s'escriroit, vous ne voulez rien croire. Michaelis tu sçais bié si Louyse dit tout cecy, car tu entens ses confessions.

Apres il dit, Prenez garde Chrestiens, car tous ceux qui sont en l'Eglise ne seront pas sauuez, ny mesme tous les Religieux n'entreront pas en Paradis. Puis adiousta, Ie proteste deuát toy Seigneur, que i'ay fait ta cómission: & quoy, ne voyez vous pas que Belzebub m'est contraire, & moy à luy? Viens, viens malheureux Magicien, ᵃ l'on dira que tu és innocent, & puis on te laissera aller d'icy.

a Prediction que le Magicien sortiroit comme s'il estoit innocent: ce que fut verifié le 14. Ianuier & 15. page 9. & 10.

ACTES DV V. IANVIER.

CE iour fut exorcisee Magdeleine par le Pere Dominicain, & ᵇ alors sortirent du corps de ladite Magdeleine vingt deux Demons par le commandement d'vn Prince qui estoit dedans, (toutefois pour retourner) & en sortát l'vn apres l'autre auec bruit, se nommoient chacun par son nom, sçauoir Agrontier, Perdiguier, & ainsi des autres qui se sont du depuis derechef nommez, descrits aux ᵃ Actes subsequens du mois de Ianuier. Puis A-

b Ces issues nous estoient manifestes tant par le vent sortát de la bouche, que par leurs noms qu'ils proferoient. a Acte 17. fueil. 17.

d'vn Magicien. 347

staroth dit en mots Latins que Belzebub, Leuiathan, & Carreau estoient entrez au corps de Louys, disant, Belzebub est *in intellectu*, Leuiathan *in voluntate*, Carreau *in corde*.

ACTES DV VI. IANVIER.

CE iour fut exorcisee Magdeleine par Messire Paul Prestre de la doctrine Chrestienne, & Belzebub dit, tant que les Magiciés tiénent nostre party, b ils ne sont point possedez de nous, pour le moins visiblement, mais lors qu'ils nous veulent laisser, & nostre Synagogue, nous les tourmétons, & s'il m'estoit permis de tourmenter Magdeleine selon toute ma rage, ie la mettrois en telle sorte qu'elle ne sortiroit d'icy viue. Et cóme on luy dit qu'il monstrast le Magicien qui auoit donné le malefice à Magdeleine, il dit, Il n'est pas loing d'icy: puis dit, Ie suis lié.

b *Magiciés ne sont point possedez.*

Apres disner Louyse fut exorcisee par le Pere François Domps Dominicain, & lors Verrine dit, Vous ne voulez pas croire, mais vous croirez à la fin de l'histoire, qui n'est encores acheuee, Dieu se reserue vn insigne moyen, auquel il se monstrera Superieur. c Il faudra aller à Marseille, & en Auignon deuant Monsieur le Vicelegat, & là se verra si Louyse est seulement maleficiee en son imagination, cóme l'on dit icy à la Baume, & si elle cherche l'ambitió. Faut que les cedulles soient rédues, autrement elles ne seront deliurees. Alors vn de la compagnie dit, Il ne faut pas presser cela,

c *Cecy est à voir.*

& Verrine respondit soudain sans estre demandé. Prenez garde au miracle de Theophile,a & Basile, car il ne seroit necessaire de presser si on ne sçauoit où elles sont, mais on sçait où elles reposent : ie vous dis que Dieu est courroucé, & dauantage que comme du temps des Niniuites, l'air est infecté de leur malice, & la terre ne peut supporter la mort de tant d'enfans, que puis apres ils deuorent : ils mangét ceste chair delicate, qui ne leur couste gueres.

a *Les cedulles furết rendues à Theophile Magicien, & à sainct Basile pour vn autre Magicien, ainsi qu'est escrit en leur vie.*

Ce iour sur le soir, fut exorcisee Magdeleine par Messire Paul, & Belzebub interrogé, si les diables tourmentoient les Magiciennes? Il respondit que non, sinon lors qu'elles se conuertissent, ou qu'elles sont en chemin de conuersion, mais lors que telles conuersions se font vrayement, il les faut nommer entre les miracles. Il en y a cét, & cét, & cent qui sont morts, & n'y a eu qu'vn seul Pharisié qui se soit côuerty, visitát le Lazare, & trois iours apres il mourut. Et interrogé du malefice de Louyse, respondit qu'il y auoit deux ans qu'elle l'auoit, & que du surplus elle auoit en son corps des malefices, factures, ligatures, & d'onctions.

ACTES DV VII. IANVIER.

CE iour auant la Communion, Verrine resista auec beaucoup d'insolences, disant: Louyse, tu es vne lunatique, cóme l'on dit, tu es vne folle, tu es vne basteleuse, penses-tu tromper tout l'vniuers? Puis dit: Quoy? les lunatiques se communient-elles? Apres parlant

d'vn Magicien.

au Pere Michaëlis luy dit: Michaëlis commande moy, a car ie t'ay promis obeissance, comme Louyse.

Ce mesme iour Verrine disputoit auec Dieu cóme l'on colligea par ces paroles, disãt: Grãd Dieu ils ne se contentent de mon ambassade, enuoye leur vn Ange bien-heureux, enuoye leur Gabriel, ou Raphael, ou Michaël, ou bien Rafael, qui a esté le bon Ange d'Adam, & ce pour reduire, & cóuertir ce troisiesme Adam. Dieu luy respondit, non ie ne veux point enuoyer de mes Anges, car si celuy que i'enuoyerois leur parloit en forme inuisible, ils diroient que ce seroit vn diable, si en forme d'homme visible, ils diroiét que c'est vn hõme. Et Verrine dit: enuoye leur la Mere de ton Fils: Dieu respondit que sa mission ne profiteroit de rié: ny mesme mõ Fils, dit-il: car si derechef il descendoit du Ciel visiblement, ils le crucifieroiét encores vne autre fois: Verrine luy dit encores, Enuoye leur quelque grand Predicateur: Dieu luy respondit, nõ ie veux que tu faces ceste missiõ: Verrine dit, Seigneur, ils ne me veulent pas croire, & tousiours demandent des signes: Dieu respondit: ie leur en donneray de suffisans.

Apres Verrine, à propos du iour des Rois, dit aux assistans, faut qu'vn chacun cherche le petit enfant IESVS en la compagnie des trois Rois qui representét vos trois puissances: car la Memoire offre la Myrrhe de cótritiõ, se ressouuenant de ses pechez: l'Entendement presente l'Encens, considerant les benefices de

a *Estant en vne Eglise de sa iurisdiction.*

b *Plainte de Verrine à Dieu.*

Dieu: Et la volôté l'or de la charité: mais il faut que l'estoille de la foy precede, car les bonnes œuures sans la foy sont de nul effect.

Faut noter icy que tout le temps que Louys Gaufridy demeura à la saincte Baume, qui fut de neuf ou dix iours, quand on lisoit à table, à disner, & à la collation, selon la coustume de l'orde des Freres Prescheurs, pour lors se récontrerét les Propheties a d'Ezechiel, & les chap. qu'on lisoit durát ces dix iours sans estre chose premeditee, estoient tous de la conuersion du pecheur, & des menaces contre ceux qui sont endurcis, & de la misericorde enuers les penités, si à propos & si viues, que nous en estions tous estónez & si n'y pensions qu'en la table, & toutefois tout cela ny toutes les exhortatiós qu'on fit audit Louys, tantost vn Pere, tantost l'autre, ne seruirent de rien pour l'amollir. Les Chapitres furent depuis le 18. iusques au 40.

a Lecture du Prophete Ezechiel par rencontre.

b Ces Messieurs alleguoiét que M. Louys estoit Prestre appartenant au reuerendissime Euesque de Marseille, ausquels nous respondismes y estre venu non par commandement, mais par aduis.

ACTES DV VIII. IANVIER.

CE iour Louys Gaufridy sortit de la sainte Baume l'apresdinee, pour s'en retourner à Marseille, b ayát esté enuoyé chercher de Mõseigneur l'Euesque de Marseille par quatre de ses Chanoines qui arriuerét à la saincte Baume le Védredy 7. de ce mois enuirõ la nuict. Alors Belzebub faisoit triõphe, estimát auoir gaigné sa cause. Car le Magicien s'en retournoit cõme innocent, & condamnoit aucunement tous les Actes precedents, & aussi l'on imposa silence audit Verrine pour vn temps, attendant de

D'vn Magicien. 351

voir le tout par l'examen qui s'en deuoit faire par le Pere Michaelis, & les Peres qui estoient auec luy, & ce pour faire sçauoir la verité à la Cour de Parlement d'Aix, comme Monsieur le premier President du Vair, & tous les autres Messieurs le desiroient: l'on fit rendre tous les papiers qui auoiét esté escrits par le P. Domps Dominicain, & exorciste durant l'Aduent, lequel ne les voulant rendre, (estimant que le P. Michaelis les voulust deschirer, ou brusler) fallut enfõcer la porte de sa chambre pour auoir lesdits actes passez iusques à ce iour, a & le tout pour examiner l'affaire. Ledit P. estát ainsi faschë fut mis à part en vne chãbre pour quelques heures, lequel puis apres fut agacé de ces Messieurs susdits, se mocquans, & riants de ce qu'il auoit escrit, disãs qu'il n'y auoit que faussetez, & luy cõtredisants en beaucoup de choses, & pensoient cõtrouuer quelques cautelles pour faire abolir lesdits actes synodiquement, par le reuerẽdissime Sieur de Marseille, & faire dire que le tout n'estoit que vanité & irrision, ce qu'ils ne peurent accomplir, comme on verra cy-apres, quoy que Louys auec aucũ meuz des susdits, quelque temps apres s'en allassent en Auignon, & à Aix pour le faire declarer innocent, disant que le tout n'estoit que folie.

Ce mesme iour le susdit P. Domps Dominicain s'en alla en Auignõ (disant toutefois qu'il s'en alloit à Marseille auec ces Messieurs susdits, pour puis apres s'en retourner en son pays de Flandre) & estãt là cõfera de toute ceste affaire auec le R. P. Theologien du Reueredissime

a Recherche sur la verité des escrits.

b Louys Magicien s'achemine en Auignõ auec d'autres pour se faire declarer innocẽt, mais il fut renuoyé.

Archeuefque d'Auignō, où il fut ouy, alleguāt toutes les raisons qu'il auoit pour la verité de ces actes, a mais le renuoyerēt au P. Michaëlis Inquifiteur de la foy en toute la legation d'Auignō, ne voulans pourfuiure, ny examiner ladite affaire. Dōt ledit P. Domps s'en retourna à Aix où il fit la mefme conference auec le fieur Garandeau Vicaire General du Reuerendiffime Archeuefque d'Aix, & du depuis Cōmiffaire deputé par la Cour en l'affaire de Loys Magicien, auec monfieur le Confeiller Thorō, lequel fieur Garandeau le renuoya audit Pere Michaelis, comme luy appartenant eftant fon Superieur auquel il deuoit prefter obeiffance. Alors ledit P. Dōps Dominicain & Exorcifte s'en retourna à la faincte Baume, où fe foubmit à tout ce qu'en feroit ledit Pere Michaelis comme inquifiteur de la foy, & fon Superieur.

a Le Pere Domps renuoyé à fon Superieur.

Tous ces Actes ayans efté bien examinez & les filles trouuees poffedees, la Cour eftant certifiee du tout contre l'opinion de plufieurs, ledit Pere Michaelis rendit les Actes audit Pere Domps, pour les mettre au net fur la fin du mois de Ianuier, pourfuiuant toufiours pour plus ample verificatiō depuis le 11. dudit mois iufques fur la fin d'Auril, comme il fe voit cy-apres.

Fin de la premiere partie.

ACTES

ACTES RECVEILLIS

ET DRESSEZ PAR LE PERE MICHAELIS, Prieur du Conuent Royal de S. Maximin, & de la saincte Baume, y estant arriué apres Noel, l'an 1611. reuenant de prescher l'Aduent de la ville d'Aix en Prouence.

ACTES DV II. JANVIER. 1611.

APres auoir leu les Actes prins par le Pere François Domptius, susnommé, & verifié par plusieurs tesmoins oculaires, craignans Dieu, & dignes de foy, qui auoient tousiours assisté & entendu les deux possedees, Auons procedé aux exorcismes & continuation des sacremens, espié les parolles & les mouuemens pour plus ample verification de la possession des malins esprits. Or l'vnziesme iour de Ianuier apres la saincte Messe, Magdeleine estant exorcisee, Belzebub coniuré de sortir, il respondit, le iour de l'Exaltation de la saincte Croix dernicre à l'exorcisme

Histoire admirable.

a C'est vn Prestre de la doctrine confesseur ordinaire des filles de S. Vrsule, & particulierement de Magdeleine, depuis qu'elle fut possedee. Hôme docte, & pieux, & à present superieur en la maisõ des Prestres de la doctrine en la ville d'Aix en Prouence, lequel exorcisoit Magdeleine en son Eglise. b Elle nõmoit tous ces malins par ordre aussi prõptement qu'on sçauroit lire dans vn liure.

fait à Aix en la Chappelle de la doctrine, Toy tenant la saincte Hostie à la main (parlant au Pere a François Billet qui exorcisoit) en vertu d'icelle, & de la saincte Croix, interuenant aussi les prieres de la Vierge Marie, sortirent de ce corps sans faire bruit 6660. diables, lesquels ne sont plus retournez, & y sommes demeurez encore sept Princes, & autres cent demons, ou dedans, ou dehors. Et interrogé quand & comment les autres sortiroient, ne voulut respondre autre chose sinon qu'ils sortiroient en vertu des prieres de Marie, de Magdeleine, de Dominique & de François. Cependãt tout le long des exorcismes il se retiroit & s'enfuioit, si qu'il falloit retenir Magdeleine à toute force.

Le soir au second exorcisme, Belzebub ne respondoit point, monstrant la face de Magdeleine melãcholique, lors dit Verrine, Belzebub tu es triste, pource qu'il y a quatre Magiciens qui sont en voye de conuersion, & d'autres tant hommes que femmes auec eux à Marseille, à Aix & ailleurs. Lors l'Exorciste exhorta Magdeleine de renoncer au diable, & à toutes les cedulles qu'elle luy auoit faites, ce qu'elle fit fort amplement, disant: Ie Magdeleine de Damandouls renonce à Lucifer, b Belzebub, Leuiathan, Asmodee, Balberith, Astaroth, Carreau, & à tous les diables d'Enfer, & à tous ceux qui sont en l'air, en l'eau, en terre & à tous ceux qui sont aux corps des possedez, & à toutes les cedulles que ie leur ay faites, me jettant aux pieds de mon Redempteur Iesus-Christ, sous sa sauuegarde, luy demãdant hum-

d'vn Magicien.

blement pardon de mes fautes enormes : & à ces fins i'implore a l'ayde de la glorieuse Mere de Dieu, Royne de tous les Anges, de S. Michel, & de tous les Anges, de S. Ioseph, & de tous les Patriarches, de S. Pierre & de tous les Apostres & Euangelistes, de S. Estienne & de tous les Martyrs, de S. Gregoire & de tous les Docteurs, de S. Martin, & de tous les Euesques & Confesseurs, de S. Anthoine & de tous les Moynes & Hermites, de S. Dominique & S. François, & de tous les Religieux, de saincte Vrsule & de toutes les Vierges, de saincte Monique & de toutes les vefues, de la saincte & glorieuse Magdeleine, & de tous les penités & penitentes, promettant à Dieu, moyennant sa grace, ne plus adherer, ny donner consentemēt au diable. b Cependant qu'elle faisoit ces renoncemens Belzebub l'agitoit estrangement, la faisant trembler par tout le corps, neātmoins courageusement elle continuoit son abiuratiō la voix tremblante à cause de l'agitation. Lors Verrine par la bouche de Louyse dit, Belzebub tu es bien triste: car Magdeleine de tout son cœur a renoncé à toy, & à tous nous autres.

a C'estoit son oraison accoustumee estant parmy les autres filles & la disoit par cœur.

b Agitatiō de Magdeleine par Belzebub.

ACTES DV TREIZIESME DE Ianuier, iour de l'octaue de l'Epiphanie 1611. car le iour precedent, qui estoit le douziesme, Belzebub ne dit rien, disant Verrine, qu'il estoit lié par le Magicien.

SVR le soir du treiziesme iour enuiron les sept heures, quand on ommença de pres-

a ij

ser Belzebub à parler, dés le commencement des exorcismes print Magdeleine par le gosier comme la voulant suffoquer, & cela dura assez long temps, iusques à ce qu'on luy fit commandement de descendre, & la quitter.

Apres l'exorcisme, estant Magdeleine retiree en sa chambre, & nous tous aupres d'elle (car n'estoit encores temps de nous retirer) Belzebub, par la langue de Magdeleine, comme estant deslié (car il auoit esté lié seulement pour le temps de l'exorcisme) dit qu'il vouloit pour lors parler.ᵃ I'ay dit-il, moy-mesme tenté Adam: & Asmodee prenant la face d'vne belle pucelle, auec douces & emmiellees parolles tenta Eue, & voyant qu'elle vacilloit & estoit nouuelle au monde, il print courage de redoubler quant & quant la tentation, & en rapporta la victoire,ᵇ Ie suis, dit Belzebub, celuy qui a tenté IESVS-CHRIST au desert aux deux premieres tentations. A la troisiesme, qui estoit la plus forte, sçauoir, me faire adorer, ie prins pour mon adjoinct Leuiathan, & ne l'ayant peu surmonter, nous eusmes grande coniecture que c'estoit le Messias, ou auparauant l'estimions estre seulement vn grãd & parfaict Prophete, bien qu'aucuns l'appelassent le Christ, mais c'estoit en doutant, & par flatterie. Nous commençasmes à ne douter gueres de luy, lors qu'il pria pour ses ennemis, apres l'auoir tant blasphemé à mon instigation, dit Belzebub, qui les auois aussi poussez à luy iecter contre le ventre des pierres cõme blasphemateur. I'estois au costé droit de la Croix, Asmodee sous

ᵃ Cecy a esté dit hors des exorcismes.
ᵇ Belzebub se vante d'auoir tẽté Adã & Iesus-Chr.

les pieds, & Leuiathan au cofté gauche, mais il nous furmonta tretous. a Leuiathan eft le Prince des heretiques, Afmodée des lubrics, & ie fuis le Prince de fuperbe, dit Belzebub, mais il a furmonté ces trois chofes, le monde, la chair, la fuperbe. On dreffa la Croix auec des cordes, & la dreffant dedans le trou faict au rocher, par l'efbranlement on renouuella toutes fes playes; b il fut cloüé à trois clouds fort longs, vn pied fur l'autre, pour luy donner plus grands tourmens, & le crucifiant tournerent la Croix & fa face contre terre, pour accómoder les clouds de l'autre cofté: la Croix eftoit fort haute, de la hauteur, dit-il, de celle que vous auez en bas à l'entree de la Baume, y adiouftant vn pied de hauteur dauantage, & plus large de deux pieds: elle n'eftant pas faicte en forme de ταυ, mais elle auoit vn bois par deffus: & tournant la Croix de l'autre cofté, les Iuifs luy mettoient les pieds fur le ventre.

a *Office des diables*

b *Aucuns Docteurs tiennent qu'il fut attaché à quatre cloux.*

Veritablement, dit-il, voftre Dieu a beaucoup plus fouffert pour vous que vous ne penfez. Apres fa mort il a vifité les Peres aux Lymbes, & tout l'Enfer trembla à fon arriuee. Adam & Eue fe prefenterent les premiers à luy, auec grande contrition, le priant deuotement leur pardonner, qui auoient efté caufe de tant de douleurs, qu'il auoit fouffertes. Il deliura comme vn grãd Roy toutes les ames, tant du Lymbe comme c du Purgatoire, mais les corps qui refufciterent, moururent derechef. Ce qu'ayãt dit Belzebub foudainement fouffla la chandelle qui eftoit fur la table, dont nous euf-

c *Aucuns fcholaftics tiennent qu'il ne deliura toutes les ames de Purgatoire bien toutes celles qui eftoient aux lymbes autrement dit, fein d'Abrahã.*

mes belle peur, car c'eſtoit de nuict, & criant à haute voix, dict, *Ludouice veni, veni*, (car le Magicien eſtoit arriué, ainſi que Magdeleine nous le recita l'ayant veu venir.) Et Belzebub dit à Magdeleine, Tu ne l'as pas veu depuis qu'il s'eſt caché derriere le lict, car tu l'euſſes fait bleſſer, mais il eſt ſorty comme il eſtoit entré par la cheminee.

Apres celà nous allaſmes à l'Egliſe pour dire Matines à l'accouſtumee, & apres l'office faict, le Pere Romillon nous fit ſçauoir, que Belzebub faiſoit du cheual eſchappé à la chambre, & ne vouloit permettre en aucune façon que Magdeleine ſe confeſſaſt, ny miſt ſes genoux à terre. Lors le Pere Michaëlis ſe tranſporta à la chambre, le menaçant de le faire entrer dedans la ſaincte Penitence, ce qu'ayant faict il crioit, que plutoſt il ſeroit-là toute la nuict que de la laiſſer confeſſer. Toutefois par la preſence du S. Sacrement qu'on luy preſenta, & pour la ſaincteté du lieu, ſes forces eſtant briſees, librement, & auec grande contrition, & deuotion, & auec grande conſolation de ſon ame, elle ſe confeſſa au Pere Michaëlis audict ſainct lieu, faiſant apres pluſieurs actes d'humilité, & ſubmiſſion enuers tous les aſſiſtãs, & particulierement enuers le Pere Romillon, auquel elle auoit reſiſté à la chambre, & demeura en grand repos & tranquillité ceſte nuict, iuſques à vne heure apres minuict, auquel temps le Magicien Louys reuint, comme elle atteſtoit, luy iettãt vn caractere ſur le cerueau pour luy troubler l'imagination, la mémoire, & les autres puissances de l'ame pour ne s'en pouuoir seruir contre luy, & l'accuser de ses crimes.

ACTES DV QVATORZIESME
de Ianuier 1611.

LE matin aux exorcismes Belzebub enfla tout le corps de Magdeleine, luy faisant le visage rouge ᵃ auec des mines diaboliques, les yeux estincellans, les leures fort ouuertes, le col enflé comme vn crapault, la voulant estrangler, la faisant tomber par terre, tantost criant, tantost riant. Exorcisé & interrogé pourquoy le soir precedent ayant esté Magdeleine introduite dans la saincte Penitence, il crioit & repetoit plusieurs fois, qu'on ne luy deuoit pas donner l'absolution apres sa confession, elle ayant commis vn sacrilege: ne voulut respondre iusques à ce qu'on luy augmentast ses peines auec nouuelle coniuratiō. Et lors il respōdit auoir dit cela pour la faire tōber en desespoir d'vn scrupule, l'ayant fait entrer soudainement dans la saincte Penitence, sans tirer les souliers des pieds (comme c'est la coustume.)

Puis apres Verrine, parlant par la bouche de Louyse dit, Le soir passé durant les exorcismes quād vous entendistes crier ᵇ au dessus de l'Eglise, c'estoit vn grād nōbre de Magiciés estans là venus, les vns pour ne croire que Magdeleine fust cōuertie, les autres pour entēdre ce qu'on disoit, autres pour ietter des charmes & la deceuoir, les autres pour voir la chose digne d'admiration, que Verrine, qui estoit vn diable

ᵃ Horribles gestes de Belzebub en Magdeleine.

ᵇ Grands cris entendus sur l'Eglise.

a iiij

inferieur brauast Belzebub, qui estoit à luy superieur, puis Verrine se print à japper comme vn chien de parc, disant que c'estoient des loups qui reuenoient encores, entendant des Magiciens qu'il voyoit là presens portez par les demons.

Puis dit Verrine que c'estoit bien le monde renuersé, puis que le diable cóseruoit les hommes, & plaidoit pour eux comme Aduocats & Procureurs, disant n'estre de merueille si Dieu, les Anges, & les Saincts leur donnoient ayde & secours, adioustant que c'estoit bien comme au temps de l'Antechrist, quand les nations se banderont les vnes contre les autres, comme à present les diables contre les diables.

Puis parlant contre les Magiciens leur reprochoit leur grande folie de se dresser, & bander contre Dieu. Puis se retournant vers Belzebub luy dit, Toy Belzebub auec tes compagnons tenois conseil de me bien tourmenter & battre quand ie serois sorty de ce corps, mais il ne m'en chaut, cependant ie fais ma charge, & quant à l'aduenir, alors comme alors: & cependant voyla de braues Princes, Princes de Tharasques (ainsi appeloit-il les Sorciers) & n'auez tretous maintenant de force non plus qu'vne mouche, ou formy, qui estiez des Seraphins, & ie n'estois que des Trosnes. Et toy Belzebub m'as prié de tenir ton party, ou pour le moins que ie te baillasse mes deux compagnons Gresille & Sonneillon, pour t'ayder à solliciter les Magiciens de tenir bon, mais ie t'ay refusé, car ie suis du party de Dieu.

d'vn Magicien.

Le soir au second exorcisme Asmodee agita Magdeleine par cōmandement de Belzebub, qui presidoit en ce corps, a d'vne façon turpe & odieuse pour la mener à vne hôte, & la faire retourner à luy, aux fins d'euiter la confusion des hommes, & continua ceste façon de faire plus de quinze iours, si qu'en effect Magdeleine refusoit d'aller aux Exorcismes lors qu'il y auoit des estrangers. Cependant Verrine reprochoit à Belzebub qu'il estoit tout confus, & que les sorciers & sorcieres ne faisoient que courir çà & là, pour empescher l'œuure de Dieu, ce qu'ils ne pouuoient.

a Mouuemēs turpes par Asmodee.

Puis dit, Il y a à Marseille & ailleurs, & mesmes gens de marque qui vont à la Messe, & cependant s'arrestent au Diable, toutefois s'ils se veulent conuertir, Dieu ne veut pas que ny eux, ny les sorciers soient bruslez, ou punis, & à ces fins il contraint les diables de les porter icy à la saincte Baume pour entendre nos discours. Et puis dit, b O vous autres qui estes venus de Marseille (nous taisons les noms par honneur) pour ramener d'icy le Magicien, & le declarer vn grand sainct hôme, & innocent, Retractez vous, retractez vous, vous enuerrez la fin. Le Ver à soye ne fait que commencer, mais le tapis n'est pas encores fait.

b Six Cheualiers estoient venus de Marseille pour amener quant & eux le Magicien, le fauorisant comme amy.

ACTES DV XV. ET XVI. IANVIER,
Samedy & Dimanche.

LE Samedy, iour que les amis de Louys le ramenerent à Marseille pour le iustifier, tout estoit en trouble à la saincte Baume, Verrine ne fit autre chose que crier à haute voix tant qu'il pouuoit, selon toutes les forces de Louyse, qu'on vouloit declarer innocent le Prince des Magiciens, disant: O Monsieur de Marseille, qui auez donné permission à ces gens de ramener Louys, vous ne sçauez pas que c'est, vous offencez par ignorance, si vous sçauiez. Et furent ce iour là plusieurs tentez d'impatience, & de cholere, le diable semant grande zizanie parmy ceux qui estoient à la saincte Baume, mais cela fut bien tost estouffé par la grace de Dieu.

Le Dimanche au matin Belzebub ne parla point, excepté quand l'Exorciste faisoit le denombrement de tous les membres de la possedee pour en faire retirer le diable disant: *A capite, à collo, ab oculis, à naribus, ab arterijs, à pulmone, spatulis, à corde, &c.*

Lors dit Belzebub, faisant vn mouuement à toutes les susdites parties du corps à mesure qu'on les nommoit, comme frappât des pieds quand on nommoit les pieds, haussant les genoux quand on les nommoit, & ainsi des autres parties, disant: Il y a par tout icy des malefices, & qui en voudra, vienne à la Pallud, car elle en a foison.

Au mesme exorcisme Verrine crioit & se tourmentoit, & quand l'Exorciste mettoit la main sur la teste de Louyse, il disoit: Oste ceste main, repetant cela par plusieurs fois, & disant: Il faut tourmenter les rebelles, comme Belzebub, & non pas moy. Puis disoit: Ie suis seul tourmenté, & non pas mes deux compagnons Gresille & Sonneillon.

d'vn Magicien.

Exorcisé & adiuré pourquoy il estoit tourmenté, respondit que la nuict precedáte estant extremement sollicité de la part de Lucifer de tenir son party, a il promit de le faire. Et aussi a pour auoir tété Louyse de ne prier plus pour Magdeleine, & mesme l'auoir faire tomber en peché mortel par quelque consentemét, pour auoir fait dire à Louyse qu'vn Pere estoit vn superbe, & pour l'auoir empeschee de se confesser, & pour auoir trompé le Confesseur faisant la confession, & non pas Louyse, disant que pour toutes ces fautes, Dominique son aduersaire auoit impetré de Dieu qu'il fust bié chastié.

Hors de sa commission on le cognoissoit vray diable, estant delaissé en sõ naturel, le iugemēt de Dieu le portãt ainsi, autrement on n'eust peu croire que ce fust vn diable.

Exorcisé de iurer ce que dessus, a respondu, Ouy, ie iureray, car Dominique a aussi impetré cela de Dieu; & luy commandant l'Exorciste de mettre les deux mains sur les paroles de la consecration du Calice, luy presentant le Canon de la Messe en fueille, Louyse qui estoit idiote, mit soudain les deux mains sur lesdites paroles, puis luy commanda l'Exorciste de les mettre sur la seconde oraison que le Prestre dit deuant la cõmunion, & le fit ainsi, disant: Es-tu content? & commençant son iurement dit.

Ie te iure par la puissance du Pere, par la sapience du Fils, & par la bonté du sainct Esprit, selon l'intention de l'Eglise triomphãte, & militante, & la tienne, & de tous les assistans, sans me reseruer aucune sinistre intention, que ce que i'ay dit est veritable, sçauoir, &c. repetant tout ce qu'il auoit dit.

Le mesme iour aux exorcismes du soir Belzebub agitoit Magdeleine à la façon accoustumee susdite, retirant tousiours arriere la teste, quand l'exorciste y vouloit faire le signe de la Croix, & ayant prins le liure des mains de l'Exorciste le ietta par terre, puis cria disant: Allez ouurir la porte à Romillon, car il veut entrer, & estoit ainsi.

a On esprouuoit s'ils se contrediroient

a Interrogé qui estoit le plus grand des deux, ou luy ou Verrine, il respondit, C'est vne interrogation friuole, qui ne merite pas de responce.

Quand l'exorciste nommoit tous les membres du corps comme dessus, parlant des reins il les agita estrágemét, disant: Que le iour precedent, Blanche sorciere de Marseille auoit ietté vn malefice composé d'or, d'argent & autres choses sur les reins de Magdeleine. Outre en auoit ietté vn autre auec vn canon contre les yeux, aux fins que Magdeleine regardant qui que ce fust, luy semblast voir le Magicien Louys.

b Prest ge aux yeux de Magdeleine, S. Clement aux recognitiōs recite sēblable chose de sa mere, luy sēblant tousiours voir Simō le Magiciē.

b Du depuis Magdeleine estant en ses bons interualles, interrogee là dessus respondit que c'estoit vn des plus grands tourmens qu'elle auoit d'auoir tousiours cet obiet deuant ses yeux, quand quelque personne se presentoit, & mesme son Confesseur, & le Prestre à la Messe, mais ce charme luy passa au bout de huict iours par la grace de Dieu, en vertu de la frequéte communion qu'on luy donnoit tous les iours, qui est le souuerain remede pour euiter, ou abbatre les charmes, ainsi que les diables mesmes ont confessé en vertu des exorcismes, disans aussi que les Prestres qui celebrent tous les iours ne pouuoient estre charmez.

En ce mesme iour Verrine dit, ᵃ pour l'entendemét nous cognoissons mieux Dieu, que vous, mais pour l'amour vous nous gagnez, & si vous cognoissiez Dieu autát que nous, vous seriez fols de luy: nous tentons les gens, mais quoy qu'ils tôbent en peché, nous ne sommes pas punis pour cela, si ne surpassons les limites ou l'exprès commandement de Dieu fait par les bons Anges, car c'est de leur franc-arbitre: mais bien auons nous nouuelles peines pour les exorcismes & rebellions que nous faisons en iceux, b & ces peines sont accidentelles, & durent seulement vn certain temps, comme d'vne heure, d'vn iour, &c.

ᵃ Differéce en la cognissance de Dieu.

b Peines accidételles des demôs.

Interrogé si dés le commencemét il portoit ce nom de Verrine? Il respondit que les diables n'ôt point de noms, car entre eux s'entre-cognoissent assez, mais ils prennent vn nom lors qu'ils entrent dans vn corps, pour se faire discerner l'vn de l'autre, & changét leurs noms comme ils veulent, quand ils entrét en diuers corps. Au reste, qu'il estoit vn demon de l'air moins malicieux, que ceux qui sont là bas en enfer, & le plus malicieux de tous c'est Lucifer ᵈ qui est enchaisné en enfer, neantmoins il sçait tout ce qui se fait au monde, & commande & donne conseil aux autres.

c D'où sôt prins les noms des diables.

Tertulien dit, Ibi nomen, vbi pignus.

d Lucifer enchaisné en enfer.

Interrogé, comment le sçait-il donc, s'il est enchaisné? Il se print à rire, disant: Vous estes ignorants, vn Roy qui demeure dans son Palais, ne sçait-il pas bien ce qui se fait en son Royaume, moyennant les ambassadeurs, postes, & messagers? Ainsi les diables vont en enfer, y sont bien tost, & demandent aduis à Lucifer qui sçait plus que tous, & commande à tous. Puis dit encores, l'on dit que le diable ne peut pas dire la verité aux exorcismes: Venez-çà, quand Iesus-Christ demanda à vn diable quel estoit son nom, & il respondit, *Legio*, ne dist-il pas pour lors la verité?

ACTES DV XVII. IANVIER.
qui estoit vn Lundy, iour de S. Anthoine.

Pendant qu'on disoit la Messe, il y eut vne longue contestation entre Belzebub & Verrine, & Belzebub intellectuellemét imprimoit en l'entendement de Verrine d'aller à Marseille auec ses compagnós, pour luy ayder à obstiner les Magiciens & Magiciennes esbranlez, à raison que leur Prince auoit esté nommé & descouuert, auquel Verrine respondoit vocalement refusant d'y aller, disant qu'il auoit iuré fidelité à Dieu, qu'il ne craignoit point les peines dont il le menaçoit, qu'il y allast luy-mesme auec ses gens s'il vouloit; & puis qu'il se iactoit de la grandeur de son grade & principauté, qu'il monstrast ses forces, mais quant à moy, dit-il, & mes compagnons, Dieu nous loüa hier matin, comme on loüe vn vigneron pour trauailler à la vigne. Tu es venu trop tard pour nous loüer à la tienne. Tu as esté paresseux, ie ne veux pas trauailler pour toy. Et quand i'au-

D'vn Magicien.

rois bien trauaillé pour toy, que pourrois-tu donner que l'enfer? car tu n'as autre chose à donner: mais Dieu m'a promis a amoindrisse-ment de peines, & pour ce, ie le veux seruir en ce fait, & ne me tente plus ny mes cõpagnons. O les braues Princes qui ne se peuuent pas deffendre, ny gouuerner leurs peuples! Est à noter que le soir precedent Verrine estant tenté sur le mesme suiet il se plaignoit & doulloit, comme vn enfant, en disant: On me veut forcer d'aller à Marseille, pour conforter les Magiciens, Dieu me punira si ie le fais: & apres certains interualles, il repetoit souuent, Non, non, & seble à voir par là que Dieu auoit restitué vne partie b de la force à Belzebub sur Verrine pour le pouuoir tenter, & presque forcer, & en effect, comme auõs remarqué cy-dessus, il consentit vne fois, dont il en fut bien chastié.

a Voyez l'Apol. difficulté 10. apres l'epistre au Lecteur.

b Dieu lie & deslie les diables, quand & comme il veut par fois du tout, leur permettãt faire tout ce qui est en leur puissã-ce naturelle, parfois il les relasche seulement à mesure, selon son bon plaisir.

Apres la Messe, Belzebub estant sorty du corps de Magdeleine, peut-estre pour aller à Marseille aux fins susdites, l'Exorciste demandant lequel des demons presidoit en ce corps. L'vn d'eux respondit, C'est Balberith. Interrogé de quel ordre il estoit, faisant longue difficulté de luy dire, en fin dit ces paroles, Ie suis contraint de la part de Dieu, moyennant les prieres de Marie Vierge, de Magdeleine, de Michel, & de Frãçois, te le dire, & d'autres choses.

1. Belzebub estoit vn Prince des Seraphins, le second apres Lucifer, tous les Princes, c'est à dire, tous les premiers de neuf chœurs des Anges sont tõbez, & au chœur des Seraphins tous les trois premiers, sçauoir Lucifer, Belze-

Les exemples sont en Iob 1. c. en l'Apoc. 7 & 10. & ailleurs.

bub & Leuiathan, qui se reuolterét, & le quatriesme, qui estoit Michael, a fut le premier qui resista à Lucifer, & tous les autres bons Anges le suiuirent, & est demeuré le premier des Anges. Lucifer est enchaisné en enfer depuis la descente de Iesus-Christ aux enfers, & commande à tous & chacun a son mestier par troupes.

a S. Michel premier entre les Anges.

b Belzebub tente de superbe, Iean Baptiste tient le lieu de Lucifer en Paradis, comme il a esté le plus insigne de tous les hommes, & ce à raison de sa tres-grande humilité, contraire à la superbe de Lucifer. Or Belzebub a pour son aduersaire là haut au ciel François, Pere des freres Mineurs à raison de son humilité.

b Quelles tentations des malins & de leurs aduersaires au ciel.

2. Leuiathan Prince du mesme ordre, & Prince des heretiques tente des pechez contre la foy. Il a pour son ennemy au Ciel Pierre l'Apostre, Vicaire de Iesus-Christ, & Pontife en l'Eglise, auquel a esté promis, *Portæ inferi non præualebunt.*

3. Asmodee du mesme ordre, il est à ceste heure Seraphin, c'est à dire ardent à tenter du peché de luxure, & est Prince des luxurieux: il a pour son ennemy au Ciel Iean Baptiste, qui a esté le parfaict Vierge.

c Baalberith. Iudic. 9.

c 4. Baalberith est Prince des Cherubins, tente d'homicide, de duels, de contentions, & de blasphemes, il a pour son ennemy au ciel Barnabas l'Apostre, à raison de sa grãde modestie.

5. Astaroth Prince des Throsnes, veut estre tousiours assis, tente de paresse: il a pour son ennemy au ciel Barthelemy l'Apostre, qui mettoit

d'vn Magicien.

metoit cent fois le iour, & cent fois la nuict ses genoux àterre priant Dieu. Il a aussi abbatu l'Idole Astaroth.

6. Verrine est aussi des Throsnes apres Astaroth, & tente d'impatience. Son aduersaire au Ciel c'est Dominique vostre Pere, dit-il, qui a esté fort patient à toutes iniures & aduersitez.

7. Gresille est le troisiesme des Throsnes, & tente d'impureté. Son aduersaire au Ciel, c'est Bernard qui auoit vne grande pureté.

8. Sonneillon est le quatriesme des Throsnes & tente de haine contre les ennemis. Son aduersaire au Ciel, c'est *Stephanus*, qui pria pour ses ennemis.

9. Carreau Prince des Puissances tente d'obstination. Il a pour ces aduersaires au Ciel, les deux Vincents, l'vn Martyr, & l'autre surnommé Ferrier de l'ordre des Freres Prescheurs, qui auoient vn cœur fort docile, & facile: Et cestuy-cy est tousiours aupres de Magdaleine, pour la rendre obstinee.

10. Carniueau Prince aussi des Puissances tente d'impudicité. Son aduersaire au Ciel, est Iean l'Euangeliste, qui estoit Vierge.

11. Oeillet est le Prince des Dominations, il tente contre le vœu de pauureté. Son aduersaire au Ciel, c'est Martin qui donna la moitié de son manteau à vn pauure.

12. Rosier est le second des Dominations. Il tente de l'amour par douces paroles. Son aduersaire au Ciel, est Basile qui ne vouloit escouter vne seule parole amiable & polie.

13. Verrier Prince des Principautez, tente

contre le vœu d'obedience, & faict vn col de fer imployable au ioug de l'obedience. Son aduersaire au Ciel, est Bernard, grand amy de la Vierge, l'imitant en son obeissance. *Fiat mihi &c.*

14. Belias Prince des Vertus tente d'arrogance. Son aduersaire est François de Paule, pour sa simplicité: il tente aussi les femmes de se bien attiffer, mignarder leurs enfans, & leur parler souuent durant la Messe, pour les distraire du seruice de Dieu

15. Oliuier Prince des Archanges, tente de cruauté & immisericorde enuers les pauures: son aduersaire au Ciel, c'est Laurent, *Qui dispersit et dedit pauperibus.*

16. Iuuert Prince des Anges, mais il est en vn autre corps, non pas en celuy-cy.

Le soir à l'exorcisme fut coniuré Balberith, de nommer tous les demós qui estoient dás le corps de Magdaleine, lequel respondit: Ie nómeray bien les principaux, mais non pas les autres qui sont en trop grand nombre, & outre, ce sont des petits laquais qui ne meritent d'estre nommez. Outre les douze que i'ay desia nommez, & qui sont dans ce corps, y sont encores.

Carton Arangier, Bladier, Baal, Agrotie, Raher, Coustelier, Perdiguier, deux Plachers, Potier, Pierrefort, Serre-cœur, Ferme bouche, Pierre de feu, en voila vingt-sept, ie n'en diray plus. Adioustés les trois qui sont en Louyse seront trente.

Exorcisé de dire de quoy ils tentét, & de dire leurs Saints aduersaires: côtrainct à respondre il dit, ᵃ Carton tente de vanité & arrogance. Sõ aduersaire est Iacques l'Hermite, qui mesprisoit fort toutes vanitez, luxes & dignitez.

Arangier tente de volupté. Sõ aduersaire est Sebastien, qui fuyoit grandement les voluptez, & estoit fort continent.

Bladier estoit le neufiesme des Cherubins. Il tente contre la vocation, & d'ennuy contre les inspirations, & confessions. Son aduersaire est Ioseph Espoux de Marie qui a esté fort constãt en sa vocation, & acquiessoit facilement aux inspirations, estant fort diligent en sa charge sans s'ennuyer.

Baal cinquantiesme des Throsnes, tente des meurtres. Son aduersaire est Raymond de Capua Confesseur de Catherine de Sienne, de vostre ordre, lequel n'auons sceu iamais gaigner, qu'il n'aymast tous les hommes de tout son cœur.

Agrotier tente de la cupidité des honneurs, il est des Dominations. Son aduersaire est Hierosme, qui a fort mesprisé les honneurs du monde.

Raher estoit le troisiesme des Archanges, il tente d'obstination comme Carreau. Son aduersaire est Vincent Ferrier, qui auoit vne perpetuelle cõtrition, & qui estoit de vostre ordre.

Coustelier estoit des vertus, il tente des contentions & noises, & de dresser des proces. Son aduersaire Pierre martyr aussi de vostre ordre, qui estoit admirablement doux & debonnaire, & pardonnoit librement toutes iniures.

ᵃ *Notez l'ordre, qu'il garde selon le denõbrement qu'il en auoit fait auparauãt*

b ij

Perdiguier estoit des Puissances, tente aussi d'impureté, car vn ne peut pas estre par tout, ny sa trouppe. Son aduersaire est Benoist, pour sa grande pureté.

Plancher estoit des Archanges, tente de la desobeyssance. Son aduersaire est *Jacobus*, de vostre ordre, qui laissa la lettre o, imparfaite en escriuant, pour faire l'obedience.

Potier second des Cherubins, il endurcit les cœurs, pour ne prier Dieu, ni mediter. Il a pour son aduersaire Victor Martyr, qui prioit tousiours, ou meditoit.

Pierrefort estoit le huictiesme des Throsnes, il tente des difficultez qui se trouuent aux vertus, & principallement à l'humilité. Son aduersaire est Iean Chrysostome, qui s'exerçoit tousjours à toutes les vertus.

Serre-cœur, le quinziesme des Archanges, empesche d'esleuer l'entendement à Dieu. Son aduersaire est, Guillaume de l'ordre d'Augustin qui auoit tousiours son entendement esleué en Dieu, mesme estant à table.

Ferme-bouche, le second des Anges, téte des paroles vaines & odieuses, dégouttant de parler de Dieu, & interrompant si quelqu'vn en veut parler. Son aduersaire est Cyprian Martyr & Docteur, qui presque tousiours parloit de Dieu.

Plancher quinziesme des Puissances, autre que celuy des Archanges, tente de sinistre intention à toutes œuures. Sõ aduersaire est Marc l'Euangeliste qui auoit tousiours pure & droicte intention en toutes choses.

d'vn Magicien.

Pierre de feu, le vingtiesme des Vertus, téte de cholere & ire. Son aduersaire est *Alexius*, qui exerçoit la patience, estant mal traicté de ses seruiteurs en la maison de son pere.

Belzebub parlementant auec luy, autres demons qui estoient auec luy au corps de Magdaleine, nomma les deux esprits familiers du Magicien Louys, sçauoir, Chandelier, & Ferrier.

ACTES DV DIXHVICTIESME Ianuier.

AVSSI tost que les deux possedees eurét mis leurs genoux à terre deuát l'autel de la saincte Baume, Belzebub se tournant vers Louyse dit à Verrine, Voicy nostre prescheur, qui se dit estre predicateur: alors Verrine dit, a *Verrine* tu as menty, ay ie iamais dit, que i'eusse pres- *dit n'estre* ché, ou que ie fusse prescheur? Va méteur mau- *pas predi-* dit, mais i'ay dit seulement esté enuoyé de Dieu *cateur.* pour dire la verité, & découurir vos tróperies. *Voyez à la* Belzebub dit, Tu as dit que Dieu t'a promis *1. difficulté* son Paradis. Verrine respondit, Tu as menty, *apres l'Epi-* mais i'ay dit, que Dieu m'a promis diminution *stre au le-* de mes peines par sa puissance b absoluë: puis *cteur.* dit à Magdaleine, courage Magdaleine. Tu es b *Puissan-* loüee à Dieu, auec les trois puissances de ton *ce absoluë* ame. Lors dit Belzebub, Non elle est à moy. *de Dieu.* Verrine respondit, Tu as menty & ne gaigneras rien, & si ie ne craignois Michaëlis maistre de ce lieu, ie crierois si haut que ie ferois tout trembler, & tu promets à Magdaleine de la guarir, ne te soucie pas de sa santé, elle a de bons medecins, qu'elle croye à ses confesseurs.

b iij

a Anneau charmé.

On se print garde qu'elle faisoit vn mouuement particulier du doigt de la main où estoit vn anneau d'argent, & Verrine dit, a Ostez luy l'anneau: car il est charmé: & le voulant tirer, on ne pouuoit, car le doigt deuint enflé, & fallut le coupper auec des cizeaux, & trouuasmes qu'au milieu de l'anneau y auoit la teste d'vn chahuant grauee dans vn cercle, au dedans de l'anneau: au dehors à l'opposite estoit graué le nom de Iesus. On le couppa en petites pieces, & fut ietté dans le feu.

L'apresdinee on s'aduisa qu'il seroit bõ d'occuper le temps à bien purger l'ame de Magdaleine & eluder Belzebub & ses compagnons. Pource les Religieux, auec les Prestres de la doctrine se transporterent à la chambre de Magdaleine accompagnee d'vne mere ancienne de saincte Vrsule, appellee sœur Catherine de France, & d'vne coadiutrice, & comme nous commençasmes à l'exhorter de nommer tous les Magiciens qu'elle auoit veu à la Synagogue lors qu'elle voulut ouurir la bouche pour parler, le diable dit, Si tu parles ie t'estrangleray: neantmoins elle commançant de parler, le diable, de la grosseur d'vn crapaut, b la saisit au gosier par dedans la gorge, comme la voulant suffoquer, dõt elle en perdit la parole, & tournoit les yeux, comme si elle eust deu mourir, mais luy faisant le signe de Croix sur le gosier & disant l'Euangile, *In principio erat verbũ,* chacun des assistans se mettãt en prieres, le diable fut contraint de la quitter, ce fut apres vn quart, ou demy quart d'heure, puis luy bailloit

b Gosier de Magdaleine saisi.

la gehenne,a &cette façon de faire dura l'espace de trois sepmaines, qu'on côtinua ledit examen. Estant reuenuë à soy elle reprenoit le fil de son discours, comme si elle n'eust point eu de mal, ny d'interruption. Et comme elle estoit resoluë de continuer, le Magicié luy enuoyoit des sorciers & sorcieres à nous inuisibles, & nó point à elle, pour luy ietter des charmes, & luy faire perdre la memoire, ou bien le sens, lesquels entroient par la cheminee : au rapport de Magdaleine, & ayant receu le charme, elle demeuroit long temps comme rauie, ou demie morte. Cela s'estant passé en vertu des Exorcismes, estant interrogee d'où procedoit cela, elle respondit, vous le connoistrez quand i'ouuriray la bouche, b mais c'est le diable qui me la fait ouurir pour me faire receuoir les charmes qu'on me souffle auec vn canon, & vous voyez que i'esternuë & tousse, voulant jetter hors quelque chose. Or tout cela arriua puis apres lors qu'elle fut de rechef interrogee sur vn autre complice, alors le Pere Frere Pierre Fournez ancié Pere & Vicaire de la saincte Baume, se tenoit aupres d'elle, & voyant qu'elle commençoit d'ouurir la bouche, luy mit la main au deuant, & le charme tomba visiblement sur le deuantoir de la possedee, lequel auec vn cousteau le Pere Michaëlis monstra à tous les assistans, auec admiration de tous: & estoit le charme vne matiere gluante comme du miel auec de la poix.

Ce qu'ayant veu tous les Peres assistans, & cogneu que c'estoit des realitez, se delibererēt

a Torture donnee à Magdaleine.

b Charmes iettez & recogneuz en Magdaleine.

Histoire admirable

a *C'est ou battre l'air ou se defendre contre les agresseurs.*

d'auoir des espees, a & halebardes pour la defensiue contre ces malins agresseurs dans leur propre maison, & en effect quelque téps apres estant reuenuë comme dessus, vn gaillard hõme nommé Messire Gombert, se tenant à la cheminee auec vne espee battant continuellement dans icelle, & d'autres bartant auec des halebardes par toute la chambre, Magdaleine s'escria disant, ô pauure Marie, miserable que viens tu faire icy ? & puis s'escriant à la maniere d'vne femme quand elle voit faire vn meurtre, battoit des bras sur ses cuisses, & puis tiroit ses cheueux. Cela estant passé, interrogee que crioit-elle, respondit qu'vne sienne compagne qu'elle aymoit le plus en la Synagogue, car elle estoit fort gentille, nommee Marie Parisienne estoit dedans la châbre auec sa seruante nómee Cecile, venuë pour luy apporter vne lettre amoureuse du Magicien, qu'elle ne voulut pas

b *O bonté de Dieu qui ne permet au diable d'enfõcer vn chassis de papier, que doit estimer le Chrestien de sa volõté qui est d'vne resistãce infinie, en disant Nolo.*

receuoir, craignant de sortir par la cheminee, elles voltigeoient par la chambre portees par les demons, & Marie a esté frappee, (dit elle) d'vn coup de hallebarde au cœur, & costé gauche, & Cecile aux reins, & crois que Marie en mourra. Interrogee pourquoy n'enfonçoient ils les chassis b de la fenestre qui n'estoient que de papier ? respondit que le diable n'a point puissance de rien rompre ny faire aucune ouuerture, sans permission du maistre de la maison, mais bien s'il y a ouuerture, ou qu'on ouure la fenestre, lors il fait passer les sorciers, & faut que le trou soit assez gros, qu'vn gros chat y puisse passer.

d'vn Magicien.

Sur le Soleil couchant nous entendifmes a treftous par la feneftre la voix à plainctiue d'vne fille fe mourant, & ce à la môtaigne prochaine oppofite à la saincte Baume, & durerét ces plaintes vn lōg temps, faifant venir Magdaleine pour fçauoir que c'eftoit, elle s'approchāt de la feneftre dit, Ne voyez vous pas le Magicien Loys qui tient Marie fur ces genoux pour la confoler? car elle fe meurt, & fes pere & mere font autour d'elle auec plufieurs autres.

a Voix plaintiue d'vne fe mourant.

Sur les neuf heures du foir les Peres auec les femmes affiftantes voyoient en l'air b certains flambeaux & grande quantité de chandelles allumees portees en forme de proceffion vers Marfeille.

b Flambeaux en l'air.

ACTES DV DIXNEVFIESME Iannier.

BELZEBVB exorcifé le matin, interrogé & adiuré par plufieurs fois, qui eftoit cefte creature plorant le foir precedent. Finalement contrainct refpondit que c'eftoit vne ieune fille bleffee : interrogé en quelle part du corps, apres plufieurs refus refpōdit, Au cœur. Interrogé fi la playe eftoit mortelle, il fe print à rire, & dit, Voire, elle eft defia morte. Interrogé où elle eftoit morte. Refpondit. En cefte montaigne prochaine qui eft à l'oppofite de la Baume. Interrogé à quelle heure eftoit elle morte, Refpondit à huict heures du foir. Interrogé où l'auoit on enfeuelie. Refpondit, ᶜ Elle a efté iettee dans la mer derriere l'Abbaye de

c La mer, fepulchre des forciers

sainct Victor de Marseille où s'estoient trouuez tous les Magiciens. Interrogé d'où estoit la fille, respondit qu'elle estoit Parisienne, & son Pere s'appelloit Henry Alphonse Gentilhomme, se tenant au pres du Louure à main gauche. Interrogé si elle estoit damnee, il se print à rire, disant: Ie crois bien. Interrogé si aucune autre auoit esté blessee, Respondit que la chambriere de ladite Marie nommee Cecile auoit esté blessee aux reins, mais le coup n'estoit pas mortel. Tout cela dit, Belzebub sortit par la bouche de la fille faisant vn bruit comme d'vn rot, disant ces paroles, Il est sorty. Cela fait l'Exorciste commença d'adiurer le diable qui residoit au corps de Magdaleine, Lors vn demon commença de hannir comme vn cheual disant par apres, C'est Leuiathan. Interrogé qui estoit sorty de ce corps, respõdit, C'est Belzebub. Interrogé s'il vouloit iurer & affirmer tout ce que Belzebub auoit dit, il respõdit que ouy, & qu'il en auoit commission de luy, & lors faisant mettre les deux mains de Magdaleine sur les saincts Euangiles, dit ainsi.

Ie iure selon Dieu & la verité, & selon l'intention de l'Eglise, & la vostre, sans me reseruer aucune sinistre ou contraire intention, estre veritable, ce que Belzebub a dit.

Puis apres interrogé & adiuré de dire s'il y auoit point eu d'autre blessee: Apres plusieurs refus, & impositions de mille degrez de peines, & pour autant de Martyrs qu'il y auoit eu depuis sainct Estienne, il respondit qu'vne Brigide de Marseille les iours precedents auoit esté blessee au costé droict, mais elle en estoit desia guerie. Et aussi vne fille de Carpentras au costé gauche, faisant grande difficulté de dire son nom, disant que c'estoit bien plus pres que Paris: mais ayant imploré l'ayde de la sacree Vierge, de la sainte Magdaleine, & des saincts Anges, principallement de sainct Michel, & l'ayant enfermee dedans la saincte Penitence, & mis le sainct Ciboire sur la teste, l'adiurant & exorcisant, contraint dit par desdain, On l'appelle Cecile des Monts: lors nous despeschasmes vn homme pour verifier, mais on ne fut pas d'aduis qu'on enquist, craignant que le diable n'accusast quelqu'vn faussement, & mist plusieurs innocens en peine.

Apres disné, sur les deux heures apres midy, fut interrogee Magdaleine sur les façons qu'on tenoit au Sabath, laquelle respondit: Le Sabath se tient maintenant tous les iours, depuis ma conuersion, & auparauant trois fois de la sepmaine commençant à vnze heures de nuict iusqu'à trois heures apres minuict, quelquesfois moins, & la diuersité des lieux est designee par le Prince de la synagogue d'vn iour à l'autre: & les sorciers (parlant en commun) sont conuoquez par vn cornet sonné par vn diable, lequel retentit seulement aux oreilles & entendemens des sorciers, en quelle part qu'ils soiét: & pour lors lesdits sorciers en vertu d'vne onctió qu'ils font, sōt portez en l'air par deuers le Prince des sorciers, & est soustenu en l'air par les diables au milieu du chemin, & en passant luy font honneur & reuerence, puis s'en vont à la finagogue au lieu defigné, où eftant. Premierement les Mafcs & Mafques qui font gens vils, & de baffe condition, leur meftier eft de tuer les petits enfãs, & les porter au fabath, apres les auoir deterrez de Sepulture, lefquels s'en vont les premiers adorer le Prince de la finagogue, qui eft vn homme lieutenant de Lucifer, & eft maintenant Louys Gaufridy, puis apres la Princeffe qui eft vne femme à fon cofté dextre. Par apres vont adorer le diable qui eft affis fur vn fiege, en forme de Prince. En fecond lieu viennent les Sorciers & forcieres, qui font gens de condition mediocre, defquels l'office eft d'enforceler & donner des malefices, & font la mefme adoration que les premiers, mettant les genoux à terre, mais non fe profternans comme eux, bien leur baifant les mains & les pieds, comme font auffi les premiers. Tiercement viennent les Magiciens & Magiciennes, qui font Gentils-hommes & gens de haute eftoffe, l'office defquels eft de blafphemer Dieu tant qu'ils peuuent, & ont la rage, c'eft à dire, vne rage comme d'vn chien enragé, & haine diabolique; enrageant quand ils ne peuuent mettre la diuinité en pieces & particulierement l'humanité precieufe de Iefus Chrift. Leur office eft auffi de renoncer à la faincte Trinité, à leurs Baptefmes, & à toutes infpirations que Dieu leur pourroit enuoyer, à tous facremens predications, prieres, confeffions, & à toutes autres chofes, dont Dieu fe voudroit feruir pour les fauuer. Et ceux-cy ont chacun leurs serviteurs & chambrieres pour executer leurs maleﬁces: car à tous les Sabats le Prince de la Synagogue (à la suggestion du diable, qui luy parle à l'oreille) commãde à vn chacun les maleﬁces qu'il doit faire le lendemain, ce qu'vn chacun fait par soy mesme excepté les Magiciens qui commandent l'execution à leurs seruiteurs ou chambrieres.

a Cela fait, en second lieu ils banquettent dressant trois tables, selon les trois diuersitez des gens susnommez. Ceux qui ont la charge du pain, ils portent le pain qu'ils font de bled desrobé aux aires inuisiblement en diuers lieux. Ils boiuent de la maluoisie pour eschauffer la chair à la luxure, que les deputez portẽt, la desrobant des caues où elle se trouue. Ils y mangent ordinairement de la chair des petits enfans que les deputez cuisent à la synagogue, & par fois les y portent tous vifs, les desrobant à leurs maisons quand ils trouuent la commodité. Sur ces tables n'y a point de cousteaux, de peur qu'on ne les croise, & pour montrer qu'il ne faut point couper le prepuce de ses mauuaises habitudes: peut estre aussi pour euiter qu'ils ne s'entretuent au sabath de la haine. Il n'y a point aussi de sel, qui represente la sapience & prudence, ny d'oliues, ny d'huille, qui represente la misericorde.

a Banquet de la synagogue.

b Cela fait, les Magiciens, & ceux qui sçauent lire chantent des Pseaumes comme on fait en l'Eglise particulierement, *Laudate dominum de cælis, Conﬁtemini domino quoniam bonus*, & le Cantique *Benedicite*, rapportant le tout à Lu-

b Chants du sabath.

cifer & aux diables, & les Mascs & Sorciers hurlent diuersement haut & bas, contrefaisant vne musique, ils dansent au son des violons, & autres instrumens portez par ceux qui en sçauent iouër.

a Lubricité du sabath.

b O impieté non iamais ouye. Le malheureux s'abusoit: car il ne pouuoit sacrifier. S. Thomas dit que ceux qui ont crucifié Iesuschrist n'estoient pas sacrificateurs, ores qu'en leur action Iesuschrist fust hostie, & oblatiō, à cause que leur intentiō n'estoit pas de presenter ceste action à Dieu en offrande, faisant le tout de pure malice. 3 p.q.4 h. ar.4.ad 2.

a Finallemēt ils paillardent ensemble: Le Dimanche auec les diables sucubes ou incubes: Le Ieudy commettent la Sodomie, le Samedy, la bestialité: les autres iours à la voye naturelle: Cela fait suruenant les trois heures apres minuit, chacun est transporté en son propre lieu, & les seruiteurs portent par honneur le Prince & la Princesse, les vns soustenant le corps, les autres les pieds, les autres la teste.

Le Mercredy & le Vendredy, tiennent les Sabats de blasphemes & vengeances, où ils ne font autre chose que blasphemer Dieu, & les Saincts, & s'estudier à prendre vengeance de leurs ennemis.

Magdaleine a aussi dit que tous Magiciens, & sorciers, &c. Sont marquez ordinairement en trois lieux, sçauoir sur le cerueau, sur le cœur & sur les reins, & quelquesfois en autre part, mais communement celles du Prince & Princesse sont interieures pour n'estre trouuees.

Dit aussi que ce mal-heureux Louys Magicien, pour la grande rage qu'il auoit semblable à celle de Lucifer, a côtrouué le premier de dire la messe au Sabath, b & consacrer veritablement, & presenter le sacrifice à Lucifer, & distribuant le pain consacré chacun le fouloit aux piedz, puis le donnoient aux chiens, que les Mascs, & Masques amenoient des metairies.

d'vn Magicien. 31

a A dit qu'vn iour le Magicien commandant de faire venir vn gros dogue pour manger le pain consacré, qu'il auoit fait acumuler en vn monceau, estant amené deuant le S. Sacremét il meit ses pieds de derriere à genoux, & les deux du deuant comme à mains iointes, inclinant sa teste comme adorans, & iamais on ne le peut tirer de là ny à coups de pierre, ny à coups de bastons, dont plusieurs se prindrent à plorer, & fut ordonné que doresnauant on n'y meneroit plus de chiens.

a Miracle du sainct Sacremét. Voyez en la response de l'obiection 7.

A dit aussi que ledit Magicien iettoit le vin consacré sur tous les assistans, ainsi que le Prestre donnant l'eau beniste, & que lors chacū cria, *Sanguis eius super nos & super filios nostros.*

A dit aussi qu'vne fois vn des plus beaux hōmes de la trouppe, criant auec grande rage le plus haut qu'il pouuoit, vn rocher soubs lequel il estoit se rompit en pieces au coupeau, dont vne pierre luy tombant sur la teste, la fendit au dessus, & continuant tousiours à crier fut fait vn tonnerre en l'air qui les espouuenta tous, le foudre estant tombé parmy le bruit du tōnerre & continuant auec sa rage de crier, *Sanguis eius &c.* fut enleué en l'air, & tousiours criant le mesme, fut en fin soustraict de la veuë des spectateurs, & oncques depuis n'a comparu, dont plusieurs se conuertirent.

ACTES DU VINGTIESME
Ianuier.

Magdaleine se confessant le matin en la chambre, Belzebub crioit quelquesfois interrompant la confession, & à l'absolution ne vouloit permettre qu'on luy donnast, criant hautemét qu'il aymeroit mieux estre en enfer, & que ceste absolution le brusloit plus que le feu d'enfer, ce que plusieurs fois aussi a dit lors que ladite Magdaleine se confessoit.

Les iours precedents aussi disoit qu'il aimeroit mieux entrer en enfer que d'entrer dans l'Eglise de la Baume, & principalement au lieu de la penitence où les sorciers ne pouuoient iecter leurs charmes ou malefices : & Verrine adiousta, qu'on n'y doit entrer qu'à piedz nudz & estant en estat de grace. Or en effect arriua sur le soir quand on auoit accoustumé de faire venir Magdaleine à la saincte Baume pour l'exorciser, qu'on la trouua toute roide comme vne statue de marbre & toute endormie, si qu'il la fallut porter à quatre dedans l'Eglise, où elle fut fort long temps sur le marche-pied du maistre autel, & ne peut on la faire reuenir à soy iusques à ce qu'on la portast dedans la saincte Penitence, luy appliquant sur la face le sainct Ciboire, & estant reuenuë à soy on la fit sortir de là, puis fut exorcisee.

Au second Exorcisme du soir, Belzebub ne voulut respondre vn seul mot, & Verrine dit, C'est pour vous faire quitter : car il craint que s'il parle forcé, les Magiciens qui sont icy presents portez par les diables ne se conuertissent, comme aucuns ont desia fait.

ACTES DV XII. IANVIER.

LE soir aux Exorcismes Belzebub interrogé s'il estoit dans le corps de Magdaleine, Respondit que ouy. Interrogé pourquoy ne quit-

quittoit-il ce corps auec ſes compagnons, par pluſieurs fois adiuré ne vouloit iamais reſpondre: puis apres les prieres faictes de tous les Peres & grandes peines impoſees, reſpondit tout indigné, Ne t'ay-ie pas dit que c'eſt pour l'obſtination du Magicien Louys, & que iamais ne ſortirōs d'icy qu'il ne fuſt, ou couerty ou mort, ou puny par iuſtice? Interrogé pourquoy eſtoit ce Magicien ſi fort obſtiné, & quel grand profit pretendoit-il de receuoir pour cela? ne voulant reſpondre par pluſieurs fois adiuré, luy ayant impoſé autant de degrez de peine que la ſaincte Magdaleine auoit demeuré de iours au lieu de ſa penitence, il reſpondit: C'eſt pour la rage qu'il a contre Dieu, & c'eſt auſſi pour viure touſiours en liberté de cōſciēce & volupté.

Interrogé ſi aucuns ſorciers ou ſorcieres auoient eſté bleſſez le iour precedent apres diſné, apres les charmes donnez à l'accouſtumee contre Magdaleine, il reſpondit, Ouy, ſçauoir Rouſſe, & Marine. Interrogé de quelle ville eſtoient elles, reſpondit: De la ville où demeure le Prince des Turcs: car le Prince des Magiciens commande à tous ceux de France, d'Eſpagne, & d'Angleterre où le nombre eſt beaucoup plus grand: comme auſſi en Turquie où il commande pareillement.

Cela dit Belzebub & Leuiathan ſortirent ſenſiblement à l'accouſtumee.

ACTES DV XXII. IANVIER,
iour de Samedy.

L'Apreſ-diſnee Belzebub faiſoit pluſieurs inſolences dedans la chambre, dançant &

chantant, & puis foudainement courut, & ayant ouuert la porte faifoit courir Magdaleine fort legerement vers la grande porte de la faincte Baume, defcendant vers le bois, mais elle fut promptement fuyuie & prinfe.

Puis exorcifé Belzebub auec l'eftolle, pour dire pourquoy Magdaleine s'enfuioit, refpódit finalement que le Magicien Louys, & fon lieutenant l'attendoient à la fontaine, pour la faire transporter auec eux, fi elle y euft prefté confentement, pretendans luy ietter vn charme à ces fins ; & le mefme eft arriué iufques à trois, ou quatre fois.

Le foir aux exorcifmes, Belzebub faifoit plufieurs infolences, & pour ce on fut contrainct l'introduire dans la faincte penitence, où eftant Belzebub l'endormit fi fort qu'elle fembloit morte, mais en fin y ayant appliqué le S. Ciboire qu'on tient dedans ladite faincte Penitence, elle s'efueilla, & fut exorcifee.

ACTES DU XXIII. IANVIER iour de Dimanche.

A L'Exorcifme du matin Belzebub eftant adiuré fouuēt, & ne voulant refpondre: finalement (& auons fouuēt prouué que la longue patience furmonte les malins efprits auec la perfeuerance en la priere, & ce tant en la cófeffion, qu'aux exorcifmes & communion) luy ayant impofé autant de degrez de peines qu'on auoit dit ce iour-là de Meffes en l'Eglife Catholique (c'eftoit enuiron vnze heures deuant midy) il refpondit, Par ma fuperbe ie mefprife

d'vn Magicien.

tant que ie puis vos Exorcismes, & obeys tant que ie puis au Magicien qui me commande au nom de Lucifer mon maistre.

Interrogé pourquoy attendoient ils de sortir iusques à ce que le Magicien fust, ou cōuerty, ou mort? Il respondit, Si nous sortions, qui est-ce qui l'induiroit à cōuersion, ou qui est-ce qui le manifesteroit? Verrine adjousta, Nous auons esté mandez icy par malefice, & Dieu a changé le tout en benefice pour sa gloire, & la conuersion des Magiciens.

Interrogé & adiuré Belzebub d'aller au Magicien, & le tourmenter corporellement, quittant Magdaleine, se prenant à rire dit: Ouy, que ie l'aille tourmenter, a iamais nous ne tourmentons, ny possedons les magiciés, car ils sont nostres, & du corps ne nous soucions pas beaucoup, mais bien de l'ame, & estans en vn corps, & ne possedans point l'ame, comme à cestuy-cy, n'y gaignant rien, nous aymerions mieux estre en enfer, où n'aurions que nos peines ordinaires, mais icy on ne faict que nous adiouster des peines, mais quand nous auons esperance de gaigner vne ame, on a beau nous donner de peines: car nous voudrions endurer toutes les peines des enfers pour gaigner vne ame.

a Magiciēs ne sont possedez.

Cependant que l'Exorciste lisoit l'exorcisme intitulé Luciferiana, l'Exorciste ne se prenant garde à vne rubrique laquelle estoit, Qu'on dit les paroles suiuantes tout bas à l'oreille du possedé, & passant outre à haute voix, Belzebub cria, Tu dois dire cela à l'oreille & non pas à haute voix, & fut trouué qu'ainsi estoit.

Interrogé à quelle fin le iour precedent apres disné on ietta tant de charmes dans la bouche de Magdaleine. Se prenant à rire dit : C'est à bonne fin. Apres adiuré par plusieurs fois, & luy ayant imposé griefues peines de dire verité, & à quelle fin on luy auoit ietté ces poudres ou ces liqueurs, il respondit, Que signifie cela, ces poudres & ces liqueurs ? ie n'entends point ton langage, explique toy. Dit l'exorciste, l'entends dire des malefices, & charmes. Lors il respondit, C'est pour l'inciter à l'amour enuers vn quidam qui n'est pas loin : car elle n'ayme plus le Magicien, ains elle l'a en haine : & est à noter qu'vn certain personnage arriué depuis quelque temps, confessa qu'il auoit esté extrémement passionné sur ce mesme sujet, & en fit penitence.

ACTES DV XXIII. IANVIER iour de Lundy.

POur autant que Magdaleine se plaignoit d'auoir esté tourmentee depuis la minuit par plusieurs visions, mesme que le Lieutenāt du Magicien luy auoit apporté vne lettre de la part dudit Magicien escrite en lettre d'or, pour l'inciter à aimer le Magiciē, comme elle faisoit auparauant, laquelle refusa lire, & par apres s'estoit presentee vne ieune fille Parisienne, sa grande amie & familiere au sabath, luy apportant de la part dudict Magicien, vne fort belle image de nostre Dame qu'elle auoit apportee de Paris pour la regarder & prier pour l'amour du Magicien, qu'elle refusa regarder, sçachant que ce seroit donner consentement au diable. Pour ces occasions, l'on adiura Belzebub de dire le lieu où le sabath auoit esté tenu la nuict precedente. Il respondit, il a esté tenu là haut au sainct pilier, qui est au couppeau du rocher de ceste Baume, où estoiét assemblez tous les Magiciens de Prouéce, du Dauphiné, du Languedoc, & d'ailleurs pour consulter quel expediét ils prendroient pour derechef gaigner Magdaleine: & fut cóclud qu'on luy feroit vn charme de matiere chaude côme poiure, canelle, zimgembre, & semblables pour eschauffer sa chair à la concupiscence, & fut trouué veritable, par ce que ladicte Magdaleine en a rapporté, & ceux qui la veilloient auoient obseruè. a Et est icy à noter que Verrine dict que les matieres aux charmes ne font rien, mais ce sont trois demons qu'on donne à chaque charme pour estre liez à ceste matiere tant qu'elle dure, & opererà toutes occasions qui se presentent pour faire executer l'intention de celuy qui a iecté le charme. Est encores à noter que les maleficies ou charmes se donnent à deux fins, ou pour la vexation du corps, comme sont paralysies, choliques, esmotions des intestins, surditez, & autres semblables maladies, & celles icy Dieu permet aucunesfois aux iustes comme à Iob, & leurs seruent de merites & satisfaction de leurs pechez, & lors il se faut armer de patiéce comme le paralytique de la Piscine, inuoquant la grace de Dieu pour auoir deliurance ou patiéce, & ces maux qui sont purement corporels,

a Demons affectez aux charmes & le remede.

sont communs, mesmes aux petits enfans du berceau ja baptisez. Les autres charmes sont pour esmouuoir les passions humaines, comme d'ambition, de haine, vengeāces, meurtres, & de la concupiscence charnelle, & transportent les gens apres ces affections : & quand le Chrestien cognoist que ce sont passions trop exorbitantes & du tout extraordinaires, doit craindre que ce ne soit par charmes, & maleficies, & lors doit vser de son franc arbitre, inuoquant la grace de Dieu, moyennant laquelle il peut tout, comme dit sainct Paul, & ceste seconde façon, & diuine permission peut aussi saisir les gens de bien pour les esprouuer, & augmenter leur merites, comme à sainct Paul auquel fut donné, c'est à dire permis, l'Ange de Sathan pour le souffleter par les esguillons de la chair : Ainsi en toute façon les efforts du diable sont pour neant aux iustes. a Toutesfois les diables ont declaré qu'ils ne peuuent charmer les superieurs comme Presidens, & Iuges, les Euesques, & Superieurs, ou superieures des religions, ce que nous auons prouué, car presque toutes les filles de saincte Vrsule de la ville d'Aix, par l'artifice du magicien qui vouloit ruiner la compagnie, estoient charmees, excepté leur Superieure nommee sœur Cassandre, & la Superieure de la compagnie de Marseille, nommee sœur Catherine de France, & ont confessé particulierement Verrine, que depuis le Languedoc ils ont tasché de charmer par plusieurs fois le Pere Michaëlis, voire pour le faire mourir dans deux iours, ce qu'ils n'ont peu à cause

a Superieurs ne sont charmez.

qu'il estoit Superieur, & le magicien a confessé estant à la prison parlant aux PP. Capucins, l'vn Gardien de la ville d'Aix, nommé le Pere Celse, & vn autre sien compagnon, qui luy faisoient ceste charité de coucher à la prison auec luy pour l'exhorter à conuersion, qu'estant à la saincte Baume, il a plusieurs fois employé les diables pour precipiter, & faire rompre le col audit Pere Michaëlis, & au Pere Romillon, mais ils ne peurent, car ils estoient Superieurs.

a Ils ont aussi declaré aux Exorcismes que le vray remede pour éuiter les malefices, & charmes, c'est la frequentation des Sacrements, & que les Prestres qui celebrent tous les iours dignement, à peine peuuent ils estre charmez.

a Remede contre les malefices.

Le soir tout tard pendant qu'on faisoit le seruice au Chœur, le garçon de la saincte Baume nommé Iean Palouse aagé de vingt & vn an, vint tout effrayé au Chœur, b disant qu'on vinst entēdre les sorciers qui crioyent en bas au bois de la saincte Baume: alors le Pere Prieur Frere Sebastien Michaëlis descendit en bas, & entendant lesdictes voix fit appeller le Pere Vicaire de ladicte saincte Baume Frere Pierre Fornez, & le Pere Frere Anthoine Boilletot compagnon dudit Pere Michaëlis, & autres, lesquels entendirent tref distinctement plusieurs voix humaines, comme d'hommes, femmes, filles & petits enfans, qui sembloient estre en nombre de plus de cent, lesquels crioyent comme faisant vne musique à la volee, & ces clameurs durerent vn long temps, ce que monstre la ve-

b Voix des sorciers entēduë clairement.

40　*Histoire admirable*

rité de ce qu'on dit de l'assemblee des sorciers par les bois & forests.

ACTES DV VINGT-CINQVIES-
me Ianuier, iour de Mardy.

BElzebub interrogé & adiuré en l'exorcisme, de dire pourquoy le iour precedét on auoit ietté quelques poudres contre les yeux, les mains, & la bouche de Magdaleine. Il respódit a qu'il y auoit trois Magiciens, l'vn luy ietta le charme aux yeux pour les offusquer, & ne cognoistre ceux qui venoient vers elle, & plus ne les descouurir: l'autre luy jetta en la bouche pour ne pouuoir parler : le troisiesme luy jetta aux mains pour la prouoquer de faire d'attouchemens impudics & sales, & vn autre luy fut jetté pour la rendre intolerable à ceux qui l'assistoient (& en effect cela arriua :) encores vn autre, fait du poil, & de l'vrine d'vn certain personnage sur lequel ils la tentoient.

a Diligence de sorciers pour diuertir Magdaleine.

Interrogé sur les Magiciens qui estoient venus le soir precedent, à quelle fin ils estoient là venus. Il respondit auec grande arrogáce, Non, non ; voulant dire qu'il ne vouloit pas respondre. Et perseuerant, Verrine luy dit, Mal-heureux que ne responds-tu ? on te demande bien vne grande chose. Belzebub luy dit, Dy le toy. Verrine respondit, Ie le sçais aussi bien que toy mal-heureux, préds la robbe longue & le bonnet, & m'exorcise, ie le diray (voulant dire qu'il n'auoit pas commission de cela.) Lors Belzebub se teust, & adiuré plusieurs fois, finalement dit à l'oreille de l'Exorciste, ne voulant parler à haute voix, La Synagogue adoroit l'image de Magdaleine comme Princesse, qu'on mit à la mesme place, où elle se tenoit à la Synagogue, & le tout luy estoit representé à l'imagination, comme si elle eust esté presente, pour l'inciter à retourner vers eux, veu l'honneur qu'on faisoit à son image. Et a esté arresté que toutes les nuicts on feroit le Sabbath aux enuirõs de la saincte Baume à ceste fin, & que toutes les nuicts on luy feroit quelque malefice pour l'empescher de se confesser, & exercer aucunes de toutes les vertus qu'on luy faisoit exercer, & qu'elle les eust en haine, & pour luy causer vn ennemy de prier Dieu, & de parler de luy, & se delecter de parler du diable.

Interrogé quels gens y auoit en ceste assemblee. Il respondit de plusieurs parts, de Paris, de Lyon, de Marseille, de Turquie.

Interrogé pourquoy n'auoit il tremblé, ny fait aucun mouuement durant l'Exorcisme, comme il auoit faict à tous les autres, mesme dés le commencement des Exorcismes : lors il se print à faire la caille, & apres plusieurs repugnances, & plusieurs peines imposees, contrainct, il respondit, C'est par ma superbe, dissimulãt les tourmẽs que ie souffrois: & disãt cela il souspiroit, tournant le col, & grattant la teste.

Puis sortant de l'Eglise estant suiuy ; Voulez-vous sçauoir, dit il, où se tenoit la Sinagogue? Voicy le lieu, & sur ce banc estoit assis le Prince, & à son costé estoit l'image de ceste miserable que tous adoroient.

Interrogez s'ils ne cognoissent pas estre gráde folie d'adorer vne creature mortelle & corruptible, n'ayant qu'ordure dedans son ventre, & qu'en brief elle mourroit s'il plaisoit à Dieu: lors il destourna sa face, & ne voulut respondre aucune chose.

ACTES DV XXVI. IANVIER iour du Mercredy.

Apres plusieurs clameurs faites, tant par Verrine, que par Belzebub, durant la saincte Messe dicte par le P. Anthoine Boilletot crians, & disans, Nous voulons sortir d'icy, nous aymerions mieux estre en enfer qu'en ce corps. Verrine soufflant, & faisant entendre qu'il y faisoit trop chaud, cria, & dit, ayant entendu à l'exorcisme le mot d'enfer, Tais toy, ne dits pas ce mot, maudits sont ceux qui y sont, & seront en enfer. Tu as dit qu'en enfer la mort est immortelle, tais-toy nous sçauons tout cela, nous qui sommes maudits, & tous ceux qui le cherchent.

a Autre charme ietté à Magdaleine, & pourquoy.

Belzebub interrogé quels malefices auoit-on jetté le iour precedent à Magdaleine? a Respondit qu'vn auoit esté jetté dás l'oreille droite pour haïr la parole de Dieu, & ne la vouloir escouter. L'autre dans l'oreille senestre pour ne pouuoir supporter les corrections, & exhortatiõs qu'on luy faisoit. Le troisiesme à la bouche, afin d'haïr la saincte Eucharistie, la misericorde, & bonté de Dieu.

Interrogé s'ils luy en auoient donné d'autres à autres fins : Apres plusieurs resistances estant adiuré de la part de la saincte Magdalei-

d'un Magicien.

ne, & les merites de sa penitence. Il respondit, C'est aussi pour l'empescher de descouurir nos ruses, & l'empescher aussi de receuoir la grace precedente du Sacrement, & pour n'auoir la force de nous resister.

Interrogé Verrine en ces mots, *Cur miser vt solebas non contremiscis?* Il respondit, Ie suis vn pauure ᵃ Gauot idiot, qui n'entés pas le Latin: Lors Belzebub dit, Non pas, Monsieur, parce que vous ne voulez-pas, ne sçais tu pas bien que veut dire *Contremiscis?* c'est, Pourquoy ne trembles-tu? Ie te l'ay expliqué, parle. Puis il dict, Il faict de l'ignorant, Scobillon, qui est le moindre diable d'enfer entend bien le Latin. Lors dit Verrine, Respons, toy, qui es plus sçauát que moy, ie te baille liberté de le dire. Lors dit Belzebub, auec indignation, ᵇ Ouy, Monsieur que ie vous obeisse.

ᵃ Gauots sont ceux qui habitét aux motagnes de Prouence.

ACTES DV XXVII. IANuier iour de Ieudy.

AV commencement de l'Exorcisme les malins qui estoient au corps de Magdaleine, qui auoient dissimulé les deux iours precedens se prindrent à trembler estrangement monstrant à l'exterieur ce qu'ils patissoient au dedans, estant Belzebub adiuré de dire qui estoient les Saincts aduersaires de la Synagogue des Magiciens, refusa de respondre, voire par plusieursfois, & apres plusieurs peines imposees, pour plusieurs repugnances, respondit qu'ils estoient deux, sçauoir ᶜ Cyprian, & Gregoire Nazianzene: Cyprian, à cause qu'il auoit esté Magicien, voulant seduire Iu-

ᵇ Contemplez icy la superbe qui est parmy les malins esprits.

ᶜ Saincts aduersaires de la Synagogue.

Histoire admirable

stine, & Gregoire, parce qu'il persecutoit les Magiciens en son pays, & a escrit l'histoire de Cyprian Magicien. Mais, dit-il, de ces gens, il y en a bien plus maintenant que pour lors.

a Aprés, interrogé Verrine & adiuré de dire pourquoy il se faschoit contre sainct Chrysostome (c'estoit le iour de sa feste) il respondit, il y a bien d'autres aduersaires des Magiciens, comme b *Aegidius* de vostre ordre qui auoit esté Magicien, & Theophile, mais sur tous *Petrus Apostolus*, qui a cōbatu Simon le premier Magicien en l'Eglise: mais pour moy, mes aduersaires sont *Dominicus*, *Sebastianus*, & *Chrysostomus*, (& sur tous *Dominicus*,) à raison de leurs grandes patiences.

c Adiuré de dire pourquoy auoit-il dit qu'il auoit tenté Eue, & de quelle robbe estoit-elle vestue. Il respōdit de la robbe d'innocēce toute d'vne piece faicte par vn bon maistre, & l'innocence, dit-il, n'a point besoin de vestement.

Interrogé pourquoy le iour precedent Belzebub auoit esté muet. Il respondit en Latin, *Erat ligatus*.

Interrogé pourquoy permettoit-il de se laisser lier à vn Magicien, puis qu'il est *Princeps dæmoniorum*. Il respondit, L'vn baille le disner à l'autre, & l'autre luy baille à soupper, voulant dire qu'en vertu de Lucifer, le Magicien lioit Belzebub, mais hors de là, Belzebub le maistrisoit.

Interrogé pourquoy luy ne se trouuoit iamais lié par le Magicē, il respōdit pource qu'il

a *Il auoit tēpesté cōtre S. Chrysostome.*
b *Cet Ægidius estāt au monde se bailla au diable pour estre sçauāt Medecin. Il estoit Portugais: l'histoire a esté mise en lumiere par le P. Sapaye Portugais. Nous admirions qu'vne fille idiote sceut l'Histoire qui est presque à tous incognue, & n'a esté mise en lumiere que depuis peu de temps en Latin par vn Portugais, cachee parmy nos manuscrits aux Bibliotheques.*
c *En effect Verrine ne refusa oncques de respondre aux Exorcismes.*

d'un Magicien.

ne peut pas, car ie suis icy de la part de Dieu.

Sur le soir Magdaleine faisāt beaucoup d'insolences chantāt, & dançant dans la chambre, on la menaça de la mener dedans la saincte Penitence, ce qu'ayant fait, Belzebub l'endormit profondement comme si elle eust esté morte enuiron trois ou quatre heures : en fin apres plusieurs prieres, Pseaumes, Letanies & Exorcismes, en souspirant elle s'éueilla, disant que le Magicien luy auoit jetté vn charme, la voulant estrangler ; & en effect elle pensoit mourir à ceste heure, se sentant fort pressee, neantmoins se recommandant à Dieu, l'effort de Sathā fut destourné. a Et pource que la nuict precedente durant le Sabat, le Magicien s'estoit presenté à elle à genoux, la corde au col, la priant se retourner à luy, & ne le diuulguer: & tous les Magiciens adoroient en sa presence sa statuë toute surdoree, tirant du sang de leurs mains auec des lancettes, luy disant, Regardez quels honneurs nous ferions à vostre personne, puis que nous faisons tant d'honneur à vostre image; mais elle ne voulut consentir, & demeura victorieuse. O si nous estions si diligens, & prenions tant de peines pour conuertir & sauuer les ames comme les Magiciens, pour les diuertir, & perdre, qui veilloiēt toutes les nuicts durant tout le mois de Ianuier, pour regaigner à eux ceste pauure ame ! Adiousta encores Magdaleine, que voyant le Magicien sa constance, cria, disant à toute la trouppe: Y a-il icy quelqu'vn qui vueille mourir pour elle ? Et soudain se presenta vn ieune homme, disant, Me voicy

a *Labeur des Magiciens pour diuertir Magdaleine.*

tout prest, lequel le Magicien frappa à l'estomach de deux coups de poignard, mais elle ne voulut consentir pour tout cela. Or soit que cela fust en verité ou par imagination, c'estoit tousiours vne grande tentation pour elle.

ACTES DV XXVIII. IANuier, iour de Vendredy.

EN l'Exorcisme du matin, Verrine se print à crier contre ceux qui offencent Dieu volontairement se liurant aux diables de leur propre gré : O Belzebub (dit il) tu en gaignes tousiours quelqu'vn, & les escrits dedans ton liure. Et comme l'Exorciste faisoit mētion des peines d'enfer: Verrine crioit à leur dam: car ils ont mieux aymé choisir les peines d'enfer, que les ioyes eternelles. O Belzebub, tu es releué de plusieurs peines qu'on t'a imposees de six mille degrez que le Magicien Louys porte pour toy. Faut entendre que Belzebub auoit dit en vn Exorcisme, que quand le Magiciē luy commandoit de tourmenter en toutes façons Magdaleine pour la contraindre de reprendre son chemin precedent de la magie, ou pour la faire deuenir folle & insensee, il dit au Magiciē: Mais ces gens m'imposerōt tant de peines que ie n'en pourray plus. Lors le Magicien luy respondit qu'il en porteroit la troisiesme partie, & souuent Belzebub a dit au Pere Michaëlis, quand il luy imposoit des peines, impose les (disoit-il) au Magiciē qui en est la cause, & souuent ont dit aux Exorcismes que le Magicien enduroit si grādes peines interieurement qu'il

d'vn Magicien. 47

se fust volontiers mis dedans le lict, n'eust esté qu'il craignoit d'estre descouuert, neantmoins il estoit tousiours plus obstiné.

Durant la Messe le P. Michaëlis venoit du Dortoir à l'Eglise, la porte dudit Dortoir estant fermee, lors cria Belzebub: Voicy Michaëlis qui vient, soudain ledit Pere ouurit la porte par deuers soy, & entra dans l'Eglise auec admiration de tous.

Ceste matinee Belzebub descouurit vne autre chose bien admirable. Le iour precedent 27. Ianuier arriuerent deux hômes de Marseille, l'vn desquels demandoit sçauoir des nouuelles de sa femme ᵃ laquelle auoit prins congé de luy le iour des Innocens se leuât de grand matin, & du depuis n'estoit reuenue, luy ayant esté respondu par le Pere Michaelis, qu'il ne falloit venir en ce sainct lieu pour demander des curiositez aux diables, mais qu'il se recômandast à Dieu en ses aduersitez, & luy recommandast aussi sa femme, & Dieu luy ayderoit, estans les deux susdits à l'Eglise pour ouyr la Messe, puis s'en retourner: dés qu'ils entrerêt, Belzebub se print à crier se tournant vers le mary luy disant, Tu as beau chercher ta femme, car elle se pourmene par les nues en l'air, & estoit icy ces iours passez auec les autres, & s'approchant de luy, le toucha disant, Tu as beau chercher ta femme. En ceste action estoient presens le Pere François Billet Prestre de la doctrine, & le Pere Pierre Fournez, Vicaire de la saincte Baume, & vne bonne trouppe de gens. Cela faict les susdits hommes vindrent au Pere Mi-

ᵃ *Femme perdue, & cherchee, & le lieu où elle estoit.*

chaëlis pour luy reciter tout ces discours, ausquels il respondit, Ie m'en doutois bien: car il
fait dix ou douze iours que le pere de la femme
perduë estât venu au mesme lieu pour le mesme subiect, la possedee auoit dit l'auoir veu a-
uec les autres sorcieres en la montagne opposite à la saincte Baume, a & mesme qu'elle auoit
suffoqué, il y auoit deux ans vne sienne fille
nommee Marguerite aagee de deux ans, belle
fille, & ce à la suasion du Magicien, luy disant,
I'ay enuie de manger de la chair de ta fille, &
fut deterree par les Sorciers, & portee au Sabath. O tyrannie du diable & de ses lieutenans plus cruelle que celle de Pharaon, & miserables ceux qui se mettent soubs sa subie-
ction! Or dit la possedee qu'on l'auoit enleuee en l'air pour s'ayder auec les autres à jetter
des charmes contre elle, ce que n'ayant faict,
craignant d'estre blessee comme les autres, le
diable luy rompit le col, & la jetta dans vne
vallee entre deux montagnes, & en effect du
depuis elle n'a esté veuë. Les deux hommes
cherchans ladite femme, sont deux honnestes
hommes de Marseille, desquels le Parlement
d'Aix a prins les noms au procés fait contre le
Magicien.

à Ledict homme, pere de la fille dit estre vray qu'il auoit vne fille nōmee Marguerite, morte depuis deux ans.

ACTES DV VINGTNEVFIES-
me Ianuier, iour de Samedy.

A L'EXORCISME du matin, Belzebub
estoit fort insolent, & ne voulut d'vn
fort long temps permettre que Magdaleine
meist ses genoux à terre deuant l'autel, & la
voulant contraindre, frappoit des piedz les
jambes

jambes de l'Exorciste, qui la tenant aux mains, elle l'egratignoit iusques à luy percer la peau: ce qui demonstroit qu'il auoit gaigné quelque chose la nuict precedente sur la fille. Puis tourna Magdaleine vers la porte de l'Eglise regardant fort fixement vers la montagne opposite. Interrogé pourquoy, il respondit que c'estoit le lieu où le magicien Louys auoit presenté le sacrifice à Lucifer, ce qu'il fait le Ieudy, Samedy, & Dimanche.

L'apresdinee enuiron deux heures apres midy, discourant le Pere Michaëlis, le P. François Billet, & le Pere Anthoine Boilletot auec Magdaleine estant en son sain & entier iugement, sur les Princes des neuf chœurs des Anges, si elle n'auoit pas entendu dire à Verrine qu'il auoit esté le premier des Throsnes (ce qu'ils disoient pour sçauoir si quelqu'vn des demõs de Magdaleine contraires à Verrine respondroit là dessus) soudain Magdaleine rottant, Astaroth monta en sa langue hannissant comme vn fier cheual, & disant, Me voicy Astaroth qui suis le Prince des Throsnes, & non Verrine qui est vn petit compagnon.

Interrogé pourquoy Verrine ne parloit latin puis qu'il estoit vn esprit. Respondit, C'est pour les raisons que ie ne puis dire à present, mais vn iour on verra que Verrine est Verrine.

S'estant retiré ledit Astaroth, & Magdaleine estãt retournee à soy, demanda qu'on luy baillast par escrit les noms des Saincts contraires aux malins qui la possedoiẽt pour les inuoquer car quand nous les inuoquions elle sentoit les

d

malins remuer, & se troubler. Belzebub (disoit elle) se tient au cerueau, vn autre vers le cœur, vn autre vers les reins qui est Asmodee, & Carreau vers le cœur, & ainsi des autres qu'elle nommoit par leurs noms: & comme nous discourions sur la raison, & cause de l'opposition, si c'estoit pource qu'ils tiénent leur place en Paradis, ou pour les vertus contraires aux vices dequoy ils tentent, discourant le P. Michaëlis que ce ne pouuoit estre la premiere cause, attendu que sainct Barthelemy est le sainct contraire à Astaroth qui n'estoit que des throsnes, & S. François estoit contraire à Belzebub, qui estoit des Seraphins, lors derechef remonta Astaroth à la langue, hanissant comme dessus, & dit: Barthelemy est mon contraire, pource qu'il a abbatu l'Idole Astaroth, & du depuis tousiours s'est opposé à moy, & se voulát retirer dit, A ceste heure, ie veux faire Magdaleine participante de ma rage, & soudain Magdaleine commença à fremir estrangement, rauie, & absorbee dedans les tourments qu'elle souffroit, mais cela ne dura pas longuement estant comminé Astaroth de cent mille degrez de peines s'il ne se retiroit: car c'est ce que pl° ils craignét, *Dæmones credūt, & contremiscunt*: & est fort à noter a que telles peines peuuent estre imposees aux Magiciens qui ont donné vn charme, ce que nous auons apprins, quád les demós demandoient que les peines qu'on leur imposoit fussent reiectees sur le Magicien comme à l'autheur principal de tout: ce que les Prestres doiuent bien retenir pour descharmer. b Sçauoir

a *Notable doctrine aux Prestres pour faire cesser les maleficies.*

b *L'experiéce enseigne que les Sorciers estás menacez ou battus, font cesser les charmes.*

qu'apres l'inuocation du secours de Dieu, le vray remede pour faire cesser vn malefice, c'est d'imposer, & puis surcharger tousiours plus griefues peines à l'auteur du malefice. *Oderunt peccare mali formidine pœna.* L'experiéce nous a enseigné par la propre confession des malins esprits, que iamais Exorciste n'impose aucun degré de peines dont l'execution n'en ensuiue par le iuste iugement de Dieu, qui a dict à son Église, *Dedi vobis potestatem calcandi supra serpentes & supra dæmonia.*

a Le mesme iour apres vespres interrogé Belzebub, pourquoy le Magicien, estant icy à la saincte Baume durant dix iours (y ayāt esté appellé par le Pere Michaëlis) il deuenoit si pasle quand le Pere Fr. Anthoine Boilletot l'exhortoit à repentance. Respondit, que c'estoit à cause qu'il le touchoit au vif en sa conscience, ayant pour lors beaucoup d'inspirations.

Interrogé, pourquoy ouuroit-il si souuét la fenestre du refectoir, où il demeuroit, & ce parmy les grāds froids de l'hyuer? Respondit, pource que quelquesfois le Sabath se tenoit au dessus, & communiquoit auec les Sorciers, inuoquant les diables à son secours en disant, *Diabolos venite in adiutorium meum*; Reprins d'incongruité, respondit, qu'il raportoit les paroles du Magicien ainsi qu'il les disoit: car il ne sçait parler Latin, disoit-il.

a Le Pere Michaëlis luy manda de s'en venir pour se iustifier des diffamatiōs publiques que ces malings publioient tous les iours à haute voix cōtre luy, & deux bons Peres Capucins, desquels il s'estoit rendu familier, pour se couurir luy si rent cōpagnie, & demeura auec nous dix iours, iusques qu'on le vint querir & tirer de là auecque feste.

On luy fit exorciser les malings de l'vne & de l'autre possedee, lesquels se prindrent à rire, disans, Qui nous auroit iamais dit que tu nous exorciserois? puis il faisoit semblant de ne sçauoir lire, & prioit le Pere Michaëlis de lire l'exorcisme.

Interrogé pourquoy alloit-il si souuent au iardin proche du refectoir. Respõdit que tout le temps qu'il auoit demeuré à la saincte Baume l'assemblee des Sorciers se faisoit tousiours le plus pres qu'ils pouuoient du lieu où il estoit, aux fins qu'il leur peust aisement parler.

Interrogé d'où venoit que mangeant auec nous au refectoir, il laissoit sur l'assiette toute la viãde qu'on luy donnoit. Respõdit en riant, Il est bien homme pour manger de la molue. Il mangeoit de la chair de pastez que nous luy apportions du Sabat inuisiblement.

Interrogé pourquoy il se pourmenoit si souuent la teste baissee. Respõdit qu'il se pourmenoit pour lors auec ses Sorciers.

Interrogé pourquoy, ayant esté ordonné qu'il coucheroit toute vne nuict à la saincte Penitence, il n'y peut demeurer que bien peu de temps. Respondit que c'estoit pourautant que le Sabat ne se pouuoit tenir là dedans, luy voulant venir voir ses gens au Sabat.

Le soir, au second exorcisme, interrogé & adiuré Belzebub, pourquoy estoient ils si grãd nombre de Princes au corps de Magdaleine, a respondu, Elle est princesse, elle merite bien d'estre honoree des Princes.

Interrogé si les peines imposees au Magicien le pouuoient amener à vne griefue maladie, & à la mort. Respondit que ouy : car il souffroit beaucoup depuis la teste, iusques aux piedz, comme s'il estoit dans vn feu, mais neantmoins pour son obstination, luy auoit demandé s'il le pourroit faire viure iusques au temps de l'An-

d'vn Magicien.

techrist pour aider audit Antechrist? & assouuit sa rage, & malice amplement contre Iesus-Christ, mais ie luy ay dit, (dit il) que ie ne pouuois pas, a que c'estoit vn seul Dieu, toutesfois qu'il se contentast: car il faisoit autant d'iniures à Iesus-Christ, que l'Antechrist en pourra faire & encores dauantage, mais l'Antechrist ne pourra pas naistre de toy, (dit-il) comme tu desires: car il naistra d'vne Iuifue, & sera conceu bien loin d'icy.

Interrogé si les peines qu'il souffroit, amolissoient son cœur. Respondit qu'elles l'endurcissoient dauátage, & qu'il seroit content d'endurer toutes les peines des damnez, pourueu qu'il peust gaigner Magdaleine. L'exemple y est de l'endurcissement de Pharaon parmy les fleaux de Dieu.

b. Interrogé si ses peines seroient griefues apres sa mort. A respondu, S'il est damné ses peines seront plus cruelles que celles de Lucifer : car auec plus grande malice, & moins de respect il faisoit iniure c à Iesus Christ.

ACTES DV TRENTIESME
Iannier, iour du Dimanche de
la Septuagesime.

LE matin se voulant Magdaleine presenter au Confessional pour se confesser (à l'accoustumee) au Pere Michaëlis, Belzebub l'empeschoit de ployer ses genoux, & s'enfuyoit vers la porte de l'Eglise par plusieurs fois : finalement ledit pere luy imposa tres griefues peines, s'il ne la laissoit confesser. Il respondit, Impose toutes ces peines au Magicien,

a *Magdaleine nous a rapporté qu'en abusant des femmes à la Synagogue tout sõ desir estoit d'estre pere de l'Antechrist, mais les diables luy firent entēdre son ignorance des escritures.*

b *Le diable aueugle, & puis se moque.*

c *C'est à cause de la sainte Hostie qu'il prophanoit par apres.*

Histoire admirable

qui me commãde d'ainſi faire, & luy commande auſſi de ne me battre, ſi ie la laiſſe confeſſer. Ce qu'ayant faict ledict Pere, en vertu du nom de Dieu, & du ſang de Ieſus Chriſt, Magdaleine retourna à ſoy, & ſaine, & entiere d'entendement fit ſa Confeſſion.

Par apres à la Meſſe du Pere François Billet Preſtre de la doctrine, il faiſoit grandes inſolences, tirant la chaſuble du Preſtre, prenant les burettes, criant à haute voix, & empeſchant le Preſtre.

A l'exorciſme fait apres la Meſſe adiuré de dire les raiſons des ſuſdites inſolences non accouſtumees: Il reſpondit, Le iour du Dimanche le Magicien taſche de faire plus grandes iniures à Ieſus Chriſt: il eſt venu icy ce matin, & m'a dit, Au meſpris de Dieu i'vſeray auiourd'huy de ma rage à l'Egliſe, faits le meſme à la Meſſe de ton Exorciſte: Il a, dit-il, confeſſé auiourd'huy aux a Acoules, & iettoit de petis cris en confeſſant. Interrogé des femmes, qu'il entendoit de Confeſſion, pourquoy, il reſpõdoit qu'il ſe trouuoit vn peu mal, mais en verité c'eſtoit les grands tourments des peines à luy impoſees. Adiuré au nom de Dieu, de dire le moyen par lequel on pourroit contraindre le Magicien de rendre les cedulles de Magdaleine, par pluſieurs fois adiuré, ne voulut reſpondre, eſtant comme muet: finalement apres griefues peines impoſees, il reſpondit que iamais ne ſeroient rendues, ſinon au cas qu'il fuſt conuerty, ou puny par la iuſtice, ou mort de mort naturelle, combien, dit-il, qu'apres la

a C'eſt vne paroiſſe de Marſeille.

mort, elles ne se rédent pas tousiours : car ils les font enseuelir bien bas dans terre.

Interrogé pourquoy ne les auoit rendues quand il fut commādé, & condamné à S. Maximin par le P. Michaëlis Prieur dudict lieu, & Inquisiteur de la foy. Il respondit que Louys n'estoit pas son sujeçt, mais biē de son Euesque.

Adiuré & commandé d'aller à Marseille, & apporter lesdites cedulles. Respōdit, Que cela ne se pouuoit faire sans le cōsentement du Magicien qui les possedoit, & adiousta, qu'en vain les hommes vont rechercher ces cedulles : car auparauant qu'ils soient arriuez aux maisons, les diables les ont transportees ailleurs. a En vain aussi, dit il, on recherche ceux qui ont esté tuez, ou blessez : car ils iettent les corps morts dans la mer, ou dedans la plus prochaine riuiere, & quāt aux blessez si la playe n'est mortelle, ils la sçauent couurir, & guerir auec vn onguét, toutesfois ils demeurent malades, & quand la playe est mortelle ils transportent les Sorciers ailleurs, & en ceste façon plusieurs femmes se perdent, si on y prend garde.

a *Magiciēs blessez, ou morts, que deuiennēt.*

b Le soir au commancement des Exorcismes Belzebub commença de tourmenter horriblement Magdaleine, la faisant trembler par tout le corps, & faisant tōber la teste en arriere vers le dos, puis vers le ventre fort subitement, luy faisant battre la terre des deux mains, qu'il fallut mettre vn carreau pour y battre dessus. Cependant elle se douloit, & cela dura plus de demie heure. Adiuré pourquoy il la tourmentoit si fort, il respondit, C'est pource qu'elle

b *Tourmēs de la possedee.*

s'est humiliée à son superieur. Par apres Belzebub estoit luy mesme fort tourmété, & crioit. Interrogé respondit que l'Ange Michaël, & Clair-voyant l'Ange custode de l'Exorciste, & *Fortitudo*, l'ange custode de Magdaleine le tourmentoient & augmentoient son feu, pource qu'il auoit és iours passez empeché Magdaleine de se confesser, & l'auoit renduë intollerable à son superieur, & à tous les autres, dequoy il auoit eu prohibition de la part de Dieu, mais il auoit mieux aymé obeyr au Magicien qu'à Dieu.

Interrogé pourquoy la nuict precedente les malings auoient voulu soffoquer le P. François Billet. Il respondit, Pource qu'il prioit, & aidoit fort Magdaleine contre nous. Par apres Magdaleine demandant pardon à Louyse de tout ce qu'elle l'auoit offencee, se reconciliant auec elle, les demõs se prindrent à crier disans, Nous auons tissu vne toille pour prendre ceste mouche, l'ayant tentee de haine contre Louyse, mais maintenant elle a rompu la toille, nous auons maintenāt perdu tous nos labeurs. De mesme l'apresdinee Belzebub, & ses côpagnons montroient vne grande rage lors que Magdaleine demanda pardon au P. Romillon son superieur, des rebellions, & fautes commises contre luy.

a Reconciliation frustre les diables. La haine auoit esté si grande que l'vne ne pouuoit durer aupres de l'autre, & fallut faire les exorcismes separement pour vn temps.

ACTES DV TRENTE VNIESME
Ianuier, iour de Lundy.

EN l'Exorcisme du matin, Belzebub tourmentoit merueilleusement Magdaleine,

d'vn Magicien. 57

luy faisant a dōner de la teste vers la terre, frottant seulement la terre sans faire coup, car autremēt il l'eust froissée, continuāt cesdits mouuements l'espace d'vne heure tout le long des exorcismes, & de mesme faisoit des mains: alors la possedée se douloit, & Belzebub luy disoit, C'est pour accōplir tes peines. Apres la prenāt par le gosier comme vn crapaut la voulant estrangler, luy ayant imposé cent mille degrez de peines s'il ne la quittoit, quitta le gosier montant à la langue.

a Tourmēs griefs de Magdaleine, & pourquoy.

Adiuré de dire pourquoy il la tourmentoit si fort, apres plusieurs repugnances respondit, C'est pour gaigner par tourments ce qu'on ne peut par autres voyes, & le Prince des Magiciēs me le commande ainsi, lequel est en ceste Eglise, mais à vous inuisible, il monstre à Magdaleine chose si turpe qu'elle est contrainte de destourner les yeux, voire il me commande à ceste heure de la tourmenter plus fort: & se tournant vers le Magicien dit: Que veux tu que ie face? elle n'en peut plus? son corps est debilité, & n'en peut plus porter. Puis derechef descendit au gosier, mais ayant inuoqué le nom de Iesus Christ, & les suffrages de la saincte Vierge, & imposé de degrez de peines à Belzebub, & au Magicien autant qu'il y a d'Anges au Ciel, Belzebub quitta le gosier, mais, dit-il, voila le Magicien qui se mocque de Michaëlis, & de l'Exorciste pour ce qu'ils ne le voient pas.

Apres cela, Belzebub souffloit, & monstroit qu'il estoit fort tourmenté luy-mesme. Adiuré de dire pourquoy, C'est, dit-il, Fortitudo le bon

Ange de Magdaleine qui me tourmente, & aussi mes compagnons, pour ce que nous l'auons forutétee d'indeuotiõ, & de blasphemes.

Interrogé si les sorciers & sorcieres que Magdaleine auoit nommé l'apresdinee du iour precedent estoiēt ceux-là en verité: Respondit qu'ouy, & a iuré sur le liure des Exorcismes ne se reseruant aucune sinistre, ou occulte intention à leur confusion, & damnation.

a *Les bons Anges Custodes sont de l'ordre des Anges, qui est le plus inferieur : mais ils sont cõmādez, & enuoyez par les superieurs.*

a Adiuré de dire, & nommer les bons Anges du P. Frere Pierre Fornez, Vicaire de la saincte Baume. Respondit, Il s'appelle Vision de Dieu & est le milliesme des Vertus.

Interrogé s'ils s'entreconnoissent tous, bons & mauuais, se prenant à rire dit, Ie croy bien, n'auons nous pas esté creez tous ensemble? Adiuré de dire le bon Ange du P. Michaëlis. Il respondit, Il en a trois: Son bon Ange de la natiuité est le centiesme des Puissances, & est appellé Iesia: comme Inquisiteur il a vn Archáge qui est 2000. comme Superieur & Prelat, il a le centiesme des Throsnes. L'Ange du Pere Frere Anthoine Boilletot, est le quinziesme des Archanges, & s'appelle Simplicitas: L'Ange du P. Romillon est le 4000. des Archanges appellé Ardante inflammation: L'Ange du P. François Billet est le 4001. des Archanges appellé Clair-voyant.

Interrogee Magdaleine si elle portoit patiemment toutes ces peines. Respondit qu'ouy, en remission de ses pechez, & nous dit que l'apresdinee du mesme iour le magicien Louys auec plusieurs autres vint à elle à l'accoustumee luy disant, qu'il estoit grandement tourmenté, toutesfois qu'il enduroit volontiers tous ces tourmens pour elle, mais elle le reietta.

Le soir au second Exorcisme Belzebub tourmenta la possedeë de mesme façon qu'il auoit fait le matin, disant que le Magicien estoit là present, & luy commandoit de ce faire, & come ayant compassion d'elle, disoit : Elle n'en peut plus, si cecy dure demie heure, c'est pour l'acheuer du tout.

Interrogé en quel estat estoit le Magicien : Il respondit auec indignation, Va le chercher : Puis estant adiuré, il respondit, Il est tourmenté par tout son corps particulierement à la teste, aux reins & au cœur : non toutesfois visiblement deuant les hommes, mais bien quand il est dedans sa chambre depuis les dix heures du soir iusques au matin, & tiendroit le lict s'il n'auoit peur d'estre descouuert, & dissimule son mal. Lors, dit Verrine, les Magiciens sont pires que les diables, car les diables adorent Dieu, & tremblent particulierement quád les possedez font la communion, & se cachent pour lors se retirant ailleurs, ou se mettent soubs la langue pour laisser passer leur Maistre pardessus la langue, & si Dieu venoit à creer mille enfers, ce Magicien seroit digne encores de plus grandes peines.

Interrogé du moyen comme on le pourroit conuaincre, C'est, dit il, s'il est prins, & mis en prison par l'Euesque de Marseille, a on trouuera qu'il est marqué à la teste de la marque du diable, côme les Prestres, & Religieux portent

a *Marque du Magicien*

la courône, ou tonfure à la tefte, qui eft la marque de Iefus-Chrift : puis dit, Il y a icy vn qui eft venu foubs pretexte de deuotion, mais en verité c'eft pour voir Magdaleine qu'il a aymee tres follement depuis fa poffeffion, toutesfois à la parfin, peut-eftre par quelque defpit a accufera le Magicien.

a Il eft ainfi arriué enuiron 3. mois apres.

ACTES DV PREMIER FEVRIER iour de Mardy.

BElzebub le matin à l'exorcifme tourméta Magdaleine de mefme façon que le iour precedent, difant, C'eft bien pour t'acheuer:& adiuré dit qu'on luy commandoit, & que le Magicien eftoit là prefent: or la tourmentoit il toufiours plus fort, à raifon de quoy l'on l'introduit dans la fainéte Penitence, où Belzebub dit ces paroles : Tu dis que i'aille querir les cedulles, i'y vais, & fortit du corps auec figne: cependant Magdaleine fit fes renoncements au diable & à toutes les cedulles à luy faictes, à l'accouftumee. Belzebub a notifié eftant de retour auoir apporté les cedulles au Magicié, demandant de les ratifier de nouueau pour s'obftiner dauantage à eftre du cofté du diable, & refifter aux infpirations de Dieu.

A l'exorcifme du fôir Belzebub continuoit à tourmenter Magdaleine, & dit vn temps apres, Que veux-tu? ie ne puis pas la tourmenter dauantage, car les forces luy manquent: fi elle auoit autant de forces comme elle auoit à Aix i'en ferois dauantage (nous entendions qu'il parloit au Magicien) a cependāt il ne cessoit de la vexer, la iettant à terre sur son ventre, puis en arriere vers le dos auec violence, puis iusqu'à trois, ou quatre fois, la prenant au gosier pour l'estrangler, mais à force de prieres faites par les assistans, & particulierement ces paroles: *Et verbum caro factum est*, &c. il quittoit le gosier.

Cela fait, Belzebub par la main de la fille ouurit la porte de fer qui ferme la saincte Penitēce, disant, Entre vistement: nous entendismes par cela qu'il faisoit entrer le Magicien pour y ratifier, comme dit est, les cedulles apportees de Marseille par Belzebub. Puis Belzebub sortit comme s'il sortoit par vn trou de ladite porte de fer, criant, & disant: Là dedans y fait trop chaud, & ceux qui y demeurent se brulent, car la chaleur y est trop grande pour y demeurer long temps.

a Dieu permettoit ceste grande vexation, laquelle a cōtinué iusques à la mort du Magicien, bruslé le dernier iour d'Auril pour mortifier Magdaleine, sortant d'un grād abisme de voluptez, & de toutes manieres de pechez, pour rōpre celles mauuaises habitudes prinses de lōgue main Grandes mortificatiōs estoiēt necessaires, & à elle conuient ce que disoit la Cananee de sa fille. Maiē à demonio vexatur.

ACTES DV DEVXIESME FEVRIER iour de Mercredy, & de la Purification nostre Dame.

A L'Exorcisme du matin Belzebub continua ses insolences, riant, dansant, chantāt chansons d'amour pour prophaner, & violer la feste à son accoustumee, toutesfois ne tourmentoit pas Magdaleine comme les iours precedens, disant, Que Louys estoit empesché pour lors de venir, à cause des confessions qu'il entendoit à Marseille, y estant occupé pour toute la matinee.

A Vespres dudit iour au *Magnificat*, lors

qu'on chantoit ſe verſet, a *Depoſuit potẽtes de ſede*, &c. Il ſe print à crier haut, puis gronder ſe montrant fort courroucé, ainſi qu'il auoit fait aux premieres Veſpres du iour precedent, mais tout ce iour Magdaleine fut en repos.

a Il fit ce grand cry ſe reſſonnant de ſa cheute.

Interrogé, & adiuré de dire ſi nous auions encloſ le Magicien, lors que nous fermaſmes la porte de la ſaincte Penitence le ſoir precedẽt & ne l'auiõs ouuerte du depuis. Il reſpondit, Va le chercher : Interrogé s'il vouloit iurer qu'il n'y fuſt point, il reſpõdit, Ie ne veux point iurer qu'il y ſoit, ou qu'il n'y ſoit pas.

Adiuré auec peines impoſées, il dit, il eſt entré, mais il eſt ſorty auſſi toſt. Puis apres Magdaleine fit amplement ſes renoncemens aux diables, & à tout l'enfer, implorant la miſericorde de Ieſus-Chriſt, & inuoquant tous les Saincts en la maniere que deſſus.

ACTES DV III. FEVRIER IOVR de Jeudy.

A L'Exorciſme du matin Belzebub tourmenta aſprement Magdaleine, ainſi qu'il auoit fait les iours precedents.

Interrogé Belzebub, ſi le Magicien Louys eſtoit enfermé dans la ſaincte Penitence: Il reſpondit, Tant s'en faut, dit-il, le voila, monſtrant au doigt le milieu de l'Egliſe, il eſt, dit-il, auec ſon lieutenant, ils entrerent bien, mais craignans d'eſtre prins ne firent qu'entrer & ſortir, diſant au dedans ce peu de paroles, Ie renonce à Dieu, & ratifie toutes mes cedulles faites à

Lucifer, & tout ce que ie luy ay promis, & iuré. Commandé de iurer sur la troisiesme Oraison du Canon que le Prestre dit apres la Communion, sans deliberer, il mit les mains dessus, & iura auec les conditions requises, adioustant : Ie iure que ne sortirons point d'icy, que le Magicien Louys ne soit conuerty, ou mort: car par ce moyen Dieu veut exterminer toute la Synagogue des Magiciens, & Sorciers, & telle est sa volonté, ainsi l'a reuelé.

Interrogé s'il vouloit iurer sur les paroles de la consecration du sang, soudain mit les mains sur lesdites paroles, disant : Ie iure au nom du Pere, du Fils, & du sainct Esprit, Ie Belzebub, que Dieu ne veut pas que nous sortions de ce corps que le Prince des Magiciens *Ludouicus* ne soit conuerty, ou mort, pour extirper la Synagogue de Lucifer, & la sienne, & cela ie iure selon l'intention de l'Eglise triomphante & militante, & la vostre sans aucune sinistre intétion, ne me reseruant aucune chose.

Interrogé si le Magicien sçauoit ceste volóté de Dieu, & s'il auoit entendu son iurement, Il respondit en riant, Ouy, car il est icy present mais il se mocque de tout cela, disát, qu'il veut viure obstinément Magicien.

L'Exorciste luy voulant imposer des peines luy dit: Pourquoy me veux tu imposer des peines qui t'ay obey ? Impose les à ce Magicien qui m'a voulu empescher : & luy commande de ne me battre point pour auoir obey : Commande le aussi à son lieutenant, qui me bat en son absence, & ainsi fut fait.

Histoire admirable

Interrogé pourquoy tout le iour d'hier Magdaleine fut en repos: C'est, dit-il, pource que le Magicien n'eut pas moyen de venir, estant occupé a (car c'estoit la feste de son Eglise) le matin aux confessions, le soir auec les Prestres de son Eglise, mais pour ma part Dieu a preualu & *Fortitudo*, l'Ange de ceste fille a esté le ministre de ceste victoire.

a *Le iour de la Purification c'est la feste de l'Eglise des Acoules de Marseille.*

ACTES DV QVATRIESME FEVRIER iour de Vendredy.

A L'Exorcisme du soir (car à celuy du matin ne fut rien dit de nouueau) fut adiuré Belzebub de dire le bon Ange du Pere Frere Honoré Lyon, qui estoit arriué freschement se retournant vers luy, dit: son bon Ange s'appelle agilité. O, dit-il, si tu estois si agile à seruir Dieu, & garder ses commandemens comme ton bon Ange, tu serois braue.

b *C'est vn Religieux des anciens du Conuët de sainct Maximin.*

Interrogé pourquoy ce soir faisoit tant d'insolences, riant, & gaudissant: C'est, dit-il, pour autant que Louys à ce iour qui est Vendredy, a fait vne grande iniure à l'Hostie consacree en mespris de la Passion de Iesus Christ qui est au iourd'huy rememoree, en iurant sur le Canon de la Messe, adiousta c que toutes les filles de saincte Vrsule seroiët premieremët deliurees, ou des diables qui les possedent (car cinq d'icelles estoient possedees) ou des malefices, mais que Magdaleine ne seroit deliuree iusques à ce que tout le procez des Magiciés fust finy, nó toutesfois tourmentee cóme à present.

c *Prediction laquelle est aduenuë.*

Adiuré

d'vn Magicien.

Adiuré auec qui il parloit ?appesdisnee, luy respondant, & nous n'entendans point la voix de celuy qui parloit à luy, respondit que c'estoit auec *Fortitudo* le bon Ange de Magdaleine. Apres plusieurs resistances, & peines imposees, respondit qu'il luy reueloit de la part de Dieu, que Dieu auoit deliberé, & arresté que le Magicien fut descouuert auec tous ses adherens non repentans, & que toute sa Synagogue fust mise en route & dissipee, & ce par l'vne de ces trois manieres. a La premiere que quand Magdaleine seroit à Aix, Belzebub crieroit tout haut par la bouche de Magdaleine en bonne côpagnie, & mesmes en presence d'aucuns Messieurs du Parlement, signifiant que Louys Gaufridy estoit le Prince des Magiciens, & seroient bien sourds s'ils ne l'entendoient: Ou bien s'il eschappoit, que ledit Louys celebrant la Messe aux Acoules à Marseille, se tournât deuers le peuple au lieu de dire *Orate Fratres*, Belzebub par sa bouche crieroit à haute voix, Louys Gaufridy Prestre des Acoules de Marseille est le Prince des Magiciens: Ou bien que Belzebub sortant de Magdaleine prendroit la forme d'vn corps humain, d'vn homme (car dit il, ce n'est point l'office des femmes) & montant en chaire prescheroit publiquement en l'Eglise des Acoules (où demeuroit ledict Gaufridy) que Louys Gaufridy Prestre des Acoules estoit Prince des Magiciens, & descouuriroit toutes les abominations, & malefices qu'il auoit fait depuis le temps qu'il estoit magicien.

a *Cecy est arriué à Aix, plusieurs iours dans la Chapelle de l'Archeuesché quand on disoit la Messe criãs tout du lõg de la Messe à haute voix, tant qu'il pouuoit, qu'il renonçoit à Dieu, & à la Passion de Iesus-Christ au nom de Louys Gaufridy Prince des Magiciés, le peuple y arriuait à grãd foule, mesme des Messieurs de la Cour Voyez les Actes du premier iour de Mars.*

Interrogé en quel temps cela arriueroit.a A respondu que cela ne luy auoit point esté reuelé.

a Reuelation du fait & non du temps.

En outre, il a dit & iuré que *Fortitudo* tenant vn glaiue en la main, luy a prohibé de la part de Dieu de ne plus tenter Magdaleine de l'impureté, en faisant operer le malefice donné à elle à ces fins, & en cela ie n'ay peu resister à Dieu, me le commandant par b *Fortitudo*. Et combien dit-il, que le Magicien m'ait sollicité à ce faire, me menaçant de la part de son maistre Lucifer, ie luy ay respondu que ie ne pouuois, & que Dieu l'empeschoit, luy disant encores, Si tu sçauois ce qui m'a esté reuelé, tu serois bien estonné, mais ne luy ay pas voulu dire ce que ie sçauois, mais ie le dis à ceste heure par la force des exorcismes. Il dit aussi, iurant sur le Canon de la Messe: mettant les mains (estant ainsi cōmandé) sur l'oraison qu'on fait apres l'oblatiō (bien c que l'exorciste luy en monstrast vne autre pour l'esprouuer) que la nuict precedente le Magicien ayant dit la Messe au Sabath, Magdaleine voyant, mais ne pouuant se remuer, ny crier, ainsi que les assistans s'en pouuoient prendre garde, luy porta, & presenta d l'Hostie consacree pour la receuoir de sa main, ce qu'elle refusoit faire de cœur, & de consentement, & comme ledit Louys l'importunoit, elle vit dans ceste Hostie vn petit enfant beau à merueille, reluysant, & iettant des rayōs fort agreables, luy disant, Ie ne veux pas ma fille, que tu me reçoiue de la main de mes ennemis, mais seulement des mains de mes seruiteurs; dequoy

b Le bon Ange assiste Magdaleine.

c Preuue du demon.

d Vision de la Saincte Hostie.

elle fut grandement confortee, & corroboree. Ce que ie Belzebub sortant, rapportay au Magicien, & aux assistans qui n'auoient pas veu ce miracle, & lesquels se prindrent à plorer, preuoyans leurs ruines, neantmoins approchans de Magdaleine la prioient de receuoir ceste Hostie puis qu'elle estoit conuertie, & qu'elle pouuoit auoir eu quelque vision qui n'estoit qu'illusion, mais elle refusoit tousiours, & bien que le diable luy fist ouurir la bouche par force, iamais le Magiciē n'eust la puissance de luy mettre l'Hostie dedans, & ayant resisté long temps, finalement ce beau petit enfant susdit luy ferma les leures : a Cela fait, le Magicien luy demanda vn cheueu de sa teste, ce qu'elle refusa, sçachant que ce seroit faire hommage au diable en luy donnant quelque chose : Puis luy demanda au moins la moitié d'vn cheueu, ce que refusant faire, luy fit donner griefues douleurs, si qu'elle ne peut reposer toute la nuict, & durant cinq iours aux Exorcismes elle souffrit de grands tourmēs qu'elle endura patiemment pour l'amour de Dieu, & en remission de ses pechez.

a Il ne faut consentir, ny condescendre au malin en rien que ce soit qu'il nous presente, & demande, mesmes de luy bailler vn festu.

Les assistans qui l'auoient veillee toute la nuict ont tesmoigné qu'elle estoit immobile, & comme assoupie, ne pouuant dire vn seul mot, & Magdaleine a declaré estre veritable tout ce qu'a esté dict de l'Hostie.

e ij

ACTES DV V. FEVRIER IOVR du Samedy.

A L'Exorcisme du matin estant arriué vn Religieux de l'ordre de sainct François, portant des reliques ᵃ qu'vn Cardinal luy auoit doné à Rome, & les mettant sur le dos de Magdaleine bellement & secrettement, le diable se print à crier qu'on ostast cela, car il brusloit.

ᵃ Preuue des demōs.

Adjuré de dire que c'estoit: Respondit, Il en y a deux principales que ie crains d'auantage, sçauoir le *lignum crucis*, & vn os de Laurent martyr: les autres ie ne les crains pas beaucoup, & fut trouué veritable ce qu'il auoit dit.

Ce iour l'apresdisnee, le Pere Michaëlis auec son compagnon le Pere Frere Anthoine Boilletot partit de la saincte Baume pour venir à S. Maximin, & de là à Aix pour y prescher le Caresme, & estant arriué à Aix s'en alla saluer mōsieur du Vair premier President en la Cour de Parlement, luy signifiant ce qui estoit arriué à la saincte Baume depuis le premier iour de Ianuier 1611. iusques au cinquiesme Feurier, pour prouuer si les deux filles dont on parloit par tout le pays estoient vrayement possedees, ou non, & qu'il auoit prouué qu'elles estoient veritablement possedees, que mesmes il trouueroit trois realitez en Magdaleine. La premiere qu'elle estoit veritablement possedee comme l'on verroit par les effects indubitables: La seconde qu'elle estant de l'aage de dixneuf ans seroit trouuee defloree, ainsi qu'elle disoit: La troisiesme, qu'elle auoit les marques du diable en son corps insensibles, ainsi qu'il auoit prouué à la saincte Baume, & qu'au reste les malins esprits tant de Louyse que de Magdaleine, protestoient que le tout estoit arriué par la seduction d'vn Louys Gaufridy, qui estoit Prince des magiciens demeurant à Marseille. Ce que ayant entendu, ledit sieur President trouua bon que l'on fist venir les deux filles à Aix, a lesquelles arriuerent à Aix le seiziesme iour dudit mois de Feburier.

a *Arriuee des possedees à Aix.*

ACTES DV XVII. FEVRIER, *iour de Ieudy, & le lendemain des Cendres.*

CE iour apres disné monsieur le President du Vair vint à l'Archeuesché où estoit Magdaleine, presens le sieur Garandeau Vicaire de Monseigneur l'Archeuesque d'Aix, & autres, & commença à interroger Magdaleine, l'asseurant de la fauoriser pour auoir impunité de ses fautes, si elle luy disoit la verité du fait depuis le commencement iusques à la fin: & comme elle recitoit la premiere seduction du Magicien, b le diable la print par le gosier au dedans, l'empeschant de parler, & comme la voulant estrangler, luy faisoit tourner les yeux, & dura ce assez long temps, dont ledict sieur President, & les autres spectateurs, s'en esmerueilloient: apres certaines conjurations le diable quicta le gosier, & Magdaleine continua son discours, lequel finy, Magdaleine monstra la marque du diable qu'elle auoit au

b *Signes de la possessiõ de Magdaleine, & ses marques.*

e iij

pied, & mettant ledict Sieur President vne esping le au dedans tout du long, Magdaleine ne sentoit rien, ny le sang n'en sortoit point, mais l'espingle mise au dedans on sentoit vn bruit comme d'vn parchemin percé. Il vid encores vne autre preuue, C'est que Belzebub se tenoit sur la partie anterieure de la teste, faisant vn continuel mouuement, & haussant ladite partie ainsi qu'on prouuoit appliquant la main sur ledit lieu, & estant Belzebub commandé par l'Exorciste qui estoit pour lors le Pere Michaëlis, de sortir par l'espace d'vn *Miserere*, il sortit quant & quant (faisant signe) par la bouche, lors le mouuement de la teste cessoit, ainsi que ledit sieur President prouua par l'application de la main. Le temps du *Miserere* finy, il retourna faisant vn bruit, & donnât signe de son retour, & soudain il y prouua le mouuement côme auparauant: Le mesme faisoit Leuiathan qui se tenoit vers la partie posterieure de la teste, & si on leur commandoit de sortir par l'espace de trois *Miserere*, ils obseruoiët le mesme temps: & cela estoit prouué tous les iours par commâdement de l'Exorciste, lors que quelques personnes notables y venoiët pour en voir la preuue, laquelle preuue fit aussi le dix-neufiesme Feurier le sieur ᵃ Fonteine Docteur en Medecine, & Professeur Royal en la ville d'Aix, & tous les autres doctes Medecins de ladite ville, comme les sieurs Merindol & Graffi Docteurs, & Professeurs en Medecine, auec le sieur Bontéps Chirurgien & expert Anatomiste en ladite ville iugeâs que c'estoit chose pardessus nature,

ᵃ *Tesmoignage des Medecins & Chirurgiens.*

ACTES DU XVIII. ET XIX.
Feurier, iours de Vendredy et Samedy.

EStant venu ledit sieur Fōteine la premiere fois pour prouuer ce que dessus, vers la possedee, vestu de sa robe longue, il dict, si tu es Belzebub, ie suis Curé d'vn village icy proche, venu pour t'exorciser: a lors Belzebub respondit (car la fille ne l'auoit iamais veu ny cogneu) Si tu es Prestre, prens l'estolle, & monstre moy ta tonsure, mais tu es de ceux qui les guerit quand tu peux, & les laisse quand tu ne peux.

a Il parloit au Sieur Fonteine Medecin.

A la Messe le Prestre ayant oublié de mettre du vin au Calice, Belzebub cria, Tu diras la Messe sans Messe, lors le Prestre s'en print garde, & mit du vin au Calice.

Le mesme iour Belzebub faisant de l'insolent, le seruiteur du Pere Romillon voulāt lier Magdaleine auec l'Estolle, Belzebub le frappa disant, est-ce à toy à me lier? Lors vn Prestre print l'Estolle, & la lia, Belzebub ne faisant aucune resistance. b Cependant depuis l'heure que les sieurs Commissaires, Seguiran, & Rabasse Procureur du Roy, partirent d'Aix pour aller à Marseille, & amener le Magicien, Belzebub & les autres demons ne cessans de crier, & hurler ne permirent iamais Magdaleine de se confesser, ou communier.

b Commissaires deputez pour amener le Magicien.

e iiij

ACTES DV VINGTIESME Feurier, iour de Dimanche.

EStant ce iour arriué le Magicien, & mis en prison sur le soir, enuiron les dix heures, on entédit les hurlemens d'vn gros chat-huant, & le vid on sur la tour de la prison où auoit esté mis le Magicien, & beaucoup de chiens hurloient autour de ladite prison.

ACTES DV VINGTDEUXIESme, & vingt-troisiesme, & vint-quatriesme Feurier.

INterrogé Belzebub à l'exorcisme où estoit pour lors le Magicien, & qu'est-ce qu'il faisoit? Il respondit, Il n'est plus au croton, mais est bié triste, & fut trouué vray: car le sieur Seguiran Commissaire l'auoit mis au large auec les autres prisonniers. Ledict sieur Seguiran estant venu à l'Archeuesché l'apresdisnée Belzebub luy recita *a* tout ce qu'il auoit faict à Marseille, de quoy il fut fort esmerueillé, côme que Louys s'estoit presenté libremét à eux ainsi qu'vn doux agneau, disoit-il, & que la Damoiselle de Liberta auec plusieurs autres fémes l'auoient prié pour Louys Gaufridy, disant qu'il estoit fort hôme de bien, & autres choses semblables: Belzebub dit aussi à ce iour qu'ayāt aduerty Louys sur l'arriuee du sieur Commissaire ledit Louys lui dit, que dois-ie faire? faut il aller ailleurs? Il luy respondit qu'il s'en gardast bien, car il se rēdroit coulpable: Le Magicien luy dit, mais ils me bailleróc la question: Belzebub respondit, Ie feray que tu n'en auras point de sentiment. Lors dit le Magicié, Ouy, mais plusieurs

a Belzebub recite les choses absentes.

en font morts par apres. Belzebub repliqua, qu'est-il pour cela, si tu employes ta vie pour vn a si grand Seigneur que Lucifer qui a tāt fait pour toy? Lors le Magiciē acquiesça, & delibera de faire ce que Belzebub luy persuada. Depuis ce iour les malins commencerent à donner la question à Magdaleine, luy faisant tourner, & cliquer les bras, & les iābes, l'esleuant en haut, & luy donnant beaucoup de tourmens trois & quelquesfois quatre fois le iour : & ont veu ce spectacle aucuns des Sieurs Presidents, & Cōseillers, tāt de l'vne que de l'autre Cour, & ce par plusieurs fois disant, Tu feras bailler la question à Louys, il est raisonnable de te la bailler. Et puis aux Exorcismes ils la faisoient crier si haut & si longuement, qu'on craignoit qu'ils ne luy rompissent quelque veine.

a Quelle impudence des diables.

b Torture donnee à Magdaleine visiblement par plusieurs iours.

ACTES DV XXV. FEVRIER, iour du Vendredy.

ADiuré Belzebub à l'Exorcisme, de dire d'où il reuenoit le iour precedent Ieudy vingt quatriesme estant sorty du corps. Il respondit, De voir nostre maistre Louys qui est en prison bien triste.

Adiuré de dire quel propos il luy auoit tenu, respōdit, Il m'a demādé de luy cacher les marques de son corps, & les luy rendre interieures, & aussi celles de Magdaleine, pour ne seruir de tesmoignage contre luy, ce que luy ay promis.

Interrogé s'il le pouuoit faire, respondit que ouy, & qu'il le feroit, pour faire accroire que ce sont imaginations, & luy ay promis qu'il sortiroit de la prison dans huict iours.

Nous auons veu par experience que c'estoit en tromperie: a *car il est vray qu'on le sortit de la prison huict iours apres qu'il y fut mis : mais ce fut pour l'amener à l'Archeuesché, & le confronter auec Magdaleine, & puis le visiter, & luy chercher les marques.*

ACTES DV SAMEDY vingt-sixiesme Feurier.

ENuirō les quatre heures du soir les Sieurs Medecins Fonteine & Grassi, le Sire Bontemps Chirurgien Anatomiste, b ont de rechef prouué le mouuement qui se faisoit aux deux parties susdites de la teste de Magdaleine faict cōme s'il y auoit des grenoüilles, se mouant par dessoubs, & Belzebub estāt sorty ont aussi prouué, & touché le cerueau qui demeura immobile cōme aux autres, & luy ayāt touché le poulx en l'vn & en l'autre bras, & trouué qu'il estoit tousiours esgal, & sans aucune alteration, ont conclu que ce mouuement n'estoit point naturel, mais procedant des esprits volontaires, & non des naturels.

c Au mesme temps Asmodee Prince de la luxure commença d'agiter Magdaleine luy faisāt faire des mouuemēts deshonnestes (cōme il auoit faict par plusieurs fois à la saincte Baume pour l'amener à vne honte) lors les susdits Medecins, & Chirurgiens luy commanderent de cheminer, puis de s'asseoir, & s'efforcer de reprimer ces mouuements : Elle estant en son bon sens, respōdit qu'elle ne pouuoit en nulle

---

a *Le diable est trōpeur & trompe les siés toutesfois icy ne pretendoit tromper, mais ce fist faute de puissance, Dieu l'empeschāt par son bon Ange pour regard des marques.*

b *Autre preuue des medecins.*

c *C'est impur demon sortoit tousiours par les parties honteuses, dont luy entrant ou sortāt, Magdaleine en auoit grād honte, mais tous les autres sortoiēt par la bouche.*

façon, ny eux-mesmes aussi ne la pouuant retenir, de là ils conclurent que naturellement cela ne pouuoit estre.

a Est à remarquer que tous les iours durant la saincte Messe, le diable l'agitoit extremement par tout son corps, & c'estoit vne merueille à tous les assistans, qu'ayāt receu la saincte communion, soudainement ces mouuements cessoient, & y auoit grande tranquillité tant en son ame qu'en son corps.

a Bel effect sensible au sainct Sacrement.

Le mesme iour aux Exorcismes, vn des demons qui se disoit estre Carton crioit, & hurloit, disant qu'on le battoit, & brusloit.

Adiuré de dire pourquoy: A seulement respondu que c'estoit ce maudit *Fortitudo*, bon Ange de Magdaleine b qui le battoit, repetant souuent, Maudit *Fortitudo*, laisse moy, & cela dura l'espace d'vne heure.

b Demon battu par vn bon Ange.

ACTES DV VINGT SEP-tiesme Feurier iour de Dimanche.

LE Pere François Billet disant la Messe, & faisant le Memento, Belzebub cria quatre fois : c Que pries tu pour Magdaleine? & ledit Prestre asseura apres la Messe que pour lors il prioit Dieu pour elle. Pour lors fit dresser Magdaleine, & ne permettoit qu'elle mist ses genoux à terre : & comme on la pressoit de ce faire, dit Belzebub, Non, il n'est point encores temps : mais comme le Prestre

c Il sentoit la vertu de l'oraison autrement il n'eut peu deuiner les pensees du cœur.

Histoire admirable

eust dit la derniere parole de la consecration, tout soudain la feit a mettre à genoux disant, Voy-lela.

Apres disné furent prouuees les marques de la possedee qu'elle auoit aux pieds, aux reins, & à l'endroit du cœur, & furent trouuees insensibles: lors Belzebub dit, I'auois bien tasché de les faire comme sensibles, mais Dieu m'a empesché. b Peu apres les demons baillerent la gehenne fort rudement à Magdaleine par l'espace d'vn quart d'heure en presēce du sieur Thoron Conseiller au Parlement, & Commissaire deputé en ce faict, & du sieur Garandeau Vicaire general du R. Archeuesque d'Aix aussi Commissaire deputé: y estans aussi presents les sieurs Thomassin Aduocat general en la Cour des Comptes, & le sieur de Calas Conseiller du Roy au Parlement d'Aix.

c A propos des marques susdites, faut noter que le sieur Simeonis homme d'hōneur, & de preud'homie fort cogneu en ladite ville, maniāt les affaires du R. Archeuesque d'Aix, dit au P. Michaëlis qu'apres les marques trouuees au Magicien il le fut voir, ayāt sa cognoissance depuis sa iunesse, il luy respondit familierement, Quand ie vins en ceste ville, ie me mocquois de tous les Messieurs, ayant vn Demon qui me pouuoit deliurer de tous les hommes du monde, & couurir mes marques : & luy demandant comment les auoit-on donc trouuees, il luy respondit, Dieu y a mis la main.

---

a *En ceste maniere vn autre diable adera Iesus Christ, en S. Marc. 5. chap.*

b *Personnes notables presens à la gehenne donnee à Magdaleine.*

c *Tesmoignage des marques du Magicien.*

ACTES DV 1. IOUR DE MARS
iour de Mardy iusques au Dimanche.

Depuis ce iour iusques au quinziesme du mois durant la saincte Messe, a Belzebub commença à faire les renoncemens au nom du Magicien emprisonné comme il auoit commission de luy, pour l'asseurer dauantage de son obstination, mais ayant charge de le faire interieuremēt, Dieu voulant declarer sa malice par le ministere de *Fortitudo*, les faisoit faire exterieurement à haute voix tāt que la fille pouuoit crier, si qu'ō doutoit qu'il ne luy rompist quelque veine, & espouuantoit tous les assistans, si biē qu'aucuns plus timides s'enfuyoiēt. Or il crioit disant, Ie renonce au Paradis de la part de Louys Gaufridy, ie renonce à la Trinité, Pere, Fils, & le S. Esprit de la part de Louys Gaufridy, repetant à tous les renoncemens ces mots, De la part de Louys Gaufridy, Ie renonce à l'Eucharistie, &c. comme dessus : aux inspirations, à tous les membres de Iesus-Chr. nommant tous les membres depuis la teste iusques aux piedz, particulierement faisant vn renoncement particulier à vn chacun membre. A toutes les Messes qu'on dit pour luy, à toutes les prieres, poursuiuant toutes les autres choses qui luy pouuoient seruir à salut. Apres il disoit, Ie renonce à la Vierge, Ie renonce à Michel, Gabriel, Raphael, Vriel, *Fortitudo*, & à tous les chœurs des Anges : A Pierre, & à tous les Apostres, à Laurent, & à tous les Martyrs,

a C'est l'accōplissemēt de la prediction de Verrine predisant à la saincte Baume que Belzebub luy mesme descouuriroit le Magicié dedās vne Eglise en presence des Messieurs du Parlement. Et crieroit si haut que ils seroient bien sourds s'ils ne l'ētēdoiēt, & que si par ce moyē ils n'ē faisoiēt iustice, Dieu vseroit des autres deux moyēs en la ville de Marseille. Voyez les Actes du 4. iour de Feurier, cy dessus pag. 65.

à Gregoire, & à tous les Docteurs, à Lazare, & à tous les Euesques, à Dominique, & à François, & à tous les Confesseurs, & Religieux, à Marie Magdaleine, & à tous les penitens & penitentes, à Marthe, & à toutes les Vierges, à toutes les doctrines, & sermós : & adioustoit tousiours de la part de Louys, tantost de la part de Louys Gaufridy : Puis il dit, a & aux Messes de Michaëlis, de Romillon, de François Billet, d'Anthoine Boilletot.

a Faut noter que ces quatre auoient dit ce iour là la Messe dans la chapelle de l'Archeuesché d'Aix pour sa conuersion.

Et lors qu'on feit l'eleuation du S. Calice, cria haut plusieurs fois, Seigneur, ie te renonce, & à ton sang, le sang du iuste tombe sur moy de la part de Louys Gaufridy.

b Il y auoit à ceste heure là vn heretique qui se pourmenoit par la salle, ioignāt la Chappelle de l'Archeuesché, lequel sō frere qui estoit Catholique auoit amené pour voir ces merueilles, mais il n'osoit entrer dās la Chappelle, lors cria Belzebub, Qu'on face entrer cet heretique, dont les assistās furent estonnez, & le frere dudit heretique dit pour lors, qui estoit là present, Il dit vray, car mon frere qui est heretique se pourmene à la salle.

b Cognoissance des choses absentes.

c Ainsi il continua les iours suyuans, durant lesquels iours, le magicien Louys fut mené à la Chappelle pour entendre les renoncements faits par Belzebub de sa part : & lors cōme ledit Louys regardoit Magdaleine ainsi affligee du diable, Belzebub se tournant vers luy, luy dit, Approche mon amy, viens voir si ie ne la tourmente autant que tu desires. Pour lors le sieur Thoron, Conseiller au Parlement, & commis-

c Le Magicié Louys amené à la Chappelle.

faire en ce fait y estoit present ᵃ & plusieurs autres, & arriua ce dernier poinct le Samedy à la Messe. ᵇ Ce mesme Samedy apres disné ledit Magicien fut confronté auec Magdaleine, laquelle luy soustint fort & ferme, tout ce qu'elle auoit dit contre luy.

ᶜ Cela fait, il fut visité sur le soir par les trois medecins susdits, Fonteine, Merindol, & Grassy, & deux Chirurgiens, Bontemps, & Proüet, & l'ayant despoüillé en presence des sieurs Thoron, & Garandeau Commissaires susdits, le trouuerent en façõ, & qualité hõteuse, dont ils eurent honte eux-mesmes, & destournerẽt leurs faces, puis le sondant auec des esguilles, les yeux bandez lors qu'ils touchoient les parties sensibles, il crioit, disant : Vous me blessez : & lors qu'il ne crioit point, ils mettoient toute l'esguille dedans, luy ne faisant aucun signe de sentiment, & luy trouuerent trois marques, & estant desbandé, & reuestu, il pensoit qu'on n'eust trouué aucunes marques en sõ corps, & s'ẽ retourna assez ioyeux à la prison; mais deux iours apres qu'on luy fit lecture du rapport des susdits Medecins, & Chirurgiens, il fut bien estonné, ᵈ & vouloit mettre en question, si le diable pouuoit marquer le Chrestien sans son consentement. Lors dit le Pere Michaëlis au sieur Thoron Commissaire, Si cet hõme estoit en Auignon, il seroit dés demain bruslé : car telles marques conuainquent manifestement, & iamais n'ont esté trouuees qu'aux Magiciens ny Dieu ne permet point que ses enfans & membres du corps mystique de Iesus-Christ

ᵃ Il falloit tenir la Chapelle fermee à cause de la presse.
ᵇ Confrontation de Magdaleine auec le Magicien.
ᶜ Marques trouuees au Magicien par les Medecins.

ᵈ Question friuolle du Magicien sur les marques.

portent la marque de son ennemy, ains il les marque interieurement de son S. Esprit par le charactere baptismal, & exterieurement au front par le S. Cresme, & signe de la Croix, & par icelle marque il distingue les Esleuz des reprouuez en l'Apocalypse 7. chap. & comme est dit au mesme liure, Il ne permettra que les Esleuz portent la marque de la beste. Aucūs voulans philosopher sur ce propos, alleguerēt que Dieu auoit permis à Sathan de frapper Iob par tout son corps: mais respondit le susdit Pere; D'vne playe & d'vne marque, il y a bien difference, La playe se baille pour chastier, la marque s'imprime pour signe de seruitude: les esclaues qui sont en Turquie portent la marque de leurs maistres au front, cauterisee auec vn fer chaud, mais autre chose est, quād leurs maistres les foüettēt iusques au sang. S. Anthoine & plusieurs autres ont esté battus des diables comme Iob, mais on ne trouuera iamais que le diable leur ait imprimé sa marque en leurs corps: les playes cessent, mais les marques demeurent, & si cela estoit, le diable pourroit marquer mesmes le Pape, & tous les Iuges: & qui est ce Pere de famille qui voulut permettre que sa brebis, ou taureau portast la marque d'vn autre? Ainsi cessa la question.

à Magdaleine soustient contre le Magicien.

a Ce mesme Samedy à la cōfrontation, Magdaleine dit au Magicien, Vous ne pouuez nier quatre choses: La premiere, Vous ne pouuez pas ignorer d'auoir rauy ma virginité dans la maison de mon Pere à Marseille: En second lieu de m'auoir menee à la Synagogue, où de
voſtre

voſtre main m'auez baptiſée au nom des diable, & oincte de leur chreſme, m'auoir faict renoncer à Dieu, & à ma part de Paradis, & de tous les autres renoncemens qu'on faict à la Synagogue, de m'auoir auſsi marquee des marques du diable que ie porte encores: a Tiercement de m'auoir donné vn *Agnus Dei*, & vne peſche charmee: En quatrieſme lieu, d'auoir enuoyé les diables qui me poſſedēt, pour vouloir retourner à ſaincte Vrſule. A quoy Louys Magiciē reſpondit, que tout cela eſtoit faux, & qu'il iuroit par le nom de Dieu, par la Vierge, par ſainct Iean Baptiſte que cela eſtoit faux: lors Magdaleine reſpondit, Ie vous entends bien, c'eſt le iurement de la Synagogue, parlant de Dieu le Pere, vous entendez Lucifer: par le Fils, Belzebub: par le S. Eſprit Leuiathā. O malheureux! Par la Vierge, la mere de l'Antechriſt, & le diable precurſeur de l'Antechriſt vous l'appellez S. Iean Baptiſte. Surquoy ledit Magicien demeura confus.

a Magdaleine nous l'a auſſi reciré, car nous n'eſtions pas preſés aux confrontations: mais les ſieurs cōmiſſaires en ont les actes.

Et pour ſçauoir plus amplement ſa malignité, eſt à noter qu'à vn exorciſme fait à la ſaincte Baume dans la ſainte Penitence, Belzebub dit, que ce Magicien eſtoit plus malicieux enuers Ieſus Chriſt qu'eux-meſmes, eux ayās horreur des inuētions malignes qu'il controuuoit tous les iours, & auoit fait des memoires mal-heureuſes pour plus amplemēt blaſphemer, & faire ignominie à Ieſus Chriſt durant le tēps qu'il ſeroit en vie. Mais, dit il, il eſt bien abuſé, car nous l'auons trompé en la cedulle qu'il nous a fait, qu'apres vingt-quatre ans il ſeroit à nous,

& l'emporterions en corps, & en ame, ayant changé le nombre des annees, si bien qu'il n'a plus que deux ans. Il y a quatorze ans qu'il est Magicien, & auons reduit la cedulle à seize ans. Magdaleine nous a dit là dessus auoir sceu de luy, qu'au commencement il n'estoit que sorcier, mais voyant la Synagogue qu'il faisoit bié à son gré, estant grand inuenteur de nouuelles malignitez pour agrandir le Royaume de Sathan, ils le firent Magicien, & finalement Prince des Magiciens.

a Difference du cœur d'vn Catholique, & de celuy d'vn Magicien. Quand Dieu n'opere point, tout est tenebres; mais dés qu'il commence à operer, tout est couuert de lumiere cõme apert en l'œuure de la creation: Gen. 1 Or à raisõ de ceste participation auec Lucifer les Magiciës n'ont seulement l'obstination & aueuglemët mais aussi la rage de laquelle a esté dit cy-dessus.

a A propos de l'obstination du Magicien, auõs obserué, que comme le vray Chrestien a vne participatiõ du cœur de Iesus-Christ, son cœur estant humble, charitable, patient, &c. ainsi les Magiciens ont en leur cœur vne participation de l'obstination de Lucifer, auquel ils se sont voüez, non par infusion: car il ne peut: mais par adhesion & consentement aux continuelles suasions, & tentations du diable, qui les retirent bien loing du rayon de la grace.

ACTES DV DIMANCHE VI. iour de Mars.

Tant aux Exorcismes, qu'à toutes les Messes qu'on dit ce iour en la Chappelle de l'Archeuesché, Belzebub ne cessa de faire les renoncements au nom, & de la part de Louys Gaufridy, de mesme qu'auons remarqué le premier iour de Mars, mais auec plus de vehemence, & plus hauts cris, si que Magdaleine estant enrumee on ne pouuoit presque entendre les mots, le diable nonobstant continuant tousiours sa violence.

A ce mesme iour Belzebub a fait le recit du discours qu'il auoit tenu à Louys dans la prisõ, apres qu'on eust recherché s'il auoit des marques, luy disant, Si tes marques se trouuoient, laisserois-tu de renoncer à Dieu, & à toutes autres choses comme deuant, & de faire seruice à Lucifer? Auquel Louys respondit, Et quoy, les marques ont-elles esté trouuees? Belzebub luy dit, Ie ne dis pas cela, Ie dicts, & demande, si ce cas aduenant, tu laisserois de renoncer à Dieu comme deuant? Lors dit le Magicien, Ie luy renonceray tousiours, & seruiray tousiours Lucifer. Est icy à obseruer que plusieurs fois commeil nous recitoit semblables choses au descouurement du Magicien, nous luy demandiõs comment parloit-il au desaduantage de son amy & seruiteur? Il respondit, a Quelquefois vous me contraignez par l'Exorcisme, & au reste quand ie suis auec luy, ie me monstre son grand amy, prest à faire pour luy tout ce qu'il voudra: mais quand ie suis auec vous autres, ie le trahis, & me mocque de luy, & ne sçauez vous pas qu'il y a des traistres parmy les hommes, & qu'il n'y a point de peché aux hommes qui ne soit plus amplement aux diables, ou cõnis par la suggestion des diables, & s'ils sont traistres, nous aussi, s'ils sont superbes, & nous d'auantage?

a O miserables Magiciens fiez vous aux diables: Confiez vous en nostre bon Dieu. Quia fidelis dominus in omnibus verbis suis, & sanctus in omnibus operibus suis.

ACTES DV LVNDY VII. IOVR de Mars.

Continuant Belzebub à la Messe de faire les renoncemens susdicts, Magdaleine s'enrumoit tousiours d'auantage, & n'en pouuoit quasi plus. Sur cela entra vn certain honneste Prestre Aumosnier d'vn Euesque, auquel se tournant Belzebub dit, a Voyla vn vray Prestre, qui va bien proprement habillé, & nō pas comme ces pauures espillandras, c'est à dire, mal habillez, & tout rapiecetez, & encores a-il des escus dans sa bourse, & fut trouué vray, cōfessant ledit Prestre qu'il auoit quelques escus d'or : doncques l'affection aux vestemens des Prestres est agreable à Belzebub, qui se plaist de voir la soye, & le veloux aux vestemens particuliers des Prestres, mais se desplaist de les voir aux vestemens sacerdotaux à l'Autel.

a Vestemēs des Prestres.

ACTES DV VIII. ET IX. MARS iour de Mardy & Mercredy.

Ces deux iours à la Messe Belzebub faisoit courir fort promptement par toute la Chappelle d'vn bout à l'autre ladicte Magdaleine, b elle estāt à genoux, ce qui estoit esmerueillable, riant & gaussant tousiours. A l'Euangile Belzebub l'arresta, & commença à faire les renoncemens accoustumez comme dessus a esté dict : repetant, & criant tousiours de la part de Louys Gaufridy : Et entrant le sieur Perrin

Course de Magdaleine à genoux.

bourgeois de Marseille en la Chappelle, luy dit, a que sa femme estoit toute assiegee de demons.

Le Mercredy environ les quatre heures du soir entra vn certain homme de Marseille dans la chambre où estoit Magdaleine, venu pour la voir. A l'instant tous les demons qui estoiét au corps de Magdaleine b se remuerent voulant crier tout haut (Au Magicien) auec grande rage, au rapport de Magdaleine, qui disoit s'estre retenuë de toutes ses forces pour les empescher de crier, son visage pour lors deuenát rouge, comme obseruerent le R. P. Celse Gardien des PP. Capucins d'Aix & F. Scholastique son compagnon, & plusieurs autres qui ont entendu le rapport susdit.

c A l'Exorcisme du matin le P. Fráçois Capucin exorcisant Magdaleine accompagné de F. Laurent de mesme ordre, adiura de la part de Dieu Belzebub de dire quelle maladie tant incogneuë estoit celle du Pere Ange Capucin, malade depuis quatre annees, & apres plusieurs repugnances, & peines imposees, il respondit, il a esté charmé à Marseille en la maison du sieur de Greau en souppant: où estoit Louys Gaufridy, & Magdaleine. Ledit Louys faisant mettre le malefice au verre dudit P. par les diables, & estoit composé de plusieurs poudres, & des os des petits enfans qu'on mange au Sabath, & ledit malefice saisit tout son corps duquel maintenant il ne se peut presque point ayder, & n'a point de demons dans son corps, mais au dehors. Vn nommé Cordon affecté, &

a Ceste femme estoit charmee par le magicien, de laquelle mesme est parlé dans l'arrest donné contre ledit magicien.

b C'est la façon qu'ó a obserué aux malins qui s'entrebayent, quãd d'autres viennent en leurs terres, à raisõ de leur superbe & enuie.

c Charme donné par le magicien.

f iij

lié là, pour faire tousiours operer ledict charme que le Magicien luy bailla en haine de ce qu'il l'auoit reprins de quelques fautes preschant à Marseille, & logeant à sa chambre, & c'estoit pour la familiarité des femmes.

Est à obseruer que ce iour fut ietté vn charme nouueau à Magdaleine pour empescher de manger ny chair, ny poisson, ny œufs, ny boire vin pour la degouster, & faire mourir de faim, ou au moins la faire retracter de sa deposition contre le Magicien. a Et en effect aussi tost que elle vouloit gouster par obeyssance la moindre portiō des choses susdites, tout aussi tost le diable la tiroit de la table, & luy bailloit horriblement la question, b renuersant les bras, & les jambes, faisant cliquer les os, & rendant tous les doigts crochus, & duroit cela quelquefois demie heure, quelquefois vn quart d'heure, autrefois vne heure, continuant ceste façon de faire iusques sur la fin d'Auril que le Magicien eust confessé. Et venoient les gens notables de la ville d'Aix à l'heure du disné, & du souppé de Magdaleine, pour voir ce spectacle.

a *Ô pecheurs considerez cōbien grandes sont les peines deuës au peché.*
b *Horrible traictemēt des diables.*

Vn iour apres disnév̄, ne Damoiselle luy porta de la dragee, & du syrop pour luy donner à boire, mais le diable ne le voulut iamais permettre, luy serrant les dents, en disant, Toutes ces choses sont trop nutritiues.

ACTES DV LVNDY DIX-iesme iour de Mars.

CE iour Magdaleine nous recita que la nuit precedente sur la minuit, elle se pourmenant par la chambre ne pouuant repofer, fe trouua vifiblement enuironnee des diables, la perfuadant de fe retourner à eux: Et elle refufant luy dirent, fi elle ne fçauoit pa. bien que le iour precedét, iour de Mercredy, & de la myCarefme, elle & les autres auoiét baillé la moitié de leur cœur au diable, & l'autre moitié au Prince des magiciens, & de mefme du corps. Ce qu'elle rememora n'y ayant point penfé: mais ayant renoncé à tout cela par plufieurs fois, les diables s'éuanoüirent.

A l'Exorcifme du matin Belzebub cria à haute voix, A tous les diables les magiciens, qui fót caufe de tant de peines que i'endure, car comme on pouuoit appercevoir, il enduroit grandes peines, foufflant, & fe tourmentant, comme qui feroit dans vne chaudiere ardante. Par apres prenant Magdaleine au gofier à l'accoutumee comme la voulant eftrangler, le Pere Frere Anthoine Boilletot a mettant les deux doigts facrez fur le gofier, Belzebub dict, Au diable foient les doigts facrez qui me font tant endurer de peines.

Eft icy à remarquer que l'experience y eft toute claire, lors qu'vn Preftre met les doigts facrez dedans la bouche des poffedez entre les dents, les diables n'ofent mordre, & s'arreftans côme vn cheual au mord, criét, & difent, Mets y les autres & tu verras: laquelle experience deuroit confondre les miniftres des Heretiques auec tous leurs adherans.

a *Les malins ne peuuent mordre les doigts facrez.*

f iiij

ACTES DV XI. XII. MARS iour de Vendredy & Samedy.

[marginal note: a Les conuersions ez ges enormes fautes se font ordinairement successiuement, ainsi qu'auons prouué en la conuersion de Magdaleine, laquelle finalement a esté tresparfaite & approuuee par les marques ostees. Vn signe ou exemple exterieur est en sainct Marc 8. de l'aueugle, auquel Iesº Christ imposa ses mains par deux fois, & commença à voir imparfaictement,]

LE Magicien Louys, le iour du Vendredy demanda aux sieurs Garandeau & Thoro, Commissaires, de luy enuoyer Messire Gombert Prestre de nostre Dame de Grace de la Congregation de l'Oratoire, pour se confesser, ayant desia quelque rayon de clarté diuine, toutesfois a n'y cogneust point par apres grand signe de contrition.

Le mesme Vendredy apres disné, vn certain Gentil-homme Heretique qui est cogneu par toute la ville d'Aix, & recogneu d'estre venu ce iour à Magdaleine, luy dit, Ma cousine ostez-moy toutes ces Croix de dessus vous, & serez deliuree, car tout ce que vous auez ne sont b qu'imaginations: pour ma part, ie coniure tous les demons qui sont en vostre corps de venir à moy, & entrer dans mon corps. Ce qu'on estima fort temerairement dit.

Le Samedy le Sieur Garandeau demandant à Magdaleine quelles estoient les taches rouges qu'on auoit trouué aux reins, & aux espaules de Louys? Respondit, Ie le sçauois bien, car les Magiciens tous les Mercredys, & Vendredys du moys de Mars se font marquer par les diables d'vne flesche de fer ardent en mespris

puis parfaictement. b Il pensoit que le tout fut par imagination, n'ayant veu, ny hanté la possedee, toutesfois les demons, qui sont en aucunes filles innocentes de saincte Vrsule, estans exorcisees dirent, Nous sortirons auec le temps, mais nous auons vn corps tout prest pour y entrer quant & quant: On ne iuge toutefois de l'indiuidu.

des playes de Iesus-Christ. Ce que disant, le diable qui s'estoit caché & retiré, depuis le Ieudy precedent, monta à la langue, & dit furieusement, Tu me descouures bien à ceste heure.

Interrogé qui c'estoit qui parloit, Respondit c'est Balberith, en l'Escriture est appellé Baalberith. Iudic. 9.

ACTES DV XIII. XIIII. XV. XVI. Mars, iours du Dimanche, Lundy, Mardy, & Mercredy.

Durant ces quatre iours il n'est arriué rien de nouueau que comme aux iours precedens, sçauoir des mouuemens, & renoncemens.

ACTES DV XVII. ET XVIII. Mars, iours de Ieudy & Vendredy.

LE Ieudy au soir tout de nuict, pource que le Secretain de l'Eglise Cathedrale d'Aix, dicte sainct Sauueur, qui est ioignante à l'Archeuesché, auoit rapporté au Sieur Garandeau que dedans la chappelle, qu'on appelle de S. Sauueur la plus secrette, & la plus fermée de toute l'Eglise, y auoit comme vn cabinet fermé à clef où estoient plusieurs ossemens, tresbien & honorablement rangez, qu'on ne sçauoit dire de qui c'estoit, & y auoit apparence, disoit-il, que c'estoit reliques des Saincts, ledict Garandeau fut d'aduis d'y amener la possedee, & l'exorciser en ce lieu pour voir la contenance des diables. Et y estant arriuez ils prindrent deux testes, l'vne plus petite, & l'autre plus grande, les appliquant l'vne apres l'autre sur la possedee : lors elle se mouuoit d'vne part & d'autre, ne pouuant estre en repos, disant, Oste moy cela.

Exorcisé plusieurs fois le demon, de dire quelles reliques c'estoient : en fin contrainct, respondit, Ce sont des Euesques, aussi bié fusse ie sainct comme eux, & sont mes ennemis (c'estoit Belzebub qui parloit.) Puis dict en criant, Ie ne peux plus souffrir, ie m'en vois: & sortit à l'accoustumee. Et les Prestres assistans, ayans rédu graces à Dieu, en disant le *Te Deum*, & l'Oraison de la S. Trinité, le Sieur Garádeau se print à exorciser derechef, luy appliquant les susdites testes, la fille se mouuant çà & là comme auparauant, disant, Ne me touche, ie sens assez la vertu.

Interrogé qui c'estoit qui parloit, respondit le demon, Ie suis Oscillon qui parle, car Belzebub est allé au Magicien pour l'aduertir de plorer (car on auoit dit que les Magiciens ne ploroient iamais) & sur cela interrogee Magdaleine hors des Exorcismes, nous dit que quand les sorciers, ou Magiciens veulent plorer, ils mettent les deux doigts plus proches du poulce sur les deux temples de la teste, & lors ils plorent, mais non pas chaudement comme les autres, quoy qu'ils se voyent au danger de mort, mais froidement & par contraincte, & à peine tombent les larmes plus auant que des ioues.

De quoy aduerty le Pere Celse Gardien du Couent des Capucins d'Aix, & son copagnon, a qui tout le long presque du Caresme, & iusques à la mort dudit Magicien l'ont accompagné à la prison, demeurans mesmes auec luy la nuict pour le consoler, & exhorter à resipiscence, & le garder des malins esprits, qui l'eussent peu visiter pour l'obstiner dauantage, & ce auec grande charité, & mortification, & Dieu leur a fait la grace de n'auoir pas perdu leur peine, car ils ont esté instrumens de la cognoissance qu'il a eu de ses pechez, & de la confessiõ & deposition qu'il en a faites. Or ces deux charitables Peres ayans sceu cela, luy defendirent de mettre les doigts aux susdits lieux, & plus il ne plora.

a Grande charité de deux Peres Capucins.

Reuenant au propos precedent, adiuré Oscillon de dire à qui estoient ces deux testes: respondit, Tu ne le sçauras pas auec tes reliques, mais sçaches que ceux ausquels elles appartiennent combattoient bien mieux les diables que vous autres, cherche, tu en trouueras biẽ d'autres, & luy appliquant de rechef la plus petite teste, C'est, dit-il, d'vn Archeuesque qui est mon grand ennemy. S'estant retiré le demon, & plus ne parlant, interrogee Magdaleine que sentoit-elle en son corps lors que les testes luy estoient appliquees? Respondit qu'elle sentoit comme vne grande flamme de feu au dedans de son corps, & qu'elle entendoit parler les demons au dedans, disans que la plus petite teste estoit d'vn grand ennemy d'Oscillon, & la plus grande de Belzebub,

Histoire admirable

& pource qu'il estoit desia fort tard on se retira.

a Le lendemain qui estoit le Vendredy à l'Exorcisme du matin fait à la Chappelle de l'Archeuesché, Belzebub adiuré sans beaucoup de resistance, apres luy auoir appliqué les deux testes qu'on auoit apportees, la plus grande teste (dit il) est de Raymond Euesque d'Arles b & la plus petite est d'Antoine Euesque d'Aix: Et que n'auez vo⁹, dit-il apporté la teste de Charles, & ayant par apres recherché parmy les ossemens susdits on y trouua autre teste.

Ledit Sieur Garandeau Vicaire general de l'Archeuesché auoit commandé à vn Prestre de l'Eglise nommé Messire Claude Messredy, d'apporter vne teste du cimetiere, laquelle estant appliquee Belzebub se print à rire, & soudain sortir, peut-estre euocqué du Magicien à l'accoustumee.

Exorcisé le Demon, se presenta Oscillon disant, C'est la teste d'vn damné que nous bruslons en Enfer, mais ces testes d'Anthoine, & de Raymond me bruslent bien autant, & faisoit mouuoir la fille d'vn costé & d'autre, tremblât & ne pouuant demeurer ny debout, ny assise, pendant que les deux testes estoient sur elle, & disoit, Elles sont bien dignes d'estre honorees

a Aux Actes des Apostres 19 chap. les mouchoirs de S. Paul. appliquez aux possedez chassoient les malings esprits.
b Les diables contraints ont souuent reuelé les corps & reliques des saincts ainsi qu'apert par les Histoires Ecclesiastiques côme des corps des Nobles saincts Ioannes & Paulus que Iulien l'Apostat auoit fait cacher fort secretement comme aussi leur martyre, mais on attend apres la marque tresasseuree, qui sont les miracles lesquels apres la mort portent plus grand tesmoignage que durant la vie, comme ils ont fait en la personne de Iesus-Christ, & durant la vie ne sont pas tousiours tesmoignage de predestination. Matth. 7. 1. Cor. 13. mais bié apres la mort, & en ce poinct sera descouuert l'Antechrist, mesme par les siens qui auront creu en luy.

& enchassees aussi bien que celles qui sont en bas à la Sacristie de sainct Sauueur : & tout courroucé dit, Le sabath n'a point esté tenu dans la chambre de ceste-icy, de peur de ces deux testes, car on auoit apporté les deux testes & delaissées toute la nuict dans la chambre de Magdaleine.

ACTES DV DIXNEVFIESME,
vingtiesme, vingt vniesme, vingt-deuxiesme,
& vingt-troisiesme iours de Samedy,
Dimanche, Lundy, Mardy,
& Mercredy.

DVRANT ces cinq iours il n'est riē arriué de nouueau, excepté que le Dimanche apres disné Magdaleine se pourmenant en la gallerie qui estoit ioignant sa chambre vint vn Magicien nommé Iean Baptiste (comme elle disoit) & promptement auec vne lancette la picqua au doigt du cœur, qui est plus proche du petit doigt, & luy print de son sang, puis soudain se retira. A l'heure le Pere François Billet & le Pere Frere Anthoine Boillerot, se pourmenoient en ladite gallerie, Magdaleine estant à la fenestre, regardant sur la basse-court, tenant les bras sur la fenestre, le coup fait elle se retire vers les susdits Peres, & leur monstra le sang qui sortoit encores du doigt, & virent trois gouttes de sang sur la fenestre. Esbays du faict, le signifierent au Sieur Thoron Commissaire, & au Sieur Grassy Medecin, qui estoient à la salle. Or ce sang luy fut tiré pour faire vn malefice contre la fille, pour s'estre refroidie en l'amour du Magicien, & des autres, & ce malefice opera le lendemain, faisant sauter la fille en haut auec tant de violence que quatre hommes ne la pouuoient retenir: & estant esleuee en haut, si on ne l'eust prinse estoit dangereuse de tōber, & se blesser, le malefice operant aussi de grandes douleurs à l'interieur de la fille, & souuent elle demeuroit comme toute pasmee: cela arriuoit particulierement quand on luy parloit dudit malefice.

L'apredisnee les Chantres & Musiciens de sainct Sauueur estans venus pour soulager la fille, & chantans vn motet en musique, le diable se tourmenta, & tourmentoit la fille auec grande violence durāt la musique. Or luy osta le malefice susdit le goust du pain, & luy commandant le P. Romillon à la collation de gouster du pain par obeyssance, & en despit du diable, soudain luy baillerent la torture, comme auparauant quand elle vouloit gouster du poisson, ou du vin, luy renuersant les bras, & les iambes, & l'haussant en haut.

ACTES DV XXIIII. XXV. ET
vingt-sixiesme, iours du Ieudy, Vendredy & Samedy.

LE Ieudy ayant esté commandé à Magdaleine de ballier la Chappelle par obeyssance, & humilité: le faisant, le diable luy fit jetter le ballet à terre, & puis luy bailla la torture de mesme façō qu'il auoit fait le jour precedent, Dieu permettāt tous ces tourmens redoubler tous les jours deux fois au moins, pour

d'vn Magicien.

la mortifier, & en satisfaction de ses pechez.

Le lendemain matin sur les sept heures, voulant par obeyssance continuer à ballier ladite Chappelle, le diable impatient de ceste humilité grondoit, criant, & disant: Au diable soit celuy qui fait faire cecy, & lors la fille commença d'estre en repos, & toute ioyeuse.

Durant ces trois iours quand on presentoit la saincte Cōmunion à Magdaleine, le diable retirant la teste, faisoit le hoquet, & cela duroit assez long temps iusques à ce que l'adiuration & patience du Prestre le surmontoit, & elle demeuroit en repos.

Le Samedy qui estoit la veille des Rameaux, le Pere Michaelis voulāt confesser Magdaleine à la Chappelle, le demon resistoit courant par tous les coings de la Chappelle.

Exorcisant ledit Pere, & l'adiurant de dire son nom, il respondit, ᵃ Ie suis Carreau qui endurcis les cœurs, & ay commandement d'endurcir le cœur de ceste-cy, pour ne confesser, ny communier d'auiourd'huy: lors dit ledit Pere, Miserable n'as-tu pas honte de resister à ton Dieu, qui est ton Createur? Il respōdit d'vne voix feminine, & plaintiue, Il m'ēchaut bien de Dieu qui m'a creé, & puis m'a enuoyé en Enfer. Le Pere luy dit, Miserable tu l'auois bien gaigné te reuoltant contre luy apres vn si grād benefice. Carreau dit, Nous estions si bien à nos aises, estions si beaux, & ne vouliōs point obeyr ᵇ à l'hōme. Dit le P. Puis que tel estoit le plaisir de Dieu, pourquoy resistois-tu? Carreau respondit, Quand vn Capitaine meine vne

ᵃ Beau dialogue d'vn Pere auec le diable.

ᵇ Voulant dire qu'il y auoit de l'occasion excusant & approuuant son peché, le miserable obstiné & aueuglé.

armee tous les soldats le suyuent, & vous autres obeyssez à vos Princes quád il vous commandent. Lors dit le Pere, Il faut que ce soit tousiours selon l'intention & l'obeyssance du Souuerain, mais Lucifer ne t'auoit pas creé. Carreau dict, Ouy, mais les hommes offensent Dieu tous les iours, & vn fort long temps, & Dieu leur fait misericorde a, & nous n'auions fait qu'vn seul peché, & nous a damnez. Dit le Pere, Dieu a esgard que les hommes sont fragiles & ignorants, mais vous auez offencé par seule malice. Respondit Carreau, Ouy, mais ils y retournent si souuent, & en font plus que nous. Dit le Pere Michaëlis, Vien-çà, Quand l'ame est partie du corps elle estant pour lors vn pur esprit comme vous autres, Dieu luy fait-il iamais misericorde? Lors dit le diable, Non: & se teust, & se retira, & Magdaleine se confessa, & fit la communion.

a Il retourne à son premier propos, où il se plaignoit de Dieu.

ACTES DV XXVII. DIMAN-
che des Rameaux, iusques au Vendredy Sainct premier iour d'Auril.

LE matin du Dimanche à la Messe vn malin esprit venant de la part du Magicien entra au corps de Magdaleine nommé Aurey, se disant estre sixiesme des Seraphins gaudissant, & riant, disant, Ie ne quitteray point ceste langue que ie n'aye fait ma commission. Adiuré pourquoy rioit-il tant, c'est pour autant, dit-il, qu'hier enuiron douze heures il y eust quinze ans que Louys se dóna au diable, & auiourd'huy iourd'huy à ceste heure icy, il y a autant de téps qu'il fit sa premiere cedulle escrite de son sang, l'ayant tiré du doigt de la main gauche, où sont les veines du cœur.

Cela fait, il commença à faire les renoncemens au nom de Louys comme dessus, criant si haut qu'on l'entendoit de fort loin, & luy ayant appliqué sur le dos vne Croix d'or, il cria. Oste cela, il y a de la vraye Croix du derriere, & touchoit le cloud des piedz.

L'apresdinee ayant esté conduit vn homme de Marseille qu'on doutoit estre possedé, dés qu'il entra dãs la chambre, les diables de Magdaleine se prindrent à se remuer, & puis bugler, disant, l'vn d'eux : Cet homme a quinze diables au dedans, & vne legion au dehors, si on ne le garde bien, il est perdu dans quinze iours, il fut possedé le iour sainct Michel 1610. par ceux qui president là dedans, le premier est appellé Garanier, le second, Sandrié.

Est à noter qu'auons experimenté que les diables qui sont en diuers corps, ne peuuent souffrir d'estre ensemble, a ils grondent l'vn contre l'autre, & semble à voir se vouloir entremanger comme loups & pourceaux, à ceste occasion il fallut separer Magdaleine de Louyse, ce qui procede de leur superbe & enuie.

Le Lundy Sainct au matin Magdaleine fut fort tentee de ne vouloir se cõfesser à son propre Confesseur le Pere François Billet, & dura ceste tentation depuis le matin iusques à vnze heures, où le diable surmonté par patience, & perseuerance dudict Prestre, quitta la ten-

a Cõme diuers brigãs possedans diuers tours chacun pour soy, ou cõme deux chiens grõdans l'vn cõtre l'autre cha.us rongeans son os.

tation, & elle recognoissant sa faute, se confessa audit Pere, ayant tousiours protesté se vouloir confesser à vn autre.

On remarquera icy que changer de confesseur, c'est le plus souuent vne tentation du diable: A ceste heure le possedé susdit de Marseille estant ramené à la chappelle, les diables de Magdaleine se prindrēt si fort à mugir qu'ō fut cōtraint le sortir de la chappelle. Ils font cōme vn Tyran qui ne veut point vn autre Seigneur aupres de ses terres pour la superbe, & enuie.

L'apresdisnee Belzebub fit prendre vn cousteau à Magdaleine, & le luy mettoit dans le sein, la voulant tuer de sa propre main. Le cousteau osté, mettant sa main au gosier la vouloit estrangler, mais on l'empescha.

A deux heures apres midy, Belzebub crioit si hideusement, que le Pere Michaëlis auec son cōpagnon, estant logé de l'autre costé de l'Archeuesché assez loing, y accoururent. Et adiuré par ledict Pere, pourquoy il crioit tant, respondit, I'enrage pource que Magdaleine a du tout a resigné, & quitté sa propre volonté.

a *Voila la consommatiō & perfectiō d'vne vraye contrition, Abneget semetipsū.*

A ce iour le Sieur Thoron Cōmissaire, nous a raconté que le Samedy precedent, veille des Rameaux, la Cour visita les prisonniers à l'accoustumee. Louys Gaufridy pour s'excuser, disoit deuant les Messieurs, qu'il se donnoit à tous les diables, s'il n'estoit innocent: (& cela est conforme à ce que disoit Aurey, le iour des Rameaux, gaudissant, & riant pource que le magicien s'estoit donné au diable.) Lors luy dit le sieur Thoron, Ne parlez pas comme ce-

d'vn Magicien.

la, car vous ratifiez toufiours dauantage voftre peché.

Le mardy fainct au matin, Carreau qui fait eftat d'endurcir les cœurs, empefcha Magdaleine de fe vouloir côfeffer, & fallut batailler côtre luy, iufqu'à douze heures, & quãd l'exorcifte luy impofoit des peines, il l'appelloit bourreau: en fin on eut la victoire contre Sathan.

Le mercredy fainct au matin, le fieur de Segoyer, Confeiller du Roy voyant les agitations, & tourments que Magdaleine fouffroit à l'accouftumee durant la meffe, eftant à genoux prioit Dieu de grãde affection à part foy, pour la poffedee: lors Belzebub fe tournant vers luy, luy dit: Prie pour toy, non pas pour elle: dont ledit fieur Confeiller fut tout eftonné, car il prioit en filence.

Ce iour Magdaleine interrogee des deux fufdits charitables Peres Capucins (qui prenoiẽt la peine de demeurer toute la nuict à la prifon auec le Magicien pour le conuertir) d'où venoit que le Magicien regardoit a fouuent vers la terre, quand ils luy parloient: Elle refpondit, On cognoift vn Magicien aux yeux quãd il regarde fixement en terre, & ne peut fixemẽt regarder les gens qui le regardẽt. On les cognoit dit-elle, auffi quand ils f'enclinẽt en terre, prenant vne paille, car lors ils demandent confeil au diable, & luy font hommage de cefte paille: ce qu'ayant obferué lefdits Peres Capucins, trouuerent que le Magicien faifoit côme cela.

a *Oculos fuos ftatuerunt declinare in terram.*

Le Ieudy fainct les diables fe tourmẽterent eftrangement durant l'exorcifme, tournant la fille çà, & là, auec grande inquietude. Apres la Communion, soudain elle fut en repos.

ACTES DV PREMIER ET SECOND
Auril, Vendredy, & Samedy Saincts.

a *Le Vendredy S. iour propre à la remission.*

LE a Vendredy sainct au matin, le Magicien par la diuine grace & infusion particuliere de la lumiere celeste commença de confesser son peché aux deux Peres Capucins, qui l'auoient veillé à la prison, apres l'auoir exhorté tout du long du Caresme à ces fins: Cestuy qui auoit à ce iour pardonné à ceux qui l'auoient crucifié, a fait misericorde à celuy qui l'auoit plus de mille fois plus estrangement, & plus ignominieusement traicté, & se delibera ledit Magicien de confesser ses malefices à la Iustice, côme il a fait puis apres. Ceste Croix c'est l'instrument, & ceste mort c'est la cause efficiente de la remission de tous pechez tât soient énormes, & tant soient multipliez.

Magdaleine oyant prescher la Passion par vne fenestre de l'Archeuesché, autrement dite du Chapitre, le Pere Michaëlis Predicateur, inuectiuant contre les Magiciens, Belzebub se print à crier: Il y en a plusieurs en ceste ville d'Aix, & puis dit: Mais vn Frere dort, & fut trouué qu'vn de ceux qui souloit veiller ledict Magicien à la prison sommeilloit vn peu pour lors, estant parmy la trouppe.

Le Samedy sainct Magdaleine balliant la chambre par humilité, & obeyssance, le diable grondoit & crioit fort. Apres le Pere Con-

d'vn Magicien.

feſſeur la voulant confeſſer, Belzebub l'aſſoupit & la rendit immobile, comme vne colonne d'aitain; & apres pluſieurs exorciſmes, prieres, & peines impoſees, elle ſe remit, & Belzebub ſortit: Puis durant l'exorciſme il retourna, & mit dedans l'oreille de Magdaleine vne eſpingle laquelle apportoit grande douleur à ladite Magdaleine, elle criant, & monſtrant ladite eſpingle, mais on ne la ſceut iamais tirer auec les doigts, & fallut auoir de petites pincettes pour la tirer à toute force.

Adiuré Belzebub de dire d'où il auoit apporté ladite eſpingle, A respondu qu'il l'auoit prinſe de deſſoubs le cœur du Magicien, & luy ſeruoit d'endurcir ſon cœur, eſtant elle maleficiee, & l'ay apportee, dit-il, à l'oreille de ceſte Tharaſque, a (ainſi appelloit-il Magdaleine) pour l'empeſcher d'entédre la parole de Dieu, & toutes admonitions ſalutaires.

a *Tharaſque c'est le dragõ mõſtrueux qui deuoroit les gens à Tharaſcon en Prouence, tué par ſaincte Marthe.*

ACTES DV TROISIESME AVRIL
Dimanche, & iour de Paſques.

LE iour de Paſques à la ſaincte Meſſe Belzebub ſe tourmentoit eſtrangement, ſe iettant par terre, criant, & voulant ſortir de la Chappelle, en fin il eſchappa, & ſortit.

Le ſoir au ſoupper Belzebub ne faiſoit que gronder, le P. François Billet luy dit: Que grõdes tu? laiſſe ſoupper la fille: lors il dit, I'ay vn ſecret à te dire en deſpit de moy, Au matin à la Meſſe quand ie me tourmentois tant, c'eſtoit pour autant que *Fortitudo* me comman-

a O beau miracle! le bon iour de Pasques à la saincte Messe & en vertu de la digne reception du corps de Iesus-Christ, de tout par la puissance de Dieu, que seul peut viuifier ce qui est mort & n'est en la puissáce du diable de viuifier vne petite brăche d'arbre depuis qu'elle est morte & seche, en telle maniere Dieu par sa bonté & toute puissance nous oste la marque du diable, qui est le peché & au lieu d'icelle nous baille sa grace, viuifiant nos ames. Ce sont les belles estreines de Pasques.

doit ᵃ de la part de Dieu, me voulant contraindre d'oster mes marques à Magdaleine, ce que i'ay esté contraint de faire quant & quant apres la Communion. Demande luy si elle n'a pas senty de grandes douleurs à tous les endroits, où elle auoit les marques quand ie les luy ay arrachees. La fille l'a confessé ainsi, disant n'auoir pas sceu pourquoy. On regarde les lieux des marques qu'on n'a point trouué les parties estant sensibles & iettans du sang, où auparauant elles estoient mortes & insensibles, & ne iettans point de sang, mais faisant bruit cóme parchemin quand on le perce.

Magdaleine a dit, I'estois bien marrie depuis ma conuersion, d'auoir les marques du diable, mais ie n'osois pas en demander l'absolution à Dieu; toutesfois a cogneu, & exaucé mō desir.

Belzebub adiuré, a dit: Que *Fortitudo* luy auoit reuelé que c'estoit par le moyen des prieres de la saincte Vierge, de S. Iean Baptiste, de S. Michel, de S. Pierre, & S. Paul, & les executeurs du commandement sont, *Fortitudo*, & *Clairvoyant*. Et dit encores que Dieu luy auoit fait ceste grace, pour oster l'opinion de ceux qui disoient que Magdaleine n'estoit pas bien conuertie: & pour luy donner asseuráce qu'elle n'estoit plus en la puissance du diable, & luy donner courage de perseuerer au bien.

ACTES DV LVNDY DE PASQVES,
quatriesme iour d'Auril.

Durant l'Exorcisme du matin, la Chappelle estant fermee, à cause de la presse

d'vn Magicien.

du peuple, venant à la Chappelle le Pere Frere Anthoine Boilletot compagnon du Pere Michaëlis, Belzebub cria, Ouurez la porte, car voila Thony a qui vient) ainsi appelloit-il ledit Pere en la maniere des paysans du païs de Prouence) & fut trouué ainsi qu'il disoit, & ayant imposé sur le doz, *de ligno Crucis*, Belzebub cria, disant, Ie crains fort cela, & tremble. Estát adiuré, respondit, Que c'estoit du bois qui auoit touché le dos de Iesus-Christ.

a Ils disent Thony pour Anthoine.

ACTES DV MARDY DE PASques cinquiesme iour d'Auril.

LE sieur Garandeau, Vicaire general estant mort ce matin, Belzebub dit durant la Messe, Garádeau est mort, l'ay assisté à sa mort pour le gaigner, mais ie n'ay peu rien gaigner sur luy, l'ayant tenté de la foy, il est entre les mains du Tout-puissant. Ce qu'ayant entédu vne bonne fille qui estoit là presente, dit : Ie pense qu'il est maintenant en Paradis. Lors Belzebub luy dit: b Tout beau Barbier. Cependant on se ressouuiendra que tousiours Magdaleine auoit la gehenne & la torture.

b Voulant dire qu'on ne va si tost en Paradis.

ACTES DV MERCREDY sixiesme iour d'Auril.

LE Pere Gardien des Capucins prouuant la marque d'vn pied de Magdaleine, Belzebub luy bailla vn soufflet. Estant exorcisé, & adiuré, fut contraint auec grand regret de luy demander pardon.

g iiij

Le soir à l'exorcisme Belzebub dit que le iour de Pasques à quatre heures du matin il estoit allé aux enfers pour demander conseil à Lucifer ce qu'il deuoit faire à Louys, qui commençoit à s'esbransler: Et luy dit qu'il deuoit persuader à Louys de retracter pour sauuer sa vie, qu'autrement il estoit mort, & qu'il se mist en sa langue, & parlast pour luy, à cause qu'il est (dit-il) vn Durbec (c'est vn oiseau stolide) s'entrecoupant à chaque coup, & qu'au reste qu'il se rendist comme vn aigneau, afin qu'on eust bonne opinion de luy.

ACTES DV IEVDY SEPTIESME iour d'Auril.

LE P. Romillon fut d'auis de faire tondre Magdaleine, à raison d'vne complaisance qu'elle auoit eu sur ses blōds cheueux: dequoy Belzebub extremément fasché la tourmenta griefuement durant l'exorcisme, & fort long temps luy faisant courber la teste par vn continuel mouuement iusques à terre, tantost deuant, tantost derriere, & donner souuent des coups de poing au front, en disant: Ie t'enseigneray biē de couper tes cheueux, & si ie perds ceste occasion, où me prendray-ie?

La nuict ensuiuant sur la minuict les diables par force luy faisoient prendre la routte, pour la faire sortir de la chambre, où estoient ceux qui la gardoient: le P. François Billet s'en prenant garde la fit retourner, mais après s'estant endormy, ils la vouloient enleuer par la cheminee, & on la trouua ayāt la teste contre la muraille de ladite cheminee, comme si on l'enleuoit, mais ils furent empeschez par *Fortitudo*, son bon Ange.

ACTES DV VENDREDY VIII. Auril, & du Samedy neufiesme.

Depuis le Vendredy Sainct, les diables tourmenterent Magdaleine plus que de coustume, à cause que cedit iour à midy, la Synagogue se tenant aupres de Marseille, auoit arresté de la faire mourir par tourmens, ainsi le dit, & iura Belzebub auec toutes circōstances, & solennitez requises, ne se reseruāt aucune sinistre intention, & l'experience l'a prouué: Car au disné luy donnerent au commencement la torture enuiron demie heure, & autant à la fin du disné, & au milieu la tourmenterent tousiours par cōtinuels mouueméts de la teste iusques à terre: Et au souppé luy donnerēt la mesme torture durant vne heure, luy tournant les bras, & les iambes, & puis tout le corps, faisant cliquer les os, & bouleuersoit toutes les entrailles (au rapport de la fille:) aussi entendoit-on le bruit du mouuement. La torture finie, l'assoupirent tellemēt qu'elle sembloit toute morte, retournant à soy, & voulant recommencer à souppper par obeissance luy causerent des mouuements de la teste iusques à terre continuellement comme auparauant, ce qu'ils faisoient aussi aux deux exorcismes d'vn chacū iour, faisant mouuoir la teste iusques à terre, deuant &

sur le doz, ayāt le visage rouge comme flamme de feu. Et en ceste façon ont continué les tourments iusques à nostre depart d'Aix, qui fut le vingt-cinquiesme d'Auril.

Le Samedy neusiesme Auril, ils faisoient mouuoir les ioües par mouuements extraordinaires, & non naturels, ainsi que dit le sieur Fōtaine, sçauant, & expert Medecin, qui estoit là present. Ce iour aux Exorcismes Belzebub iura que luy & ses compagnons seroient contraints de sortir incontinent que les cedulles seroient renduës.

A ce mesme iour l'Aumonier de Monsieur l'Archeuesque d'Aix porta vn certain instrumēt de voirre faict à trois carres, & nul des assistans ne sçauoient à quelle fin cet instrument estoit faict.

Interrogé là dessus Belzebub, respondit promptement, C'est vn voirre qui fait voir ce qui n'est pas, & fut son dire trouué veritable: car il faisoit voir des forests, des chasteaux, des arcs au Ciel de toutes couleurs, & autres choses semblables.

ACTES DV DIXIESME AVRIL, iour du Dimanche.

Belzebub se tourmentoit hurlant horriblement aux Exorcismes. Adiuré de dire pourquoy? respondit, C'est *Fortitudo* & Clair-Voyant qui me battent en vertu des prieres de Marie vostre Dame, à raison qu'ayant eu commandement de la part de Dieu de ne toucher

Magdaleine, la nuict passee, ie luy ay tiré trois cheueux de sa teste, me les ayant plusieurs fois refusez, neantmoins ie l'ay fait pour la faire tõber en desespoir, & luy persuader qu'elle estoit abandonnee de Dieu, puis qu'il me permettoit d'auoir puissance sur elle. Ils me battent aussi à cause que ie n'ay permis le soir passé qu'elle print sa refection, pour faire tomber en impatience les Peres qui la gouuernent, & auoir victoire sur eux. Adiuré de rendre lesdits trois cheueux. Ils respondit, Ie ne peux, car ie les ay donnez aux Magiciens pour en faire vn malefice qui a esté ietté contre l'Exorciste à mauuaise fin.

Actes dv vnziesme, et douziesme, treziesme, quatorziesme, quinziesme, seiziesme Auril, iusques au dixseptiesme & dixhuitiesme iour du Dimãche & Lundy.

Les susdits tourments ont tousiours continué à disné, & à souppé, de plus fort, dont la fille crioit si haut qu'on entendoit la voix de bien loin, & espouuentoit ceux qui l'entendoient, Belzebub la vexant aussi à l'interieur de grandes tentations de desespoir, (comme elle nous recitoit) luy disant, qu'elle n'auoit iamais fait vne entiere Confession, ou que les Cõfessions auoient esté feintes, l'incitant à se precipiter de la fenestre, quand elle y estoit, ou de se frapper d'vn cousteau quand elle estoit seule. La nuict precedente la voulut faire brusler, & elle ne consentant point, la ietta contre le feu,

& fut trouuee toute assoupie la teste touchant presque le feu.

Les mouuements & tourments continuoiét aussi tousiours aux Exorcismes, mais ayant receu la saincte Communion, les mouuements cessoient à l'instant auec admiration de tous, mesmes le Vendredy luy bailla la torture dans la Chappelle, mais luy ayant presenté le sainct Sacrement, & l'ayant receu, soudainement les malins la quitterent. Pour lors y estoit present le sieur d'Opede Conseiller du Roy, & trois Gentils-hommes heretiques & plusieurs Catholiques.

Le Samedy & le Dimanche, Lundy, Mardy, & Mercredy elle eust la torture a quatre fois, tant en la Chappelle, qu'en la chambre, auec grands tourments.

a Contemple Chrestien par les choses susdites, & par celles icy, & par les suyuantes cóbien grádes peines Dieu impose par son iuste iugement à ceux qui l'offensent, car voulãt remettre ceste paure pecheresse en bõ estat, luy fait porter les peines beaucoup semblables à celles de l'enfer, & par le ministere des diables ennemis cruels, & sans compassion de l'homme, secundum mensuram delicti, &c.

ACTES DV DIXHVITIESME
Auril, iour de Lundy.

VN certain ieune homme aagé de vingt-deux ans, natif de Geneue nommé Dauid Meyrot, fils de Pierre, & de Susanne Manteliere, se presenta au Pere Michaëlis comme Inquisiteur de la foy, pour estre receu au giron de l'Eglise: entrant dedans la Chappelle, le diable luy dit, Garde bien de te conuertir, demeure en ta religion, car elle est bonne, ne me delaisse pas, car tu es de nostre party, lesquels propos le confirmerent dauantage, la fille ne l'ayant iamais veu, ne sçachant pourquoy il venoit. Estant à genoux & luy demandant le Pere Michaëlis, s'il adiuroit de tout son cœur, & pour tout le temps de sa vie, les heresies de Luther, Caluin, & de tous autres heretiques. Le diable cria, O non pas pour si long temps! Et continuant ledit Pere de luy demander s'il croyoit à l'Eglise Catholique, Apostolique & Romaine. Le diable cria, Ne dits pas (Romaine) & escumant, & criant, pendant qu'il faisoit l'abiuration, arrachoit les cheueux de la fille. La profession de foy estant faicte, le sieur Merindol Medecin, & Professeur Royal gratifiant le nouueau conuerty de sa receptiõ, priant Dieu luy faire la grace mourir en ceste foy. Le diable se leua furieusement en criant, Merindol, si ie vois-là, ie te gasteray, & voulant courir vers luy, fut retenu des assistans qui estoient au nombre de dix. Lors dit le diable : Si Belzebub estoit icy, il crieroit bien dauantage, & se desesperoit. Interrogé où estoit Belzebub, Respondit. Il est sorty de despit en l'Exorcisme à cause qu'on auoit commandé à la fille de percer son nom auec vne espingle, & puis le fouler aux piedz, ne pouuant souffrir d'estre ainsi mesprisé: Belias aussi est sorty craignant qu'on ne luy en fist autant, ayant dit son nom.

ACTES DV DIXNEVFIESME
Auril, iour de Mardy.

AVx Exorcismes le diable continua vne nouuelle façon de tourmens, faisant sauter Magdaleine qui estoit à genoux, luy faisant donner de gros coups ausdits genoux, si qu'elle rompit l'escabeau qui estoit soubs sesdits genoux, nonobstant qu'on luy eust mis deux manteaux par dessous, & l'intention du diable estoit de luy rompre les genoux, comme il dit puis apres, car Lucifer leur donnoit tousiours de nouueaux expediens.

ACTES DV VINGTIESME iour de Mercredy.

INterrogé & adiuré Belzebub de dire si Magdaleine estoit vrayement conuertie, (car aucuns en doutoient) Il respondit qu'ouy, & qu'il estoit en cela auec Verrine. On le peut bien croire (dit il) puis que ie luy ay osté les marques par commandement de Dieu, qui est vn grand miracle, & vraye marque de sa conuersion.

Adiuré de dire si le magicien estoit conuerty, il respondit que non pas bien.

Adiuré de dire s'il rendroit les cedulles, respondit, hier à cause d'vn acte d'humilité & obeissance que Magdaleine auoit fait, *Fortitudo* me reuela de la part de Dieu, que si le magicien se conuertissoit, il rendroit les cedulles, si autrement estoit, Belzebub luy mesme seroit contrainct de les rendre publiquement en presence de la Cour Ecclesiastique & seculiere, & lors tous maleficcs & possessiós cesseroient, & ayant appliqué sur le dos de Magdaleine vn reliquaire, il cria qu'on le luy ostast: car c'estoit d'vne ennemie de la Synagogue. Adiuré de dire qui c'estoit. Il respõdit, La Synagogue a trois grandes ennemies, Magdaleine pour la Penitence, Catherine de Sienne pour sa charité enuers le prochain, & Catherine de Boulongne pour sa pureté & tres-grande humilité, & ces reliques icy sont d'elle.

Le soir à souppé, Magdaleine eust quatre fois la torture fort violente; le diable adiuré, & commandé de la laisser manger, elle receuoit les morceaux promptement, & auidemẽt comme vn chien enragé, engloutissant, & ne maschant point la viande, & rottant incessamment, iusques qu'à force de prieres le tout cessa, & print fin.

ACTES DV XXI. AVRIL, iour de Jeudy.

A ce iour Magdaleine a eu sept fois la torture cruellement, ou en la Chappelle, ou en la chambre, mais au souppé elle fut en repos, neantmoins quant & quant apres le souppé, vint Leuiathan, disant, Belzebub n'a point esté icy, ny moy, estans occupez à la prison. Puis il dit, Madamoiselle, vous n'auez point esté caressee de la torture durant le souppé, il vous la faut bien bailler maintenant: & quant & quant, quatre diables qu'elle voyoit visiblement luy baillerent la torture si cruellement bien trois quarts d'heures, que trois hõmes qui la retenoient pour la garder de tomber à terre estoient tous en sueur, & n'en pouuoient plus. Et ce que plus faschoit la fille (à

Histoire admirable

a *Grande lumière de Dieu quãd on n'estime point tant sous les tourmens corporels comme les tentations interieures.*

ce qu'elle nous dict) ᵃ c'estoit les vehementes tentations interieures qu'elle souffroit, lors qu'elle n'estoit point tourmentee corporellement, si bien qu'elle auoit perpetuels assauts, ou dedans, ou dehors.

ACTES DV VINGT-DEVXIESME Auril, iour de Vendredy.

L'Apresdinee l'on fit vne assemblee pour proceder iuridiquement contre Belzebub, & luy commander de vuider auec ses compagnons, ou donner ses oppositions. Mais comme on voulut prononcer le commandement, Belzebub sortit, & s'enfuit du corps: ce qu'il fit par plusieurs fois aux assemblees, ne voulant respondre, & se cachant, ne faisant plus les mouuements accoustumez au cerueau, ou ne s'y trouuant point du tout le plus souuent: & quand la fille faisoit signe qu'il y estoit, il sortoit quant & quant. A ceste assemblee estoient le Sieur Ioseph Pelicot, Preuost de l'Eglise Cathedrale sainct Saueur d'Aix, Vicaire general en l'Archeuesché d'Aix, & Vicaire Substitut du Sieur Euesque de Marseille en ceste affaire, comme estant le prisonnier Prestre d'vne Eglise de Marseille. Là estoit aussi le Pere Michaëlis comme Inquisiteur de la foy, Le Pere de Laurent Prouincial des Capucins, Le Pere Celle Gardien du Conuët des Capucins d'Aix, auec son compagnon, Le Pere Iean la Tour, Correcteur des Minimes d'Aix, qui auoit esté employé pour

pour ouyr de confeſſion le priſonnier, & taſcher de le conuertir, Le Pere Iean François Minime qui fit l'Exorciſme en ceſte aſſemblee, le P. Romillon Superieur des Preſtres de la doctrine, confeſſeur & exorciſte ordinaire de la poſſedee, Meſſire Maifredy, aumoſnier du ſieur Archeueſque d'Aix, Meſſire Louys Franc, Secretain de ſainct Sauueur, le P. François Dôps Docteur en Theologie de l'ordre des Freres Preſcheurs, auec le P. Frere Anthoine Boilletot du meſme ordre. Louyſe amenee à l'aſſemblee, on demãda à Verrine en l'Exorciſme où eſtoit Belzebub, Reſpondit qu'il ſe tenoit à l'oreille droicte de Louys Gaufridy, qui eſtoit là preſẽt: Le Pere Iean François exorciſant Verrine, luy commanda monſtrer exterieurement la façon des Seraphins adorans Dieu, il reſpondit, commẽt feray-ie? car ils n'ont point de corps. Commandé derechef, il eſtendit de toutes ſes forces ſes deux bras, ainſi que les oyſeaux mouuent leurs aiſles en volant, monſtrãt quelques mouuements d'vn grand amour interieur, & comme qui deſire grandement vne choſe, ſe tenant droict & immobile.

Commandé de monſtrer l'adoration des Cherubins, il eſtendit ſes bras comme deſſus, mais non auec grande vehemence: Commandé de monſtrer l'adoration des Throſnes, d'vne grande viteſſe il ſe ietta à terre tout du long du corps, tenant ſes bras eſtendus tant qu'il pouuoit.

h

ACTES DV XXIII. AVRIL, iour de Samedy.

A Ce iour furēt acheuees les Messes qu'ō dit par toute la ville d'Aix pour la conuersion du Magicien, le sieur Pelicot Preuost & Vicaire General susdict, ayant mandé par toutes les Eglises Parrochiales, Cōuentuelles, autres de la ville d'Aix, que le Ieudy tous les Prestres chantassent du sainct Esprit: le Védredy la moitié des Prestres chantassent de la Conuersion de la saincte Magdaleine : Le Samedy tous chantassent de nostre Dame, en vertu desquelles par la diuine grace on a trouué Louys Gaufridy Magicien en meilleur estat de conuersion.

Le Lundy ensuyuant 25. Auril, le Pere Michaëlis est party d'Aix auec ses compagnons ayant commandement du Reuerendissime General de son ordre, de se trouuer au chapitre General tenu à Paris le iour de la Pentecoste suiuante, où estant arriué a receu nouuelles que le susdict prisonnier auoit esté bruslé à Aix le dernier iour d'Auril, l'Arrest ayant esté donné contre luy en la teneur que s'ensuit.

ARREST DE
LA COVR DE PARLEMENT DE PROVENCE,
portant condamnation
de mort,

Contre Meßire Louys Gaufridy.

Vu par la Cour le procez criminel & procedures faictes par authorité d'icelle à la requeste du du Procureur general du Roy, demãdeur & querelant en cas, & crime de rapt, seduction, impieté, magie, sorcelerie, & autres abominations. Cõtre Meßire Louys Gaufridy originaire du lieu de Beau-vezer lez Colmars, Prestre, Beneficié en l'Eglise des Acoules de Marseille, querelé, & prisonnier en la Conciergerie du Palais.

Procez verbal des preuues & indices de la possession de Magdaleine de Demandoulz dite de la Pallud, l'vne des sœurs de la compagnie saincte Vrsule, tenuë pour possedee des malins Esprits, obseruez & recognuz en la personne d'icelle dés le premier de Ianuier dernier, iusques au cinquiesme de Feurier en la saincte Baume, par Frere Sebastien Michaëlis, Docteur en Theologie, Vicaire General de la Congregation reformee des Freres Prescheurs & Prieur du Conuent Royal de S. Maximin

h ij

deuëment attesté par autres Peres, en datte du vingtiesme dudit mois.

Deliberation de la Cour, contenant commission à Maistre Anthoine Seguiran Conseiller en icelle, pour informer sur les faicts de ladite accusation, & faire saisir, & traduire aux prisons du Palais ledit Gaufridy, du dixneufiesme dudit mois.

Charges & informations prinses par ledict Commissaire, & procez verbal de la saisie & traduction d'iceluy Gaufridy.

Autre deliberation de ladicte Cour, contenant Commissiō à M. Anthoine Thoron aussi Conseiller en icelle, pour ouyr ladite de la Pallud, & informer sur les faicts, & intendits baillez par le Procureur General du Roy, & faire le procez audit Gaufridy conioinctement auec Messire Garandeau Vicaire de l'Archeuesque d'Aix, du dix-huictiesme dudit mois.

Audition, deposition, & confessions de ladicte Magdaleine, touchant ledict rapt, seductiō, & subornation d'icelle, en ce qui est de la Magie, paches & promesses faictes aux malings esprits, & autres abominations mentionnees au proces verbal du vingt-vniesme dudit mois.

Autre cayer d'informations prinses par ledict Commissaire du vingt-troisiesme du mesme mois.

Attestation de M. Anthoine Merindol Docteur, Medecin, & Professeur Royal en l'Vniuersité de ceste ville d'Aix, touchant les accidents, & mouuements estranges, & extraordinaires arriuez en la personne de ladicte de la

d'vn Magicien.

Pallud, durant le temps qu'il l'a traictee auant la manifestation de la possession d'icelle, du vingt-quatriesme dudit mois.

Rapport faict par Maistre Iacques Fonteine, Louys Grassy, & ledict Merindol Docteurs, & respectiuement Professeurs & Medecins, Pierre Bontemps Chirurgien Anatomiste, aussi Professeur en ladicte Vniuersité, par ordonnāce desdicts Commissaires, sur la qualité des accidents extraordinaires qui arriuoient par interualles en la teste & cerueau de ladicte de la Pallud, & causes d'iceux, & sur la qualité, causes & raisons des marques insensibles estans en sa personne, & par elle indiquez, & encores sur la virginité, & defloration d'icelle, des vingt-sixiesme, & vingt septiesme dudict mois, & cinquiesme Mars dernier, Interrogatoires & responces dudict Gaufridy, des vingt-sixiesme Feurier, & quatriesme Mars dernier.

Autre deliberation de ladicte Cour, que ledict Maistre Anthoine Thoron Commissaire cy deuant deputé fera & continuera l'entiere instruction dudict procez, dudict iour quatriesme Mars.

Procez verbal de la confrontation & contestation verbale d'entre ladite de la Pallud & ledit Gaufridy, du cinquiesme dudit mois.

Rapport des marques trouuees sur la personne dudict Gaufridy suiuant l'indication faicte par ladicte Magdaleine, du huictiesme dudict mois de Mars.

Publication dudict rapport auec confrontation desdicts Medecins & Chirurgiens à ce commis & deputez par lesdits Commissaires.

Recollement & confrontations des autres tesmoins dudict iour huictiesme Mars.

Autre cayer d'information prise en la ville de Marseille des cinquiesme, sixiesme & septiesme Auril dernier.

Audition de Damoiselle Victoire de Courbier pretenduë d'auoir esté charmee par ledict Gaufridy sur le faict & cause du trouble & indisposition de son entendement, amour & affection desreglee, & scandaleuse enuers ledict Gaufridy, dudict iour sixiesme Auril.

Secondes interrogatoires dudict Gaufridy sur le faict de ladite information contenant cõfession d'auoir charmé ladite Victoire en soufflant sur icelle, des douziesme & seiziesme dudict mois d'Auril.

Procez verbal des confessions volontairement faites par ledict Gaufridy des autres cas & crimes à luy imposez, des quatorziesme & quinziesme dudict mois.

Retractations d'iceluy du mesme iour quinziesme Auril apres midy.

Lettres de Vicariat de l'Euesque de Marseille, à Messire Ioseph Pelicot Preuost en l'Eglise Metropolitaine de ceste ville d'Aix, aussi Vicaire de l'Archeuesque dudict Aix : pour à son nom, lieu & place faire iuger, & ordonner à l'encontre dudict Gaufridy son Diocezain, tout ainsi que ledict Euesque pourroit faire si present y estoit, du dixseptiesme dudict mois.

Procuration faite par ledict Gaufridy pardeuant

uant ledict Preuost en ladite qualité de Vicaire, afin de poursuiure la restitution des cedulles y mentionnees aux qualitez y contenuës, du dixneufiesme dudit mois.

Ordonnance dudit Conseiller & Commissaire, & dudit Messire Pellicot, tant en qualité de Vicaire dudit Euesque de Marseille, que comme Vicaire dudit Archeuesque d'Aix, que ladite de la Pallud seroit recollee sur ses auditiõs & depositions, & de nouueau confrontee audit Gaufridy.

Autres & secondes confessions par luy faites & reiterees respectiuement les vingt-deuxiesme & vingt-troisiesme dudict mois d'Auril, conformément aux premieres.

Autre rapport desdits Docteurs en medecine & Chirurgiens sur l'abolition des marques de ladicte de la Pallud, restablissement & viuification de tous les endroicts d'icelles, designees au precedent rapport du vingt-troisiesme dudict Mars. Procez verbal des interruptions & accidents extraordinaires suruenus durant la confession de ladicte Magdaleine, torture & tourments par elle soufferts, & paroles exprimees par sa bouche, outre & par dessus le contenu ausdites interrogatoires & responces, attestation de l'abolition, restablissement & viuification desdites marques aduenuës le iour & festes de Pasques, durant la celebration de la saincte Messe. Iugement des obiects & coclusions du Procureur General du Roy, ouy ledict Gaufridy en la Chambre, & le rapport du Commissaire sur ce deputé.

h iiij

DICT A ESTÉ Que la Cour a declaré, & declare ledict Louys Gauffridy, atteint, confez & conuaincu desdits cas, & crimes à luy imposez, pour reparation desquels l'a condamné, & condamne d'estre liuré és mains de l'executeur de la haute Iustice, mené & conduit par tous les lieux & correfours de ceste ville d'Aix accoustumez, & au deuant la grande porte de l'Eglise Metropolitaine sainct Sauueur dudict Aix, faire amende honorable, teste nuë & pieds nuds, la hart au col, tenant vn flambeau ardent en ses mains, & illec à genoux demander pardon à Dieu, au Roy, & à la Iustice : Et ce fait mené en la place des Prescheurs de ladicte ville, & y estre ars & bruslé tout vif, sur vn buscher, qu'à ces fins y sera dressé, iusques à ce que son corps & ossemens soient consumez & reduits en cédres, & icelles apres iettees au vent, & tous & chacun ses biens acquis & confisquez au Roy. Et auant estre executé sera mis à la question ordinaire & extraordinaire, pour auoir de sa bouche la verité des complices.

Et neantmoins auant que d'estre procedé à ladicte execution sera prealablement mis entre les mains de l'Euesque de Marseille son Diocezain, ou à son deffaut, d'autre Prelat de la qualité requise, pour estre degradé à la maniere accoustumee.

Faict au Parlement de Prouence seant à Aix & publié à la barre & audit Gaufridy en la Conciergerie, lequel à mesme instant a esté appliqué à la question ordinaire, & extraordinaire, presens Messieurs les Commissaires deputez, & sur les cinq heures apres midy a esté executé à mort, ayant au prealable esté degradé par le Sieur Euesque de Marseille son Diocezain, dans l'Eglise des Freres Prescheurs dudit Aix, en presence desdits Sieurs Commissaires, suiuant la forme, et teneur du present Arrest, le dernier Auril, mil six cens vnze.

Signé MALIVERNY.

AV Mois de Iuillet ledit Pere Michaëlis receut des lettres des Peres Romillon, & François Billet exorcistes de Magdaleine, du Pere Gardien du Conuent des Peres Capucins d'Aix, & d'vn autre Pere Capucin, où ils mandoient plusieurs choses admirables, aduenuës depuis son départ, par permission de Dieu en Louyse, & Magdaleine possedee, particulierement que le iour que le Magicien fut bruslé sœur Margueritéde Burle fort honnestefille de la maison de S. Vrsule, fut deliuree de trois diables, & des charmes qu'elle auoit en son corps, puis quelques iours apres vne autre fille, & de rechef vne autre apres quelques autres iours; qui estoiét possedees par charme, & malefices. Puis que du corps de Louyse en estoiét sortis deux demons, sçauoir Gresil, & Sonneillon, n'y restant plus que Verrine, disant que ce n'estoit encores la fin de l'Histoire. Outre que Magdaleine auoit esté par plusieurs iours priuee de la veuë, de l'ouyé, & du manger, toutesfois que pour estreines du beau iour de la Pentecoste auoit recouuré tout ce que dessus, & de plus deliuree du demon Asmodee & de deux autres diables, & du depuis elle n'estoit pl⁹ tourmentee des incubes, & qu'elle estoit possedee de Belzebub, qui luy auoit retiré la langue iusques dans le gosier, la tourmentant tousiours de plus en plus des gehennes, & tortures accoustumees, que pour lors des lettres escrites, estoit deliuree de toutes ces gehennes, & qu'elle le tenoit lié en son corps, par permission de Dieu; luy là priant souuent le

a Ainsi que le beau iour de Pasques, pour les estreines de sa conuersion, les marques du diable luy furent ostees parfaictement.

laisser sortir pour vn quart d'heure seulement, afin de mettre ordre aux affaires de ses Sabats, elle ne luy voulant aucunement permettre.

De plus en ces lettres estoit couché comme Magdaleine auoit eu vision de l'estat de Louys Gaufridy, comme il estoit tourmenté aux Enfers continuellement plus que Iudas, & que ceste vision a esté cause qu'elle faisoit penitence à bon escient, allant chercher du bois auec les pauures femmes de Carpentras (où elle est refugiee) tout nuds pieds, puis l'allant vendre à la place publique, & l'argent en prouenant le dónoit aux pauures, comme aussi ce qu'elle mandoit tous les iours à la porte de la grande Eglise, & qu'elle faisoit cas d'vne grande humilité & patience, estant affligee mesmes (pour cet abbaissement) de ses plus proches parents.

Escriuoient encores comme Verrine commençoit desia de declarer les complices de la Magie, par noms, & surnoms, & entre autres auroit nommé vne fille appellee Honoree aueugle des deux yeux, laquelle prinse, trouuee marquee, & conuaincuë de sorcellerie, a esté bruslee, toutesfois auec grande douleur de ses fautes.

Cependant faut prier Dieu que le tout soit à sa gloire, & de son Eglise, comme à la ruine du Royaume de Sathan. Amen.

CONCLVSION.

LA fin de l'Histoire (qui est la descouuerte du Magicien par vn diable & l'execution ensuyuie) monstre euidemment estre veritable, ce qui est contenu en icelle, attendu qu'il n'y auoit rien de plus couuert, ny de plus inimaginable que ledit Gaufridy fust Magicien, estant au contraire en la meilleure opinion des gens, de tous les hommes de sa qualité, le maling luy baillant vn entregent admirable, en vertu duquel il estoit aymé, & bien venu de tous. Mais Dieu ne permet que tels hypocrites demeurent impunis dans son Eglise, dequoy le malheureux Iudas en a fait la premiere preuue, sans preiudice de S. Pierre, ny des autres Apostres. Dieu soit loüé & beny eternellement és siecles des siecles, de toutes les merueilles qu'il luy plaist faire en son temps à sa gloire, & instruction de son Eglise. Amen.

Le tout est soubmis au iugement de l'Eglise.

DISCOVRS DES ESPRITS,

ENTANT QV'IL EST de besoin, pour entendre & resoudre la matiere difficile des Sorciers.

Fait & composé par le Reuerend P. F. Sebastien Michaëlis, Docteur en Theologie, de l'Ordre des Freres Prescheurs, & Prieur au Conuent Royal de sainct Maximin en Prouence.

A PARIS,
Chez CHARLES CHASTELLAIN, ruë S. Iacques, à la Constance, deuant S. Yues.

M. DC. XIII.
Auec Priuilege du Roy.

Auant-propos.

AMy Lecteur, ie proteste auec Tertullien, qu'au fait des Sorciers (qui est le subiect de ce traicté) ie n'ay oncques affecté par curiosité l'intelligéce; pour estre vne science, laquelle ne peut que troubler mon esprit, comme estant ennemie à mon ame, qui se desplaist de telle cognoissance : chose qui est cómune à toutes gens qui ont la pieté en recommendation, ainsi que ce sainct & ancien Pere en baille vne docte & generale deduction en beaux termes, disant: Nos spiritualia nequitiæ, non quidem socia conscientia, sed inimica scientia, nouimus: nec inuitatoria operatione, sed expugnatoria dominatione tractamus, multiformam luem mentis humanæ, totius erroris artificem, salutis pariter animæque vastatorem. *En quoy il a tres-veritablement parlé. Car que pourroit-on par ceste pestifere science, entendre autre chose sinon vne vraye peste du genre humain, vn pur aueuglement de tout erreur: & finalement vn vray precipice de corps & d'ame és abysmes des enfers? Neátmoins la cognoissáce & theorique est necessaire à nos Ec-*

Tertul. li. de anima.

Marc. 16.

clesiastiques, d'autant qu'il nous est expressément cōmandé par Iesus-Christ en la personne des Apostres, d'exorciser, repousser & chasser en la vertu de son nom tous malins & immōdes esprits, voulant que nous soyons diametralement contraires aux Magiciens, qui doucement & auec supplications les inuoquent & appellent à eux. Mais quant à nous (cōme dit est:) Nō inuitatoria operatione, sed expugnatoria dominatione ipsos tractamus. Si que les admirables effects de telle & si digne charge, seruoiēt de toute responce & solution à la demande des Payens, qui demandoiēt (par maniere de reproche) aux premiers Chrestiens, quelle plus grande cognoissance auoient-ils des esprits malins que les autres? Ausquels respōdoit le mesme bon Pere Tertulien, qu'il fallois biē que les Chrestiens en eussent plus grande cognoissance, puisque (cōme la preuue en rendoit tesmoignage) c'estoient les seuls Chrestiēs qui auoiēt puissance et authorité de les chasser de toutes parts auec violence & en despit d'eux. Comme doncques vn Seigneur & maistre, qui est tousiours apres à dompter son esclaue plein de rebelliō, il a vne plus ample cognoissāce de sa proteruité que les autres, aussi & tout de mesme les Chrestiens à l'endroit des esprits immondes. Dæmonia itaque affirmamus esse (inquit) sanè quasi non & probemus qui ea soli corpore exigimus. Et de là nous pouuons tirer que pour mieux dissiper & ruiner le regne de Sathan, telle science est necessairement requise aux gens d'Eglise, de mesme que la cognoissance des heresies est necessaire aux Catholiques Docteurs pour mieux les cōfuter, & les maladies

Tertul. li. de testim. animæ.

Hier. lib. 13. comm. in Esai. ad c. 47.

peſtilẽtieuſes aux Medecins pour les abattre. Cependãt ie deſire en ce fait icy vn reglemẽt en noſtre maniere de parler, comme faiſoient iadis les Stoiques ſur la façon de parler du mõde, tenãs à grãdiſſime abus de nõmer les choſes turpes par noms honneſtes; & les choſes honneſtes & ſainctes, par nõs turpes, au lieu d'exprimer chacune choſe par propres dictions & vocables : les vertueuſes & louables par termes, ne ſõnãs & ſignifiãs que leurs decentes vertus & louanges; & les vicieuſes & vituperables par leurs nõs & conuenables epithetes ſonnãs l'horreur de leur ordure & contumelie. Ce que ie ne dis ſans iuſte cauſe, attẽdu que la malice de noſtre temps a fait que les noms des choſes ſacrees ſont adaptez à ce qui eſt abiect & ridicule, où au contraire on a voulu honorer de beaux nõs, ce qui eſt de ſoy turpe et indigne des Chreſtiens. D'où eſt arriué que pluſieurs ſe ſont de tãt oubliez qu'ils tiennent pour barbares & inciuils ceux qui vſẽt du propre nõ Grec, ſçauoir Diable, ou du nõ Hebrieu, qui eſt Sathan, ou du mot pris du Latin, qui eſt le maling, qui ſignifient aduerſaire, calomniateur, eſprit remply de malice. Noms ſi propres pour leur conuenãce, que l'Eſcriture ſaincte en vſe le plus ſouuẽt: Neãtmoins l'vſage en eſt ſi aneanty qu'on ne lit dedãs les liures, on n'entend reſonner à la bouche autre nõ que le doux nõ de Demõ, ſignifiant docte & ſçauant. Comme en effect Platon & pluſieurs grãds Poëtes & Philoſophes l'ont vſurpé pour le nom de Dieu qui eſt tout ſçauant, ainſi que l'enſeigne Tertuliẽ, où toutesfois ils pourroient vſer de la copioſité des noms fort frequents en l'Eſcriture & recitez au long par S. Hieroſme,

Tertul. li. de anima.

Hiero.

Auant-propos.

lib.8.in Esay. ad cap 47.

qui sont, Diable, Sathan, Belial, Aspic, Basilic, Lion bruyant, grand Dragon, Apostat, Preuaricateur, & autres semblables nōs qui sont manifeste expression de sa sanglante malice. Ie souhaite par mesme moyen qu'en nostre langue Françoise, on eust en vsage quelque nō cōuenable à l'ordure et infamie de la miserable condition de ces aueugles & plus que bestiaux sorciers. Attendu que ce terme de sorcier, ne signifie de soy autre chose qu'vn personnage qui vse de sort, chose qui se peut prendre en bonne part, & estre bien & sainctemēt exercee, comme en font entiere foy ces passages de l'Escriture. Mittens super vtrumque hircū sortem. Cuius sors exierit Domino offeres. Iosue sorte terrā diuidet, sorte exijt vt incensum poneret. Cecidit sors super Matthiā. Si bien qu'on en peut encores vser au besoin, voire au ministere des choses Ecclesiastiques, qui sont de plus grande importance, comme fort bien l'enseigne S. Thomas apres S. Augustin. Qui est la chose que ie desire quelque vocable qui ne sonne point si biē, ains que comme ils sont les plus sales & brutaux du monde, ils ayent aussi vn nom qui soit de soy si odieux aux gēs qu'il ne sonne que pure vilenie, & apporte horreur à ceux qui en parlent, ou l'entendent nōmer. Ainsi sainctement le vouloiēt les Stoïques & Platon aussi, quād il s'efforçoit de prouuer que les premiers nōs signifioient naturellemēt & non à la volee, & le monstre par l'experience: Car (disoit il) quād ie dis moy, ie retire ma voix par deuers moy, & quād ie dis toy, ie la retorque contre celuy à qui ie parle. Et sont traits de Philosophie qu'on experimente veritables, non seulemēt en la lāgue Grecque, en laquelle escriuoit Platon, mais encores és

Leuit. 15.
Deut. 1.
Luc. 1.
Act. 1.
S. Thom. 2.2.q. 95. ar.8.
Aug. Ser. 2. in Psal. 30.

Plato in Cratyl.

S. Augustin en

Auant-propos.

deux autres principales Hebraïque & Latine. Si doncques on vouloit nommer telle maniere de gens par ces noms, endiablez, ou sathanisez, ou comme les appelle S. Augustin demonolatres, ou par autres semblables appellations qui leur côuiennent, on feroit sonner plus naturellement leur nom qu'en les appellant sorciers, qui deriue du mot Latin, sortilegus, & feroit-on auoir plus d'horreur de la malice & vilenie de telles gens. Attendu qu'en ces pauures miserables, on ne sçauroit remarquer apparence aucune de vertu ou bonté fors en la seule subsistance naturelle, comme aux Diables, & de fait ils sont les plus sales idolatres qui iamais furent ny pourroiēt estre, puis qu'ils adorent le diable, en sçachant biē que c'est le diable, où iadis les idolatres l'adoroient, pensant toutesfois qu'il fust Dieu. Et pource comme S. Augustin dit, que le simple peuple des idolatres n'offensoit point si griefuement cōme les doctes Philosophes, pource que le peuple ignoroit la source & cause de telles idoles, où les Philosophes sçauoient fort bien l'origine qui venoit de l'impudicité, vices ou inuentions des hommes, aussi faut il estimer qu'en cela les Chrestiēs sont sans comparaison beaucoup plus damnables. Mais apres le discours des noms, ie viens au faict. Ie sçay bien que plusieurs ont par cy deuant exercé leurs esprits à discourir des Sorciers, si qu'à bon droict ie me repute indigne d'en traicter apres eux : neantmoins l'excuse de Lactance Firmien me seruira à ce propos, qui s'excusant sur ce qu'il entreprenoit d'escrire contre les Gētils en faueur de la Religiō Chrestiēne, ores que tant de grands & doctes personnages Iustin, O-

l'Epistre 102. les appelle dæmonicolas, δαιμονολατρας. Idolatres des diables, sur le Psa 96. de pire conditiō que les idolatres.

Aug. lib. 20. cont. Faust.

rigene, Tertulien, Arnobius, en eussent auparauant escrit: Ie le fatis, dit il, comme par contrainéte, & pour contenter la varieté des volontez des hommes, estans obligez nous accommoder pour la cõmune vtilité aux doctes & aux vulgaires. Les vns donc, dit-il, ont escrit contre les Gentils par seule authorité de l'Escriture, en quoy ils n'ont cõtenté les idolatres qui ne les reçoiuent, ains seulement les Chrestiens, & en partie les Iuifs, autres seulement argumenté & soustenu par raison naturelle le iugement de leurs cõceptions, surquoy ceux qui sagement preferent l'Escriture à toute humaine raison, y desiroiẽt quelque autre chose. Et si encores, dit il, nul ne les a confondus par leurs autheurs, ce qui restoit à faire. Ainsi conclud Lactace, que s'il vient à faire vn meslange de toutes ces choses, il pourra donner contentement à vn chacun, voire iusques aux Athees, i'en dis tout autãt pour legitime excuse. Car aucuns ont traicté des Sorciers sur vn simple recueil des Histoires ou procedures criminelles cõtre eux faictes, & sur leurs propres tesmoignages & cõfessions. Les autres y ont procedé puremẽt et scholastiquemẽt, ne sortãs presque point des Commẽtaires faits sur les quatre liures des Sentẽces, les troisiesmes s'ennuyãs de ceste façon de proceder, ils ont mieux aymé en parler, suiuant la doctrine qu'en auoiẽt laissé aucuns anciens Philosophes payens, comme Mercurius, Proclus, Iamblicus, lesquels ils ensuiuẽt bien souuent, mesmes contre l'authorité de la S. Escriture. Surquoy m'apperseuois-ie qu'il y auoit encore à desirer vne autre maniere de proceder beaucoup pl^o seure

& iegale, & à mes estudes plus conuenable qui (pour la gloire de Dieu & secours de son Eglise cōtre les heresies) ay quitté tout à faict depuis quarante ans en ça, la lecture de tous liures, excepté de la saincte Escriture et des Peres de l'Eglise) sçauoir qu'elle fust tiree de la mesme Escriture saincte & de la leçon des anciēs Peres de l'Eglise, en prenant sur cela vn fondement principal, bien qu'autres autheurs y fussent quelquesfois amenez. Car quant aux premiers, ils recitoient les faicts simplement, mais ils ne les prouuoient pas. Les seconds en donnoient des resolutions scholastiques, mais les chatoüilleux de nostre temps n'y vouloient entendre. Quant aux autres qui sont au tiers rang, nous leur opposons par maniere d'admonition ce que disoit Tertulien: Dæmonem soli nouerunt Christiani, vel quæcumque apud Dominum secta. En vn autre liure il preuue ceste maniere? Cui veritas comperta sine Deo? Cui Deus cognitus sine Christo? Cui Christus exploratus sine Spiritu sancto? Cui Spiritus sanctus accommodatus sine fidei sacramento? Par laquelle gradation il faict assez entendre que nul n'a iamais exactement & sans erreur manifeste cogneu que c'est que de l'ame, ou des esprits bons ou mauuais (car c'est dequoy il parle aux susdits passages) s'il n'auoit beu à l'eau de Iesus-Christ. Les Philosophes (dit-il) ont bien escrit quelques veritez, mais ou elles n'estoient point enfin sans estre entremeslees de quelques erreurs, ou bien ils auoient prins cela de l'Escriture, ou veritablement il leur aduenoit quelquesfois

Tertul. lib. de testi ani.
Tert. lib. de anima.

comme à vn homme qui seroit perdu dans des catacombes ou labyrinthes, lequel s'il trouuoit en fin quelque issuë, ce ne seroit que par rencontre. Et ainsi ils n'auoient point asseurance aucune en rien qu'ils dissent ou inuentassent de nouueau. Et pource les Academiques aymoient mieux dire librement qu'ils ne sçauoient rien de certain. Sainct Augustin cōformement à Tertulien: Si Mercure Trismegiste ou autres ont rien dict de bon, tout cela ne nous peut, dit-il, seruir d'authorité pour enseigner vne saine doctrine, mais seulement pour en battre & rembarrer les autres payens. Et quāt à ce qu'ils ont bien dit conformément à la verité, il y a non moins de difference de leur authorité à celle des Prophetes, que celle des diables & des bons Anges. Or les diables ont quelquesfois dict verité; nonobstant il ne faut sur cela fonder vne doctrine catholique. Il est donc question d'en sçauoir conformément à ce que la saincte Escriture & les anciens Peres de l'Eglise en ont enseigné, qui est le seul but auquel ie tends en cest œuure, où seront aussi amenez (quand le propos le requerra) quelques Philosophes (qu'on trouuera pour la plus part citez par sainct Thomas) en tant que ie les trouueray se conformer à l'Escriture & aux Peres. Et ceux qui auront contreuenu y seront rembarrez par raisons naturelles, pour contenter, attirer, ou confondre du tout les Athees, le nombre desquels est plus grand qu'il n'en seroit de besoin, et encores (à nostre grand regret) est-il beaucoup plus grand de ceux qui symbolisent auec les Sorciers, & leur

marginalia: Augu. lib. 13. contr. Faust. Manic. cap. 15.

Auant-propos.

adherent par infinies superstitions, en quoy bien souuent les plus riches s'embarquent. Si bien que ie puis dire auec sainct Chrysostome que s'il estoit facile de faire iustice des grands aussi bien que des petits, toutes les prisons se trouueroient incontinent remplies de Magiciens & Sorciers. Encores ailleurs ce bon pere deplore (auec grande effusion de larmes) l'aueuglement de telles personnes, quand il dict, Lachrymis & gemitibus digna vaticinia, observationes geneseos, signa, ligaturæ, diuinationes, incantationes, & cætera huiusmodi. Quæ omnia magno profecto scelere præsumuntur, Denique iram prouocare consueuerunt atque eo magis quo post ingentis beneuolentiæ & insignis miserationis indicia, postquã ille filium suum pro redimendis hominibus misit, hæc nefario ausu admittimus. Sainct Augustin de bonne grace nous enseigne à ce propos, que c'est vn moyen que Dieu permet pour nous faire embrasser plus estroitement Iesus-Christ nostre mediateur, puis que nous entendons que si impudemment & vilainement le diable nous retire & tire, comme par force, de luy, comme faict le loup affamé la pauure brebis. Quanto quippe in hæc ima (inquit) potestatem dæmonum maiorem videmus, tanto tenacius mediatori est inhærendum, per quem de imo ad summa contendimus. Restoit encores à traicter si telles choses qu'ō dit des Sorciers aduiēnent par songes & illusions, ou si elles sont realemēt veritables: Mais craignāt telle prolixité estre

Chrysost. hom. 2. in epist. ad heb. chrysost. ho. 10. in primam epi. ad Tim.

August. l. 18. de ciu. cap. 18.

en ceste Epistre plustost ennuyeuse que delectable, i'ay remis et accommodé ce Discours à la conclusion de ce liure, m'estant venu en souuenance ce que disoit sainct Augustin, que le Lecteur voyant la fin d'vn liure ou d'vn chapitre, il est autant aise comme le passager voyant l'enseigne du logis.

SONNET A L'AVTHEVR.

OYANT Michaëlis rembarrer les Sorciers,
Et par fortes raisons renuerser leur doctrine,
Qu'vn chacun à bon droit deteste & abomine,
Côme le Nautonnier les perilleux rochers.
Alors il me souuient des beaux exploicts guerriers
De l'Archange Michel, lequel mit en ruine,
En fuite & desarroy la legion mutine
Des diables disposez en dragons laids & fiers.
Et côme S. Michel de sa main rude & forte
Les a tous déconfits: ainsi de mesme sorte
Puisse Michaëlis destourner cet erreur.
Alors, Diuin Autheur, ta loüange & ta gloire
Esgalera de pres de l'Ange la victoire:
Voila côme en ton nom il y a du bon-heur.

AD EVNDEM AVTHOrem Epigramma eiusdem argumenti.

Angelicum nomen claris virtutibus
  æquas,
Conueniunt rebus nomina sæpe suis.
Angelus vt Domini magna virtute draconum
  Turbam deuicit, corpora fœda necans:
Sortilegos tua sic vincit doctrina Michaël,
  Quæ clarè illorum dogmata falsa probat.
Angelicæ laudi tua (credito) gloria par est,
  Dæmonis astutiam fortis vtérque fugat.

BAPTISTA BADERVS
Parisiensis in eodem Parisiensi
Senatu Patronus.

DISCOVRS DES ESPRITS, ENTANT qu'il est besoin, pour entendre & resoudre la matiere difficile des Sorciers.

CHAPITRE PREMIER.

S'il y a des esprits ou non. Il y a quatre choses à sçauoir des Esprits, s'ils sont, quels ils sont, d'où ils sont, & pourquoy ils sont.

ENANT au premier chef, C'est l'ordinaire en toutes choses, qu'on veut bien comprendre, Premierement s'enquerir de la cause d'icelles, autrement on auroit tousiours occasion, ou d'en douter, ou de n'auoir iamais son esprit content: & cela est naturel à l'homme, singulierement quand il voit choses inusitees & extraordinaires, ainsi que l'exemple proposé par Aristote le demonstre, des rustiques, qui voyans l'eclipse de Soleil ou de la Lune, soudainemēt se trouuent en admiration, comme les enfans d'Israël voyans la Manne, & demandans qu'est- *Lib. 1. Metaph. cap. 1.* *Exod. 16.*

cela ? Et telle admiration (dit Aristote) a esté la source de toute la Philosophie : car voyans les gens de bon esprit choses admirables, ils se sont mis en deuoir d'en sçauoir la cause. Ainsi faut-il proceder en ce faict icy, qui est d'autant plus admirable & à plusieurs incroyable, que plus il est esloigné de la cognoissance & experience de la plus-part & plus saine partie des hommes: il faut sçauoir la cause, laquelle nous estant venuë en euidence inclinera facilement nostre entendement à croire que telles choses non seulement sont possibles, mais aussi plus frequentes qu'on ne dit. Et pource que la cause sont les Esprits, il est de besoin sçauoir premierement s'il y a des Esprits ou non. Or il y a trois manieres de gens qui ont nié les Esprits. Les premiers sont aucuns Philosophes, les seconds sont les Saduciens, les troisiesmes sont les Athees. Touchant Aristote maistre des Peripateticiés, il accorde qu'il y a vne supreme cause, laquelle est sans corps, & auec icelle il met quarante sept Esprits, selon le nombre des mouuemens qu'il a remarqué aux corps celestes, considerant bien que les corps celestes ne se pourroient mouuoir, s'il n'y auoit auec eux quelque esprit de vie : Or soit qu'il aye cela desrobé de l'Escriture saincte, (ou pour le moins de son maistre Platon qui l'auoit leuë) où est dit en Ezechiel, parlant des corps celestes qu'il appelle roües : *Spiritus vitæ erat in rotis*, ou qu'il ait inuenté par les experiences qu'il en voyoit, en cela il dict

Lib. 8. Physic. Lib. 12. Metaph. text. 48.

Ezech. 1.

fort

fort bien, horsmis en ce qu'il semble mettre l'exclusiõ, cõme qu'il n'y en auoit point d'auãtage. Car il deuoit aussi cõsiderer que si besoin estoit de tels esprits pour le mouuement ordinaire & continuel des corps celestes, & par cõsequẽt pour le seruice de l'hõme qui est, *Quodammodo finis omnium*: à plus forte raison il estoit seant à ceste premiere & supréme cause qu'il appelle seul Principe, d'en auoir vn grand nombre pour son seruice, en admettãt aussi le dire de Daniel, qui nous enseigne que, *Millia milliũ ministrabãt ei, & decies cẽtena millia assistebant ei*. Et de Dauid qui en donnoit la raison naturelle, disant, *Ministri eius, vt faciãt voluntatem eius*: aussi bien qu'il accorde tacitement la sentence d'Ezechiel, quand il dit: *Spiritus vitæ erat in rotis*. Mercurius Trismegistus, cõme recite S. Thomas, a nié tout court qu'il y eust des esprits bons, fors ceux qui tournoient les cieux, en cela d'accord auec Aristote, vray est qu'il estoit meilleur Theologien que luy, car il accorde que Dieu les a faits & creez, ce que ne fait Aristote qui met vne eternité, mesme à la fleur du chardon & aux papillons: tant y a qu'ils sont d'vne opinion quant au nõbre des esprits. Mais Aristote nie qu'il y ait des mauuais esprits, lequel ont ensuiuy les Medecins, comme recite Psellus (mais il entend de ceux qui ne sont Chrestiens, ou qui ont laissé la vraye religion) ils tombent ordinairemẽt en deux erreurs: l'vne contre l'immortalité de l'ame, qui est recitee *Sap. 2.* disans, que de l'ame

S. Tho. lib. 2. cont. gẽt. c. 92.

Lib. 2. Metaph. & lib. 2. de Anima.

Daniel. 7.

Psal. 102.

Ezech. 10.

S. Thom.

S. Tho. 1. p. q. 115. a. 5.

Psell. lib. de energia dæmonum, cap. 14.

Sap. 2.

c'est tout de mesme comme du feu à la lampe: & l'autre c'est des esprits: & quand on leur mõtre à l'œil les effets du diable, qu'il pratique aux corps des possedez, ils r'apportent cela plus bas qu'Aristote, disant telles choses aduenir par la mauuaise disposition des humeurs & des esprits vitaux. Et ainsi (comme ils font de l'ame) ils changent vn esprit immortel & incorruptible en vn esprit subtilisé & tiré des qualitez naturelles, qui n'est que vent & fumee: & à bon droit S. Augustin, à ce propos, ameine l'histoire d'vn Medecin, lequel, dit-il, fut conuaincu de l'immortalité des Ames, par vne vision qu'il eut en dormant, y voyant les yeux fermez, & oyant, bien que les sens fussent estouppez du sommeil, son bon Ange luy parlant, & luy faisant prẽdre garde que la seule ame voyoit & oyoit sans l'ayde du corps. C'est cause que telle maniere de gens s'arrestent par trop à la Philosophie & causes de nature. Les Saduciens sont aussi en ce rang, lesquels, comme est recité aux Actes des Apostres, ils nioyent les esprits. De là ils tomboient en vn autre inconuenient de nier l'immortalité de l'ame, & puis s'ensuiuoit de necessité qu'ils nioient la resurrection des corps, lesquels trois poincts sont cõmuns aux Atheistes, & à tous ceux qui nient les esprits: d'autres y en a eu qui n'ont esté si impudents, mais ont accordé que comme il y a veritablement des bons esprits, le mouuement du ciel les contraignant à cela, car vne tant bonne œuure & tant necessaire ne sçauroit proceder

Aug. Epist. 100. ad Euodium.

Act. 23. Matth. 23. Iust. apolog. 2. hæc tria vnico medio probat.

que de bône part, qu'il y en a auſſi de mauuais, attendu que d'iceux pluſieurs choſes mauuaiſes en procedent. De ceux-cy fait mention Porphyre, *In Epiſtola ad Anebuntem*, cité par S. Thomas, diſant qu'ils ſont les maiſtres des Sorciers, & tous autres qui vſent de maleſices, & que iamais ils n'induiſent perſonne au bien, mais aydent bien ceux qui ſont en volonté de faire quelque mal. Platon & ſes ſectateurs accordent auſſi y auoir grand nombre d'eſprits, qui habitent en la ſuprême regiō de l'air, comme font les oyſeaux en la baſſe & moyenne region, & comme les poiſſons dans l'eau: mais ils y entremeſlēt pluſieurs abſurditez, comme nous verrons cy-apres. En ſomme nul n'a iamais ſceu que c'eſt que des eſprits, excepté ceux qui ont receu & entendu la ſaincte eſcriture. Or contre tous Philoſophes & Payens nous auons l'experience, contre les Saduciens heretiques entre les Iuifs (comme dit Tertulien) nous auons les cinq liures de Moyſe qu'ils reçoiuent ſeulement, & pour les Catholiques & Chreſtiens nous auons toute la ſaincte Eſcriture, tant celle du vieil que du nouueau Teſtament. Sainct Thomas au liure troiſieſme, côtre les Gentils diſpute fort doctement côtre toutes les raiſons des Philoſophes, qui diſoient que quand il aduient quelque choſe prodigieuſe, il faut la rapporter à l'influence des corps celeſtes qui peuuent pluſieurs choſes à noº occultes. Il eſt vray, dit il, que nature peut beaucoup, ſi eſt ce pourtant qu'elle eſt limitee,

S. Tho. lib. 3 cont. gen. cap. 107. & 108. & Aug. lib. 10. de ciuit. c. 11. & Euſeb. lib. 5. de præparat. Euang. c. 6.

Tertul. de præſcript. hæretic. Helias in Thisbi dictione Quarain. S. Thom. cont. gent. lib. 3. cap. 104. 105.

Bb ij

& si fort, que le plus souuent elle ne produit qu'vn seul effet, ou pour la proprieté de la cause agente, ou pour l'imbecillité de la matiere, laquelle n'est susceptible que d'vne chose, comme le Soleil ny tous les Cieux ne sçauroient faire produire au sep de vigne autre chose que raisins, ny au pommier que pommes: Et pourtant il faut accorder qu'il y a plusieurs choses qui sont contre tout pouuoir de nature. Comme que les oracles qui n'estoient que statuës ayent iadis parlé & faict responces à ceux qui les interrogeoient, en leur declarant plusieurs choses absentes, occultes, & futures. Qu'aucuns hommes ayent soudainement & sans aucun estude parlé Hebrieu, Grec, & Latin, Syrien, Chaldeen & tous autres langages, citans les sentences des Poëtes & orateurs, desquels ils n'auoient iamais eu cognoissance, ny des lettres: que les bœufs & asnes ayent parlé, & autres semblables choses aduenuës côtre toute puissance naturelle, comme d'vne vierge Vestale, laquelle estant soupçonnee d'impudicité, en tesmoignage de sa chasteté, porta deuant tous les Romains vn crible tout plein d'eau. Claudia pour la mesme occasion traina vn gros nauire à contre-fil de l'eau auec sa ceinture, Actius Næuius auec vn rasoüier coupa vne pierre à esguiser. On a trouué par experience, & de cela en est fait mention aux loix des douze tables, qu'vne terre estoit transportee d'vn lieu en autre. On voit d'abondant que ceux qui font telles choses, ils vsent

Mercurius Trismegist. in Asclep.

Lactan. li. inst. & Aug. lib. 10. de ciuit. 16.

de certaines paroles, caracteres, prieres, proſtrations & autres façons de faire qu'on ne peut preſenter que follement & en vain, excepté aux ſubſtances qui ont entendement ou raiſon. De là il conclud que tous ces prodiges faut qu'ils procedent des eſprits, Il y a donc des Eſprits. Et s'il faut adjouſter icy l'eſcriture (laquelle ils pourront receuoir comme vne autre hiſtoire pour le moins) on ne ſçauroit dire que le Soleil ſe ſoit arreſté, & le ciel aye reculé du temps de Ioſué & d'Ezechie par aucune vertu naturelle, car meſme l'Ariſtote dict que cela eſt impoſſible meſmes à l'intelligence qui tourne le ciel, autant comme il eſt impoſſible à l'ame de ſortir hors du corps à ſa volonté, ou ne donner vie au corps pendant qu'elle y eſt, y ayant en cela vne neceſſité naturelle. Cela eſt donc aduenu par autre voye que du mouuement du Ciel. Et ainſi il faut accorder que pluſieurs prodiges doiuent eſtre rapportez, non au mouuement du Ciel, mais à d'autres cauſes qu'il faut rechercher. Vray eſt que Mercure Triſmegiſte a voulu bailler ſolution à l'argument des oracles, diſant qu'il eſt vray que Dieu a fait autant d'eſprits qu'il y a, & que les hommes auoient faict les oracles, mais que c'eſtoit par certaine influence du Ciel: car, dit-il, telles ſtatuës peuuent eſtre ſi bien accommodees à certains aſpects du Ciel, qu'elles pourront parler, deuiner, predire, faire venir maladies & les guerir, & en ſomme, faire miracles. Mais en cela il luy en

Ariſtot. li. 8. Phyſ. & lib. de cælo & mundo.

Vide Aug. lib. 8. de ciuit. cap. 23.

a prins comme à Plutarque, lequel voulant donner raison pourquoy les oracles auoient cessé de faire toutes ces choses (ne voulant recognoistre l'aduenement de Iesus Christ, par lequel il a entierement ruiné le regne de Sathan) il a fait vn liure exprès de leur taciturnité : Mais enfin il se treuue court, car il n'ameine point aucunes raisons qu'elles ne puissent estre facilement conuaincuës d'insuffisance, & qui plus est, elles sont ridicules, & indignes d'vn si grand Philosophe. Iusques-là, de dire qu'ils se nourrissent des exhalations sortans de la terre, lesquelles cessant, ils se mouroient de faim : tout de mesme en est arriué à Trismegiste, quand il veut donner la cause de leur babil, car on luy pourra facilement demander premierement, pourquoy auiourd'huy les hommes n'en peuuent-ils faire de mesme par semblables obseruations du Ciel, attendu qu'on est bien plus experimenté auiourd'huy aux mouuements celestes qu'on n'estoit iadis, puis qu'on trouue que Ptolomee est corrigé d'erreur, & Aristote encores dauantage par les recens Astrologiens ? Puis comment vne cause peut-elle estre moins excellente que son effect ? Que si l'homme, côme il confesse, a fait tels oracles de son industrie, il s'ensuiuroit par là en bonne Philosophie qu'à plus forte raison l'homme feroit toutes ces choses : que si on allegue l'influence du Ciel concurrente, pourquoy telle influence ne pourra aussi bien tomber sur l'homme

Plutarch. lib. de taciturn. orac.

DES ESPRITS. 23

comme sur vne statuë de bois? Et bien encores dauantage : car il est plus susceptible de raison, de parole, & de toute autre action. Puis donc que jamais homme ne fut oracle, il faut conclure que telle raison est du tout insuffisante, car il est asseuré que de tout temps il y a eu gens qui n'ont rien mieux pourchassé que de se faire deïfier, retenant en cela le venin du serpent qu'il jetta contre nos premiers parens, en disant, *Eritis sicut dij*, dont Gregoire Nazianzene en baille assez bon nombre d'exéples, comme d'Aristeus, Empedotimus, & Trophonius, qui se cacherent dans la terre, pour estre estimez dieux. Empedocles aussi, qui se jetta dans la montagne Sulphurique de Sicile, qui est tousiours pleine de feu, & Iulien l'Apostat poussé de mesme cupidité, dont il brusloit de desir, se voulut jetter dans vne grosse riuiere. Aristote a voulu donner raison naturelle de toutes choses, mais en fin ne sçachant trouuer la cause suffisante du cours & du recours du canal de la mer Euripe, maintenant appellé Negre-pont, de dueil se precipita dedans, disant, puis qu'Aristote ne peut comprendre ce fleuue, il faut que ce fleuue comprenne Aristote (ainsi qu'escrit sainct Iustin martyr.) Il a voulu donc de mesme donner la raison naturelle des choses admirables en l'homme, qu'on ne peut r'apporter à aucune cause, fors à Dieu ou aux Esprits, & a dit que les Sibyles & les excellens Empereurs, & grands Philosophes auoient vn humeur melancolic par lequel ils disoient, & faisoient choses ad-

Genes. 3.
Greg. Nazian. oratione prima, & secunda in Iulianum Apost.

Iust. mar. oratio. parenetic. ad gentes.
Arist. in Problema. sect. 30.

Bb iiij

mirables, voulant en cela preuenir, comme il semble, l'argument qu'on pourroit faire des demoniaques, & possedez, qui est vne experience toute manifeste, & inuincible à tous Philosophes du monde, car il est asseuré que deuāt Aristote, il y en auoit, puis que Salomon a enseigné des exorcismes pour chasser les diables des corps humains, tesmoin Iosephe & autres. Il rapporte doncques tout cela à la melancolie. Mais Aristote oseroit-il bien confesser que ceste humeur crasseuse & corruptible, fust plus excellente en l'homme que l'entendemēt & la raison? Il accorde qu'il n'y a rien plus noble en l'homme, que la raison, comme il est vray. Or si la raison, par quelque moyē que ce soit, ne peut descouurir les choses qu'elle n'a apprises, ny faire parler langue d'autre langage que celuy qu'elle a de longue main conceu en soy, ny deuiner choses absentes ou futures, ny alleguer ou interpreter sentence qu'elle n'ait apprise: comment cet humeur terrestre pourra-il faire tout cela? Attendu mesmement que ce sont effects appartenans proprement à la raison? Et puis quand on demanderoit la cause pourquoy telle humeur peut ataindre ce qui est fort esloigné de nous de lieu & temps, plustost que la raison, on n'en sçauroit donner aucune. Outre ce sont choses qui arriuent aussi tost à ceux qui ont autre complexion que melancolique. Car il est vray semblable que le Corinthien fornicateur, qui fut possedé du diable, n'estoit d'humeur melancolique, ains plustost homme plaisant & de bonne chere:

Tertul. lib. de testimonio anima.

Ioseph. lib. antiquit.

& non sans cause si Sainct Paul reprend les Corinthiens, de ce qu'ils s'en rioient auec luy, deuant qu'il fust possedé, qui est vne coniecture pour no⁹ faire entédre qu'il estoit facetieux, comme aussi estoient ordinairement tous les Epicuriens, qui souloient dire: *Comedamus & bibamus, cras enim moriemur, & post mortem nulla voluptas.* Alexandre aussi & Hymenee, qui estoient tels, furent possedez. Ce seroit d'abondant chose ridicule de vouloir dire, que quand les diables furent chassez hors d'vn corps humain, & entrerent dans les pourceaux, que telle melancolie de l'homme se fust transportee aux pourceaux; resulte donc que les experiences susdites sont suffisantes pour conuaincre tous Philosophes, qu'il y a des esprits qui conuersent secrettement auec nous, & quelquesfois se demonstrent visiblement, ce qu'Aristote ne sçauroit nier de Socrates Precepteur de Platon, auquel souuent apparoissoit vn certain esprit, mesmes dés son enfance: comme Tertulien l'a recueilly, *lib. de Anima,* en ces paroles, *Socratem puerum adhuc Spiritus dæmoniacus inuenit.* Or il nous faut maintenant venir aux Saduciens, desquels il y en a encore auiourd'huy bon nombre entre les Iuifs de Constantinople, & aussi au pays de Perse, où presque tous les Iuifs en sont. C'est chose admirable d'eux qu'ils ayent nié les esprits, attendu qu'aux cinq liures de Moyse, qu'ils reçoiuent seulement, il n'y a rien de plus frequent que cela, & plus souuent en est parlé qu'en tous les autres liures de la sain-

1. Corin. 5.

1. Cor. 15.

Marc. 4.

Tertul. lib. de anima.

D. Genebrard. in Chronolog.

cte Escriture. Nous dirons cy apres pourquoy Moyse n'a fait aucune mention de leur creation, ou de leur cheute, tant y a qu'au beau commencement du liure presque, il met en auant vn serpent qui parle, & discourt auec toute prudence & finesse; & telle qu'il en a conuaincu l'entendement & fleschy la volonté de la femme, & de l'homme. Or il est beau à voir, que ce n'estoit vne beste irraisonnable qui parloit de sa teste, car il n'y a rien plus esloigné des bestes, que la raison, & la parole: & pource elles sont par les Orateurs appellees proprement, *Animalia muta*, à cause que la parole c'est l'explication de la raison interieure, & ne peut proceder d'ailleurs: Mais prenós le cas qu'ils fussent si stolides, de dire qu'en ce temps-là les bestes parloient, comme il semble que Plutarque ait voulu insinuer en son liure qu'il a intitulé, que les bestes ne sont point sans raison, & comme les lourdaux prennent les fables d'Esope, & autres, conduits peut-estre de ceste raison de sainct Basile, qui tient qu'auparauant la tentation, le serpét auoit des pieds, & marchoit sur ses pieds côme les quadrupedes, & apres qu'il luy fut dit, *Supra pectus tuum gradieris*, les pieds luy furent couppez, & à toute sa semence, à cause que telle malediction se rapporte à la posterité. Comme il est dit: *Inter semen tuum, & semen illius.* Mais où trouuerons-nous ie vous prie, que Dieu ait dit au serpent, tu ne parleras plus d'ores en là, tu seras muet, & n'auras plus de raison ny de discours? ce que toutesfois il eust dit

Gen. 3.

S. Basil. in Examer.

à plus forte raison, car ce ne fut la forme externe du serpent, qui trompa nos premiers parens; mais ce furent les raisons qu'il leur amena, & les promesses qu'il leur fit. Or de cela l'escriture n'en dit vn seul mot, car aussi outre ce que ce seroit chose ridicule, de l'estimer ainsi, aussi seroit-ce chose repugnante à l'escriture: laquelle dit que Dieu a creé les animaux, mais apres il a formé le seul homme à son image & semblance, laquelle gist en ce seul poinct que d'auoir vne raison pour se diriger & toute autre chose, comme Dieu conduit tout par sa sapience, & prouidence. Et c'est (comme a bien remarqué sainct Augustin) ce qui est dit tout quand & quand apres: *Vt præsit piscibus maris & volatilibus cæli & vniuersis animantibus quæ mouentur super terram.* C'estoit donc necessairement vne substance intellectuelle qui faisoit parler la langue de ce serpét, ce n'estoit point hôme ny femme, car il n'y en auoit encores d'autre que le seul Adã & Eue. Comme dit le texte, *Erant autem ambo nudi.* Puis encores il y est parlé d'vn Cherubin qui fut constitué à garder l'huis du Paradis, de peur qu'homme n'y entrast plus, pour manger du fruict de vie: & tenoit vn glaiue flamboyant pour intimider l'homme. Ce n'estoit vn hôme comme nous venons de dire, c'estoit donc vn esprit. D'abondant il y est souuent fait mention des Anges de Dieu qui se presentoient aux hommes, comme à Abraham, Loth, Iacob, & à d'autres, leur predisans les choses que l'homme ne sçauroit cognoistre, comme

Aug. lib. 5. de gen. ad lit. cap. 12.

qu'vne femme vieille & sterile conceuroit, que Sodome & Gomorre seroient subuerties, & autres semblables, côme que le peuple d'Israël fust conduit par vne nuee, & aussi par vne colomne de feu: on ne sçauroit autre chose respondre, sinon que c'estoiét esprits enuoyez de Dieu. *Præcedet te* (dit Dieu à Moyse) *Angelus meus.* Et Moyse repliquoit, disant: *Nisi tu ipse præcedas nos.* Aussi il appert que tels esprits estoient messagers de Dieu. L'experience aussi des possedez est suffisant argument contre les Saduciens. Et c'est (côme dit Iansenius) pourquoy Iesus-Christ a voulu permettre de son temps que les diables enuahissent non seulement les hommes, mais aussi les pourceaux, pour conuaincre, dit-il, d'erreur les Saduciens, lesquels falloit conduire par le chemin de telle pedagogie, sçachant biē Iesus-Christ que l'hôme qui croit qu'il y a des esprits, il croit quand & quand qu'il y a vn autre monde où ils habitent ordinairement, & de là il ne faict difficulté d'admettre l'immortalité de l'ame, ny la resurrectiō des corps. Au cōtraire qui ne croit qu'il y a des esprits, il ne peut croire qu'il y ait vn autre monde, que l'ame soit immortelle, & que la resurrection soit chose possible, mesmes à Dieu. Et c'est pourquoy sainct Luc recitant les erreurs principaux des Saduciens, il met ces trois poincts ensemble.

Exod. 13. 23. 33.

Iansen. li. concord. Euang.

Act. 23.

Quant est des Chrestiens & Catholiques, outre les liures sus-nommez, ils ont S. Estienne aux Actes des Apostres, & S. Paul, *ad Gal. 3.* qui tesmoignent que la loy a esté baillee à Moyse

Theodor. li. 5. in epitom. diuin. decret.

& au peuple par le ministere des Anges, que les bons Anges sont deputez de Dieu pour nous garder des inconueniens de ce monde, & infestations des malings Esprits. Au Psalme 90. *Psal. 90.* Mesmes qu'ils nous aydent & secourent iusques à batailler pour nous. Nul (disoit vn Ange à Daniel) ne m'a aydé pour ce peuple d'Israël, fors Michaël Prince de ce peuple. Et qu'ils *Dan. 10.* soient en grand nombre, l'histoire d'Helizee le monstre assez, quand il fit voir si grãd nombre d'Anges à son disciple, qui auoit peur de la *4. Reg. 6.* grande armee des Syriens. *Plures*, dit-il, *nobiscum sunt quàm cum illis.* Autant en dit Iacob, se voyant enuironné d'vne armee celeste, lors qu'il auoit belle peur de son frere Esaü. *Castra, Genes. 32. inquit, Dei sunt hæc.* Leur estat aussi est de loüer Dieu incessamment, ainsi que les descriuent *Esaye. 6.* Esaïe & Ezechiel, l'vn parlant des Seraphins, & *Ezech. 1.* l'autre des Cherubins. Ce sera vn Archange qui sõnera la trompette pour exciter les morts, & tout quand & quand apres les Anges viendront en terre en grand nombre pour recueillir les esleuz de tous les quatre coins du monde *ad Thess. 4. Marc. 13.* & les assembler en vn lieu. Et quãt est des malins Esprits, il y a en l'histoire d'Achab qu'vn *3. Reg. 22.* Esprit se presenta pour estre Esprit de mensonge, c'est Sathan qui a instigué Dauid à denombrer son peuple par orgueil, & qui a faict tant *2. Paralip. 18. 2. Reg. 24.* de maux en Egypte, comme estant le bourreau de Dieu : *Immissiones*, dit Dauid, *per Angelos Psal. 77. malos.* Dieu prohibe souuent en la loy de sacrifier aux diables, ce qu'il ne feroit s'il n'y auoit des diables, c'est Sathan qui a tant affligé Iob *Iob. 12.*

en sa personne, biens, enfans & seruiteurs, qui a osé tenter Iesus-Christ, se voulant faire adorer à luy comme Dieu, qui a esté souuent expulsé des corps humains à son commádement & au commandement de ses Apostres, & pour conclusion, car les lieux sont infinis, il dira au dernier iour aux reprouuez. *Ite maledicti in ignem æternum, qui paratus est diabolo & Angelis eius.* Estant doncques asseurez qu'il y a des Esprits bons & mauuais, tant par raisons naturelles, que par experiences inuincibles, & principalement par la saincte Escriture, il faut maintenant sçauoir s'ils ont corps ou non.

Chapitre II.

Si les Esprits ont corps.

Este question est vne des plus difficiles qui soit tant en la Philosophie qu'en la Theologie, apres la question de la diuine nature, en premier lieu pource que de plus pres approchent les Esprits de la nature de Dieu que toute autre creature, & d'autant aussi qu'il nous est impossible de les voir & comprendre, si ce n'est par les effects seulement, comme on cognoist par lé vestige du pied laissé sur le sable, qu'vn homme y est passé, sans pouuoir pourtant imaginer de la vertu, science, force, beauté, ou couleur d'iceluy, & c'est pourquoy tant de bons Esprits s'y estans trauaillez presque tous y ont erré. Car si, comme l'enseigne sainct Augustin, vne des choses plus difficiles

Aug. l. de orig. animæ.

du monde, c'est de cognoistre l'essence de l'ame, & l'Aristote le donne assez à entendre en son premier liure de l'ame, où infinité d'opinions y sont recitees & toutes exorbitantes de la voye de verité, à plus forte raison cela est difficile des esprits, attendu que des ames, il n'y a nul qui n'en prenne tousiours (& mesmes en dormant) experience manifeste. Qui me fait dire apres sainct Thomas d'Aquin que Themistius Philosophe a plus lourdement failly en ce poinct que tous les autres. Car il tenoit pour vray que non seulement en ceste vie mortelle nous pouuons auoir entiere cognoissance des Anges: mais aussi que telle cognoissance estoit plus facile que toute autre, à l'occasion de leur fermeté & stabilité naturelle, qui faict qu'ils ne sont muables comme toutes choses elemétaires. A quoy s'oppose doctement sainct Thomas, remonstrant que toute la cognoissance que peut auoir l'homme en ceste vie mortelle (car apres ceste vie, il y en aura vne sans comparaison bien plus excellente par la cõtemplation de ce grand miroir qui comprend toutes choses) faut necessairement qu'elle procede des sens exterieurs, par l'intermise desquels il conçoit vne espece de ce qui s'est presenté aux sens, comme on peut voir d'vn aueugle nay tel & sourd, lequel n'a cognoissance de chose quelcõque. Or puis que les Esprits n'ont point de corps, ils ne sçauroient estre veuz des yeux ny experimētez par aucũs des sens exterieurs, & de là viẽt qu'on n'en peut faire aucune imagination, si ce n'est seulement par ce que nous

Arist. lib. 1. de ani.

S. Thom. lib. 3. cont. gent. cap. 45. ex commentatore comment. 63. & lib. 3. de anima.

Imaginatio non transcendit cõtinuum.

en voyons par les effects, & mesme S. Augustin cõfesse que c'est vne des plus difficiles questions du monde, n'ayant honte d'vser de ces paroles: *Fateor excedere vires intentionis meæ*, & comme demonstre Aristote, comme preuenãt Themistius: telle obscurité ne vient de la part des Esprits, mais de l'imbecillité tant de nos sens que de nostre entendement, lequel comme il dit, est sẽblable à l'œil de la chouette, laquelle ne peut voir la clarté du Soleil, biẽ qu'elle soit la chose plus visible, à cause dequoy tous ceux qui se sont mis en deuoir pour donner les moyens commẽt cela se pourroit faire, ils ont esté semblables à ceux qui ont voulu par demonstration mathematique demonstrer *Quadraturam circuli*, car n'y pouuant venir, ils ont esté contraints de faire vne infinité de fausses hypotheses & suppositions. En ce rang sont les deux Philosophes Arabes, Aben-Rois (qu'aucuns appellẽt par corruption de langage Auerroës) & Aben Pacé, qui sont bien au long & amplement rembarrez par sainct Thomas, & pour venir à ceux qui ont plus approché de la verité, Aristote accorde & preuue que ce peu d'Esprits, dõt il a eu cognoissance, sont veritablement sans corps, & substances separees des elemens: car il voyoit bien qu'il faut qu'vne chose corporelle soit proportionnee au corps qu'elle veut mouuoir. Si donc les intelligences qui mouuẽt le Ciel estoient corporelles, il faudroit que leur corps fust faict à proportion de la quantité des corps Celestes, & mesme du plus haut, qui est si grand qu'il comprend dessous

Aug. lib. 3. de Trinit. cap. 21. Arist. lib. 2. metaph.

S. Thom. lib. 3. cap. gent. cont. 41. 42. 45. Arist. lib. 8. Physic. & lib. 12. metaph.

sous luy tout le monde, & n'est point en aucun lieu, quant à sa superficie supréme. Or si les Esprits estoient formez à telle grandeur, ils seroient merueilleusement monstrueux & hideux à voir, ce qu'il ne faut estimer de ces substances, qui sont des autres les plus nobles & excellentes. Ils mouuent donc les cieux, cōme faict l'ame raisonnable nostre corps, c'est par la seule volonté, à laquelle le corps ne peut resister, quant au mouuement corporel, pourueu qu'il en soit disposé *mouet voluntate non tactu*. Et ainsi c'est vn moyē tout admirable, & à nous incomprehensible, puis que tel moyen est spirituel, & non pas corporel. Il y a plusieurs autres raisons qu'on peut voir en Aristote, mais pource qu'elles sont prises de la Physique, & on ne les sçauroit entendre si on n'estoit versé aux maximes de la Philosophie, il se faut contenter de celle que nous venons d'amener. Platon a philosophé plus hautement, ce sēble, mais non sans erreur, car ayāt leu la saincte Escriture, & prenāt les mots à la rigueur de la lettre, il a dit que les nobles esprits auoiēt vn corps fort *Psal. 103.* subtil de feu ou d'air, ayant esgard à l'Escriture, qui les appelle faits de vent, ou de flāme de feu, les proposant aussi en leurs apparitions vestus de telles matieres, comme quand il est parlé de l'Ange qui conduisoit le peuple au desert, duquel est dit, que c'estoit comme vne colomne *Exod. 13.* de feu, & de iour comme vne nuee, aussi en la *20.* montagne de Sinaï, on voyoit des esclairs, des lampes & flambeaux de feu, joinct que les deux Cherubins du Propitiatoire estoiēt cōme jouuenceaux ayás des aisles, & le rauissemēt d'Helie au Ciel fut fait par le moyen des cheuaux de feu. Mais Platon n'entendoit pas que c'est l'ordinaire de la saincte Escriture, de no⁹ proposer les choses hautes par vne metaphore des plus basses qui nous sont plus familieres: en telle maniere tous les quatre elements, les sept planettes, & mesme le Ciel Empyree où sont les bienheureux auec Dieu, sont representez au Propitiatoire par choses artificielles, les sept planettes par les sept lampes, entre lesquelles l'vne estoit au milieu plus luisante & plus eminente que les autres, representant le Soleil, & ainsi des autres choses, comme aussi aux vestemens du grād Prestre Aaron y estoit representé tout l'Vniuers, & mesme la Majesté de Dieu, comme dit le Sage: *Sapientia 18. In veste Aaron erat descriptus orbis terrarum.* Les chausses de lin representoient la terre, non seulement parce que la terre produit le lin, mais aussi dautāt que c'est le moindre des estoffes qui sōt là descrites : la ceinture large dont le Prestre estoit ceinct representoit la mer Oceane qui ceinct toute la terre : la tunicque de velours bleu auec les clochettes & pommes de grenade, l'air qui a telle couleur, où s'esclattent les tōnerres & les foudres : le roquet de toute varieté de precieuses couleurs qui estoit sur ses espaules, les Cieux iusques au firmament où sont toutes les estoilles : les douze pierres precieuses qui y estoient inserees, les douze signes du Zodiaque : la mitre ou thiare sur sa teste, le Ciel Empyree, & la lame d'or où estoit insculpé le nō de Dieu ineffable qui estoit par dessus tout, representoit la

1.Par.18.
4.Reg.2.

Exod.25.
26.

Sap. 18.

S.Thom.1.
2.q.102.
art. 4.
Ex probatiss.
Rabin. &
Clemens
Alexand.
lib. 5.stromat.

Majesté de Dieu: en telle maniere de faire, Dieu nous est representé ayāt des yeux, des aureilles, des mains, c'est à dire, voyāt, oyant, & pouuant tout: ce qu'ignorans les Anthropomorphytes soustenoient (en cela s'abusant auec Platō) que Dieu auoit vn corps: mais si cela estoit, ce seroit vn corps mōstrueux, puis qu'il est partout. Et si par mesme moyen il faudroit dire qu'il fust Agneau, Lyon, Ours, & plusieurs autres choses dont l'Escriture vse par metaphore. Ainsi donc quand les Anges sont descrits ayant des aisles, estās vestus de vent, ou de feu, cela ne nous peut signifier autre chose, sinon qu'ils sont fort prōpts, & agiles à executer le vouloir de Dieu, cōme l'explique le Psalmiste parlant des Anges & disant: *Potentes robore seu virtute ad audiendam vocem sermonum eius.* Et mesmes les Ethniques ayant desrobé cela des antiquitez Iudaïques (comme les appelle Iosephe) c'est à dire de la saincte Escriture, ils descriuent Mercure ayāt des aisles, & aussi le vent en façon d'vn hōme qui a des aisles, pour la vistesse & celerité qu'ils pensoient & voyoiēt estre en ces choses, cōme aussi Homere descrit tousiours Dieu qu'il appelle Iupiter, descēdant en terre couuert d'vne nuee, ayāt cela desrobé des liures de Moyse, où Dieu est tousiours representé descendant en nuee: *Exo.33. Descendebat colūna nubis ad ostiū tabernaculi.* Et cōme disoit le Roy Dauid: *Descēdit Dominus & caligo sub pedibus eius.* Le vēt aussi à eux c'est vn hōme ayāt des aisles, car il est escrit: *Qui ambulas super pennas ventorū.* Et pour mieux faire entēdre l'ātiquité & maiesté de la S.

Cassian. collatio 10 cap. 2.3.

Psal. 103.

Exod. 33.

Psal. 17.

Escriture & la source de l'opinion de Platō, laquelle les plus celebres Philosophes & Theologiens ont suiuie en partie, comme nous dirōs tātost. Il est icy necessaire de remarquer briefuement ce qu'ont amplemēt demōstré nos anciens, singulieremēt Clement Alexādrin, Origene, Eusebe, & Tertulié, c'est que tout ce que jamais les Poëtes & Philosophes Grecs, ou Latins, dirent de beau & de bon, ils l'auoient desrobé de la façon de faire du peuple d'Israël. Nous auōs S. Chrysost. qui louë l'inuētion des Poëtes, quand ils descriuent le Soleil estre porté dans vn chariot ardent, par quatre cheuaux courans en poste: ce n'est pas tout fable, dit-il, si cela est biē entēdu, car le Soleil en Grec est appellé, Helios. Ayās dōc trouué qu'Helie fut trāsporté au Ciel dans vn chariot de feu par quatre cheuaux. De là ils ont cōtrouué d'en dire autāt du Soleil, estimans que l'Escriture parlast par metaphore, voulāt par Helie signifier Helion, c'est à dire, le Soleil, & aussi d'autāt que 1. *Paral.* 28. on trouue les Cherubins cōme estans à vne charette. Abacuc au 3. chap. les appelle les cheuaux de Dieu, quand il dit: *Qui ascendis super equos tuos.* Ainsi vouloiēt dire les Poëtes que les Cieux estoiēt cōtournez & reuolus par les Anges tout ainsi comme s'ils estoient portez par cheuaux fort veloces: Pour autant aussi que les Iuifs auoient dans leur Temple deux manieres d'Oracles, l'vn estoit vocal, & l'autre muēt, ou sans voix: le premier, c'estoit quand Dieu parloit du milieu du tabernacle à Moyse. *Num.* 1. l'autre, quād des pierres precieuses de l'Ephod

Clemens Alexand. in strom. Orig. contra Celsū. Euseb. de præp. euang. Tertul. de præscript. & in Apologetice. Chrysost. hom. de ascension. Heliæ.

1. *Paral.* 28.

Abac. 3.

Num. 2.

sortoit vne certaine splendeur qui signifioit bõ-heur, de laquelle est parlé. 1. *Reg*. 30. Ainsi les Gentils voulans en cela imiter les Iuifs, ils ont eu deux manieres d'oracles, l'vn qui parloit, & estoit appellé *oraculum Dodoneum*, l'autre qui ne parloit point, & estoit appellé *oraculum Hammoniũ*, lequel mot d'oracle en Hebreu, ne signifie autre chose sinon vn locutoire, ou lieu où l'on donnoit des responces. Car il est appellé *Debir*, en Grec peut estre appellé λαλήριον, en Latin *Loquutorium*, comme a remarqué S. Hierosme, & aussi comme est escrit en la loy qu'on presenteroit à Dieu en sacrifice des gasteaux, mais que nul sacrifice ne seroit sans sel, ainsi dit Pline des Gentils: *Omnibus sacrificiis adhiberi solitum molam salsam*. Et Ouide pareillement dit: *Ante Deos homini quod conciliare valeret Far erat, & puri lucida mica salis*. Voila donc la coustume des Gentils, laquelle a suiuy Platon plus excellemment & subtilement que les autres, dont il en a acquis le surnom de diuin, cõme l'on dit *diuinus Plato*. Qui est cause que ne nous deuõs esmerueiller si Platon a dit que les Anges ont vn corps de feu ou d'air, puis que si clairement & si souuent l'Escriture le repete, & pourroit bien estre aussi qu'il l'entẽdoit au sens de l'Escriture, c'est à dire, par metaphore, pource qu'ils ne sont point pesans cõme les corps humains, qui endurent lassitude au mouuemẽt: ains plustost ils sont semblables aux oyseaux, ou aux nuees de l'air, ou veritablement pource qu'ils se representent aux hõmes en telle maniere: Car s'il a esté permis à Moyse de dire

1. Reg. 30.

Hieron. sub fine. lib. in epist. ad Ephes.

Ouidius in fastis lib. 1.

que Dieu c'est vn feu, *Deus noster (inquit) ignis consumens est*, s'estant ainsi representé à luy au buisson, & à la montaigne: pourquoy ne sera il permis à nous de dire, que les Esprits sōt d'air, ou de feu, à cause qu'ils se demōstrēt tousiours ayās prins vn corps de l'air, ou de feu? Et en ce sens faut prendre S. Augustin, quand il semble dire, que les Esprits ont vn corps. Et aussi sainct Bernard, c'est à dire lors qu'ils se veulēt à nous representer: Car autremēt ils ne sçauroient, n'y ayant point de proportion de nostre œil auec les substances spirituelles. Ou biē veritablemēt aucuns ont ainsi parlé, voulās signifier que les Esprits n'estoient pures qualitez, mais choses subsistentes d'elles mesmes: contre l'erreur des Saduciens, qui en disoiēt autāt, reduisans toutes les apparitiōs recitees aux cinq liures de Moyse aux imaginatiōs, ou phantasies des hōmes, où au contraire les Anges entendent, parlent, instruisent les hōmes, conduisent & gouuernent les Prouinces & Royaumes, & comme dit nostre Seigneur, ils voyent tousiours la face de Dieu le Pere qui est au Ciel. En ceste maniere faut entēdre Tertulien, quand il dit que Dieu a vn corps, non qu'il soit materiel, mais vn corps, c'est à dire, vne chose veritablement subsistēte, s'accommodāt à la petitesse de l'entendement des gēs rudes, & possible de certains Anthropomorphytes, qui (cōme dit Cassianus) par grande simplesse, ignorance & rusticité, ne pouuoiēt cōprēdre qu'aucune chose fust veritablemēt, ayant vn estre subsistent, si elle n'auoit vn corps, ne pouuant iuger plus loing, cōme l'on

Aug. li. 3. de Trinit. Bernard. in Cant. cantic. & lib. de consjderat. ad Eugen.

Aug. l. 3. de hæresib. hæresi 86. S. Thom. l. 10. cont. gent. c. 20. ait sic tenuisse, sed Augu. lib. de hær. 50. & 86. conatur excusare.

dit, que de leur nez. Toutesfois l'experience de l'ame seroit suffisante pour les faire penser plus haut, puis qu'elle fait ses discours mesme quand le corps est opprimé d'vn profond sommeil: Adam estant profondément endormy, il vid quand Dieu luy tira vne de ses costes pour en former la femme, & l'ame sortant hors du corps à l'heure de la mort, nul ne la peut voir à cause que c'est vn esprit, comme disoit Iesus-Christ à telle heure: *Pater in manus tuas commendo Spiritum meum.* & puis: *Et inclinato capite emisit Spiritum.* Or qu'il faille prendre en bon sens telles phrases de parler, il appert par ce que nous auõs dit cy-deuant, qu'on ne peut faillir d'vser des mots de l'Escriture, pourueu que tels mots soient pris au sens de l'Escriture, comme tresbien Iesus Christ le monstre en S. Iean chap. 10. disputant contre les Pharisiens qui estoient trop chatoüilleux des mots, cõme sont plusieurs captieux d'auiourd'huy. Secondement parce qu'ils estoient grands personnages & de grãd sçauoir, & n'est à ceste occasion vray-semblable qu'ils ayẽt ignoré les textes du nouueau Testament, qui dient clairemẽt qu'ils n'ont point de corps. En troisiesme lieu pour autãt que biẽ souuent ils se sont expliquez eux mesmes, comme entre les autres S. Athanase, lequel voulant bailler vne deffinition des Anges, il dit tout court: *Angelus est animal rationale.* Mais pource que ce mot (*animal*) signifie vne chose corporelle, il a dit apres pour s'expliquer: *Est autem expers materiæ.* En quoy il sẽble y auoir cõtrarieté; mais il a voulu dire qu'on

Cassian. collat. 10. c. 2. 3. 4.

Matt. 26. Ioan. 19.

Athanas. l. de communi essentia patris & filij.

Cc iiij

peut faillir d'ainsi les appeller apres la saincte Escriture qui les appelle animaux en l'Exode, & en Abacuc, *In medio duorum animalium*, & au reste qu'il faut entendre cela par metaphore, & par consequent qu'ils sont sans corps, ainsi Didymus precepteur de sainct Hierosme preuue qu'vn Ange ne peut-estre qu'à vn lieu, & de peur que de là on n'estimast qu'il fust dóc corporel, car c'est le propre d'vn corps, d'estre enuironné d'vn lieu, il adjouste au mesme passage qu'il n'est toutesfois circonscript ou enuironné d'aucun lieu, s'expliquant & faisant entendre qu'il ne vouloit dire pourtât qu'il eust vn corps: autant en voyons nous en S. Hierosme qui dit auec S. Paul, que les ames & les Anges flechissent les genoüils deuant Dieu : mais il ne faut entendre, dit-il, qu'ils ayent des mébres comme nous. Or doncques deuant que venir en preuue de l'Escriture, il faut voir si l'opinion de ceux qui prennent à la rigueur les mots tant de l'Escriture, que des anciens Peres peut estre veritablement soustenuë. Sainct Thomas preuue bien que non. Premierement s'ils auoient vn corps d'air, comme disoit Apuleius, ils ne seroient immortels, ains tomberoient en fin en pourriture comme nous, parce que ce qui est composé de telles qualitez elementaires, faut qu'il soit composé de choses contraires, & par consequent qu'elles s'entreruinent, & de cela on n'en sçauroit donner aucune exception. En second lieu l'air est vn corps qu'on appelle homogenee, c'est à dire, duquel toutes les parties, voire les moindres, sont de mesme nature, có-

Abacuc. 2.

Didymus lib. 1. de Spiritu sancto.

Hiero. lib. 2. commen. in epist. ad Ephes. ad cap. 3.

S. Thomas con. gent. vbi supra.

me toute l'eau de la mer ou des riuieres : il faudroit dõc dire que tout l'air ne fust autre chose qu'vne grãde substance angelique. En troisiesme lieu les membres d'vne chose viuante faut qu'ils soiẽt organisez, ce qui ne peut estre de l'air, & s'ils estoiẽt d'air ils pourroient estre resolus en eau, comme les nuees seroient aussi humides & chaudes comme l'air, & s'ils estoiẽt de feu ils brusleroient. Toutes ces absurditez mõstrent assez qu'ils sont dicts estre d'air, pour autant qu'ils habitent pour la plus part en l'air, pour ce S. Paul escriuant à ceux d'Ephese qui estoient grands Philosophes, & adonnez à la Magie, comme remarque S. Hierosme, il leur faict entendre que ce n'est point opinion contreuenante à la pieté Chrestienne, ains qu'il faut tenir qu'il y en a grand nombre en la region de l'air contre lesquels il faut batailler, cõme voulant insinuer qu'à ce sens ils peuuent estre appellez aërez, pourueu qu'on entende qu'ils sont esprits n'ayans ny chair ny os. *Non est nobis*, dit il, *colluctatio aduersus carnẽ & sanguinem, sed aduersus principes & potestates aëris huius*. Et d'abondant il les appelle *Spiritalia nequitiæ in cœlestibus*. On peut bien dire, dit il, qu'ils sont aëriens ou celestes, mais il faut tousiours entendre qu'ils sont esprits. A ce sens les Hebrieux appellent les oyseaux animaux celestes, & les hommes sont appellez terrestres, non que les oyseaux ayent vn corps de l'air : car ils ont esté faits de l'eau, ny que les hommes ayent vn corps de vraye terre : mais pource qu'ils habitent en ces dictes regions de l'air, &

Hier. in Epist. ad Ephes. in prologo.

Ephes. 6.

Ephes. 6.

Psal. 8.
Luc. 8.

de la terre. Pour conclure ce qu'il en faut tenir, il est de besoin d'oüyr ce qu'enseigne la saincte escriture, & pour l'ancien Testament, le Roy Dauid les appelle esprits, quand il dict: *Psal. 103* *Qui facis Angelos tuos spiritus.* Comme s'il disoit, vous auez ainsi ordôné, Seigneur, que ceux que nous appellons Anges, sont esprits. Or il y a antithese d'vn corps & d'vn esprit, si bien que la côsequence est tousiours necessaire negatiuement de l'vn à l'autre : tellement que si vne chose est corps, il s'ensuiura quád & quand qu'elle n'est point esprit, & au contraire si elle est esprit, elle n'est point corps : qui est la consequence laquelle faisoit Iesus-Christ à ses Apostres, quand ils estimoient qu'il fust vn *Luc. 24.* esprit apres sa Resurrection : Touchez, dit il, & regardez que ie suis (auec mon vray corps ressuscité:) car vn esprit n'a ny chair ny comme vous voyez que i'ay. Et quand il n'y auroit autre texte, il seroit suffisant pour prouuer qu'vn esprit n'a point de corps, & de peur que nous n'entrions en opinion auec certains Stoiques d'vne diuersité d'espece qui soit aux Anges, tellement que les vns ayent vn corps, les autres nô: sainct Paul nous en baille vne maxime generale, laquelle n'a point d'exception, quand il prononce ceste sentence, disant: *Om-* *Heb. 1.* *nes sunt administratorij spiritus.* & ailleurs il dit *Coloss 4.* qu'entre les creatures de Dieu il y en a d'aucunes qui sont visibles, les autres qui sont inuisibles, comme sont Throsnes, Dominations, Principautez & Puissances, à quoy nous pouuons adiouster ce que nous auons cy-dessus allegué de l'Epistre aux Ephesiens, où il faict vne antithese de ce qui est chair & sang auec ce qui est vn esprit. Et quant aux diables ils sont aussi appellez esprits: mais à la difference des bons, il y a tousiours quelque restriction, comme en l'Histoire d'Achab, l'vn d'eux parle en ceste maniere: *Ero spiritus mendax in ore prophetarum*. Et aussi souuent Iesus-Christ les appelle esprits immondes ou Anges du diable, comme S. Paul, Anges de Sathan: ce qu'il faut entendre d'imitation, non de creation. Mais, dit-on, ils portent vn corps, & tant veritablement que Abrahā leur laua les pieds, ils prindrent Loth par la main & le ietterēt hors auec violence de bras, & Iacob luicta toute vne matinee auec eux. Il est vray qu'ils apportent vn corps, autrement ils ne pourroient estre veus, car ils sont (comme dict Sainct Paul) inuisibles, cependant il ne faut pourtant nier la saincte Escriture, laquelle nous enseigne clairement qu'ils n'ont point de corps. Et faut dire auec Tertulien, *Habere corpora peregrina, sed non sua*. Ce sont corps, dit il, empruntez, & non pas de leur propre nature. Nous voyons qu'vn esprit s'apparut à la premiere femme ayant forme de serpēt, toutesfois il n'y eut iamais homme si hebeté qui ait escrit que le corps des Anges soit vn corps de serpent, il faut donc bien dire qu'il l'auoit formé d'ailleurs de l'vn des quatre elemens, non de feu, car il brusleroit; ny de l'eau, car cela se dissoudroit apres en eau; ny de terre, car

3. R. g. 22.

Matth. 12.
2. Cor. 12.

Tertul. de carne Christi.

Tertul. li. de carne Christi.

telle terre apres demeureroit solide, & la pourroit-on voir, il faut donc que ce soit de l'air, tāt pource qu'ils habitent en haut, les bons esprits au Ciel, les mauuais en l'air, qu'à cause aussi que tel element reçoit facilement toutes couleurs & formes comme on voit en l'arc au ciel diuersité de couleurs, & aux nuees par fois des formes de dragons, serpents, & autres semblables choses. Ioinct que telles especes se resoluent au lieu d'où elles ont esté prinses, dit Tertulien, *Eadem ratione species illa intercepta est qua & edita fuerat, si non fuit initium visibile nec finis.* Ce que nous voyons en la Colōbe qui descendit du Ciel sur Iesus-Christ, elle auoit esté formee en l'air, & non pas en terre. Car il est dit, *Descendit Spiritus sanct⁹ corporali specie sicut columba in ipsum.* Autant en est-il dit des langues de feu & du vent qui entrerent au Cenacle le iour de Pētecoste, *Factus est repente de cœlo sonus tanquam aduenientis spiritus vehementis.* Ces especes donc venoient d'enhaut, & aussi la nuee par où Dieu le pere parla à la Transfiguration, elle estoit en haut, & disparut aussi en haut, auec Moyse, qui auoit aussi vn corps d'air, & disparant auec la nuee : car ayans leué leurs yeux en haut, ils ne virent rien plus que le seul Iesus-Christ : quand pareillement vn Ange s'apparut à Manue, pere de Samson, il monta au ciel auec la fumee du feu, ayant encores ce corps visible : mais peu à peu ils le perdirent de veuë, ce corps se dissipant peu à peu en sa premiere matiere : autant en est dit de l'Ange qui auoit accompagné Thobie, il est

Tert. lib. de carne Christi.

Matth. 3.

Actor. 3.

téps, dit-il, de m'en retourner à celuy qui m'a enuoyé, & soudainement s'esuanoüit d'eux. Aucuns alleguent l'experience, & tresbien, disans que si on veut couper tels corps, il aduient tout de mesme comme au rayon du Soleil, lequel se reünit soudainement sans y laisser aucun vestige de telle abscision, chose qui est fort propre à l'élement de l'air, & est fort conuenable pour conuaincre d'erreur Psellus, lequel au septiesme chapitre de son liure, tient qu'ils ont vn corps naturel, & toutesfois au vingt & troisiesme il accorde que tel corps estant balafré, à l'instant il se reioint cōme font les parcelles de l'air: il deuoit donc considerer que c'estoit vn corps prins de l'air, & non pas propre aux Anges. Car quant à la raison qu'il amene, que s'ils n'auoiēt vn corps ils ne pourroient estre tourmentez au feu : il est asseuré que par diuine puissance, cela peut estre qu'vn corps opere à l'endroit d'vn esprit, & au contraire, ce qu'aucun Chrestien ne peut nier estre fait par diuine puissance au Sacrement de Baptesme, où l'eau comme estant instrument de la diuine bonté, vient à lauer, & nettoyer reallement, & veritablement l'ame qui est vn esprit: & quant aux œuures de la nature on voit assez par experience que les imaginations qui sont choses corporelles, apportent grande tristesse à l'ame, voire iusques à la mort, comme mesme Iesus Christ le disoit. Outre que par telle raison il faudroit aussi dire que les ames des reprouuez estans parties hors de ce monde, ne sont enuoyees au feu d'Enfer : car elles

Psellus li. de energia dæmonum. c. 7. & 23.

n'ont point de corps, qui seroit tomber en l'heresie de ceux qui disoient que les ames dormoient iusques au iour du iugement, chose manifestement contreuenante à la saincte Escriture, laquelle nous enseigne d'vne part, que les ames des gens de bien s'en retournent à Dieu qui les a creées, pour estre là en repos entre ses mains, & sous sa protection, comme disoit saint Estiéne: *Domine suscipe spiritū meum*, & S. Paul souhaittoit la mort, nō pour autre occasion, que pour estre auec Iesus: *Cupio (inquit) dissolui & esse cum Christo*, aussi sainct Iean l'a confirmé en l'Apocalypse, disant: les ames d'ores en là se reposent de leurs labeurs, à cause que leurs bonnes œuures les ensuiuent, & le mourir, disoit S. Paul, me sera vn lucre: d'autre part elle enseigne au contraire que les ames des reprouuez sont cruciees au feu d'Enfer, comme il appert par l'Euangile du mauuais riche, & pour ce que S. Iean Baptiste disoit aux Pharisiens que desia la coignee estoit appliquee à la racine de leur arbre, & qu'apres tel arbre, qui n'auroit porté bon fruict, seroit jetté dans le feu. Or sainct Iude dit cela estre desia aduenu aux Sodomites, Choré aussi, Dathan & Abyron & leurs complices descendirent tous viuans en Enfer. Quant à la question qu'on faict, comment peuuent-ils former tels corps à leur volonté? Sainct Augustin respond que les esprits peuuent par vne certaine agilité, & puissance naturelle, faire tout ce qui se peut faire par nature: car ils ont cognoissance, non seule-

Ecclef. 12.
Sap. 3.
Luc. 23.

Act. 7.
Philip. 3.

Apoc. 14.
Luc. 16.
Matth. 3.

Iud. in Canonic.

ment des effects de nature : mais aussi des causes, par la grande subtilité d'esprit qu'ils ont, moyennant laquelle ils les appliquent si bien, que ce que nature faict successiuement & tout à loisir, ils le font à vn moment. Or on voit en l'air diuerses couleurs & figures pour certaines causes, & en esté l'on voit souuent qu'auec la pluye tombent des crapaux & grenoüilles par certaine corruption d'air, où s'engendrét aussi des papillons, chenilles & autres vermines, le tout par operation successiue de nature : les esprits donques en peuuent tout autant faire, en faisant venir & vnir les causes, lesquelles necessairement produisent les effects. Ainsi lisons-nous que le diable au cómencemét print vne forme de serpent, ce qu'on ne peut nier, & les Magiciens de Pharaon, par le moyé de Sathan faisoient venir deuant le peuple des serpens & des grenoüilles, autant leur est il possible de former toute autre figure, & mesme d'hóme, comme il est tout manifeste par les apparitions recitees singulierement au liure du Genese. Il faut donc necessairement conclure qu'il repugne, tant aux raisons de nature qu'à l'authorité de la saincte Escriture, que les esprits ayent des corps, & qu'il faut accorder qu'ils sont incorporels, & inuisibles. La resolution de tout ce discours se trouue au liure intitulé *De Ecclesiasticis dogmatibus*, qui est parmy les œuures de sainct Augustin, où au chapitre vnziesme est dit: Nous croyons que Dieu est inuisible, & incorporel, pour autant qu'il est par tout, & remplit tout, n'estant compris d'aucun lieu, mais les substances intellectuelles, nous les croyons corporelles, pource qu'elles sont circonscriptes, & à vn lieu, comme l'ame dedans le corps, dont elles sont dites corporelles, c'est à dire limitees en leur substance: mais il reste à sçauoir quand est-ce qu'ils ont esté creez, puis que Moyse n'en fait point de mention, & aussi d'où est venu qu'il y a vne difference entre les esprits, que les vns soient bons, & les autres mauuais.

De la creation, bonté ou malice des Anges.

CHAPITRE III.

Athanase q. 1. ad Antioc. princip.

SAINCT Athanase voulant donner vne entiere resolution des esprits au Prince Antiochus, pour la premiere question qu'il fait, il demande à sçauoir, si les Anges ont esté creez, ou non, attendu que Moyse n'en fait aucune mention au premier chapitre du Genese, où toutesfois il fait estat de magnifier la puissance & bonté de Dieu, par l'œuure de la creation, & à bon droit & iuste cause, il commence par là ses questions. Car vn des plus gräds arguments que puissët produire les Saduciës & Atheistes, c'est que Moyse parlant de toutes les creatures de Dieu, & mesmes des cieux, il n'a fait aucune mention des Anges, à cause dequoy nos anciës s'y sont exercez, en mettant peine d'en donner suffisante resolution. Comme sainct Chrysostome, sainct Athanase, Theodoret & autres saincts

Chrysosto. hom. 2.

Sainct Chryſoſtome ſingulierement en deux *in gen. & Hom. de ieiunio & gen. lect.* paſſages s'arreſte à cecy. Ie ſçay bien (dit il parlant au peuple) que vous eſtes couſtumiers à demander, Pourquoy n'eſt-il dit : *In principio creauit Deus Angelos, & Archangelos*, auſſi biē cōme il eſt eſcrit : *In principio creauit Deus cælum & terram* : attēdu que les Anges & Archāges ſont ſans comparaiſon, plus nobles que le Ciel ny la terre, il faut ſçauoir (dit-il) que la ſaincte Eſcriture n'eſt autre choſe ſinon vne lettre miſſiue, laquelle Dieu nous enuoye de ſa part par les Miniſtres, & non moins que quād *2. Paral. 21.* nous liſons qu'Helie fut enuoyé de l'autre monde portant vne lettre miſſiue à Ioran Roy d'Iſraël, de la part de Dieu, où il fut corrigé de ſes fautes & inſtruit de la volonté de Dieu. Or quand vn grand Seigneur eſcrit lettres miſſiues, il s'accommode à la qualité & capacité du perſonnage auquel il addreſſe ſes lettres, car autrement il fait eſcrire à vn Prince, autremēt à vn Philoſophe, d'vne autre façon à ſa femme, & d'autre maniere à ſes enfans qui ſont à l'eſcolle. Donc la premiere lettre miſſiue que Dieu par ſa bonté a mandé aux hommes, a eſté le Pentateuque de Moyſe, lequel il a adreſſé au peuple d'Iſraël. Ce peuple d'Iſraël auquel s'adreſſoit icelle lettre, c'eſtoit vn peuple fort rude & ignorant, à cauſe qu'il venoit de ſortir freſchement de la dure ſeruitude d'Egypte, où ils auoient eſté par l'eſpace de quatre cens ans *Exod. 2.* cruellement oppr imez, eſtants contraincts treſtous de vacquer à œuures mechaniques, comme à amaſſer de la paille, de l'argille, & porter la hotte sur leurs espaules, pour faire cuire des tuiles, puis les porter aux lieux où l'on bastissoit les villes & pyramides d'Egypte, sans auoir presque loisir de respirer, ny recognoistre Dieu seulement vn jour, comme on peut aysément voir par le discours fait au commencement de l'Exode, tellement qu'on peut proprement appliquer à tout ce peuple, ce qui est particulierement dit de Ioseph, *Diuertit ab oneribus dorsum eius, manus eius in cophino seruierunt*, qui fut cause qu'ils estoient gens sans lettres, aussi c'est le propre d'vn Tyran, comme escrit Aristote aux Politiques, de ne permettre que ses subjects vacquent aux lettres: ce que Iulien l'Apostat a voulu pratiquer à l'endroit des Chrestiés, ils estoient donc tretous ignorans, fors Moyse qui fut priuilegié, à cause qu'il estoit nourry au Palais du Roy, estât adopté par la fille de Pharaon, ce que remarque sainct Estienne disant: *Erat Moyses doctus in omniscientia Ægyptiorum*: il estoit docte en l'Astrologie, Geometrie, & Mathematique: mais le reste du peuple estoit ignorant, & ne pouuoient imaginer aucune chose, excepté ce qu'ils pouuoient voir de leurs yeux, comme c'est l'ordinaire des gens rudes, & illettrez, qui ne peuuent esleuer leurs esprits plus haut que de la terre, & se mocquent des Philosophes, qui disputent de la rondeur du Soleil, & de la hauteur du Ciel & rotondité de la Mer, & de la Terre, & c'est pourquoy Moyse dit à Dieu en ce sens: Helas! Seigneur, ie m'asseure qu'ils ne voudront rien croire de tout ce que ie leur

Psal. 80.

Arist. polit. lib. 5.

Socrates li. 3. hist. Eccl. c. 10.

Act. 6.

Exod. 3.

diray, car quand ie leur parleray de vous, Seigneur, de quel propos pourray-je vser pour signifier vostre Majesté, attendu leur grossiereté d'esprit. Dieu luy respondit: Tu te contenteras de leur dire que celuy qui est, t'a parlé, ne voulant qu'il leur parlast plus haut que du seul estre, qui est la chose plus commune & conuenante à la moindre creature du monde: combien que les mots entēdus par nature, & non par participation, facent vn sens bien haut, toutesfois il n'a vsé de telle distinction, s'accommodant à eux: & c'est le propos qu'en tient S. Didymus, remonstrant que selō la diuersité du temps & des personnes, les Prophetes, & autres estoient venus diuersement au nom de Dieu, les vns auec le nom du Tout-puissant, autres auec le nom de celuy qui est tout plein de bonté, autres auec le nom de rigueur implacable, & ainsi (dit-il) Moyse a esté mandé au peuple rude auec ce nom de celuy qui est, ne leur voulant exiger pour lors autre chose, sinon qu'ils sçeussent, que le Dieu de leurs peres estoit, & non comme les Dieux faux d'Egypte, qui n'estoient point en verité, & n'ayans pas mesme le seul estre, qui est le moins de ce qu'on peut auoir. En ceste maniere quand Iesus Christ s'addresse aux sept Eglises d'Asie, il met diuers noms de sa Maiesté au commencement de ses lettres, selon la diuersité des personnes. En ceste maniere aussi sainct Paul, preschant à Athenes parmy les Philosophes, il n'a voulu aucunement toucher à la Trinité des

Didymus li. 2. de Spiritu sancto.

Apoc. 23.

personnes se contentant de leur dire qu'il y a vn Dieu Createur du Ciel, & de la terre, *Deus, (inquit) qui fecit mundum, & omnia quæ in eo sunt, cæli & terræ Dominus, non in manufactis templis habitat.* Et sainct Pierre aussi pour son premier sermon, faict aux Iuifs, il ne leur dit que Iesus-Christ fust vray Dieu, mais s'accommodant à eux, il se contente de leur faire croire que Iesus Christ fut homme pur & innocent enuoyé de Dieu, *Iesum (inquit) Nazarenum virum approbatum à Deo signis & virtutibus*: mais apres il leur parle bien autremēt, quád ils ont esté capables d'vne plus haute pedagogie: ainsi Dieu a declaré par succession de temps à ce peuple qu'il y auoit des Anges, & qu'ils auoient esté créez de luy, comme nous verrons tantost, & plus expressément encores au nouueau Testamēt, où les hommes ont esté plus instruits aux secrets de Dieu. Voila quant à la raison de S. Chrysostome qui est fort receuable. Sainct Athanase en donne vne autre, disant, que ce peuple estoit fort prompt à croire pluralité de dieux, ayant tiré cela des Egyptiens par vne longueur de temps, qui engendre volontiers vne habitude, & coustume, laquelle en fin se change presque en nature, & c'est le propos qu'ils tenoient au desert, disans au nombre plurier, *Hi sunt dij tui, Israel, qui te eduxerunt de terra Ægypti.* Et pour ceste occasion Dieu s'est arresté dauātage à expliquer le premier commandement de la Loy, qui dit *Dominus Deus tuus, Deus vnus est*, qu'à tous les autres, le peuple estant plus

Act.17.

Act.2.

Athanase 41.ad Ant.prin.

Exod. 32. Deut.6.

Exod. 20.

enclin à ceste pluralité de dieux, & mesmes ayant fraischement forgé & adoré le veau. Ce que doiuent remarquer ceux, qui, quand il est dit apres, tu ne te feras aucune semblance des choses qui sont au Ciel, ou en la terre, ou en la mer, pensent que ce soit le second commandement, & demandent pourquoy les Curez ne le prononcent au Prosne ? ne voyans que ce que fait le Curé, ce n'est qu'vn petit sômaire des commandemens de Dieu, & que ce dont ils se querelent ce n'est commandement, mais vne plus ample explication du premier commandement, contre lequel ce peuple auoit de longue main, tout fraischement plus offencé. Pour ce dit fort bien sainct Athanase, qu'il n'estoit besoin de leur parler des Anges: car ils les eussent quand & quand estimez dieux. Ce qu'ont fait Carpocrates, Basilides & autres disciples de Simon Magus, ainsi qu'ont laissé par escrit sainct Irenee, & Tertulien. Nous pouuôs adiouster vne troisiesme raison, qui est tiree des plus recens Theologiens, & c'est que la fin & le but de la loy c'estoit Iesus Christ, qui deuoit prendre la chair d'Adam, & non la nature des Anges, ainsi qu'est escrit par sainct Paul: *Finis legis Christus, & nusquam Angelos apprehendit, sed semen Abrahæ apprehendit.* N'estant doncques Iesus Christ Redempteur des esprits, comme il deuoit estre des hommes, à bon droit Moyse a passé sous silence les Anges, s'arrestant aux creatures visibles, sur lesquelles l'hômeauoit domination, pour conclurre en fin

Iren. lib. 1. Tertul. de Præscript. hæret. Iacob. christopolitanus. Epiiscop. in Ps. 81. Roma. 10. Heb. 2.

D d iij

que le seul homme a eu ce priuilege d'estre fait à l'image & semblance de Dieu, pour estre en fin deifié, & fait consort de la diuine nature par Iesus-Christ. En quoy il veut addresser, & conduire l'homme à recognoistre la grace de Dieu enuers luy, puis qu'il a eu plus de souuenance de luy, que mesme des Anges, lesquels à bon droict on pourroit passer soubs silence, si on a esgard à la nature humaine, tant honoree par le Verbe diuin : si bien qu'à ceste heure & à jamais celuy qui est le vray Dieu, & de tous adoré, c'est vn homme comme nous, autant veritablement homme comme ie suis homme, & autant veritablement homme, comme il est veritablement Dieu. Et c'est ce que veut conclurre sainct Paul, parlant des Anges, contre les Iuifs, desquels ils faisoient grand cas: *Nusquam*, dit-il, *Angelos apprehendit, sed semen Abrahæ*: & par mesme moyen nous voyons qu'il n'est jamais parlé à l'ancien Testament du peché de Lucifer, & ses complices, sinon indirectement, & en passant seulement, pour faire comparaison des hommes orgueilleux à luy, comme en Esaye 14. chap où est parlé de Nabuchodonosor Roy de Babylone, & en Ezechiel 18. où est fait discours du Roy de Tyr, tous deux merueilleusement hautains & orgueilleux contre Dieu. Ce sont, dit l'Escriture, deux Lucifers : mais de propos deliberé, il n'en est fait aucune mention, seulement cela est mis en auant *per accidens*, comme l'on dit. Car Iesus-Christ n'a point racheté les malins esprits, comme il a racheté

Esaye 14.

Ezechiel 18.

Matt. 25.

les hommes, ainsi il prononce clairement que le feu d'enfer est preparé *Diabolo & Angelis eius*, pour toute eternité. Toutesfois combien que Moyse n'en eust parlé clairement, il les a assez insinuez tacitement, quand il dit, de tous les sept jours qu'ils ont esté reuolus, le Ciel faisant son cours, & causant la nuict & le jour, le soir & le matin, ce qui ne se fait point sans le ministere des Anges, & d'abondant quand il a conclud : *Igitur perfecti sunt cæli & terra & omnis ornatus eorum*, Où par l'ornement parfait du Ciel, il faut entendre les Anges. Car le plus bel ornement qui soit au Ciel, c'est le mouuement, sans lequel, comme mesmes a cogneu Aristote, le Ciel ne pourroit donner aucune influence en terre, & est insinué par sainct Iean, quand il dit : *Iurauit per viuentem in sæcula quod non erit amplius tempus*. Et c'est comme si on disoit, voila vn homme parfait, il faudroit entendre qu'il eust vne ame, & que son corps fust disposé au mouuement naturel à l'homme, & pour ce sainct Chrysostome admonneste que par cet ornement, il ne faut entendre seulement la clarté ou les estoilles : mais aussi plusieurs autres choses, tant hautes, que basses: Mais dautant que telles locutions sont fort obscures, Sainct Athanase, Theodoret, & sainct Chrysostome demandent s'il est point parlé clairement en l'Escriture, que les Anges soient esté créez de Dieu : & respondent tous qu'oüy. Premierement le Roy Dauid a faict vn Pseaume exprés de la creation du monde, où il parle generalement de toutes creatu-

Genes. 1.

Genes. 2.

Apoc. 10.

Chrysost. hom. 10. in Genes.

Theodor. in epitom. diuin. dec. lib. 5.

Dd iiij

res spirituelles, raisonnables, sensibles, terrestres, aquatiques & aérées qui est le Psalme 103. où il commence à parler de la Majesté de Dieu en ceste maniere: *Confessionem siue maiestatem & decorem induisti, amictus lumine sicut vestimento.* Apres il parle quand & quand des cieux, disant qu'il les a estendus sur nous comme vne peau ou pauillon, & soudainement il fait mention des Anges disant : *Qui facis Angelos tuos spiritus.* Il faisoit, dit il, ses Anges Esprits. Sur quoy est bon de noter pour mieux entendre ce lieu & autres de la Bible, que les Hebreux n'ont que trois temps en leurs verbes, le preterit, le present, & le futur, & n'ont point comme les Grecs, & Latins, preterit imparfaict, ou plus que parfait, à cause dequoy le present des Hebreux, peut selõ la commodité de la sentence estre traduit au preterit imparfait, comme aussi le preterit parfait, ou plus que parfait, en ceste maniere font en ce passage les Hebreux, comme qui diroit en Latin: *Qui faciebas Angelos spiritus.* C'est à dire au temps de la creation, Seigneur, vous veniez à faire & créer des Esprits, pour estre vos messagers & ministres, & ainsi Dauid par ce lieu, non seulement il enseigne que Dieu a creé les Anges : mais aussi contre l'opinion des Grecs, & quelques Latins, que les Anges furent créez, lors que Dieu crea le Ciel, & la terre, & non point comme on veut dire plusieurs millenaires d'ans auparauãt: car non sans cause, apres auoir fait mention de l'essence de Dieu, il met les Cieux, tout quand & quand apres, & consequemmẽt les Anges, puis

Psal.103.

Hieron. in epistolam ad Titum.

les autres creatures: Le mesme fait-il au Pſalme 148. où il inuite toutes creatures à loüer leur Createur: il n'oublie point les Anges, ains les met au premier rág, diſant: *Laudate eum omnes Angeli eius: laudate eum omnes virtutes eius*, & puis il cóclud que Dieu les a faits, & creez auec toutes autres creatures, par ces paroles, *Quoniã ipſe dixit & facta sũt, ipſe mãdauit & creata sũt.* Le meſme ordre preſque eſt gardé par les trois iouuenceaux eſprouuez à la fournaiſe de Babilone, ils proteſtent en premier lieu de vouloir inuiter toutes les œuures de Dieu, à benir leur Createur, puis les voulant particulariſer, ils ameinent les Anges, comme les plus excellentes creatures, chantant harmonieuſement, & diſans, *Benedicite omnia opera Domini Domino, laudate & superexaltate eũ in ſæcula. Benedicite Angeli Domini Domino: benedicite cæli Domino.* Où eſt à remarquer (pour ne sẽbler enfraindre l'argument mis en auant cy-deſſus, contre ceux qui ont eſtimé que la creation des Anges euſt long temps auparauant precedé celle du Ciel) qu'en ce lieu & certains autres, le Ciel eſt mis apres les Anges, & c'eſt pour demonſtrer l'excellence des Anges par deſſus toutes autres creatures: mais de donner raiſon, pourquoy les Cieux ont eſté preferés aux Anges, on n'ẽ ſçauroit dõner facilemẽt & litterallement autre raiſon. S. Iean Chryſoſtome dit, que S. Iean a fait mẽtion de la creation des Anges, quãd il a dit, *Omnia per ipſum facta ſunt, & ſine ipſo factum eſt nihil.* Et S. Paul par maniere de dire cómente ceſte ſentence de ſainct Iean, comme ayãt eſté

S. Tho. ſ. p. q. 61. ap. 3. Pſal. 148.

Dan. 3.

Chryſoſt. hom. de te iunio Geneſi lecti. Ioan. 1.

rauy au Ciel apres luy, quand il a escrit à ceux de Colosse: *Quoniã in ipso condita sunt vniuersa in cælis et in terra, visibilia, & inuisibilia, siue throni, siue dominationes, siue principatus, siue potestates, omnia per ipsum & in ipso creata sunt.* Ce qu'estant hors de doute contre tous Manicheás, Marcionistes, & autres disciples de Simon Magus, il faut par mesme moyen conclure que Dieu a creé tous les Anges, bons, voire parfaits en toute bonté, de nature & de grace: car tout ce que Dieu a fait, il l'a trouué & approuué estre fort bon, comme dit Moyse, qui donnant aussi la raison au peuple, sur la fin de ses liures, *Dei*, dit-il, *perfecta sunt opera*: & depuis, le Sage nous fait sages, que Dieu a fait toutes choses en nõbre, poids & mesure, & où l'on ne sçauroit trouuer la moindre discorde ou macule; no⁹ asseurãt aussi Iesus-Chr. que le diable n'a voulu persister en verité, c'est à dire, en toute integrité, cõme il auoit esté creé, & dauantage qu'il auoit esté au Ciel: mais qu'il en estoit descheu cõme vn foudre. S. Pierre & S. Iude d'abondãt dõnent la raison de telle cheute; pour autãt, disent-ils, qu'ils ont commis peché contre Dieu, & tel qu'estant enueloppé de malice & obstinatiõ, il a esté irremissible, & indigne de pardon. En ce mesme sens est dit en Iob. 4. c. *In Angelis suis reperit prauitatem.* Outre que quãd il n'y auroit autre texte à ce propos, hors-mis celuy qui est en sainct Matthieu, où Iesus Christ predit qu'il enuoyera le diable & ses Anges au feu eternel, ce seroit argumét assez suffisant (comme conclud fort bien Theo-

Coloss. 1.

Genes. 2.
Deut. 32.
Sap. 11.

Ioan. 8.
Aug. lib. 11.
de ciuit.
cap 18.

Iud. in canon. 2. Petri. 2.

Iob. 4.
Matt. 25.

doret) pour faire croire qu'il a esté creé auec bonté & perfection : mais que de son gré & expresse malice, il a choisy le mal pour se rebeller côtre Dieu. *Non est enim*, dit-il, *iusti Dei proprium eum punire, qui necessitate malus sit.* C'est certainement contre la nature, bonté, & iustice de Dieu, lequel ne damne personne, si par sa malice il n'a desseruy telle peine. A bon droit doncques Porphyre Philosophe est par S. Augustin redargué, parce qu'il disoit y auoir vne certaine maniere d'Esprits qui estoiét naturellement mauuais & trompeurs. Nō, dit il, ce n'est point par nature : mais par leur propre volonté. Il reste donc à sçauoir de quelle espece de peché ils ont esté trouuez coulpables. Sainct Augustin nous en resoud : puis qu'il est ainsi, dit-il, qu'ils sont Esprits ; il ne faut penser qu'ils soient fornicateurs, yurognes, ou adonnez à quelque autre genre de vices qui procedent de la chair, mais il faut considerer qu'il y a deux manieres de peché : les aucuns sont appellez spirituels, pour autant qu'ils sont propres aux substances spirituelles, & tels sont orgueil, & enuie : les autres sont charnels procedans de la chair. Sainct Augustin n'a dit cecy de sa teste, ains a eu esgard à l'Escriture, laquelle specifiant les pechez propres à Sathan, faict métion de ceux-cy, comme Esaye & Ezechiel, voulans exaggerer la grande outrecuidance & orgueil des Roys de Babylone & de Tyr, ils font vne côparaison d'eux auec Lucifer, côme aussi fit nostre Seigneur, voyāt que les Apostres

Theodor. lib. ep. to diuino. decret.

Augu. lib. 14. de ciu. cap. 3.

Augu. lib. de ciu. 15.

Esaie 14. Ezech. 18.

s'enorgueillissoient de ce qu'à leur parole & commandement les diables s'enfuyoient, ne vo° esiouyssez pas, dit-il, pour cela, car i'ay veu Sathan tomber du Ciel comme vn foudre, insinuant par ces paroles, que la cheute du diable auoit esté l'orgueil : & apres luy, sainct Paul exhortãt les Euesques à toute humilité, que l'Euesque (disoit-il) ne s'esleue point en orgueil de peur qu'il ne tombe en mesme condemnation auec le diable, & quant est de l'enuie, il est escrit, *Inuidia diaboli mors intrauit in orbem terrarum*, & pource que cela se rapporte à l'humain lignage, c'est pour nous donner à entendre que le diable n'est tombé en enuie iusques apres la creation de l'homme, & que l'orgueil a esté son propre peché au ciel. Or soit qu'il se soit tãt prisé pour les dõs de nature qu'il s'aduisoit d'auoir, qu'il eust estimé pouuoir estre beatifié, & fait consort de la diuine nature (qui est monter au plus haut degré qu'il est possible à la substance intellectuelle) par ses propres moyens, & forces naturelles (comme le semblent insinuer Esaye, & Ezechiel) ou bien qu'il n'eust voulu recognoistre pour chef le mediateur des hommes & des Anges, Iesus Christ, qui leur estoit par reuelation diuine proposé: (comme il fit apres à Adam, & à tous les Peres de l'ancien Testamẽt) certain est que par grãd orgueil il a rebellé à Dieu, resistant à sa volonté, si bien qu'il y a eu bataille au ciel, en la maniere que les esprits bataillent en resistãt à force de volonté l'vn contre l'autre, comme nous bataillons aussi contre eux ? si bien que les bõs

Luc. 10.

1. *Tim.* 3.
cap. 2.

anges n'ont voulu adherer à sa pernicieuse entreprise, ains luy ont resisté de toutes leurs forces, accomplissant ce qu'est escrit d'eux: *Benedicite Dominum omnes Angeli eius potentes virtute, qui facitis verbum eius ad audiendam vocem sermonum eius.* Ainsi par orgueil les mauuais esprits ont esté deboutez du haut ciel, où au cõtraire les bõs esprits ont esté beatifiez par la cõmunication de la face & visiõ de Dieu. Ce que aussi a donné à entẽdre Iesus-Christ, quãd par orgueil ses Apostres luy demandoient lequel d'entr'eux seroit le plus grand au Royaume des cieux, & il print par la main vn petit enfant, leur disant: Si vous ne donnez ordre d'estre comme ce petit enfant, vous n'y entrerez point, & gardez-vous de scandaliser les petits enfans, car leurs anges voyent tousiours la face de mon Pere qui est és cieux: voulãt dire que les enfans à cause de leur humilité naturelle, ils sont en cela semblables aux Anges, lesquels par ce moyen ont eu la vision de la face de Dieu. Or depuis ce temps-la, il y a eu tousiours bataille & cõtrarieté de volonté entre les bons & mauuais esprits: comme il est tousiours aduenu entre les bons & mauuais hommes, Abel, Caïn, Isaac, & Ismael, Iacob & Esau: & c'est ce que propose sainct Iean en son Apocalypse, qu'vne grande bataille a esté donnee au ciel entre Michel & ses Anges, & le Dragon auec ses anges aussi: comme aussi S. Iude nous propose le mesme Michel disputant & altercant contre Satan. Estant donc mauuais & hors de la grace de Dieu, il ne peut que

Psal. 102.

Matt. 18.

Apoc. 12.
Iud. in canonic.

vouloir faire mal, ce que ne pouuant executer contre les bien-heureux & saincts de Paradis, il a conuerty sa rage cõtre l'homme, qui est fait à l'image de Dieu, & constitué çà bas en terre pour l'adorer & recognoistre & seruir de tout son cœur, aux fins que par tels moyens il soit en fin participant de la gloire & felicité diuine, de laquelle il a esté priué, comme nous auons dict, par son orgueil, & c'est ce qu'il nous faut considerer au chapitre ensuyuant.

Des moyens qu'ont les malins esprits pour venir vers nous, en quelle region du monde ils resident, comment ils sont liez, & de leurs façons de faire pour tenter les hommes.

Chapitre IIII.

Du lieu où resident les malins esprits.

OR quant est des moyens qu'ils ont pour ce faire, l'escriture nous enseigne qu'en tombant du Ciel, les vns demeurerent en la moyenne region de l'air, qui est tenebreuse: pour autant que les rayons du Soleil passent tout outre sans rencontrer aucun corps solide, par le moyen duquel ils puissent faire aucune reuerberatiõ, sans laquelle ils ne luisent point, comme on voit dans vne caue où l'on n'apperçoit clarté quelconque, excepté au lieu où le rayon s'arreste, & quand nous n'aurions autre preuue que la regle generale de S. Hierosme elle nous deuroit suffire, attendu qu'il dict ces propres mots: *Omnium doctorum opinio est quod*

Hiero. lib. 3. in epist. ad Ephes. ad cap. 6.

aer iste qui cœlū & terrā medius diuidens, inane appellatur, plenꝰ sit cōtrarijs fortitudinibus. Puis docques que iamais aucun docteur de l'Eglise n'en douta, voire les premiers & plus anciens, il faut bien estimer qu'ils en auoient bon tesmoignage par l'Escriture. Ils consideroient donc que nostre Seigneur en la parabole de la semence, par les oyseaux du Ciel qui mangeoient le grain, auoit entendu & ensemble interpreté les diables qu'il appelle oyseaux du Ciel, c'est à dire de l'air, selon la phrase vsitee aux Hebreux & à nous aussi, qui auons coustume de dire que la pluye vient du Ciel, c'est à dire de l'air: car comme a bien remarqué S. Hierosme, tous les Philosophes sont d'accord que les nuees, d'où procede l'eau de la pluye, ne sont point esleuees sur la terre plus que de deux mille pas pour le plus, où y a vne distance sans comparaison bien plus grande, du Ciel à la terre, auquel sens sainct Paul a escrit aux Ephesiens que nostre combat ne gist point contre les hommes principalement, mais contre les Princes de ce monde qui sont esprits mauuais habitans là haut aux parties celestes, & comme il explique toutes ces authoritez & autres semblables au second chapitre de la mesme epistre, par ces parties celestes il faut entendre l'air, *Secundum sæculum mundi huius*, dit-il, *Secūdum principē potestatis aëris huius, spiritus qui nunc operatur in filios diffidentiæ* (autant en dict sainct Iude en sa Canonique) remonstrant que tels mauuais esprits sont en l'air caligineux, pour estre

Luc. 8.

Hiero. vbi supra.

Ephes. 6.

Iud. in canonic. vid. 2. Petr. 2.

reseruez au iour du grand iugement pour entendre ces parolles, allez vous-en au feu eternel, qui est preparé au diable & à ses anges: voicy ses paroles, *Angelos qui non seruauerunt suũ principatũ, sed dereliquerunt suum domiciliũ in iudiciũ magni diei vinculis æternis sub caligine reseruauit.* A quoy se peut aussi rapporter ce qui est escrit en S. Luc, où est recité que les diables prioient Iesus-Christ de ne les enuoyer point aux abysmes d'enfer, mais plustost aux pourceaux, & il se plaignoient par mesme raison, disans à nostre Seigneur, *Vt quid venisti ante tempus torquere nos?* Comme s'ils disoient, nous sommes tous asseurez de nostre totalle damnation, mais le temps n'est encore venu: car cela sera executé entierement au dernier iour du grand iugement, il n'est encores venu, laisse nous donc encores en ces quartiers iusques en ce temps-la, de mesme peut estre entendu ce qui est dit en l'Apocalypse: *Vah terræ & mari quia descendit diabolus ad vos habens iram magnam*, & apres au mesme liure est dit que cest aduersaire a esté mandé en l'estang de soulphre & de feu. De resoudre quelle differéce il y a entre les diables qui sont desia aux enfers d'auec ceux qui sont encores en l'air, bien qu'à cela sainct Hierosme n'a voulu mettre la main pource que c'eust esté vn peu hors de propos, & si craignoit (comme il s'en excuse) d'estre trop ennuyeux, pour s'arrester par trop sur vn passage, si est-ce que nous en parlerons tantost à cause que le subjet le requiert, tant y a que c'est chose asseuree qu'il y a vn grand nombre

Luc. 8.

Matth. 8.

Apoc. 12.

Hiero. lib. 3. Comm. in Epist. ad Ephes.

nombre des malins esprits qui habitēt en la region de l'air tenebreuse, & descendant ça bas, Dieu l'ayant ainsi permis par sa prouidence. Premierement pour se seruir d'eux, qui sont sēs creatures, mais à vils offices, comme vn Roy & la Iustice ciuile ont de coustume condamner certains mal-faicteurs, non à la mort, mais à offices qui ne leur apportent aucun profit, ains peine & trauail seulement, pour le biē toutesfois du public: ainsi jadis aucuns estoient condamnez à vne isle ou aux montaignes, pour y couper les montaignes de marbre au profit du Prince, estans nonobstant tousiours enchainez de chaines de fer au pied, & ayant bonnes gardes: comme l'on dit encores de ceux qui sont aux galeres. Secondement pour nostre exercice, comme l'applique S. Bernard, apres sainct Hierosme, aux Hiebusiens, Philistins & autres peuples barbares qui furent delaissez par diuine permission aux limites de la terre de promission, pour seruir d'exercice au peuple d'Israël, lequel sans cela eust facilement recalcitré contre Dieu, estoient vne figure des malins esprits, lesquels Iesus Christ deuoit delaisser apres sa mort & Passion, en l'air, pour nous exercer en bien, cōme le sablon infructueux & sterile sert de nettoyer & clarifier les vaisseaux d'or & d'argent qui sont soigneusement gardez en la grāde maison d'vn pere de famille. Ainsi a esté exercé Iob, en somme tous gēs de biē, iusques à S. Paul qui dit auoir enduré des soufflets de Sathā, mais aussi il concluds en l'Epistre cy-dessus alleguee, où il fait mētion de ce propos, que

Bernard. Hier. loco citato & Augu. cōtra Faust. Manich.

Iob.1. 2.Cor.12.

E e

noſtre Redempteur nous a voulu premieremēt par le merite de ſa precieuſe mort & Paſſion, armer treſtous de cap en pied, cōme vrays chāpions de Dieu. Le glaiue, dit-il, eſt la parole de Dieu, le heaume c'eſt l'eſperance, le halecret, c'eſt la charité, & le bouclier, c'eſt la foy: cōme aussi diſoit S. Pierre: *Cui reſiſtite fortes in fide*: en ſomme moyennant ces armeures, le diable ne peut rien, voire du tout rien ſur nous, cōme le monſtre S. Auguſtin en premier lieu, pource qu'il s'enfuit tout quād & quād de nous, ſi nous vſons de nos armes, cōme dit S. Iacques, qu'il s'enfuit ſoudainement qu'on luy reſiſte, *Reſiſte* (dit-il) *diabolo & fugiet à vobis*. En ſecōd lieu, pource qu'il ne gaigne jamais aucun, excepté ſeulement ceux qui ne veulent reſiſter, bref cōme l'on dit: *Non vincet niſi volentem*. Eſtās auſſi conſtituez en ceſte maniere aupres de nous, ils ont vne bride, c'eſt la diuine prouidēce, laquelle ſoit par le miniſtere des bons Anges, ou autrement, comme bon luy ſemble, cohibe tellement leur rage & malice, qu'ils ne puiſſent faire tout ce qui ſeroit bien, meſmes en leur puiſſance naturelle, & faut que deuant qu'ils facent quelque choſe ils en demandent congé à Dieu, comme eſtans ſes eſclaues: Ainſi voyōs-nous Sathan auoir demandé congé à Dieu d'affliger Iob en ſa perſonne, & en ſes biens, & les diables dont eſt fait mention en l'Euāgile, n'oſoient entrer aux pourceaux, ſans auoir eu de cela congé particulier de Ieſus-Chriſt (cōme le monſtre bien amplement Tertullien,) & de telle bride parle ſainct Paul, quand il dit: *Fidelis Deus qui non patietur vos tentari ſupra id quod*

1. Pet. 5.

Augu. lib. de nat. & gratia cap. 18.

Iob. 4.

Tertul. lib. de fuga. in perſecut.

Iob. 1.

Matt. 18.

1. Cor. 10.

potestis. Il permet plusieurs choses à Sathā: mais tellemēt de mesure que la tentation qu'il nous veut inferer, ne soit point par dessus nos forces, pource il ne faut disputer pourquoy Dieu afflige plustost vn que l'autre, & en tāt de façons diuerses: car il cognoist bien qu'vn jeune adolescēt cōme Dauid, a bien la hardiesse & le pouuoir d'entrer au cōbat cōtre le Geant Goliath, où les plus forts & robustes d'Israël (mesmes selon l'opinion du monde) y eussent facilement succōbé. Cepēdāt le diable en nous exerçāt en telle maniere, par la malice qu'il a contre Dieu & l'ēuie qu'il nous porte, il ne fait que s'acquerir tousiours nouuelle peine: si biē que les malins esprits qui offencerēt dauantage apres leur creatiō, pour leur malice, orgueil & ingratitude plus grande, furent enuoyez aux infimes abismes d'enfer, & ont desia toute leur peine qu'ils pourront auoir, mais ceux qui ont esté delaissez en l'air ayans moins offensé, ils s'acquierent tous les jours nouuelle damnation, non quāt à la priuation de la vision de Dieu, qui est cōmune à tous, mais quāt à la peine du feu, & c'est ce que les Docteurs du tēps de S. Hierosme souloient dire, que si vn Chrestiē resiste aux tētations du diable, il fait non seulement chose qui est à sō profit particulier: mais aussi il fait du biē au diable son ennemy, quand par ce moyen le diable n'acquiert vn tourment si grand, comme s'il auoit vaincu le Chrestien: car il en seroit puny, comme ayant esté occasion de tel peché, & à ces mesmes fins voyons-nous que les diables craignoient d'estre enuoyez aux abys-

Hiero. lib. 1. commēt. in Matth. ad cap. 5.

Luc. 8. De quel lien sont liez.

mes, qui fort long temps auoient tourmenté corporellement vn pauure Iuif. Ceste prouidence de Dieu fait encores par mesme occasion, que s'ils ne sont enuoyez aux plus bas Enfers, au moins ils sont liez en quelque quartier du monde, qui n'est autre chose à dire, sinon que Dieu les condamne à ne bouger d'vn certain lieu determiné, sans pouuoir operer aucunement ailleurs, qui est vn des plus grãds tourmens qu'ils puissent auoir, parce qu'ils sont esprits, & de nature genereuse cõplatez & créez auec toute liberté pour operer promptement en tous lieux où leur volonté se porte, & à cause de ce, sont appellez par Tertullien, *Quodammodo volucres*, ayans vne agilité bien plus excellente que tous oyseaux, & s'il faut ainsi dire, par telle allegation, ils sont mis cõme dans vne cage, ne pouuans voler ny çà, ny là, pour faire aucune chose à leur volonté, estans detenus par force & contrainte, tremblants & violentez au commandement de Dieu, & ainsi doit estre entendu le passage du liure de Tobie, où est dict que Raphaël a pris le diable Asmodeus (qui signifie en Hebreu exterminateur) & l'a banny & lié au desert de la superieure Egypte, & aussi du passage de l'Apocalypse, où est dict que Sathan seroit lié, puis deslié, qui n'est autre chose à dire, sinon toute puissance & exercice luy estre ostee par diuine puissance, & apres luy estre rebaillee, il sera deslié aux derniers iours, quand il luy sera permis d'executer toute sa rage sur les gens de bien, par le ministere de l'Antechrist, iusques à faire miracles, comme fai-

Tertul. li. de anima c. de Som-nijs.

Tob. 8.

Apoc. 20.

Apoc. 16. & 2. ad Thessal. 2.

re descendre visiblemēt le feu du ciel, & autres choses semblables, descrites au long par S. Iean en l'Apocalypse. Et quant à tous ses effets, il en est maintenant lié, biē que naturellement il le puisse faire aussi bien maintenant qu'il le fit du tēps de Iob, & le fera au temps de l'Antechrist, aussi il a esté lié par la mort & Passion de Iesus-Christ, à ne pouuoir plus parler sensiblement aux hōmes par les oracles, comme on peut voir en l'Apocalypse, & l'experience l'ēseigne: mais sur la fin du monde il sera tellement deslié, qu'il parlera familierement aux personnes, & s'apparoistra à eux en forme visible. Tous ces discours sont sincopez en vn mot par S. Thomas, quād il dit, *Dæmones dicūtur ligari quādo impediūtur agere quæ naturaliter possunt & solui quādo permittuntur*. Ayant doncques telle permission, comme il est serpent & caut en ses entreprises, il vse de plusieurs & diuers moyens pour gaigner les hommes, lesquels nous pourrōs entendre tāt par les deux apparitions visibles couchees en l'Escriture, l'vn à l'ancien, l'autre au nouueau Testamēt, qui nous doiuēt suffire, cōme par l'experience qu'en a pris vn bon & fort anciē Pere Anthonius Monachus, duquel l'Histoire a esté escrite au long par S. Athanase: car il sēble à voir par le discours qu'il en fait, que ce bō personnage ait esté enleué de Dieu, expressément pour endurer sensiblement (& qui plus est visiblement les assauts de Sathan, comme vn autre Iob les endura seulemēt sensiblement) & pour autāt de luy deuons apprendre les façons de faire de Sathan, & les moyēs pour nous gar-

Apoc. 20.

S. The. in quæst. de potent. q. 6. art. 5. & Augu. lib. 20. de ciuit. cap. 8. vid. locum.

De leurs moyens pour nous tromper.

Atha. in vit. Anth.

der de ses embusches. Quāt à la premiere apparitiō visible de Sathan, qui est descrit en Genese 3. chap. il appert par icelle, qu'il peut prēdre vn corps visible pour se faire voir aux hōmes, non pas toutesfois qu'il soit en son pouuoir de le prendre à sa volonté, car il y auroit desordre: *Repræsentaret enim se vxori tanquam maritus, seruo tanquam Dominus, religioso tanquam prælatus, pænitenti tanquam confessarius, & sic nullus esset securus quād et tentaremur supra id possem*. 1. Cor. 10. *et esset contra prouidentiā Dei*: en cela estant cohibé & empesché par la toute-puissance de Dieu, comme S. Augustin l'enseigne, & S. Thomas apres luy: mais quelquefois Dieu l'a ainsi permis d'vne part pour conuaincre nostre entēdemēt à croire qu'il y a des malins esprits, qui ne s'estudiēt jamais à autre chose qu'à nous perdre, d'autre costé pour nous faire cognoistre à l'œil combien est ord & sale cest esprit immōde, depuis le temps qu'il s'est esloigné de son Dieu, & armé contre luy, puis qu'il se fait voir le plus souuēt en vne forme si hideuse que d'vn serpēt ou autre beste brute, & à ces fins il nous est proposé au beau cōmencement de la Bible, cōme vne vilaine couleuure, pour la secōde raison: & pour la premiere au beau cōmencement de l'Euangile presché par Iesus Christ, comme vn personnage qui a beau babil, mais duquel la fin n'est autre que de nous faire precipiter & rōpre le col. Et pource qu'il est ainsi cauteleux il a de coustume de s'accōmoder aux gens, en cela faisant le singe de Dieu qui s'est tousiours voulu demettre à nostre imperfection, & prati-

Gene. 3.

Chrysost. hom. 4. de Lazaro.

Aug. li. 4. d. gene. ad litt. l. S. Tho. 2. 2. q. 165. art. 1. ad 2.

quer le dire de S. Paul: *Omnia omnibꝰ factus sum* 1. Cor. 9.
vt omnes lucri facerem, si bien qu'à vne pauure
fémelette qui n'a point beaucoup de cognoissance, fors de la sensualité, cōmencera à detracter de Dieu, & reuoquer en doute s'il est de
luy tout ce qu'on en dit : puis cōme il cognoist
que ce sexe est fort amateur d'honneur & de la
grandeur, il luy promet cela : apres pour la
troisiesme il promet aussi des voluptez charnelles, outre le manger & le boire, toutes lesquelles choses on peut aisément obseruer aux
traicts dont il a vsé à la premiere féme qui ioüe
le personnage de toutes les autres qui mettent
Dieu en oubly, estant chose asseuree, que s'il se Genes. 2.
fut adressé à Adam, il eut vsé d'autres moyens,
bien plus couuerts que de ceux-là, & pource S.
Paul rapporte la victoire à vne simplicité femi- 2. Cor. 11.
nine, quand il conclud: *Ne sicut serpens seduxit
Euam, ita seducantur sensus vestri à simplicitate
quae est in Christo Iesu.* Au reste quand il a voulu
tromper Iesus Christ, il y procede bien tout autrement : car sans detracter aucunemēt de Dieu
(car vn homme rassis d'entendement & de foy
abhorre telle chose, & estouppe soudainemēt
ses oreilles) il commence, par ce qui n'a nulle
apparence de mal, ains plustost semble auoir
esté vsité par les saincts personnages, comme
ayant Moyse par sa priere changé le sang du
fleuue en eau, & le rocher aussi, comme il est
escrit: *Qui conuertit petram in stagna aquarum*, à Psal. 113.
cause que le peuple estoit en grande necessité
de boire, ainsi il tasche persuader à Iesus-Christ Matt. 4.
de chāger les pierres en pain, à sçauoir au grand

besoin de māger, & estāt à vn desert, aussi bien que Moyse. Puis pour la seconde fois, sçachant que Iesus-Christ estoit versé aux sainctes Escritures, & à icelles il se plaisoit le plus, il luy amene des passages de la saincte Escriture. Et cōme il ne peut rien faire par cela, il luy propose d'estre Monarque du monde: sçachāt que la science enfle des personnes qui n'ont charité, & leur fait à croire qu'ils sont suffisans de gouuerner tout vn mōde, voire mieux que tous les autres. Somme il est tout semblable au Crocodille d'Egypte, lequel s'apperceuant de quelque homme, qui approche du Nil poursuiuant son chemin, il commence à contrefaire l'homme & à pleurer comme s'il auoit grand besoin de secours, & le pauure homme approchant à la bonne foy est soudainement deuoré. Ainsi recite sainct Athanase, qu'vn jour il se douloit fort auprès de la cellule de ce bon Pere Anthonius, & comme il demanda qui c'estoit, il respondit, se voyant descouuert, qu'il auoit bien grande occasion de se plaindre, car tout le mōde le chargeoit d'estre cause de tous les forfaits du mōde, combien qu'il en fust innocent. Par fois aussi il chantoit des Psalmes se voulant accommoder à luy : mais il bouchoit pour lors ses oreilles, ne voulant escouter le chāt de Sathan, & pratiquoit ce qui est escrit: *Ego autē tanquam surdus non audiebam*, autrefois il se presentoit auec grande splendeur, se transformant en Ange de lumiere: mais il fermoit les yeux, ne voulant voir la clarté de Sathā, & quād il voyoit qu'il ne pouuoit le gaigner par tous ces beaux moyens,

Athan. in vit a Ant.

Psal. 37.

car il auoit obtenu par frequentes prieres, larmes & ieusnes, le don qui est appellé par S. Paul (*Discretio spiritum*) il venoit auec grand bruit pour l'espouuenter: Maintenāt, dit il, en guise d'vn Dragon, tātost en guise d'vne autre beste effroyable, par fois se presētoit à luy comme vn homme ayant enorme grādeur plus que celle d'vn geant, si bien que la teste touchoit au ciel, combien que les pieds fussent en terre: quelquefois aussi il faisoit vn grand bruit, comme si la cellule eust esté enuironnee de cheuaux, chariots & gensarmez, mais pour lors s'estant à Dieu recommandé il se mocquoit de luy ayant esgard à ce qui est escrit, *Hi in curribus, & hi in equis, nos autem in nomine Domini nostri inuocabimus.* Il n'oublioit aussi de mettre des lingots d'or par où il deuoit passer pour le tenter d'auarice, lesquels au signe de la Croix (dit S. Athanase) s'esuanoüissoiēt en fumee, & dauantage il se presentoit aussi à luy en forme de femme, pour le faire tōber au peché de la chair: & quand par tous ces moyens il ne le pouuoit gagner, en fin il l'exhortoit de veiller lōg tēps la nuict en prieres, vaquer à ieusnes, & à tous autres exercices spirituels, ou pour le degouster de toutes ces choses, cōme estant suadé par l'ennemy de nature, ou au moins aux fins qu'il semblast faire quelque chose pour luy: mais ce sainct personnage qui pouuoit bien dire auec sainct Paul, *Non ignoramus astutias eius*, ne laissoit de continuer ses saincts exercices, ains il augmentoit dauantage sa deuotion, non pour ce que le diable l'auoit dit, mais pource que

1. Corint. 12.

Psal. 19.

Vide Aug. lib. 2. de ciuit. c. 26.

2. Cor. 2.

74 DISCOVRS

Iesus-Christ nous l'a enseigné, tant de fait que de parole, sçachant bien que tout ce que le diable faict, & dit, le tout n'est qu'à mauuaise fin : &, pource d'autant plus qu'il confessoit à haute voix que Iesus Christ estoit fils de Dieu, d'autant il luy imposoit silence. Le dernier moyen, duquel il souloit vser, c'estoit d'increpation d'austerité, en luy remonstrant que c'estoit vne vie fort rude, barbare & onereuse, & que c'estoit destruire la creature de Dieu, non pas l'entretenir en son seruice, & que pourueu qu'on n'excedast aux viandes, n'estoit peché que d'vser des creatures de Dieu auec action de graces. Finalement aussi il menassoit de le bien battre, & de le faire mourir, en luy rompant le col. Mais à cela il auoit sa responce toute preste, que s'il n'auoit peu aucunemét nuire à la moindre brebiette de Iob, ny aussi aux pourceaux immondes, que moins pourroit-il faire dommage à l'homme, qui est peculierement sous la protection de Dieu, & duquel tous les cheueux sont nombrez, tellemét qu'vn seul ne peut tomber de sa teste, sans l'expres vouloir de Dieu.

Luc. 4.

Iob. 1.

Matth. 8.

Luc. 8.

Le pretédu du diable est d'estre adoré.

Que le but du diable, n'est autre que de se faire adorer côme Dieu, & trôper les hommes. Que le diable ne sçait point les choses futures, ny ne peut penetrer, ou sonder le cœur humain.

CHAPITRE V.

IL nous faut auoir tousiours souuenance des deux pechez qui sont propres à Sathā, à sça-

DES ESPRITS. 75

uoir orgueil & enuie, & ce pour toute chose que nous voudrons deffinir de luy: car de ces deux vices spirituels, comme de deux sources procedent tous les effects. Comme ainsi soit doncques qu'il ait auec ses Anges premieremēt peché par orgueil, voulant par rapine vsurper l'egalité de Dieu, il persiste tousiours en ceste mauuaise volonté, par la grande impenitence obstinatiō qui est en luy, & ne cesse de dire en son cœur: *Similis ero altissimo.* Ce qu'il a pratiqué dés le commencement, car en regardant le iargon qu'il tenoit à la femme, est aisé à voir qu'il ne pretendoit autre chose conclure, sinon qu'elle l'adorast comme Dieu. Quand vn tyran tasche d'vsurper à soy vn Royaume, lors qu'il detracte du Prince naturel, il ne pretend autre chose faire, sinō tascher de persuader aux gens d'estre receu & recogneu pour vn vray Roy: quand donc Sathan proposoit à Eue que Dieu leur portoit enuie, & qu'il seroit biē marry qu'ils mōtassent si haut qu'ils pouuoiēt bien monter, il ne faisoit autre conclusiō, sinon que ce qu'ils estimoiēt estre Dieu n'estre vray Dieu, pourautant qu'vn vray Dieu, cōme vray Pere, il taschera d'auancer en tous honneurs ses enfans autant qu'il luy sera possible, & dauantage puis qu'il se presentoit cōme tel ; c'est à dire ne demandāt riē mieux que leur auancement, & à ces fins apparoissoit à eux, & leur parloit familierement, cōbien qu'il fust d'vne nature inuisible, & bien plus excellēte que la leur, cōme les voulant diriger, & conduire à vne supreme felicité, iusques à estre comme eux, par

Esaie 14.

cela il concluoit qu'il estoit le vray Dieu, & cōme vray Dieu deuoit estre d'eux adoré, & à vray dire, il n'a esté du tout frustré : car plusieurs peuples ont estimé que le serpent de celuy qui parloit par le serpent estoit vray Dieu, tellement que les Grecs en ont prins l'ethimologie du serpent, comme remarque fort bien sainct Athanase, car, dit-il, ὄφις, c'est à dire serpent, & ainsi appellé, comme qui diroit, ὄφης, c'est à dire celuy qui parle, à cause qu'il auoit parlé à nos premiers parés, ayās opinion que ce fust pour leur grand bié & vtilité, & nō seulement les Grecs, mais aussi tout l'Empire Romain a esté abbreuué, depuis qu'vn oracle leur fit responce que la peste ne cesseroit à Rome, s'ils n'enuoyoient querir le Dieu Esculapius. Or les Ambassadeurs s'estant transportez au lieu par l'oracle designé, trouuerent vn grand serpent, lequel ils firēt entrer en leur nauire, & l'apporterent à Rome, où il fust par l'espace de trois iours, dequoy Valerius Maximus en parle fort serieusement, cōme de chose appartenante à la veneration des dieux, & Ouide n'a honte de l'appeller son Dieu.

Cum Christis aureus altis
In serpente Deus prænuncia sibila misit.

Lucian en fait vn Opuscule, disant, que les Oracles qui procedoiēt de la bouche d'vn certain serpent conduit par vn Magicien appellé Alexādre, c'estoit en diuins Oracles, & bié plus venerables que ceux qui procedoient des Prestres: car, dit-il, ceux-là sortoient de la propre bouche de Dieu, & qui est encores plus admi-

Athan. in definitionibus prici.

Valer. Maxim. lib. I.

Ouid. lib. metamor.

Lucian.

table à la primitiue Eglise, il y a eu des Hereti- *Epiph. lib.* ques qui en disoient autát, se persuadás que ce *1. contra* serpēt qui parla à Eue, fust vray Dieu, parquoy *hæreses.* ils souloient faire monter sur leur autel vn serpēt, auquel ils presentoient leurs sacrifices, &
pour ceste occasion ont esté appellez Ophites,
c'est à dire, *Serpentins*, ou gens qui adoroient le
serpent. Beaucoup mieux ont estimé les Syriēs
& Caldeens, & autres peuples Orientaux, les- *Vide Pli-*
quels disoient (comme appert par ce que Phe- *nium lib.*
recides Syrus en a escrit) que le grand Dieu a- *8. natural.*
uoit chassé du Ciel tous les diables, desquels le *Historia.*
Capitaine estoit vn nommé Ophianus, c'est à
dire en Latin, *Serpentinus*, & comme bien respond Lactance aux Idolatres, en cela ils se sont *Lactan. in*
abusez quád ils ont prins le noir pour le blanc, *diuinis in-*
& le Prince des diables, pour le Prince des hō- *stitutionib.*
mes, qui est le seul Dieu. Toute ceste digres-
sion ne tēd à autres fins, qu'à demonstrer que
veritablement l'intētion du diable serpēt, n'e-
stoit autre que se faire adorer comme Dieu, ce
qu'il a biē clairement demonstré par le progrés
des tentations, dōt il a vsé contre Iesus-Christ.
Car pour le dernier propos, il luy garde ce
mot qui estoit son vray but, *Si cadens adoraue-* *Matth. 4.*
ris me. Et c'est pourquoy il s'est fait bastir des tē-
ples, dresser des autels, ordonner des festes, initier des Prestres, presenter des sacrifices, ayant
veu que Dieu en auoit voulu autát auoir pour
son seruice, non cōme remonstre S. Augustin, *Aug. li. 10.*
qu'il se plaise aucunement à l'odeur du rost des *de ciuit.*
animaux, ou autres choses semblables: mais
c'est pour autant qu'il s'esioüit fort qu'on luy

exhibe les honneurs deuz à Dieu, en cela ayāt vn contentement fantasque, quād il est estimé Dieu en apparence, jaçoit qu'il soit damné & tourmenté sans cesse en verité: *Dæmones non cadauerinis nidoribus* (dit S. Augustin) *sed diuinis honoribus gaudent.* Or pour estre tousiours entretenu en ceste grandeur, il n'a point sceu trouuer meilleur moyen ny plus expedient, que de parler familierement aux personnes, & leur dire choses occultes, ce qu'il a faict par les oracles, le premier desquels il faut nommer l'oracle du serpent parlant à Eue. Car dequoy importe-il s'il est entré dans le corps d'vn serpent pour parler, ou s'il est entré dans vne statuë de marbre? Cela n'empesche de rien qu'on ne puisse dire que le premier oracle ait esté celuy qui a parlé à la premiere femme, & pourtant Tertulien à bō droit met au premier rang de tous heretiques, la premiere femme, considerant que de parler ainsi au diable familierement, c'est apostasie. Apres le deluge des oracles, ont esté plus frequents, & ont commencé à la posterité de Cham: de là vient que le plus ancien oracle que nous trouuons entre les Autheurs, c'est *Oraculum Hammonium*, comme nous dirions *Oraculum Chammoniū*, car le nō de Cham s'escrit en Hebreu auec vne forte aspiration, & à ceste occasion nostre translateur la traduit plustost Cham que Ham, tant y a que c'est tout vn, & que tel nom mōstre assez l'antiquité & la source aussi des oracles faits apres le Deluge, c'estoit Cham le maudit de Dieu & de son Pere, qui trouua ceste inuention d'ado-

Le diable ignore les choses futures.

Gen. 2.

Tertul. de præscript. hæretic.

Genebra. in Chron.

rer le diable, pour continuer la cité du diable, comme Cain l'auoit desia encommécee pour oppugner la Cité de Dieu bastie par Abel, & continuee iusques à Noé. Nous voyons aussi par l'Escriture, que les mauuais Rois mádoient aux oracles des Gentils, comme à Accaron, & autres pour auoir responces de leurs doutes, & solutions de leurs difficultez. Ainsi Sathan n'a iamais oublié sa maniere de faire, car comme il voulut rauir l'honneur de Dieu, predisant les choses occultes & futures à la premiere féme: *Aperientur*, dit-il, *oculi vestri & eritis sicut dij scientes bonum & malum*, aussi par ce mesme moyen il a voulu pipper les hommes qui ont vn souhait naturel de sçauoir les choses occultes & futures, ayans ce mauuais souhait de la nature d'Adam corrompuë, qui a souhaitté aussi d'estre comme Dieu, duquel le propre c'est de cognoistre les choses occultes, singulieremét l'interieur des pésees, & aussi les choses à aduenir: l'Escriture nous enseigne clairemét deux poincts. Premieremét en Ieremie, *Inscrutabile est cor hominis & quis cognoscet illud? ego Dominus probãs renes & corda*. Et aussi pour le second, il est dit en Esaye: *Annuntiate nobis quæ ventura sunt, & dicemus quæ dij estis vos*: Si bien que si nous regardons de pres les Histoires, nous trouueros que les oracles ne tédoient à autre fin, que d'occasionner vne admiration aux hommes, & leur donner vn contentement de l'orgueil qui est naturellement en leur teste. Toutesfois les diables n'ont iamais sceu ny l'vn ny l'autre, ce que nous monstre-

4. *Reg.* I.

Ierem. 17.

Esaye 41.

rons, pour faire entendre aux curieux de ce temps, combien ils sont abusez de penser paruenir à la cognoissance de ces deux choses, par le moyen d'vne secrette familiarité qu'ils ont auec les diables, ou autrement par superstitiōs & magie. Les Theologiens s'y sont fort doctement exercez au premier, tant par la sentence de Hieremie, que par ce que S. Paul a dit, *Nemo scit quid sit in homine, nisi spiritus hominis qui in ipso est.* Et de Dauid qui souuent attribue cela au seul Dieu, *Scrutans corda & renes Deus.* C'est donc le seul homme qui sçait par nature ce qu'il pense en son cœur, & quant aux autres substances, il n'y a nul que le seul Dieu: ce qui fut fort verifié en l'Histoire de Nabuchodonosor, qui auoit mis en oubly son songe, & si vouloit qu'on le luy deuinast, mais il luy fut respondu qu'il demandoit chose impossible. *Sermo enim quē tu quæris res grauis est, nec reperietur quisquā qui indicet illū in conspectu regis, exceptis dijs quorū non est cum hominibus cōuersatio,* où est bō de noter qu'il auoit assēblé non seulement les Philosophes & Astrologiens, mais aussi les Magiciens, comme dit le texte expressement, & combien qu'il soit certain que les Magiciens ayent familiarité secrette auec les malings esprits qu'ils estimoient estre dieux, si est-ce qu'ils mettent difference entre les Dieux qui conuersent quelquefois auec les hommes, & ceux qui n'y conuersent aucunement, & confessent que ceux qui ont familiarité auec les hommes ne peuuent aucunement sçauoir ce qui est caché dans le cœur des personnes,

1. Cor. 2.

Psal. 7.

Dan. 2.

sonnes, parquoy en fin resolution fut baillee par Daniel, disant: *Mysterium quod rex interrogat, sapientes, Magi, areoli, & aruspices nequeunt indicare regi, sed Deus est in cælo reuelans mysteria, qui indicauit tibi Nabuchodonosor quæ ventura sunt nouissimis temporibus.* Didymus precepteur de sainct Hierosme traicte ce poinct à propos qu'il veut prouuer que le S. Esprit est Dieu, parce qu'il penetre les cœurs & faict cognoistre l'interieur des pensees, & en donne la raison naturelle, car l'ame n'a point de quantité corporelle, comme ont les corps qui sont par telle quantité terminez, mais elle est vne substance simple & spirituelle, qui n'a point d'autres limites que sa pure substance, qui faict que si quelque chose penetroit telle substance, faudroit, ou qu'elle fust la mesme substance de l'ame, ou bien la vertu viuante qui est auec elle en donnant vie à telle substance, & c'est pour autant qu'il n'y a que ces deux choses tres simples en l'ame. Or le diable ne peut estre la substãce de l'ame, ny la mesme vie de l'ame, il ne peut donc penetrer au dedans, mais bien Dieu, qui est celuy qui dõne telle vertu de vie à l'ame, & sans la concurrence duquel l'essence & la vie de l'ame seroient soudainement redigees à neant, comme elle estoit auparauant sa creation, & c'est ce que disoit Didymus : *Imparticipabilis diabolus est, nõ creator sed creatura subsistens, introiuit ergo in cor Iudæ non secũdum substantiam, sed secundum operationem, quia introire in aliquem increatæ est naturæ*: de là il vient à conclurre, que quand nous trouuons

Didymus l. 2. de spirit. sanct.

Ios. 13.

que le diable est entré dans le cœur, c'est à dire la volonté de Iudas, & qu'il a remply le cœur d'Ananias, il faut entendre cela par suggestion de malice & suasion d'iniquité, comme d'auarice & autres meschancetez, qui ne peuuét entrer dans l'homme s'il n'ouure son cœur, & ne preste consentement à telles tentations, & de fait le mot de tenter le donne assez à entendre, qui ne signifie autre chose qu'essayer quelque chose, ainsi Satā s'efforce de cognoistre nostre bōté ou malice: & s'il y a conjecture qu'il y aye de la bonté dedans le cœur, il employe toutes ses forces pour l'esbranler par les objects & moyens qu'il luy presente. S. Hierosme Disciple de Didymus a fort bien declaré ce poinct, & comme commété en peu de paroles ce que son maistre auoit dit assez obscurement: Ceuxla, dit-il, sont dignes de reprehension, qui pensent que les pensees mauuaises viennét du diable, & non plustost de nostre mauuaise volōté, car certainemét le diable peut estre suggesteur & moyéneur des pensees mauuaises: mais non pas l'autheur: bien est vray qu'il est le plus souuent comme vn boute-feu en nostre endroit, allumant en nostre chair vn feu d'ardeur charnelle, mais non qu'il vienne pourtant à penetrer l'interieur de nostre cœur, ains seulement il en prend conjecture par l'habitude & gestes qu'il apperçoit en nostre maniere de faire, cōme quand il voit, dit-il, qu'vn homme regarde fort souuent vne femme, & laisse toute autre chose pour ce faire, de là il prend coniecture de penser qu'il commence d'adulterer en son

Hie. li. 2. comment. in Mattæum ad cap. 15.

cœur, & quand & quand il prend aussi occasion de l'instiguer à cela, en mettant plusieurs fantasies en sa teste, lesquelles ne voulant repousser, ains s'y delectant de luy mesme, & de sa franche volonté les enuoye aussi en l'ame. Le diable donc en cela abuse les personnes, quãd il leur fait accroire qu'il cognoist le cœur des gens, il en peut bien auoir quelques conjectures, mais l'homme estant de franc arbitre, peut obmettre & quitter telles fantasies, & ainsi le diable se trouue le plus souuent menteur. De cecy sainct Augustin en a faict vn liure intitulé *de Scientia dæmonum*, où il monstre amplement ce discours, concluant qu'ils ne peuuent dauantage sçauoir les choses futures qu'ils ne font l'interieur des pensees. Nonobstant par les oracles il a voulu predire les choses à aduenir. Le Roy Ochosias manda à ces fins ses seruiteurs, pour sçauoir s'il gueriroit ou non, & Saül en voulant autant faire, pour sçauoir quelle yssuë auroit la prochaine bataille qu'il deuoit donner contre les Philistins, contreuenans à l'expresse parole de Dieu, qui disoit: *Non accedetis ad magos neque ab hariolis aliquid sciscitabimini*. Aussi ce fut l'occasion de leur ruïne, & aduient ordinairement par diuine permission que si le diable (soit de luy mesme en personne, ou par vn sié oracle mort, ou viuant) predit quelque bon heur, telle chose n'aduient point, mais s'il predit chose mauuaise, elle sortira infailliblement son effet, en peine de telle apostasie: ce qu'on peut aisément voir en l'Histoire de Saül, laquelle nous

Aug. li. de scientia dæmonum.

4. Reg. & 1. Reg. 28.

Leuit. 19.

doit seruir de maxime ou regle generale en ce faict icy, & est remarqué par sainct Chrysostome: *Vide locum in fine huius capituli*. Or sainct Athanase voulant resoudre le Prince d'Antioche de ce poinct, il procede sagement par l'experience. Il y a deux choses, dit-il, que les Anges mesmes, soient bons ou mauuais, ne peuuent sçauoir, c'est l'interieur des cœurs, & les choses futures: bien est vray, dit-il, qu'on a trouué quelquefois que les Magiciens (lesquels i'appelle pour asseurez oracles viuans du diable) ont predit quelque temps, ce qui est apres aduenu, les diables le leur ayant ainsi reuelé, mais ils n'ont predit sinon ce qui estoit desia fait, comme voyans qu'il pleut desia aux Indes, & que le temps est disposé pour porter les nuees vers les quartiers d'Egypte, il fait sçauoir à ses oracles qu'il pleuura en bref en Egypte, & quand il voit que grande abondance de neige a fondu aux montagnes, ou commencé à fondre, il predit aussi que le Nil, ou autre grosse riuiere débordera, mais il ne dit sinon ce qu'il voit, seulement il y a vne agilité plus grande en luy qu'à nous, si bien que si les oyseaux auoient raison, ils en feroient bien autant, & le font selon leur naturel, quand ils changent bien souuent de climat, par le moyen desquels plusieurs Philosophes ont esté en admiration, deuinans ce qu'ils ne voyoient, c'estoit par la cognoissance qu'ils auoient des oyseaux. Parquoy conclud sainct Athanase, deliberez-vous de faire quelque chose dont on n'en puisse auoir aucune conjecture, & puis allez vous-en aux

Athanas. q. 27. ad Antioc. princ.

oracles du diable qui sont les Magiciens, & leur demandez s'ils sçauent point ce que vous autez deliberé de faire, & trouuerez qu'ils en sont du tout ignorans. Sainct Athanase auoit ouy discourir Antonius Monachus sur ce poinct, & est vray-semblable que de luy (cōme de celuy qui en auoit plus d'experience qu'hōme du monde) il auoit retenu ses resolutiōs, car nous voyons qu'il recite presque les mesmes sentences en la vie qu'il escrit de luy, où il adjouste que c'est tout de mesme, comme si celuy qui a couru la poste nous disoit ce qui se fait bien loing de nous, ou comme si vn medecin touchant le poux à vn homme, il luy prediroit qu'il aura la fieure, ou si vn agriculteur ayant veu l'inondation des eaux, prediroit qu'il y aura peu de bled, & en sōme, dit-il, ils sçauent ce qui est desia, & non pas ce qui est à l'aduenir. Toutesfois dit encores, voyla le commencement de l'idolatrie & des nouueaux dieux, le pauure peuple ne sçachant la cause, il les a estimez vrais Dieux. Laquelle sentence, qui est d'importance, se peut tāt par l'Escriture que par les Autheurs prophanes & externes verifier, car les plus celebres oracles qui furent jamais au monde, c'estoient du temps de Cyrus en Affrique & en Grece, comme l'escrit Herodote, auquel temps les Prophetes, comme Esaye, Ieremie, Daniel & autres, auoient ja predit clairement plusieurs changemens qui deuoiēt aduenir aux plus celebres nations du mōde, comme estoient les Assyriens, Babyloniens, Grecs & Romains, iusques à nommer mesmes les

Athan. in vita Anto.

Herodot. initio lib. Esa. 23. 24. 45. Ierem. 23. Da. 8. 19.

Grecs, & voire aussi le Roy Cyrus par son nom propre, joinct que les Sybiles en auoient desia autant fait, dequoy les diables s'estans armez, ils commencerent à predire ce qu'ils en auoient sçeu par reuelation faite aux Prophetes, & predisoient choses fort grandes. Au reste quand on les sortoit de ces limites, & commençoit-on à leur demander des menuës affaires, & particuliers negoces, desquels ils n'auoient ny cognoissance, ny conjecture, ils temperoiēt tellement leur langage par paroles ambiguës, que quoy qu'il arriuast, ils auoient tousiours belle eschapatoire. De ce poinct ont escrit plusieurs graues Autheurs Grecs & Latins, & entre nos Latins, nous auons Lactance qui en dit de beaux traicts, & aussi sainct Hierosme qui en a specifiez aucuns, disant *Apollo Delphicus & Loxias, Deliusque & Clarius & cætera Idola futurorum scientiam pollicentes reges potentissimos deceperunt.* Et puis il donne les exemples, comment ils couuroient leur ignorance, mais, dit-il, quand il n'y auroit autre chose, sinon qu'ils n'ont sçeu predire leur ruine, faite par l'aduenement de Iesus-Christ, ce seroit assez pour prouuer qu'ils ne sçauoient rien de l'aduenir, comme l'on recite d'vn homme prudent, qui voulant faire cognoistre la bestise qui estoit en vn Magicien & Chiromancien, luy presenta la main gauche pour luy deuiner sa fortune, & comme il estoit attentif à regarder les lineaments de la main, il luy bailla de la main droite vn grād soufflet, en disant: si tu cognois les choses futures, que ne les cognois tu

Lactan. li. diuinarum institutio. Hieronym. lib. 12. cōment. in Esaiam ad cap. 41.

premierement pour toy-mesme, autant en dit sainct Hierosme des oracles. En quoy l'on voit combien s'abusent ceux qui font pactes & accords auec cest esprit immonde, pource qu'il leur promet de leur faire sçauoir les choses à aduenir, & aussi ceux qui s'addressent à telles gens, qui n'est moins que de s'addresser, comme jadis les idolatres à vn oracle, attendu que c'est le diable qui faisoit & fait parler & l'vn & l'autre, & c'est à ceste occasion vne vraye apostasie de la foy prohibee sous grandes peines, bien souuent en la Loy de Dieu. Mais disoit ce bon Pere Anthonius, quel profit y a-il en cela de se faire librement abuser d'acheter coquilles pour carquans, outre qu'auec cela on s'estrange de son Dieu, & vend-on pour telles vanitez & mensonges la pauure ame au diable, & quand bien ainsi seroit qu'on nous dist verité, nous ne la deuons sçauoir par le moyen de l'ennemy de Dieu, & de nostre nature, de peur qu'auec le miel, il ne nous baille aussi du poison, comme il a fait à nos premiers parens, & à ceste occasion nostre Seigneur a commandé au diable de se taire, encores qu'il dist pure verité, & comme disoit le bon Moine Anthonius, s'il se presente à nous auec grande clarté, comme il se transforme quelquesfois en Ange de lumiere, il faut fermer les yeux & destourner la face pour ne voir la lumiere du diable. L'Histoire de Saül porte qu'il auoit fait tout son pouuoir de sçauoir ce qui luy importoit beaucoup, & s'estoit addressé à Dieu, aux Prestres & aux Prophetes, en fin voyant que Dieu

Athan. de vita Anto.

Luc. 4.

ne luy faisoit aucune responce, comme par necessité, s'est addressé à vne Sorciere, qui a esté cause de sa ruine, il se faut donc addresser à Dieu, & s'il ne nous ayde si tost, esperer tousjours en luy & prendre patience, sçachant que le tout se fait pour nostre grand bien, mais de cecy en parlerons plus amplement au chapitre prochain. Il y a vn autre poinct remarqué par sainct Chrysostome: *Nemo quum fallunt attendit, sed solum si quid verum prædixerunt, aspicit.* Et puis apres il dit: *quia homo se dedit diaboli potestati, Deus id permittit accidere.* On ne prend garde aux faussetez: mais seulement à ce qu'ils rencontrent, au reste (dit-il) quant aux malheurs produits, Dieu permet qu'ils arriuent, en peine de leur peché.

Chrysost. Homil. 8. in 2. episto. ad Timo.

Que les hommes Sorciers sont autant detestables & autant prohibez par la Loy de Dieu, côme mesmes les oracles des Payens & leurs Idoles: que ce n'est fable ce qu'on dit des Sorciers, que les Princes y doiuent prendre garde, des diuers moyens dont vsoient les anciens Sorciers, le tout prouué par l'Escriture.

CHAPITRE VI.

Sorceleries, peché enorme & detestable. Plin li.30. natural. histo. ca.1.

COMBIEN que Pline ait estimé que la Magie ne soit rien en verité, mais chose n'ayant rien que le seul nom, non plus que les chimeres, amenant pour toutes raisons l'experience de Neró, qui estoit fort eschauffé à y entendre quelque chose, iusques à se faire initier & consacrer à tel mestier, & nonobstãt ce il ne peut venir à bout de rien qu'il pretendit faire, façoit qu'il n'eust faute ny d'engin ny de volõté, moins d'authorité & puissance, richesses & grãds maistres fort sçauãs en tel art, qu'il auoit fait venir de tous costez d'Oriẽt, si est-ce pourtant que son opinion ne doit estre non plus receuë entre nous, que celle qu'il ameine contre la diuinité, disãt qu'il n'y a point d'autre Dieu que le Soleil & cõtre la resurrectiõ de la chair, s'en mocquant comme de chose vaine & ridicule, en ces deux poincts singulieremẽt, iouãt le persõnage d'vn atheïste (comme il l'estoit en verité) car la reigle de dialectique abbat suffisamment sa collectiõ, quãd il dispute d'vn particulier pour conclure vne propositiõ vniuerselle, cõme l'on dit: *Ex particularibus nihil concludi potest & à particulari ad vniuersale consequentia nulla.* Nous y pourrions bien admettre aussi l'histoire de Iulien l'Apostat qui auoit autant d'authorité, richesses, engin & maistres que Neron, & dauantage de volonté, nonobstãt moins d'effet s'en ensuiuoit, apres qu'il s'y estoit fort eschauffé qu'auparauant, Dieu ne le permettant. (Et c'est pour respondre à Pline) à cause que leur but principal estoit d'aneãtir entierement la memoire de Iesus-Christ & des Chrestiens, & le faire trouuer menteur en ce qu'il auoit dit. *Ecce ego vobiscum sum vsque ad consummationẽ sæculi*: Mais de nier pourtãt les effets du diable, executez par les Sorciers, ce seroit temerité grãde, attendu que les autheurs, voire les plus anciens & plus celebres en sont pleins, & nous doit pour maintenant suffire ce

Matth. 28.

que cy-dessus en auons allegué apres Lactance & S. Augustin, qui ont donné la raison de tels effets admirables, les rapportans aux malins esprits, adioustant seulement ce que Philostrate a escrit d'vne Sorciere, laquelle par le moyē de son art, appresta vn fort magnifique banquet à Menippus son fauory, & cōme il estoit là auec plusieurs autres, ayans grande auidité de banqueter, soudainemēt tous les mets s'esuanoüyrent, & ainsi furent contraints de sortir de la table plus fameliques qu'ils n'estoient aupara-uant. Il vaut mieux le prouuer par l'escriture, de peur que personne n'estime auec Pline ce propos fabuleux. En premier lieu S. Paul fait métion de Iānes & Iambres, desquels l'histoire est recitee au long au liure de l'Exode, qui resi-sterent à Moyse, & faisoient par magie tout ce que Moyse faisoit aussi par diuine puissance, ils changerēt les verges en serpens, l'eau en sang, ils firent semblablement venir les grenoüilles qui couuroient la terre d'Egypte, vray est que non au troisiesme signe, ainsi qu'on dit communément, mais bien en la troisiesme playe, ils ne peurent faire comme Moyse ; Non pour la raison qu'aucuns des Hebreux ont voulu a-mener, disāt que le diable ne peut faire aucune chose qui soit moindre qu'vn grain d'orge, car à faire choses petites (disent-ils) il y faut grande subtilité, & que pour autāt les Magiciés ayāt fait de grosses couleuures & des grenoüilles, ils ne sceurent au troisiesme signe des playes, faire venir des petits poulx comme Moyse: telle opi-niō, dis-ie, n'est receuable, car apres ils ne sceu-

Philostra. lib. 4.

2. Tim. 3.

Exode 7. & 8.

Rabbi, Le-ui, Bé. Gerson, in cap. 8. Exaudi.

rẽt faire venir des grosses mouches ny des grosses tumeurs aux corps humains, ny faire descẽdre du Ciel la gresle, ny le feu, ny faire souffler le vent, ce que toutesfois le diable fit au tẽps de Iob, mais ce fut pour autant qu'à la troisiesme fois Dieu lia la puissance à Sathan, & le cohiba de ne passer plus outre, cõme il le cohiba pour Iob en cest effect, de ne le mettre à mort, cõme il fit ses enfans, & c'est ce que les Magiciẽs furent cõtraints de confesser, disant, *Digitus Dei est hic.* Or donc ceste histoire mõstre assez qu'il y a des gens qui ont secrette familiarité auec le diable, qui leur fait faire choses admirables, & le plus souuẽt fort mauuaises, & mesmes le Roy Dauid préd la similitude de l'ẽchãteur qui enchante par son art les serpens, estant donc cela veritable, plusieurs fois Dieu deteste & prohibe en sa loy telle maniere de gens nõ moins qu'il fait les Idoles & oracles du diable, car voyant Sathan que le peuple de Dieu detestoit ses oracles morts, & faits de main d'homme, il s'est insinué parmy eux par autre moyen plus subtil parlant aux hommes, & se faisant adorer couuertement à eux, & c'est ce qui est prohibé tant estroitemẽt, au Leuitique. *Leuit.*10.19.20. *Non declinetis ad magos nec ab hariolis aliquid sciscitemini, ne polluamini per eos. Et aussi il repete peu apres. Anima quæ declinauerit ad magos & hariolos, & fornicata fuerit cum eis, ponam faciem meam contra eam & interficiam eam de medio populi sui.* Et en l'Exode est dit, *maleficos non patieris viuere*, où le mot Hebreu s'addresse aux Sorciers. Au Deuterono. aussi il

*Psal.*57.

*Leuitic.*19. & 20.

*Exod.*12. *Deut.*18.

y a de beaux textes où Dieu dit à son peuple, *Quãdo ingressus fueris terrã quã Dominus Deus tuus dabit tibi, caue ne imitari velis abominationes illarũ gentium, nec inueniatur in te qui lustret filiuum suũ, aut filiam ducens per ignem, aut qui ariolos sciscitatur & obseruet somnia atque auguria, nec sit maleficus, nec incãtator, neque qui Pythones consulat, nec diuinos, & querat à mortuis veritatem, omnia haec abominatur Dominus & propter istiusmodi scelera delebit eos in introitu tuo, perfectus eris & absque macula cũ Domino Deo tuo, gentes ista quarũ possidebis terrã augures & diuinos audiũt, tu autem à Domino Deo tuo aliter institutus es.* En somme de ceste maniere de gẽs, il en est parlé fort souuent en l'Escriture, si bien qu'il n'y a à peine liure en la Bible où il n'en soit fait mentiõ: outre les passages ja citez, on peut voir *Num.23. Iosue 13.1. Reg.15. & 18.2. Paral.33. Esaye 43. & 44. Mich.5. Nahum.3.* Au nouueau Testament il y a Simon Magus, Elimas Magus, Barieu Magº, il est aussi fait métion d'vne fille qui deuinoit, à cause qu'elle auoit vn esprit familier, & par ce moyẽ elle faisoit gagner grande somme de deniers à ses maistres, & aussi des Ephesiés, lesquels estudioient aux arts de curiosité, qui n'estoiét autre chose, selõ les anciens, que l'art magique: mais ayans esté instruits par sainct Paul, ils brusleret tous leurs liures qui furent appreciez à cinquante mille pieces d'argent. Le bon Roy Iosias voulant remettre la religion de Dieu en son entier, & appaiser son ire par ce moyen, il fit assembler vn Concile general au Temple de Ierusalem, où

Act. 8. 13.
16. 19.

Hieronym. prolog. in epist. ad Ephesios.

4. Reg. 23.

entre les autres choses necessaires à telle reformation, fut ordonné, que tous Sorciers & Sorcieres seroient mis à mort. Ce que le bon Roy exécuta, *Pythones*, dit le texte, *& Ariolos & figuras idolorum, & immundicias, & abominationes quæ fuerunt in terra Iuda, & Hierusalē abstulit Iosias, vt statueret verba legis.* Depuis tous bós Princes n'en ont fait difficulté, la loy de Dieu y estant toute manifeste, & mesme au Code il y a plusieurs loix des malefices & Mathematiciens, sainctement ordonnees par les Empereurs Chrestiens comme Constantius & autres. Et pourquoy ne l'eussent-ils fait, attendu que les Payens en ont fait punition? Cornelius Tacitus recite qu'vne loy fut faite à Rome par laquelle tous Mathematiciēs & Magiciens estoient chassez (comme gens excommuniez, & indignes d'habiter entre gens de bien) de toute l'Italie, laquelle execution fut faite du temps de Iesus-Christ, non peut-estre sans mystere, car comme nostre Seigneur venoit en ce mōde pour en chasser les Diables, aussi voulut-il que leurs speciaux seruiteurs, & adorateurs fussent par les Princes temporels chassez hors de leur terre (comme appartenans au tribunal externe.) Apollonius Thianeus aussi grand Magicien, fut cité par deuant l'Empereur Domitian, à cause qu'il estoit Sorcier, & aussi Apuleius par deuāt le Gouuerneur d'Afrique, du temps de l'Empereur Antonius Pius, vray est qu'il s'en purge aux deux Apologies qu'il a faites à ces fins, car autrement il eust esté mis à mort. Et ne faut faire comme l'on fait

Cornelius Tacit.

Apuleius in vtraque Apolog.

auiourd'huy à Geneue (source de tous ces a-
theismes & adorations des diables) où l'on
n'accuse ny condamne à mort, ou à peine quelconque, fors ceux qu'on peut prouuer auoir
jetté quelque sort dommageable aux hommes
ou aux bestes domestiques, encores qu'ils sca-
chent bien qu'il soit de la Synagogue du diable: car pour tout vray, le plus enorme peché
qui se puisse trouuer en ce fait, c'est d'apostater
de la vraye religion de Dieu, pour adorer le
Diable, ce qui se voit clairement en l'Escriture,
laquelle ne vient point à aggrauer beaucoup
ceste impieté d'autre forfait que de l'idolatrie,
peché qui est directement contre la Majesté de
Dieu, & non contre le prochain. Ainsi en l'E-
xode 22. peu apres qu'il a dit, tu n'endureras
point que les Sorciers viuent, il est adiousté:
quiconque immolera aux dieux, fors au seul
Dieu, il sera mis à mort. Au Leuitic. 18. où il est
dit, vous n'aurez point recours aux Magiciens,
ny ne demanderez aucune doute aux Sorciers, depeur que soyez souillez par eux, il
est dit pour conclusion de toute raison. Ie suis
le Seigneur vostre Dieu, comme voulant inferer, c'est vn peché qui est grand, parce qu'il est
directement contre la Majesté de Dieu, au chapitre suiuant, qui est le 20. on y voit le mesme.
L'ame, dit Dieu, laquelle declinera aux Magiciens, ou Sorciers, & paillardera auec eux; ie
mettray ma face contre icelle, & la mettray à
mort, l'ostant du milieu de mon peuple. S'ensuit: Soyez sanctifiez & saincts, car ie suis sainct
moy qui suis vostre Dieu, au Deut. 18. ch. Il est

Exod. 22.

Leuit. 18.

Leuit. 20.

aussi dit: gardez que personne de vous ne soit Magicien ou Sorcier, ou demādant conseil aux enchanteurs & deuins, car c'estoit le peché des Gentils, lesquels pour ceste occasion i'ay chassé de leurs terres pour vous y introduire à leurs places, mais toy tu es autrement appris du Seigneur tō Dieu: s'ensuit. Dieu auec le tēps vous suscitera vn prophete, lequel vous parlera familierement, & non pas comme ie vous ay parlé à la montagne auec du feu espouuātable: mais il parlera à vous & sera semblable à vous, vous l'oyrez donc, & quiconque ne le voudra escouter, i'en prendray vengeance. Il est beau à voir, que par ce Prophete est entendu Iesus-Christ, tant par le texte, que par ce qu'en a expliqué S. Estienne aux actes des Apostres. C'est doncques à dire, que telle meschanceté est directement contre la Majesté de Dieu, & singulierement contre la personne de Iesus-Christ nostre Dieu & Redempteur, puis qu'on vient à adorer vne substance inuisible, lors qu'elle se presente en forme visible: en cela voulant vsurper la gloire du fils de Dieu, qui s'est fait visible pour estre adoré visiblement. Quand Samüel veut grādement exaggerer le peché de rebelliō & mespris, commis contre la diuine Majesté, c'est, dit-il à Saül, comme le peché des Sorciers & Magiciens, il n'a sceu trouuer vn peché plus semblable que le peché des Sorciers & Magiciens, la desobeissance & rebellion au cōmandement de Dieu, l'experience le luy a assez enseigné, car ayant Saül mesprisé le commandement de Dieu, il a esté delaissé de luy, qui de-

Deut. 18.

Act. 7.

I. Reg. c. 15.

puis ne luy voulut faire aucune responce, ny par les prestres, ny par les songes, & aduertis-
1.Reg. 28. sements nocturnes, ny aussi par les Prophetes. Toutesfois il estoit encores Roy d'Israël, mais depuis qu'il se fut addressé à vne Sorciere, il tomba au comble de toute impieté, & dés le lendemain il fut tué auec tous ses enfans, si bien que depuis nul de ceste maison n'eut authorité entre le peuple d'Israël, & ce que les Rois & Prin-
4. Reg. 23. ces doiuent bien remarquer, il est dit encore 4. Reg. 23. que le bon Roy Iosias ayant faict tout son pouuoir de remettre la religion de Dieu en sa premiere integrité, Dieu ne fut pourtant du tout appaisé sur ce Royaume, qu'il ne le voulust liurer aux mains des barbares Babyloniens pour accabler ce peuple, & ce à cause de son grand Pere Manasses, lequel auoit tousiours entretenu les Magiciens & Sorciers au Royaume d'Israël, estant luy aussi du mestier. *Nō est auersus* (dit le texte) *Dominus ab ira furoris sui magni, quo iratus est furor eius contra Iudā propter irritationes quibus prouocauerat eū*
4.Reg. 23. *Manasses*. Or les meschacetez de ce Manasses
4.Reg. 21. sont descrites au 4. liure des Rois, chapitre 21, entre lesquels il y a qu'il faisoit les augures, & s'appliquoit aux diuinations, & pour ce faire il auoit grand nombre de Magiciens & Sorciers auec luy, & augmentoit ce mestier le plus qu'il pouuoit, faisant tousiours mal deuāt Dieu & l'irritant de plus en plus, & qui est encores plus admirable, pour ce mesme crime il a fort rigoureusement chastié les Rois de la terre qui n'auoiēt aucune cognoissāce de la loy de Dieu, comme

comme l'on voit en Esaye, où Dieu menace de ruiner la grande ville de Babylone, & tout son Empire, à cause, dit-il, de la grande multitude des malefices qui regnẽt dans toy, & de l'obstination de tes Enchanteurs & Sorciers: pareillement en Ezechiel, le Roy de Babylone est là representé, estant debout au milieu de deux chemins, entremeslant des flesches par art magicque, pour sçauoir ce qu'il deuoit faire: mais, dit Dieu, il en sera griefuement puny. A ce propos nous pourrons bien parler aux Princes Chrestiens, & leur dire auec ce grand Roy, & Prophete Dauid: *Nunc reges intelligite, erudimini qui iudicatis terram, nequando irascatur Dominus, & pereatis de via iusta.* Car il n'y a peché au monde qui plustost face perdre les Couronnes & Royaumes aux Roys de ce mõde, principalement aux Roys Chrestiens, que de tollerer telle impieté manifeste contre Dieu & Iesus-Christ son Fils au milieu de son Eglise: pourtant concluoit Dauid, selon la fontaine Hebraïque, baisez ou adorez l'enfant, de peur que ne perissiez, quand Dieu aura embrasé son ire: faire baiser ou adorer l'enfant, c'est faire adorer auec toute pureté & sinceritè Iesus-Christ, qui ne veut auoir aucune alliance, ou societé auec Belial, comme l'enseigne sainct Paul, & ne point faire comme nous auons dict de ceux de Geneue: car pour tout vray, ce crime doit estre à toute rigueur de iustice puny, à cause que c'est le plus grand crime qui soit contre la diuine Majesté, & cõtre le premier commandement de la Loy, bien est vray, que tel

Esaye 47.

Ezechiel 28.

Psal. 2.

Psal. 2.
Osculamini filium, Adorate purè. Contre la façon des Sorciers qui adorẽt & baisent le bouc, cõme sera monstré cy apres.

1. Cor. 6.

crime n'est jamais exercé, sans porter dommage au prochain, comme nous entendrons cy apres par leurs depositions, toutesfois l'honneur de Dieu doit estre à toute autre chose preferé, & non pas tourner les choses au rebours, & comme l'on dit mettre la charette deuant les bœufs. Il n'est toutesfois de merueilles, si ainsi on le pratique à Geneue : car outre ce qu'ils ont deprimé, tant qu'ils ont peu, l'honneur de Dieu & des Saincts (comme auoit esté *Apoca. 13.* predit en l'Apocalypse, qu'on viendroit à blasphemer contre le nom de Dieu, & son tabernacle, l'humanité de Iesus Christ, & contre tous ceux qui habitent au Ciel,) c'est chose naturelle aux heretiques, d'aymer les Magiciēs & Sorciers, comme l'on peut voir du premier Heretique Simon Magus aux Actes des Apo-
Act. stres, & de tous les autres qui ont suiuy apres
Ireneus l. 1. qu'on trouue en S. Irenee, & autres. Les Turcs, comme i'estime, n'en font nul cas, pour le moins les Sarazins permettoiēt qu'ō enseignast ceste impieté publiquemēt, desia enuiron l'an mil apres Iesus-Christ. Et si des Turcs l'Antechrist doit sortir, comme il y a grande apparence, telle Monarchie est signee en l'Apocalypse par Babylone, & par la beste sauuage, laquelle doit receuoir du grand Dragon grande vertu & puissance, pour faire choses fort admirables,

Genebrar. princip. vnde seculum Chronolog.

Apocal. 13. iusques à faire descendre le feu du Ciel, moy-
Le Dragon lié en l'Apocal. 20. chap. c'est Lucifer. ennant la puissance naturelle du diable, signifiee par le Dragon. Quant est des moyens, dōt telles gens vsent pour faire leurs charmes, on n'en sçauroit bailler vn certain nombre : car

ils sont infinis: comme le diable est caut, & malicieux, & comme l'on dict d'vn meschant homme: *Habet mille technas, mille nocendi artes,* Aussi il controuue tous les jours nouueaux moyens, ainsi qu'il voit plaire dauantage à vn homme pour le mieux tenir serré en ces pattes, voyant bien que les vns se plaisent à vne chose, autres à vne autre. En somme si les moyens ne nuysent aux corps, ils nuisent au moins à l'ame du Sorcier, car ils sont tousiours pleins de superstitions, qui est vne espece d'idolatrie. Toutesfois tant que le diable peut, il fait vser des moyens qui nuisent aux personnes: comme il est homicide, & sanguinaire dés le commencement: mais voyant qu'il rencôtre quelquefois des personnes consciencieuses au faict du meurtre, ou d'autrement endommager les gens, il se contente de s'accommoder à eux pour gaigner au moins leurs pauures ames. Et est vray-semblable (attendu qu'ils sont tant diuersement nommez à la Bible Hebraïque) que comme les diables en l'Escriture prennent leur denominatiõ des effets qu'on cognoist en eux, qu'aussi les Sorciers sont diuersement appellez selon la diuersité des effets ou moyens, dont ils ont coustume d'vser: Ainsi donc les Magiciens de Pharaon, pour faire leurs charmes, outre les verges qu'ils tenoient en leur main pour contre-carrer Moyse, ils vsoient (soit-il secretement, ou publiquement) des lames d'acier flamboyantes, & nouuellement forgees: car leurs charmes sont appellez en l'Exode *Exod. 7.*

chap. 7. du mot Lahatim, qui signifie lames flamboyantes, ainsi est appellé le glaiue flamboyant en la main du Cherubin, en Genese 4. chap. ce qui a esté proprement remarqué par Raby Dauid Quimhi. Surquoy on pourroit bien faire vne belle moralité, apres sainct Paul, qui nous enseigne, qu'en ceste histoire les Magiciens representoient les Heretiques, comme Moyse les Docteurs Catholiques : Moyse se contētoit de la verge qu'il auoit en sa main par commandement de Dieu, & le Docteur Catholique tiēt aussi la verge de la parole de Dieu, ainsi appellee en l'Escriture : l'Heretique tient aussi en sa main la verge de la parole de Dieu : mais il ne peut rien effectuer s'il n'a d'abondāt le glaiue flamboyant, qui sont les armes, & l'effusion de sang : pourroit bien estre aussi à ce propos, qu'en forgeant telles espees ils y mettoient du sang humain : comme il se pratique encores aujourd'huy, & jadis on le pratiquoit aux Theraphins. Voyons des autres. Au Leuitique 19. & 20. chapitre, ils sont appellez de ce mot Aob, qui signifie vne cruche, ou petit tōneau : & parauanture il y auoit vne maniere de Sorciers qui vsoient de cruches, comme font encores plusieurs qui iettent des noms propres par dedans vne cruche ou bassin plein d'eau pour deuiner quelque chose, aussi au Deuteronome 18. sont appellez de ce mot Menahhesh, qui vaut autant à dire comme vser de serpent, où il faut feindre le mot, serpentiser, ils vsoient possible de serpens en leur maniere de faire, comme nous auons cité cy-dessus des

Genese. 4.

Raby Dauid Quimhi.
2. Tim. 3.

Esaye 11.

Vide Heliā Lewitam in Thisbi Dictione.
Theraphin Leuit. 19. & 20.

Deut. 18.

Romains, pour chasser la peste de Rome: vray est qu'Aben Ezra rapporte cela en partie aux figures, & caracteres qu'on faict, ainsi l'on dira que telles gens faisoient des figures de serpent, moyennant quoy ils pratiquoient leurs malices. Le Roy Manasses qui fut vn des plus grands Sorciers du monde, est accusé d'auoir esté mecasheph, lequel mot vient d'vn verbe, qui signifie farder, ou par fard attirer & abuser les hommes, qui est le propre des femmes lubriques, comme dit Raby Dauid Quimhi, sur Nahum, qui a esté cause que Aben Ezra cité auec Quimhi, tant par Sanctes Pagninus, que par Munstere, a expliqué que ce sont gens qui semblent changer vne chose en autre, trompant & abusant par ce moyen les gens qu'ils fascinent par leurs prestiges, faisant voir, & croire ce qui n'est en verité: comme font les femmes mauuaises qui font voir vne blancheur, qui n'est veritablement en leurs personnes. Il y a vn autre verbe, c'est Quassam, en Michee 3. lequel pour autant qu'il n'a point d'autre signification, Dauid Quimhi, comme il est à presumer par les choses susdites, a dit qu'il signifie toute maniere de malefice & ensorcellemens. Combien donques que les diables facent vser de diuerses manieres de faire (comme il se peut cognoistre que selon le téps, la superstition en sera plus grande, ou que l'esprit de l'homme s'y plaist) si ne faut-il pourtant penser qu'il y aye aucune vertu naturelle, ou autre, à tous ces instrumés diaboliques, ou que les malins esprits se plaisent plus à vne chose qu'à

Leuit. 19.

2. Par. 33.

Raby Dauid Quimhi in Nau. Proph. Sanctes Pagninus in Thesauro. Munsterus in lexico.

Michee 3.

autre pour en pouuoir estre plus allechez à faire facilement ce qu'on veut, mais il faut cela rapporter pour la troisiesme & generale raison à la malice du diable, qui veut en toutes choses faire le singe de Dieu, comme le dit & le preuue Tertullien. Il voit doncques que Dieu a choisi certains instrumens corporels de sa pure & franche volonté, pour effectuer ses graces, & promesses aux hōmes, comme sont le pain & le vin au Sacrement de l'Eucharistie, & l'eau au Baptesme, lesquelles choses toutesfois n'ont d'elles-mesmes aucune force naturelle pour exhiber ce qui est par la puissance de Dieu effectué, ainsi le diable de son bon gré choisit ce que bon luy semble, pour accomplir ses promesses faites aux hommes, & executer ses forces qui sont grandes, & telle est la resolution qu'en donne S. Augustin: *Dæmones (inquit) alliciuntur herbis non tanquam animalia cibis, sed tanquam spiritus signis.* Vn asne sera ainsi attiré quand on luy monstrera l'auoine, & la brebis aussi, quand on luy presentera vn rameau auec ses fueilles: mais il n'est pas ainsi des esprits, qui n'vsent des choses corporelles pour leur necessité: mais seulemēt comme de signes exterieurs pour signifier leur volonté aux hōmes, laquelle autrement leur seroit incogneuë, & c'est le propre des substances tant raisonnables, qu'intellectuelles de notifier leur volōté par signes exterieurs: parquoy ne faut estimer que le son de la harpe de Dauid chassast le malin esprit de Saül, ny le foye de poisson de Thobie, Asmodeus: car il ne craint les choses corporelles, en-

Tertul. lib. de bapt.

tãt qu'elles sont corporelles, aussi elles ne peuuent auoir aucune action sur luy, moins le toucher: mais bien entant que telles choses sõt instruments deputez de Dieu, & moyennant la foy des gens de bien, comme il nous est cõmandé par S. Pierre: *Cui resistite fortes in fide.* Vray est qu'il obserue quelquefois la Lune, qui est nonobstãt chose corporelle, ce que nous voyõs en sainct Matthieu chapitre quatriesme & dixseptiesme d'vn possedé qui estoit lunatique: mais dit S. Hierosme, c'estoit pour dõner infamie à la creature de Dieu, & faire accroire, ou que c'estoit vne creature du diable, cõme pensoient les Manicheens de plusieurs autres creatures, ou veritablement pour la faire adorer cõme Dieu, ayant toute puissance sur les hõmes, ou bien il faudra dire auec sainct Augustin, que comme il est fort sçauant, dont il en porte le nom, voulant appliquer les choses naturelles les vnes aux autres, il a besoin pour mieux & plustost faire d'obseruer le cours de la Lune, laquelle ayde naturellemẽt à tels effects: comme l'on voit par experience aux lunatiques, & pour ceste occasion les doctes Medecins l'obseruent aussi aux cures qu'ils font. Cependant il n'a que faire des choses corporelles, sinõ entant qu'elles lient les personnes à son seruice, comme font les elemens externes des Sacremens des Chrestiens au seruice de Dieu, tellement que ce sont signes puremẽt volontaires, encores que tels signes soiẽt les vrayes effigies de ceux sur lesquels ils veulẽt exercer leurs malefices, cõme nous trouuõs en Zonare, qu'on

Matth. 4. & 17.

Hieron. in Matth. & Chrysost.

Aug. l. 21. de ciuit. S. Thom. 1. p. q. 115. art. 5.

Zonare tom. 3.

auoit fait la propre effigie de Simon Prince des Bulgariens, à laquelle aucuns ayans couppé la teste, ledit Prince fut soudainement trouué mort, & pour semblable fait, le Roy Louys fit brusler toute viue vne certaine femme nommee Claude, à cause qu'elle auoit fait sa propre effigie en cire, & l'approchoit souuent du feu pour le faire tomber en langueur, seicher & mourir peu à peu, comme ceste image se fondoit au feu. Or puis que ceste Histoire nous a conduit là de parler des femmes, il faut voir si elles s'y addonnent comme les hommes.

Genebrar. lib. 4. chronolo.

Des Sorciers, et que les femmes y sont plus addonnees que les hommes.

CHAPITRE VII.

SI le diable a eu ceste puissance de pouuoir gaigner les hommes en chose si execrable, on ne doit s'esmerueiller s'il a aussi intriqué & pris en ses lacets les femmes, attendu qu'il s'efforce tousiours à les gaigner, premierement comme estans faciles à toute persuasion, pour la simplicité naturelle qui est en ce sexe, ainsi que sainct Paul le donne à entendre, quand il dit, Gardez vous d'estre seduits par la simplicité qui est en vous, prouenante toutesfois de Iesus Christ: tout ainsi que le serpent a seduit Eue, nonobstant qu'elle fust encores en iustice originelle, le diable s'en efforce aussi à cause qu'il cognoist bien que c'est vn organe propre à attirer l'homme à sa volonté, ce qu'il a dés le

2. Cor. 11

commencement pratiqué, & pour la troisiesme raison ce sexe a cela, d'estre fort ardent & tenace à quelque chose que ce soit, bonne ou mauuaise, si bien que si la femme s'adonne à bien faire, elle y est plus feruéte que l'homme, comme aussi au contraire, si elle s'adóne à mal faire, il y a plus d'obstination qu'en l'hómme, ainsi qu'a bien remarqué sainct Chrysostome, en ces paroles: *Contentiosum est (inquit) hoc animal & importunũ ac victoriæ amãs, siue ad malũ declinet, siue ad bonum.* Si bien qu'on en peut parler, comme des Anges en commun, & dire auec les Theologiés: *Cui adhærent, immobiliter adhærent.* Dequoy les histoires en sont toutes pleines, & entre les prophanes suffira d'vne qu'on trouue parmy les histoires Romaines, de Macrine fort noble Dame, jadis à Rome, laquelle se delibera de ne parler ny regarder homme du monde, iusques au retour de son mary Torquatus qui estoit mandé par les Romains en pays estranges, pour y cõquester des villes & prouinces, aduint vnze ans apres qu'à Rome fut mené vn homme sauuage n'ayant qu'vn œil au milieu du frõt, trouué aux deserts d'Egypte, ce qu'elle entendit par le rapport de sa chambriere, dont elle fut esmeuë d'vn tres-grand & tres-ardent desir de le voir, mais elle se commandoit ne voulant interrompre son dessein: vn iour ce sauuage passant au deuant de sa maison, & luy estant intimé par sa chambriere qu'il passoit, ioint qu'elle entendoit aussi le bruit qu'on en faisoit parmy la ruë, cõme c'est la coustume d'vn peuple quand il voit

Chrysosto. hom. 4 de fide Ann.

passer quelque chose admirable, elle cohiba si fort ses passiós qu'elle ne voulut iamais se mõtrer à la feneftre pour le voir, dõt elle en mourut peu apres. Entre les hiftoires Eccleſiaſtiques ſuffira auſſi celle qui eſt par Theodore recitee des femmes auſſi Romaines, leſquelles voyãt que leurs maris Senateurs & autres n'oſoient parler à l'Empereur en faueur de Liberius Pape de Rome, qu'il auoit meſchamment banny, à cauſe qu'il ne vouloit condeſcendre à l'hereſie, elles ſe delibererẽt d'y aller, & tant crier & l'importuner qu'elles ne ceſſerent iuſques à ce qu'il euſt reuoqué leur Paſteur. L'Eſcriture auſſi en eſt toute pleine, Iudith, & Heſter nous doiuent ſuffire d'exemple, à propos de celles qui ayment Dieu, & la maiſtreſſe de Ioſeph, auec Hieſabel, pour celles qui s'adonnent à mal-faire. Comme donc on voit par experience encores auiourd'huy que les femmes de bien (jaçoit que leur naturel ſoit procliue à compaſſion) jettent les premieres pierres cõtre les Sorciers, & crient plus haut qu'il les faut bruſler, auſſi voit on par experience ſemblable, que plus ſont obſtinees & addonneès les femmes Sorcieres aux maleſices, & auec moins de conſcience commettent choſes plus execrables que non pas les hommes, tellement qu'on trouue que ce ſont celles qui ſuffoquent les petits enfans, les portent & preſentent au diable, & font de leur graiſſe l'onguent, dequoy toutesfois les hommes Sorciers ne s'en meſlent point du tout, ou peu ſouuent. Et c'eſt la raiſon pourquoy la premiere prohi-

Theodor. lib. hiſt. cap.

bitiõ qui eſt faicte en la loy de Dieu de ces maleſices, elle s'addreſſe aux femmes & nõ pas aux hommes, ainſi qu'a bien remarqué Sanctes Pagninus, diſant que là où nous auons au nōbre plurier en l'Exode 22. chap. *Maleficos nõ patieris viuere*, il a en la fontaine Hebraïque, le mot Mechaſhepha, qui ſignifie vne femme Sorciere, & le ſens eſt tel, Tu ne permettras que la fēme Sorciere viue, à cauſe, dit-il, que c'eſt vn meſtier bien plus ordinaire & cōmun aux femmes qu'aux hommes, qui eſt tout euident par l'hiſtoire de Saül, lequel auoit faict mettre à mort tous les Sorciers & Magiciēs, nonobſtāt enfin ſe voyant abandonné de Dieu pour ſes iniquitez, s'eſtant deliberé d'auoir recours au diable, il demanda à ſes ſeruiteurs : y a-il point aucune femme Sorciere, cherchez-moy, dit-il, qui ait vn eſprit, & que i'aille à elle, pour ſçauoir par ſon moyen ce que ie veux : où eſt à noter que Saül ne demande pas s'il y a quelque homme Sorcier, mais s'il y a quelque femme : comme voulant dire que quoy qu'il euſt faict, ne pouuoit eſtre qu'il n'y euſt encores quelque femme de ce meſtier, & à la verité il eſt preſque impoſſible d'ē venir à bout d'elles, cōme on peut plus aiſément venir à bout des hōmes, & de fait il n'a eſté fruſtré : car ſes courtiſans qui s'adreſſoient volontiers à telles gens, (comme c'eſt leur couſtume) ils luy en nommerent promptement vne, à laquelle eſtāt arriué Saül, elle faiſoit ſes proteſtations d'eſtre fort femme de bien & de ne vouloir entreprēdre telle choſe prohibee de Dieu & du Roy :

Exode. 22.
Sāctes Pagninus in theſauro.

1. Reg. 28.

mais estant vn peu flattee auec belles promesses, vous fit bien tost venir vn diable à son seruice, pour autant les Hebreux ne se sont contentez de les appeller des mots communs à tous Sorciers hômes & femmes, lesquels nous auons recueillis au precedent chapitre, mais ils ont voulu leur bailler vn nom special qui s'entende proprement des femmes, ainsi qu'on peut voir en Helie Leuite en sõ Thisby, lequel recite que selon les traditions des Hebreux, il y a des femmes qu'ils appellent meres des diables, & les nomment du mot de Lilith, lequel mot vient d'vn autre nom Hebrieu qui signifie la nuict, & c'est pour autant qu'elles vont de nuict, ce qu'ayant imité les Latins les ont appellez Striges ou Lamies, qui signifiết oyseaux & monstres dangereux qui vont de nuit, & dit encores le susdit Helie qu'vn grand Seigneur ayant demandé iadis aux anciens Peres de la Synagogue, d'où venoit que les petits enfans qui n'ôt gueres plus de huict iours, sont trouuez morts bien souuết, il luy fut respondu que c'estoit Lilith qui les mettoit à mort, ce que noº appellôs les Sorciers : Car le mot Hebreu est feminin, comme il appert plus clairement par le participe & adiectif feminin, qu'il met auec ce mot Lilith : & parce aussi qu'il dit que ce sont Nashím, c'est à dire femmes. Ce qu'estant persuadé entre les femmes des Hebrieux, cõme elles sont sur toutes les femmes du monde superstitieuses, elles ont coustume de faire quatre cercles auec de la craye ou du charbon au dehors des quatre murailles de la chambre

Helias Leuita in Thisby.

où gist l'accouchee, y faisant vn cercle en chacune muraille & mettant à l'vne le nō d'Adā, à l'autre le nō d'Eue, à la troisiesme le mot huts, que signifie dehors, & à la quatriesme le mot Lilith, comme s'il disoient (ainsi que i'estime) Adam & Eue sont les premiers parens & progeniteurs de nature humaine, pourautant, hors d'icy la Sorciere. Au dedans de la chambre elles escriuent les quatre nōs des quatre anges qu'elles pensent estre protecteurs des petits enfans, àsçauoir Senoy, Sansenoy, & Samangueloph, disans qu'ainsi l'apprint aux femmes des Iuifs Lilith deuant que mourir, & est à presumer qu'il y auoit quelque grāde Sorciere iadis fort renommee entre eux, laquelle on appelloit Lilith, pour autāt qu'elle alloit de nuict, laquelle enseigna toutes ces superstitiōs deuant sa mort à ses filles ou autres, depuis telles femmes sont appellees Lilin. Comme que ce soit ce discours d'Elie Leuite mōstre assez l'antiquité des Sorcieres qui vont de nuict & suffòquēt les petis enfans, & fait entendre que ce ne sont fables, ce qu'auroit bien plus d'authorité si nous voulions accorder que Iesus fils de Sirac eust composé le liure qui fait ample mention de toutes ces choses, comme il luy est attribué au liure Hebraïque. Tāt y a que ce mot Lilith est trouué en l'escriture signamment en Esaye 34. par *Esaye. 34.* lequel S. Hierosme a entendu & traduict la Sorciere, quand il est dict, *Ibi cubauit Lamia*, *Threno. 4.* signifiant les femmes qui vont de nuict, & aussi aux lamentations de Hieremie il a interpreté ce mot Lilith pour la Sorciere, disant, *Sed &*

Lamiæ : Lamia, dict Duris, c'estoit iadis vne femme, laquelle estant jalouse de ce que son mary auoit eu vn enfant d'vne autre femme, par grand despit donna ordre de suffoquer cet enfant & tous les autres qu'elle pouuoit auoir en sa puissance, & depuis telles femmes sont par les Latins appellées Lamies, lesquelles viénent (comme disoit Hieremie) à monstrer & presenter leurs mammelles aux petits enfans pour les garder de plorer & les attirer doucement à elles pour les suffoquer plus secrettement. Quand donc Dieu menaçoit ou Babylon, ou Hierusalem que les Sorcieres y frequéteroient & qu'elles y viendroiét à descouurir leurs mammelles, ce n'est autre chose à dire sinon que tels lieux seroient redigez en solitude & faits deserts entierement, car tels lieux sont frequentez par les Sorcieres, lesquelles y viennent faire leurs assemblees y estant portees le plus souuent par le diable pour plus librement y exercer le mistere d'iniquité, comme les brigans & meurtriers obseruent aussi semblables lieux. Plin.lib.25.hist. c.11. dit qu'en ce mestier les femmes laissent les hommes de beaucoup arriere, & Quintilien, *in declamat*. dit, *Latrocinium in viro facilius, veneficium in fœmina.* Quant à l'autre maniere de Sorcieres qui n'est tant execrable par ce qu'il n'y a point de pact expres auec Sathan : mais seulement tacite. S. Chrysostome, *Homil. 13. in 1. ad Timoth.* nous enseigne qu'il y faut proceder d'autre façon. *Si quis (inquit) ligaturas inanes, aut aliud quip-*

Durit lib. 2. de rebus Lybicis.

Esaye 34. Threner.

Chrysosto. hom. 13. in 1. Timoth.

DES ESPRITS.

piam eiusmodi sciens & prudens sequitur, praecepto atque imperio tantum arcendus est, sin vero ignarus in ea inciderit docendus est. C'est qu'il faut instruire les ignorans, & leur remonstrer combien griefue est l'offence, où on laisse Dieu pour les superstitions.

Responce à ceux qui demandent, quel danger il y a de s'ayder & seruir du diable.

CHAPITRE VIII.

C'EST vne regle generale à tous ceux qui mettent Dieu en oubly (s'ils negligent long-temps se retourner à luy) que de tomber en cecité d'entendement, toute semblable à celle des damnez & des diables d'Enfer: car comme il y a vne sympathie & simbolization des gens de bien, auec ceux qui sont desia en Paradis, si bien qu'ils peuuent dire que cheminans en terre & habitans ça bas ils conuersent en verité au Ciel, tout de mesme en voyōs nous aucuns, qui ne sont en rien presque differens des damnez, voire comme dit Theodoret, qu'on peut bien dire veritablement qu'il y a de meilleurs diables en Enfer, eux estans plus meschás que les diables: car pour le moins comme dit S. Iacques, *Dæmones creaūt & contremiscunt:* mais ceux-cy ne croyét ny craignét, qui est venir à ce que disoit le Sage, que quand l'impie est paruenu au profond, & comble

Theodoret. in hæret. fabulis.

de peché, il se rit & se mocque de tout ce qu'on luy dit, & sans diuaguer plus loing, on le voit par experience à ceux qui ont desia rendu leur pauure ame captiue au diable, lesquels pensent que ce soient fables, quád on leur dit qu'ils seront damnez eternellement. Et quel danger y a-il, disent-ils, de cómander aux diables, Iesus-Christ ne leur a-il point commandé? Dieu ne se sert il point d'eux? les Apostres aussi n'ont-ils pas vsé de commandement en leur endroict? Ausquels nous pourrions faire la demande, laquelle faisoit vn iour sainct Athanase à Arrius en luy demádant. *Si quis Sathaná adoret, rectiùs ne, an malé fecerit?* Auquel soudainement Arrius (bien qu'il fust fort aueuglé d'entendemét) respondit, *impius & sine Deo est, neque communem sensum habet, nec meretur hominis appellationem.* Doncques par la propre cófession d'vn membre de Sathan nous auons quatre choses de celuy qui adore Sathan. Premieremét il est plein de toute impieté & meschanceté: Secondement il est vray atheïste, en troisiesme lieu il faut accorder qu'il a perdu son sens, & pour le dernier il n'est digne d'estre appellé homme. En cela Arrius a fort bien dit, conuaincu par la verité qui surmonte toute chose. Car si nos premiers parens sont tombez en tous ces Labyrinthes, & sont à bon droit appellez heretiques, aueugles, insensez, bestes brutes, bien qu'ils fussent esté abusez par simplicité & ignorance, n'ayans iamais oüy parler de l'astuce & malice du diable, à combien plus forte raison seront dignes de telles & plus griefues appellations

Atha. in disputatione contra Arrium in Niceno Concilio.

tions ceux qui ont premieremét renoncé à Sa- *Tertul.lib.*
than & à toutes ses œuures instruits par la sain- *2.contra*
cte Escriture en infinis passages, admōnestez si *Marcio.*
souuét par la bouche de Iesus-Christ, des Apostres, de toute l'Eglise, laquelle ne crie jamais
autre chose sinon qu'il nous faut fuir, euiter, &
resister à Sathan, prier Dieu incessammét que
ne succombions à sa tentation, à cause qu'il ne
dort point, ains est tousiours veillant sur nous
comme vn lyon affamé, & bruyāt aux deserts?
Si bien doncques que nous sommes venus en
ce temps miserable, que comme jadis on disoit
que bien-heureux estoit celuy qui n'auoit esté
abbreuué de la doctrine d'Arrius, nous sommes
au contraire cōtraints de souhaitter aux hommes aueugles de nostre temps, pour le moins,
vne tant bonne conscience, qu'elle estoit jadis
à ce miserable & puant Arrius. Car voyons ie
vous prie en combien de manieres leur sophisme est plein de mensonge. Premierement il
n'est pas vray que l'homme doiue imiter Dieu
en toutes choses, ny aussi Iesus-Christ son fils.
Ains comme disoit quelque bon & ancien Pere: *In diuinis rebus quædam sunt credenda, quæ-*
dam admiranda, quædam verò imitanda. Comme quand nous trouuons que Iesus-Christ du
pain en a fait son corps, de sa propre authorité,
c'est vne chose qu'ils nous faut croire, & non
imiter; quand il ressuscitoit les morts, cela nous
est proposé pour admirer seulement sa diuine
puissance, si biē que si quelqu'vn attētoit d'en
faire tout autant, il seroit iugé vsurpateur de la
gloire de Dieu, qui est le vray but où le diable

pretend faire venir par ce sophisme ces pauures aueuglez, comme par ce moyen il a faict tresbucher nos premiers parens, leur persuadant d'aspirer d'estre comme Dieu, tout ainsi comme il auoit desia pratiqué luy-mesme, & sçachant que ç'auoit esté le vray moyē par lequel il auoit esté expulsé à jamais du Paradis, pource qu'il auoit dit en son cœur: *Similis ero Altissimo*, & auoit aussi persuadé à l'hōme & à la femme: *Eritis sicut dij*, ainsi fait-il à l'endroit de ceux-cy, qui veulent auoir autant d'auctorité comme Dieu, n'aduisant point que Dieu est Autheur & Createur de toutes choses visibles & inuisibles, comme le montre sainct Paul: *Ex ipso, & per ipsum, & in ipso sunt omnia, siue quæ in cælis sunt, siue quæ in terris sunt visibilia & inuisibilia, & in ipso flectitur omne genu cœlestium, terrestrium, et infernorum.* Et pour ce, comme Createur d'icelles creatures, il en peut vser cōme bon luy semble, & ce par le droict de creation qu'il a sur toutes creatures, par lequel il est adoré d'adoration de souueraineté qu'on appelle Latrie, propre & peculiere à luy seul: *Adorate Deum*, disoit sainct Iean, *qui fecit cælum & terram, mare & omnia quæ in eis sunt.* Or en cela nos Luciferiens (ainsi peuuent-ils estre appellez pour estre imitateurs de Lucifer) veulēt estre égaux à Dieu; comme s'ils estoient compagnons de Dieu en la creation des substances visibles & inuisibles, & en veulent vser & disposer à leurs commoditez & bon plaisir, sans auoir esgard que Dieu, comme il s'est reserué plusieurs choses ausquelles n'appartient en fa-

Colloss. 1.

çon quelconque à l'homme d'y toucher, comme sont sa propre gloire, de laquelle il dict: *Gloriam meam alteri non dabo*, la cognoissance des pensees interieures de l'homme, la vengeance de nos ennemis, & la puissance de souueraineté qu'il a sur toutes ses creatures, au nombre desquelles sont les malins esprits, qui sont soustenus & conduits sous sa prouidence, ne plus ne moins que les meschans hómes qui s'armét en ce monde contre luy. L'autre faute cómise en ce sophisme est que la regle ou balance de toutes nos actions doit estre la parole de Dieu, de laquelle il ne faut decliner ny à la dextre, ny à la senestre. Or la parole de Dieu nous prohibe si estroictement tel commerce ou familiarité auec Sathan qu'elle commande que celuy qui s'addressera au Magicien ou Sorcier, pour faire quelque chose que ce soit, ores qu'il ne parle au diable, qu'il soit sans misericorde lapidé, nous enseignant par ce moyé que c'est vne vraye idolatrie, parce qu'on laisse au besoin le vray Dieu, pour auoir recours à son aduersaire & en luy mettre son appuy & toute son esperance, recognoissant qu'il reçoit tel bié de luy, qui n'est autre chose que l'adorer, & luy faire pratiquer ce qu'il disoit quelques-fois : *Hæc omnia tibi dabo si cadens adoraueris me*. Qui a esté l'occasió de la ruine d'Ochosias, Saül, & plusieurs autres qui pouuoiét aussi bié dire que nos atheistes & magiciens, quel dáger y a-il de se seruir d'eux au besoin, puis que Dieu s'en sert quand il veut? La troisiesme faute est, que tant s'é faut qu'on face cóme Iesus-Christ, qu'au côtraire on fait tout autrement. Car Iesus-Christ tant s'en faut qu'il aye euoqué à soy les diables, qu'il s'est muny & armé au côtraire côtre leurs tentations, par prieres, & ieusnes admirables: & quand Sathan s'est à luy presenté sans estre demandé, il le repousse en arriere auec rudes paroles, disant: *Vade retro Sathana, scriptum est, Dominum Deum tuum adorabis & illi soli seruies.* Par lesquelles paroles le diable l'a quitté, ne pouuant endurer si on viét à luy resister, & pour autant S. Iacques ayant égard à ceste exemple de Iesus-Christ, il nous baille ceste leçon, disant: *Resistite diabolo & fugiet à vobis.* Conformément à S. Pierre qui disoit aussi: *Cui resistite fortes in fide*, voyla ce qui nous est cômandé de faire à l'exéple de Iesus-Christ, prier & ieusner aux fins qu'il n'approche de nous, & au cas qu'il se presête de luy-mesme, de luy resister par le moyen de la foy, & le repousser aigrement de nous, ainsi que fit aussi S. Martin, comme recite Seuerus Sulpitius, le voyant auprés de luy, disant: *Quid hic astas cruéta bestia?* & c'est le commandement qui a esté fait à l'hôme dés le cômencement du monde, pour nous le rendre plus odieux. Dieu a voulu faire vne loy d'inimitié entre les hômes & le diable, disant: *Inimicitias ponam inter te & mulierem, inter semen tuum & semen illius.* Ie veux, dit Dieu, qu'il y ait inimitié mortelle entre le serpent & la semence de la femme, sçachant bien ce grád gubernateur & preuoyeur de l'vniuers, que quelque beau pretexte qu'il puisse auoir, il ne demande que la ruïne de l'homme, côme nous auõs desia dit des Crocodilles d'Egypte qui feignét la voix humaine pour deuorer l'homme. Il est donc de besoin que l'homme apprêne en ce fait icy la sagacité & prudéce des chiens d'Egypte, lesquels cognoissant leur malice & rapacité sanglante, quand ils vont le long du Nil apres leurs maistres, ils n'arrestent jamais à boire à ce fleuue: que si la soif les presse par trop, ils boiuét tousiours en courant sans s'arrester aucunement: de mesme l'homme doit euiter toutes œuures de Sathan: que si quelquefois les pensees mauuaises se presentét, il ne faut nullemēt s'y arrester, mais passer outre en destournant l'entendement de telles cogitatiõs, autremét si nous y arrestiõs, seriõs en danger d'estre deuorez, car la conclusion est veritable qu'il ne va jamais en lieu quelcõque que pour deuorer quelqu'vn. A ceste occasion nostre Seigneur, qui n'ignoroit pas sa sãglante malice, n'a voulu permettre qu'il le confessast estre fils de Dieu, car il ne disoit cela (comme a bien remarqué S. Athanase) que pour faire tort à Iesus-Christ, & abuser le monde par ce moyen. La quatriesme faute, est qu'on ne regarde point comme Iesus-Christ a baillé puissãce à ses Apostres & à leurs successeurs par dessus les diables. En premier lieu ç'a esté pour luy briser la teste, & le mettre dessous les pieds, cõme il auoit esté predit que la semêce de la femme luy casseroit sa teste venimeuse: ainsi disoit Iesꝰ-Christ à ses Apostres: *Dedi vobis potestatem calcandi supra serpentes*, & S. Paul par apres: *Deus autem conterat Sathanam sub pedibus vestris*. En secõd lieu telle puis-

Erasm. in Chiliad.

Luc. 4. Atha. ora. 1. contra. Arrian.

sance a esté baillee à l'Eglise par le merite de la mort precieuse de Iesus-Christ, à la charge de le chasser & repousser: en troisiesme lieu aussi que le tout soit fait & exercé par l'inuocation du nom de Iesus Christ, lesquels deux poincts sont compris en ces paroles : *In nomine meo dæmonia eijcient.* Or les Sorciers & Magiciens n'vsent point du diable pour luy casser la teste en luy resistant: mais ils le flattent & appellent à eux auec certains paches qui emportent vne subjection & recognoissance, & à brief dire ils l'adorent premierement. Pareillement au lieu de les chasser & expulser ils les font venir pour leur demander aduis, aide ou faueur, où Iesus-Christ ne vouloit endurer qu'ils parlassent : & pour l'autre (comme a bien remarqué Origene) cela n'est point fait par force & violence en inuoquant le nom de Dieu, mais seulemét par vne certaine familiarité, commerce & accord qu'ils ont auec eux, de maniere que le tout bié consideré ils font tout au rebours & au cótraire de Iesus-Christ & des Apostres, bien est vray que quelquefois ils font semblant de pleurer, encore qu'il n'en soit rien en verité : & à ce propos S. Augustin recite vne histoire d'vn certain Magicien qui se vantoit de pouuoir commander aux esprits, disant : Que quád ils estoiét trop tardifs à faire ce qu'il vouloit, en les menaçant de faire descendre le Ciel si bas qu'il toucheroit la terre, ils executoient promptement sa volonté, craignant d'estre brisez entre le Ciel & la terre où ils demeurent, tout ainsi que le grain est brisé en pieces entre deux meu-

Origen. in Numer.

Augu. lib. 10. de ciui. c. 11.

les de moulin : mais qui ne verroit que c'eſtoient regrets & pleurs de Crocodilles ? c'eſt à dire fictions Sataniques pour piper les gens: car premieremét de faire deſcendre le Ciel en terre, il n'eſt meſme en la puiſſance des Anges, auſquels, comme dit ſainct Paul, Dieu n'a point aſſujetty l'vniuers de ceſte machine rôde : *Non enim* (dit-il) *Angelis ſuis ſubiecit Deus orbem.* Tant s'en faut qu'ainſi ſoit, qu'il ne ſeroit en la puiſſance naturelle de tous les malings eſprits de tourner le Ciel de la Lune, qui eſt le moindre de tous, car comme Dieu a limité les mouuements naturels du corps humain à l'ame raiſonnable, ſi bien qu'il n'eſt en la puiſſance des Anges, de faire viure ce corps de vie vegetatiue, ſenſitiue, ou humaine, encores qu'il ſoit en leur puiſſance d'y entrer dedans, comme nous voyons aux energumenes & poſſedez : ainſi Dieu a limité la puiſſance paſſiue du mouuement des cieux à certains Anges qu'il y a députez, joint que c'eſt choſe ridicule d'eſtimer que les eſprits puiſſent eſtre briſez, ils ſont donc quelquefois des bons valets (comme ils ſont cauts, & pleins d'aſtuce) pour coupper la gorge à leur maiſtre. Et le cinquieſme erreur qui les aueugle plus, qu'ils ont opinion que Sathan ſe rend à leur ſeruice, car comment eſt-il poſſible que le diable ſe rende ſeruiteur & eſclaue d'vn hôme qui n'eſt qu'vn ver de terre, attendu qu'il ne veut par ſon grád orgueil (qui monte touſiours) eſtre ſeruiteur de Dieu, lequel il ſçait toutefois eſtre ſon Createur? Comment (dis-ie) fera-il du laquays pour

Hh iiij

s'humilier à l'homme, puis qu'il a mieux aymé estre priué de sa part de Paradis, & felicité eternelle, mieux aymé estre à jamais en vn feu, que de recognoistre Iesus-Christ pour son chef, luy ayant esté proposé qu'il seroit homme, nō (dit-il en son cœur) deuant que recognoistre vn homme, vn ver de terre, i'ayme mieux estre damné; ainsi que tresbien l'a expliqué ce deuot & ancien Pere sainct Bernard. Il fait donc le semblant de vouloir faire seruice à l'hōme, mais pour estre son maistre: car s'il se plaist de posseder corporellement vn homme, à cause qu'il se rend maistre de son corps; à plus forte raison il se plaist dauantage, quand il peut posseder par ses ruses, la pauure ame, en luy ostant la cognoissance de Dieu: car quand il possede le corps, tel tourment est souuent instrument de salut. Comme dit sainct Paul: *Tradidit huiusmodi Sathanæ vt spiritus eius saluus fiat.* Mais quand il possede l'ame, l'ayant retiree de la grace de Dieu, c'est vn instrument de damnation. Pour autant la saincte Escriture nous represente Sathan tousiours par exemples des choses autant pernicieuses à l'homme, qu'espouuantables & dangereuses, d'vn serpent, d'vn dragon, d'vn lyon bruyant, de peur que nous ne disions comme les Atheistes, que le diable n'est point si noir qu'on le peint: ains au contraire, il est si espouuentable, & dangereux, qu'on ne le sçauroit assez representer auec tous les centaures, chiens à trois testes, & autres tels mōstres representez par les Poëtes. Si donc quelqu'vn se vouloit familiariser, &

5.Cor.5.

approcher de telles bestes furieuses, seroit-il pas bien hebeté & hors du sens? Ce que toutesfois font, & pratiquent les Sorciers & Magiciens. Ce poinct fut remonstré à Iob, lequel auoit en partie experimenté la rage, & malice sanglante de Sathan: mais non du tout, ne luy ayant esté permis de faire ce qu'il eust bien voulu. Dieu donc luy descrit Sathan, par l'exemple du plus grand, & horrible monstre du monde appellé Behemoth. Ceste beste (dit Dieu) c'est la plus effroyable, & dangereuse beste du monde, son corps est comme tout maillé, qui est cause qu'il est plus dur que pierre, & si on le pense briser à grands coups de marteaux, ou à grands coups de lances, tout cela ne luy sçauroit nuire non plus que paille. Si on tasche à l'assommer à grands coups de pierres d'vn rocher, tout est en vain, & ne peut-on non plus l'endommager, que les estouppes: puis de ce monstre, il dit à Iob: as-tu bien opinion de le pouuoir prendre à l'hameçon en la maniere qu'on prend les poissons: ou que quand tu te presenteras à luy, peses-tu qu'il ait peur & crainte de toy? *Numquid multiplicabit tibi preces, aut loquetur tibi mollia?* Fera-il point comme le chien qui flatte son maistre, & se met à ses pieds de peur d'estre battu? Puis s'il est question de faire quelque accord auec toy, penses-tu bien qu'il le vueille, ou puisse faire sinon à l'intention de te deuorer? *Numquid feriet tecum pactum & accipies eum quasi seruum sempiternum?* Et puis as-tu bien opinion de te pouuoir iouër de luy, comme d'vn oyseau, auquel tu mettras vn filet

Hiero. aduersus Vigilant. Iob. 40. 41.

au pied & le feras voler quand tu voudras, ou le retiendras à ton plaisir? *Nũquid illudes ei quasi aui?* En fin pour conclusion Dieu dit, *Memento belli nec vltra addas loqui.* Ayes souuenance qu'il est homicide dés le cõmencement, & qu'il est ton ennemy capital, & te fait incessamment la guerre, & ne t'abuses point à ces folles paroles, de dire que tu t'en sers comme d'vn seruiteur: car pour tout vray cela est impossible: car c'est par la seule foy qu'on le peut maistriser, & non par contention ou accord: car il est menteur & te trompera au besoin, & puis quand il t'aura fait rompre le col contre sa promesse, deuant quel Iuge le mettras-tu en cause pour auoir reparatiõ de sa tromperie? Vne autre chose qu'il faut considerer, c'est qu'estãt menteur, & n'ayant eu honte de mẽtir manifestement à
Matth. 4. Iesus-Christ, en luy promettant ce qui n'estoit en sa puissance, disant, *Hæc omnia tibi dabo*, il ne faut s'abuser de dire qu'il rougira deuãt l'homme en luy promettãt ce qui n'est en sa puissance: comme de ne pouuoir estre tué en bataille, ou le garentir, ou aussi deliurer de tous dãgers,
Greg. Nazian. orat. in Cypria. dequoy nous auons en Gregoire Nazianzene l'histoire de S. Cypriẽ, qui se fit Sorcier & Magicien deuant qu'il fust Chrestiẽ, pour pouuoir iouir d'vne fille qu'il aimoit follemẽt, le diable la luy ayant promisse, en fin il fut contraint par commandement de Dieu de luy cõfesser qu'il
Athanas. orat prima aduersus Arrianos. luy auoit promis chose qui n'estoit en sa puissance, qui fut l'occasion de sa conuersion en la religion Chrestienne: sainct Athanase qui s'estoit rendu familier à Anthonius Monachus

qui a esté vn autre Iob, au nouueau Testament, il descrit fort eloquemmét les ruses de Sathan: Il dissimule (dit il) & couure ce qu'il est en verité, prenant vne belle espece externe, auec vn beau nom, comme il cognoist que les choses nous reuiennent à gré, en cela semblable à ces Pyrates qui rencontrent quelquefois les petits enfans au long du riuage de la mer : & s'approchent d'eux, & les mignardans, les appellent si doucement que leurs peres ou meres n'en feroient point d'auantage : ils leur presentent des pommes, & leur baillent certaines petites choses qu'ils sçauent estre aggreables aux petits enfans : mais les ayant attirez ils dressent leurs voiles & les retirent bien loin de leurs peres, & meres, pour les faire esclaues, toute leur vie, en estrange pays. A la mienne volonté que tous ceux qui se sont ainsi laissez abuser à Sathan, qu'ils retinssent bien ce propos de ce grand personnage, & qu'ils retournent comme prodigues en la maison de leur pere, nostre Dieu; en quittant ce dur, & rude tyran qui ne leur sçauroit faire manger que pures escorces, c'est à dire, promettre choses vaines, inutiles, friuoles, & pleines de mensonges, comme il est le pere de mensonge : que s'ils ne veulent retourner, il faudra faire comme la Loy de Dieu porte au Leuitique vingtiesme chapitre. C'est qu'ils soient mis à mort, non vulgaire, mais telle qu'elle puisse effrayer, & seruir d'exemple à toute maniere de gens : ce qui fut sainctement executé en Auignon l'an de grace mil cinq cens octante deux, par la diligēce du P.F. Florus Prouin, pour lors Inquiſiteur de la Foy, duquel i'eſtois compagnon en ladite Inquiſition, & en furent executez dixhuit, ou homes ou femmes, tresbien conuaincus & condamnez, apres leur propre cōfeſſion & accuſatiōs mutuelles, ainſi qu'on pourra entēdre par la ſentēce contre eux donnee, l'extraict de laquelle eſt apres le prochain chapitre, afin qu'vn chacun entende combien telles gēs ſont eſloignez de la cognoiſſance de Dieu, & dignes du feu. Seulement auons à noter pour reſolution de ce Diſcours, ce qui eſt enſeigné par Tertulian, à ſçauoir que iamais Ieſus-Chriſt ny ſes Apoſtres, ny gens de bien en l'Egliſe n'ont euoqué ou appellé à eux les Eſprits malins, mais ſeulement les ont chaſſez & expulſez en vertu de la parole de Dieu: & quāt eſt de Ieſus-Chriſt, il eſt dit en l'Euangile: *Erat Ieſus eiiciens dæmonium, ſi in digito Dei eijcio dæmonia*: & en ſomme il appert par l'Euangile que tout ce que Ieſus-Chriſt en faiſoit en leur endroit, c'eſtoit ſeulement pour cet effect, qui eſt de les chaſſer & rendre odieux & abominables aux hommes, auſſi n'a-il baillé autre puiſſance aux Apoſtres, ſinon de les chaſſer: comme appert en ſainct Matthieu 10. où eſt dit que les ayās eſleuz pour ſes Apoſtres, il les enuoya, leur baillant puiſſance ſur les Eſprits immundes, à cet effect, de les expulſer & chaſſer: *Dedit eis poteſtatem* (dit le texte) *Spiritum immundorum, vt eiiceret eos*, pareillement apres ſa reſurrection les enuoyant par tout le monde, il n'oublie de leur bailler puiſſāce ſur les diables: mais il declare que c'eſtoit ſeulement pour l'effect ſuſdit, à ſçauoir de les chaſſer, diſant: *In nomine meo dæmonia eijcient*, qu'on liſe les actes des Apoſtres & ne trouuera-on autre choſe d'eux, ſinon qu'ils chaſſoient les malins eſprits, & depuis eux en l'Egliſe de Dieu, iamais vn homme de bien ne ſurpaſſe ceſte limite, & ceux qui ont paſſé plus outre en cela, ſe ſont declarez n'eſtre de l'Egliſe de Ieſus Chriſt: mais de l'eſcolle de Sathan, & c'eſt ce que Tertulian en diſoit en ces paroles: *Nos non inuitatoria operatione, ſed expugnatoria dominatione tractamus*, & en vn autre endroit il dit que les ſeuls Chreſtiés chaſſoient les diables, comme voulant dire que les Payens & Magiciens auoient quelques commerces auec les eſprits malins, mais les ſeuls Chreſtiens ne s'en meſloient iamais, ſinon pour les chaſſer, ſuiuant la puiſſance qu'ils en auoient receu de Ieſus Chriſt. Voyez les paſſages citez au commencement de l'Epiſtre liminaire de ce liure.

Si les articles contenus en la depoſition des Sorciers, doiuent eſtre prins comme aduenus par ſonge, ou bien en verité & realité.

CHAPITRE IX.

CEſte queſtion eſt autant difficile que neceſſaire: difficile, pour ce que ie ne ſçache m'eſtre encores eſcheu entre les mains aucun autheur ancien ny moderne, qui l'aye eſmeuë ou debatuë: necessaire à cause qu'en ce seul point gist le nœud de la difficulté, qui est de resoudre, à sçauoir, si ce que les Sorciers deposent, leur arriue seulement par songes & illusions diaboliques, ou s'ils le pratiquent realement & de faict. Sainct Iustin martyr (comme recite sainct Hierosme) fit de son temps vn liure expres de la nature & proprieté des Esprits malins, lequel, si l'iniure du têps ne nous l'eust cóme rauy des mains, & qu'il fust encores auiourd'huy, nous en pourriós tirer à nostre propos (ainsi que pouuons coniecturer par ses autres escrits qui se trouuent) d'amples & claires resolutions, pour faire entendre que ce qu'on dit des Sorcieres ce n'est point fable, ains pure verité. Car en sa premiere Apologie qu'il fait pour les Chrestiens, il ose tout haut & tout clair affermer que les malins esprits ont biê souuent accointance charnelle par fois auec des femmes, par fois aussi auec des hommes. Puis en sa seconde Apologie, il donne à entendre que les diables ne veulêt tousiours faire ce qu'on veut, si ce n'est auec certaines conditions: comme en la Necromantie, dit-il, il veut qu'on luy ameine vn ieune garçon qui n'aye encores atteint l'aage de puberté: & si auec cela, il nous donne assez à entendre en la quest. 52. qu'il adresse aux Chrestiens, qu'en ce faict icy des Esprits malins & des Sorciers il y faut sagement & fort droictement proceder. En quoy il nous faict aussi entendre que d'auácer deux choses estrãges au simple peuple (comme sont celles que nous venons de reciter de luy) ce n'est point

Hierony.
lib. de scri.
Eccles.

proceder toufiours à la volée. Et ainfi le deuons eftimer apres ce grand perfonnage : attendu mefmement que fainct Paul nous dit que les œuures de Sathan feront auec toute puiffance *2. Theff. 2.* en fignes & prodiges, & en fomme par deffus toutes nos forces naturelles. Pour refoudre doncques il faut faire vne diftinction, car à faute de ce, plufieurs fe font abufez. La diftinctiõ eft qu'entre les chofes que Sathã opere à l'endroit des perfonnes qui s'attendent à luy, elles font en deux manieres. Premierement elles peuuent eftre en dormant. Secondement elles peuuent eftre auffi en veillant. On pourroit faire encores plufieurs fubdiuifions, mais nous nous contenterons d'en toucher cy-apres aucunes qui feront neceffaires à ce propos. Or que cela aduiéne en ces deux manieres, l'Efcriture y eft toute claire en plufieurs paffages, laquelle faifant enumeration des œuures dont Sathan vfe à l'endroit de ceux qui font pact expres auec luy, elle y met prefque toufiours d'vn cofté l'obferuation des fonges, & de l'autre cofté les malefices : Il eft beau à voir que les fonges fe font en dormant : comme les malefices en veillãt. Le premier lieu eft au Leuitique 19. *Leuit. 19.* où eft dit, *Non augurabimini nec obferuabitis fomnia.* L'autre eft au fecond liure de Paralipomenõ, chap. 33. où eft dit du Roy Manaffes, *Obferuabat fomnia, fectabatur auguria, maleficis artibus inferuiebat: habebat autẽ fecum magos et incantatores, multaque mala operatus eft, &c.* *2. Paralip. 33.* Vn autre paffage eft en Ieremie chapitre 27. où *Hiere. 27.* Dieu dit à fon peuple, *Vos ergo nolite audire prophetas vestros & diuinos, & somniatores, & augures, & maleficos.* Le troisiesme est en Zacharie, chap. 10. où est dit, *Diuini viderunt mendaciũ, & somniatores loquuti sunt frustra.* Mesme Balaam le pratiquoit ainsi, lequel auoit pour coustume d'obseruer premierement ses songes, puis estant esueillé il faisoit ses maleficences, ainsi qu'on peut voir au liure des Nombres chap. 22. Ie sçay bien qu'on pourroit tergiuerser & dire, que tels songes estoient d'autre qualité que ceux de nos Sorciers du iourd'huy: nonobstant à nostre propos, il nous suffit monstrer par l'Escriture, qu'entre les œuures mauuaises & prohibees de Dieu que Sathan opere en ceux qui s'adonnent à luy, les vnes se font par songes, les autres en veillant, & en verité: Car quant aux qualitez des songes, attendu qu'ils peuuent estre infinimẽt diuersifiez (chose qui est commune à tous songes, soient-ils diuins, naturels, ou diabolics, qui est l'entiere & vraye diuision des songes qu'en fait Tertulian en son liure de l'ame au chap. intitulé *De somniis.*) telle qualité, ou diuersité ne peut pour ce respect empescher, que tels songes ne soient vrayement œuures de Sathan, comme au semblable la diuersité n'empesche qu'ils ne soient diuins ou naturels. Ceste distinction nous en produit vne autre, c'est que bien souuent, ce qui est songe en vn, est verité en l'autre, ce qui est aussi cõmun aux songes diuins & naturels, pource qu'il n'y a point de repugnance qu'vn homme ne puisse faire veritablement ce qu'vn autre songera en soy-mesme, comme au liure des

Num. 22.

Tertul. lib. de anima cap. de somniis.

des Iuges, nous auons d'vn soldat qui songeoit *Iudicum 7.* que Gedeõ venoit pour renuerser tout le cãp, & veritablement pour lors Geedõ approchoit du camp, & executa ce que l'autre auoit songé, aussi tost qu'il eut faict le songe. I'en laisse sciemment plusieurs autres, soient diuins, naturels, ou diabolics, recitez par Tertullien cy-dessus cité, me contentant d'vn qui a esté couché par escrit sur ce propos, que nous traittons par S. Augustin au liure 18. de la Cité de Dieu chap. *Aug. lib.* 18. où il faict mention d'vn certain personnage *28. de ciui.* de son temps, lequel estoit fort desireux de sça- *Dei ca. 18.* uoir l'explication d'vn passage de Platon à luy fort obscur, & à ces fins il s'addressa souuẽt à vn Philosophe dans sa maison pour en auoir l'intelligence, lequel n'y voulut jamais entendre. Enfin comme ce personnage veilloit vn soir dans son estude, vint (comme il luy sembloit) ce Philosophe, & commençant à luy parler, il luy expliqua si clairemẽt cedit passage, qu'il en fut bien resolu: certains jours apres, retournant ce Philosophe, il luy demande pourquoy dans sa propre maison n'auoit-il voulu expliquer ce passage, veu qu'il le luy auoit exposé en la maison d'autruy? lors respondit ce Philosophe: I'ay bien songé, dit-il, t'auoir expliqué ce passage, mais en verité ie ne l'ay point faict, de là conclud sainct Augustin qu'vne mesme chose peut estre songe à l'vn & verité à l'autre: car pendãt que le Philosophe songeoit d'expliquer ce passage, l'autre en veillant receuoit veritablement les paroles de l'explication. Il recite d'vn autre, lequel ayãt dormy par plusieurs jours, ne pouuant estre par maniere quelconque esueillé, ayant acheué son sommeil, il recitoit à ses domestiques, qu'il luy sembloit auoir esté changé en cheual, & qu'il portoit des viures à certain endroit au camp qu'il designoit, & fut trouué que veritablement telle chose auoit esté ainsi faite: Ces deux suppositions faites, nous disons que touchant ce qu'on recite des Sorciers, cela peut estre aduenu par songe, & aussi en verité. D'abondant il peut estre songe à l'vn, & verité à l'autre. A ce premier rang, on doit mettre tout ce qui est escrit en la distinctió vingtsixiesme du Decret, au chap. *Episcopi*, si souuent repeté par ceux qui tiennent que ce sont tousjours songes, ne prenás garde que les choses y recitees sont manifestement, non seulement fausses & fabuleuses, mais aussi repugnantes à l'Escriture & impossibles à Sathan, comme de faire ressusciter Herodias, & par mesme moyé il faut aussi rapporter toutes autres senteces, & authoritez semblables. Au second rang il faut mettre tous les malefices & œuures mauuaises, exercees par les Sorciers & Magiciens, dót la saincte Escriture, les Peres & les Histoires font mention, comme de choses veritablement aduenuës. Et en ceste maniere on accorde aisément, tant l'Escriture, que les Peres, & aussi les Histoires, lesquelles bien souuent semblent estre contraires. Comme pour exemple, nous lisons au second liure de Iean Baptiste Neapolitain Chap. 26. que luy estát curieux de sçauoir s'il y a aucune verité en ce que les Sorciers deposent, il donna ordre de regarder de

Distinc. 26. cap. Episc.

ſes propres yeux ce qu'elles en faiſoient, & de faict, ayant gaigné vne vieille Sorciere, il vid toutes les manieres de faire par la fente d'vne porte, & vid qu'vne vieille femme toute nuë, s'oignoit d'vn certain vnguent, ce qu'ayant faict, elle s'endormit ſi profondement, qu'en la battant de verges, on ne la ſceut eſueiller. En fin s'eſtant eſueillee elle affermoit d'auoir paſſé la mer, & veu choſes admirables qu'elle recitoit en ſa preſence, & de certains autres qui l'auoiét contéplee cóme luy. Et quád on luy oppoſoit les playes qu'elle auoit receu en ſon corps pendant qu'elle dormoit, elle n'en vouloit rien croire. Au contraire, nous auons Apuleius qui recite auoir eſté ſemblablement curieux d'auoir regardé (conduit d'vne châbriere) & regardant auſſi par la fente de la porte du cabinet, où vne Sorciere toute nuë s'engreſſoit de ſon vnguent, dit que cependant qu'elle s'en frottoit elle ſe changeoit peu à peu (cóme il ſembloit) en vn chat-huant. Et en fin ayant des ailes, elle s'enuola par la feneſtre, de quoy (comme dit eſt) il en fut ſpectateur: Ces deux Hiſtoires contemplees veritablemét par deux hommes fort curieux de ſçauoir la verité de ce faict, monſtrent bien que l'vn & l'autre peut eſtre, car on ne doit pas dauátage adjouſter foy à Iean Baptiſte Neapolitain, qu'à Apuleius Africain, attendu meſmement que S. Auguſtin en faict cas, & n'oſe dire que ce fuſſent fables ce qu'Apuleius en eſcriuoit, ains il enſeigne comment cela ſe pourroit faire. Il eſt donc queſtion d'accorder l'vn & l'autre: & non pas

Apuleius de aſino aureo.

Aug. lib. 18. de ciuit. cap. 18.

d'vn fait particulier en faire consequence vniuerselle, comme font ceux qui rapportent toutes ces choses seulement aux songes, contre la regle de Dialectique, qui dit: *A particulari ad vniuersale consequētia nulla.* Il y peut aussi auoir prestiges en ces affaires, comme S. Augustin le donne à entēdre au liure & Chap. prealleguez, quand il traite l'Histoire d'Iphigenia, disant qu'elle ne fut veritablement sacrifiee comme tous les assistans l'estimoiēt, ains que ce fut vne biche au lieu d'icelle, laquelle par prestige du diable representoit la mesme Iphigenia. Pourroit aussi aduenir par mesmes prestiges du diable qu'on penseroit voir vn corps humain qui ne le seroit en verité, ou bien prēdre l'vn pour l'autre, dequoy il y a assez d'Histoires en saint Clement, recitant au liure de ses recognitions ce qu'il en auoit veu faire à Simon Magus: d'autre part il n'est tousiours vray que cela soit par prestiges & illusions, comme bien l'enseigne l'Histoire de Hermotime, qui faisoit entendre à sa femme, que quand il dormoit il s'en alloit parmy le monde, l'ame quittant le corps, & puis y reuenāt, & ainsi il se le persuadoit. Ses ennemis voulans faire preuue de cela, luy couperent la gorge. Mais (comme dit Tertullian par ironie) l'ame ne reuint assez à bonne heure, tellement qu'il ne se resueilla plus. Or si c'eust esté prestigieusemēt fait, il ne fust pourtāt mort, car on n'eust point touché à son vray corps. C'estoit doncques son propre corps: Donc il y a trois manieres, ou elles dorment & songēt, ou elles y vont réellemēt, ou le diable se met à

Clemens in recognitionibus.

Tertul. lib. de anima, ca. de Hermotimo.

leur place, elles estant transportees ailleurs. Et ainsi toutes ces manieres de faire pouuás estre, à sçauoir, & que telle chose aduienne par songe seulement, & qu'elle aduienne aussi veritablement, & que le corps qu'on voit dormant ce ne soit qu'vn phantosme, ou aussi qu'il soit le vray corps de celuy qu'on pense; il est question sçauoir discerner quand telle chose aduient en verité ou seulement par songe ou par prestige. Sainct Augustin en ce riche chapitre cy-dessus allegué nous en resoult, s'il est bien entendu. Et en somme il nous donne à entendre qu'il faut tousiours bien & fidelement obseruer trois regles, dont la premiere est, qu'il en faut faire iugement par l'experiéce & realité qui en ensuit: car quand il veut resoudre, à sçauoir s'il y auoit realité au sacrifice d'Iphigenia, il respond que nó, ains que par art diabolique vne autre chose fut supposee à sa place, d'autant, dit-il, que l'experience le donna à entendre par apres, Iphigenia estát trouuee en vne autre contree bien loin de là, où elle auoit esté soudainemét transportee par les diables, toute pleine de vie, puis qu'elle y suruesquist long temps. Par la mesme experience il conclud, que les compagnons de Diomedes ne furent changez en oiseaux comme on l'estimoit : car fort long temps apres, cesdits oyseaux y firent leurs nids, multiplians leur espece, tout ainsi cóme les autres oyseaux. Or telle prorogation d'espece, est vne realité, qui est suffisante preuue pour conclurre que tels hommes furent transportez ailleurs par les diables, si soudainement qu'on ne s'en print

Caiet. in 2.2.q.9.5. art.2.

Aug. li. 18. de ciu. Dei cap. 18.

Ii iij

garde, tels oiseaux estans supposez à leurs places, lesquels ne pouuoient estre prestigieux, dit-il, ains veritables, l'experience de la realité, repugnant à toutes illusions, joinct que les prestiges du diable, comme a dict bien doctement sainct Thomas, ne peuuent long temps durer, à cause qu'elles ne sont natures subsistantes: mais seulement accidens cómuns, comme on les appelle en Dialectique, desquels le propre c'est d'estre facilement chágez par l'alteration naturelle. Ceste regle faict entendre que ce que Moyse faisoit en Egypte & au desert, ce n'estoit par illusions: car veritablement les poissons moururent dans la riuiere changee en sang. Et aussi veritablement les chenilles & autres bestiolles gasterent les bleds, les orges, vignes & arbres d'Egypte. Faut aussi entendre que ce que fit le diable contre Iob, ce fut pure verité, comme font foy la mort de ses enfans & seruiteurs, & ruïne de leur maison. Il en faut autant dire des Sorcieres, & regarder s'il y a point quelque realité en ce qu'elles pensent auoir faict. Et puis qu'on y en trouue tant & plus, il est question de plus n'en douter. Il y a realité aux infanticides, comme il a esté verifié que les enfans, qu'elles disoient auoir suffoquez, furent veritablement trouuez suffoquez au rapport de leurs parens, tout ainsi comme elles auoient deposé. Mesmes le deterrement de leur corps a esté verifié par les ossemens qui n'ont point esté trouuez dans leurs sepulcres. Il y a realité en la marque qu'ils portent en leurs corps, laquelle seulement est

D. Thom.

Exod. 7.

Iob. 2.

toute lepreuse & insensible, marque qu'on ne sçauroit trouuer à autres qu'à ceux qui se disent estre tels, vne autre realité est d'vne piece de leur vestement qu'ils exhibent par hommage à Sathan. Et auons veu de nos yeux que telle piece failloit au vestemēt, tout ainsi comme ils l'auoient designee. Il y a realité manifeste aux malefices qu'ils exercent sur les hommes & bestes, les rendant stupides & presque morts, puis à leur seule parole, les remettāt comme auparauant. Non, comme dit Lactance, qu'ils puissent guerir les maladies, car cela est hors de la puissance naturelle du diable. Mais il est bien en sa puissance naturelle de mettre empeschement en quelque partie d'vn corps viuant, ce qui se voit en l'Histoire du demoniacle sourd & muet, & de la fēme courbe qui ne pouuoit aucunement regarder au Ciel. Et peut par mesme moyen oster tel empeschement, si bien que ce n'est guerir: mais laisser d'empescher les cōduits naturels, Dieu le permettāt ainsi par son iuste & occulte iugement, sur lequel il ne faut passer plus outre, comme le conclud souuent sainct Augustin. Resulte donc par la premiere regle, que les choses confessees par les Sorciers, ne sont tousiours songes, & qu'il y a pure verité du faict.

La seconde regle qui est de S. Augustin & S. Thomas, est de regarder si tout ce qu'on dit gist en la puissance naturelle du diable. Laquelle remarque tacitement sainct Augustin, quand traictant le faict de Diomedes, il dit que cela fut par substraction & transportement de

Lactant. lib. 2. diuinarū inst. cap. 16.

Lucæ. 11. Luc. 13.

Aug. li. 2. cont. aduersa. legis ca. 12. & lib. 22. contra Faust. cap. 72. & lib. de sancta Virgine. ca. 40. 42.

corps, pource qu'il n'est point en la puissance naturelle du diable de transmuer vn corps en vn autre, quant à la substance, & pource il falloit que ce fust en presentant, par transport ou autrement, vn autre corps au lieu & place d'iceluy. Sainct Augustin ne veut accorder le premier poinct, pource que (comme il auoit desia dit) telle chose estoit hors de la puissance naturelle du diable. Et accorde le second, à cause qu'il n'est pas hors de ses forces naturelles: *Neque enim*, dit-il, *dæmonibus iudicio Dei permissis, huiusmodi præstigia difficilia esse possunt*. Et cóme il explique ailleurs, cela aduient quand le diable veut, & tout ainsi comme il veut, pourueu que Dieu ou leur commande expressémét ou leur laisse faire naturellement: *Quando volunt et quomodo volunt, Deo vel iubente, vel sinente*. S. Thomas suit ceste regle quád il dit, que s'il s'agist de la resurrection des morts ou autres semblables choses supernaturelles, qu'il faut penser que ce n'est qu'illusions, car cóbien que Dieu par sa prouidence vniuerselle employe les malins esprits à plusieurs effets, nó pas toutesfois à œuures miraculeuses, qu'il reserue à soy & aux siens, les diables n'estans capables des dós supernaturels. Ceste regle qui a fait discerner aux premiers Chrestiés les œuures magiques de Simon Magus d'auec celles de sainct Pierre & autres Apostres, comme font foy entre autres sainct Clement & sainct Irenee, fera aussi discerner les œuures de l'Antechrist d'auec celles des Chrestiens. Ceste regle a aussi occasionné S. Augustin de dire que non seule-

Aug. lib. 1. de ciuit. cap. 18.

D. Thom. 1.p.q. 114. ar. 4. ad 2.

Clemens in recogniti. lib. 3. Ireneus li. 2. cap. 57.

mét les œuures admirables du diable, comprinses à l'ancien & nouueau Testament, estoient croyables: mais aussi plusieurs autres choses dont les histoires prophanes font mention, & mesmes les Poëtes, lesquelles presque tout le monde estimeroit fabuleuses. S. Augustin par sa grande subtilité d'esprit & profond sçauoir des lettres sainctes n'ose dire que ce fussent fables, mais il monstre que cela pouuoit estre ou enverité ou en apparence. Et pource que, comme disoit Tertulien, *Dæmones soli nouere Christiani*. Et les Chrestiens ne le sçauët pas mieux que par la saincte Escriture: resulte qu'on n'en peut droictement iuger si on n'est versé en la leçon de la saincte escriture & des anciens Peres qui en auoient la vraye intelligence. De resoudre maintenāt tout ce qui est en la puissance naturelle du diable, ce n'est pour maintenāt à mon propos pour en faire long discours, seulement diray auec S. Thomas qui auoit, cōme on dit, l'ame de S. Augustin, qu'il est en sa puissance naturelle faire tout ce que naturellemēt se peut faire, vsant des moyēs dont nature a de coustume d'vser, appliquāt vne chose à l'autre, ainsi que nature fait, comme vn homme fait soudainement du feu appliquant l'allumette au charbō, ce que nature feroit, mais tout à loisir, comme aussi des foudres, où nous faisons soudainement desbāder vne artillerie. Et l'experiēce l'enseigne: car les Anges qui tournent les cieux, appliquant les mouuemens des cieux aux elemens, ils font produire des choses naturelles (supposant la matiere & forme lesquel-

Tertul. lib. de anima.

S. Thom. p. q. 114. art. 4.
Xixtus Senensis Biblioth sacræ lib. 3. in Thom.
Vide Iustin. q. 24. ad Orthodox.

les ont esté creées de Dieu immediatement.) Et pour ceste occasion ils sont appellez tant au Pseaume 32. qu'à l'Euangile, de ces mots, *Virtutes cœlorum*. Car sans eux les cieux n'auroient point de vertu, non plus qu'vn corps sans ame: ce qu'a bien touché en passant S. Augustin au liure 3. contre Maximin Arrien, chapitre dix-septiesme. Or est-il que tout ce que les Sorciers deposent est de la puissance naturelle des malins esprits, comme on le pourra aduiser par les discours de ce liure, signamment aux Scholies sur la sentence, doncques la seconde reigle fait entendre que ce ne sont tousiours songes. Ioinct qu'il n'y a rien de repugnant à l'Escriture, aux Peres, aux Histoires, moins à la raison. De l'Escriture, on peut remarquer pour ceste seconde reigle ce qui en est escrit au liure de l'Exode où est parlé des Magiciens de Pharaon, & aussi ce qui est couché aux trois premiers chapitres du liure de Iob.

Psal. 32.
Luc. 12.

Aug. li. 3. cont. Maximi. ca. 17

Exod. 2.

Iob. 1. 2. 3.

La troisiesme reigle est fondee sur la generalité. Car sainct Augustin n'osant reduire semblables choses en fables, il ameine en somme ce qui en auoit esté pratiqué long temps auparauant luy, & se pratiquoit encores de son teps en diuers quartiers du mõde, les vns asseurans l'auoir ouy dire à gens dignes de foy, les autres affirmants l'auoir ainsi veu & experimenté: voyez S. Augustin au chapitre seize, dix-sept, dix-huict, du liure dix huictiesme de la cité de Dieu. Ceste generalité a fait que Hippocrates a diuinement parlé, quand il veut donner les vrayes causes des malices vniuerselles, & dit

Aug. li. 18. de ciuit. cap. 16. 17. 18. Hippocrat. li. 2. de morbis & lib. de affection.

que la peste quand elle est vniuerselle ne peut prouenir des causes ordinaires en nature : & qu'il les faut rapporter à Dieu & és causes inuisibles. I'en dis tout autāt en ce fait icy, qui n'est de moindre importance. C'est grād' chose que les Sorcieres de France & de nostre temps, deposent ne plus ne moins que celles d'Allemagne, qui sont & ont esté il y a soixante ou quatre vingt ans : Et si bien qu'il semble à voir qu'elles ayent estudié aux liures qui ont esté cōposez en Latin ou en vulgaire par gens doctes, couchāts par escrit tous les deportemens, selon la verification qu'ils en auoiēt faite apres leurs depositions. Et toutesfois on trouue que ce sont gens mechaniques, voire pour la stolidité d'entendement plus approchans des bestes que des hommes. Telle generalité & conformité doncques, dōne assez à entendre la verité du fait, si nous voulons venir à toute raison, qui est l'autre fondemēt que nous proposions tantost, disans que cela contreuenoit à la raison. Car cōment est-il songe ce qui n'arriue iamais que le Ieudy au soir? si c'estoit songe il leur pourroit aussi bien arriuer à autre iour. Toutesfois tretous conuiennent à cela, que telle assemblee ne se fait iamais qu'au Ieudy seulemēt. Nᵒ demandōs auec la raison, pourquoy plustost à tel iour qu'à autre? d'abondant si ce n'est que songe, comment tāt de gens qui ont esté en diuers tēps & regiōs fort esloignees l'vne de l'autre, pouuoiēt-ils sōger tretous vne mesme chose? Les Medecins accordent que la diuersité des viādes & quātité d'icelles, cause la diuersité des songes : toutes telles personnes vsoient-elles iadis de mesmes viādes, & en pareille quantité auec ceux qui songent auiourd'huy choses pareilles, & toutes esgales? Ils accordent aussi que la complexion des personnes fait songer diuersement, vn sanguin songera volontiers choses plaisantes, vn melancholique choses fascheuses, vn martial sōgera guerres, vn ieune garçon songera ordinairement autres choses qu'vn vieil hōme, & vn homme qu'vne femme. Ie m'ē rapporte à Aristote, Artemidorus & autres, qui ont fait des liures des songes. Estant donques la pluspart de telles gēs diuers en cōplexions, aage, sexe & secte, comment se peut-il rencontrer qu'ils songent, ou ayent songé tretous vne mesme chose, l'vne ne variāt en rien de l'autre, & qui plus est en mesme iour, & heure ? On pourra dire que c'est le diable qui procure cela. Bien, on approche desia de la verité, puis qu'on accorde que c'est chose qui est par dessus les forces humaines, & qu'il faut r'apporter cela aux effects du diable. De là ie demande, puis qu'on accorde que c'est vray songe, à cause que le diable le peut ainsi faire, pourquoy fait-on difficulté d'accorder la realité du faict, attendu que c'est chose qui est aussi bien en la puissance du diable ? Ioint que les experiences y sont, & que cela ne contreuient, ny à l'escriture, ny aux Peres, ny aux histoires, & qu'il a esté predit que sur la fin du monde telles choses seront plus frequentes que iamais n'auoient esté auparauant, ainsi que nous le monstrerons. Au reste il n'est vray:

Aristo. lib. de somn.
Artemidorus de som. interpretatione.

semblable que telle generalité & conformité puisse estre songe procuré du diable. Car premierement vn diable ne peut operer qu'à vn seul lieu, ainsi que le monstrent S. Iustin martyr, Didymus, & sainct Thomas. Ce ne seroit donc point vn seul diable, mais plusieurs qui trauailleroient apres cela. Et faudroit qu'il y en eust autant pour le moins, qu'il y a de Sorciers & Sorcieres songeants, & qu'ils trauaillassent tant seulement à cela à tel iour, & heure : chose qui est autant estrãge, comme mesme la realité du faict. Car pourquoy les diables s'accorderoiét-ils de ne trauailler à aucune chose, plustost à ce iour & heure seulement qu'à autre? Il n'est vray-semblable, car pourroit estre qu'ils y auroiét de l'interest, pource qu'il se pourroit pour lors presenter quelque grande commodité de tenter d'autres gens en choses bien plus execrables, que ne sont les songes, arriueroit ainsi qu'vn, ou plusieurs des Sorciers ne songeroit, comme les autres, pource que son diable seroit occupé à meilleurs negoces, selon son art, & fantasie. Ioint que le Diable peut bien mouuoir la fantaisie de l'hóme com- meil appert par les tentations qu'il nous presente : & ainsi le pratiqua à l'endroit de Iudas, d'Ananias, & Saphira, mais cependant il ne peut vser à sa volonté de nos fantaisies, & leur representer tout ce qu'il voudra à son appetit, estant en nostre puissance de les destourner: & comme dit S. Thomas, il ne sçauroit mettre ou imprimer en la fantaisie d'vn aueugle né, les couleurs, ny à vn sourd de nature, le son des

Iust. mar. q. 40. Didymus lib. 1. de S. Tho. 1. p. q.

Ioan. 13. Act. S. Tho. 1. p. q. III. art. 3. ad 2.

voix (comme auſſi nature ne peut) mais il peut bien mouuoir la phantaiſie, & luy preſenter les obiects qu'elle a autrefois conceu. Or les phantaiſies de toutes ces gens ne ſont point en tout ſemblables, ny touſiours en meſmes temps & heure pareillement diſpoſees. Il eſt donc bien difficile à monſtrer que ce ſoient ſonges : Et voire plus que non pas de prouuer telles choſes auoir eſté en verité pratiquees, ſuppoſans ce qu'en auons dit cy-deſſus: Car en ce ſecond poinct, il n'y a nul inconuenient, ny (comme auõs ia dit) cõtre l'Eſcriture, ne contre les Peres, les Hiſtoires, ny la raiſon. Mais au premier il y a des abſurditez que nous venons d'en toucher aucunes. Reſte de reſoudre encores vn poinct qui pourroit eſbrãler les perſonnes peu auiſees à la leçon des Peres Loys Viues Granatin, qui a commenté S. Auguſtin ſur les liures de la Cité de Dieu, quand il vient à cõmenter ce beau, & docte chapitre que nous venõs d'alleguer, il ſe mõſtre aſſez petit Theologien, comme tel il eſtoit en verité, (ores qu'il fut fort docte aux lettres humaines) & de fait ceux qui liront ſes Commentaires ſe pourront ſouuent prendre garde qu'il eſtoit (s'il faut ainſi parler) plus grãd idoliẽ que Theologien. Voyant donc que ſainct Auguſtin diſoit tout clairement que telles choſes ne ſont touſiours fables, ains qu'elles peuuent ainſi aduenir en verité, meſmes de ce qu'Apuleius recite de ſoy, d'auoir eſté changé en aſne, c'eſt à dire, couuert d'vne ſemblance d'aſne, ne pouuant cela comprendre auec ſainct Auguſtin, il commet trois fautes: Dont la premiere est, qu'il accuse S. Augustin d'ignorance, disant qu'il n'auoit leu Lucian pour n'auoir cognoissance de la langue Grecque. La seconde faute est qu'il dit qu'Apuleius auoit tiré son Discours de Lucian, lequel Lucian dit auoir cela controuué de sa teste pour passetéps. La troisiesme faute & plus griefue est que quand S. Augustin conclud, que telles choses pouuoient estre, ou fables controuuees, ouueritez pratiquees, (qui est la resolution de nostre discours) Viues s'y oppose, & dit que vrayement tout cela ne pouuoit estre que fable, à cause que Pline dit au liure huictiesme, que toutes ces choses ne peuuét estre que fabuleuses. Or d'accuser sainct Augustin d'ignorance, & dire qu'il n'auoit leu les œuures de Lucian, il ne luy en appert rien. Et si nous pourrions amener Autheurs Grecs, sacrez & prophanes citez tout à propos par sainct Augustin, combien qu'il eust naturellement en haine les lettres Grecques, ainsi qu'il s'en confesse aux liures de ses confessions, à ceste occasion il n'y fut si versé comme aux lettres Latines. Au reste vn Commentateur ne doit facilement condáner d'ignorance l'Autheur qu'il se propose à expliquer, ains il doit en toutes choses le soustenir, si elles sont soustenables. Quát à l'autre, qu'il dit Apuleius auoir tiré son Histoire de Lucian, il ne luy appert nó plus, ains il appert plustost du cótraire: Car Lucian dit que ce qu'il en escriuoit, c'estoiét fables controuuees, où Apuleius dit clairemét que ce qu'il en escriuoit estoit pure ve-

Aug. lib. conf.

rité: iusques là de reprendre ceux qui pensent estre des songes, disāt telles persōnes estre peu versees aux affaires, & secrets d'importance. Et si Apuleius eust eu opinion que choses semblables fussent imaginaires, pourquoy ayant eu adiournement personnel pardeuant le Gouuerneur d'Afrique, pour auoir esté accusé de Magie & malefices, ne disoit-il briefuement en ses deux Apologies qu'il a faites pour s'en purger, que ce n'estoit qu'vn bruit populaire, vraye fable: ce qu'il ne fait, mais seulement il tasche à prouuer qu'il n'estoit tel qu'on l'accusoit. Et pour troisiesme, Viues ou il n'auoit leu, ou au moins retenu les sentences de Tertulian & de sainct Augustin apportees en l'Epistre liminaire de ce liure, par lesquelles est demonstré, que les Payens estoient du tout aueugles en la cognoissance des esprits bons & mauuais: attendu que Viues vient à preferer la sentence de Pline, homme Payen & Atheïste, à celle de sainct Augustin, Docteur plus celebre & irrefragable en l'Eglise de Dieu. Certainement si Viues eust voulu continuer ceste façon de faire, iusques à ces derniers commentaires, quand sainct Augustin dit, & monstre prolixemēt qu'il se fera vne resurrection generale en mesmes chair & os, Viues eust peu dire sur cela qu'il ne le faut croire, parce que Pline dit autrement, & s'en mocque cōme de chose fabuleuse & impossible. Or donc ce que sainct Augustin en disoit, il ne l'auoit apprins en l'escole des Philosophes: mais en l'escole de l'escriture, & des Chrestiens qu'il appelle la cité de Dieu

Apul.
Apol. 1.
& 2.

Tertul. l. de Anima.
August.

Dieu. Et pource beaucoup mieux a touché ce chapitre de S. Augustin, vn Docteur Theologien, docte en l'Escriture, en la leçon des Peres, & en la leçon de S. Thomas, qui auoit commenté les susdits liures auparauant Viues, lequel cōbien qu'il ne fust si docte aux scièces humaines, il estoit toutesfois (comme il appert) meilleur Theologien que luy. Or venant à l'explication de ce chapitre, il ne dit autre chose, sinon qu'il baille ce brief aduertissement: *Hic (inquit) diligenter notandus est modus possibilitatis quem ponit Augustinus in transformationibus hominum & bestiarum, quia minus studiosis videtur difficilis ad intelligendum.* En quoy preuenant Viues, il le touche au vif, puis qu'il trouue cela non seulement difficile, mais impossible. Au reste, qui voudra vn docte & ample commentaire sur ce chapitre de sainct Augustin, qu'il lise S. Thomas en sa premiere partie, question cent-quatorziesme, article quatriesme. Il y eut en l'annee 1584. vn Iurisconsulte Allemand nommé maistre Iean George Goldemain, lequel publiquement disputa (comme il est dit) puis fit imprimer quatre vingts propositions tendantes aux fins de monstrer que tout ce que les Sorciers deposent ce n'est que songes & imaginations, auquel il n'est besoin faire vne responce à part, d'autant qu'elles sont toutes confutees en diuers endroits de cet œuure: seulemēt auons à remarquer ce qu'il dit que iusques à luy nul n'a sceu faire distinctiō entre Magiciē, Sorcier & empoisōneur, ou venefique, & que de là est arriué, que nul n'a sceu encore resoudre ceste matiere. Il accorde tou-

D. Thom. k p. q. 4. 114. art. 4. Ioannes Georgius Goldemanus in disputatione habita Rostochij xxvj. Feb. anni 1584. in collegio Fratrum excussa Frācofurt. propositione prima, secunda, & tertia.

Propositio-
ne 11.12.
14.

tesfois, que les Magiciens & Empoisonneurs sont dignes de mort, mais non pas les Sorcieres, n'y ayant en elles autre chose de mauuais, mais pures imaginations & illusions, iusques là dedire, que combien qu'elles estans esueillees consentent à telles imaginations, elles ne sont nullement coulpables, ny deuant Dieu, ny deuant les hommes, alleguant pour toutes excuses qu'il y a du dol, & fraude sathanique, erreur, & ignorance, peur & crainte, en quoy il se monstre trop ardent à les soustenir. Car s'il y a consentement & du plaisir sur telles imaginations, il n'y peut nullement auoir contrainte, & si la seule concupiscence charnelle, selon nature, est chose damnable par la loy de Dieu, comment l'impure comixtion charnelle auecques le Diable ne sera-elle plus execrable, ores qu'il n'y ait que la seule conuoitise, delectation, & cóplaisance? Or pour le confondre en vn mot, puis qu'en sa proposition douziesme il dit, que veritablement les Magiciens renoncent leur Dieu & leur Baptesme, adorent le Diable, font tout ce qu'il leur commande, mettent toute leur esperance & confiáce en luy, iusques à luy recommander à l'article de la mort leurs corps, & ames: Nous luy demandons, si les Sorcieres font aussi tout cela, pourquoy ne seront-elles aussi bien dignes de mort, comme ceux qu'il appelle Magiciens? Car pour exemple, si l'homicide est digne de mort, à plus forte raison le particide; & si le fornicateur doit estre puny, à plus forte raison le stuprateur. Or est-il qu'on trouue aux Sorciers tout ce qu'il accorde des Magiciens, & pis que cela, dócques

A proposi-
tione 38.
vsque 61.

Exod. 10.
Matth. 5.

elles sont plus punissables qu'eux. Et qui empesche que toutes ces choses ensemble ne puissent estre en vne personne: veu mesmemét que l'Escriture fait mention de certains qui estoient enchanteurs, Magiciens, Deuins, Venefiques & Sorciers tout ensemble, comme entre les autres, vn Roy Manasses: Et sur ce on peut remarquer les sentences de l'Escriture cy dessus citees, & aussi celles qui sont amenees au chapitre 6. de ce liure. Mais la faute de cet homme prouient de ce qu'il pense estre chose impossible, que le diable puisse porter les hommes ou femmes en l'air, ou auoir compagnie charnelle des femmes, ou que les personnes puissent ressembler aux loups, chiens, ou chats, comme il s'explique en sa proposition 66. Et aussi en la 69. & 71. toutes lesquelles erreurs sont combatuës en ce liure. La grace de nostre Seigneur nous assiste tousiours. Amen.

Kk ij

EXTRAICT D'VNE SEN-
tence donnee en Auignon, contre dix-huict Sorciers, ou Sorcieres, l'an de grace 1582. moy estant present, & compagnon du Pere Inquisiteur de la Foy, laquelle est icy en Latin, ainsi qu'elle fut dictee, & prononcee. Le François se trouuera aux Scholies.

EXEMPLAR SENTENTIÆ
contra fascinarios latæ Auenioni, anno Domini 1582.

A. Vsis processibus contra N. N. N. &c. coram nobis constitutos reos, accusatos, & delatos, quibus tam per vestram & quorumlibet vestrum relationem ac propriam confessionẽ iuridicè coram nobis factam sæpius iuramento vestro medio, quàm per testium depositiones eorúque accusationes & alias legitimas probationes, ex dictis actis, & processu resultantes, nobis legitimè constitit & constat, quod vos & vestrũ
B. quilibet, Deum nostrum omnium creatorem & opificẽ, vnum & trinum abnegastis, & immitem diabolum, hostem antiquum humani generis coluistis, vosque illi perpetuo deuouistis, & sacratissimo baptismati, & his qui in eo fuerant susceptores le-

suantes & proparentes, vestræque parti paradisi
& æternæ hæreditatis quam pro vobis & toto gene-
ri humano Dominus noster Iesus Christus sua mor- C.
te acquisiuit, coram præfato cacodæmone in humana specie existente, abrenunciastis, infundente ipso
rugiente diabolo denuo aquam, quam accepistis,
vestro vero mutato nomine, in sacro Baptismatis D.
fonte vobis imposito, sicque aliud commētitium nomen vobis imponi fictitio baptismate passi fuistis,
& accepistis, atque in pignus fidei dæmoni datæ ve-
stimentorum vestrorum fragmentum & particu-
lam illi dedistis, & vt à libro vitæ vos deleri &
obliterari pater mendacij curaret, signa vestra pro-
pria manu ipso mandante & iubente, in reprobo- E.
rum, damnatorum mortisque perpetuæ, libro ni-
gerrimo ad hoc parato apposuistis, & vt ad tan-
tam perfidiam & impietatem vos maiori vinculo
deuinciret, notā vel stigma cuilibet vestrum velu-
ti rei suæ propriæ inussit, & illius mandatis & iussis
iureiurando super circulo quod diuinitatis symbo- F.
lum est, in terram sculpto, quæ scabellum pedum
Dei est, per vos & quemlibet vestrum præstito vos
obstrinxistis, signo dominico & cruce conculcato,
& illi parendo, adminiculo baculi quodam nefandissimo vnguento ab ipso diabolo vobis præscripto G.
illiti cruribus, & positi per aëra ad locū constitutū
intempesta nocte hora commoda malefactoribus
statisque diebus ab ipso tentatore portati, & trans-
lati fuistis, ibique in communi synagoga plurimo-
rum maleficorum, sortilegorum, & hæreticorum, H.
fascinariorum, cultorumque dæmonū accenso igne
tetro post multas iubilationes, saltationes, comessationes, compotationes, & ludos in honorem ipsius I.

Kk iij

præsidentis Belzebub principis dæmoniorũ in formā & speciem fœdissimi & nigerrimi hirci immutati, vt Deum, re & verbis adorastis. & ad illum complicatis genibus supplices accessistis, & cãdelas piceas accensas obtulistis, & illius fœdissimum ac turpissimum anum, proh pudor! summa cum reuerentia ore sacrilego deosculati estis, illumque sub veri Dei nomine inuocastis, illiusque auxilium & pro vindicta in omnes vobis vel infensos vel petita denegantes exercenda efflagitastis, atque ab ipso edocti vindictas, maleficia, fascinationes, tùm in humanas creaturas, tum etiam in animalia exercuistis, atque homicidia infantium quàm plurima commisistis, imprecationes, ablactationis tabes & alios grauissimos morbos ope iam dicti Sathanæ immisistis, infantesque per vos, nonnullis etiã scientibus tantum & annuentibus, ante iam dicta malefica, oppressos, confossos & interfectos fuisse, ac denique in cœmeterio sepultos noctu & clàm exhumastis, atque in synagogam prædictam fascinariorum collegium portastis, denique dæmoniorum principi in solio sedenti obtulistis, detracta & vobis conseruata pinguedine, capite, manibus, & pedibus abscisis, truncumque decoqui & elixari & interdum assari curastis, iubentéque ac mandante præfato patre vestro comedistis & dãnabiliter deuorastis, mala denique malis addendo, vos viri cum succubis, vos mulieres cum incubis fornicati estis, sodomiam veram & nefandissimum crimen miserè cum illis tactu frigidissimo exercuistis, &, quod etiam detestabilissimum est, Augustissimum Eucharistiæ Sacramentum per vos in Ecclesia Dei aliquando sumptum, iam dicti serpentis à paradiso

eiecti præcepto in ore retinuistis, illudque in terram
nefariè expuistis, vt cum maiori omnis contumeliæ,
impietatis & contemptus specie Deum nostrum verum et sanctum dehonestaretis, ipsum verò diabolum eiusque gloriam, honorem, triumphum & regnum promoueretis, atque omni honore, decore, lau-
dibus, dignitate, authoritate & adoratione honora-
retis, decoraretis & honestaretis. Quæ omnia gra-
uissima, horrēdissima, ac nefandissima sūt directè
in omnipotentis Dei omniū creatoris contumeliā &
iniuriam. Quam ob causam, Nos Frater Florus,
Prouincius, ordinis fratrum Prædicatorum, sacræ
Theologiæ Doctor, ac sanctæ fidei in tota ista lega-
tione Auenionensi Inquisitor generalis, Dei timorē
præ oculis habentes, pro tribunali sedentes, per hās
nostram sententiam diffinitiuam, quam de Theolo-
gorum et iurisperitorum consilio more maiorum in
his ferim⁹ scriptis Iesu Christi Domini nostri ac bea-
tæ Mariæ Virginis nominibus piè inuocatis dicim⁹,
declaramus, pronuntiamus & diffinitiuè sententia-
mus, vos omnes supra nominatos & vestrum quemlibet fuisse & esse veros apostatas, idololatras, san-
ctissimæ fidei defectores, Dei omnipotentis abnega-
tores, & cōtēptores, sodomiticos & nefandissimi cri-
minis reos, adulteros, fornicatores, sortilegos, maleficos, sacrilegos, hæreticos, fascinarios, homicidas,
infaticidas, dæmonūque cultores, sathanicæ, diabo-
licæ atque infernalis disciplinæ & dānabilis ac re-
probatæ fidei assertores, blasphemos, periuros, infa-
mes et omniū malorū facinorū & delictorū conui-
ctos fuisse. Ideo vos omnes vestrúmque quemlibet
tāquam sathanæ membra hac nostra sentētia curiæ
sæculari remittimus realiter & in effectu cō dignis

K k iiij

& legitimis pœnis eorum peculiari iudicio plecten-
dos.

SCHOLIES SVR LA SENTENCE
donnee contre les Sorciers.

Si les diables se monstrent quelquefois
visiblement.

PEr vestram propriam confessionem, &c. & infra, &c. Cacodæmone in humana specie existente, &c. Comme appert par le procés, tretous hommes & femmes conuiennent en cela, que le diable s'apparut à eux en forme d'homme: mais les occasions sont diuerses. Vne femme depose, qu'estant fort melácholique & presque hors du sens pour la perte qu'elle auoit faicte d'vne sienne fille n'y auoit gueres trespassee, vn certain homme tout vestu de noir, aagé de vingt-cinq ou trente ans s'apparut à elle, en luy disant: Ie vois bien, dit-il, bonne femme que vous estes en grande fascherie, toutesfois si vous me voulez croire, ie vous feray bien-heureuse. Les autres deposent que du téps de la grande famine, quand les pauures gens estoient côtraints de manger des herbes sauuages, & de faire seicher & cuire le fien des cheuaux & des asnes, comme elles n'auoient nul moyen de bailler à manger à leurs enfans, vn certain homme s'apparut vestu de noir, aagé, saluant & parlát, comme dessus est dit, pour les attirer à luy, vray est que la plꝰ part d'elles deposét que pour la premiere fois il ne les fit cõdescendre à son intention, mais bien à la seconde fois ou à la troisiesme, quand ils l'eurent vn petit accoustumé. Surquoy on se doit prendre garde cõbien est à Dieu agreable & profitable à nos ames, d'ayder aux pauures gens en les consolant en leur desolation, ou les secourans en leur pauureté & necessité : attendu que c'est autant que les garder ou tirer de la gueule de ce grãd lyon infernal, & n'est sans cause si des œuures de misericorde il nous sera faite mention speciale au grand iour du iugement ou à nostre salut, ou bien à nostre condemnation. Car comme dit sainct Iacques : quicõque destournera vne ame du chemin de perdition, il gaignera & sauuera la sienne, & couurira par ce moyen la multitude de ses iniquitez : ce que cognoissant les Apostres pour la premiere police qu'ils ordonnerent en l'Eglise, ce fut d'auoir gens deputez au ministere & seruice des pauures, & preuoyãs qu'vne famine deuoit suruenir en leur temps, ils firent de bonne heure vne queste generale par toutes les villes où il y auoit des Chrestiẽs pour secourir les pauures à leur necessité, à quoy singulierement S. Paul s'employa fort, comme appert par ses Epistres, & mandoit-on tel argent de bien loin : comme de Corinthe, Thessalonie & autres villes, en Hierusalem & par la Iudee, où il y auoit grande pauureté, à cause des guerres ordinaires & garnisons qui estoient mises par les Romains, si biẽ que comme de leur predication, il est dit : *In omnem ter-*

Matth. 5.

Iacob. 5.

Act. 6.

Act. 2.

2. Cor. 16.

Psal. 18.

ram exiuit sonus eorum, aussi pourroit-on dire de leur aumosne, *In omnem terram exierũt eleemosyna eorum*, & à leur exemple les premiers Empereurs & Princes Chrestiens, cõme Constantin, & autres, donnerent grande abondance de bien temporel à l'Eglise, & fonderent infinité d'hospitaux, si bien que Iulien l'Apostat ne pouuant nier que ce ne fust chose fort sainctement & pieusement faicte, il ordonna que plusieurs hospitaux fussent bastis & rentez richement, ne voulant estre en ce faict (comme il disoit) surmonté des Chrestiens. De ce faict donc sont coulpables ceux qui tiennẽt le bien de l'Eglise, & aussi tous ceux qui ont honestemẽt du bien de ce monde: à ceux-cy, dis-ie, seront presentez ces pauures gens qui se sont en ce monde voüez au diable & dediez à luy, à faute qu'on ne les a voulu secourir. D'autre part les pauures gens doiuent considerer que Iesus-Christ vray Fils de Dieu & Roy de gloire s'est voulu faire pauure en ce monde, pour nous faire entendre qu'il nous faut pour l'amour de luy endurer toute pauureté, quand il luy plaira nous l'enuoyer, cõsiderant que telle misere est instrument de salut, & nous forge iournellement vne couronne de gloire enrichie de tous les thresors & pierres precieuses qu'on pourroit dire ou penser: comme il est aduenu veritablement au pauure Lazare, qui n'auoit seulemẽt des miettes de pain qui cheoient dessous la table aux chiés, encores qu'il fist son pouuoir & deuoir d'en demander: or ayant eu tousiours sa confiance en Dieu, & prenant sa

Nicepho. Hist. ecclesiast. cap.

Luc. 16.

pauureté en patiéce, il a esté digne d'estre porté apres sa mort par les Anges de Paradis au deuant de Dieu. Iesus-Christ mesme n'auoit le plus souuent vn oreiller pour reposer sa teste, & son berceau à sa natiuité fut vne creche, sa coüette ce fut la paille & le foin : bref, comme dit sainct Paul, *Cùm diues esset egenus pro nobis factus est.* Or doncques quant à l'apparition visible du diable, on ne la doit trouuer estrāge, mesmement en ce temps, duquel a esté predit que, *Soluetur Sathanas,* car il est apparu visiblement à Eue, parlant familierement auec elle, & quāt est de la forme humaine on ne peut nier qu'il ne se soit en telle forme presenté à Iesus-Christ, iusques à prendre des pierres & les luy monstrer, en disant : *Dic vt lapides isti panes fiant.* Pour le regard des bons Anges, il n'y a nulle difficulté, attendu qu'à tout propos, singulierement au liure du Genese, il est fait mention des Anges qui se representoiēt aux hommes en forme humaine, & si les diables ont representé des serpēs, grenoüilles, & autres choses deuant Pharaon & tout le peuple, il n'est de merueille s'il se represēte à l'homme en forme d'homme, ainsi qu'il se presentoit souuēt à Iob durant sa tentation, comme le mōtre & preuue S. Iean Chrysostome, disant que les messagers qui luy venoient apporter les nouuelles soudainement l'vne quād & quand l'autre, c'estoient des diables en guise d'hommes, car autrement on ne sçauroit bien accorder, cōment par voye ordinaire vn homme estant dans vne maison, qui s'accable tout à vn coup, puisse es-

Matth. 8.
Luc. 2.

2. Cor. 8.

Apoc. 20.

Genes. 3.
Matth 4.
Augu. tra. 42. in Ioh. diabolus serpēte indutus locutus est mulieri.

Exod. 8.

Iob. 2.

Chrysosto. Hom. 3. de patient. Iob.

chapper la ruine d'icelle maison, ny aussi que les degasts estants faits bien loin l'vn de l'autre, côme des brebis côsommees par le feu qui descendit du Ciel, des Chameaux qui furent prins par les Chaldeés, la maison qui fut abbatuë, peussent estre rapportez si à propos que cependant que l'vn parloit encores, l'autre venoit pour apporter d'autres nouuelles: ioint que Sathan ayát permission de tuer nõ seulement les brebis, mais aussi les bergers, & non seulement accabler la maison, mais assommer tous ceux qui estoient dedans, il n'est vray semblable qu'il vouluft faire grace à vn seul. luy qui est sanguinaire & meurtrier de l'homme, & loup rauissant, qui tuë premierement tout ce qu'il peut rencontrer, attendu qu'il estoit en sa puissance de faire aussi bien les messages que les meurtres & degasts, pource qu'il auoit eu permission de faire tout ce qu'il voudroit à l'endroit de Iob, excepté vne seule chose, *Tantum* (dit Dieu) *ne tangas animam eius*. Or c'estoient ces nouuelles qui le tentoient le plus, donc il n'y a inconueniét de dire que ce fust le diable: aussi le texte ne dit pas iamais recitant les degasts qu'vn seul en fust eschappé: mais seulemét que celuy qui portoit les nouuelles le disoit: ainsi comme l'escriture a recité que l'A-

2. Reg. 1. malechite côtoit à Dauid qu'il auoit tué Saül,

1. Reg. 28. combien qu'en verité il ne fust ainsi: car Saül s'estoit tué luy-mesme, comme il est dit: *Irruit super gladium suum*, à plus forte raison ce pere de mensonge pouuoit dire vne chose pour autre. Ainsi donc sainct Chrysostome ne trouue

estrange de dire que le diable se soit apparu à Iob en forme d'vn messager ou seruiteur aagé (comme il est à presumer par tels messagers & tant soudains) de vingt-cinq ou trente ans. S. Augustin ne s'est contenté de dire que cela se puisse faire, mais aussi il donne la raison, comme cela se fait, c'est par l'application des causes naturelles, moyennant lesquelles il forme tel corps que bon luy semble, quant aux qualitez & quantité, qui ne sont que purs accidents, & mouuét aussi d'vn mouuemét local tels corps: mais non qu'ils les viuifient, comme fait l'ame raisonnable le corps humain, car tel corps est vn corps mort, & n'a que les seuls accidents exterieurs qui semblent auoir vie par le mouuement qui est operé par les anges secretement tout ainsi que par les Anges les corps celestes sont tournez & meuz d'vn mouuement local, ores que tels corps ne soient viuans, par ainsi resoult S. Augustin, *Diabolus optat sibi corpus aliquod tanquam vestem*: & en telle maniere il est souuentesfois apparu visiblement à S. Anthoine, comme le recite S. Athanase, & aussi vne fois à S. Martin, comme l'escrit Seuerus Sulpitius: bref iamais aucun Pere de l'Eglise Chrestienne ne nia que cela ne se puisse faire, ou qu'il n'ait esté fait en verité. Les Marcionistes & Manicheens qui trouuoient estrange que Iesus-Christ eust esté par vn diable touché, ne nioient pas que le diable ne se fust visiblement & corporellement demostré à luy: mais ils aymoient mieux dire que Iesus-Christ n'auoit vraye chair, ains seulement vn corps tont

August. lib. de Trinit. c.7.8. lib. 83. quæst.

Athanas. in Antho. Seuerus Sulpitius.

Epiphan. Tertul. de carn. Christi.

semblable à celuy qui peut estre formé par les esprits: nous auons d'abódant sainct Paul qui nous enseigne que Sathan se transforme en Ange de lumiere, c'est à dire qu'il prend quelquesfois vn beau corps humain en la maniere des bons Anges pour se familiariser aux hommes, cóme nous voyós en l'Euangile, des bons Anges, qui s'apparurent aux bónes Dames qui cherchoient Iesus-Christ au sepulchre, & elles virent deux Anges qui estoient comme iouuenceaux de dix-huict ou vingt ans. Doncques c'est vn poinct hors de controuerse en l'escriture & aux docteurs de l'Eglise. Parquoy ce seroit ignorance & temerité d'en douter: il y a à ce propos infinité d'histoires, cóme de ce que recite S. Gregoire Nazianzene d'vn Magicien, auquel le diable parla familierement: mais ce que dessus doit suffire pour n'exceder la iuste mesure des scholies, seulement auons à remarquer qu'entre autres predictions de la fin du monde S. Hyppolite a escrit que grand nombre de diables s'apparoistront aux hommes en forme humaine, & qu'estans ainsi couuerts de forme humaine, s'assembleront aux mótagnes, speloncques & és lieux deserts: toutes lesquelles predictions conuiennent proprement aux depositions des Sorcieres. A ce propos sera bon de remarquer l'antiquité & autorité de ce glorieux Martyr, pour resoudre plusieurs poincts trouuez au lieu preallegué qui pourroient offenser les personnes, il estoit plus ancien que Origene, au moins contemporanee, attendu que S. Hierosme recite mesmes par ses Homi-

marginalia:
2. Cor. 11.
Matth. 28.
Greg. Nazia. de ora. Cyprian.
Hyppolite orat. de Antichri.
Hieron. li. de scripto. Ecclesiast.

lies qu'il preschoit, Origene assistant à ses predicatiós: il est dóc à presumer, puis qu'il faisoit estat de parler des choses futures, non comprinses expressemét en l'escriture, ou bien qu'il auoit quelquefois le don de prophetie, duquel plusieurs estoient doüez en l'Eglise primitiue, comme l'enseigne S. Paul, & duroit encores du temps de sainct Irenee, ou bien qu'il auoit apprins telles choses des disciples des Apostres, comme S. Irenee recite auoir escrit plusieurs choses les ayát apprinses des disciples de sainct Iean l'Euangeliste, & qu'il luy soit aduenu cóme à certains autres voisins des Apostres, lesquels ayant fidelement gardé ce que les plus familiers disciples des Apostres leur en disojét, ont voulu par fois adiouster quelques autres choses de leur cerueau, comme ils le pouuoiét coniecturer d'eux-mesmes, en quoy ils se sont abusez, ce qu'on voit clairement en Irenee, Papias & autres, ainsi est il aduenu à ce sainct personnage auquel on peut remarquer plusieurs propos veritablement procedans de l'esprit de prophetie, & aussi d'autres prouenans de son iugement particulier: à ces derniers il faut mettre celuy de l'Antechrist qu'il dit deuoir estre vn diable prenant forme d'homme, ce qu'il donne assez à entendre quand il ne l'affirme absoluëment: mais il s'entremesle que quant à luy il en a telle opinion: *Hanc opinor* (dit-il) *dilecti carnis suæ substantiam phantasticā assumet organi vice.* Pourroit bien estre aussi que toutes ces choses luy auroiét esté recitees par les disciples des Apostres, disans:

Cor. 1. 13. 14.

Ireneus.

Euseb. lib. histo. Eccl.

Hyppol. ora de fine sæculi.

que sur la fin du monde vn Prince des diables se demonstrera aux hommes ayant forme humaine & leur parlera comme vn homme faict à l'autre pour les seduire, & dauātage qu'il aura vn grand nombre d'autres diables auec luy en formes sēblables: mais que ce bon Pere auroit de là conclud par soy-mesme que l'Antechrist doncques seroit tel, & pour autant il adiouste ce mot *opinor*, à ce propos; ce qui est fort vray-semblable & mesme necessaire pour excuser ce grād personnage, lequel adiouste aussi qu'il y aura sur la fin du monde plusieurs malins esprits en forme humaine, *Dæmones, inquit, congregabit humana specie*. Et c'est ce qu'en deposent les Sorciers qu'il s'en trouue vn si grand nombre à leurs assemblees, qu'hommes & femmes en ont chacun vn pour leur donner du plaisir abominable. S. Augustin ayant esgard à l'escriture, qui dit que les trois ans & demy derniers ausquels regnera l'Antechrist, toute puissance sera permise aux diables, il demande ceste question, à sçauoir si pour lors les Peres Chrestiens pourront baptiser leurs enfans & resister aux incursions des diables qui seront pour lors fort frequentes. Tertulian dict qu'ils n'ont aucune difficulté naturelle d'entrer par tout où ils veulent, pource que quant à leur nature Dieu ne les a point circonscripts ou limitez à aucun lieu, & pource, dit-il, il n'y a homme au monde qui puisse nier que les diables n'entrent non seulement aux maisons: mais aussi dedans les cabinets. *Nemo, inquit, dubitauerit domos quoque dæmoniis patere, nec tantum*

Augu. lib. 10. de ciuit. cap. 8.

Tertul. lib. de anima. c. de som.

in aditis, sed in cubiculis homines imaginibus circumuenire. Et dõnant la raison, il adjouste, vtique non clausa vis est, nec sacrariorum circumscribitur terminis vaga & pernolatica & interim libera est: Et c'est ce que veut conclurre sainct Augustin, que puis qu'ils seront pour lors desliez, ils pourront facilement aller par tout: mais non pas qu'il faille entendre pourtant qu'ils puissent estre en diuers lieux; comme bien le preuue S. Iustin martyr en la question quarãtiesme. Or de cela on en voit desia quelques commencemens par les frequentes apparitiõs qu'ils font à ceux qu'ils ont abusé, à l'endroit desquels ils font quelques operations qui sont manifestement diaboliques, & comme disoit S. Paul parlant des disciples de Simon Magus & autres semblables: *Qui et nunc operatur in filios diffidentiæ*. Conclusion, le diable peut former de telle forme & figure que bon luy semble, vn corps pris de l'air, & s'en reuestir, s'il n'est particulierement cohibé par la diuine prouidence: comme nous auons declaré cy dessus, & ainsi le resoult S. Thomas, apres S. Augustin en ces paroles: *Potest formare corpus ex aere cuiuscumque formæ & figuræ, vt illud assumens in eo visibiliter appareat*. P. P. Q. 114. Artic. 4. Ad. 2. Le Cardinal Caietan sur S. Thomas, remarque que quand le maling prend la hardiesse & permission de se mõstrer visiblement à vn personnage, c'est signe que telle personne a desia abandonné Dieu, & qu'il tient desia vn pied au puits d'Enfer, ou seroit vn sainct homme, Dieu le permettant à la confusion de

Sathan, comme il s'apparut à Iesus-Christ au desert.

SCHOLIE SECONDE.

Si le diable fait renier Dieu & le Baptesme.

DEum verum omnium creatorem & opificē vnum et trinum abnegastis, &c. & infrà & sacratissimo baptismati, &c. Que le diable tasche persuader à l'homme de nier son Dieu, c'est chose ordinaire. *Venit diabolus*, dict Iesus Christ, *& tollet verbū de corde eorum, ne credentes salui fiant*: ainsi il est autheur de toutes les heresies qui furent jamais, entre lesquelles on en trouue qui ont introduit pluralité de dieux: comme Basilides, Carpocrates & autres. Les Arriens ont nié la saincte Trinité, il a persuadé aux Atheïstes qu'il n'y a point de Dieu, & le tout il pratique seulement pour vsurper la gloire de Dieu: car il pretend tousiours paruenir à ce qu'il disoit dés le commencement, disant dans son cœur: Ie seray semblable au tres-haut, pour autant tresbien, dit sainct Augustin, que ce que plus souhaitte le diable, c'est qu'on luy presente les honneurs qu'on a de coustume presenter à Dieu: *Dæmones (inquit) diuinis honoribus gaudent*, ce qu'il ne peut aucunement extorquer des Chrestiens, si premierement ils ne nient la Trinité des personnes, la foy de la saincte Trinité estāt suffisante pour empescher toute espece d'idolatrie: car par icelle nous croyons vne seule vnité en Trinité, & vne seu-

Luc. 8.

Irene. li. 1.
Tertul. lib.
aduersus
Valentin.

Isay. 14.
Augu. lib.
10. deciui-
tate cap.
& lib. 20.
con. Faust.
Manich.
cap. 22.

le Trinité en vnité, qui faict qu'autre chose ne peut estre adoree & recognuë pour Dieu excepté le Pere, le Fils, & le S. Esprit, nostre foy estant limitee à ces trois personnes, & faisant par consequent exclusion de toute autre chose, qui est à ces trois personnes autant inferieure qu'est la creature au Createur: il falloit donc que Basilides & autres semblables eussent entierement perdu la foy de la saincte Trinité, puis qu'ils admettoient plusieurs dieux, & aussi les Arriens & Sabelliens, puis qu'il n'accordoient les trois personnes en vnité d'essence & Trinité de personnes. Le diable donc ny creature quelconque ne pouuant estre adoree du Chrestien, s'il ne quitte premierement la foy qu'il a en la saincte Trinité: ce n'est de merueille si le diable en la synagogue requiert cela premierement des Chrestiens: car autrement il ne sçauroit passer plus outre, dont vient qu'à peine trouuera-on heresie, si on veut bien regarder de pres, laquelle ait jamais entierement retenu la croyance de la saincte Trinité: ce que nous voyons estre pratiqué mesme à ceux de nostre temps qui sont vrays Sabelliens, & malsentans de la distinction des personnes, & qui ont ouuert le chemin aux Trinitaires de nostre temps, qui se mocquent de la saincte Trinité: comme si c'estoit vne chimere ou chose feinte par l'esprit humain. Par mesme raison il fait renier le Baptesme, lequel nous est conferé au nom de la saincte Trinité. Sainct Hyppolite fort ancien Pere & martyr, ne faisoit difficulté d'accorder que le diable s'aparoistroit sur la fin

Sanctes aux atheismes traicté de la saincte Trinité Hyppolit. ora. de antichristo.

du monde visiblement aux Chrestiens, pour leur dire, ie veux que tu renies ton Baptesme: car il pense que l'Antechrist sera vn diable vestu d'vn corps humain seulement en apparence, en quoy il n'est suiuy, parce qu'il appert par sainct Paul qu'il sera vray homme & en fin mis à mort par la puissance de Iesus-Christ : mais comme qu'il en soit, il dit que le diable fera dire ces propres mots aux Chrestiens: *Nego creatorem cæli & terræ, nego baptisma, nego adorationem à me Deo præstari solitam, tibi adhæresco, in te credo*, & l'autre raison c'est, pource qu'au Baptesme nos ames sont fiacees & espousees à Iesus Christ, où nous receuons de luy l'anneau de la Foy, & si auec cela nous renonçons expressément au diable & à toutes ses œuures: Au Baptesme aussi les exorcismes (& comme les appelle S. Augustin exsufflations) sont faictes contre Sathan, & voila pourquoy il fait plustost renier le Baptesme que tout autre Sacrement, & que de longue main il ait voulu aussi auoir son Baptesme pour faire toussiours le singe de Dieu, Tertulien en est tesmoin suffisant: *Hic quoque (inquit) studium diaboli recognoscimus res Dei æmulantis, cùm & ipse baptismum in suis exercet* : & puis il vient à conclurre que pour ceste occasion l'on venoit à experimenter de son temps que les diables frequentoient fort les fontaines & les puits.

2. Thessaloni. 2.

Tertul. lib. de Baptis.

SCHOLIE TROISIESME.

Si le maling fait changer le nom donné au Baptesme.

MVtato vero nomine, &c. aliudque commentitium, &c. Il y a deux choses à considerer sur ce poinct pour l'instruction des peres & meres: le premier, c'est de leur faire imposer des noms qui puissent seruir d'instruction aux enfans pour faire teste au diable: le second de les pouruoir de parrins & marrines qui soient gens de bien: car puis que le diable ne se contente de faire renier le Baptesme, mais aussi il fait renoncer aux parrins & marrines, & leur change le nom imposé au Baptesme, c'est signe euident que telles choses luy sont cōtraires: ce qui est tres-veritable. Pour autant nous voyōs que les anciens Peres Hebreux imposoient les noms à leurs enfans, le jour de leur circoncision (ainsi qu'appert par les Histoires Euangeliques de la Circoncision de Iesus-Christ & de sainct Iean Baptiste) à cause que pour lors ils estoient entieremēt deliurez de la puissance de Sathan, & estoient enroollez sous l'enseigne du vray Dieu, pour virilement combattre à l'aduenir contre son aduersaire, qui est le diable. Comme donc jadis les soldats au jour qu'ils estoient receus sous l'enseigne d'vn Empereur ou Capitaine, faisoient enregistrer leurs noms pour estre tousiours prests à marcher quand ils seroient commandez: tellement qu'à l'Empire

Luc 1. & 2.

Romain *Nomen dare*, signifie tout cela, ainsi à ce Sacrement on imposoit les noms pour faire auoir tousiours souuenance aux enfans de ce qu'ils auoient promis, & sous quelle enseigne ils deuoient militer, mesmes comme remostre S. Hierosme, telle estoit la coustume entre les Gentils, qui se conduisoient bien moralement selon la loy de nature, de n'imposer à leurs enfans noms vains ou friuols, mais plustost pris des noms appellatifs, qui signifiét quelque vertu, lesquels ils faisoient propres à leurs enfans, pour leur donner instruction de viure conformément à la signification de leur nom : ainsi trouuons-nous plusieurs auoir esté appellez de ces noms, Victor, Castus, Commodus, Pius, Probus, & entre les Grecs Sophronius, Eusebius, Theophilus : Mais il y auoit autre obseruation entre les Peres de l'ancien Testament. Car cōbien que plusieurs fussent appellez des noms signifians les bonnes mœurs, comme le mot de Michee qui signifie humilité : toutesfois le plus souuent on y adjoustoit le nom de Dieu, comme en Helisee, Samuel, Abdias, Zacharias, Esayas, ce qui est regle generale aux Anges, qui sont nommez Michael, Gabriel, Raphael : ou au moins ils retenoient le nom de quelque S. personnage, peut-estre imitateur de ses vertus, & pour ceste cause s'esmerueilloient ceux qui assisterent à la circoncision de S. Iean Baptiste, que l'on voulut appeller Iean, attendu qu'il n'y auoit personnage de sa race tāt illustre qui fust ainsi nommé : Ce qui monstre assez qu'ils retenoient les noms de leurs bons progeniteurs, autant ou plus exactemét que l'heritage qu'on

Hiero. prologo in lib. 1. commēt. in Micheā.

Chrysost. Hom. 12. in 1. ad Cor. Genes. 45.

leur delaissoit: qui a esté cause que sainct Chrysostome admonestoit le peuple de n'vser d'aucune chose vaine au baptesme, singulierement d'obseruer ceste regle de n'imposer autre nom aux enfans que les noms des Saincts, & quant aux enfans, de bien retenir ce nom, & ne permettre qu'il leur soit changé à autre par aucun euenement, & faire comme Ioseph, auquel Pharaon ayát changé le nom en sa mode Egyptienne, si voulut-il nonobstant retenir son premier nom, comme il appert, quand il dit, *Ego sum Ioseph frater vester*: Ainsi l'Escriture l'appelle tousiours du nom de Ioseph, mesprisant l'autre prophane imposé par Pharaon: autant en ont fait Daniel, & ses compagnons: car bien que Nabuchodonosor eust nómé Daniel d'vn nom Chaldeen de Balthasar, & les autres trois des noms Sidrac, Misac, & Abdenago, nonobstant quand Daniel escrit son liure, il dit tousiours: *Ego Daniel*, comme aussi les trois enfans estans dans la fournaise disoient: *Benedicite Anania, Azaria, Misael Domino*, ne recognoissant autres nós, fors ceux qu'on leur auoit imposé en Iudee: & la raison de cecy est baillee par S. Chrysostome: tels noms, dit-il, estoient imposez, pour seruir d'instruction aux enfans d'estre imitateurs des Saincts, dont ils portoient le nom : car si on n'est imitateur de tel Sainct, c'est chose asseuree, (comme il dict ailleurs) que les prieres & merites de tel Sainct ne nous profiteront pas beaucoup à salut, de là vient à conclurre, qu'il ne faut imposer les noms des

Dan 3.

hommes pecheurs, ores qu'ils ayent esté illustres en ce monde, ou bien nos progeniteurs, à raison que telle imposition ne leur sçauroit de rien seruir, sinon peut-estre d'éguillon, pour estre imitateurs de leur orgueil, & mauuaise couersation: dōcques sont reprehensibles les Peres & Meres, qui desdaignans les noms des Saincts, ayment mieux leur faire imposer les nōs des Payens & Idolatres qui bruslent maintenant au feu d'enfer. Et est à douter, que si nostre Seigneur eust nōmé le mauuais riche par son nom à l'Euangile, qu'on prendroit plustost ce nom pour l'imposer aux enfans, que nō pas le nō du Lazare, mais il ne l'a voulu faire pour plusieurs bonnes raisons, entre lesquelles peut estre celle-cy en est l'vne. L'on voit doncques que c'est vne astuce de Sathan, puis qu'il abhorre le nom baillé au Baptesme, & selon la façon de faire plus commune aux Chrestiens, pris des noms des Saincts, qui nous aydent, & portent faueur specialement pour cela : & les Allemans sont remarquez d'auoir fort long tēps retenu vn certain barbarisme en deux choses, à sçauoir d'auoir mangé le lard sans cuire, & aussi la chair des cheuaux, & pour le secōd d'auoir imposé les nōs des Scytes à leurs enfans, quand ils les baptisoient, cōbiē qu'en fin estans mieux instruits, ils s'en soient amendez. Pareillement il leur faut choisir parrins qui soiēt gēs de bien, laquelle coustume est fort ancienne en l'Eglise, practiquee depuis Thelesphore Pape en ça, lequel n'estoit que cent ans apres la mort & Passion de IESVS-CHRIST. Car

Genebra. in Chronolog.

pource que la foy au Baptesme n'est infuse au petit enfant pour operer, mais seulement pour purifier l'ame, il luy faut vn parrain pour l'instruire aux œuures de la foy, & protester pour luy, qu'il croira en IESVS-CHRIST, & sera de son Eglise: autant en faut-il faire pour vn muet & sourd: comme a touché sainct Hierosme, & aussi pour l'induire à receuoir le Sacrement de confirmation où l'enfant baptisé vient à ratifier sa promesse par ses parrins & marrines faicte pour luy au Baptesme, & consequemment il vient à receuoir nouuelle grace, pour estre corroboré en icelle contre tous assauts de tentations, dont vient que pour autant qu'en ce temps ce sacrement est negligé de plusieurs, le diable trompe tant de gens, & leur fait renoncer facilement leur Baptesme qu'ils n'ont encores approuué, en leur faisant dire seulement, ie ne tiens pour fait ce que mes parrins & marrines ont fait pour moy: & pour ceste mesme raison, sainct Cyprien ne s'esmerueilloit si Nouatus auoit quitté la foy promise au Baptesme, car il ne l'auoit (dit-il) ratifiee par le Sacrement de Confirmation. A quoy doiuent estre vigilans les Pasteurs de l'Eglise, & aussi les Peres & Meres, de peur qu'il n'aduienne aux vns & aux autres, comme à Hely & à ses enfans, ausquels sont opposez diametralement Anne & le petit Samuel. Pour le regard du changement du nom, Magdaleine a recité qu'en la Synagogue, tous changent de nom, à celle fin qu'ils ne soient descouuerts par ceux qui sont preuenus.

Hieron. in Epist. ad Galat.

Euseb. lib. histor. Eccl. Cypr. lib. Epi.

SCHOLIE QVATRIESME.

Si le diable demande quelque recognoissance, ou tribut.

D. VESTIMENTORVM *vestrorum fragmentum, &c.* Le diable n'a besoin d'aucune chose que nous puissions auoir en ce monde (excepté la foy infuse, & de la grace de Dieu) toutesfois, pource que comme ja auons allegué de sainct Augustin, il se plaist grandement qu'on luy face hommage comme à Dieu, il veut que ces pauures hebetez en signe de recognoissance, luy presentent quelque chose, comme est vne piece de vestement, il exige cela à ces pauures gens qui n'ont rien plus cher entre les biens de fortune que leur vestement, & pour autant Dieu prohibe fort estroittement en la loy ancienne, qu'aucun ne prenne pour gage le vestement du pauure, ou s'il le prend, il fait commandement de luy rendre deuant que le Soleil se couche, autrement il menace telle personne d'en prendre vengeance. Ainsi voyons-nous que ceste maudite beste veut qu'on luy presente le meilleur de tout ce qu'on peut auoir : quant aux biens de fortune, il veut du vestement ; quant aux biens de nature, il demande les enfans ; & quant aux dons de grace, & biens spirituels, il demande la Foy, & le Baptesme ; il a demandé aussi quelquesfois le sang de l'homme, comme nous trouuons des Sacrificateurs de Baal,

Deut.

3. Reg. 18.

DES ESPRITS. 191

quand ils vouloient faire descendre le feu du ciel, ils piquoient leur chair auec des lancettes. Mais pource qu'on auroit horreur de ce faire, il luy suffit de ce qui vient apres aux biens personnels qui sont les vestemens, & peut estre qu'il veut estre par cela recogneu specialement comme Roy: car c'estoit la coustume des Iuifs, quand ils vouloient recognoistre quelqu'vn en qualité de Roy, de despouiller leurs vestemens, & les employer au seruice de tel Roy, en les mettant dessous ses pieds, dequoy nous en auons l'histoire de Iehu, & aussi de Iesus-Christ receu en Hierusalem auec triomphe le iour des Rameaux. On pourroit donc bien appliquer à ces pauures miserables l'adage des Grecs, qui dit, traduit en Latin, *Veste circunfers ignem*. Car tel vestement leur sert d'vn signe exterieur, qu'ils se sont obligez à iamais au feu eternel, & d'auantage leur accommoder l'autre qui dit, *Vestis virum facit*. A ce propos fait aussi ce que disoit Tertulien, *Diabolus tunc se regnare putat, quando Sanctos à religione Dei deturbat*.

3. Reg. 18.

4. Reg. 5. 9.

Matth. 21.

Erasm. in chiliad. 1.

SCHOLIE CINQVIESME.

Si le diable marque les Sorciers.

SIGNVM *seu stigma cuilibet vestrum*, &c. Ce seul poinct est suffisant pour conuaincre tous ceux qui pensent que ce soient songes: car l'experience monstre euidemment que telle marque qu'ils ont en leurs corps, est

Tertul. lib.
2. aduers.
Iudæos ca.
probatio.
Natiuit.
Christi.

tellement lepreuse, qu'elle est parfaictemēt insensible, si bien que (comme auons veu de nos yeux, & prouué auec vne esguille ou espingle) si subtilement on vient à mettre là dedans vne espingle, elles ne sentent non plus que si elles ou eux, estoient vrais ladres: mais il se faut garder qu'ils ne s'en apperçoiuēt, car ils font semblant de sentir, cōme que soit, goutte quelconque de sang n'en sort iamais: Or ceste façon de faire est fort ancienne à Sathan bien qu'en diuerses façons & selon la diuersité du tēps. Ter-

Tertul. lib.
de coron.
mili. & de
baptismo.

tuliā dit que le diable a pour coustume de marquer les siens, pour contrefaire Dieu, qui marque interieuremēt au Baptesme d'vne marque ou caractere inherent à nostre ame, comme le

Ephe. 1. 4.

disoit sainct Paul & sainct Iean par apres. Secondement, il veut que nous soyons marquez exterieurement par le Chresme & signe de la Croix, aussi Sathan marque en l'ame les siens de la marque du peché, & non content encores il veut adiouster vne marque exterieure, & combien que possible il ne marquoit iadis les siens d'vne marque semblable, car comme dit

Tertul. li.
de velād.
virg.

Tertulian, le propre du diable, c'est de cōtrouuer tous les iours quelques nouuelles façōs de faire, si est-ce que ce poinct est clair en l'Escriture, sçauoir que le diable aspire & pratique tāt qu'il peut de marquer les siens. Sainct Ieā pre-

Apoc. 15.
14. 16. 19.

dit souuent en l'Apocalypse, que sur la fin du monde il y aura certaine maniere de gens qui porterōt la marque ou charactere de la beste, ce qu'il faut entendre corporellement à la lettre, comme les textes le donnent à entendre, car il est dit que par telle marque on aura accez auec les hommes peruers qui porteront ladite marque à la main ou au front, & quand il n'y auroit que ceste seule experience elle nous donne assez à entédre qu'il faut ainsi prendre ces textes à la lettre: ce que fort bien remarque & predit sainct Hyppolite martyr tres-ancié, vsãt de ces propres mots, parlant du diable qui deuoit prendre vn corps fantastique: *Adducet, inquit, eos ad adorandum ipsum, ac ipsi obtemperantes sigillo suo notabit.* De maniere qu'il semble voir que ces paures idiots de sorciers & sorcieres eussent leu l'oraison de ce glorieux Martyr, si proprement leurs dispositions conuiennent à ce qu'il en a predit.

Hyppolit. orat. de cõsummat. mundo.

SCHOLIE SIXIESME.

Si les Magiciens font vn cercle.

SVper circulo quod diuinitatis Symbolum est, &c. On peut dire que la figure qui plus est esloignee de la figure de la Croix, c'est la figure circulaire, la Croix ayant par necessité quatre bouts, où ceste-cy n'en a vn seul. Il vse des marques les plus esloignees qu'il peut trouuer au signe de nostre redemption & de sa ruine, qu'il ne peut voir aux siens, comme l'escrit Nazianzene de Iulien l'Apostat, lequel il quitta soudainement qu'il eut fait le signe de la Croix, à quoy s'accordent plusieurs histoires recétes de certains qui se trouuans en telles assemblees faisant le signe de la Croix, estoient delaissez

Nazianzenus orat. quarta cõt. Iulian. Apost.

seuls sur le champ, ce qui aduint (ainsi qu'il est plus amplement deduit au procez fait en Auignon cōtre les Sorciers) à vn ieune garçon mené à la synagogue par son pere, voyant choses toutes enormes, il fit (comme tout espouuanté qu'il estoit) le signe de la Croix en disant ces paroles, Iesus qu'est cecy? & soudain tout disparut, & demeura seul, & le lendemain s'en reuint à son village qui estoit loin de ceste Synagogue (qu'ils appellent) de trois lieuës, & accusa son pere de l'auoir mené là : depuis les villageois ses compatriotes l'appelloient en leur langage Masquillō, c'est à dire le petit Sorcier, lequel garçon estoit aux prisons du Palais d'Auignon, lors que la susdicte executiō fut faicte, detenu pour luy faire descouurir d'autres choses. Epiphanius recite, *heresi* 30. qu'vn ieune Magicien voltigeoit par l'air, & se frottoit contre vne fēme Chrestienne se lauant aux baings, mais elle ayant faict le signe de la Croix, le repoussoit bien loing. Ainsi doncques Sathan fait effacer la Croix en sa presence, & enseigne à ses disciples de faire d'autres marques qui soient fort differentes, & voire (s'il se peut dire) contraires au signe de la Croix, dequoy on se pourroit apperceuoir aux caracteres des Magiciens qui ont esté mis meschamment en lumiere par Agrippa grand promoteur de la secte de la beste. On peut encores mediter (car le diable sous vne chose externe couure mille impietez) ce qu'en sçauoit Iulian l'Apostat, qui estoit homme fort familier aux diables, lequel interpretoit que les Croix encloses dans vn cercle si-

Nazian. orat. in Iulian. Apost.

gnifioiét qu'il falloit presser & abolir la religiō de Iesus-Christ, & qu'en peu de temps apres tel signe cela seroit executé. L'ō trouue aussi que le Lyon bruyant voulant deuorer sa proye, il faict auec sa queuē premieremēt vn cercle, duquel la pauure beste n'oze sortir en maniere quelconque, de grande peur qu'elle conçoit de son aduersaire : & ainsi pouuons-nous appliquer au diable ce petit mot, apres S. Pierre, *Circuit quærens quem deuoret.* Si bien que ces pauures hebetez depuis qu'ils ont presté le serment, ils sont tousiours en crainte qu'on leur rompe le col, mesmes par leur confession propre, s'estans librement asseruis à ce cruel tyran, & pratiquans ce qui est escrit: *Qui facit peccatū seruus est peccati: à quo quis superatus est, eius & seruus est.* Cōme au contraire il est dit des gens de bien. *Si manseritis in sermone meo, verè liberi eritis, & ubi spiritus Domini, ibi libertas.*

1. Pet. 5.
Ioan. 8.
II. Petri II.
Ioan. 5.
2. Corint. 3

SCHOLIE SEPTIESME.

Si les Sorciers ont leur baston & onguent pour estre transportez.

ADMINICVLO *baculi quodam, nefandissimo vnguento, &c.* Que de longue main les Sorciers ayent vsé de bastons, il appert par ce qu'en escrit Abben Ezra sur le Leuitique, où est prohibé de faire aucun acte appartenant à l'art diabolique, où il explique par quels moyēs cela se pratiquoit, & dit (comme Sanctes Paginus a traduit ces paroles) *Non facietis ex-*

Abben Ezra in Leuitic.
Leuit. 19.
Sanct. Pag. in thesau.

perimenta per figuras, per baculos, per opera, per motus, per dies, & per horas: En quoy il semble auoir touché les principaux poincts comprins en ceste sentence & procez des Sorcieres: car pour les figures nous y voyons le cercle; pour les œuures, les mauuais actes qu'ils cōmettent sur les morts, & singulieremēt sur les petits enfans, comme nous dirōs cy-apres; pour le mouuement, le transport des corps d'vn lieu en autre; pour le iour & heures, le Ieudy enuiron la minuict, auquel seulemēt ils sont transportez, comme tretous ont cōuenu en cela: peut estre pource que le diable veut auoir les premices & estre recogneu au premier rang de la semaine, car les Turcs celebrent le Vendredy, les Iuifs le Samedy, comme les Chrestiens le Dimanche, & quant à luy il s'est mis deuant tous pour auoir la premiere celebration: Et n'est ce pas la hautesse de Sathan, de laquelle est escrit en l'Apocalypse, qu'heureux seront ceux-la qui n'auront point cogneu ny experimenté *Altitudinem Sathanæ*: Finalement par les bastons, dont parle ce Docteur Hebrieu, nous y voyons les bastōs qu'ils mettent entre les iambes, chose laquelle ce grand & docte Rabin n'a point auancé sans bon tesmoignage de l'Escriture : comme remarque proprement Arias Montanus. De cela est faite mention en Osee quand il est dit: *Populus meus in ligno suo interrogauit & baculus eius annuntiauit ei*: Pourroit estre que le diable cōtrouuoit ceste maniere de faire pour cōtrefaire Moyse qui vsoit d'vn baston ou verge pour faire choses admirables

Apoc. 2.

Ose. 4.
Arias Mō-ta. in Ose.

&

& aussi Aaron, lors que son baston se fleurit, & porta des fruicts miraculeusement: mais quãt à l'onguent duquel ils viennent à oindre tel baston, & aussi leur corps; c'est chose asseuree que le diable pour abuser les gens, & couurir plus cauteleusemẽt sa rage, il y fait mettre plusieurs drogues du tout vaines & inutiles à cela, cõme herbes, racines & autres choses: Le diable sçachant bien que tels meslanges ne peuuent de rien seruir à transporter les corps par l'air, d'vn lieu en l'autre, & l'experience le peut suffisamment enseigner: il fait donc cela pour couurir sa malice: & son but n'est autre en cela, sinõ de faire commettre des meurtres, ainsi qu'appert clairement par les depositiõs de toutes les sorcieres, qui conuiennent en cela, que pour la premiere fois suffit d'emprunter de l'onguent de leurs voisines: mais comme elles sont à l'assemblee, il leur est declaré par Sathã, qu'il faut d'ores en là auoir de l'onguent, & qu'il ne se peut faire sans auoir de la gresse des petits enfans par elles suffoquez: il est donc bien vray que toutes ces herbes & fleurs ne sont que cõme l'on dit, *Parerga*, c'est à dire, choses qui ne seruent de rien qu'à donner quelque lustre à ce qui est principal & premier à l'intention, comme quand vn peintre faict quelques traicts ou lignes à l'entour de l'image parfaicte: & ce sont ces belles œuures dont faisoit cy-dessus mention Aben Ezra: Helie Leuite aussi quand il recite que Lilith (c'est à dire la femme qui va de nuict) entre dans le cabinet des accouchees pour tuer les petits enfãs qui n'ont plus de huit

G. 7. Parḋ. 2.
Helias in Thisby.

M m

jours, il dit aussi que les Theraphins, dōt l'Escriture fait mention, ne se pouuoient faire sans meurtre. S. Hierosme a escrit que les Sorciers font leurs malefices par les moyens des corps morts: *Attingunt (inquit) malefici corpora mortuorum.* Et Tertullien le dit encores plus clairement à nostre propos, disant: *Pluribus notum est dæmoniorum quoque opera & immaturas & atroces effici mortes quas incursibus deputant*, & vn peu deuāt: *Per vim (inquit) & iniuriam sæuus & immaturus finit extorsit*, & dit là que le diable fait toutes ces belles besognes par le moyē de ceux qui se sont voüez à luy. A ce propos S. Augustin s'émerueille en soy-mesme, & demāde pourquoy est-ce que Dieu permet tels massacres estre faits sur les petits enfans innocens, mesmes sur ceux qui sont desia baptisez, & respond que cela procede du iugement de Dieu, qui est à nous occult & caché, & que quand il n'y auroit autre chose que l'obligation que nous auons à la mort pour le peché originel, ce seroit assez pour conclurre que Dieu permet tout cela en toute equité, qui n'est chose nouuelle, puis que par diuine permissiō tant de petits enfans furent tuez en Egypte par Pharaon, & en Iudee par Herode, à cela estant induits par Sathan: d'abondant il nous faut bien remarquer ce qu'en a escrit Apuleius, lequel luy mesme ioüa l'histoire, l'ayant veuë premierement ioüer à vne Damoiselle Sorciere, dont il fut preuenu d'estre sorcier, & pour autant que de son temps les Sorciers estoient sans misericorde mis à la mort, comme il dit, il fut

Voyez Lyran. Genes. 31. Hier. lib. 1. comment. in Dan. ad cap. 2. Tertul. lib. de anima. f. 3. 79.

Aug. lib. 20. de ciu.

Apuleius l. de asino aureo. cap. 19.

Apuleius Apol. 1. & 2.

contraint de faire deux belles Apologies, par lesquelles il s'en purge deuant les Magistrats d'Afrique: bien est vray qu'aucuns pourroient penser que son histoire est fabuleuse: mais cōme il recite d'vn grand Orateur, lequel voyant qu'Apuleius ne vouloit croire qu'on pouuoit estre porté en l'air, ou estre changé en chathuant, il luy dit tout court: Mō amy, vous parlez cōme vn jeune homme qui n'est point experimenté encores en choses d'importance, & recite qu'apres il en a eu l'experience : & ce qui doit dōner plus d'authorité à son histoire, c'est que S. Augustin plusieurs fois l'allegue, & ne l'estime fabuleuse: il recite donc qu'vn soir par le moyen d'vne chambriere, il vit qu'enuiron la minuict la maistresse de la maison s'oignit de certain onguent qu'elle tenoit dans vn pot, & que cela fait, elle fut changee en chat-huant, & commença à voler & s'en aller hors de la maison: il designe aussi dequoy tel vnguent estoit fait, à sçauoir de certaines herbes aromatiques & des membres des corps morts enseuelis, & puis déterrez, le tout estant boüilly dans vne chaudiere de cuiure, auec de l'eau de la fontaine, du laict de vache, du miel de montaigne, & autres choses semblables, en proferāt quelques paroles de l'art magique, ce qui a esté trouué veritable aux Sorcieres du susdit procez, confessant qu'il faut boüillir les corps morts qu'elles viennent à deterrer de nuict, & de la gresse des roignons en faire l'onguent auec certaines herbes: & c'estoit la vraye raison pourquoy les Romains du temps d'Apuleius faisoient mou-

August. de Ciuit. Dei

rir les Sorciers ou Sorcieres, pour autant qu'ils violoient les sepulchres pour rauir les corps morts, qui est contre le droict nō seulement de nature, mais aussi de toutes gens qu'on appelle *Ius gentium* : car si ceux qui violent les sepulchres, pour y desrober les bagues & anneaux qui estoient auec les corps, estoient sans misericorde jadis mis à mort comme sacrileges: à plus forte raison ceux qui se prenoient aux corps morts meritoient d'estre griefuement punis: si bié qu'Apuleius recite aussi que la nuict qu'on gardoit vn corps mort à vne maison, on auoit coustume de gager certains personnages pour le garder, de peur que les Sorciers ne le vinssét ou mordre ou dépecer, adjoustát qu'estant luy pour vn soit à vne salle cōmis à garder vn mort, il vit venir vne belette qui vouloit ronger ce corps, mais l'ayát descouuerte, elle s'enfuit par où elle estoit entree : c'est donc chose fort authentique que le diable ait pratiqué ceste maniere de faire, que ne pouuant exercer sa rage sur l'homme qu'il hait capitalement, il la faict executer par ses membres, ainsi il contente aucunement sa sangláte malice qu'il a sur l'homme, & pourautant il est appellé souuent en l'Apocalypse le dragon rogue, c'est à dire furieux, eschauffé, & sanguinaire, en ensuyuant ce que disoit Iesus-Christ, qu'il est homicide dés le cōmencement: aussi comme Dieu est appellé par les Grecs φιλάνθρωπος, c'est à dire amateur de l'homme: le diable au contraire est appellé μισάνθρωπος, c'est à dire, haineux de l'homme.

SCHOLIE HVICTIESME.

Si les Sorciers vont par l'air.

PEr aëra ad locum constitutum, &c. Aucuns doutent s'il se peut faire qu'vn corps humain soit porté en l'air, mais cela procede faute d'auoir la cognoissance de la nature & proprieté des Esprits, & aussi de la saincte Escriture : vn Esprit est excellent par dessus tous corps, pour autant il peut naturellement mouuoir à sa volonté: vray est que l'homme est specialement sous la garde & protection de la preuoyance de Dieu, nonobstant Dieu le permet quelquefois: comme il est tout euident quand il transporta Iesus-Christ au desert, au clocher du temple, & de là sur vne môtagne, à plus forte raison il se peut faire, quand l'homme miserable abandonne son Dieu pour adorer le diable: le diable aussi apportoit du desert d'Egypte des gros serpens au deuant de Pharaon & du peuple, ce qu'accorde S. Augustin, concluant qu'ils estoient vrays serpens, & apres luy sainct Thomas en dit tout autant. Il se faut aussi souuenir de ce que nous auons dit cy-dessus d'Apuleius qui recite l'auoir veu de ses yeux & de tout ce qu'en auons traicté au chap. 6. de ce liure, & ne faut que l'homme trouue cela estrange, puis que Simô Magus fut porté en l'air par les diables, & de peur qu'on ne pense que ce fust par fantasie, il est dict en l'Histoire qu'il se rôpit le col estant abandonné (par commandement de Dieu & des bons Anges,) des diables qui l'auoiēt esleué en l'air: aussi sainct Hyppolite dit que l'Antechrist se fera porter en l'air par ses diables, dequoy il y a apparence en l'Escriture: & pour venir aux autheurs plus recents,

Clemēs li. tecogn.
Hyp. or. de Antichrist.
Thessal.
Polid. li. 9.
Hist. An.
Guli. naygia¾.

aucuns chroniqueurs & historiographes recitent que Berengarius, lequel estoit Sorcier, fut vne certaine nuict à Rome, & à la mesme nuict il fit vne leçon à Tours en Touraine. Adioustez ce qui est noté cy-dessus, Scholie 6. de ce jeune homme qui voltigeoit en l'air apres vne femme.

SCHOLIE NEVFIESME.

Si les Sorciers mangent, boiuent & dansent en la synagogue.

I.

Gal. 5.

SAlutationes, compotationes, comessationes, &c. Les œuures de Sathan, ou de la chair sont (comme dit sainct Paul) manger, boire, yurongner, & paillarder, ce qui fut effectué au peuple d'Israël, quand il dançoit au deuant du veau, comme font nos sorciers au deuant du diable, il est dit deux: *Comederunt, & biberunt, & surrexerunt ludere. i. fornicari:* ainsi le diable

Exod. 34.

faict icy sauter & dancer ses gens (comme il les appelle) puis il les faict banqueter, & en fin, cōme nous verrons, aussi paillarder. Sainct Hierosme a remarqué ce poinct, quand il escrit ces propres mots: *Nam & barbara quædam nomi-*

Hierony. l. 3. commē. in epist. ad Ephes. c. 4.

na eorum esse dicuntur, ut sæpe cōfessi sunt hi quos verè vulgus maleficos vocat, & incantationes

& preces & colores varij, & diuersa vel metallorum vel ciborum ad quæ innocati assistere dæmones, et infœlices animas capere memorantur. Or quand sainct Hierosme dit que les diables cōuiennent en quelque lieu à cause de certaines viandes qu'on leur promet, il faut cela entendre des corps morts qu'on luy vouë, & promet-on porter en certain lieu, là où il les fait cuire, & puis manger aux assistans par vne miserable anthropophagie, soit ou pour infirmer l'article de la resurrection, car comme argumentoit Pline, vray Atheiste, comment pourroient les corps resusciter, mesmes par diuine puissāce, en leur propre substance, la chair estant par d'autres mangee, & desia changee en la propre substance de ceux qui l'ont mangee? pour leur faire aussi transgresser la pure loy de nature, qui est les rendre du tout bestes brutes. Tant y a que quand S. Hierosme escrit que les diables font plusieurs choses pour ceux qui leur promettēt certaines viādes, il ne faut entendre qu'ils māgent telles viādes, car ils sont esprits: mais qu'ils induisent les autres à les manger, parce qu'en cela il y cognoist de l'impieté ou meschanceté, car c'est contreuenir au premier commandement que Dieu fit à l'homme apres le deluge, pour reformer le droict de nature qui auoit esté par les geans & mauuais garçons fort prophané & contemné. Ie vous donne, dit il, permission de manger de tous animaux viuans sur terre, mais ie vous deffends de respandre le sang humain: il faut adjouster & entendre,

Genes. 2.

pour manger la chair humaine, car en ce passage de la Genese, comme il appert par le texte, il n'estoit question de l'homicide, mais seulemēt de l'vsage des viandes, & par ce texte est expressément prohibée l'anthropophagie, laquelle le Diable fait exercer à ses gens, comme estant chose toute inhumaine & hors de toute raison, & c'est pourquoy il les assemble, & donne du passe-temps à ses gens. Au reste quant aux autres viandes qu'il leur fait manger, & boire par la disposition des Sorciers, bien qu'en les mangeant & beuuant ils ayent de la volupté, si est-ce que ces pauures gens estás de retour en leur maison, ils ont autant ou plus de faim qu'auparauant, & c'est ce que remonstre S. Thomas, disant, que combien que tous corps naturels obeïssent aux esprits, quant au mouuement & qualitez, si est-ce qu'ils ne peuuent changer les substances, desquelles le seul Dieu est createur, mais seulement alterer ou cháger les accidens: de là vient que le Diable ne peut changer vne pierre ou autre chose en pain, pourtant il faut conclurre que puis que telle chose est hors de sa puissance naturelle, que telles viádes sont là seulement en apparence, ayans quelques qualitez de pain, vin ou chair : mais telles qualitez ne peuuent long temps durer, car comme dit aussi sainct Thomas, les œuures du diable ne sōt point, ny ne peuuēt estre lōg temps permanentes, à cause qu'elles n'ont point leur vraye substance, pource en cela Iesus-Christ s'est mōstré vray Dieu, d'auoir non seulement fait máger, mais aussi d'auoir repeu pour long tēps les cinq mille hommes, ainsi le pain cuit sous la cendre mangé par Helie fut par divine puiſ- 1.Reg.19. ſance formé, car en vertu de ce pain il chemina apres quarante iours & quarante nuicts: autant en faut il dire de la manne du deſert, laquelle ſaouloit ceux qui en mãgeoient, comme il eſt dit, *Pane cæli ſaturauit eos*. Nourrir doncques & ſaouler corporellemẽt les perſonnes, cela appartient au ſeul Dieu, ou par le moyen de ſes creatures, ou par autre puiſſance extraordinaire: *Iacta*, diſoit Dauid, *ſuper Dominum curam* Pſal.54. *tuam et ipſe te enutriet, & aperis tu Domine manum tuam, & imples omne animal benedictione*. Ce que ne ſçachant ces pauures gens s'abuſent apres Sathan au tẽps de leur neceſſité & penſét qu'il ſoit en ſa puiſſance de les garder de la faim ou d'autre neceſſité leur baillãt des viandes ou d'argent, comme il leur promet. De ce ſuſdict propos il faut auſſi conclure auec S. Thomas, que quand telles gens ſont changez en chats, loups ou autre choſe ſemblable, cõme les Sorciers ont depoſé, & S. Auguſtin en fait ample mention comme de choſe de ſon temps toute euidente, Apuleius auſſi, Vincentius pareillement en ſon hiſtoire, & auſſi Ephordiéſis, il ne faut penſer que la vraye ſubſtance de l'homme ou de la femme ſoit en ces beſtes changee (car cela n'eſt en la puiſſance du diable) mais bien qu'il couure leurs corps d'vne nuee d'air, ayant telle forme de beſte, & pour autant, tout ainſi comme il ſemble vita erblemẽt homme (car il a prins telle forme de l'air) ainſi il ſẽble à ceux qui regardent telles perſonnes & auſſi à elles mesmes que ce sont bestes, iaçoit qu'ainsi ne soit en verité. S. Thomas le cōclud ainsi, disant, *Illæ transmutationes corporalium rerum quæ non possunt virtute naturæ fieri, nullo modo operatione dæmonum secundum rei veritatem perfici possunt. Sicut quod corpus humanum mutetur in corpus bestiale, &c.* Et puis apres descriuant le moyen cōment il se fait en apparence, il dit: *Cum dæmō possit formare corpus ex aëre cuiuscūque forma & figura, vt illud assumens in eo visibiliter appareat: potest eadem ratione circūponere cuicūque rei corporeæ quacumque formā corporeā: vt in eius specie videatur.* Et le preuue quād & quand par vne sentence de S. Augustin prinse du dixhuictiesme liure de la Cité de Dieu. Il se peut bien faire aussi, comme est dit au susdit lieu, que le diable imprime en la fantaisie telles especes, & lors il leur sēbleta voir qu'ainsi soit en verité, cōme on voit l'experience des phrenetiques, ausquels il leur semble voir des crapaux, serpens, & dragons volās dans la chambre où ils sont decombans, & ne leur sçauroit-on persuader le contraire, puis que telles especes sont autant proprement inherentes au sens commun & en la phantaisie, comme si elles y auoient esté transmises par le moyen des yeux: mesmes de Nabuchodonosor on ne doit estimer qu'il ait esté veritablement changé en beste, nonobstant qu'en cela la diuine puissance y interuint: mais qu'il a esté pour vn temps hebeté d'entendement en peine de son peché, & puis par grace speciale remis en son bon sens: aussi le texte ne dit pas que la substāce aye esté

P. p. q. 114. art. 4.

changee, mais bié son cœur: ce que luy mesme vient apres à interpreter quand il dit, *Sensus meus reuersus est ad me:* surquoy dit sainct Hierosme, *Quãdo dicit sensum sibi fuisse redditum, ostendit se formam non amisisse, sed mentem.* Comme donc vn homme insensé ne fait difficulté d'habiter auec les bestes & manger auec elles, ainsi est aduenu à Nabuchodonosor, iusques à ce que Dieu a eu pitié de luy, & lors il s'est recogneu demandant pardon à Dieu. Quant à la femme de Loth elle a esté veritablement changee en statuë de sel: mais ç'a esté apres sa mort ou à l'instãt d'icelle, comme aussi son corps par succession de temps se fust redigé en terre: ainsi doncques le diable ne peut rien ny sur la substance ny sur la figure de l'hõme, mais il la peut bien couurir d'autre chose, & tels seront les miracles de l'Antechrist qui seront signes mensongers en toute deception par art diabolique: ainsi quand sainct Augustin traicte l'histoire des hostesses d'Italie, qui en baillant vne certaine maniere de fromage qu'elles composoient, à leurs hostes, soudainement ils estoiét changez en cheuaux, mulets ou asnes, leur faisant porter toutes charges & hardes qu'elles vouloiét iusques à certain lieu; tels hommes ne perdoient point pourtant la raison humaine, auec laquelle ils se voyoient & iugeoient estre bestes quant au corps, & estans arriuez audit lieu, ils retournoient comme auparauant: il ne dit pas que ce soient fables, mais bien que telles choses peuuent estre ou en verité, ou bien par prestiges seulement.

Hieron. in Dan.

Concluant que quád il est ainsi en verité, il ne faut penser que la substance de l'homme soit changee en substance de beste, mais que c'est seulement en apparéce externe par operation diabolique: *Nec sanè, inquit, dæmones naturas creant, si aliquid tale faciunt de qualibus factis ista vertitur quæstio: sed specie tenus, qua à vero Deo sunt creata commutāt, vt videātur esse quod non sunt.* Et vn peu deuāt parlāt d'Apuleius, qui recite auoir esté changé en vn asne, il dit qu'Apuleius ou bien il a cōtrouué & faint telle chose, ou bien il a couché par escrit tout ainsi que la chose estoit aduenuë, *Ista, inquit, aut indicauit, aut finxit*: Et quant aux fardeaux qu'il portoit, il dit que c'estoit le diable qui portoit & soustenoit tel fardeau.

SCHOLIE DIXIESME.

Si les Sorciers adorent le diable, mesme en forme de Bouc.

C*Oluistis & adorastis in formā & speciem fœdissimi & nigerrimi hirci, &c.* Que le diable ne cherche rien mieux sinon d'estre adoré comme Dieu, nous l'auons cy-dessus mōstré, mais sçauoir en quelle forme visible il se presente, nous auons aussi monstré par S. Augustin, qu'il ne luy est tousiours permis de prendre telle forme qu'il voudroit, ou pourroit naturellement, mais seulement telle qu'il plaist à Dieu luy permettre, & pource dit sainct Augustin, il ne faut faire aucun doute que si

Dieu l'eut permis, il eut prins vne plus belle forme que celle d'vn serpent, quand il voulut téter la premiere femme: mais Dieu ne le voulut permettre. Singulierement quand il se veut faire adorer il ne se presente point en forme humaine: mais comme les Sorciers ont deposé quand il est question de môter sur l'Autel (qui est aux champs vn petit rocher) pour y estre adoré, il se change soudainement en forme d'vn bouc noir, côbien qu'à toutes autres affaires on le voye ayant figure d'homme, Dieu ne le voulant permettre, par-ce que Iesus-Christ son fils naturel est vray homme & adoré Dieu & hôme tout ensemble, à cause de l'vniô hypostatique qui est aux deux natures, laquelle est tât estroitte & indissoluble qu'elle ne côstituë qu'vn seul estre, ou qu'vne seule personne. Si aussi le diable se fust presêté en forme humaine nos premiers parens eussent peu estimer que c'estoit le Messie qui estoit des-ja reuelé & promis à Adam, ainsi l'explique sainct Paul. Dieu doncques ne luy permet prendre telle forme du Fils de Dieu quand il se veut faire adorer, mais seulement ou de beste, ou de chose monstrueuse, qui est demy-beste, côme l'on dit des Centaures, & autres semblables monstres qui n'estoient en verité que diables, & luy arriue, comme ce que dit Pline des monstres marins, qu'ils ont tretous vne queuë de serpent, par laquelle on cognoist que ce sont vrais monstres: à ce sens sainct Iean repete souuét en l'Apocalypse qu'on viendra à adorer la beste, par laquelle on peut entendre Sathan, prenât figure

Genes. 2.

Ephes. 5.

Apoc. 3.

de beste, car il n'est besoin d'aller chercher sens mystiques, où l'on peut veritablement verifier les paroles de l'escriture à la lettre. Mais quant à la forme de la beste qu'il prend, c'est chose fort autentique qu'il se soit presenté en forme de bouc, surquoy il faut noter qu'il y a trois ou quatre passages en l'Escriture qui ont grande apparence de ce poinct: le premier est au Leuitique dixseptiesme où il est dit, *Nequaquã vltra immolabũt hostias suas dæmonibus*. Le second & le tiers sont en Esaye treiziesme & trête-quatriesme où nous auõs, *Pilosi saltabunt ibi*. Ausquels lieux y est le mot Hebrieu Sehir, lequel signifie singulierement trois choses au texte de la Bible. Premierement vn bouc, secondement vne chose veluë, cõme Esau, qui estoit velu fut surnommé Sehir, & les mõtagnes où il habitoit, *Montes Sehir*. Troisiesmement signifie vn diable, ainsi a traduit S. Hierosme ce mot au dixseptiesme chapitre du Leuitique, & aussi l'autheur de la versiõ Chaldaïque. Quãt aux deux premieres significations, il appert que l'vne dépend de l'autre, à cause qu'vn bouc est fort velu entre tous les autres animaux: mais quant à la troisiesme, & pourquoy les diables sont appellez du mot de bouc, ou de velu, Rabbi Quimhhi interpretateur souuerain entre les Hebrieux des mots Hebraïques, il dit que le diable est ainsi appellé, parce qu'il se demonstre en telle forme veluë de bouc à ceux qui croyent en luy. Le mesme remarque sainct Thomas 1.2.q. 102. art. 3. & le Docteur Lyranus Exod. 12. & 1. Reg. 30. Et pour autant le

Leuit. 17.

Esaye 13. 34.

Ver. Chalda.

Rabby Quimhhi in lib. radit.

Chaldean Interprete, & sainct Hierofme ont par ce mot entendu & interpreté le diable bouc, qui est ainsi appellé mesme par les Sorciers comme ils ont deposé. Ce n'est donc chose nouuelle, que le diable se demonstre en forme de bouc, à ceux qui se dedient à son seruice & luy font hommage, suiuant laquelle signification Sanctes Pagninus sur Esaye treiziesme, & trente-quatriesme, où le texte dit que les Sehirins sauteront ou danserōt aux deserts, il a traduit ainsi : les diables y sauteront, ce qui a esté verifié par le tesmoignage des Sorciers, qui disent que le diable bouc saute & dance auec eux en la synagogue qui se fait de nuit aux deserts. Est bon encores à remarquer que les septante Interpretes au Leuitique dixseptiesme chapitre, ont traduit en ce mot Hebrieu au mot Grec, ματαίυς. id est, fatuelles, que les Italiens vsurpent le mot Grec, appellēt Mathous, c'est à dire folastres : & de fait en ce pays de Prouence on appelle tels esprits, folletons, parce qu'ils font plusieurs folies, comme de rire, sauter, danser & siffler : à quoy ayant eu esgard les septante Interpretes ils ont bien traduit le mot en ματαίυς. A ce propos sainct Thomas dit que bien souuent les diables font plusieurs legeretez, comme rire, sauter, & siffler, qui ne sont aux hommes sinon que pechez veniels, mais c'est pour se rendre familiers aux hommes & les attirer en fin à eux par ce moyen, & pareillement sainct Athanase fait mention des diables qui chantoient des chansons. Quant aux histoires prophanes

Esay. 13. & 34.
S. Pagni.

Septuagin. interpret.

S. Thom. 1. 2 q 86. art 4 ad 3.

Athana. in vita Anth.

l'on trouue que les deux plus anciens oracles l'vn appellé *Hhammonium*, qui viet du nom de hham, ou comme nous prononçons chá, l'autre appellé *Dodonæum*, qui viet du nom de Dodonum, duquel est parlé en Genese dixiesme chapitre entre les nepueux de Noé, le premier estoit en forme de bouc, & le second en forme de mouton à grandes cornes. Il n'y a donques rien de nouueau en cela, de dire que le diable se face adorer en forme de bouc. Et pour venir aux plus recents, le Docteur Alphonse de Castro recite qu'au pays de Bisquaye ils trouuerent que les femmes & aucuns hommes s'assembloient à la montagne, où se presentoit vn bouc noir visiblement, lequel ils adoroient tretous. En l'histoire recete du Magicien Gaufridy, Belzebub se plaignant de la trop grande misericorde de Dieu, il reproche que les Magiciens adorent le bouc.

Genes. 10.

Alphon. de Castro aduersus hæres. lib. I. cap. 15.

SCHOLIE VNZIESME.

S'il y a des incubes & succubes.

L. *Vos viri cum succubis, vos mulieres cum incubis fornicati estis, &c.* L'ō pourroit d'icy prendre la raison pourquoy il apparoist en forme de bouc: car entre tous les animaux c'est l'vn des plus puants, il est aussi le plus luxurieux de tous, car il n'a point temps déterminé à ses chaleurs naturelles, comme toutes les autres bestes. Or il assemble là son peuple pour les faire paillarder, & luy mesme s'y met le premier le premier, prenant forme d'homme aux femmes, & forme de femme aux hommes, les induisant à vne tres-sale & tres-vilaine paillardise pour estre commise auec luy, non qu'il y ait aucune delectation, mais comme dit sainct Thomas, donnant raison pourquoy sainct Augustin a dit, que plus se plaist le diable au peché d'idolatrie & de paillardise qu'à tout autre : c'est, dit-il, pourautant que par le premier, il vsurpe la gloire de Dieu, qui est son premier but, & par le second il tient les hommes & les femmes plus serrez à ses pattes, à cause que par le peché de luxure, pour la vehemente delectation corporelle qu'il apporte auec luy, fait que l'homme y est plus tenace, & plus souuent y tombe, & auec plus grande difficulté il s'en releue : fait aussi que l'homme perde entierement l'vsage de sa raison, & n'en peut non plus vser que s'il estoit beste, singulierement sur la fin de la delectation, qui a esté cause que Tertulian a cuidé que comme le corps de l'enfant est engendré d'vne portion de sa substance corporelle, qu'aussi l'ame estoit engendree d'vne portion de l'ame du pere : car, dit-il, on voit qu'à l'acte de generation, l'ame comme estant couppee par pieces ne peut auoir aucune operation de raison. Le diable donc il se plaist dauantage à ceste ordure pour toutes les raisons susdictes. Et ne faut douter si telle chose se peut faire par le ministere du diable, puis qu'il est hors de controuerse, qu'il peut prendre hors de l'adora-

August. in Leuitic. S. Thom. 1 2. q. 73. art. ad 2.

Tertul. li. de anima.

N n

tion telle forme externe que bon luy semble, particulieremét à l'endroit de ceux qui se sont desia donnez à luy, luy faisant hommage. Et quand il n'y auroit autre preuue sinó que les deux plus celebres Docteurs, l'vn entre les anciens Peres, l'autre entre les Docteurs scholastiques, qui sont sainct Augustin & sainct Thomas, conuiennent en ce poinct, & disent expressément que c'est impudence de vouloir nier celà, seroit argument suffisant pour faire croire que c'est chose tres-asseuree, & mesme voyla pourquoy le Turc ne treuue estrange ce que nous disons en nostre symbole, qu'vne Vierge a conçeu du sainct Esprit, & le croyent auec nous : car ils pensent que c'est chose possible à toutes Vierges, ayans veu souuent par experience que leurs Vierges, bien qu'elles fussent estroittement closes & sans auoir eu aucun accez aux hommes, elles se trouuoient grosses d'enfant, telle chose ayant esté pratiquee par le diable. *Qui surripit ac demùm infundit semen.* Laquelle chose se treuue aux Poëtes & Histoires anciennes, où il est souuent repeté que les dieux venoient coucher auec des belles dames, & en auoient des enfans. Apuleius en recite autant de son temps : Or ces dieux estoient diables, comme il est escrit, *Omnes dij gentium dæmonia.* Pour conclusion de la precedente & presente scholie, en ce que Dieu veut que le diable se demonstre en guise de bouc, il donne à entendre à ces pauures hebetez d'entendement, qu'ils s'asseurent d'e-

August. li. 15. de ciui. c. 88. Tho. p.q 51. art 3. ad 6.

Apuleius de asino au Psal. 113.

ſtre auec les boucs au grand iour du iugement, puis qu'ils ont familiarité, & commerce auec eux en ce monde, & les adorent vilainement comme leurs dieux, ſeulement adiouſterons que la pluſpart des anciens Poëtes Grecs & Latins, accordent clairement que les diables deſirent & pratiquent l'accointance charnelle auec les femmes : & meſme S. Hieroſme vſe de ces mots, *Dæmones quibuſdam amoribus ſeruiunt, &c.* Et S. Iuſtin Martyr dit que ce n'eſt ſeulement auec les femmes, mais auſſi auec les hommes, donnant à entendre clairement qu'ils changent de ſexe, & cela approuue S. Auguſtin. Vray eſt que ceux qui ont voulu interpreter & accommoder le ſixieſme chapitre du Geneſe à ce propos, ſont par luy à bon droit reprins, parce que le texte precedent & ſubſequent donne à entendre qu'il y eſt parlé des hômes & non des Anges, comme bien demonſtre S. Auguſtin, ce pendant il n'improuue pas l'opinion des anciens, quant au faict de la commixtion charnelle, ains il dit que ce ſont impudences de le nier. Iuſtin Hiſtoriographe au liure 11. recite que Olympia mere du grand Alexandre dit librement à ſon mary qu'Alexandre n'eſtoit point ſon fils, mais d'vn ſerpent qui l'auoit cognuë, à cauſe dequoy ſon mary l'a repudiee comme adultere, & Alexandre à ceſte occaſion ſe diſoit enfant des dieux, non de Philippe. Le meſme liu. 15. recite de Laodice mere de Seleucus, diſant auoir eu compagnie en dormant auec le dieu

Hier. in 6. cap. Epiſt. ad Epheſ.
Iuſt. Mart. apolog.

Auguſt. l. lib. 15 de ciuit. Dei c. 23.

Apollon, lequel luy auoit baillé vn anneau, ainsi qu'il luy sembloit en dormant, & en effect trouua l'anneau la matinee dedans son lict : Femmes vrayement meschantes & abandonnees de Dieu!

Fin des Scholies.

TABLE ALPHABETIQVE DES PRINCIPALES MAtieres contenuës en la premiere Partie.

A

Age pour faire penitence. 275
Abeille doit estre imitee de nous. 265
Abominations de la synagogue des Magiciens. 342.343.348
Abraham immole son fils. 138. & 139
Abrenonciation de Verrine. 273. & 274
Absolution requise à celuy qui se confesse. 151
Abyron & Datan engloutis pour leurs malefices. 248
Accusation des Sorciers. 11
Accusation du demon, & de Magdeleine contre Louys. 330
Actes d'adoration de Verrine. 3.169.217
Acte d'humilité en Magdeleine. 176
Adam chassé du Paradis par desobeyssance. 158
Adam, & ce qu'il fit. 136
Adam a fait penitence. 54.253.284.127
Adiuration de Verrine. 123. & 124
Adoration de l'Eucharistie. 32.42
Adoration du bouc en la Synagogue. 342
Adoration de Dieu en vn diable est vne merueille. 107
Aduertissement aux Religieux & Prestres. 158.159.170

Nn iij

TABLE.

Aduis d'escrire ce que le demon disoit. 38
Aduis aux Prestres. 125. & Religieux. 203. & à tous. 225. & suiuans & 276. 315.
Aise receu pour auoir entendu nouuelle du Pere Michaelis. 156
Aisles qui portent l'ame au ciel, l'amour & la crainte. 327. 154. & 155
Aimer Dieu, & la recompense. 147
A grand pecheur grande penitence. 128
Agnus Dei, est vn Agneau pour les fideles Chrestiens, mais vn lyon rugissant pour les diables. 31. 41
Allusion du diable à la contrainte qu'on luy faict aux exorcismes. 239
L'ame d'vn pauure aussi bien venue en Paradis que celle d'vn Roy, pourueu qu'elle soit en la grace de Dieu. 262
Ames bien-heureuses ont soif du salut de nos ames. 265.
l'Ame est comme la maistresse, & le corps la chambriere. 275. 253
Ames damnees autrefois belles, mais deuenues hideuses pour leur peché. 145
Amen, respondu par Verrine. 332. & 333
le P. d'Ambruc arriue à la saincte Baume. 229. 328
l'Ame represente la tres-saincte Trinité. 236
Ames tombent aussi espoix en Enfer comme le bled à la meule du moulin. 149
l'Ame est vne vigne. 326
Ame comparee à vne Republique. 254. 103
Amis de table de Dieu aux quatre festes de l'an-

TABLE.

née. 144
Amour de soy-mesme. 289
Anges beaux, & leur force. 45
Ange gardien doit estre honoré, & pourquoy. 234
Anges sont aduocats & les Saincts aussi. 173
les Anges ne sont suffisans de chanter les loüanges de Dieu. 161
Anges si beaux condamnez à l'Enfer pour le peché de superbe. 213
Anges ministres de la table de Dieu. 216
l'Antechrist est né. 299. 308. 309. 339. 345
l'Antechrist se fera adorer & aura des Roys & Princes pour seruiteurs. 307
Apostrophe à la saincte Magdeleine. 338
Apostrophe aux seculiers. 314. 171
Arriuee de Louys à la saincte Baume. 328
Arriuee du Pere Michaëlis à la saincte Baume. 324
Arriuee de la mere de Magdeleine. 16
Arriuee de Magdeleine à la saincte Baume. 1
Attrition de Magdeleine. 12
Attributs des personnes diuines. 56
Audition de Magdeleine. 332
Aue dict pour ses ennemis pese plus qu'vn Pater dict pour ses amis. 296
Aueuglement des hommes. 212
Aueugle est celuy qui n'a ny entendement ny volonté à se conduire. 167
Authorité de l'Eglise. 201
Autre aduis de proceder au cas que le Prestre ne

Nn iiij

TABLE.

vouluſt ſe repentir. 137. & 138
Authorité des Prelats. 223

B

Balberith eſt celuy qui fait blaſphemer le nom de Dieu. 290
la ſainƈte Baume doit eſtre reueree. 262. 322
Bapteſme meſpriſé. 167
Barbares viuent en tenebres. 147
Beatitude eſſentielle n'augmente, mais bien l'accidentelle. 115
Beauté de Paradis. 47. 322
Belzebub iette rudement Magdeleine d'vn coſté & d'autre. 27
Belzebub beugle comme vn taureau. 8. iette les ſouliers de Magdeleine à la teſte de Louyſe. ibid.
Belzebub ſe met à crier quand il entend ces mots, Ecce ancilla Domini. 30
Belzebub iure Louyſe eſtre poſſedee. 334
Belzebub imite l'exorciſte parlant à vn autre diable. 80
Belzebub meſpriſé & foulé aux pieds. 103. & 148
Belzebub ſe plaint à Dieu de ſa tres-grande miſericorde. 75. 76. 88. 89. & ſuiuans.
ſainƈt Bernard intime de la Vierge. 231
Bœuf & aſne ſont à la Natiuité de noſtre Seigneur, & non d'autres animaux. 260
Bon propos de Magdeleine. 152
Bonté de Dieu enuers les hommes. 116. & ſa miſericorde. 121. 137. 307. 321
Bonté de Dieu enuers Magdeleine. 101

TABLE.

C

Calice beu par S. Jacques. 147
Caluinistes ne croyent pas l'Eglise Romaine. 49
Capucins vont à Marseille. 339
Carreau nom d'vn demon. 147
Catherine de France gardienne de Magdeleine. 7 & 8
Cedulle renduë à Theophile, & à d'autres. 348
Changement de Magdeleine. 156 & 157
Charité des Saincts. 46
Charité de Jesus-Christ. 92. 96
Charité fille de Dieu. 143
Chose grande que le soldat se tue soy-mesme. 23
Chrestiens miserables qui ne seruent point Dieu. 21
Cinq conseils donnez à Louyse. 50. 70. & à Magdeleine. 59. 167. 168
Cinq princes demons au corps de Magdeleine. 49
Communication au prochain recommandee. 265
la Communion sacree est la table sacree du Roy. 216. & suiuans.
Complot de ruiner les compagnies de la doctrine & de saincte Vrsule. 67
Confession de Magdeleine. 2
Confession sans preparation n'est bonne. 151. 284
Confesseurs & Exorcistes exclus du conseil. 331
Conseil sur la verification des actes. 331
Consideration qu'il faut auoir quand on se met à table. 265
Consultation de l'affaire du Magicien. 218
Conuersion des Magiciens. 300. c'est vn miracle. 348

TABLE.

Contrainte de Verrine. 126.70.74.23.86.96
Contre ceux qui s'addressent aux Sorciers. 291
213.
Contrainte de Belzebub à renoncer aux actions des Magiciens. 278
Contrainte des diables de dire verité.53.& s'humilier. 76.111.114.182.196.208.219.230
Contradiction aux miracles de Dieu. 239
Contradiction de Leuiathan. 180
Crainte ne sert de rien sans amour. 263
la Croix est un mirair où nous nous deuōs tous mirer. 172. Jesus-Christ pareillement. 173
Cooperation de la creature auec Dieu. 266
Coustume des Dominicains à dire leur Rosaire. 4
Curieux entrent dans un puits dont ils ne sortent quand ils veulent. 115.125.138.& 145
Cruauté de Louys Magicien. 338
Curiosité damnable au S.Sacrement. 108

D

Damnation recompense du diable. 126
Datan & Abyron engloutis pour leurs malefices. 248
Demon commence à parler au premier exorcisme, mis auec contrainte. 3.185
Demon s'incline pour adorer Dieu. 3
Demon inferieur n'ose parler deuant le superieur. 8
Demons font difficulté de dire leurs noms depeur d'estre exorcisez, commandez & punis. 80.165
Descouuerte de Magdeleine. 90
Descouuerte premiere de la possession de Louyse. 164
Descouuerte premiere de la merueille. 9
Diable veu par Magdeleine. 17

TABLE.

Diables battus. 30.31
Diables contraints de parler à la saincte Baume. 39.
Diables vouloiët ruiner la compagnie de saincte Vrsule. 43.107
Diables principaux qui estoient en Magdeleine. 49
Diables damnez par vn peché & pourquoy. 77. 144
Diables larrons. 108
Diables ne peuuent se conuertir. 109
Diable ne commande. 114. *ne luy faut obeir, ibidem.*
Diable dit faussement Louys n'estre Magicien, ny Magdeleine charmee. 155
Diable employé de Dieu, & pourquoy. 273.335
Diables qui ont tenté nos premiers parens. 306
Diable reproche à Louyse ses forfaits. 330
Diables liez. 340.347
Diable resiste & dispute auec Dieu. 169.170
Diable est superbe & se fasche que Dieu ait choisi vne femme pour instrument d'vn fait si important. 102. & 103
le Diable sort comme vn vent du corps de Louyse. 246.
Diables tiennent liee Magdeleine de tout son corps pour la faire tomber en desespoir. 101
les Diables estans forcez de Dieu & de son Eglise de iurer la verité, ne peuuent aucunement mentir. 36.106.110.111.114.55. & 66.182.
Diables se moquent des curieux. 62
Dialogue de l'ame & du corps. 253
Dialogue de Verrine auec Leuiathan. 219.220

TABLE.

suiuans.

Dialogue entre Verrine & Belzebub. 75.76.& *suiuans.*

Dialogue de Verrine auec l'exorciste. 218

Dialogue de Leuiathan auec vn Pere. 336

combien de Diables estoient au corps de Louyse. 3

Dieu Medecin. 308

Dieu parle par intelligence. 220.221

Dieu resiste aux superbes & donne grace aux humbles. 50

Dieu n'est iamais tesmoing de fausseté. 221

Dieu preuient le pecheur. 138

Dieu est tant beau que les diables endureroient volontiers tous tourmens pour le voir vne fois seulement. 27

Dieu se reserue trois choses. 249

Dieu ne peut estre comprins. 115.161.298.322

Dieu n'appelle personne pour puis apres le reietter. 13

Dieu ne peut mentir. 89

Dieu est misericordieux. 119.144.128.& 129 197.248

Dieu ne doit estre seruy pour recompense, mais plustost pour amour. 146

Dieu commande bien expressement de punir ceux qui ne veulent faire ses commandemens. 135

Dieu est obey de toutes creatures. 161

Dieu a creé la creature sans le consentement d'icelle. 312

Dieu descend en terre, & comment. 210

Difference de possession. 342

Discours sur la saincte Trinité. 54.55.& suiuans, & de son conseil.

TABLE.

Discours du Roy deffunct. 355.303.313
Discours touchant la possession de Louyse, & la procedure d'icelle. 162.163
Discours au peuple. 171
Discours des peines d'Enfer. 24 & 25
Discours sur les trois Rois. 349
Discours de l'enfer. 72.73. & 74
Discours sur la Natiuité de nostre Seigneur, digne d'estre leu. 267. & suiuans, & 281.258.163
Discours de Verrine touchant les Saincts. 52.53. & suiuans.
Dispute d'vn Pere auec Verrine. 109.235
Dispute grande de l'exorciste auec le diable. 31 & 32
Dispute de Leuiathan auec Verrine. 179.180.181 182. & suiuans 190. & suiuans.
Dispute de Belzebub auec Verrine. 76.77
Dispute d'vn heretique auec Verrine. 177.178. 179. & suiuans.
Diuers offices des diables. 200
Dix mille Martyrs pour vn iour allez en Paradis. 149
S. Dominique intercesseur de Magdeleine auec le bon Ange. 17. ennemy de Verrine. 46.237
S. Dominique loüé. 232.233.238
S. Dominique intime de la Vierge. 231
Doute de ceste histoire. 259
Duel defendu de Dieu. 160

E.

Effroy de Magdeleine. 37
L'Eglise examinera le tout. 138.283
hors l'Eglise n'y a point de salut, & est vne. 243
Endurcissement de Magdeleine. 9

TABLE.

Endurcissement des Magiciens. 293
Endurcissement de Louys. 335.337
l'Entendement represente le fils. 226
sainct Esprit appellé feu. 272
Esprits vont & viennent promptement. 267
Estable renduë honorable par la Natiuité de nostre Seigneur. 262
Eucharistie. 108.114.178.179.214.224
Eue creée sans peché. 242
Exclamation sur la conception nostre Dame. 5
Exclamation des louanges de Dieu. 7
Exclamation du iugement. 20
Exclamation de Verrine à Dieu, le contraignãt. 34
Exclamation contre les superbes & curieux. 36
Exclamation à l'Eglise. 117
Exclamation du diable. 12.30.54.77.93.95
Exemple du Publicain & Pharisien en sainct Luc. 18. 211
Exhortation à Magdeleine. 13.109.174
Exhortation aux pauures. 39.75.261
Exorciste demande au demon Verrine qui sont les Saincts qui le trauaillent le plus. 4
Exorciste changé. 336
Examen des actes. 351

F

Faut demander deux choses à nostre Dieu. 227
Feu d'enfer. 157
Filles possedees dans saincte Vrsule. 68
Fin couronne l'œuure. 313
Force des diables determinee. 44
Force de Louyse. 85

TABLE.

Foy seule suffit pour l'Eucharistie. 108
François Billet exorcise à la saincte Baume. ibid.
François Billet pratique beaucoup de patience. 2
François Billet escrit une lettre aux Prestres de la doctrine, & sa teneur. 184. 185. *& suiuans.*
Frequentation de l'Eucharistie. 309

G.

Galeriens sont plus heureux que les pecheurs, & pourquoy. 286
Gardienne de Magdeleine. 7
Gardien de Marie Joseph. 287
Genoux fleschis pour adorer Dieu en la creche. 271
Gloria in excelsis, chanté en la Natiuité de nostre Seigneur. 260
le Gloria in excelsis, chanté par les diables est un grand miracle. 288
Gouuernement de famille n'appartiēt aux femmes, ains à leurs maris. 275. *si elles ne sont prudentes.* ibid.
Grace conferee à la Vierge. 243. 323
Graces doiuent estre rendues apres la communion. 217
Grace fort esloignee du pecheur. 217
Grande reprehension aux hommes. 301
Gresil nom de Diable. 274

H.

Heretique se retire honteux. 183
Heretique reprins, & les curieux. 158. 181. 183
Hieremie sanctifié dés le ventre de sa mere. 242
Histoire publiee par tout. 79. 301

TABLE.

Histoire impugnee. 283
l'Homme a son liberal arbitre. 312
Honneur doit estre porté aux Prestres. 153. & 154
Honneur doit estre porté au Baptesme. 147
Honte que Magdeleine auoit d'estre proclamee deuant vn peuple. 13
Humilité represente la naissace du fils de Dieu. 148
& est recommandee. 160. 287
Humilité recommandee. 75. 84. 140. 141. 125. 159. 211. 256. 327.
Humilité de nostre Dame. 46. 323
Humilité de Magdeleine. 134. 176

I.

sainct Iean l'Euangeliste comparé à l'Aigle, & ses prerogatiues. 300. 297
Iesus-Christ a vn corps glorieux à la saincte Hostie, & qui n'occupe point de lieu. 214
Iesus-Christ descendu en sa diuinité & humanité saincte en la saincte Baume pour visiter la Magdeleine. 22
Iesus-Christ Roy. 286
Iesus peintre. 175. 196
Iesus-Christ est deuant sa mere & comment. 251
Ieunes gens pensent que d'offenser Dieu n'est point peché. 280
Ieusne recommandé. 146
Il est difficile de croire ce que l'on ne sçauroit comprendre. 319
Il n'y a preterit ny futur en Dieu. 56. 142
Il ne sert de rien de lire ou dire des chappelets si l'on ne fait des bonnes œuures. 96. & suiuans.
Incredules reprins. 157. 268. 318

Inimitié

TABLE.

Inimitié des demons 8
Ingratitudes des hommes. 33.45.173.250
Interrogations faictes à Louys. 329
Interrogations de l'exorciste. 3
Interrogations de l'exorciste à Magdeleine. 14
Inuectiue contre le Magicien. 251.256.247
Ioseph doute. 259. est sanctifié. 264
Ioug de nostre Seigneur est fort suaue, & son fardeau leger. 268
Iuifs reprouuez & pourquoy. 307
Iour de sainct André designé par le diable à enleuer Magdeleine. 1. & 2
Iugement temeraire mauuais. 159
Iurement du diable. 155
Iuremens valides. 111.195.244.344
Iurement de Belzebub & Verrine. 44.76.78
Iugement de Dieu sera espouuentable. 20.21.& 328

L

Laideur des diables & des damnez. 47.73
Lettre de Magdeleine à la Vierge rechargee & recorrigee. 50.51. & 52
Lettre de Magdel. à saincte Magdeleine, & sa teneur. 28
Lettres enuoyées à diuers gens. 71.119.128.132.133. 138. & suiuans.156.161.184
L'enfer confus. 75.80
Liure de vie & de mort en Dieu. 311
Liure du Crucifix. 171.315
Liure de deux feuillets. 204
Locutions intellectuelles exprimees exterieurement. 34.35.65.68.69.208.246
Louange des filles de saincte Vrsule. 43.61.62.68. 80. & 241

TABLE.

Louyse dit à son superieur toutes ses tentations ou locutions interieures. 70. & 71

Louyse deuoit estre examinee. 113

Louyse coniuree par le Pere François Domps Dominicain.3.Baptisee dans la cuisine. 66

Louyse huguenotte. 40.66.177.303

Louyse possedee pour Magdeleine. 186.37

En Louyse plusieurs signes de sa possession. 2.17.29. 40.53. & 58.ioyeuse quoy que possedee. 69

Louyse est exorcisee du Prestre Louys. 329

Louyse possedee pour la couuersion de deux ames & de plusieurs. 144

Louyse offre à Dieu prieres, &c. pour Louys. 316.325. 329.335

Louys ignare. 329

Louys mesprisé des demons. 330

Louys fait horreur à Magdeleine. ibid.

Louys n'a point de memoire. 334

Louys accusé par Belzebub estre Magicien. 334

*Louys accusé par Leuiathan.*336. & par Verrine 343

Louys va en Auignon & à Aix, pour estre declaré innocent. 351

Louys est enfermé dans le lieu de la saincte Penitence qui ferme à clef. 331

Louys familier aux Peres Capucins. 122

Louys feignoit l'hypocrite & le Pharisien. 330.337. 338

Lucie quitte tout pour l'amour de Dieu. 60

Lumiere que signifie. 168

TABLE.

M

Magdeleine agitee des Incubes. 341
Magdeleine fera penitence. 153
Magdeleine mesprise les diables & leur resiste. 42
Magdeleine menee au sainct lieu de penitence pour euiter le danger. 2
Magdeleine crache à la suasion de l'exorciste. 14
Magdeleine tentee par Belzebub estrangement lors de la communion. 60
Magdeleine transformee. 174
Magdeleine par fois vacillante. 138.141.143
Magdeleine iette des larmes & se prosterne aux pieds du Dominicain. 10.11.& 12
saincte Magdeleine premiere entre les pecheurs. 46. & premiere au Ciel apres la Mere de Dieu. 222
Magdeleine tableau. 175.& 176
Magdeleine donnee au diable, & par qui. 139
Magdeleine se prosterne aux pieds de sa mere. 18
saincte Magdeleine intercede pour Magdeleine. 16
Magiciens ne sont possedez. 347
Magiciens faisoient des mauuaises senteurs & en ietterent particulierement sur deux Peres. 344
Magie frequentee. 324
Maladie des hommes. 307
Malefice changé en benefice. 38.80
Malice du monde. 33
Malins veulent enleuer ladicte Magdeleine à toute force. 2.& 6
Maniere de la transformation de Magdeleine en l'ame, & des autres personnes. 174
Manteau d'impieté. 298

TABLE.

Malice de Louys. 323,324,338
Marie la Lune, & son Fils le Soleil. 258, & les Saincts Estoiles. ibid.
Marie intercede pour les pecheurs. 11
Marie conçeue sans peché originel, &c. 240.241
Marie aduocate pour les pecheurs. 130,152,153, 173
Marie la plus belle creature que iamais Dieu ait creée, est vn iardin. 5, & 6,57,270,285
Marie eschelle. 232
Marie est tout, 7. est temple de la tres-saincte Trinité. 5, & 6
Marie louee. 270,310
Martyre de saincte Luce & des Vierges. 60,61
Marthe premiere apres la mere de Dieu, & les causes pourquoy. 61. & aymee de Marie. 64
Medecins de l'ame. 306
la Memoire represente le Pere Eternel. 228
Menace des diables pour enleuer Magd. 2, & 6
Menace de Belzebub. 12
Menace de Louys Magicien. 332
la Mere de Dieu tousiours parle pour Magdeleine, 11. & suiuans.
la Mere de Dieu ne l'osoit pas toucher quasi des mains le iour de la Natiuité. 215
Mespris des demons à nostre Dame. 6
Mespris des Prestres ne vaut rien. 160
Messe d'vn mauuais Prestre est bonne. 41
Miracle nouueau. 42,53,75,79.81,104,105,107, 169,240,341
Miracle impugné. 240
Miracle grand quand le diable loue le Ciel. 26
Miracle tres-grand quand Dieu auec quatre

TABLE

paroles descend à l'Autel. 109

Miserable est celuy qui donne conseil aux autres, & ne le veut prendre pour soy-mesme. 145

Misericorde de Dieu. 13.88. & sa iustice. 53

Misericorde de Iesus-Christ. 55.58.75. & de nostre Dame. 93

Misericorde & iustice filles de Dieu. 269

Mondains reprins. 311

Mort & combien de sortes. 201

Mortifications recommandées. 82.154

Moyse l'un des quatre trompettes qui viendra annoncer le iugement de Dieu, auec sainct Iean. 305

N

Nabuchodonosor changé en beste, & est sauué. 290.297.

Noms des diables qui estoient au corps de Louyse. 4

Nom de Verrine sera effacé. 298

Nonnus ne veut baptiser Pelagie. 50

Noblesse vraye. 291

Nostre Dame de grace lieu où Magdel. fut coniuree. 2

Nul sans peché. 276

O

Obeyssance se doit refuser en certains cas. 207

Obeyssance recommandée. 150.251. & suiuans. 159.200.201.202

Obstination & endurcissement des Magiciens accompagné d'vn grand aueuglement. 293

Oeuures de misericorde spirituelles. 97. & 98. & temporelles. 96

Oeuures pieuses faictes pour Magdeleine. 118

Oo iij

TABLE.

Offices des religieux. 170
Offices des diables. 200. 208. 224
Oiseaux du ciel benissent Dieu. 288
On va en carrosse en Enfer, & en Paradis à pied. 26. & 148
Oraison cause les larmes. 10
Oraison de Verrine à Dieu. 277
Oraison dressee à la Vierge par Magdeleine, selon l'aduis de son confesseur. 18. & 19
Ordre de S. Dominique n'oblige à peché mortel, qu'en certains cas. 241
Ordre de sainct Dominique loué. 238. 302
Ordre Hierarchique Ecclesiastique n'appartient pas mesmes aux bons Anges. 112
Ordre entre les diables. 95

P

Pain prins pour l'espece du Pain. 179
Pardonner aux ennemis. 294
Paroles de Verrine. 5. & 6. 333. 341
Paroles de Verrine à Magdeleine. 8. 305
Paroles de Verrine à Louys. 333. 329. 343
Paroles de Verrine à Louyse. 345
Paroles de Verrine à Magdeleine. 14. 15. 16. & suiuans, & 285. 341
Paroles que doiuent dire les pecheurs quand ils se conuertissent. 140. & 141
Paroles premieres de Verrine. 3
Patir pour regner. 136
Patrons de Prouence. 79
Pasteur doit rendre compte de ses brebis. 209
Pauures & riches égaux en Paradis. 222
Pecheurs ne sont punis selon qu'ils meritent. 211
Pecheurs reprins. 192. 320

TABLE.

on Peche mortellement de n'entendre pas la Messe les Festes & Dimanches. 224
Pechez de Magdeleine. 139
peines d'Enfer ne sont pas si intollerables comme le courroux du grand Dieu. 22
Peines d'Enfer. 24.72.73.145
Peines du monde sont fleurs, peines d'Enfer sont supplices. 157
Penitence recommandee. 209.213.144. & 245
Persuasion de Verrine à Magdeleine. 14
Peuple venoit en troupe à la saincte Baume. 148
vn Pere n'est pas responsable pour les pechez de son enfant, & de quel enfant il entend. 209
Pilier sainct. 155
Portes de Paradis estroites. 148.234
Possedees sont fort soulagees à la sortie des demons. 246
Possession par malefice. 3
Possession de Magdeleine par son pere spirituel. 106
Prediction de la punition & mort du Magicien auec serment solemnel. 107.249.250.344
Predictions à aduenir. 299.302.339.347
Predictions aduenuës. 305.317.339.343.344.346
Predicateurs trauaillent fort & n'ont toutes leurs aises. 264
Predicateurs diuers. 198
Premiere descouuerte du Magicien. 99
Prestres doiuent estre honorez. 153.201.210
Prestres doiuent estudier & prescher parce qu'ils sont separez du monde. 158
le Prestre n'est la cause que les pecheurs ne reçoiuent la grace en entendant la Messe, ains eux mesmes. 225

Oo iiij

TABLE.

Preuue du demon par l'exorciste. 4.29. & *par les Peres assistans.* 342

Prerogatiue des Prestres. 158

Perfection tres-grande de n'obmettre rien à faire du bien. 238

Prier pour les ennemis. 59. 295. & 296

Priere pour Magdeleine. 104. 118

Procedure pour conuertir le Magicien. 223. *fort charitable & incompatible au diable.* 125, 127

Promesses des tesmoins de tenir les pechez de Magdeleine secrets. 132. 133. & *suiuans.*

Punition tres-grande à ceux qui n'obeyssent à Dieu. 142. & 143.

Purgatoire. 182

Pureté recommandée. 327

Puissance de Dieu enuers les pecheurs. 77

Puissance de Dieu. 87. 179. 192. 198. 199

R

Rage des Magiciens. 90. 91. 139. 273. 292. 342

Rayon du Soleil ne rompt pas la vitre, ains la rend plus claire. 261

Rebelle desplaist à Dieu. 158

Recompense que le diable donne pour l'auoir seruy. 293

Redemption des hommes. 172

Refus du Pere François Domps Dominicain à exorciser, & la cause pourquoy. 3

Regrets de Iesus-Christ en sa Passion. 59

Regret de Verrine pour estre cōtraint. 26. 45. 79. 268

Reformation. 239. 240. 241

Rendre le mal pour le biē est le propre du diable. 292

TABLE.

Renoncements des Magiciens. 88.89.&
   de Verrine. 273
Reprehenſion à Magdeleine. 8.10.139.143
Reprehenſion aux Chreſtiens. 21.75.182
Repugnance de venir à la ſaincte Baume. 234
Reſſentiment de deuotion & de fortificatiō à la prie-
   re des Saincts. 4
Reſiſtance du demon à la Communion. 44
Reſignation de Louyſe. 69.113
Reſponce des diables qui eſtoient au corps de Louyſe,
   3
Richeſſes de ce monde ſont les ballieures de Paradis.
   294
le Pere Romillon ne peut retenir Magdeleine & crie
   à l'ayde. 2 & 3
Retour de Louys à Marſeille comme innocent. 350
Ruine des Anges. 306
Roy des Niniuites ſage, & print de la cendre pour
   appaiſer l'ire de Dieu. 142

S

Sabath tenu à la ſaincte Baume. 142.157
   324.143
vn meſme Sacrifice ſe voit touſiours en l'Egliſe. 223
Sacrifices publics pourquoy ſe font. 136
Salomon la ſageſſe du monde, damné. 290.297.345
des Saincts & de leurs vertus. 82.& ſuiuans,
   prient pour nous. 178
Saincts deuots à la Vierge. 232
Sans obeiſſance on n'a point Paradis. 50
Satisfaction ſuit la Confeſſion. 213
Science des diables malicieuſe. 40
Science de Dieu voit tout. 56
Sciences de Cic. & Platon à quoy ſeruent. 269

TABLE.

Separation des possedees. 331.335
Serment de Verrine sur le S. Sacrement. 87.106 122.153.304
Service du diable laborieux, & de Dieu delectable. 292
Signe du iugement proche. 299
Signe de predestination, quel est. 264
Signes de la possession de Magdeleine. 49.76 346
Signes de la possession de Louyse. 237.239.287.300 305.317.329.339.343
Soif de Iesus-Christ. 325
Sonneillon, nom de demon, & dequoy tente. 297 274
Sorciers abominables à Dieu, 277. *& leurs superstitions.* 288. *inuisibles.* 340
Soupçon de quelque Pere. 39
trois Suffrages presentez par le Pere Dominicain à trois diuers Saincts. 4
Superbe du diable. 30.80
Superbes n'entreront en paradis. 279. *&* 280
Sympathie entre Dieu & les creatures. 312

T

TE Deum, *chanté par l'assistance pour remercier Dieu.* 18
Temps preparé au Martyre. 309
Tentation d'aucuns. 165
Tentation d'endurcissement. 281
Tentation du monde. 206
Tentation pour les duels & contre la ieunesse. 145 280
Tentations diuerses. 238.290
Tentation contre la Noblesse, & contre les Here-

TABLE.

tiques. 279
Tentation du diable à Magdeleine. 117
Terre creée de rien. 259
Tesmoins des actes. 23.122.168.145.331
S. Thomas n'estoit ignorant de la mort de son Maistre. 228
Tourmens d'Enfer. 27.73.74
Tourmens des diables. 30.41.42. & 95
Tourmens de Magdeleine. 109
Toute ame appartient à Dieu. 148
Toute nuict deux Prestres veillent Magdeleine. 100
Toutes creatures obeyssent à Dieu. 72
Trois sortes de gens seruent Dieu. 205.146

V.

Verité vertu morale. 110
Verrine ne fait rien sans commandement de l'exorciste. 12
Verrine fait escrire ce qu'il auoit dit, & auoit esté disputé. 64.65.66. & suiuans.
Verrine dicte de mot à mot au P. Dominicain tout ce qu'il disoit. 29
Verrine vse de tres-belles paroles & laisse le monde tout estonné. 12.13.327
Verrine demeure muet & taciturne 62. *& pourquoy.* 63
Verrine confesse Dieu estre en l'hostie & au Calice en chair & en os auec son humanité & diuinité. 150.63.168
Verrine dispute auec Dieu. 68.208.316.317.& 349
Verrine braue Belzebub. 78.301.306

TABLE.

Verrine n'a iamais dit, Misericorde. 105
Verrine maudit la Baume. ibid.
Verrine bourreau de la iustice de Dieu. 107
Verrine incapable de prieres. ibid.
Verrine nie que Dieu soit son Redempteur. 112
   269.217.245
Verrine nie estre Prescheur. 112.219.223
Verrine Sergent de Dieu. 142.145.152. *& son ambassadeur.* 191.298
Verrine demande d'estre commandé. 150.146
   252.278.
Verrine contraint. 152.189.214.220.231.238.243
   295
Verrine demande sa confusion. 154
Verrine diable malheureux. 36. *& mensonger hors de sa commission.* 62. *damné.* 110.192.221.225.
   258.342
Verrine arbre sterile & mauuais. 266
Verrine dit qu'il aura diminution de peines. 267
   Sonneillon dit le mesme. 294.306
Verrine n'astrainct personne à croire. 288
Verrine se fasche des incredules. 341.345
Verrine se plaint d'estre instrument de ceste Histoire, par la bouche de Louyse. 303
Verrine abbaye comme vn chien. 340.343
Verrine n'a iamais asseuré la conuersion de Louys. 318.
Verrine resiste à Dieu. 200.237
Verrine se tourne vers Magdeleine & se prend tāt qu'il peut à crier. 8
Verrine s'escrie quand il entend dire, Inprincipio.
   53
Verrine dispute auec Bel'Zebub. 138

TABLE.

Verrine, un des diables qui estoit au corps de Louyse. 4. & pourquoy. 113. 194
Vices sont Princes. 103
Vertus recommandees. 102. 166
Vertus proprement appellees medecines des ames. 308
Vierges louees. 64. 65
Vision des damnez espouuantable 22
Vision à Magdeleine espouuantable. 183
Vnion de la Nature humaine auec la diuine. 250
Union de Dieu auec l'Eglise. 315
Vnze mil Vierges allees pour vn iour en Paradis. 149.
Vocation & grace premiere sont de la pure & seule grace de Dieu. 22
la Volonté desire le bien estre. 27
la Volonté represente le S. Esprit. 226
Volonté & sa force. 253
la Vraye Noblesse vient du ciel. 281

Fin de la Table de la premiere partie.

TABLE ALPHABETIQVE DES PRINCIPALES MAtieres contenues en la seconde Partie.

A.

Abnegare seipsum, c'est la perfection d'vne vraye contrition. 98

Acoules parroisse de Marseille. 54

Actes d'humilité faits par la possedee. 6

Adam premier se presenta à I.C. aux Lymbes. 5

Adoration du diable à la saincte Eucharistie. 76

Ægidius se donne au diable pour estre sçauant Medecin. 44

Affectatiō aux vestemens des Prestres est agreable à Belzebub. 84

Agnus Dei charmé donné par le Magicien à Magdeleine. 81

Ange assiste Magdeleine. 66

Anges custodes sont de l'ordre des Anges qui est le plus inferieur, mais ils sont commandez par les Superieurs. 58

Ange custode de Magdeleine tourmente le diable, & pourquoy. 58. 75. 56

le P. Ange Capucin charmé à Marseille. 85

Anneau charmé, & de ce que l'on trouua en iceluy. 22

Anthoine Euesque d'Aix. 92

Arrest de la Cour de Parlement de Prouence contre Messire Louys Gaufridy. 115

TABLE.

Arriuee des possedees à Aix. 69
Asmodee tenta Eue prenant la forme d'vne pucelle. 4
Asmodee Prince des lubrics, & ses tentations. 5.16
Asmodee agite Magdeline par le commandement de Belzebub auec mouuemens turpes. 9.74
Astaroth tente de paresse, & a pour son ennemy au ciel S. Barthelemy. 50.16.& 17
Aucuns Scolastics tiennent que Iesus-Christ ne deliura pas toutes les ames du Purgatoire, mais biē celles qui estoient aux Lymbes. 5
Aucuns Docteurs tiennent que nostre Seigneur fut attaché auec quatre cloux. 5
Aurey nom d'vn demon. 96

B

Balberith tente le monde de duels, &c. 16.a pour son ennemy au ciel sainct Barnabé. ibid.
Ballet auec quoy Magdeleine ballioit la Chappelle par obeissance ietté à terre par le diable. 94
Banquets de la synagogue. 29
la saincte Baume horrible aux diables. 31
la saincte Baume doit estre honoree. 32.52
Beaucoup de gens entendirent les voix qui crioient dans le bois. 39
Beau effect du S. Sacrement. 75
Belias demon Prince des Vertus, & ses tentations. 18
Belzebub prēd Magdeleine par le gosier & la veut suffoquer. 4
Belzebub dit que plusieurs diables estoient sortis le iour de l'Exaltation de la saincte Croix. 1

TABLE.

Belzebub tenta Adam, & Jesus-Christ. 4
Belzebub sort du corps de Magdeleine, 15
Belzebub va au Magicien pour le faire pleurer. 90
Belzebub Prince de Superbe, & ses tentations. 5. & 16
Belzebub commence à parler. 4. & 5
Belzebub dit que l'absolution brusle plus que le feu d'Enfer. 32
Belzebub agite Magdeleine. 3
Belzebub lié. 4
Belzebub interromp la confession. 31. 53
Belzebub recite les choses absentes. 72
Bravade de Verrine aux autres diables. 8

C

Cedule du Magicien reduicte à 16. ans. 82
S. Ciboire appliqué sur Magdeleine & la fait revenir à soy. 32. & 34
Charité de deux Peres Capucins. 91
Chants du sabath. 29
Charmes à quelles fins se donnent. 37. *& le remede.* 38
Charmes iettez par les Sorciers. 12. 42
Charmes soufflez auec vn canon par les Sorciers. 23. 85. *& de quelle matiere il estoit.* ibid.
Cathuant & chiens entendus à l'arriuee du Magicien. 72
six Cheualiers venus de Marseille pour emmener le Magiciē quant & eux, le fauorisant comme amy. 9
vn Chien se met à genoux deuant le S. Sacrement. 31
Chiens plus menez au sabath. 31

Chirur-

TABLE.

Chirurgiens preuuent Magdeleine. 74
Cognoissance des choses obsentes. 78
Commissaires deputez pour se saisir du Magicien. 71
Commissions se font successiuement. 88
Confession du Magicien aux Peres Capucins. 100
Confrontation de Magdeleine & du Magicien. 80
Contrition vraye. 98
Cris de Magdeleine. 24
Cris de Belzebub. 62
vn Cordelier met des reliques sur le dos de Magdeleine. 68. & quelles reliques ce sont. ibid.
Corps de Magdeleine enflé par Belzebub. 7
Course de Magdeleine à genoux. 84
Croix de nostre Seigneur fort haute. 5
la Croix n'estoit faicte en forme de TAV. 5
Croix appliquée sur le dos de la possedee. 97

D.

Damoyselles & autres femmes intercedent pour Louys Gaufridy. 72
Deffence contre les Sorciers venans inuisiblement à la saincte Baume. 24
Demons affectez aux charmes, & leur remede. 37
Demon court par tous les coings de la Chapelle, quand on veut confesser la possedee. 95
vn des Demons respond à l'exorciste, & luy declare plusieurs choses. 15. 16. & suiuans
Denombrement des parties du corps de la possedee par l'exorciste. 10
Diables ne peuuent charmer les superieurs, comme Euesques, Abbez, &c. 38
le Diable aueugle & puis se mocque, & pourquoy. 53
Diable se plaint de Dieu. 96
Diable excuse son peché. 95

TABLE.

Diables trompeurs. 74
Diables disent verité contraincts. 14
Diables liez. 44
Diables tourmentez. 56. 57. 75
Diables craignent les reliques des saincts. 68
Diables ressentent la vertu de l'oraison. 75
Diables changent leurs noms comme ils veulent quand ils entrent en divers corps. 13
Diables n'ont point de noms, & la raison. 13
Diables contraincts ont souuent reuelé les corps & reliques des saincts. 92
Diables respõd que Dieu auoit deliberé & arresté que le Magicien seroit descouuert auec ses adherans. 65
Diables taschent de charmer le P. Michaëlis & ne peuuent. 38. & la cause. 59
quinze Diables au corps d'un homme. 97
trente Diables au corps de Magdeleine, sans en compter d'autres. 18
Dialogue de Belzebub auec le Magicien. 72
Dialogue tres beau d'vn pere auec le diable. 95
Dieu lie & deslie les diables quãd & cõme il veut. 15
Difference d'une marque, & d'vne playe. 80
Difference en la cognoissance de Dieu. 13
Diligence des sorciers pour diuertir Magdel. 40. 45
Diuerses tentations des demons. 19. 20. & 21
Doigts sacrez mis sur le gosier de Magdeleine. 87
Durbec oiseau stolide. 104

E

Effaicts du diable sont vains aux iustes. 38
Espingle mise dans l'oreille de Magdeleine par Belzebub. 101
Exhortation de l'exorciste à Magdeleine de renoncer aux diables. 2

TABLE.

Exorcisme intitulé Luciferiana. 35
Exorcismes & les responces du demon. 10.11.12. *&*
suiuans.
Exorciste appelé bourreau par le diable. 99
l'Experience enseigne que les sorciers estans battus ou menacez sont cesser leurs charmes. 5

F

Façon de faire des sorciers quand ils veulent plorer. 90
Façon des Seraphins à adorer Dieu. 113
Façon des Cherubins à adorer Dieu. ibid.
Femme charmee. 85
Fême perdue & cherchee, & le lieu où elle estoit. 47
Fille deterree par les sorciers. 48
Flambeaux & chandelles veues en l'air. 25
Fontaine medecin se dissimule estre Prestre pour prouuer & tromper Belzebub. 71
Fortitudo bon Ange de Magdeleine. 58
Forces manquent à Magdeleine. 60
Force des exorcismes. 66
le P. François Capucin exorcise Magdeleine, & de ce qu'il luy demanda. 85
Frequentation des Sacremens vray remede pour euiter les charmes. 12.39

G

Galerie pres la chambre de Magdeleine, & en icelle vint vn Magicien. 93
le sieur Garandeau amene la possedee à la chapelle de sainct Sauueur. 89
Garandeau Vicaire de l'Archeuesque d'Aix interroge Magdeleine. 67
Garanier nom d'vn demon. 97
Gaufridi prince des magiciés, Prestre des Accoules 65
Gauots qui sont ceux-là. 43

Pp ij

TABLE.

vn Gentil-homme de la pretenduë religion parle à Magdeleine, & le contenu de son discours. 88

Gombert Prestre de nostre Dame de grace est enuoyé pour confesser le Magicien. 88

Gosier de Magdeleine quitté par le diable. 22.61

Gourmandise de Louys. 52

Goust du pain, oste le malefice à Magdeleine. 94

Grand nombre de Magiciens venus faisant grand bruit à l'exorcisme de Louyse. 7

Grand effect des doigts sacrez des Prestres. 87

Grande iniure faicte à l'Hostie par Louys, & à quel iour. 64

Grande lumiere de Dieu, quand on n'estime point tous les tourmens corporels, comme les tentations interieures. 112

Grands coups donnez aux genoux de Magdeleine par le diable. 110

Grassi, Docteur en Medecine fit preuue en Magdeleine, auec autres Medecins. 70.74

Gresille & ses tentations. 17

Grondement des diables quand ils sont ensemble. 97

H

Haine de Magdeleine causee par le diable. 56

Henry Alphonce pere de Marie. 26

Heretique recogneu par le diable qui venoit voir ces merueilles. 78

les Hommes offensent Dieu tous les iours. 96

Hommes fragiles & ignorans. ibid.

Honoré Lyon du Conuent de sainct Maximin arriué fraischement, & son Ange. 64

Horribles gestes de Belzebub en Magdeleine. 7

Hoquet faict par le diable, quand l'on veut communier Magdeleine. 95

TABLE.

Hostie presentee par le Magicien au sabath à Magdeleine, & le refus d'icelle. 67

en l'Hostie un petit enfant est veu par Magdeleine, & de ce qu'il luy dit. 67

Hostie ne peut iamais estre mise en la bouche de Magdeleine par le Magicien, encore que le diable luy ouurist la bouche. ibid.

I

Iacques l'Hermite mesprise toutes dignitez & honneurs. 19

Ieune homme heretique confirmé d'autant plus en la religion Catholique par la parole du diable. 108. *& est conuerty par le P. Michaëlis.* 109

Image de nostre Dame apportee par Marie familiere de Magdeleine. 36

Imploration de l'ayde de la Vierge. 27

Imploration de la saincte Vierge, & de tous les Anges par Magdeleine. 3

Impudence des diables. 73

Impuissance du diable. 24

Insolences de Belzebub. 34. *& autres diables.* 45. 48. 54. 61. 71

Instrumét de verre à trois carres, & à quoy sert. 106

Interrogation à Belzebub, & sa response. 25. *&* 26

Iurement faict par le diable. 11. 26. 66

L

Larmes des Sorciers ne tombent plus auant que les ioues. 90

Laudate Dominum, chanté par les Magiciens. 29

Le P. du Laurent Prouincial des Capucins. 112

Letanie chantee pour éueiller Magdeleine. 45

Lettre d'or apportee par le lieutenant du Magicien à Magdeleine. 36

TABLE.

Leuiathan hannit comme vn cheual. 16
Leuiathan prince des heretiques. 16
Locutions intellectuelles exprimees exterieuremẽt. 14
Louys ignorant. 51
Louys tourmenté. 54.59
Louys celebre la Messe au sabath. 30
Louys le Magicien iette vn caractere sur le cerueau de la possedee. 6. & 7
Lubricité du sabath. 30
Lucifer anchainé aux enfers. 13.16
Lucifer sçait ce qui se fait au monde, & comment. 13

M

M*agdeleine raconte les diables qui la possedent en toutes les parties de son corps.* 50
Magdeleine se confesse & communie. 96
Magdeleine appelee tharasque par Belzebub. 101
Magdeleine frappee du diable pour auoir couppé ses cheueux. 104
Magdeleine est empeschee de manger par le diable. 86
Magdeleine soustient contre le Magicien. 80
Magdeleine recouure l'ouÿe, la veuë, & le manger le iour de Pentecoste. 122
Magdeleine fut picquee auec vne lancette au doigt du cœur par vn nommé Iean Baptiste Magicien. 93
Magicien ne peut regarder fixement. 99
Magiciens ne sont possedez, & pourquoy. 35
Magiciens se font marquer tous les Mercredis & Vendredis de Mars par les diables, & auec quoy. 88
Magiciẽs menassez ou battus fot cesser les charmes. 50
Magicien sondé par les Chirurgiens auec des esguilles, & trouué hideux par eux mesmes. 79
Magicien endure beaucoup de mal interieuremẽt. 47
Magicien iette le vin cõsacré sur tous les assistans, &

TABLE.

les mots qu'il profere. 31
Magicien se presente à Magdeleine la corde au col. 45
le Magicien marqué à la teste de la marque du diable. 59
Magiciens blessez à mort que deuiennent. 55
Magiciens accomparez aux loups. 8
Magiciens pires que les diables. 59
Magiciens veilloient toutes les nuicts au mois de Ianuier pour diuertir Magdeleine. 45
Malefices & charmes à quelle fin iettez en l'oreille de Magdeleine. 42. & 43
Malefices ou charmes se donnent à deux fins. 37
Malice du Magicien. 81
Malins ne peuuent mordre les doigts sacrez. 87
Marie Parisienne apporte vne lettre amoureuse à Magdeleine, & est blessee. 24
Marques trouuees en la possedee faictes par le diable. 70. 76. & ostee. 102
Marques des Magiciens. 30
Marques du Magicien Louys. 59. 79
Matieres aux charmes ne seruent de rien, & que c'est qui y sert. 37
Memoires faicts par le Magicien pour blasphemer Iesus Christ. 81
Menaces du demon qui estoit en Magdeleine. 22
Merindole, Fontaine & Grassi preuuent Magdeleine 74
Meschancetez commises au sabath par les Sorciers. 30
sainct Michel premier entre les Anges. 16
le P. Michaëlis menace la possedee de la faire entrer dans le lieu de la penitence. 6
Miracle du sainct Sacrement. 31

Pp iiij

TABLE.

Musiciens chantent pour resiouyr Magdeleine laquelle se tourmente. 94

N

Ne faut en rien consentir aux diables ny aux Magiciens. 67

Nombre des Magiciens grand, en Espagne, France, & Angleterre. 33

Noms prins par le Parlement d'Aix de deux qui cherchoient une femme. 48

Notable doctrine aux Prestres pour faire cesser le malefice. 50

La nuict des diables font sortir Magdeleine de la chãbre, mais ramenée par P. François Billet. 164

O

Obeissance à ses superieurs est recommandec. 96

Obstination du Magicien & la cause. 51.35

Obstination du Magicien. 53.63.82

Oeillet nom de demon, & ses tentations. 17

Offices de ceux qui vont au sabath. 28

Office des diables. 5

Oraison faicte souuent par Magdeleine. 3

Oscillon nom de demon. 90

P

Paralytique de la Piscine inuoque la grace de Dieu pour auoir deliurance de ses maux. 37

Peines imposées aux diables. 34.36.43.50.57

Peines accidentelles de demons. 13

Plusieurs gens de plusieurs parts viennent au sabath, & ce qu'ils y font. 41. & 28.20. & suiuans.

Prediction aduenue. 64.65.73.77

Prestiges aux yeux de Magdeleine. 12

Preuue des demons. 12.49.66.68

TABLE.

Prestres ne peuuent estre charmez & pourquoy. 39
Prieres des assistans aydent à chasser le demon. 22
Princes des Magiciens commandent à ceux d'Espagne, de France & d'Angleterre. 35
Principaux demons nōmez qui estoient dans le corps de Magdeleine. 18
Procedures du diable à la descouuerte de Louys. 65
Procedures aux exorcismes. 1
Promesse de Belzebub à Louys. 73
Promesse de Magdeleine de ne plus adherer au diable. 3
la Purification feste des Acoules. 64

Q.

Quand Dieu n'opere point tout est en tenebres, mais dès qu'il cōmence à operer tout est couuert de lumiere. 83
Quatorze ans Louys vsa de sa magie. 82
Quatre hommes ne peuuent tenir Magdeleine. 94
Question donnee à Magdeleine par le diable. 73
Question friuolle du Magicien sur ses marques. 79
Quinze ans y a que Louys se donna au diable. 96

R.

Rabasse Procureur du Roy, part d'Aix pour aller à Marseille pour emmener le Magicien. 71
trois Realitez trouuées en Magdeleine par le P. Michaelis. 68
Realitez trouuees en Magdeleine. 68
Rage de Louys Magicien. 30.33.40.53.60.64
Raymond Euesque d'Arles. 92
Reliques appliquees sur la possedee. 68.92
Remede contre les maleﬁces. 39.50
Remede contre l'obstination des diables aux exorcismes. 27.45.61

TABLE.

se Recommander à Dieu en ses aduersitez respõdu par le P. Michaelis à vn homme. 47

Reconciliation frustre les diables. 56

Renonciation que fait Magdeleine à tous les diables d'enfer & aux cedulles. 60. 62

Renonciation au Paradis faite par le demon pour Louys Gaufridy. 77. & 78

Reuerēce deuë au lieu de la penitēce de saincte Magdeleine. 7

Reuelation du faict non du temps. 66

Robbe d'Eue dequoy faite & composee. 44

Rosier autre nom de demon, & ses tentations. 17

Rot incessammant en la bouche de Magdeleine, & par prieres il cessa. 111

S.

Sabath n'est point tenu en la chãbre de la possedee à cause de deux testes. 92

Sabath en quel lieu tenu, & ce qu'õ y fait. 37. 39. 41

Sabath combien de fois tenu en la semaine. 27. & ce que l'on y faict. 28. 29

Sabath de blaspheme & vengeance. 30

Sabath tenu à la saincte Baume. 51. 52

Saincts aduersaires de la Synagogue quels & combien. 43. & 44

Sandriē nom de demon. 97

Sang fut tiré de Magdeleine pour faire vn malefice contre icelle. 93

Sang tiré du doigt de la main gauche où sont les veines du cœur de Louys le Magiciē, pour escrire sa cedulle. 97

Le Secretain rapporte au Vicaire general qu'il y auoit des ossemens & reliques en la chappelle S. Sauueur. 89

TABLE.

Sepulchre des sorciers. 25

Sermens faits par le diable de ne sortir du corps de la possedee que premierement Louys ne soit conuerty ou mort. 63

le sieur Segoyer prie Dieu pour la possedee, & de ce que le diable luy dit. 99

Signes de la possession de Magdeleine. 63.64.65.66 68.71.73.74

Signes de la possession de Magdeleine. 10.12.16.17 18.19.22.23.26.32.35.47

Signe de la possession de Louyse. 11.44.59.60.77

Signes de la possession de Magdeleine. 78

Signe de la croix chasse les demons. 22

Six mille six cens soixante diables sortis du corps de Magdeleine. 2

Soldats suiuent leur Capitaine. 96

Sorciers damnez. 26

Sorciers appellez tharasques par Verrine. 8

aux Suffrages de la saincte Vierge, Belzebub quitte le gosier de Magdeleine. 57

Superbe du diable & de tous les malins esprits. 34 41.43. 49

Syrop apporté à Magdeleine par vne damoiselle. 86

T.

Taches rouges trouuees aux reins du Magiciē. 88

Te Deum chanté auec l'Oraison de la saincte Trinité. 90

Temps de l'Antechrist. 8

Tentation du diable est de changer de confesseur. 98

Tentatiōs de plusieurs diables & leurs Saincts aduersaires. 16. & suiuans.

Tesmoignage des Medecins & Chirurgiens. 70

TABLE.

Tesmoignage des marques du Magicien. 76
Tesmoins des possedez. 69. 76
Testes appliquees sur Magdeleine, *de qui elles estoiēt & de quelle force.* 91
Teste de chat-huant grauee dans vn cercle dans vn anneau. 22
Testes appliquees sur la possedee. 90
le sieur Thoron assiste à l'exorcisme. 76
Torture donnee à Magdeleine *par les diables.* 105 23. 73
Torture donnee à Magdeleine par les diables. 108
Tourmens qu'endure Magdeleine *plus que de coustume,* 55. 57. 59. 60. 78. 86. 105
Tourments redoublent en Magdeleine *tous les iours deux foix.* 94
Trois quarts d'heure endura la peine. ibid.
vn Tyran ne veut souffrir vn autre seigneur aupres de ses terres. 98
Tyrannie du diable plus cruelle que celle de Pharaõ. 48

V.

VEndredy-sainct *propre à remission.* 100
Verrier demon prince des principautez & ses tentations. 18
Verrine tourmenté & pourquoy. 11
Verrine dit qu'il aura diminution de peines. 15. 21
Verrine & ses tentations. 17
Verrine dit n'estre predicateur. 21
Verrine dit estre enuoyé de Dieu pour dire la verité. 21
Verrine n'estoit iamais lié, & là raison. 44. 45
Verrine s'escrie à haute voix, pource que l'on vouloit declarer innocent le Magicien. 10

TABLE.

Verrine iappe comme vn chien,	8
Vertu du S. Sacrement.	6
Vestemens des Prestres.	84
Violons & autres instrumens du sabath.	30
Vision de la saincte hostie.	66
Visage de Magdeleine rouge comme feu.	106
Voix plaintiue d'vne femme mourant.	25
Voix des Sorciers entendue clairement.	39

Fin de la Table de la seconde
partie de ce liure.

TABLE DES CHAPITRES
contenus au Discours des Esprits.

ch. I. S'Il y a des Esprits ou nõ. Il y a quatre choses à sçauoir des Esprits, s'ils sont, quels ils sont, d'où ils sont, & pourquoy ils sont. 15
Si les Esprits ont des corps. 30

II. De la creation, bonté ou malice des Anges. 48

III. Des moyens qu'ont les malings Esprits pour

IIII. venir vers nous, en quelle region du mõde ils resident, commét ils sont liez, & de leurs façons de faire pour tenter les hommes. 62

V. Que le but du Diable n'est autre que de se faire adorer comme Dieu, & tromper les hommes: Que le Diable ne sçait point les choses futures, ny ne peut penetrer ou sonder le cœur humain. 74

VI. Que les hommes Sorciers sont autant detestables & autant prohibez par la Loy de Dieu comme mesmes les Oracles des Payens & leurs Idoles : Que ce n'est fable ce qu'on dit des Sorciers, que les Princes y doiuent prendre garde : Des diuers moyens dont vsoient les anciens Sorciers, le tout prouué par l'escriture. 88

VII. Des Sorciers & que les femmes y sont plus adonnees que les hommes. 104

VIII. Responce à ceux qui demandent quel danger il y a de s'ayder & seruir du diable. 111

Table des Chapitres.

Si les articles contenus en la deposition des Sorciers, doiuent estre pris comme aduenus par songe, ou bien en verité & realité. 125

Extraict d'vne Sentence donnee en Auignon contre dix-huict Sorciers ou Sorcieres, l'an de grace 1582. 148

PRemiere Scholie sur la sentence donnee contre les Sorciers. 150

Si les diables se mostrent quelquefois visiblement. 152 *2. Scholie*

Si le diable fait renier Dieu & le Baptesme. 162 *3 Scholie*

Si le maling esprit fait changer le nom donné au Baptesme. 165 *4. Scholie*

Si le diable demande quelque cognoissance ou tribut. 170 *5. Scholie.*

Si le diable marque les Sorciers. 171 *6. Scholie.*

Si les Magiciens font vn cercle. 173 *7. Scholie.*

Si les Sorciers ont leur baston & vnguét pour estre transportez. 175 *8. Scholie.*

Si les Sorciers vont par l'air. 181 *9. Scholie*

Si les Sorciers mangent, boiuent, & dásent en la Synagogue. 182 *10. Scholie*

Si les Sorciers adorent le diable, mesme en forme de bouc. 188 *11. Scholie.*

S'il y a des incubes & succubes. 172 *12. Scholie*

Fin de la Table des Chapitres du Discours des Esprits.

4573

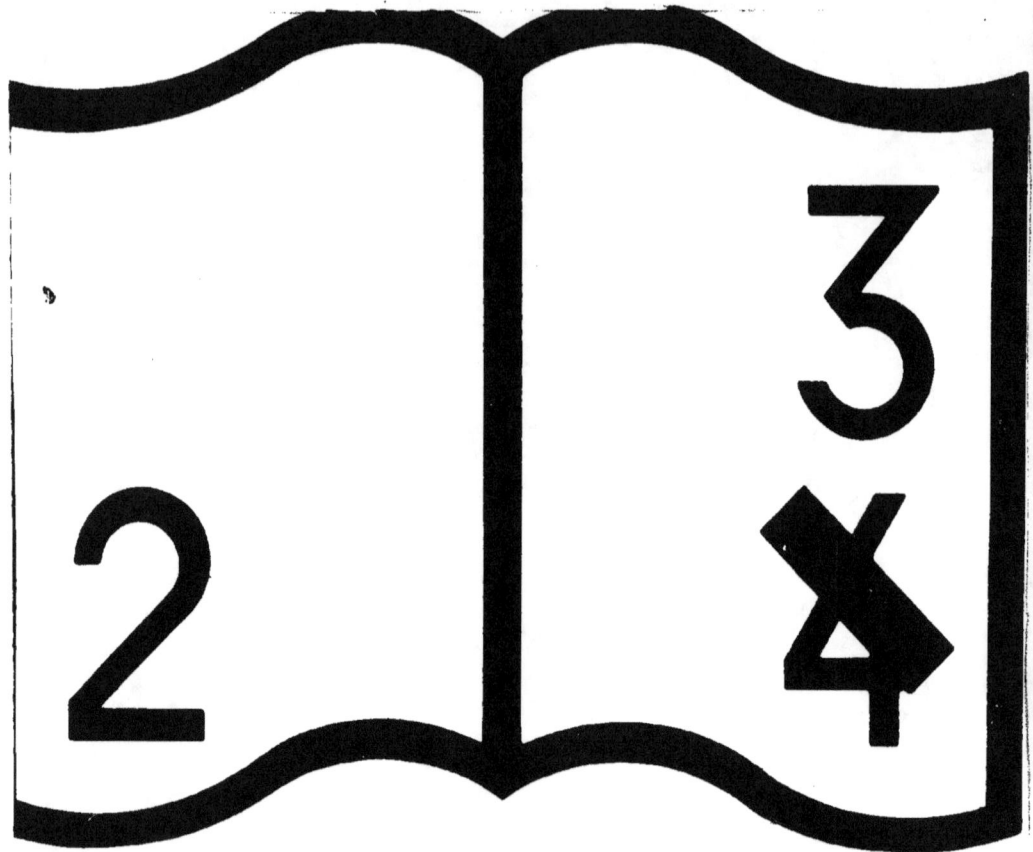

Pagination incorrecte — date incorrecte

NF Z 43-120-12

www.ingramcontent.com/pod-product-compliance
Lightning Source LLC
Chambersburg PA
CBHW070602020526
44112CB00049B/1252